WANDER GARCIA | ANA PAULA DOMPIERI | RENAN FLUMIAN
COORDENADORES

#1 BEST SELLER
DOS MAPAS MENTAIS

2022 QUINTA EDIÇÃO

EXAME DA OAB
MAPAMENTALIZADO

2022 © Editora Foco

Coordenadores: Wander Garcia, Ana Paula Dompieri e Renan Flumian
Autores: Wander Garcia, Renan Flumian, Arthur Trigueiros, Bruna Vieira, Eduardo Dompieri, Fernando Leal Neto, Henrique Subi, Hermes Cramacon, Lucas Corradini, Luiz Dellore, Marcio Pereira, Robinson Barreirinhas, Rodrigo Bordalo e Tony Chalita
Título: Exame da OAB: MapaMentalizado
Edição: 5ª Edição 2022
Paginas: 546
Projeto Gráfico: WCG Propaganda & Design (Wilton Carvalho Garcia)
Criação Capa: Wilton Carvalho Garcia
Diagramação: Wilton Carvalho Garcia
Arte Capa: Leonardo Hermano
Imagem Capa: Projetado por *Freepik*
Revisão: Allan Moraes
Editora: Foco
Impressão e acabamento: Gráfica EDELBRA

Dados Internacionais de Catalogação na Publicação (CIP) de acordo com ISBD

E96   Exame da OAB: mapamentalizado / Arthur Trigueiros ... [et al.] ; coordenado por Wander Garcia, Ana Paula Dompieri, Renan Flumian. - 5. ed. - Indaiatuba, SP : Editora Foco, 2022.
546 p. : il. ; 21cm x 28cm.

Inclui bibliografia e índice.
ISBN: 978-65-5515-401-6

1. Direito. 2. Ordem dos Advogados do Brasil - OAB. 3. Exame de Ordem. 4. Mapamentalizado. I. Trigueiros, Arthur. II. Vieira, Bruna. III. Dompieri, Eduardo. IV. Leal Neto, Fernando. V. Subi, Henrique. VI. Cramacon, Hermes. VII. Corradini, Lucas. VIII. Dellore, Luiz. IX. Pereira, Marcio. X. Flumian, Renan. XI. Bordalo, Rodrigo. XII. Barreirinhas, Robinson. XIII. Chalita, Tony. XIV. Garcia, Wander. XV. Dompieri, Ana Paula. XVI. Título.

2021-4041   CDD 340
                           CDU 34

Elaborado por Vagner Rodolfo da Silva - CRB-8/9410

Índice para catálogo sistemático:
1. Direito 340
2. Direito 34

DIREITOS AUTORAIS: É proibida a reprodução parcial ou total desta publicação, por qualquer forma ou meio, sem a prévia autorização da Editora FOCO, com exceção do teor das questões de concursos públicos que, por serem atos oficiais, não são protegidas como Direitos Autorais, na forma do Artigo 8º, IV, da Lei 9.610/1998. Referida vedação se estende às características gráficas da obra e sua editoração. A punição para a violação dos Direitos Autorais é crime previsto no Artigo 184 do Código Penal e as sanções civis às violações dos Direitos Autorais estão previstas nos Artigos 101 a 110 da Lei 9.610/1998. Os comentários das questões são de responsabilidade dos autores.

NOTAS DA EDITORA:

Atualizações e erratas: A presente obra é vendida como está, atualizada até a data do seu fechamento, informação que consta na página II do livro. Havendo a publicação de legislação de suma relevância, a editora, de forma discricionária, se empenhará em disponibilizar atualização futura.

Bônus ou Capítulo On-line: Excepcionalmente, algumas obras da editora trazem conteúdo no *on-line*, que é parte integrante do livro, cujo acesso será disponibilizado durante a vigência da edição da obra.

Erratas: A Editora se compromete a disponibilizar no site www.editorafoco.com.br, na seção Atualizações, eventuais erratas por razões de erros técnicos ou de conteúdo. Solicitamos, outrossim, que o leitor faça a gentileza de colaborar com a perfeição da obra, comunicando eventual erro encontrado por meio de mensagem para contato@editorafoco.com.br. O acesso será disponibilizado durante a vigência da edição da obra.

Impresso no Brasil (12.2021) – Data de Fechamento (12.2021)

2022
Todos os direitos reservados à
Editora Foco Jurídico Ltda.
Avenida Itororó, 348 – Sala 5 – Cidade Nova
CEP 13333-070 – Indaiatuba – SP
E-mail: contato@editorafoco.com.br
www.editorafoco.com.br

APRESENTAÇÃO

Sempre que nosso cérebro recebe informações, ele as classifica ao extremo e as armazena em uma série de "caixinhas".

O problema é que os livros técnicos em geral apresentam aos leitores textos extremamente compridos e pouco classificados, o que faz com que a leitura, além de árida, exija da mente classificações em tempo real e posterior organização disso tudo no cérebro.

Por conta disso você demora muito tempo para estudar, não consegue classificar tudo o que lê e acaba sem organizar isso tudo no cérebro, deixando a maior parte das informações soltas e perdidas, o que faz com que elas sejam esquecidas em pouco tempo.

Imagine agora um livro que já organizasse todas essas informações exatamente da forma como a sua mente e o seu cérebro funcionam.

Um livro assim certamente multiplicaria a velocidade dos seus estudos e também garantiria que todas as informações estudadas ficariam organizadas no cérebro.

Pois é. Pela primeira vez você tem à disposição um livro com todas as disciplinas do Exame de Ordem, num volume só, elaborado exatamente da forma como a sua mente e o seu cérebro aprendem mais, que é pela forma de "Mapas Mentais".

Com esse livro a sua velocidade de estudo e o seu nível de compreensão e retenção serão levados ao extremo, o que certamente fará diferença para a sua aprovação no Exame de Ordem.

O material foi elaborado em Mapas Mentais classificados e esquematizados ao extremo, e ainda conta com variadas cores (para ajudar na fixação das informações) e uma série de alertas e destaques (como "Cuidado", "Atenção", "Dica", "Tradução", "Jurisprudência", "Exemplo" etc.), tudo de modo a fazer você aprender e reter o aprendizado da forma mais efetiva possível.

Ha também campos em branco em cada Mapa Mental, permitindo que você faça anotações complementares, de modo a tornar cada mapa ainda mais personalizado e perfeito para os seus estudos.

Portanto, ao usar os Mapas Mentais você terá maior velocidade de leitura, melhor organização das ideias, melhor retenção da informação e ainda mais vontade de estudar, pois é muito mais agradável, lúdico e eficaz estudar por Mapas Mentais do que por textos longos, discursivos e pouco classificados.

Agora é com você: estude firme e com disciplina pelo livro "Exame da OAB MapaMentalizado" e garanta a sua aprovação no Exame de Ordem.

Um grande abraço!

Wander Garcia
Ana Paula Dompieri
Renan Flumian

SUMÁRIO

1. Ética Profissional - Arthur Trigueiros ... 07
2. Direito Constitucional - Bruna Vieira e Tony Chalita ... 39
3. Direito Internacional - Renan Flumian ... 79
4. Direito Empresarial - Henrique Subi ... 95
5. Direito do Consumidor - Wander Garcia ... 129
6. Direito Civil - Wander Garcia ... 141
7. Direito Processual Civil - Luiz Dellore ... 183
8. Direito Administrativo - Wander Garcia e Rodrigo Bordalo ... 233
9. Direito Tributário - Robinson Barreirinhas ... 285
10. Direito do Trabalho - Hermes Cramacon ... 327
11. Direito Processual do Trabalho - Hermes Cramacon ... 363
12. Direito Ambiental - Wander Garcia ... 397
13. Direito da Criança e do Adolescente - Eduardo Dompieri e Lucas Corradini ... 409
14. Direito Penal - Arthur Trigueiros ... 421
15. Direito Processual Penal - Marcio Pereira, Fernando Leal Neto e Lucas Corradini ... 467
16. Direitos Humanos - Renan Flumian ... 515
17. Filosofia do Direito - Renan Flumian ... 533

ÉTICA PROFISSIONAL

Arthur Trigueiros

ÉTICA

Tema I - OAB e sua Estrutura

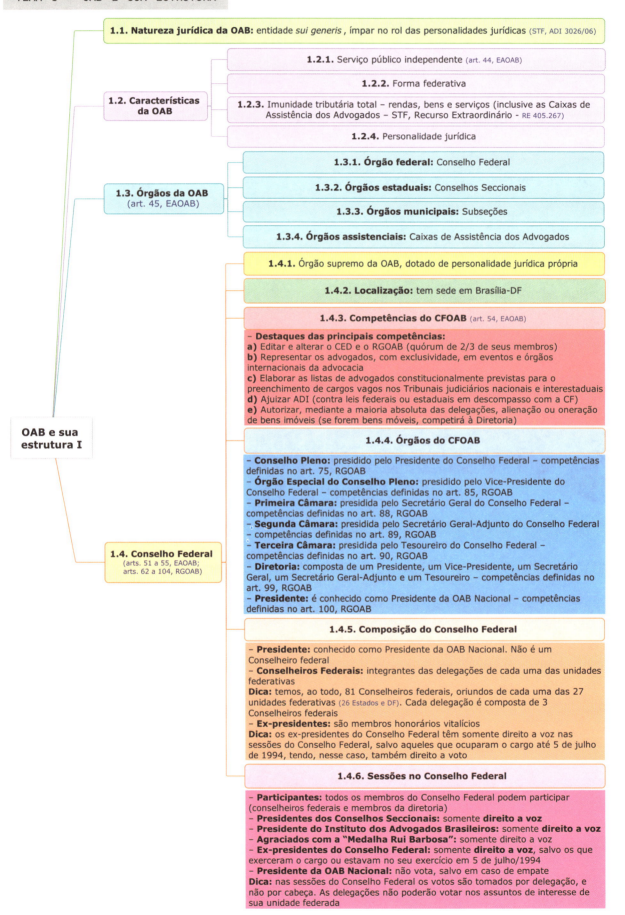

OAB e sua estrutura I

1.1. Natureza jurídica da OAB: entidade *sui generis*, ímpar no rol das personalidades jurídicas (STF, ADI 3026/06)

1.2. Características da OAB
- **1.2.1.** Serviço público independente (art. 44, EAOAB)
- **1.2.2.** Forma federativa
- **1.2.3.** Imunidade tributária total – rendas, bens e serviços (inclusive as Caixas de Assistência dos Advogados – STF, Recurso Extraordinário - RE 405.267)
- **1.2.4.** Personalidade jurídica

1.3. Órgãos da OAB (art. 45, EAOAB)
- **1.3.1. Órgão federal:** Conselho Federal
- **1.3.2. Órgãos estaduais:** Conselhos Seccionais
- **1.3.3. Órgãos municipais:** Subseções
- **1.3.4. Órgãos assistenciais:** Caixas de Assistência dos Advogados

1.4. Conselho Federal (arts. 51 a 55, EAOAB; arts. 62 a 104, RGOAB)

1.4.1. Órgão supremo da OAB, dotado de personalidade jurídica própria

1.4.2. Localização: tem sede em Brasília-DF

1.4.3. Competências do CFOAB (art. 54, EAOAB)
- **Destaques das principais competências:**
  a) Editar e alterar o CED e o RGOAB (quórum de 2/3 de seus membros)
  b) Representar os advogados, com exclusividade, em eventos e órgãos internacionais da advocacia
  c) Elaborar as listas de advogados constitucionalmente previstas para o preenchimento de cargos vagos nos Tribunais judiciários nacionais e interestaduais
  d) Ajuizar ADI (contra leis federais ou estaduais em descompasso com a CF)
  e) Autorizar, mediante a maioria absoluta das delegações, alienação ou oneração de bens imóveis (se forem bens móveis, competirá à Diretoria)

1.4.4. Órgãos do CFOAB
- **Conselho Pleno:** presidido pelo Presidente do Conselho Federal – competências definidas no art. 75, RGOAB
- **Órgão Especial do Conselho Pleno:** presidido pelo Vice-Presidente do Conselho Federal – competências definidas no art. 85, RGOAB
- **Primeira Câmara:** presidida pelo Secretário Geral do Conselho Federal – competências definidas no art. 88, RGOAB
- **Segunda Câmara:** presidida pelo Secretário Geral-Adjunto do Conselho Federal – competências definidas no art. 89, RGOAB
- **Terceira Câmara:** presidida pelo Tesoureiro do Conselho Federal – competências definidas no art. 90, RGOAB
- **Diretoria:** composta de um Presidente, um Vice-Presidente, um Secretário Geral, um Secretário Geral-Adjunto e um Tesoureiro – competências definidas no art. 99, RGOAB
- **Presidente:** é conhecido como Presidente da OAB Nacional – competências definidas no art. 100, RGOAB

1.4.5. Composição do Conselho Federal
- **Presidente:** conhecido como Presidente da OAB Nacional. Não é um Conselheiro federal
- **Conselheiros Federais:** integrantes das delegações de cada uma das unidades federativas
- **Dica:** temos, ao todo, 81 Conselheiros federais, oriundos de cada uma das 27 unidades federativas (26 Estados e DF). Cada delegação é composta de 3 Conselheiros federais
- **Ex-presidentes:** são membros honorários vitalícios
- **Dica:** os ex-presidentes do Conselho Federal têm somente direito a voz nas sessões do Conselho Federal, salvo aqueles que ocuparam o cargo até 5 de julho de 1994, tendo, nesse caso, também direito a voto

1.4.6. Sessões no Conselho Federal
- **Participantes:** todos os membros do Conselho Federal podem participar (conselheiros federais e membros da diretoria)
- **Presidentes dos Conselhos Seccionais:** somente **direito a voz**
- **Presidente do Instituto dos Advogados Brasileiros:** somente **direito a voz**
- **Agraciados com a "Medalha Rui Barbosa":** somente direito a voz
- **Ex-presidentes do Conselho Federal:** somente **direito a voz**, salvo os que exerceram o cargo ou estavam no seu exercício em 5 de julho/1994
- **Presidente da OAB Nacional:** não vota, salvo em caso de empate
- **Dica:** nas sessões do Conselho Federal os votos são tomados por delegação, e não por cabeça. As delegações não poderão votar nos assuntos de interesse de sua unidade federada

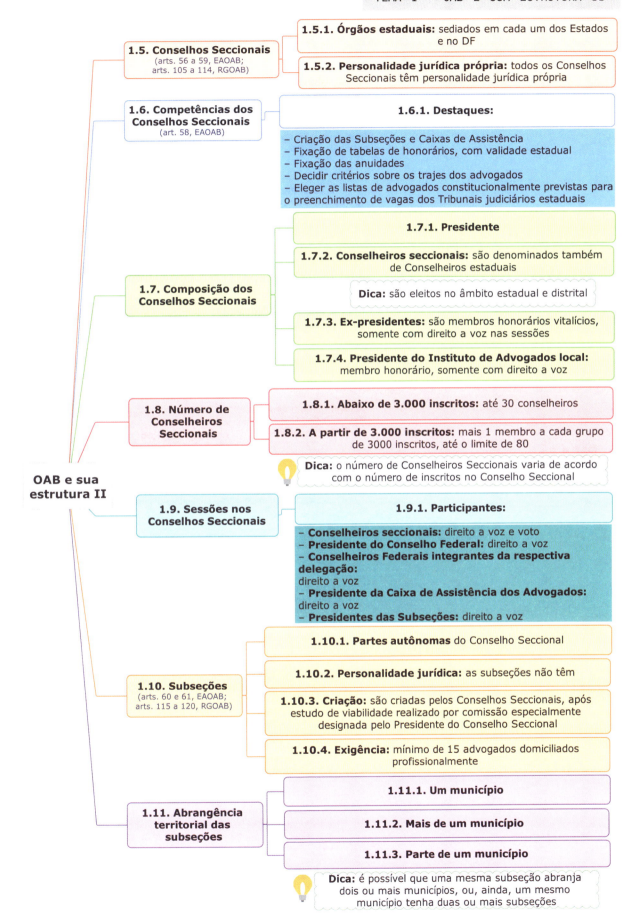

ÉTICA

Tema I - OAB e sua Estrutura III

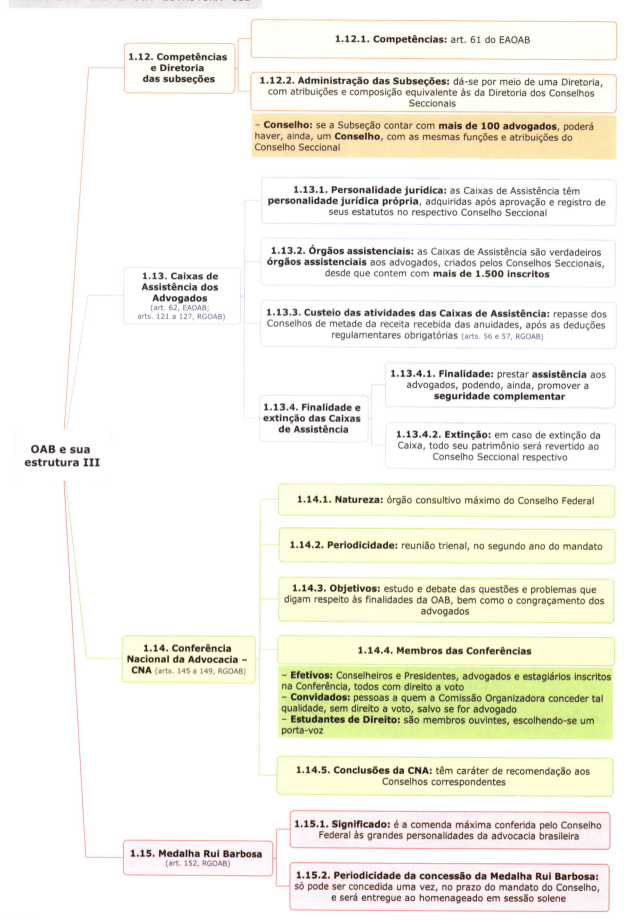

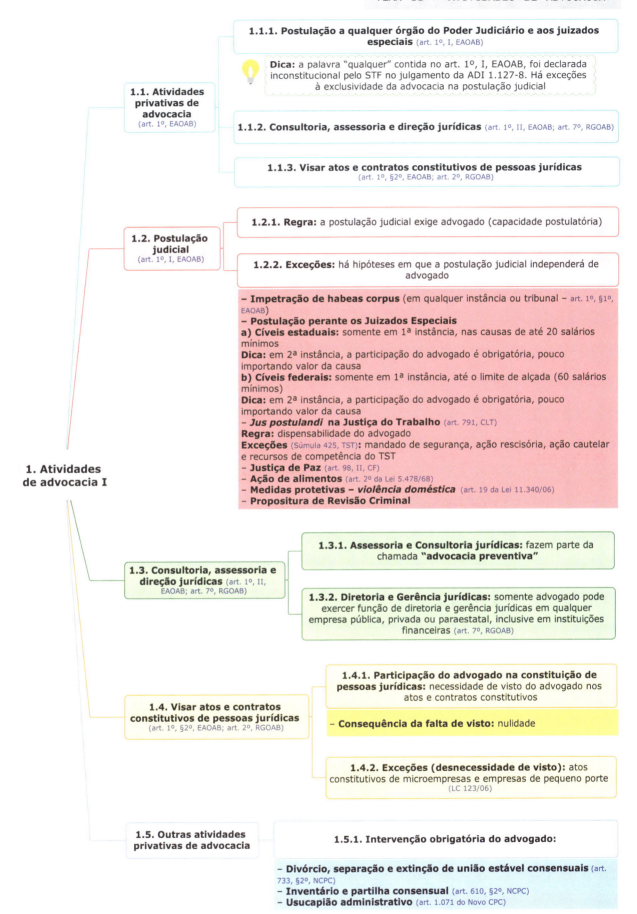

ÉTICA

Tema II - Atividades de Advocacia II

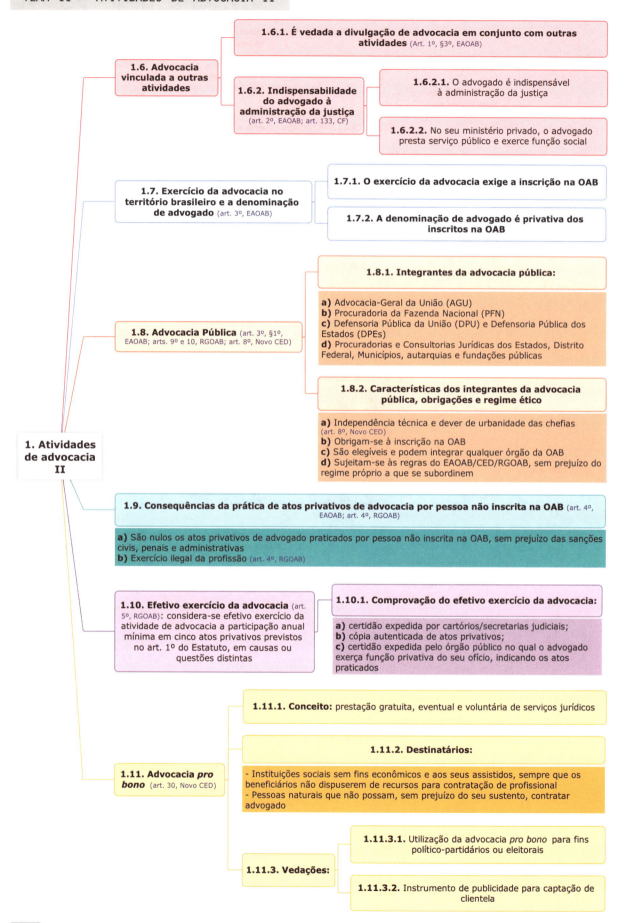

ÉTICA

TEMA III - MANDATO

1. Mandato

1.1. Conceito de mandato: trata-se de uma espécie de contrato pelo qual o cliente (mandante) outorga poderes ao contratado (mandatário) para que este o represente em algum ato ou negócio

1.1.1. Instrumento de mandato: é a procuração

1.2. Postulação pelo advogado e a procuração (instrumento de mandato) (art. 5º, EAOAB)

1.2.1. Regra: o advogado somente postula, em juízo ou fora dele, fazendo prova do mandato

1.2.2. Exceção: em caso de URGÊNCIA, assim afirmada pelo advogado, poderá postular em nome do cliente sem procuração, devendo juntá-la, contudo, no prazo de 15 dias, prorrogável por igual período

1.3. Formas de extinção do mandato

1.3.1. Tácita: com a conclusão da causa ou arquivamento do processo, presume-se cumprido e extinto o mandato (art. 13, Novo CED)

1.3.2. Expressa:

1.3.2.1. Renúncia (art. 5º, §3º, EAOAB; art. 16, CED; art. 6º, RGOAB)
- Ato unilateral do advogado
- Proibição de menção ao motivo da renúncia (art. 16, CED)
- Dever de dupla comunicação: ao cliente, preferencialmente por carta com aviso de recepção, e ao juízo
- Dever de prosseguir representando o cliente por mais 10 dias (subsequentes à notificação ao cliente), salvo novo advogado constituído

1.3.2.2. Revogação (art. 17, CED)
- Ato unilateral do cliente
- Não desobriga o cliente de pagar os honorários convencionados, nem impede o recebimento de honorários de sucumbência, ainda que proporcionalmente

1.3.2.3. Substabelecimento sem reserva de poderes (art. 26, §1º, CED)
- Conceito de substabelecimento: é a transferência do mandato por um advogado a outro
- Espécies de substabelecimento:
a) Com reserva de poderes: é ato pessoal do advogado da causa, não implicando a extinção do mandato
b) Sem reserva de poderes: por acarretar a extinção do mandato, exige-se prévio e inequívoco conhecimento ao cliente, sob pena de abandono da causa

1.4. Decurso do tempo e o mandato (art. 18, CED): o decurso do tempo não extingue o mandato, salvo se o contrário for consignado no respectivo instrumento

1.5. Conflito de interesses e mandato (art. 20, CED): caso o advogado se depare com conflito de interesses entre clientes, não conseguindo o advogado harmonizá-los, caber-lhe-á optar, com prudência e discrição, por um dos mandatos, renunciando aos demais, resguardando sempre o sigilo profissional

1.6. Aceitação de procuração por advogado e existência de outro patrono constituído (art. 14, CED):

– O advogado não deve aceitar procuração de quem já tem patrono constituído, sem prévio conhecimento deste, salvo por motivo plenamente justificável ou para adoção de medidas judiciais urgentes e inadiáveis

ÉTICA

Tema IV - Inscrição na OAB

1. Inscrição na OAB (art. 8º, EAOAB)

1.1. Requisitos:

I – Capacidade civil
II – Diploma ou certidão de graduação em direito (se o candidato não dispuser de diploma, bastará a certidão de graduação, acompanhada de cópia autenticada do histórico escolar)
III – Título eleitoral e quitação militar, se brasileiro
IV – Aprovação em Exame de Ordem
V – Não exercer atividade incompatível
VI – Idoneidade moral (não preenche esse requisito o candidato que houver sido condenado por crime infamante, salvo se reabilitado judicialmente)
VII – Prestar compromisso perante o Conselho (é ato solene e personalíssimo, portanto, indelegável)

1.2. Possibilidade de inscrição de estrangeiro ou brasileiro que não tenha graduação no Brasil
(art. 8º, §2º, EAOAB): necessária a prova do título de graduação, obtido em instituição estrangeira, devidamente revalidado, além de atender aos demais requisitos previstos no art. 8º do EAOAB

1.3. Espécies de inscrição (art. 10, EAOAB)

1.3.1. Inscrição principal (art. 10, caput, EAOAB): obtida no Conselho Seccional em cujo território o advogado pretender estabelecer seu domicílio profissional (sede principal da atividade de advocacia, prevalecendo, na dúvida, o domicílio da pessoa física)

1.3.2. Inscrição suplementar (art. 10, §2º, EAOAB): necessária se o advogado passar a exercer **habitualmente** a profissão em outros Estados que não o da inscrição principal

Habitualidade: intervenção judicial que exceder de cinco causas por ano

1.3.3. Inscrição por transferência (art. 10, §3º, EAOAB): necessária em caso de mudança efetiva de domicílio profissional para outra unidade federativa

1.3.4. Vício ou ilegalidade na inscrição principal: o Conselho Seccional deve suspender o pedido de transferência ou inscrição suplementar ao verificar a existência de vício ou ilegalidade na inscrição principal (art. 10, §4º, EAOAB)

1.4. Cancelamento da inscrição (art. 11, EAOAB)

1.4.1. Hipóteses

I – Requerimento
II – Penalidade de exclusão
III – Falecimento
IV – Exercício de atividade incompatível em caráter definitivo
V – Perda de qualquer dos requisitos para inscrição

1.4.2. Consequências do cancelamento da inscrição

a) Admite-se o retorno do (ex-)advogado, desde que preenchidos os requisitos legais (art. 8º, I, V, VI e VII), não se restaurando a inscrição anterior (novo nº de OAB)
b) Cessa pagamento de anuidade
c) Em caso de penalidade de exclusão, será necessária a reabilitação da pessoa (art. 41, EAOAB)

1.5. Licenciamento (art. 12, EAOAB)

1.5.1. Hipóteses:

I – Requerimento (tem que ser com motivo justificado)
II – Exercício de atividade incompatível temporária
III – Doença mental curável

1.5.2. Consequências do licenciamento

a) Admite-se o retorno do advogado licenciado sem qualquer exigência (salvo a cessação do motivo do licenciamento)
b) Cessa pagamento de anuidade se houver requerimento do advogado
c) No retorno, permanece o mesmo nº de inscrição

1.6. Documento de identidade profissional (art. 13, EAOAB; art. 32, RGOAB)

1.6.1. Uso obrigátiorio: o documento de identidade profissional (cartão ou carteira) é de uso obrigatório (para advogados e estagiários) no exercício das atividades, constituindo prova de identidade civil para todos os fins legais

1.6.2. Novidade: Resolução 5/2016 do CFOAB – alteração dos arts. 33 e 34 do RGOAB (nome social)

1.6.2.1. Nome social: é a designação pela qual a pessoa travesti ou transexual se identifica e é socialmente reconhecida e será inserido na identificação do advogado mediante requerimento

1.7. Cadastro Nacional dos Advogados (CNA) (art. 24, RGOAB): aos Conselhos Seccionais incumbe alimentar, automaticamente e em tempo real, por via eletrônica, o CNA, mantendo as informações correspondentes constantemente atualizadas

ÉTICA

Tema V - Estágio Profissional

1. Estágio profissional (art. 9º, EAOAB; arts. 27 a 31 e 35, RGOAB)

- **1.1. Estagiário:** é o "aprendiz" do direito. O estágio confere-lhe aprendizagem prática, tendo função pedagógica

- **1.2. Quem pode ser estagiário?**
  - **1.2.1.** O estudante de direito (últimos anos do curso)
  - **1.2.2.** O bacharel

- **1.3. Requisitos para a inscrição como estagiário** (art. 9º, EAOAB)
  - **a)** preencher os requisitos do art. 8º, I (capacidade civil), III (título de eleitor e quitação militar), V (não exercer atividade incompatível), VI (idoneidade moral) e VII (prestar compromisso perante o Conselho), do EAOAB;
  - **b)** ter sido admitido em estágio profissional da advocacia

- **1.4. Duração do estágio** (art. 9º, §1º, EAOAB; art. 35, RGOAB)
  - **1.4.1. Dois anos (realizado nos últimos anos do curso):** pode ser mantido pelas respectivas instituições de ensino superior, pelos Conselhos da OAB, ou por setores, órgãos jurídicos e escritórios de advocacia credenciados pela OAB
  - **1.4.2. Três anos (validade do cartão de identidade do estagiário):** art. 35, RGOAB

- **1.5. Local de inscrição do estagiário:** a inscrição do estagiário é feita no Conselho Seccional em cujo território se localize seu curso jurídico (art. 9º, §2º, EAOAB)

- **1.6. Incompatibilidades e o estágio profissional** (art. 9º, §3º, EAOAB)
  - Se o aluno exercer alguma atividade incompatível (vide art. 28 do EAOAB), ainda assim poderá frequentar estágio, ministrado, porém, pela instituição de ensino superior, vedada a inscrição na OAB

- **1.7. Atividades do estagiário** (art. 3º, §2º, EAOAB; art. 29, RGOAB)
  - **1.7.1. Todas as atividades privativas de advocacia:** desde que em conjunto e sob a responsabilidade de um advogado
  - **1.7.2. Atos isolados, embora sob a responsabilidade do advogado** (art. 29, §§1º e 2º, RGOAB):
    - I – Retirar e devolver autos em cartório, assinando a respectiva carga
    - II – Obter, junto aos escrivães e chefes de secretarias, certidões de peças ou autos de processos em curso ou findos
    - III – Assinar petições de juntada de documentos a processos judiciais ou administrativos
    - IV – Exercício de atos extrajudiciais, desde que autorizado ou com substabelecimento do advogado

EXAME da OAB • MAPAMENTALIZADO

ÉTICA

Tema VI - Prerrogativas dos Advogados

1. Prerrogativas dos advogados I

- **1.1. Conceito:** são os direitos (e não privilégios!) conferidos ao advogado em virtude da função que exerce

- **1.2. Inexistência de hierarquia ou de subordinação:** o EAOAB (art. 6º) assegura não existir HIERARQUIA ou SUBORDINAÇÃO entre juízes, membros do Ministério Público e advogados

- **1.3. Rol das prerrogativas do advogado I** (art. 7º, EAOAB)

  - **1.3.1. Liberdade de exercício profissional** (art. 7º, I): exercer, com liberdade, a profissão em todo o território nacional

  - **1.3.2. Inviolabilidade do advogado** (art. 7º, II, e §§ 6º e 7º, EAOAB): inviolabilidade de seu escritório ou local de trabalho, bem como de seus instrumentos de trabalho, de sua correspondência escrita, eletrônica, telefônica e telemática, desde que relativas ao exercício da advocacia

    - **1.3.2.1. Alcance:**
      i) escritório ou local de trabalho;
      ii) instrumentos de trabalho;
      iii) comunicações escritas, eletrônicas, telefônicas e telemáticas, desde que relativas ao exercício profissional

    - **1.3.2.2. Requisitos para a quebra da inviolabilidade do escritório de advocacia** (art. 7º, §§ 6º e 7º, EAOAB)
      - Indícios de autoria e materialidade da prática de crime por parte do advogado
      - Medida decretada pela autoridade judiciária competente, em decisão motivada
      - Que o mandado de busca e apreensão seja específico e pormenorizado
      - Que a busca e apreensão ocorra na presença de representante da OAB, vedada a utilização de pertences de clientes do advogado (salvo se coautores ou partícipes no mesmo crime que tiver ensejado a busca e apreensão)

  - **1.3.3. Comunicação com cliente preso** (art. 7º, III, EAOAB): comunicar-se com seus clientes, pessoal e reservadamente, mesmo sem procuração, quando estes se acharem presos, detidos ou recolhidos em estabelecimentos civis ou militares, ainda que considerados incomunicáveis

  - **1.3.4. Prisão em flagrante do advogado por motivo ligado à profissão** (art. 7º, IV e § 3º, EAOAB): ter a presença de representante da OAB, quando preso em flagrante, por motivo ligado ao exercício da advocacia, para lavratura do auto respectivo, sob pena de nulidade e, nos demais casos, a comunicação expressa à seccional da OAB

    - **1.3.4.1. Quando o advogado preso em flagrante terá direito à presença de representante da OAB?** Somente quando for preso por motivo ligado ao exercício da profissão, em caso de crime inafiançável

     Dica: não é a condição de advogado que define a prerrogativa em comento, mas sim o fato de ter o crime sido praticado por motivo ligado à profissão. Nesse caso, somente se se tratar de crime inafiançável impor-se-á a prisão em flagrante

  - **1.3.5. Prisão cautelar do advogado** (art. 7º, V, EAOAB): não ser recolhido preso, antes de sentença transitada em julgado, senão em sala de Estado-Maior, com instalações e comodidades condignas, assim reconhecidas pela OAB, e, na sua falta, em prisão domiciliar

     Dica: o STF, no julgamento da ADI 1127-8, declarou inconstitucional a expressão "assim reconhecidas pela OAB"

 Dica: a Nova Lei de Abuso de Autoridade (Lei 13.869/2019), com vacatio legis de 120 dias, incluiu ao Estatuto da OAB o art. 7º-B, que dispõe constituir crime violar direito ou prerrogativa de advogado previstos nos incisos II, III, IV e V do *caput* do art. 7º desta Lei, punido com detenção, de 3 (três) meses a 1 (um) ano, e multa."

ÉTICA

TEMA VI - PRERROGATIVAS DOS ADVOGADOS II

1. Prerrogativas dos advogados II

1.3. Rol das prerrogativas do advogado II (art. 7º, EAOAB)

1.3.6. Acesso livre a determinados lugares (art. 7º, VI, EAOAB):

a) Nas salas de sessões dos tribunais, mesmo além dos cancelos que separam a parte reservada aos magistrados
b) Nas salas e dependências de audiências, secretarias, cartórios, ofícios de justiça, serviços notariais e de registro, e, no caso de delegacias e prisões, mesmo fora da hora de expediente e independentemente da presença de seus titulares
c) Em qualquer edifício ou recinto em que funcione repartição judicial ou outro serviço público onde o advogado deva praticar ato ou colher prova ou informação útil ao exercício da atividade profissional, dentro do expediente ou fora dele, e ser atendido, desde que se ache presente qualquer servidor ou empregado
d) Em qualquer assembleia ou reunião de que participe ou possa participar o seu cliente, ou perante a qual este deve comparecer, desde que munido de poderes especiais

1.3.7. Permanência do advogado nos lugares em que possa ingressar livremente (art. 7º, VII, EAOAB): permanecer sentado ou em pé e retirar-se de quaisquer locais indicados no inciso anterior, independentemente de licença

1.3.8. Acesso a magistrados (art. 7º, VIII, EAOAB): dirigir-se diretamente aos magistrados nas salas e gabinetes de trabalho, independentemente de horário previamente marcado ou outra condição, observando-se a ordem de chegada

1.3.9. Sustentação oral em processos e recursos (art. 7º, IX, EAOAB): sustentar oralmente as razões de qualquer recurso ou processo, nas sessões de julgamento, após o voto do relator, em instância judicial ou administrativa, pelo prazo de quinze minutos, salvo se prazo maior for concedido

 Dica: o STF, no julgamento da ADI 1.127-8 e ADI 1.105-7, declarou inconstitucional o inciso IX em comento. Assim, somente caberá sustentação oral quando houver previsão

1.3.10. Uso da palavra (art. 7º, X, EAOAB): usar da palavra, pela ordem, em qualquer juízo ou tribunal, mediante intervenção sumária, para esclarecer equívoco ou dúvida surgida em relação a fatos, documentos ou afirmações que influam no julgamento, bem como para replicar acusação ou censura que lhe forem feitas

1.3.11. Reclamação verbal ou escrita (art. 7º, XI, EAOAB): reclamar, verbalmente ou por escrito, perante qualquer juízo, tribunal ou autoridade, contra a inobservância de preceito de lei, regulamento ou regimento

1.3.12. Postura do advogado ao falar (art. 7º, XII, EAOAB): falar, sentado ou em pé, em juízo, tribunal ou órgão de deliberação coletiva da Administração Pública ou do Poder Legislativo

1.3.13. Exame de autos de processos (art. 7º, XIII, EAOAB): examinar, em qualquer órgão dos Poderes Judiciário e Legislativo, ou da Administração Pública em geral, autos de processos findos ou em andamento, mesmo sem procuração, quando não estejam sujeitos a sigilo ou segredo de justiça, assegurada a obtenção de cópias, podendo tomar apontamentos. Esta prerrogativa poderá ser exercida mesmo em processos ou procedimentos que tramitem sob a forma eletrônica

ÉTICA

Tema VI - Prerrogativas dos Advogados III

1. Prerrogativas dos advogados III

1.3. Rol das prerrogativas do advogado III (art. 7º, EAOAB)

1.3.14. Exame de autos de investigação (art. 7º, XIV, EAOAB): examinar, em qualquer instituição responsável por conduzir investigação, mesmo sem procuração, autos de flagrante e de investigações de qualquer natureza, findos ou em andamento, ainda que conclusos à autoridade, podendo copiar peças e tomar apontamentos, em meio físico ou digital. Esta prerrogativa poderá ser exercida mesmo em procedimentos que tramitem sob a forma eletrônica

- **1.3.14.1. Necessidade de procuração:** Nos autos sujeitos a sigilo, deve o advogado apresentar procuração para o exercício dos direitos de que trata o inciso XIV
- **1.3.14.2. Delimitação do acesso às informações:** No caso previsto no inciso XIV, a autoridade competente poderá delimitar o acesso do advogado aos elementos de prova relacionados a diligências em andamento e ainda não documentados nos autos, quando houver risco de comprometimento da eficiência, da eficácia ou da finalidade das diligências
- **1.3.14.3. Consequências da violação à prerrogativa:** A inobservância aos direitos estabelecidos no inciso XIV, o fornecimento incompleto de autos ou o fornecimento de autos em que houve a retirada de peças já incluídas no caderno investigativo implicará responsabilização criminal e funcional por abuso de autoridade do responsável que impedir o acesso do advogado com o intuito de prejudicar o exercício da defesa, sem prejuízo do direito subjetivo do advogado de requerer acesso aos autos ao juiz competente

1.3.15. Vista de processos e direito de retirada (art. 7º, XV, EAOAB): ter vista dos processos judiciais ou administrativos de qualquer natureza, em cartório ou na repartição competente, ou retirá-los pelos prazos legais

- **1.3.15.1. Não se aplica o disposto no inciso XV:**
  a) aos processos em segredo de justiça;
  b) quando existirem documentos de difícil restauração ou circunstância relevante que justifique sua permanência no cartório/secretaria/repartição;
  c) até o encerramento do processo, ao advogado que não tiver devolvido os autos no prazo, e só o fizer depois de intimado

1.3.16. Retirada de autos de processos findos (art. 7º, XVI, EAOAB): retirar autos de processos findos, mesmo sem procuração, pelo prazo de dez dias

- **1.3.16.1. Não se aplica o disposto no inciso XVI:**
  a) aos processos em segredo de justiça;
  b) quando existirem documentos de difícil restauração ou circunstância relevante que justifique sua permanência no cartório/secretaria/repartição;
  c) até o encerramento do processo, ao advogado que não tiver devolvido os autos no prazo, e só o fizer depois de intimado

1.3.17. Desagravo público (art. 7º, XVII e §5º, EAOAB; arts. 18 e 19, RGOAB): ser publicamente desagravado, quando ofendido no exercício da profissão ou em razão dela

- **1.3.17.1. Ofensa pessoal:** se a ofensa ao advogado for puramente pessoal, caberá o arquivamento liminar do pedido de instauração de desagravo público
- **1.3.17.2. Concordância do advogado ofendido:** o desagravo público será promovido a critério do Conselho competente, independentemente de concordância do advogado ofendido
- **1.3.17.3. Competência:**
  a) o desagravo será promovido pela diretoria ou conselho da subseção se a ofensa ocorrer no território da subseção a que se vincule o inscrito, com representação do Conselho Seccional;
  b) o desagravo será promovido pelo Conselho Federal quando a ofensa for dirigida a Conselheiro Federal ou Presidente de Conselho Seccional, quando ofendidos no exercício das atribuições de seus cargos, bem como quando a ofensa se revestir de relevância e grave violação a prerrogativas do advogado
- **1.3.17.4. Procedimento:**
  a) O pedido será submetido à Diretoria do Conselho competente, que poderá, nos casos de urgência e notoriedade, conceder imediatamente o desagravo, ad referendum do órgão competente do Conselho, conforme definido em regimento interno
  b) Nos demais casos, a Diretoria remeterá o pedido de desagravo ao órgão competente para instrução e decisão, podendo o relator, convencendo-se da existência de prova ou indício de ofensa relacionada ao exercício da profissão ou de cargo da OAB, solicitar informações da pessoa ou autoridade ofensora, no prazo de 15 (quinze) dias, sem que isso configure condição para a concessão do desagravo
  c) O relator pode propor o arquivamento do pedido se a ofensa for pessoal, se não estiver relacionada com o exercício profissional ou com as prerrogativas gerais do advogado ou se configurar crítica de caráter doutrinário, político ou religioso
  d) Recebidas ou não as informações e convencendo-se da procedência da ofensa, o relator emite parecer que é submetido ao órgão competente do Conselho, conforme definido em regimento interno
  e) Os desagravos deverão ser decididos no prazo máximo de 60 (sessenta) dias
  f) Em caso de acolhimento do parecer, é designada a sessão de desagravo, amplamente divulgada, devendo ocorrer, no prazo máximo de 30 (trinta) dias, preferencialmente, no local onde a ofensa foi sofrida ou onde se encontre a autoridade ofensora
  g) Na sessão de desagravo o Presidente lê a nota a ser publicada na imprensa, encaminhada ao ofensor e às autoridades, e registrada nos assentamentos do inscrito e no Registro Nacional de Violações de Prerrogativas

ÉTICA

TEMA VI – PRERROGATIVAS DOS ADVOGADOS IV

1. Prerrogativas dos advogados IV

1.3. Rol das prerrogativas do advogado IV (art. 7º, EAOAB)

1.3.18. Uso de símbolos privativos da profissão (art. 7º, XVIII, EAOAB): usar os símbolos privativos da profissão de advogado

1.3.19. Recusa em depor como testemunha (art. 7º, XIX, EAOAB): recusar-se a depor como testemunha em processo no qual funcionou ou deva funcionar, ou sobre fato relacionado com pessoa de quem seja ou foi advogado, mesmo quando autorizado ou solicitado pelo constituinte, bem como sobre fato que constitua sigilo profissional

1.3.20. Retirada do advogado do fórum ou outro local em que se encontre aguardando ato judicial (art. 7º, XX, EAOAB): retirar-se do recinto onde se encontre aguardando pregão para ato judicial, após trinta minutos do horário designado e ao qual ainda não tenha comparecido a autoridade que deva presidir a ele, mediante comunicação protocolizada em juízo

1.3.21. Imunidade penal do advogado (art. 7º, §2º, EAOAB): o advogado tem imunidade profissional, não constituindo injúria, difamação ou desacato puníveis qualquer manifestação de sua parte, no exercício de sua atividade, em juízo ou fora dele, sem prejuízo das sanções disciplinares perante a OAB, pelos excessos que cometer

💡 **Dica:** o STF, no julgamento da ADI 1.127-8, declarou inconstitucional a expressão "desacato". Portanto, o advogado, ainda que no exercício da profissão, não é imune ao crime de desacato

1.3.22. Salas especiais para advogados (art. 7º, §4º, EAOAB): o Poder Judiciário e o Poder Executivo devem instalar, em todos os juizados, fóruns, tribunais, delegacias de polícia e presídios, salas especiais permanentes para os advogados, com uso e controle assegurados à OAB

💡 **Dica:** o STF, no julgamento da ADI 1.127-8, declarou inconstitucional a expressão "controle", ou seja, os advogados e a OAB poderão utilizar as salas especiais permanentes, mas estas não serão controladas por referida entidade

1.3.23. Direito de assistência a clientes investigados: assistir a seus clientes investigados durante a apuração de infrações, sob pena de nulidade absoluta do respectivo interrogatório ou depoimento e, subsequentemente, de todos os elementos investigatórios e probatórios dele decorrentes ou derivados, direta ou indiretamente, podendo, inclusive, no curso da respectiva apuração, apresentar razões e quesitos

1.4. Direitos das advogadas (art. 7º-A, EAOAB – novidade: Lei 13.363/2016)

1.4.1. São direitos da advogada:

1.4.1.1. Gestante:
a) Entrada em tribunais sem ser submetida a detectores de metais e aparelhos de raios X
b) Reserva de vaga em garagens dos fóruns dos tribunais

1.4.1.2. Lactante, adotante ou que der à luz: acesso a creche, onde houver, ou a local adequado ao atendimento das necessidades do bebê

1.4.1.3. Gestante, lactante, adotante ou que der à luz: preferência na ordem das sustentações orais e das audiências a serem realizadas a cada dia, mediante comprovação de sua condição

1.4.1.4. Adotante ou que der à luz: suspensão de prazos processuais quando for a única patrona da causa, desde que haja notificação por escrito ao cliente

1.4.1.5. Duração dos direitos das gestantes ou lactantes: Os direitos previstos à advogada gestante ou lactante aplicam-se enquanto perdurar, respectivamente, o estado gravídico ou o período de amamentação

1.4.1.6. Duração dos direitos das adotantes ou das que tiverem dado à luz: Os direitos assegurados nos incisos II e III do artigo 7º-A à advogada adotante ou que der à luz serão concedidos pelo prazo previsto no **art. 392 do Decreto-Lei nº 5.452, de 1º de maio de 1943 (CLT) – 120 dias**

1.4.1.7. Suspensão dos prazos processuais para as adotantes ou para as que tiverem dado à luz: O direito assegurado no inciso IV do artigo 7º-A à advogada adotante ou que der à luz será concedido pelo prazo previsto no § 6º do **art. 313 da Lei nº 13.105, de 16 de março de 2015 (CPC) – 30 dias**

 Lei 14.039/2020 – Os serviços profissionais de advogado são, por sua natureza, técnicos e singulares, quando comprovada sua notória especialização, nos termos da lei (art. 3º-A, EAOAB)

ÉTICA

TEMA VII - SOCIEDADE DE ADVOGADOS

1. Sociedades de advogados I (arts. 15 a 17, EAOAB; art. 19, CED)

- **1.1. Espécies de sociedades de advogados**
  - **1.1.1.** Sociedade simples de advocacia
  - **1.1.2.** Sociedade individual ou unipessoal de advocacia
  - *Dica:* ambas as espécies de sociedades de advogados têm natureza jurídica de sociedade simples

- **1.2. Composição societária**
  - **1.2.1. Sociedades simples:** mínimo de dois advogados regularmente inscritos. Portanto, sociedade pluripessoal
  - **1.2.2. Sociedade individual:** somente um advogado. Portanto, sociedade unipessoal

- **1.3. Aquisição da personalidade jurídica da sociedade de advogados** (art. 15, §1º, EAOAB): a sociedade de advogados e a sociedade unipessoal de advocacia adquirem personalidade jurídica com o registro aprovado dos seus atos constitutivos no Conselho Seccional da OAB em cuja base territorial tiver sede

- **1.4. Vedação de registro de sociedade de advogados na Junta Comercial ou Cartório de Registro Civil:** não é possível registrar a sociedade de advogados em Cartório de Registro Civil de Pessoas Jurídicas ou Junta Comercial

- **1.5. Nome ou Razão social da sociedade de advogados** (art. 16, §1º, EAOAB; art. 38, RGOAB)
  - **1.5.1. Sociedade simples (pluripessoal):** nome ou nome social de pelo menos um dos sócios, completo ou abreviado
  - **1.5.2. Sociedade individual (unipessoal):** nome ou nome social completo ou parcial do seu titular, com a expressão "Sociedade Individual de Advocacia"

- **1.6. Filiais de sociedade de advogados** (art. 15, §§4º e 5º, EAOAB): nenhum advogado pode integrar mais de uma sociedade de advogados, constituir mais de uma sociedade unipessoal de advocacia ou integrar, simultaneamente, uma sociedade de advogados e uma sociedade unipessoal de advocacia, com sede ou filial na mesma área territorial do respectivo Conselho Seccional
  - **1.6.1. Procedimento da constituição de filiais:** elaboração de ato constitutivo da filial, que deverá ser arquivado no Conselho Seccional em que vier a ser instalada, bem como averbado no registro da sede da sociedade
  - **1.6.2.** Constituída a filial, os sócios ou o titular da sociedade individual obrigam-se à inscrição suplementar

Dica: cada sociedade de advogados poderá ter somente uma filial por Conselho Seccional

- **1.7. Sócio integrando mais de uma sociedade de advogados** (art. 15, §4º, EAOAB): nenhum advogado pode integrar mais de uma sociedade de advogados, constituir mais de uma sociedade unipessoal de advocacia ou integrar, simultaneamente, uma sociedade de advogados e uma sociedade unipessoal de advocacia, com sede ou filial na mesma área territorial do respectivo Conselho Seccional

Dica: o advogado somente poderá ser sócio ou titular de uma única sociedade por Conselho Seccional

ÉTICA

Tema VII - Sociedade de Advogados II

1. Sociedades de advogados II (arts. 15 a 17, EAOAB; art. 19, CED)

- **1.8. Vedação de patrocínio de causas de clientes com interesses conflitantes** (art. 15, §6º, EAOAB; arts. 19 e 20, CED): os advogados sócios de uma mesma sociedade profissional não podem representar em juízo clientes de interesses opostos
  - **1.8.1. Dever de renunciar aos demais mandatos** (art. 20, CED): constatado o conflito de interesses e não sendo possível harmonizá-los, o advogado optará por um dos mandatos e renunciará aos demais, resguardando o sigilo profissional

- **1.9. Procuração e sociedade de advogados** (art. 15, §3º, EAOAB): as procurações devem ser outorgadas individualmente aos advogados e indicar a sociedade de que façam parte

- **1.10. Responsabilidade civil e sociedade de advogados** (art. 17, EAOAB; art. 40, RGOAB): além da sociedade, o sócio e o titular da sociedade individual de advocacia, bem como o advogado associado, respondem subsidiária e ilimitadamente pelos danos causados aos clientes por ação ou omissão no exercício da advocacia, sem prejuízo da responsabilidade disciplinar em que possam incorrer

- **1.11 Advogados associados** (art. 39, RGOAB): a sociedade de advogados pode associar-se com advogados, sem vínculo de emprego, para participação nos resultados
  - **1.11.1.** Os contratos de associação devem ser averbados no registro da sociedade de advogados

- **1.12. Vedações em matéria de sociedade de advogados** (art. 16, caput, EAOAB):
  - **1.12.1.** Não são admitidas a registro nem podem funcionar todas as espécies de sociedades de advogados que apresentem forma ou características de sociedade empresária
  - **1.12.2.** Que adotem denominação de fantasia
  - **1.12.3.** Que realizem atividades estranhas à advocacia
  - **1.12.4.** Que incluam como sócio ou titular de sociedade unipessoal de advocacia pessoa não inscrita como advogado ou totalmente proibida de advogar

- **1.13. Licenciamento de advogado e sociedade de advogados** (art. 16, §2º, EAOAB): o licenciamento do sócio para exercer atividade incompatível com a advocacia em caráter temporário deve ser averbado no registro da sociedade, não alterando sua constituição

- **1.14. Transformação de sociedade pluripessoal em unipessoal** (art. 15, §7º, EAOAB): a sociedade unipessoal de advocacia pode resultar da concentração por um advogado das quotas de uma sociedade de advogados, independentemente das razões que motivaram tal concentração

ÉTICA

Tema VIII - Advogado Empregado

1. Advogado empregado (arts. 18 a 21, EAOAB; arts. 3º, 11 a 14, RGOAB; art. 25, CED)

- **1.1. Subordinação mitigada do advogado empregado:** o advogado empregado é subordinado aos empregadores (caso contrário, inexistiria vínculo empregatício). Contudo, trata-se de subordinação mitigada, pois mantém sua isenção técnica e independência profissional

- **1.2. Prestação de serviços estranhos ao contrato** (art. 18, parágrafo único, EAOAB)**:** o advogado não está obrigado a prestar serviços de interesse puramente pessoal do empregador, fora da relação de emprego

- **1.3. Salário mínimo profissional (ou piso salarial) do advogado empregado** (art. 19, EAOAB)
  - **1.3.1. Formas de fixação:** acordo ou convenção coletiva ou, à falta destes, sentença normativa proferida em dissídio coletivo na Justiça do Trabalho

- **1.4. Representação dos advogados empregados** (art. 11, RGOAB)**:** nos acordos e convenções coletivas e nos dissídios coletivos, a representação dos advogados será feita pelo Sindicato, ou, à falta deste, pela Federação ou Confederação de advogados

- **1.5. Jornada de trabalho do advogado empregado** (art. 20, EAOAB; art. 12, RGOAB)
  - **1.5.1. Alcance da jornada:** considera-se como período de trabalho o tempo em que o advogado estiver à disposição do empregador, aguardando ou executando ordens, no seu escritório ou em atividades externas, sendo-lhe reembolsadas as despesas feitas com transporte, hospedagem e alimentação
  - **1.5.2. Regra:** 4 horas diárias contínuas e 20 horas semanais
  - **1.5.3. Exceção:** se houver acordo ou convenção coletiva ou dedicação exclusiva, a jornada será diferente
    - **Dedicação exclusiva:** cláusula expressa no contrato de trabalho, caso em que a jornada será de 8 horas diárias. O que exceder será remunerado como hora extra
  - **1.5.4. Jornada noturna e adicional:** as horas trabalhadas no período das vinte horas de um dia até as cinco horas do dia seguinte são remuneradas como noturnas, acrescidas do adicional de vinte e cinco por cento
  - **Dica:** não confundir a jornada noturna do advogado empregado com a da CLT, que vai das 22h00 às 5h00

- **1.6. Hora extra** (art. 20, §2º, EAOAB)**:** as horas trabalhadas que excederem a jornada normal são remuneradas por um adicional não inferior a 100% sobre o valor da hora normal, mesmo havendo contrato escrito

- **1.7. Advogado empregado e preposto** (art. 25, CED)**:** é defeso (leia-se: proibido) ao advogado funcionar no mesmo processo, simultaneamente, como patrono e preposto do empregador ou cliente

ÉTICA

TEMA IX - HONORÁRIOS ADVOCATÍCIOS

1. Honorários advocatícios I (arts. 22 a 26, EAOAB; arts. 48 a 54, CED)

1.1. Conceito: trata-se da contraprestação a que o advogado faz jus pelos serviços (atos privativos de advocacia) prestados a clientes, ou, ainda, em razão da vitória da parte assistida

1.2. Espécies de honorários (art. 22, EAOAB; art. 50, CED)
- **1.2.1.** Convencionais (ou contratuais; ou pactuados)
- **1.2.2.** Por arbitramento judicial (ou arbitrados judicialmente)
- **1.2.3.** Sucumbenciais (ou de sucumbência)
- **1.2.4.** Com cláusula ou com pacto *quota litis*
- **1.2.5.** Honorários assistenciais

1.3. Honorários contratuais
- **1.3.1.** Contratação preferentemente por escrito (art. 48, CED)
- **1.3.2. Momento para pagamento:** salvo estipulação em contrário, devem ser pagos em três etapas: 1/3 (início da prestação dos serviços); 1/3 (até a decisão de 1º grau); 1/3 (no final)
- **1.3.3. Valor mínimo:** não se pode cobrar abaixo da Tabela de Honorários editada por cada Conselho Seccional, sob pena de caracterização de aviltamento (art. 48, §6º, CED)
- **1.3.4. Critério da moderação** (art. 49, CED): os honorários devem ser fixados com moderação
- **1.3.5. Juntada do contrato escrito aos autos** (art. 22, §4º, EAOAB): se o advogado o fizer antes de expedir-se mandado de levantamento ou precatório, o juiz deve determinar que lhe sejam pagos diretamente, por dedução da quantia a ser recebida pelo constituinte, salvo se este provar que já os pagou
- **1.3.6. Título executivo extrajudicial:** o contrato escrito goza de eficácia executiva
- **1.3.7. Compensação de honorários contratuais com valores do cliente** (art. 48, §2º, CED): a compensação de créditos, pelo advogado, de importâncias devidas ao cliente, somente será admissível quando o contrato de prestação de serviços a autorizar ou quando houver autorização especial do cliente para esse fim, por este firmada

1.4. Honorários por arbitramento judicial
- **1.4.1. Necessidade:** na falta de estipulação ou de acordo, os honorários são fixados por arbitramento judicial, em remuneração compatível com o trabalho e o valor econômico da questão, não podendo ser inferiores aos estabelecidos na tabela organizada pelo Conselho Seccional da OAB (Art. 22, §2º, EAOAB)

1.5. Honorários sucumbenciais: são aqueles devidos pela parte vencida ao advogado da parte vencedora
- **1.5.1. Direito autônomo do advogado** (art. 23, EAOAB): os honorários por arbitramento ou sucumbência pertencem ao advogado, que tem direito autônomo para executar a sentença nesta parte, podendo requerer que o precatório, quando necessário, seja expedido em seu favor
- **1.5.2. Tratamento dado pelo EAOAB:** é nula qualquer disposição, cláusula, regulamento ou convenção individual ou coletiva que retire do advogado o recebimento dos honorários de sucumbência (art. 24, §3º, EAOAB)
  - **Dica:** o STF, no julgamento da ADI 1.194, declarou a inconstitucionalidade de todo o art. 24, §3º, do EAOAB, que dava ares de indisponibilidade aos honorários sucumbenciais. O entendimento da Excelsa Corte é de que se trata de direito disponível
- **1.5.3. Cumulatividade dos honorários contratuais com os de sucumbência** (art. 51, CED): os honorários de sucumbência e os honorários contratuais, pertencendo ao advogado que houver atuado na causa, poderão ser por ele executados, assistindo-lhe o direito autônomo para promover a execução do capítulo da sentença que os estabelecer ou para postular, quando for o caso, a expedição de precatório ou requisição de pequeno valor em seu favor
- **1.5.4. Falecimento ou incapacidade do advogado credor** (art. 24, §2º, EAOAB): na hipótese de falecimento ou incapacidade civil do advogado, os honorários de sucumbência, proporcionais ao trabalho realizado, são recebidos por seus sucessores ou representantes legais
- **1.5.5. Honorários de sucumbência do advogado empregado** (art. 21, EAOAB; art. 14, RGOAB):
  - **1.5.5.1.** São devidos aos advogados empregados
  - **1.5.5.2.** Quando empregado de sociedade de advogados, serão partilhados entre ele e a empregadora, na forma estabelecida em acordo
  - **1.5.5.3.** Não integram o salário ou a remuneração
  - **1.5.5.4. Honorários sucumbenciais e substabelecimento** (art. 51, §1º, CED): em caso de substabelecimento, haverá a repartição dos honorários entre os advogados, proporcionalmente à atuação de cada um no processo ou em conformidade com o que tenham estabelecido
  - **1.5.5.5. Indicação de mediador pelo TED/OAB:** caso haja conflito entre os advogados, a OAB ou os Tribunais de Ética poderão indicar mediador que contribua para que a partilha dos honorários seja feita na forma estabelecida no art. 51, §1º, do CED

ÉTICA

Tema IX - Honorários Advocatícios II

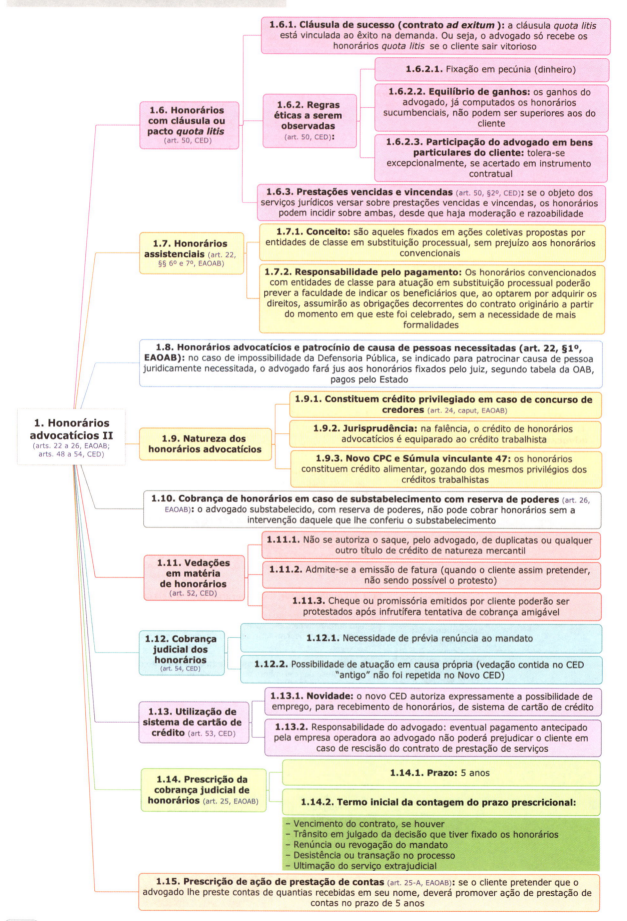

ÉTICA

TEMA X - INCOMPATIBILIDADES E IMPEDIMENTOS

1. Incompatibilidades e impedimentos I (arts. 27 a 30, EAOAB)

1.1. Ponto em comum
Ambas (incompatibilidades e impedimentos) decorrem do exercício de atividades geradoras de proibição para a advocacia

- **1.1.1. Incompatibilidades:** geram proibição total para advogar
- **1.1.2. Impedimentos:** geram proibição parcial para advogar

1.2. Incompatibilidades I

1.2.1. Classificação:

a) **Incompatibilidades prévias:** são as que existem antes do pedido de inscrição como advogado. A consequência delas será o indeferimento da inscrição (art. 11, IV, EAOAB)

b) **Incompatibilidades supervenientes:** são as que se verificam após a inscrição na OAB como advogado. As consequências delas serão o licenciamento (art. 12, IV, EAOAB) se temporárias; ou o cancelamento (art. 11, II, EAOAB) se definitivas

1.2.2. Incompatibilidades em espécie (art. 28, EAOAB)

1.2.2.1. Chefe do Poder Executivo e Membros das Mesas do Poder Legislativo e seus substitutos legais

1.2.2.2. Membros de órgãos do Poder Judiciário, do Ministério Público, dos tribunais e conselhos de contas, dos juizados especiais, da justiça de paz, juízes classistas, bem como de todos os que exerçam função de julgamento em órgãos de deliberação coletiva da administração pública direta ou indireta

> 💡 **Dica:** o STF, no julgamento da ADI 1.127-8, excluiu do inciso II, do art. 28 do EAOAB, os juízes eleitorais e seus suplentes não remunerados no TSE e nos TREs quando oriundos da classe dos advogados

> 💡 **Dica:** integrantes do CNJ e do CNMP (art. 8º, RGOAB), quando representantes da classe dos advogados, não são incompatíveis, embora exerçam funções de julgamento

> 💡 **Dica:** conciliadores e juízes leigos nos Juizados Especiais não são incompatíveis. Somente não poderão advogar no próprio Juizado em que exerçam suas funções

1.2.2.3. Ocupantes de cargos ou funções de direção em órgãos da Administração Pública direta ou indireta, em suas fundações e em suas empresas controladas ou concessionárias de serviço público – Exceções (art. 28, §2º, EAOAB):

a) Os que não detenham poder de decisão relevante sobre interesses de terceiro, a juízo do Conselho competente
b) Administração acadêmica diretamente relacionada ao magistério jurídico

1.2.2.4. Ocupantes de cargos ou funções vinculados direta ou indiretamente a qualquer órgão do Poder Judiciário e os que exercem serviços notariais e de registro

1.2.2.5. Ocupantes de cargos ou funções vinculados direta ou indiretamente a atividade policial de qualquer natureza

1.2.2.6. Militares de qualquer natureza, na ativa

1.2.2.7. Ocupantes de cargos ou funções que tenham competência de lançamento, arrecadação ou fiscalização de tributos e contribuições parafiscais

1.2.2.8. Ocupantes de funções de direção e gerência em instituições financeiras, inclusive privadas

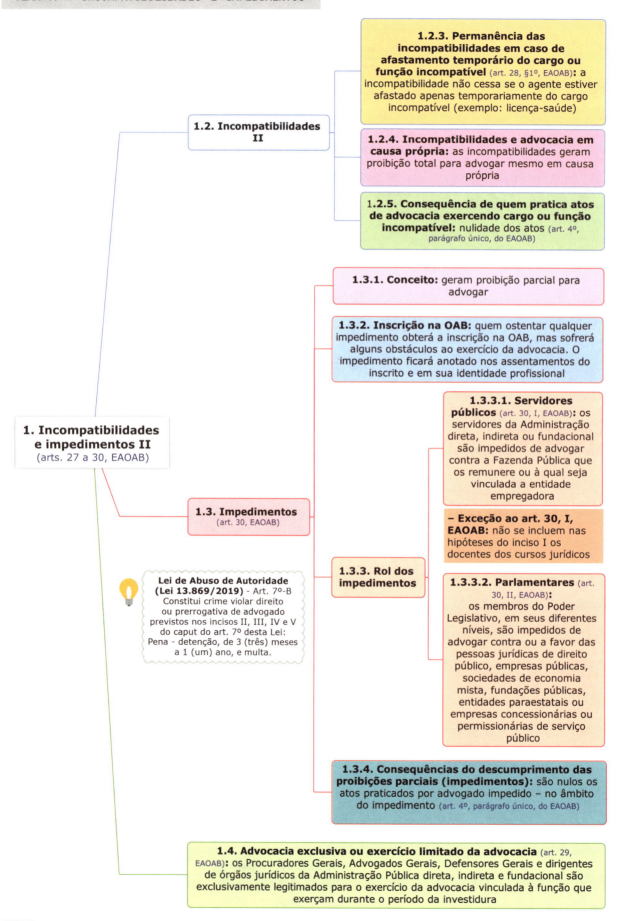

ÉTICA

Tema XI - Infrações e Sanções Disciplinares

1. Infrações e Sanções Disciplinares I

1.1. Espécies de sanções disciplinares:
- Censura
- Suspensão
- Exclusão
- Multa

1.2. Censura (art. 36 do EAOAB)

1.2.1. Hipóteses de cabimento:
- Art. 34, I a XVI e XXIX, do EAOAB
- Violação ao CED
- Violação ao EAOAB, se não houver pena mais grave

1.2.2. Infrações punidas com censura no rol do art. 34 do EAOAB (incisos I a XVI e XXIX):

I – Exercer a profissão, quando impedido de fazê-lo, ou facilitar, por qualquer meio, o seu exercício aos não inscritos, proibidos ou impedidos
II – Manter sociedade profissional fora das normas e preceitos estabelecidos nesta Lei
III – Valer-se de agenciador de causas, mediante participação nos honorários a receber
IV – Angariar ou captar causas, com ou sem a intervenção de terceiros
V – Assinar qualquer escrito destinado a processo judicial ou para fim extrajudicial que não tenha feito ou em que não tenha colaborado
VI – Advogar contra literal disposição de lei, presumindo-se a boa-fé quando fundamentado na inconstitucionalidade, na injustiça da lei ou em pronunciamento judicial anterior
VII – Violar, sem justa causa, sigilo profissional
VIII – Estabelecer entendimento com a parte adversa sem autorização do cliente ou ciência do advogado contrário
IX – Prejudicar, por culpa grave, interesse confiado ao seu patrocínio
X – Acarretar, conscientemente, por ato próprio, a anulação ou a nulidade do processo em que funcione
XI – Abandonar a causa sem justo motivo ou antes de decorridos dez dias da comunicação da renúncia
XII – Recusar-se a prestar, sem justo motivo, assistência jurídica, quando nomeado em virtude de impossibilidade da Defensoria Pública
XIII – Fazer publicar na imprensa, desnecessária e habitualmente, alegações forenses ou relativas a causas pendentes
XIV – Deturpar o teor de dispositivo de lei, de citação doutrinária e de julgado, bem como de depoimentos, documentos e alegações da parte contrária, para confundir o adversário ou iludir o juiz da causa
XV – Fazer, em nome do constituinte, sem autorização escrita deste, imputação a terceiro de fato definido como crime
XVI – Deixar de cumprir, no prazo estabelecido, determinação emanada do órgão ou autoridade da Ordem, em matéria da competência desta, depois de regularmente notificado
XXIX – Praticar, o estagiário, ato excedente de sua habilitação

1.2.3. Possibilidade de conversão da censura em advertência

– Art. 36, parágrafo único, EAOAB: a censura pode ser convertida em advertência, em ofício reservado, sem registro nos assentamentos do inscrito, quando presente circunstância atenuante

1.2.3.1. Circunstâncias atenuantes (art. 40, EAOAB)

I – Falta cometida na defesa de prerrogativa profissional
II – Ausência de punição disciplinar anterior
III – Exercício assíduo e proficiente de mandato ou cargo em qualquer órgão da OAB
IV – Prestação de relevantes serviços à advocacia ou à causa pública

ÉTICA

Tema XI - Infrações e Sanções Disciplinares II

1. Infrações e Sanções Disciplinares II

1.3. Suspensão (art. 37, EAOAB)

1.3.1. Hipóteses de cabimento:
– Art. 34, XVII a XXV, EAOAB (dica mnemônica)
– Reincidência em infração disciplinar

1.3.1.1. Infrações punidas com suspensão no rol do art. 34 do EAOAB (incisos XVII a XXV):

XVII – Prestar concurso a clientes ou a terceiros para realização de ato contrário à lei ou destinado a fraudá-la
XVIII – Solicitar ou receber de constituinte qualquer importância para aplicação ilícita ou desonesta
XIX – Receber valores, da parte contrária ou de terceiro, relacionados com o objeto do mandato, sem expressa autorização do constituinte
XX – Locupletar-se, por qualquer forma, à custa do cliente ou da parte adversa, por si ou interposta pessoa
XXI – Recusar-se, injustificadamente, a prestar contas ao cliente de quantias recebidas dele ou de terceiros por conta dele
XXII – Reter, abusivamente, ou extraviar autos recebidos com vista ou em confiança
XXIII – Deixar de pagar as contribuições, multas e preços de serviços devidos à OAB, depois de regularmente notificado a fazê-lo
XXIV – Incidir em erros reiterados que evidenciem inépcia profissional
XXV – Manter conduta incompatível com a advocacia (art. 34 parágrafo único, EAOAB): inclui-se na conduta incompatível:
a) prática reiterada de jogo de azar, não autorizado por lei;
b) incontinência pública e escandalosa;
c) embriaguez ou toxicomania habituais)

1.3.1.2. Dica mnemônica para as hipóteses de suspensão do art. 34 do EAOAB

– 1ª) situações que envolvam **DINHEIRO** (incisos XVIII, XIX, XX, XXI e XXIII do art. 34 do EAOAB);
– 2ª) demais situações que se encaixem na sigla **RECIF** (incisos XVII, XXII, XXIV e XXV do art. 34 do EAOAB):
a) **RE**tenção abusiva de autos (inciso XXII)
b) **C**onduta incompatível (inciso XXV)
c) **I**népcia profissional (inciso XXIV)
d) **F**raude (inciso XVII)

1.3.1.3. Prazo de duração da suspensão

a) **Regra:** 30 dias a 12 meses
b) **Exceções:**
b1) **Dívida com a OAB/dívida com cliente** (art. 34, XXI e XXIII, EAOAB) = até a satisfação da dívida, com correção monetária
b2) **Inépcia profissional** (art. 34, XXIV, EAOAB) = até que preste novas provas de habilitação

1.3.1.4. Critério para a fixação do prazo de duração da suspensão (art. 40, parágrafo único, EAOAB)

– Antecedentes profissionais do inscrito
– As atenuantes
– O grau de culpa por ele revelada
– As circunstâncias e as consequências da infração

1.3.1.5. Consequências da aplicação da pena de suspensão

– Impossibilidade de o advogado atuar em TODO o território nacional
– Não cessa o dever de pagamento de anuidade!
– Prática de atos privativos de advocacia durante a suspensão: nulidade

ÉTICA

Tema XI - Infrações e Sanções Disciplinares III

1. Infrações e Sanções Disciplinares III

1.4. Exclusão (art. 38, EAOAB)

1.4.1. Hipóteses de cabimento:
– Art. 34, XXVI a XXVIII, EAOAB (dica mnemônica)
– Aplicação, por três vezes, de suspensão (reincidência específica)

1.4.1.1. Infrações punidas com exclusão no rol (art. 34 do EAOAB, incisos XXVI a XXVIII):

XXVI – Fazer falsa prova de qualquer dos requisitos para inscrição na OAB
XXVII – Tornar-se moralmente inidôneo para o exercício da advocacia
XXVIII – Praticar crime infamante

1.4.2. Dica mnemônica para as hipóteses de exclusão do art. 34 do EAOAB: Sigla CIF:

a) **C**rime infamante (art. 34, XXVIII, do Estatuto)
b) **I**nidoneidade moral (art. 34, XXVII, do Estatuto)
c) **F**also requisito para a inscrição na OAB (art. 34, XXVI, do Estatuto)

1.4.3. Consequências da imposição da pena de exclusão: CANCELAMENTO da inscrição do advogado

1.4.3.1. Possibilidade de retorno à OAB: necessidade de preenchimento dos requisitos do art. 8º, I (capacidade civil), V (não exercer atividade incompatível), VI (idoneidade moral) e VII (prestar compromisso perante o Conselho competente), EAOAB

1.4.3.2. Novo pedido de inscrição em caso de exclusão (art. 11, §3º, EAOAB): na hipótese de advogado condenado à pena de exclusão, o novo pedido de inscrição também deve ser acompanhado de provas de reabilitação. Não há restauração da inscrição anterior

1.4.3.3. Quórum para a imposição da pena de exclusão (art. 38, parágrafo único, do EAOAB): necessária a manifestação favorável de dois terços dos membros do Conselho Seccional competente

1.5. Multa (art. 39 do EAOAB)

1.5.1. Característica: trata-se de sanção com natureza acessória (não poderá ser aplicada isoladamente). Será imposta cumulativamente com censura ou suspensão

💡 **Dica:** não se admite a imposição de multa com exclusão!

1.5.2. Cabimento da cumulação da multa com censura ou suspensão: advogado que ostentar agravantes (exemplo: reincidência)

1.5.3. Valor da multa: será fixada entre 1 e 10 anuidades. Os critérios para a definição do valor decorrem das seguintes circunstâncias (art. 40, parágrafo único, EAOAB): antecedentes profissionais do inscrito, as atenuantes, o grau de culpa por ele revelada, as circunstâncias e as consequências da infração

ÉTICA

Tema XII - Processo Disciplinar

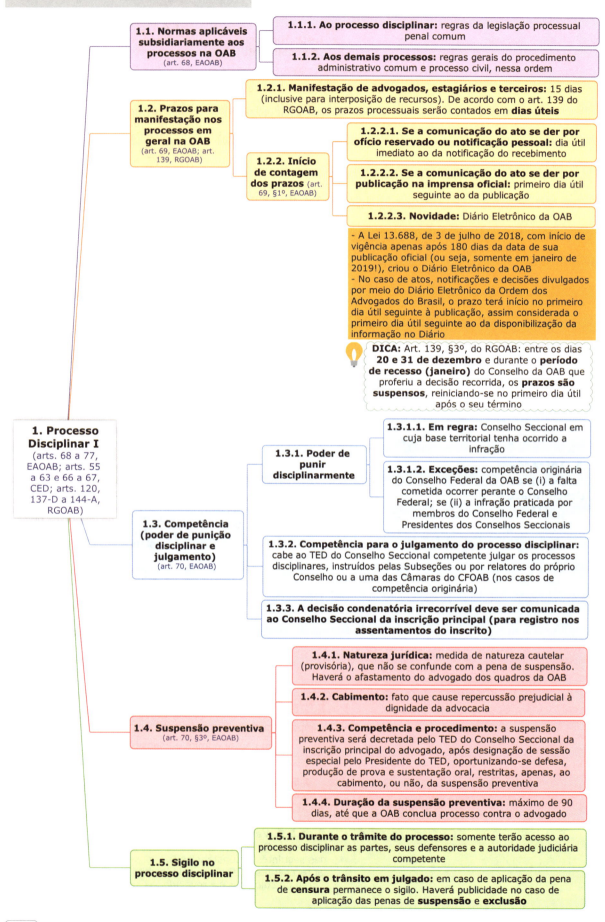

ÉTICA

TEMA XII - PROCESSO DISCIPLINAR II

1. Processo Disciplinar II
(arts. 68 a 77, EAOAB; arts. 55 a 63 e 66 a 67, CED; arts. 120, 137-D a 144-A, RGOAB)

1.6. Fases do processo disciplinar

1.6.1. Instauração
(art. 72, EAOAB; arts. 55 a 57, CED)

- **1.6.1.1. De ofício** (quando o conhecimento do fato se der por meio de fonte idônea ou por comunicação da autoridade competente, não se considerando fonte idônea a denúncia anônima)
- **1.6.1.2. Mediante representação** de qualquer autoridade ou pessoa interessada

1.6.2. Instrução
(art. 73, EAOAB; arts. 58 e 59, CED; art. 137-D, RGOAB)

- **1.6.2.1. Designação de um relator (por sorteio):** que terá por incumbência presidir a instrução processual
- **1.6.2.2. Possibilidades que se abrem para o relator** (prazo de 30 dias para qualquer das manifestações)
  - **Proposta de arquivamento liminar:** que será decretado pelo Presidente do Conselho Seccional ou do TED
  - **Proposta de instauração do processo**
  - 💡 **Dica:** se o relator descumprir o prazo de 30 dias para qualquer das manifestações que poderá apresentar, o processo será redistribuído a outro relator, também por sorteio
- **1.6.2.3.** Presidente do Conselho Seccional ou do TED profere despacho declarando instaurado o processo ou determinando o arquivamento liminar
- **1.6.2.4.** Declarado instaurado o processo, o relator determinará a notificação dos interessados para prestarem esclarecimentos, ou do representado para a apresentação de defesa prévia (prazo de 15 dias, ou mais, a juízo do relator). Podem ser arroladas até 5 testemunhas
  - **Revelia em caso de não apresentação de defesa prévia:** relator indicará defensor dativo
- **1.6.2.5.** Relator profere despacho saneador
- **1.6.2.6. Colheita de prova oral:** se houver necessidade de oitiva de testemunhas ou depoimento das partes
- **1.6.2.7.** Relator pode determinar a realização de diligências se julgá-las convenientes e necessárias. No mais, o processo seguirá por impulso oficial
- **1.6.2.8.** Emissão de parecer preliminar e encaminhamento para o TED, já dando o relator o enquadramento legal aos fatos imputados
- **1.6.2.9.** Apresentação de razões finais (prazo comum de 15 dias)
  - 💡 **Dica:** no CED anterior, as razões finais eram apresentadas antes do parecer preliminar do relator. No Novo CED, serão apresentadas após o referido parecer

1.6.3. Julgamento
(art. 60 a 67, CED)

- **1.6.3.1.** Presidente do TED designa um relator (não poderá ser o mesmo da fase instrutória caso o processo já estivesse no TED)
- **1.6.3.2.** Colocação do processo em pauta de julgamento na primeira sessão seguinte após distribuído ao relator
- **1.6.3.3.** Notificação das partes com antecedência mínima de 15 (quinze) dias da sessão de julgamento
- **1.6.3.4.** Na sessão de julgamento, há possibilidade de sustentação oral pelas partes pelo prazo de 15 (quinze) minutos, após ser lido o voto do relator
- **1.6.3.5.** Encerrado o julgamento, os autos seguirão para a lavratura do acórdão. Se este for de procedência da representação, nele deverá constar:
  - i. Enquadramento da infração e a respectiva sanção aplicada
  - ii. O quórum de instalação e de deliberação
  - iii. O voto prevalente (se do relator ou o divergente)
  - iv. Agravantes/atenuantes
  - v. Razões determinantes para conversão da censura em advertência

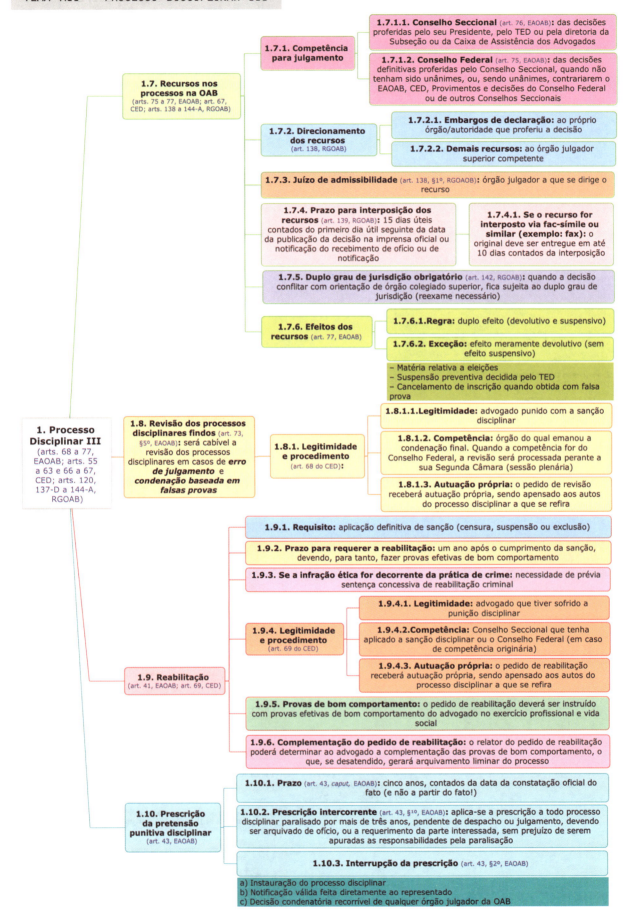

ÉTICA

TEMA XIII - DEVERES ÉTICOS DOS ADVOGADOS

1. Deveres éticos dos advogados I

1.1. Dos princípios fundamentais (arts. 1º a 7º, CED): o exercício da advocacia exige conduta compatível com os preceitos do Código de Ética, do Estatuto, do Regulamento Geral, dos Provimentos e com os demais princípios da moral individual, social e profissional

1.2. Indispensabilidade do advogado (art. 2º, CED): o advogado, indispensável à administração da Justiça, é defensor do Estado democrático de direito, dos direitos humanos e garantias fundamentais, da cidadania, da moralidade pública, da Justiça e da paz social, cumprindo-lhe exercer o seu ministério em consonância com sua elevada função pública e com os valores que lhe são inerentes

1.3. Alguns deveres éticos dos advogados (art. 2º, parágrafo único, CED)

I – Preservar, em sua conduta, a honra, a nobreza e a dignidade da profissão, zelando pelo seu caráter de essencialidade e indispensabilidade da advocacia
II – Atuar com destemor, independência, honestidade, decoro, veracidade, lealdade, dignidade e boa-fé
III – Velar por sua reputação pessoal e profissional
IV – Empenhar-se, permanentemente, em seu aperfeiçoamento pessoal e profissional
V – Contribuir para o aprimoramento das instituições, do Direito e das leis
VI – Estimular, a qualquer tempo, a conciliação e a mediação entre os litigantes, prevenindo, sempre que possível, a instauração de litígios
VII – Desaconselhar lides temerárias, a partir de um juízo preliminar de viabilidade jurídica
VIII – Abster-se de:
a) Utilizar de influência indevida, em seu benefício ou do cliente
b) Vincular seu nome ou nome social a empreendimentos sabidamente escusos
c) Emprestar concurso aos que atentem contra a ética, a moral, a honestidade e a dignidade da pessoa humana
d) Entender-se diretamente com a parte adversa que tenha patrono constituído, sem o assentimento deste
e) Contratar honorários advocatícios em valores aviltantes

1.4. Liberdade e independência do advogado (art. 4º, CED): o advogado, ainda que vinculado ao cliente ou constituinte, mediante relação empregatícia ou por contrato de prestação permanente de serviços, ou como integrante de departamento jurídico, ou de órgão de assessoria jurídica, público ou privado, deve zelar pela sua liberdade e independência

1.4.1. Recusa pelo advogado: é legítima a recusa, pelo advogado, do patrocínio causa e de manifestação, no âmbito consultivo, de pretensão concernente a lei ou direito que também lhe seja aplicável, ou contrarie orientação que tenha manifestado anteriormente

1.5. Uso da mentira e/ou da má-fé pelo advogado (art. 6º, CED): é defeso ao advogado expor os fatos em Juízo ou na via administrativa falseando deliberadamente a verdade e utilizando de má-fé

1.6. Vedação de captação de clientela (art. 7º CED): é vedado o oferecimento de serviços profissionais que implique, direta ou indiretamente, angariar ou captar clientela

ÉTICA

Tema XIII - Deveres Éticos dos Advogados II

1. Deveres éticos dos advogados II

- **1.6. Das relações com o cliente** (arts. 9º a 26, CED)

  - **1.6.1. Dos riscos da demanda:** o advogado deve informar o cliente, de modo claro e inequívoco, quanto a eventuais riscos da sua pretensão, e das consequências que poderão advir da demanda. Deve, igualmente, denunciar, desde logo, a quem lhe solicite parecer ou patrocínio, qualquer circunstância que possa influir na resolução de submeter-lhe a consulta ou confiar-lhe a causa

  - **1.6.2. Devolução de bens/valores/documentos e prestação de contas:** a conclusão ou desistência da causa – tenha havido ou não extinção do mandato – obriga o advogado a devolver ao cliente bens, valores e documentos que lhe hajam sido confiados e ainda estejam em seu poder, bem como a prestar-lhe contas, pormenorizadamente, sem prejuízo de esclarecimentos complementares que se mostrem pertinentes e necessários
    - **1.6.2.1. Devolução de honorários:** a parcela dos honorários paga pelos serviços até a conclusão ou desistência da causa não se inclui entre os valores a serem devolvidos

  - **1.6.3. Confiança recíproca entre cliente e advogado:** as relações entre advogado e cliente baseiam-se na confiança recíproca. Sentindo o advogado que essa confiança lhe falta, é recomendável que externe ao cliente sua impressão e, não se dissipando as dúvidas existentes, promova, em seguida, o substabelecimento do mandato ou a ele renuncie

  - **1.6.4. Ausência de subordinação na atuação do advogado:** o advogado, no exercício do mandato, atua como patrono da parte, cumprindo-lhe, por isso, imprimir à causa orientação que lhe pareça mais adequada, sem se subordinar a intenções contrárias do cliente, mas, antes, procurando esclarecê-lo quanto à estratégia traçada

  - **1.6.5. Abandono dos feitos pelos advogados:** o advogado não deve deixar ao abandono ou ao desamparo as causas sob seu patrocínio, sendo recomendável que, em face de dificuldades insuperáveis ou inércia do cliente quanto a providências que lhe tenham sido solicitadas, renuncie ao mandato

  - **1.6.6. Postulação contra ex-cliente/ex-empregador:** o advogado, ao postular em nome de terceiros, contra ex-cliente ou ex-empregador, judicial e extrajudicialmente, deve resguardar o sigilo profissional
    - **1.6.6.1. Abstenção bienal:** é vedado ao advogado advogar contra ex-cliente ou ex-empregador antes de decorridos dois anos do fim da relação contratual. Porém, mesmo após esse período, deverá ser resguardado o sigilo profissional

  - **1.6.7. Assunção de causas criminais pelo advogado:** é direito e dever do advogado assumir a defesa criminal, sem considerar sua própria opinião sobre a culpa do acusado. Não há causa criminal indigna de defesa, cumprindo ao advogado agir, como defensor, no sentido de que a todos seja concedido tratamento condizente com a dignidade da pessoa humana, sob a égide das garantias constitucionais

  - **1.6.8. Atuação desvinculada a outros advogados:** o advogado não se sujeita à imposição do cliente que pretenda ver com ele atuando outros advogados, nem fica na contingência de aceitar a indicação de outro profissional para com ele trabalhar no processo

  - **1.6.9. Abstenções a serem observadas pelo advogado:** ao advogado cumpre abster-se de patrocinar causa contrária à validade ou legitimidade de ato jurídico em cuja formação haja colaborado ou intervindo de qualquer maneira; da mesma forma, deve declinar seu impedimento ou o da sociedade que integre quando houver conflito de interesses motivado por intervenção anterior no trato de assunto que se prenda ao patrocínio solicitado

ÉTICA

Tema XIV - Sigilo Profissional

1. Sigilo profissional (arts. 35 a 38, CED)

1.1. Conceito: o sigilo profissional corresponde ao dever do advogado de resguardar os fatos de que tome conhecimento no exercício profissional, bem como em virtude de funções desempenhadas na OAB. Também se aplica aos conciliadores, mediadores e árbitros no tocante aos fatos por eles conhecidos nos exercícios dessas atividades

1.2. Rompimento do sigilo profissional: o sigilo profissional cederá em face de circunstâncias excepcionais que configurem justa causa, como nos casos de grave ameaça ao direito à vida e à honra ou que envolvam defesa própria

1.2.1. Relatividade do sigilo: o dever de sigilo profissional é relativo, eis que comporta rompimento em caso de hipóteses que configurem justa causa. Inexistente justa causa, o advogado incorrerá em infração disciplinar (art. 34, VII, do EAOAB)

1.3. Sigilo profissional e testemunho de advogado (art. 38, CED): o advogado não é obrigado a depor, em processo ou procedimento judicial, administrativo ou arbitral, sobre fatos a cujo respeito deva guardar sigilo profissional

 O STF, no julgamento do **Recurso Extraordinário 647.885**, com repercussão geral reconhecida, decidiu pela **inconstitucionalidade da suspensão do advogado em caso de inadimplência de anuidades** (art. 34, XXIII, EAOAB) ao argumento de que tal sanção acarreta ofensa à liberdade constitucional de exercício profissional.

1.4. Natureza do sigilo profissional (art. 36, CED): o sigilo profissional é de ordem pública, independendo de solicitação de reserva que lhe seja feita pelo cliente

1.5. Presunção de confidencialidade (art. 36, §1º, CED): presumem-se confidenciais as comunicações de qualquer natureza entre advogado e cliente

1.6. Prazo de duração do sigilo profissional: eterno

ÉTICA

Tema XV - Publicidade Profissional

1. Publicidade na advocacia (arts. 39 a 47, CED)

1.1. Características da publicidade profissional do advogado: caráter meramente informativo e deve primar pela discrição e sobriedade, não podendo configurar captação de clientela ou mercantilização da profissão

1.2. Meios de publicidade vedados (art. 40, CED): os meios utilizados para a publicidade profissional hão de ser compatíveis com a diretriz estabelecida no artigo anterior (caráter informativo, discrição e sobriedade), sendo vedados:

I – A veiculação da publicidade por meio de rádio, cinema e televisão
II – O uso de outdoors, painéis luminosos ou formas assemelhadas de publicidade
III – As inscrições em muros, paredes, veículos, elevadores ou em qualquer espaço público
IV – A divulgação de serviços de advocacia juntamente com a de outras atividades ou a indicação de vínculos entre uns e outras
V – O fornecimento de dados de contato, como endereço e telefone, em colunas ou artigos literários, culturais, acadêmicos ou jurídicos, publicados na imprensa, bem assim quando de eventual participação em programas de rádio ou televisão, ou em veiculação de matérias pela internet, sendo permitida a referência a e-mail
VI – A utilização de mala-direta, a distribuição de panfletos ou formas assemelhadas de publicidade, com o intuito de captação de clientela

 Dica: exclusivamente para fins de identificação dos escritórios de advocacia, é permitida a utilização de placas, painéis luminosos e inscrições em suas fachadas, desde que respeitadas as diretrizes previstas no artigo 39 do CED (caráter informativo, discrição e sobriedade)

1.3. Colunas e textos em meios de comunicação (art. 41, CED): as colunas que o advogado mantiver nos meios de comunicação social ou os textos que por meio deles divulgar não deverão induzir o leitor a litigar nem promover, dessa forma, captação de clientela

1.4. Algumas vedações à publicidade (art. 42, CED): é vedado ao advogado:

I – Responder com habitualidade a consulta sobre matéria jurídica nos meios de comunicação social
II – Debater, em qualquer meio de comunicação, causa sob o patrocínio de outro advogado
III – Abordar tema de modo a comprometer a dignidade da profissão e da instituição que o congrega
IV – Divulgar ou deixar que sejam divulgadas listas de clientes e demandas
V – Insinuar-se para reportagens e declarações públicas

1.5. Participação do advogado em programas de rádio e TV (art. 43, CED): o advogado que eventualmente participar de programa de televisão ou de rádio, de entrevista na imprensa, de reportagem televisionada ou veiculada por qualquer outro meio, para manifestação profissional, deve visar a objetivos exclusivamente ilustrativos, educacionais e instrutivos, sem propósito de promoção pessoal ou profissional, vedados pronunciamentos sobre métodos de trabalho usados por seus colegas de profissão

 Dica: quando convidado para manifestação pública, por qualquer modo e forma, visando ao esclarecimento de tema jurídico de interesse geral, deve o advogado evitar insinuações com o sentido de promoção pessoal ou profissional, bem como o debate de caráter sensacionalista

1.6. Regras de observância obrigatória na publicidade profissional (art. 44, CED): na publicidade profissional que promover ou nos cartões e material de escritório de que se utilizar, o advogado fará constar seu nome, nome social ou o da sociedade de advogados, o número ou os números de inscrição na OAB

1.6.1. Referências a títulos e outras informações: poderão ser referidos apenas os títulos acadêmicos do advogado e as distinções honoríficas relacionadas à vida profissional, bem como as instituições jurídicas de que faça parte e as especialidades a que se dedicar, o endereço, e-mail, site, página eletrônica, QR code, logotipo e a fotografia do escritório, o horário de atendimento e os idiomas em que o cliente poderá ser atendido

1.6.2. Cartões de visita: é vedada a inclusão de fotografias pessoais ou de terceiros nos cartões de visitas do advogado, bem como menção a qualquer emprego, cargo ou função ocupado, atual ou pretérito, em qualquer órgão ou instituição, salvo o de professor universitário

1.7. Patrocínio de eventos culturais, publicações de caráter científico ou cultural e boletins informativos (art. 45, CED): são admissíveis como formas de publicidade o patrocínio de eventos ou publicações de caráter científico ou cultural, assim como a divulgação de boletins, por meio físico ou eletrônico, sobre matéria cultural de interesse dos advogados, desde que sua circulação fique adstrita a clientes e a interessados do meio jurídico

1.8. Publicidade pela internet e outros meios (art. 46, CED): a publicidade veiculada pela internet ou por outros meios eletrônicos deverá observar as diretrizes estabelecidas neste capítulo

1.8.1. Internet e telefonia: a telefonia e a internet podem ser utilizadas como veículo de publicidade, inclusive para o envio de mensagens a destinatários certos, desde que estas não impliquem o oferecimento de serviços ou representem forma de captação de clientela

ÉTICA

TEMA XVI - ELEIÇÕES E MANDATO NA OAB

1. Eleições e Mandato na OAB I

1.1. Base normativa: arts. 63 a 67 do EAOAB, arts. 128 a 137-C do Reg. Geral e Provimento 146/11 do CFOAB. Subsidiariamente, aplica-se a legislação eleitoral

1.2. Requisitos para ser candidato a cargos eletivos na OAB (art. 63, §2, EAOAB e art. 131, §2º, RGOAB)

a) Ser regularmente inscrito no Conselho Seccional respectivo, com inscrição principal ou suplementar
b) Situação regular na OAB (estar em dia com as anuidades na data do protocolo do pedido de registro da candidatura; em caso de parcelamento, devem estar as parcelas quitadas)
c) Não ocupar cargo exonerável *ad nutum*
d) Não ter condenação por infração disciplinar, salvo se reabilitado, ou não ter representação disciplinar julgada procedente por órgão do Conselho Federal
e) Exercer efetivamente a profissão há mais de 3 (três) anos, nas eleições para os cargos de Conselheiro Seccional e das Subseções, quando houver, e há mais de 5 (cinco) anos, nas eleições para os demais cargos, conforme redação dada pela Lei 13.875, de 20 de setembro de 2019, que alterou o art. 63, § 2º, do EAOAB. Referidos prazos são contados até o dia da posse
f) Não exercer atividade incompatível com a advocacia, em caráter permanente ou temporário
g) Não integrar listas, com processo em tramitação, para provimento de cargos em tribunais judiciários ou administrativos

1.3. Datas para as eleições

- **1.3.1. Regra:** segunda quinzena do mês de novembro do último ano do mandato, com posse em 01 de fevereiro do ano seguinte
- **1.3.2. Exceção:** eleições para a Diretoria do Conselho Federal ocorrerão em 31/01 do ano seguinte ao das "eleições gerais", às 19h00, com posse em 01 de janeiro

1.4. Duração do mandato: 3 anos, sendo gratuito (não remunerado). Porém, é considerado serviço relevante, inclusive para fins de disponibilidade e aposentadoria

1.5 Chapas: não são admissíveis candidaturas isoladas. As chapas devem ser completas, contemplando todos os cargos (Diretoria dos Conselhos Seccionais, Conselheiros Seccionais, Conselheiros Federais, Diretoria da Caixa de Assistência dos Advogados e suplentes, se houver)

1.6. Votação

- **1.6.1. Comparecimento:** a votação é de comparecimento obrigatório, sob pena de multa de 20% do valor da anuidade, salvo justificativa escrita
- **1.6.2. Forma da votação:** a votação ocorrerá, preferencialmente, em urna eletrônica, ou, caso impossibilidade, em cédula única
- **1.6.3. Voto em trânsito:** não é permitido

1.7. Eleição da Diretoria do Conselho Federal (art. 137, RGOAB): diversamente da Diretoria dos Conselhos Seccionais e Subseções, bem como das Caixas de Assistência, a Diretoria do Conselho Federal não é escolhida não diretamente pelos advogados, mas pelos Conselheiros Federais

- **1.7.1. Votação:** a votação para Diretoria do Conselho Federal ocorre em 31 de janeiro do ano seguinte ao das "eleições diretas", às 19h00, em reunião presidida pelo Conselheiro Federal mais antigo
- **1.7.2. Vitória:** reputa-se eleita a chapa que conseguir a maioria simples dos votos dos Conselheiros Federais, presente a metade mais um de seus membros
- **1.7.3. Requisitos:** todos os membros da chapa candidata à Diretoria do Conselho Federal devem ser Conselheiros Federais, exceto o Presidente
- **1.7.4. Apoio dos Conselhos Seccionais:** o candidato a Presidente do CFOAB deve contar, no mínimo, com o apoiamento de 6 Conselhos Seccionais

ÉTICA
Tema XVI - Eleições e Mandato na OAB II

1. Eleições e Mandato na OAB II

- **1.8. Propaganda eleitoral** (art. 133 do RGOAB e Provimento 146/11)

1.8.1. Meios admitidos de propaganda eleitoral

a) Envio de cartas, mensagens eletrônicas (e-mail), "torpedos" (SMS e MMS) e WhatsApp aos advogados
b) Cartazes, faixas, banners e adesivos, desde que não explorados comercialmente por empresas que vendam espaço publicitário, observada a distância de até trezentos metros dos fóruns
c) Uso e distribuição de camisetas, bonés e bótons
d) Distribuição de impressos variados
e) Manutenção de sítios eletrônicos (das chapas e de terceiros, mas, neste último caso, restrito a 1 banner de 234 x 60 pixels, com até 25 KB), blogs na internet e assemelhados, desde que devidamente informados à Comissão Eleitoral para fins de registro

1.8.2. Condutas vedadas em matéria eleitoral

a) Qualquer propaganda transmitida por meio de emissora de televisão ou rádio, excluindo entrevistas, debates e notícias sobre a campanha eleitoral, desde que integrando a programação normal da emissora
b) Utilização de outdoors e assemelhados, exceto nos locais de votação
c) Qualquer meio de divulgação em espaço publicitário comercializado em ruas e logradouros, independentemente de tamanho, a exemplo de cartazes eletrônicos, em veículos de transportes públicos, como ônibus e táxis, bem como em outros pontos de divulgação ou, ainda, em veículos contratados mediante aluguel, ressalvados os espaços publicitários de comitês de candidaturas
d) Propaganda na imprensa que exceda, por edição, 1/8 (um oitavo) de página de jornal padrão e 1/4 (um quarto) de página de revista ou tabloide, ainda que gratuita, não podendo exceder, ainda, 10 (dez) edições
e) Propaganda com uso de carros de som e assemelhados, ou seja, qualquer veículo ou instrumento fixo ou ambulante de emissão sonora, como megafones. A vedação não atinge a sonorização de atos públicos de campanha com a presença de candidatos
f) Quaisquer pinturas ou pichações em prédios públicos ou privados, com exceção de pinturas alusivas à chapa, nos respectivos comitês
g) Distribuição de brindes, ressalvado o uso e a distribuição de camisetas, bonés e bótons
h) Contratação de terceiros para veiculação e exibição de bandeiras, bandeirolas e assemelhados na parte externa do prédio onde estiverem situadas as salas de votação (Provimento 146/2011, art. 10, § 6º) e, no dia da eleição, é vedada a propaganda eleitoral nos prédios onde estiverem situadas as salas de votação

1.8.3. Atos de abuso econômico

a) Propaganda transmitida por meio de emissora de televisão ou rádio, permitindo-se entrevistas e debates com os candidatos
b) Propaganda por meio de outdoors ou com emprego de carros de som ou assemelhados
c) Propaganda na imprensa, a qualquer título, ainda que gratuita, que exceda, por edição, 1/8 (um oitavo) de página de jornal padrão e 1/4 (um quarto) de página de revista ou tabloide
d) Uso de bens imóveis e móveis pertencentes à OAB, à Administração direta ou indireta da União, dos Estados, do Distrito Federal e dos Municípios, ou de serviços por estes custeados, em benefício de chapa ou de candidato, ressalvados os espaços da Ordem que devam ser utilizados, indistintamente, pelas chapas concorrentes
e) Pagamento, por candidato ou chapa, de anuidades de advogados ou fornecimento de quaisquer outros tipos de recursos financeiros ou materiais que possam desvirtuar a liberdade do voto
f) Utilização de servidores da OAB em atividades de campanha eleitoral

DIREITO CONSTITUCIONAL

Bruna Vieira · Tony Chalita

DIREITO CONSTITUCIONAL

Tema I - Teoria geral do Direito Constitucional

1 Constituição I: noções, estrutura, princípios fundamentais

1.1 Constituição

1.1.1 Conceito: é a norma suprema de organização de um Estado

1.1.2 Constituições brasileiras:

- 1824 (outorgada, monarca, semirrígida, poder moderador, religião oficial, sufrágio censitário)
- 1891 (promulgada, república, presidencialismo, habeas corpus, estado leigo, controle difuso, voto universal)
- 1934 (promulgada, estado liberal para estado social, mandado de segurança, ação popular, voto da mulher, voto secreto)
- 1937 (outorgada por Vargas, nomeação de interventores, poder todo centralizado, desconstitucionalizou o MP e o mandado de segurança)
- 1946 (promulgada, redemocratização do país, 3 poderes, mandado de segurança e ação popular no texto constitucional)
- 1967 (promulgada, apenas formalmente, atos institucionais, centralização dos poderes nas mãos dos PR, enfraqueceu a competência dos estados-membros)
- EC 1/1969 (outorgada por uma junta militar, censura, ditadura)
- 1988 (promulgada, rígida, república, presidencialismo, federação, estado laico)

1.1.3 Princípio da Supremacia: significa que as normas constitucionais fundamentam e validam os demais atos normativos. Sendo assim, todo o ordenamento infraconstitucional deve estar de acordo com o texto constitucional (relação de compatibilidade vertical com a Constituição).

Dica: não há hierarquia entre normas constitucionais, todas são dotadas de supremacia

1.2 Estrutura da Constituição Federal de 1988

1.2.1 Preâmbulo: segundo o STF, o preâmbulo traz valores que norteiam a interpretação das normas constitucionais, mas não tem força normativa

1.2.2 Disposições duráveis: art. 1º ao 250 da CF

1.2.3 Disposições transitórias: são normas criadas para executarem um determinado papel que, sendo cumprido, passam a não ter mais utilidade. O ADCT – Ato das Disposições Constitucionais Transitórias – fica ao final do texto constitucional, possui numeração própria (art. 1º ao 114) e só pode ser alterado por emenda constitucional

1.2.4 Emendas constitucionais
Comuns: 1/1992 a 110/2021
De revisão: 1/1994 a 6/1994

1.3 Princípios Fundamentais

1.3.1 Fundamentos: soberania, cidadania, dignidade da pessoa humana, valores sociais do trabalho e da livre iniciativa (art. 1º da CF)

1.3.2 Objetivos fundamentais: construir uma sociedade livre, justa e solidária; garantir o desenvolvimento nacional; erradicar a pobreza e a marginalização e reduzir as desigualdades sociais e regionais; promover o bem de todos, sem preconceitos de origem, raça, sexo, cor, idade e quaisquer outras formas de discriminação (art. 3º da CF)

DIREITO CONSTITUCIONAL

TEMA I - TEORIA GERAL DO DIREITO CONSTITUCIONAL

1. Constituição II: elementos e classificação

1.4. Elementos da Constituição

- **1.4.1. Elementos orgânicos:** contemplam as normas estruturais da Constituição
  - = **Exemplos:** regras sobre organização do Estado e dos Poderes, Forças Armadas e segurança pública, tributação e orçamento

- **1.4.2. Elementos limitativos:** normas que limitam o poder de atuação do Estado
  - = **Exemplos:** direitos e garantias fundamentais, exceto direitos sociais

- **1.4.3. Elementos socioideológicos:** demonstram a ideologia adotada pelo texto constitucional
  - = **Exemplos:** direitos sociais, ordem econômica e financeira e ordem social

- **1.4.4. Elementos de estabilização constitucional:** visam à superação dos conflitos constitucionais, ao resguardo da estabilidade constitucional, à preservação da supremacia da Constituição, à proteção do Estado e das instituições democráticas e à defesa da Carta Política
  - = **Exemplos:** intervenção federal e estadual, processo de emendas constitucionais e regras sobre o controle de constitucionalidade

- **1.4.5. Elementos formais de aplicabilidade:** servem para auxiliar a efetiva aplicação das normas constitucionais
  - = **Exemplos:** preâmbulo e o ADCT

1.5. Classificação das Constituições

- **1.5.1. Quanto à forma: escrita** (sistematizadas num único texto) ou **não escrita** (baseadas em textos esparsos, jurisprudência, costumes, convenções, atos do parlamento, etc)

- **1.5.2. Quanto ao modo de elaboração: dogmática** (aceitação de dogmas do momento vigente) ou **histórica** (fruto de um processo evolutivo)

- **1.5.3. Quanto à origem: outorgada** (imposta pelo detentor do poder), **promulgada** (democrática ou popular, fruto de Assembleia Nacional Constituinte) ou **cesarista** (embora imposta, é submetida a referendo popular)

- **1.5.4. Quanto ao processo de mudança: rígida** (processo de alteração solene e dificultoso), flexível (alterável por meio do procedimento das leis), **semirrígida** (uma parte rígida, outra flexível) e **"superrígida"** (aquela que possui núcleos essenciais intangíveis – cláusulas pétreas – art. 60, §4º da CF)

- **1.5.5. Quanto à extensão: concisas** (são sucintas, cuidam apenas de regras gerais, estruturais do ordenamento jurídicoestatal) ou **prolixas** (são longas, numerosas, cuidam de assuntos diversos, que poderiam estar dispostos em normas infraconstitucionais)

- **1.5.6. Quanto ao conteúdo: material** (trata apenas de matéria constitucional, ou seja, as que giram em todo do poder, por exemplo, as que organizam o poder e o Estado e as que dispõem sobre os direitos fundamentais) ou **formal** (tudo que estiver previsto formalmente na Constituição é considerado norma constitucional, ainda que não esteja relacionado ao "poder")

DIREITO CONSTITUCIONAL

Tema I - Teoria geral do Direito Constitucional

1. Fenômenos, poder constituinte e eficácia das normas constitucionais I

1.1. Fenômenos constitucionais

1.1.1. Recepção
– **Conceito:** é o fenômeno jurídico pelo qual se resguarda a continuidade do ordenamento jurídico anterior e inferior à nova Constituição, desde que se mostre materialmente compatível com a nova Constituição

1.1.2. Desconstitucionalização
– **Conceito:** fenômeno que faz com que a Constituição antiga seja recebida pela nova como norma infraconstitucional. Há uma verdadeira queda de hierarquia

Dica: não existe no Brasil, pois com a entrada em vigor de uma nova Constituição, a antiga é totalmente revogada

1.1.3. Repristinação e efeito repristinatório
– **Conceito:** repristinação é o fenômeno pelo qual se restabelece a vigência de uma lei que foi revogada em razão da lei revogadora ter sido posteriormente revogada por outra. De acordo com o art. 2º, § 3º, da LINDB, em regra, a lei revogada não se restaura por ter a lei revogadora perdido a vigência (repristinação). É possível disposição em contrário. Por sua vez, o efeito repristinatório decorre do controle abstrato de constitucionalidade das leis quando dada lei revogadora é declarada inconstitucional e a revogada volta a produzir efeitos automáticos

1.1.4. Mutação constitucional
– **Conceito:** significa a alteração informal da Constituição. O texto constitucional permanece intacto; a sua interpretação é alterada

1.1.5. Vacatio constitucionis
– **Conceito:** período de transição entre uma Constituição e outra

DIREITO CONSTITUCIONAL

Tema I - Teoria geral do Direito Constitucional

1. Fenômenos, poder constituinte e eficácia das normas constitucionais II

1.2. Poder constituinte

1.2.1. Poder constituinte originário

– **Conceito:** é aquele que cria a primeira constituição de um Estado ou a nova constituição de um Estado
– **Características:** ilimitado (conteúdo), incondicionado (forma) e autônomo

1.2.2. Poder constituinte derivado (decorrente, reformador e revisor)

– **Conceito:** criado pelo originário, é aquele que reforma e revisa a Constituição, além de também possibilitar aos Estados a criação das suas próprias Constituições
– **Características: limitado, condicionado e subordinado**
– **Espécies:**
a) Decorrente: poder que cada estado tem de se autorregulamentar, por meio da sua própria Constituição (art. 11 do ADCT e 25 da CF)
b) Reformador: poder de alterar a Constituição e que se manifesta por meio das emendas constitucionais (art. 60 da CF). **Limites:** *materiais (cláusulas pétreas)* : forma federativa de Estado, voto direto, secreto, universal e periódico, separação dos poderes e direitos e garantias individuais (art. 60, §4º da CF); *formais:* quanto à iniciativa – somente os previstos nos incisos do *caput* do art. 60 podem iniciar proposta de emenda constitucional – PEC (I – de um terço, no mínimo, dos membros da Câmara dos Deputados ou do Senado Federal, II – do presidente da República e III – de mais da metade das Assembleias Legislativas das unidades da Federação, manifestando-se, cada uma delas, pela maioria relativa de seus membros); quanto ao **quórum:** as propostas de emendas devem ser discutidas e votadas em cada Casa do Congresso Nacional, em dois turnos, considerando-se aprovadas se obtiverem, em ambos, três quintos dos votos dos respectivos membros (art. 60, §2º da CF); quanto à **promulgação:** as emendas à Constituição serão promulgadas pelas Mesas da Câmara dos Deputados e do Senado Federal, com o respectivo número de ordem (art. 60, §3º da CF); quanto à **reapresentação:** a matéria constante de proposta de emenda rejeitada ou havida por prejudicada não pode ser objeto de nova proposta na mesma sessão legislativa (art. 60, §5º da CF); circunstanciais: em determinados momentos, em que o país está vivendo uma situação de anormalidade (**estado de sítio, estado de defesa e intervenção federal**), a Constituição não poderá ser emendada (art. 60, §1º da CF) e
c) Revisor (art. 3º do ADCT)**:** a revisão constitucional ocorreu pelo voto da maioria absoluta dos membros do Congresso Nacional, em sessão unicameral

1.3. Eficácia jurídica das normas constitucionais

1.3.1. Plena: produzem, por si só, a plenitude de seus efeitos. Possuem aplicabilidade direta, imediata e integral

= **Exemplos:** arts. 1º, 2º, 13 e 18, §1º da CF/1988

1.3.2. Contida: não dependem de norma regulamentadora, mas admitem leis que restrinjam o seu conteúdo. Possuem aplicabilidade direta e imediata, mas eventualmente não integral

= **Exemplo:** art. 5º, XIII, da CF (liberdade de profissão)

1.3.3. Limitada: dependem de norma regulamentadora para produzirem efeitos. Possuem aplicabilidade indireta, mediata e reduzida. Não havendo a regulamentação e o direito não puder ser exercido, dois instrumentos são cabíveis: mandado de injunção (art. 5º, LXXI, da CF e Lei 13.1300/2016) e ação direta de inconstitucionalidade por omissão (Lei 9.868/1999, capítulo II-A, incluído pela Lei 12.063/2009)

= **Exemplos:** arts. 88 e 102, §1º, da CF

DIREITO CONSTITUCIONAL
Tema II - Direitos fundamentais

1. Direitos fundamentais I

1.1. Espécies:
- **1.1.1. Direitos e deveres individuais e coletivos** (art. 5º da CF)
- **1.1.2. Direitos sociais** (arts. 6º a 11 da CF)
- **1.1.3. Nacionalidade** (arts. 12 e 13 da CF)
- **1.1.4. Direitos políticos** (arts. 14 a 16 da CF)
- **1.1.5. Partidos políticos** (art. 17 da CF)

1.2. Características:

- **1.2.1. Universalidade:** os direitos fundamentais são destinados a todas as pessoas, indistintamente. Aplicação aos brasileiros, estrangeiros (ainda que não residam no Brasil, segundo o STF), pessoas naturais, jurídicas, Estado e etc

- **1.2.2. Limitabilidade ou caráter relativo:** ainda que sejam considerados fundamentais, não são direitos absolutos. Não há direito absoluto. Na crise advinda do confronto entre dois ou mais direitos fundamentais, ambos terão de ceder (ponderação de valores e princípio da harmonização). Há quem sustente que a dignidade da pessoa humana não entraria em confronto com outros direitos, pois possuiria hierarquia supraconstitucional

- **1.2.3. Cumulatividade ou concorrência dos direitos fundamentais:** os direitos fundamentais não se excluem, na verdade se somam. Para o exercício de um, não é necessário que outro seja eliminado

- **1.2.4. Irrenunciabilidade:** ninguém pode recusar, abrir mão de um direito fundamental. O exercício desses direitos pode não ser efetivado por aquele que não o deseja, mas ainda que não colocados em prática, pertence ao seu titular. O Estado é o garantidor

- **1.2.5. Irrevogabilidade:** significa que nem mesmo pelo processo de alteração da Constituição (emendas constitucionais) é possível revogar um direito fundamental. Essa afirmação é pacífica, no tocante aos direitos inseridos no texto constitucional pelo poder constituinte originário

- **1.2.6. Imprescritibilidade:** os direitos fundamentais, por serem inerentes à pessoa humana, não prescrevem. Os titulares desses direitos, mesmo que não os exerçam, não os perdem

- **1.2.7. Inalienabilidade:** não podem ser alienados, vendidos. São indisponíveis e não detêm caráter patrimonial

- **1.2.8. Historicidade:** a formação dos direitos fundamentais se dá no decorrer da história. A origem desses direitos tem por base movimentos como o constitucionalismo. Sua evolução concreta é demonstrada ao longo do tempo. As conhecidas gerações ou dimensões dos direitos fundamentais se fundamentam especificamente nessa característica

- **1.2.9. Aplicação imediata:** as normas definidoras dos direitos e garantias fundamentais têm aplicação imediata (art. 5º, §1º, da CF), ou seja, são aplicáveis até onde estiverem capacitadas para tanto. Vale lembrar que o grau de aplicabilidade estará de acordo com a classificação da norma que pode ser plena, contida e limitada

DIREITO CONSTITUCIONAL

Tema II - Direitos fundamentais

1. Direitos fundamentais II

1.3. Gerações ou dimensões

1.3.1. Primeira (liberdade): consubstancia-se fundamentalmente nas liberdades públicas. Tem por finalidade limitar o poder de atuação do Estado. São conhecidos como direitos negativos. Há um dever de abstenção por parte do Estado, pois as liberdades criam uma barreira de proteção ao indivíduo. Ex.: direito à liberdade, direitos individuais, direitos civis e direitos políticos

1.3.2. Segunda (igualdade): os direitos de segunda geração exigem uma conduta positiva do Estado. Prestigiam-se valores ligados à igualdade, atingem grupos sociais. Ao contrário dos direitos de primeira geração, em que há um dever de abstenção por parte do Estado, o poder público passa a participar da vida dos indivíduos. Ex.: direitos sociais, culturais e econômicos

1.3.3. Terceira (fraternidade): os direitos de terceira geração dizem respeito à solidariedade. Encontram-se aqui os denominados direitos transindividuais que abarcam, por exemplo, o direito ao meio ambiente ecologicamente equilibrado e os direitos do consumidor

1.3.4. Quarta: para aqueles que sustentam a existência dessa dimensão, os direitos incluídos aqui são os mais novos, relacionados à globalização dos direitos fundamentais. Ex.: direito informático, patrimônio genético, softwares e direito espacial

1.3.5. Quinta: para aqueles que sustentam a existência dessa dimensão, o direito à paz é o principal exemplo. As guerras e os ataques civis, dentre outras situações, seriam enfrentadas por essa geração

1.4. Direitos fundamentais em espécie I

1.4.1. Direito à vida e à integridade (art. 5º, "caput", da CF) a CF admite a pena de morte em caso de guerra externa declarada (art. 5º, XLVII, "a", e art. 84, XIX, da CF)

 Dica: o STF, ao julgar a ADI 3.510, declarou que o artigo 5º da Lei de Biossegurança (Lei 11.105/2005) é constitucional, autorizando, portanto, as pesquisas com células-tronco. Também autorizou a interrupção da gravidez do feto anencefálico (ADPF 54-DF). Ambas as situações não violam o direito à vida

1.4.2. Princípio da igualdade ou isonomia (art. 5º, I, da CF): todos são iguais perante a lei, sem distinção de qualquer natureza. A realização efetiva da justiça busca o tratamento igual para os iguais, mas para tanto é preciso dar tratamento desigual aos desiguais, na exata medida da desigualdade; isso tem como objetivo a superação da **igualdade meramente formal (perante a lei)** e o alcance da **igualdade material (real)**. Discriminações positivas são admitidas na busca da isonomia material, por exemplo, quotas raciais, a reserva de vagas para deficientes em concursos públicos, etc. Não cabe ao Poder Judiciário, que não tem função legislativa, aumentar vencimentos de servidores públicos sob o fundamento de isonomia (súmula vinculante 37 do STF)

1.4.3. Princípio da legalidade (art. 5º, II, da CF): ninguém será obrigado a fazer ou deixar de fazer alguma coisa senão em virtude de lei (legalidade para o particular); em relação ao poder público, a legalidade indica que o administrador só faz aquilo que a lei determinar ou autorizar (legalidade para a Administração Pública). É importante mencionar que o princípio da legalidade não se confunde com o da reserva legal. O primeiro está previsto no art. 5º, inciso II, da CF e tem sentido amplo, abrangendo todas as espécies normativas, previstas no art. 59 da CF. Já o da reserva legal pressupõe somente a lei em sentido estrito, ou seja, lei ordinária ou complementar

1.4.4. Liberdade de pensamento, manifestação e direito de resposta (art. 5º, IV e V da CF): a manifestação do pensamento é livre, sendo proibido o anonimato. O direito de resposta deve ser exercido sempre de forma proporcional ao agravo, além do cabimento de indenizações. Art. 220 da CF – manifestação de pensamento, de informação e proibição da censura política

DIREITO CONSTITUCIONAL

Tema II - Direitos fundamentais

1. Direitos fundamentais III

1.4. Direitos fundamentais em espécie II

1.4.5. Princípio da liberdade religiosa (art. 5º, VI, da CF): o Brasil é considerado laico ou leigo (sem religião oficial). Liberdades protegidas: crença e consciência (religiosa, política e filosófica). Exceção: se invocar a crença e/ou consciência para eximir-se de obrigação legal a todos imposta e recusar-se a cumprir prestação alternativa, fixada em lei (art. 5º, VIII, da CF). A liberdade de culto possui eficácia plena. Por outro lado, a parte do dispositivo que trata da proteção aos locais de culto e a suas liturgias é considerada norma de eficácia limitada ("na forma da lei"). Além disso, a CF assegura, nos termos da lei, a prestação de assistência religiosa nas entidades civis e militares de internação coletiva (art. 5º, VII, da CF) como, por exemplo, em hospitais e presídios. Por fim, vale lembrar que o art. 210, §1º, da CF determina que o ensino religioso deva ser prestado de matrícula **facultativa** e constituirá disciplina dos horários normais das escolas públicas de ensino fundamental

1.4.6. Liberdade de expressão (art. 5º, IX, da CF): é livre a expressão da atividade intelectual, artística, científica e de comunicação, independentemente de censura ou licença. Essa garantia abrange também o direito de opinião, de informação e de escusa de consciência. STF: RE 511.961 declarou como não recepcionado pela Constituição o artigo 4º, V, do Decreto-Lei 972/1969, que exigia diploma de curso superior para o exercício da profissão de jornalista; ADPF 130 considera como não recepcionada toda a Lei de Imprensa (Lei 5.250/1967)

1.4.7. Direito à privacidade e à preservação da imagem (art. 5º, X, da CF): são invioláveis a intimidade, a vida privada, a honra e a imagem das pessoas, assegurado o direito à indenização pelo dano material ou moral decorrente de sua violação. Acarreta dano moral a mera publicação de fotografias não autorizadas, pois não é necessária a comprovação de dano efetivo. Vale lembrar que a proteção em relação a pessoas é diminuída. Além disso, a súmula vinculante 11 restringe o uso de algemas aos casos de resistência e de fundado receio de fuga ou de perigo à integridade física própria ou alheia por parte do preso ou de terceiros, desde que justificada por escrito, sob pena de responsabilidade. Isso decorre da preservação da imagem

1.4.8. Princípio da inviolabilidade domiciliar (art. 5º, XI, da CF): a casa (abrange, por exemplo, quarto de hotel, escritório de advocacia, trailer, etc.) é considerada asilo inviolável do indivíduo, de modo que ninguém nela pode adentrar sem consentimento do morador. **Exceções:** 1. flagrante delito, 2. desastre, 3. para prestar socorro ou por determinação judicial (durante o dia)

1.4.9. Direito ao sigilo de correspondência, comunicações telegráficas, de dados e telefônicos (art. 5º, XII, da CF): é inviolável o sigilo da correspondência e das comunicações telegráficas, de dados e das comunicações telefônicas, salvo, no último caso, por ordem judicial, nas hipóteses e na forma que a lei estabelecer para fins de investigação criminal ou instrução processual penal. Prevalece o entendimento que esses sigilos podem ser relativizados. O das **comunicações telefônicas** para ser quebrado, desde que **por ordem judicial** e para **fins de investigação criminal ou processual penal**. Vale lembrar que o Supremo admite que sejam utilizados as gravações feitas na instrução processual penal como prova emprestada nos processos de natureza civil e administrativa

1.4.10. Direito de exercer qualquer profissão (art. 5º, XIII, da CF): o exercício da atividade profissional é livre, mas pode ser restringido por lei. Trata-se de uma norma de eficácia contida (ou restringível), de modo que a lei pode estabelecer requisitos para o exercício da atividade profissional, como, por exemplo, o EOAB (Lei 8.906/1994) que, dentre outros requisitos, exige a aprovação no exame de ordem para o exercício da advocacia. O Supremo já declarou a constitucionalidade de tal exame (RE 603.583). Por outro lado, a mesma Corte definiu que o exercício da atividade de jornalismo não depende de prévia obtenção de diploma universitário (RE 511.961/SP)

1.4.11. Acesso à informação (art. 5º, XIV, da CF): é assegurado a todos, resguardado o sigilo da fonte, quando necessário ao exercício profissional

1.4.12. Liberdade de locomoção (art. 5º, XV, da CF): entrada, permanência ou saída no território nacional é livre, nos termos da lei e em tempo de paz. Nos estados sítio e de defesa podem ser criadas restrições

DIREITO CONSTITUCIONAL

Tema II - Direitos fundamentais

1. Direitos fundamentais IV

- **1.4. Direitos fundamentais em espécie III**

  - **1.4.13. Direito de reunião** (art. 5º, XVI, da CF): a reunião deve ser realizada em um **local aberto ao público** e desde que: **a)** ocorra de forma **pacífica**; **b)** sem armas; **c)** haja **prévia comunicação** à autoridade competente (não é autorização, apenas comunicação) e **d)** não frustre outra reunião já agendada para o mesmo dia e local. No estado de sítio, o direito pode ser suspenso (art. 139, IV, da CF) e no de defesa restringido (art. 136, §1º, I, "a", da CF)

  - **1.4.14. Direito de associação** (art. 5º, XVII a XXI, da CF): para fins lícitos. Sua criação independe de autorização. Vedada a obrigatoriedade de associação ou sua permanência aos que não quiserem. Para suspender as atividades da associação, é necessária a ordem judicial; e para dissolver compulsoriamente, decisão judicial transitada em julgado

  - **1.4.15. Direito de propriedade** (art. 5º, XXII a XXV, da CF): desde que atenda a função social

  Dica: há limites. Além de outras hipóteses, quando houver necessidade ou utilidade pública, o Estado poderá desapropriar. Requisitos: justa e prévia indenização. Exceção (art. 182, III da CF)

  - **1.4.16. Direito do autor** (art. 5º XXVII e XXIX, da CF): direito exclusivo de utilização, publicação ou reprodução de suas obras, transmissível aos herdeiros em período fixao em lei (súmula 386)

  - **1.4.17. Direito de herança** (art. 5, XXX e XXXI, da CF): jurisprudência: a capacidade para suceder é verificada no momento da abertura da sucessão (RE 162.350). Aos bens do estrangeiro no país, a lei brasileira regulará o benefício dos herdeiros brasileiros quando a lei de *cujus* não for mais favorável

  - **1.4.18. Direito à informação** (art. 5º, XXXIII, da CF), regulamentado pela Lei 12.527/2011: é dado a todos. As informações podem ser de interesse particular, coletivo ou geral. Exceções: aquelas cujo sigilo seja imprescindível à segurança da sociedade e do Estado

  - **Dica:** o art. 8º da Lei 12.527/11 (lei do acesso a informações) determina que é dever dos órgãos e entidades públicas promover, **independentemente de requerimentos**, a divulgação em local de fácil acesso, no âmbito de suas competências, de informações de interesse coletivo ou geral por eles produzidas ou custodiadas

  - **1.4.19. Direito de petição e de certidão** (art. 5º, XXXIV, "a" e "b", da CF): assegurados a todos, independentemente do pagamento de taxas. Petição em defesa de direitos ou contra ilegalidade ou abuso de poder. Certidão para defesa de direitos e esclarecimento de situações de interesse pessoal

  - **1.4.20. Princípio da irretroatividade da lei** (art. 5º, XXXVI, da CF): a lei não prejudicará o direito adquirido, o ato jurídico perfeito e a coisa julgada (segurança das relações jurídicas)

  - **1.4.21. Princípio do livre acesso ao Judiciário** (art. 5º, XXXV, da CF): a lei não excluirá da apreciação do Poder Judiciário lesão ou ameaça a direito. É o denominado princípio da inafastabilidade do controle jurisdicional

  - **1.4.22. Hipóteses de prisão civil** (art. 5º, LXVII, da CF): impossibilidade de prisão civil por dívida, salvo a do responsável pelo inadimplemento voluntário e inescusável de obrigação alimentícia e a do depositário infiel. O STF decidiu que é ilegal a prisão do depositário infiel (súmula vinculante 25)

  - **1.4.23. Princípio da razoável duração do processo** (art. 5º, LXXVIII, da CF): a todos, no âmbito judicial e administrativo, são assegurados a razoável duração do processo e os meios que garantam a celeridade de sua tramitação

  - **1.4.24. Irretroatividade da lei** (art. 5, XXXVI, da CF): súmulas vinculantes 1 e 9. Segurança das relações jurídicas. Exceção à lei penal que poderá retroagir desde que beneficie o réu (art. 5, XL, da CF). Súmula 611 do STF

  - **1.4.25. Juízo natural (art. 5º, XXXVII e LIII, da CF):** tem a ver com a proibição da criação de juízo ou tribunal de exceção, aqueles criados após a ocorrência do fato, para julgarem crimes específicos, e com a regra de que ninguém será processado nem sentenciado senão pela autoridade competente

  - **1.4.26. Rol exemplificativo de direitos fundamentais** (art. 5º, §2º, da CF): os direitos e garantias expressos nesta Constituição não excluem outros decorrentes do regime e dos princípios por ela adotados, ou dos tratados internacionais em que a República Federativa do Brasil seja parte

  Dica: o Supremo Tribunal Federal já afirmou reiteradas vezes que os direitos e garantias fundamentais não se esgotam no artigo 5º da Lei Maior, podendo ser encontrados em diversos dispositivos inseridos na Constituição, como por exemplo: sistema tributário constitucional, a partir do artigo 145 da CF

DIREITO CONSTITUCIONAL

Tema III - Remédios constitucionais

1. Remédios constitucionais

1.1. Espécies

1.1.1. Habeas corpus (art. 5º, LXVIII, da CF)

- **Objetivo:** proteger a liberdade de locomoção (ir, vir e permanecer) diante de uma ameaça (*habeas corpus* preventivo – pedido: salvo conduto) ou já violação (*habeas corpus* repressivo – pedido: alvará de soltura). Pode ser impetrado por terceiro. Não exige formalidades, capacidade civil nem advogado constituído. Não cabe HC em relação a punições disciplinares militares (art. 142, §2º, da CF).
- **Exceção:** para discutir questões sobre legalidade, por exemplo, a competência da autoridade militar que determinou a prisão.
- **Dica:** cabe HC em vara cível na hipótese de risco à liberdade em decorrência de prisão civil (alimentos)

1.1.2. Habeas data (art. 5, LXXII, da CF – Lei 9.507/1997)

- **Objetivo:** conhecimento de informações relativas ao impetrante, retificação de informações e complementação (anotação ou explicação) – trazida pela Lei 9.507/1997. Tais informações devem constar de registros e bancos de dados de entidades governamentais ou de caráter público. Não cabe para informações de terceiros. É necessária a recusa de informações por parte da autoridade administrativa, na hipótese de conhecimento das informações. É uma ação gratuita. Tem prioridade de tramitação, salvo em relação ao HC e MS (art. 19 da Lei 9.507/1997)

1.1.3. Mandado de injunção (art. 5, LXXI, da CF – Lei 13.300/2016)

- **Objetivo:** cabível em razão da inércia do legislador (omissão legislativa) que inviabilize o exercício de direitos e liberdades constitucionais e das prerrogativas inerentes à nacionalidade, à soberania e à cidadania
- **Dica:** a lei prevê a possibilidade de impetração coletiva pelos seguintes legitimados: Ministério Público, partido político com representação no Congresso Nacional, organização sindical e associação constituída há 1 ano e defensoria pública (art. 12 da Lei 13.300/2016)
- **Exemplo:** art. 37, VII da CF prevê o direito de greve nos termos e limites da lei. Não houve edição de lei. MI, remédio constitucional aplicável
- **Teoria:** a lei adotou a chamada concretista intermediária, prestigiando a efetividade das normas constitucionais. É reconhecida a mora, estabelecido prazo para regulamentação e, na inércia do órgão omisso, o direito é concretizado
- **Efeitos da decisão ao caso concreto** (há exceções para aplicação geral – art. 9 da Lei 13.300/2016) até que sobrevenha norma regulamentadora (que valerá a partir da publicação – ex nunc, salvo se mais benéfica – art. 11 da Lei 13.300/2016)

1.1.4. Ação popular (art. 5, LXXIII, da CF e Lei 4.717/1965)

- **Objetivo:** garante a qualquer cidadão (eleitor alistado regularmente) questionar e requerer a anulação de ato administrativo lesivo ao patrimônio público, à moralidade administrativa, meio ambiente e patrimônio histórico e cultural
- **Dica:** pessoa jurídica, inelegíveis (estrangeiros e conscritos) e apátridas não têm legitimidade. Remédio exclusivamente designado à proteção do interesse coletivo. O MP, como instituição, não pode propor a ação popular, mas pode assumir o polo ativo, caso o cidadão desista
- **Custas:** é uma ação isenta de custas, salvo comprovada má-fé (declarada expressamente pelo juiz)
- **Recurso:** se o cidadão perder a ação e não recorrer, outro pode fazê-lo e até o MP (art. 19, §2º, da Lei 4.717/1965)

1.1.5. Mandado de segurança
(art. 5º, LXIX e LXX, da CF e Lei 12.016/2009 – súmula 510 do STF)

- **Objetivo:** resguardar direito líquido e certo violado por abuso de poder ou ilegalidade (autoridade pública). É um remédio residual, ou seja, cabível desde que não seja amparado por HC ou HD
- **Espécies:** individual ou coletivo. Quando coletivo (art. 5º, LXX, da CF), a legitimidade será: do partido político com representação no Congresso, da organização sindical, e da entidade de classe ou da associação legalmente constituída e em funcionamento há pelo menos um ano
- **Dica:** em razão da liquidez e certeza do direito (prova documental pré-constituída), não admite produção de provas. Precisa de advogado. Não há condenação de honorários à parte vencida (súmula 512 do STF)
- **Prazo:** decadencial de 120 dias, contados a partir do ato lesivo

 Atenção! A Lei 13.676/18 alterou a 12.016/09 para permitir a defesa oral do pedido de liminar na sessão de julgamento do mandado de segurança

DIREITO CONSTITUCIONAL

TEMA IV - NACIONALIDADE

1. Nacionalidade

1.1. Conceito: é o vínculo de natureza jurídica e política que integra o indivíduo a um determinado Estado. Após isso, o sujeito passa a fazer parte do elemento pessoal do Estado e é chamado de **nacional**. É direito fundamental de primeira geração e quem a atribui é o Estado

- **1.1.1. Povo:** conjunto de pessoas que têm vínculo de nacionalidade com o Estado. Conjunto de nacionais (nato ou naturalizado)
- **1.1.2. População:** conjunto de habitantes de um território. Inclui-se nacional e estrangeiro
- **1.1.3. Nação:** conjunto de pessoas ligadas por semelhanças, afinidades étnicas, costumes e idioma
- **1.1.4. Cidadania:** adquirida por meio de alistamento eleitoral. Cabível somente ao detentor de direitos políticos

1.2. Formas de aquisição da nacionalidade brasileira:

- **1.2.1. Originária/primária:** é a que o indivíduo detém por meio do nascimento. Critérios para a atribuição dessa nacionalidade: o territorial (*jus soli*) – *leva em conta o local de nascimento* e sanguíneo (*jus sanguinis*) – *leva em conta a ascendência* do indivíduo (art. 12, I, "a", "b" e "c", da CF)
- **1.2.2. Secundária:** é a que o indivíduo adquire, após o nascimento, por meio do processo de naturalização, por um ato voluntário (art. 12, II, "a" e "b", da CF)

- **Ordinária** (art. 12, II, "a", da CF – Lei 13.445/17 – Lei de Migração): obtida a partir da adoção dos procedimentos da Lei de Migração (art. 65). E, aos estrangeiros originários de países que falam a língua portuguesa, um ano de residência ininterrupta no Brasil e idoneidade moral
- **Extraordinária** (art. 12, II, "b", da CF e art. 67 da Lei 13.445/17): largo lapso temporal de residência no país. Presunção de fortes vínculos com o Brasil. Requisitos: residência ininterrupta há mais de 15 anos e não possuir condenação criminal
- **Especial** (arts. 68 e 69 da Lei 13.445/17)
- **Provisória** (art. 70 da Lei 13.445/17)

1.3. Perda da nacionalidade brasileira (art. 12, §4º, da CF)

- **1.3.1. Cancelamento judicial da naturalização:** atividade nociva ao interesse nacional. Cabível ao estrangeiro naturalizado
- **1.3.2. Aquisição voluntária de outra nacionalidade:** cabível ao nato e ao naturalizado

 Exceções: reconhecimento de nacionalidade originária pela Lei Estrangeira e imposição de naturalização pela Lei Estrangeira para permanência ou exercício de direitos

1.4. Nato e naturalizado: distinções

1.4.1. Cargos privativos de natos (art. 12, §3º, da CF):

I – de presidente e vice-presidente da República
II – de presidente da Câmara dos Deputados
III – de presidente do Senado Federal
IV – de ministro do Supremo Tribunal Federal
V – da carreira diplomática
VI – de oficial das Forças Armadas
VII – de ministro de Estado da Defesa

1.4.2. Impossibilidade de extradição de brasileiro nato (art. 5, LI, da CF) somente o naturalizado poderá ser extraditado e em duas hipóteses: crime comum praticado antes da naturalização ou comprovado envolvimento em tráfico ilícito de entorpecentes e drogas afins

Dica: o Brasil não concede extradição de estrangeiro por crime político ou de opinião (art. 5, LII da CF). Ao contrário, pode ser concedido o asilo político (art. 4º, X, CF)

1.4.3. Perda de nacionalidade do naturalizado (art. 12, §4º, I da CF): sentença judicial transitada em julgado em razão de atividade nociva ao interesse nacional. Reaquisição possível por ação rescisória

1.4.4. Demais distinções: alguns membros do Conselho da República (art. 89, VII da CF); propriedade de empresa jornalística e radiodifusão e o conteúdo da programação será estabelecido por brasileiros natos ou naturalizados há mais de 10 anos

1.5. Portugueses residentes no Brasil (art.12, §1º, da CF): de forma fixa e desde que haja tratamento recíproco aos brasileiros residentes em Portugal, terão os mesmos direitos dos brasileiros naturalizados. Não se trata de naturalização

DIREITO CONSTITUCIONAL
Tema V - Direitos Políticos

1. Direitos políticos I

1.1. Conceito: conjunto de normas que disciplinam a atuação da soberania popular

1.2. Positivos: possibilidade de votar e ser votado. Direito de sufrágio ou capacidade eleitoral ativa e passiva. Exercido nas eleições ou em consultas (plebiscitos e referendos). Núcleo dos direitos políticos

- **1.2.1 Forma direta ou indireta:** no primeiro caso, exercido pelo povo em plebiscito, referendo e lei de iniciativa popular. No segundo, por meio da democracia representativa (representantes eleitos)

- **1.2.2. Plebiscito:** convocação do povo para se manifestar. Consulta **prévia** à edição do ato normativo, vincula a atuação governamental

- **1.2.3. Referendo:** consulta do povo posterior ao ato legislativo e que vincula a atuação governamental. Ratifica ou não o ato legislativo produzido

- **1.2.4. Capacidade eleitoral ativa:** direito de votar, exercido por meio do alistamento eleitoral. Voto obrigatório aos maiores de 18 e menores de 70 anos. Voto facultativo aos maiores de 16 e menores de 18 anos, aos maiores de 70 e aos analfabetos (art. 14, §1º, CF)

   Dica: são inalistáveis, ou seja, não podem alistar-se como eleitores, os estrangeiros e, durante o período do serviço militar obrigatório, os conscritos. Se não podem o menos que é votar, não poderão o mais que é ser votado

- **1.2.5. Capacidade eleitoral passiva:** direito de ser votado. Requisitos: nacionalidade brasileira, alistamento eleitoral, direitos políticos regulares, domicílio eleitoral na circunscrição e filiação partidária (art. 14, §3º, da CF). Além disso, **idades mínimas**: vereador– 18 anos, deputado federal, estadual e prefeito– 21 anos, governador– 30 anos, presidente da República e senador – 35 anos. **Nacionalidade:** nato e naturalizados são elegíveis. Exceção presidente e vice (apenas natos)

DIREITO CONSTITUCIONAL

TEMA V - DIREITOS POLÍTICOS

1. Direitos políticos II

- **1.3. Negativos:** relacionados aos impedimentos, aos fatos que impossibilitam a participação no processo eleitoral. Engloba inelegibilidades e privação de direitos políticos
  - **1.3.1. Inelegibilidades**
  - **1.3.2. Conceito:** impedimentos relativos ou absolutos que atingem o direito de ser votado
  - **1.3.3. Modalidades: absolutas ou relativas**
    - **Absolutas:** os inalistáveis (estrangeiros e conscritos, durante o serviço militar obrigatório) e os analfabetos são inelegíveis de forma absoluta, ou seja, não podem concorrer a nenhum cargo eletivo (art. 14, § 4º, da CF)
    Dica: é uma norma de eficácia plena, aplicabilidade direta, imediata e integral
    - **Relativas:** não estão relacionadas ao indivíduo, mas a fatores externos ou pessoas ligadas a ele: funcional, casamento, parentesco ou afinidade, legais, militares e domicílio eleitoral
  - **1.3.4. Motivo funcional** (art. 14, §5º, da CF)**:** chefe do Executivo poderá ser candidato à reeleição por somente 1 vez. Há vedação a mandatos sucessivos para o mesmo cargo do executivo. Havendo intervalo de um mandato, poderá voltar a concorrer novamente. A regra vale para os prefeitos, governadores e presidente da República. O exercente de cargo do Executivo para concorrer a cargo diverso deverá se desincompatibilizar 6 meses antes das eleições (art. 14, §6º, da CF)
  - **1.3.5. Casamento, parentesco ou afinidade** (art. 14, §7º, da CF – súmula vinculante 18)**:** são inelegíveis, no território da jurisdição do titular, o cônjuge e consanguíneos até o segundo grau, ou por adoção do presidente da República, governador e prefeito. Exceção: se já titular de mandato e candidato a reeleição. É chamada de inelegibilidade reflexa
  - **1.3.6. Motivos legais:** casos regulamentados em lei. Ex.: Lei 64/1990 (Lei das Inelegibilidades) alterada pela Lei Complementar 135/2010 (Lei da Ficha Limpa)

 Dica: a Lei da Ficha Limpa proíbe, dentre outras hipóteses, a candidatura de cidadãos que possuam condenação criminal ou por ato de improbidade administrativa em órgão colegiado, não sendo necessário o trânsito em julgado

- **1.4. Privação ou restrição dos direitos políticos:**
  - **1.4.1. Suspensão:** a) incapacidade civil absoluta, b) condenação criminal transitada em julgado, enquanto durarem seus efeitos, c) prática de atos de improbidade administrativa
  - **Reaquisição:** se os motivos não mais persistirem, haverá reaquisição
  - **1.4.3. Perda:** a) cancelamento da naturalização, b) recusa em cumprir obrigação a todos imposta
  - **Reaquisição:** se a perda foi em razão do cancelamento da naturalização, somente por meio de ação rescisória. Se for recusa de obrigação, basta que cumpra

- **1.5. Impugnação do mandato eletivo:** dentro de 15 dias contados da diplomação, com provas do abuso do poder econômico, corrupção ou fraude (art. 14, §10, da CF). A ação corre em segredo de justiça, perante a Justiça Eleitoral e o autor responderá, na forma da lei, se tiver proposto a ação de forma temerária ou de má-fé (art. 14, §11, da CF)

- **1.6. Cassação dos direitos políticos:** é proibida. Seria a exclusão unilateral desses direitos sem a observância do contraditório e da ampla defesa

- **1.7. Princípio da anterioridade eleitoral** (art. 16 da CF)**:** a lei que alterar o processo eleitoral entrará em vigor na data de sua publicação, não se aplicando à eleição que ocorra até um ano da data de sua vigência

- **1.8. Características do voto:** direto, secreto, universal, periódico, personalíssimo, obrigatório e de conteúdo livre

DIREITO CONSTITUCIONAL
Tema VI - Partidos Políticos

1. Partidos políticos

1.1. Função: assegurar a autenticidade do sistema representativo, defender o estado democrático e os direitos e garantias fundamentais

 Dica: os partidos políticos são pessoas jurídicas de direito privado, adquirem personalidade da forma da lei civil e, após isso, devem registrar seus estatutos no TSE (art. 17, § 2º, da CF)

1.2. Condições de existência (art. 17 da CF)**:** caráter nacional, proibição de recebimento de recursos financeiros de entidade ou governo estrangeiro, prestação de contas à justiça eleitoral e funcionamento parlamentar de acordo com a lei

1.3. Autonomia: definirão sua estrutura interna, organização e funcionamento e poderão adotar os critérios de escolha e o regime de suas coligações eleitorais

 Dica: a reforma eleitoral de 2017, a partir da EC 97/2017, vedou expressamente a coligação de partidos para cargos proporcionais

1.4. Fim da verticalização das coligações: EC 52/2006 estabeleceu que não há obrigatoriedade de vinculação entre candidaturas no âmbito nacional, estadual, distrital ou municipal

1.5. Financiamento: desde 2015, após julgamento pelo STF da ADI 4650 e edição da Lei 13.165/2015, passou a ser vedada a doação por pessoa jurídica. Os partidos recebem fundo partidário proporcional ao número de cadeiras que detêm na Câmara dos Deputados. Em 2017, foi aprovado ainda o Fundo Especial de Financiamento de Campanha (Lei 13.487/2017)

1.6. Fim das coligações proporcionais: A EC 97/2017 estabeleceu a vedação da celebração de coligações nas eleições proporcionais, a partir das eleições de 2020

1.7. Fundo partidário e direito de antena: a EC 97/17 estabeleceu regras sobre o acesso dos partidos políticos aos recursos do fundo partidário e ao tempo de propaganda gratuito na rádio e na televisão

1.8. Reserva de vagas: o art. 10, § 3º, da Lei 9.504/97 (Lei das Eleições) determina que cada partido ou coligação preencherá o mínimo de 30% (trinta por cento) e o máximo de 70% (setenta por cento) para candidaturas de cada sexo

DIREITO CONSTITUCIONAL

Tema VII - Controle de Constitucionalidade

1. Controle de constitucionalidade I

1.1. Conceito: mecanismo de verificação da compatibilidade de uma lei ou um ato normativo em face da Constituição Federal

1.2. Fundamento: assegurar a supremacia formal da Constituição Federal. Tal princípio decorre da rigidez constitucional, ou seja, o processo de alteração do texto constitucional observa um procedimento mais solene e dificultoso que o de modificação das leis

1.3. Objeto: todas as normas que encontrem fundamento de validade diretamente na Constituição, não em norma infraconstitucional e que firam a CF. Podem ser: atos normativos (decretos e portarias) e legislativos (emendas constitucionais, leis complementares, leis ordinárias, medidas provisórias, decretos legislativos e resoluções) (art. 59 da CF)

1.4. Formas

- **1.4.1. Por ação:** ocorre quando a lei ou o ato normativo afronta a Constituição. A elaboração de uma norma em desacordo com a CF, por parte do legislador, gera inconstitucionalidade por ação. Tal inconstitucionalidade pode ser formal ou material

  – **Material:** ocorre quando o conteúdo da norma fere as disposições e princípios trazidos pela Constituição. Nessa inconstitucionalidade, a matéria disciplinada pelo ato normativo está em desacordo com o ordenamento jurídico maior.
  – **Formal:** ocorre quando é descumprido algum dos requisitos exigidos para a elaboração de um ato normativo. Há, portanto, vício no processo legislativo
  a) **Formal subjetivo:** a inconstitucionalidade se refere à iniciativa do projeto
  b) **Formal objetivo:** a inconstitucionalidade se refere às demais fases do processo legislativo

- **1.4.2. Por omissão:** verifica-se a inconstitucionalidade por omissão quando uma norma constitucional de eficácia limitada, ou seja, aquela que depende de regulamentação para produzir efeitos, não é regulamentada. Por conta dessa omissão, o exercício do direito fica impedido

💡 **Dica:** as leis são dotadas de presunção de constitucionalidade, de modo que devem ser utilizadas técnicas (interpretação conforme a CF e a declaração parcial de inconstitucionalidade sem redução de texto) com o objetivo de "evitar" a declaração de inconstitucionalidade. Vale lembrar que a presunção é relativa *(juris tantum)*, ou seja, admite prova em contrário

1.5. Sistemas de controle

- **1.5.1. Político:** aquele feito por um órgão que não faz parte do Judiciário

- **1.5.2. Jurisdicional:** aquele feito pelo Judiciário. É o caso do Brasil, com algumas exceções

- **1.5.3. Misto:** aquele feito pelo Judiciário e por outros órgãos que não fazem parte desse poder também

DIREITO CONSTITUCIONAL
Tema VII - Controle de Constitucionalidade

1. Controle de constitucionalidade II

- **1.6. Classificação do controle quanto ao momento em que é realizado**

  - **1.6.1. Prévio ou preventivo:** é feito quando o ato normativo impugnado ainda não está em vigor. Visa a evitar que um projeto de lei que fira a Constituição se transforme em lei. O controle é feito no projeto de lei (pelo Legislativo, por meio da Comissão de Constituição e Justiça – CCJ e/ou pelo Executivo, por meio do veto jurídico – art. 66, §1º, da CF)

  - **1.6.2. Posterior ou repressivo:** *é feito* quando o ato normativo eivado de vício de inconstitucionalidade já foi produzido. Portanto, na própria lei ou no ato normativo. Normalmente é feito pelo Poder Judiciário por meio do controle difuso ou do concentrado

  - **Cuidado:** existe exceção? Sim, exemplos:
    a) Judiciário fazendo controle prévio: proposta de emenda (PEC) que viola regras do próprio processo legislativo. Parlamentares que não participam dessa elaboração podem impetrar mandado de segurança no STF visando a obstar a tramitação dessa PEC
    b) Legislativo fazendo controle posterior: presidente da República expede decreto regulamentar, mas excede, cria norma abstrata. Nesse caso, o Congresso Nacional pode sustar o excesso (art. 49, V, da CF)

- **1.7. Controle difuso**

  - **1.7.1. Conceito e características:** aquele que pode ser realizado por todos os órgãos do Judiciário (está espalhado, ou seja, poder ser realizado por qualquer juiz ou tribunal), além de ser requerido em qualquer ação. A inconstitucionalidade é a causa de pedir; o mero incidente. O pedido principal não é a declaração de inconstitucionalidade, mas um provimento jurisdicional num caso concreto, que depende da apreciação da constitucionalidade do ato normativo. Também é conhecido como via de exceção ou defesa, pois a declaração de inconstitucionalidade é utilizada como mecanismo de defesa

  - **1.7.2. Efeitos:** normalmente o controle difuso ocorre num caso concreto, de modo que os efeitos gerados são *inter partes* (para as partes). Além disso, de forma retroativa *(ex tunc),* em regra

  - **Cuidado:** é possível que os efeitos no controle difuso sejam alterados. O art. 52, X, da CF determina a competência privativa do Senado Federal para suspender a execução, no todo ou em parte, de lei declarada inconstitucional por decisão definitiva do Supremo Tribunal Federal. Se isso ocorrer, os efeitos da declaração valerão a partir da resolução do Senado *(ex nunc)* e para todos *(erga omnes)*

  - **1.7.3. Objeto:** normas federais, estaduais, distritais e municipais (inclusive normas criadas antes da CF/1988) que afrontem a CF/1988, Constituições Estaduais e Leis Orgânicas (do DF ou municipais).

  - **1.7.4. Cláusula de reserva de plenário:** é obrigatória tanto para o controle difuso (art. 97 da CF, c/c art. 948 do CPC) como para o controle concentrado (art. 97 da CF, c/c art. 23 da Lei 9.868/1999): somente pelo voto da maioria absoluta de seus membros ou dos membros do respectivo órgão especial poderão os tribunais declarar a inconstitucionalidade de lei ou ato normativo do poder público. Vale lembrar que os órgãos fracionários dos tribunais não submeterão ao plenário ou ao órgão especial a arguição de inconstitucionalidade quando já houver pronunciamento destes ou do plenário do Supremo Tribunal Federal sobre a questão (art. 948, parágrafo único do CPC). Além disso, existe a súmula vinculante 10 que determina que viola a cláusula de reserva de plenário a decisão de órgão fracionário de tribunal que, embora não declare expressamente a inconstitucionalidade de lei ou ato normativo do poder público, afasta sua incidência, no todo ou em parte

DIREITO CONSTITUCIONAL

Tema VII - Controle de Constitucionalidade

1. Controle de constitucionalidade III

- **1.8. Controle concentrado I** (via de ação)

1.8.1. Conceito e características: aquele que só pode ser feito por dois órgãos (está concentrado): no **âmbito federal**, cujo padrão de confronto é a **CF/1988**, pelo **STF** e no **âmbito estadual**, cujo padrão é a **Constituição Estadual**, pelo **Tribunal de Justiça** do respectivo estado. É feito de forma abstrata, pois a lei "em tese" é que está sendo analisada. Além disso, é exercido por meio de uma ação própria, em que o pedido principal é a declaração da inconstitucionalidade ou da constitucionalidade de uma lei ou ato normativo

1.8.2. Efeitos: em regra, os efeitos são erga omnes (para todos), de forma retroativa *(ex tunc)* e vinculante

🔒 **Cuidado:** há possibilidade de modulação dos efeitos (art. 27 da Lei 9.868/1999). Requisitos para tanto: razões de segurança jurídica ou de excepcional interesse social. Quórum: 2/3 dos membros do STF

1.8.3. Ações:

a) **ADI – Ação Direta de Inconstitucionalidade** (genérica, por omissão e interventiva)
b) **ADC – Ação Declaratória de Constitucionalidade**
c) **ADPF – Arguição de Descumprimento de Preceito Fundamental**

1.8.4. Ação Direta de Inconstitucionalidade Genérica – ADI I

- **Paradigma:** CF vigente, ou seja, CF/1988
- **Fundamentos:** artigo 102, I, "a", da CF e a Lei Federal 9.868/1999
- **Objetivo:** verificar se uma lei ou um ato normativo *federal, estadual* ou *distrital* (no exercício da competência estadual) fere a CF/1988
- **Legitimados:** art. 103 da CF (universais e especiais)
I – O presidente da República
II – A Mesa do Senado Federal
III – A Mesa da Câmara dos Deputados
IV – A Mesa de Assembleia Legislativa ou da Câmara Legislativa do Distrito Federal
*V – O governador de Estado ou do Distrito Federal
*VI – O procurador-geral da República
VII – O Conselho Federal da Ordem dos Advogados do Brasil
VIII – Partido político com representação no Congresso Nacional
*IX – Confederação sindical ou entidade de classe de âmbito nacional

💡 **Dica 1:** os legitimados especiais, aqueles previstos no art. 103, IV (a Mesa de Assembleia Legislativa ou da Câmara Legislativa do Distrito Federal), V (o governador de Estado ou do Distrito Federal) e IX (confederação sindical ou entidade de classe de âmbito nacional) da CF, devem demonstrar **pertinência temática, ou seja, a norma impugnada deve ter relação com as suas finalidades**

💡 **Dica 2:** é possível que o governador de um determinado Estado-Membro impugne uma lei de outro? Sim, se ele demonstrar que a lei do outro Estado impacta economicamente ou de alguma outra maneira o estado que ele representa

🔒 **Cuidado:** o STF entende que a União Nacional dos Estudantes – UNE não tem legitimidade para propor ação direta de inconstitucionalidade, pois não se enquadra no conceito "entidade de classe"

DIREITO CONSTITUCIONAL

Tema VII - Controle de Constitucionalidade

1. Controle de constitucionalidade IV

1.8. Controle concentrado II (via de ação)

1.8.4. Ação Direta de Inconstitucionalidade Genérica – ADI II

– **Possibilidade de medida cautelar** (art. 10 e 11, §1º, ambos da Lei 9.868/1999)**:** suspende a execução da lei. Efeitos: *erga omnes* (para todos) e *ex nunc* (não retroativos). Depende de decisão da maioria absoluta dos membros (**salvo** no período de **recesso**). O relator, **julgando indispensável**, ouvirá o Advogado-Geral da União e o Procurador-Geral da República, no prazo de três dias. No julgamento do pedido de medida cautelar, será facultada sustentação oral aos representantes judiciais do requerente e das autoridades ou órgãos responsáveis pela expedição do ato, na forma estabelecida no regimento do Tribunal. Em caso de **excepcional urgência**, o Tribunal poderá deferir a medida **cautelar sem a audiência dos órgãos ou das autoridades** das quais emanou a lei ou o ato normativo impugnado

Cuidado: o art. 11, §2º, da Lei 9.868/1999 determina que a concessão da medida cautelar **torna aplicável a legislação anterior** acaso existente, salvo expressa manifestação em sentido contrário **(efeito repristinatório)**. Vale lembrar que o **art. 27 da Lei 9.868/1999 admite a modulação dos efeitos** e nesse caso não haveria efeito repristinatório

– **AGU** (art. 103, §3º, da CF)**:** quando o STF apreciar a inconstitucionalidade, em tese, de norma legal ou ato normativo, citará, previamente, o advogado-geral da União, que defenderá o ato ou texto impugnado. O STF entende que o AGU não está obrigado a defender o ato questionado, quando o próprio Supremo já tiver decidido pela inconstitucionalidade da norma
– **PGR** (art. 103, §1º, da CF)**:** deverá ser previamente ouvido nas ações de inconstitucionalidade e em todos os processos de competência do Supremo Tribunal Federal
– **Art. 9º, §1º, da Lei 9.868/1999:** em caso de necessidade de esclarecimento de **matéria** ou circunstância **de fato** ou de notória insuficiência das informações existentes nos autos, poderá o relator requisitar informações adicionais, designar perito ou comissão de peritos para que emita parecer sobre a questão, ou fixar data para, em **audiência pública**, ouvir depoimentos de pessoas com experiência e autoridade na matéria
– *Amicus curiae* **(amigo da corte):** art. 7º, §2º, da Lei 9.868/1999 traz a possibilidade do relator do processo, considerando a relevância da matéria e a representatividade dos legitimados, admitir a manifestação de outros órgãos ou entidades. Finalidade: **pluralizar** o debate constitucional
– **A ADI não admite desistência** (art. 5º da Lei 9.868/1999)
– **Possibilidade de modulação dos efeitos da decisão:** por motivos de *segurança jurídica* ou de excepcional *interesse social,* o STF poderá conceder eficácia *ex nunc* (a partir do trânsito em julgado da decisão ou de outro momento que venha a ser fixado), ou, ainda, restringir os efeitos da decisão, mediante votação por maioria de **2/3 de seus membros**
– **Efeitos da decisão final:** *erga omnes, ex tunc* e vinculante. De acordo com o art. 102, §2º da CF, e art. 28, parágrafo único, da Lei 9.868/1999, as decisões definitivas de mérito, proferidas pelo STF, nas ADIs e nas ADCs produzirão eficácia contra todos e efeito vinculante, relativamente aos demais órgãos do Poder Judiciário e à Administração Pública direta e indireta, nas esferas federal, estadual e municipal. Sendo assim, não vinculam a função legislativa, nem o STF (que pode alterar o seu posicionamento)
– **A decisão é irrecorrível**, não podendo ser objeto de ação rescisória; contra tal decisão cabem apenas os embargos de declaração

DIREITO CONSTITUCIONAL

Tema VII - Controle de Constitucionalidade

1. Controle de constitucionalidade V

1.8. Controle concentrado III (via de ação)

1.8.5. Ação Declaratória de Constitucionalidade – ADC

- **Paradigma:** CF vigente, ou seja, CF/1988
- **Fundamento:** artigo 102, I, "a", da CF (EC 3/1993) e a Lei Federal 9.868/1999
- **Objetivo:** tem por finalidade verificar a constitucionalidade de uma lei ou ato normativo **federal**
Cuidado: observem que na ADC o objeto é só norma FEDERAL!
- **Legitimados:** art. 103 da CF (universais e especiais). Vide observações da ADI
- **Pressuposto** (art. 14, III, da Lei 9.868/1999)**:** demonstração da existência de controvérsia judicial relevante sobre a aplicação da disposição objeto da ação declaratória
Dica: as leis são presumidamente constitucionais – a ADC serve para transformar essa presunção relativa em absoluta
- **Possibilidade de cautelar** (art. 21 da Lei 9.868/1999)**:** depende de decisão da maioria absoluta dos membros do STF. Efeito: o julgamento dos processos que envolvam a aplicação da norma objeto de questionamento ficará suspenso (prazo para conclusão: 180 dias, sob pena de perda da eficácia da cautelar)
- **A ADC não admite desistência** (art. 16 da Lei 9.868/1999)
- **Efeitos da decisão final:** *erga omnes, ex tunc* e vinculante. Na ADC também há a possibilidade de modulação dos efeitos
- **AGU:** não há defesa a ser promovida pelo advogado-geral da União
- **Não é admitida a intervenção de terceiros** no processo de ação declaratória de constitucionalidade (art. 18 da Lei 9.868/1999)
Dica: a ADI e ADC: são ações de natureza dúplice, ambivalentes ou ações de sinais trocados – significa que a procedência de uma equivale à improcedência de outra e vice-versa. Isso não se aplica às decisões cautelares proferidas em tais ações
Cuidado: não é possível a propositura de ADI e ADC de lei municipal em face da Constituição Federal, devendo o controle ser realizado por meio de **ADPF** ou pela via do **controle difuso**

1.8.6. Arguição de Descumprimento de Preceito Fundamental – ADPF

- **Paradigma:** CF vigente, ou seja, CF/1988
- **Fundamento:** artigo 102, §1º, da CF e a Lei Federal 9.882/1999
- **Objetivo:** verificar se uma lei ou ato normativo viola um preceito fundamental previsto na CF. A lei não conceitua preceito fundamental, o STF é quem define, ao conhecer das ações. O objeto da ADPF é o mais abrangente de todas as ações de controle concentrado. Cabe tal ação quando uma lei ou ato normativo federal, estadual, **municipal** e **norma pré-constitucional**, ou seja, normas editadas antes da vigência da constituição, violem preceitos fundamentais
- **Legitimados:** art. 103 da CF (universais ou especiais). Vide observações da ADI
- **Possibilidade de liminar** (art. 5º da Lei 9.882/1999)**:** pelo voto da maioria absoluta dos membros do STF. A liminar poderá consistir na determinação de que juízes e tribunais suspendam o andamento de processos ou os efeitos de decisões judiciais, ou de qualquer outra medida que apresente relação com a matéria objeto da arguição de descumprimento de preceito fundamental, salvo se decorrentes da coisa julgada
- **Princípio da subsidiariedade** (art. 4º, §1º, da Lei 9.882/1999)**:** cabível apenas quando não houver outro meio eficaz para sanar a lesividade
- **Efeitos:** *erga omnes, ex tunc* e vinculante. Na ADPF também há possibilidade de modulação dos efeitos (art. 11 da Lei 9.882/1999)
- **Art. 4º, §2º, da Lei 9.868/1999:** da decisão de indeferimento da petição inicial caberá agravo, no prazo de cinco dias
- **Defesa da AGU:** a Lei 9.882/1999 não exige a defesa do ato impugnado pelo advogado-geral da União

 Dica: o objeto da ADPF não está adstrito às leis ou a atos normativos produzidos pelo Legislativo. Decisões judiciais e atos administrativos que atentem preceitos fundamentais da CF ADPF também podem ser impugnados por essa ação

DIREITO CONSTITUCIONAL
Tema VII - Controle de Constitucionalidade

1. Controle de constitucionalidade VI

- **1.9. Mecanismos de interpretação**

  - **1.9.1. Interpretação conforme a Constituição ou apenas "interpretação conforme":** é um mecanismo de interpretação utilizado pelo Supremo que tem por finalidade "salvar" a norma, não a declarando inconstitucional e banindo-a do ordenamento jurídico brasileiro, mas preservando-a. Tem por fundamento o princípio da conservação ou da preservação das normas. Desse modo, o STF fixa uma interpretação a ser dada à norma que esteja em conformidade com o texto constitucional

  - **1.9.2. Declaração parcial sem redução de texto:** a Corte não declara a norma inconstitucional e retira-a do ordenamento jurídico, mas apenas declara que determinada interpretação (parte) dada à norma é inconstitucional

  - **1.9.3. Parcelaridade:** significa que o Supremo, ao analisar uma norma que esteja sendo impugnada por razões de inconstitucionalidade, pode declarar inconstitucional todo o seu conteúdo ou apenas parte dele. Ex.: art. 7º, §2º, da EOAB – declarou inconstitucional apenas a expressão "desacato"

  - **1.9.4. Princípio da correlação, da congruência ou da adstrição:** no controle concentrado não há necessidade do STF atender esse princípio, pode, por exemplo, declarar a inconstitucionalidade de interpretações dadas ao texto e ainda de dispositivos não impugnados, mas relacionados aos que foram objeto da ação

- **1.10. ADI por omissão – ADO**

  - **1.10.1. Conceito e objeto:** é uma ação constitucional que tem por objetivo sanar uma inconstitucionalidade por omissão ou, também denominada, omissão inconstitucional. Prevista no artigo 103, §2º, da CF e no capítulo II-A da Lei Federal 9.868/1999. Tal capítulo foi acrescentado pela Lei Federal 12.063/2009

  - **1.10.2. Legitimados:** segundo o artigo **12-A** da Lei 9.868/1999, podem propor ADI por omissão os mesmos legitimados à propositura da ADI, ADC e ADPF. Desse modo, todas as observações feitas, em relação aos legitimados, no item da ADI genérica, valem aqui

  - **1.10.3. Possibilidade de cautelar:** havendo **excepcional urgência e relevância da matéria**, poderá ser concedida medida cautelar. No Tribunal, o voto da **maioria absoluta** dos membros e após a audiência dos órgãos ou autoridades responsáveis pela omissão é quem é competente para conceder a cautelar

  - **– Efeitos da cautelar** (art. 12-F, §1º, da Lei 9.868/1999)**:** poderá consistir na suspensão da aplicação da lei ou do ato normativo questionado, no caso de **omissão parcial**, bem como na suspensão de processos judiciais ou de procedimentos administrativos, ou ainda em outra providência a ser fixada pelo Tribunal. Sendo concedida, será aberto o prazo de **cinco dias** para que os responsáveis pela omissão se manifestem. O PGR pode ser ouvido dentro de três dias se o relator julgar indispensável (art. 12-F, §2º da Lei 9.868/1999). No julgamento da cautelar, poderá haver sustentação oral tanto pelo advogado do requerente quanto pelos órgãos responsáveis pela omissão
  – Efeitos da decisão final: declarada a inconstitucionalidade por omissão, será dada ciência ao Poder competente para a adoção das providências necessárias e, em se tratando de órgão administrativo, para fazê-lo em 30 dias ou em prazo razoável a ser estipulado excepcionalmente pelo Tribunal, tendo em vista as circunstâncias específicas do caso e o interesse público envolvido

  - **1.10.4. A ADI por omissão não admite desistência** (art. 12-D da Lei 9.868/1999)

DIREITO CONSTITUCIONAL

Tema VII - Controle de Constitucionalidade

1. Controle de constitucionalidade VII

1.11. ADI interventiva (art. 34, VII da CF): nas hipóteses de violação a princípios constitucionais sensíveis, a intervenção deve ser antecedida por uma ação – ADI interventiva. É necessária a requisição do STF, após ter dado provimento à representação do procurador-geral da República, que se materializa por meio da ADI interventiva

Princípios constitucionais sensíveis:
a) forma republicana, sistema representativo e regime democrático;
b) direitos da pessoa humana;
c) autonomia municipal;
d) prestação de contas da Administração Pública direta e indireta;
e) aplicação do mínimo exigido da receita resultante de impostos estaduais, compreendida a proveniente de transferências, na manutenção e desenvolvimento do ensino e nas ações e serviços públicos de saúde

1.12. Controle de constitucionalidade estadual: o artigo 125, §2º, da CF traz a possibilidade dos estados instituírem a representação de inconstitucionalidade de leis ou atos normativos estaduais ou municipais em face da Constituição Estadual. Trata-se do controle estadual de constitucionalidade das leis, que visa ao exame da compatibilidade formal e material das normas estaduais e municipais em face das Constituições Estaduais

- Competência: a ação de inconstitucionalidade deve ser proposta perante Tribunal de Justiça do Estado. As Constituições Estaduais não poderão atribuir a legitimação para agir a um único órgão (art. 125, § 2º, da CF) mesmos dados em sede de controle abstrato, não é necessário que o Supremo comunique ao Senado a decisão, não se aplica o mandamento previsto no art. 52, X, da CF

Atenção: de acordo com o STF, os Tribunais de justiça podem exercer controle abstrato de constitucionalidade de leis municipais utilizando como parâmetro normas da CF, desde que se trate de normas de reprodução obrigatória pelos Estados [RE 650.898, rel. p/ o ac. min. Roberto Barroso, j. 1º-2-2017, P, DJE de 24-8-2017, Tema 484]

DIREITO CONSTITUCIONAL

Tema VIII - Organização do Estado

1. Organização do Estado I

- **1.1. Composição: três elementos:** o povo, o território e a soberania

- **1.2. Classificação:**
  - **1.2.1. Quanto à forma**
    - **Unitário:** as capacidades legislativas, políticas e administrativas se concentram nas mãos de um único centro, de um único governo
    - **Federal:** há repartição de competências e as capacidades estão divididas em vários centros
    - 💡 **Dica:** a forma federativa de Estado pela CF/88 (U, E, M, DF e M) proíbe o exercício do direito de separação (ou direito de secessão), pois é considerada cláusula pétrea (art. 60, § 4º, I, da CF/88). A prática de tal ato pode ensejar intervenção federal

- **1.3. Forma de governo**
  - **1.3.1. Conceito:** relação entre aqueles que governam e os que são governados
  - **1.3.2. Modalidades:** república e monarquia
  - **República:** governantes são eleitos, direta ou indiretamente para que exerçam o poder por um período determinado
  - **Monarquia:** o poder advém da família, é vitalício e os governantes não precisam prestar contas para os governados

- **1.4. Sistemas de governo**
  - **1.4.1. Conceito:** maneira pela qual as funções legislativas, executiva e judiciária são relacionadas
  - **1.4.2. Modalidades:** presidencialismo e parlamentarismo
  - **Presidencialismo:** independência e harmonia entre os poderes. O detentor do poder cumula funções de chefe de Estado e chefe de governo
  - **Parlamentarismo:** existe apoio e colaboração entre as funções e o poder é dividido. Presidente é chefe de Estado. A chefia de governo cabe ao primeiro-ministro, que necessariamente precisa do apoio do parlamento

- **1.5. Organização político-administrativa** (art. 18 da CF): formado pela União, Estados-membros, Distrito Federal e os Municípios
  - **1.5.1. União:** pessoa jurídica de direito público com autonomia e capacidade de auto-organização, autogoverno e autoadministração
  - **Bens da União** (art. 20 da CF): mar territorial, terrenos de marinha, potenciais de energia, recursos minerais, dentre outros
  - **Impostos de competência da União** (art. 153 da CF): imposto de importação, exportação, renda e proventos de qualquer natureza, produtos industrializados, operações de crédito, câmbio e seguro, dentre outros
  - 💡 **Dica:** o §1º do art. 20 da CF (alterado pela EC102/19) assegurou, nos termos da lei, aos entes federativos, a **participação no resultado da exploração de petróleo** ou gás natural, de recursos hídricos para fins de geração de energia elétrica e de outros recursos minerais no respectivo território, plataforma continental, mar territorial ou zona econômica exclusiva, ou compensação financeira por essa exploração.
  - **1.5.2. Poder Executivo** (art. 76 a 91 da CF): presidente da República e vice, ministros, Conselho da República e Conselho de Defesa Nacional
  - **1.5.3. Poder Judiciário** (art. 101 a 124 da CF): as competências dos juízes federais concentram-se em causas em que a União, entidade autárquica ou empresa pública federal forem interessadas como autoras, rés, assistentes ou oponentes. Destacam-se ainda os referentes à Justiça Eleitoral e Justiça do Trabalho, dentre outras
  - **1.5.4. Poder Legislativo (bicameral):** Congresso Nacional (Câmara dos Deputados e Senado Federal)

DIREITO CONSTITUCIONAL

TEMA VIII - ORGANIZAÇÃO DO ESTADO

1. Organização do Estado II

1.6. Competências da União

1.6.1. Não legislativas: identifica-se o âmbito de atuação de cada ente federativo. Pode ser: exclusiva ou comum

- **Exclusiva** (art. 21 da CF)**:** atribuições indelegáveis; somente a União poderá efetivá-las. Ex.: Relações com Estados estrangeiros e monopólio dos Correios
- **Comum** (art. 23 da CF)**:** atribuições dadas a todos os entes da federação. Havendo conflito, deverá ser aplicado o princípio da preponderância do interesse público

1.6.2. Legislativas: privativa, concorrente e residual

- **Privativa** (art. 22 da CF)**:** a União, por meio de lei complementar, poderá autorizar os Estados a legislar sobre questões específicas, sendo tais normas delegáveis
- **Concorrente** (art. 24 da CF)**:** matérias que mais de um ente político poderá legislar. Ex.: direito tributário, financeiro, educação e cultura. União edita normas gerais; e Estados e Distrito Federal, normas específicas. Inexistindo lei federal sobre normas gerais, os Estados poderão legislar plenamente, com competência suplementar

💡 **Dica:** a superveniência de lei federal sobre norma geral suspende a eficácia de lei estadual no que com ela colidir. Suspensão não é revogação. Enquanto a lei federal não for editada, vale a estadual. Após a edição da federal, a estadual fica com eficácia suspensa no que for contrário. Sendo a federal revogada, retorna a estadual

1.7. Estados: pessoas políticas dotadas de autonomia, que elaboram suas próprias Constituições (estaduais). Devem refletir os preceitos fundamentais da Constituição Federal (princípio da simetria)

1.7.1. Bens dos Estados (art. 26 da CF)**:** as terras devolutas, ilhas fluviais e lacustres não compreendidas entre as da União, dentre outros

1.7.2. Poder Executivo (art. 28 da CF)**:** governador e vice. Mandato de 4 anos, admitida uma reeleição

Dica: criação e extinção dos Estados (art. 18, §3º e §4º, da CF). Requisitos: plebiscito, lei complementar, audiência nas Assembleias Legislativas, aprovação do Congresso Nacional e promulgação pelo presidente da República

1.7.3. Modalidades de criação e extinção de Estados

- **Fusão:** dois ou mais Estados se incorporam geograficamente, formando um novo, diferente dos demais
- **Cisão:** estados subdividem-se para formar dois os mais Estados novos, com personalidades distintas
- **Desmembramento** (ADI 2.650–necessário que os dois territórios sejam ouvidos)**:** um ou mais Estados destinam parte de seu território com a finalidade de formar um novo Estado ou território

DIREITO CONSTITUCIONAL
Tema VIII - Organização do Estado

1. Organização do Estado III

1.8. Competência dos Estados

1.8.1. Competências não legislativas

– **Comum** (art. 23 da CF): é dada indistintamente a todas as pessoas políticas (União, Estados, Distrito Federal e Municípios)
– **Residual** (art. 25, §1º, da CF): para tratar de assuntos que não sejam de competência da União, Distrito Federal e dos Municípios

1.8.2. Competência legislativa já tratada no âmbito da União

1.8.3. Distrito Federal: ente político autônomo, dotado de capacidade de auto-organização, autogoverno, autoadministração e autolegislação (regido por Lei Orgânica)

– **Competência legislativa** (art. 32, §1º, da CF): pode legislar tanto sobre matérias reservadas aos Estados, como as atribuídas aos Municípios

1.8.4. Municípios: entes políticos dotados de capacidade administrativa, política e de auto-organização

– **Autonomia municipal** (art. 34, VII, "c", da CF): violação à autonomia municipal pelos estados está sujeita à intervenção federal
– **Requisitos para criação, incorporação, fusão e desmembramento de municípios** (art. 18, §4º, da CF): aprovação de lei complementar (federal), divulgação de estudos de viabilidade municipal, realização de consulta prévia à população diretamente interessada (plebiscito) e existência de lei estadual tratando do assunto
- **Contas:** ficarão, durante 60 dias, anualmente, à disposição de qualquer contribuinte, para exame e apreciação, o qual poderá questionar-lhes a legitimidade (art. 30, § 3º, da CF). Além disso, é proibida a criação de Tribunais, Conselhos ou órgãos de Contas Municipais (art. 30, § 4º, da CF)

1.9. Competência dos municípios

1.9.1. Comum (art. 23 da CF): competência que todos os entes políticos possuem

1.9.2. Enumeradas (art. 30 da CF): tratam de assuntos de interesse local e suplementar à legislação federal e estadual, no que for cabível

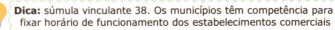 **Dica:** súmula vinculante 38. Os municípios têm competência para fixar horário de funcionamento dos estabelecimentos comerciais

1.10. Territórios Federais (art. 18, §2º, da CF): pertencem à União. Somente por meio de lei complementar é que poderão ser criados, transformados em Estados ou reintegrados aos de origem. Não possuem autonomia política, apenas administrativa

 Dica: atualmente, não existem territórios federais no Brasil. Os últimos foram extintos pelos arts. 14 e 15 da ADCT

1.11. Intervenção federal e intervenção estadual: medida de exceção, consistente na supressão temporária das prerrogativas dos Estados e dos Municípios

– **Legitimados:** União intervém nos Estados e Distrito Federal e os Estados intervêm nos Municípios

1.12. Modalidades

– **Espontânea:** manter a integridade nacional, repelir invasão estrangeira ou de uma unidade da Federação em outra, para pôr termo a grave comprometimento da ordem pública e para reorganizar as finanças da unidade da federação que suspender o pagamento da dívida por mais de dois anos consecutivos ou deixar de entregar aos municípios receitas tributárias fixadas na Constituição. O presidente da República agirá de ofício
– **Provocação:** para garantir o livre exercício de qualquer dos Poderes nas unidades da Federação, prover a execução de lei federal, ordem ou decisão judicial, para assegurar a observância dos princípios constitucionais sensíveis

 Dica: princípios constitucionais sensíveis são: forma republicana, sistema representativo, regime democrático, direitos da pessoa humana, autonomia municipal, prestação de contas da administração pública, aplicação do mínimo exigido da receita resultante dos impostos (art. 34, VII da CF). Nessas hipóteses, a intervenção dependerá de requerimento do Procurador-Geral da República perante o STF (art. 36, III, da CF)

DIREITO CONSTITUCIONAL

TEMA IX - ORGANIZAÇÃO DOS PODERES

1 Organização dos Poderes I

1.1 Composição (art. 2º da CF): são poderes da União, independentes e harmônicos entre si, o Legislativo, o Executivo e o Judiciário

1.2 Legislativo

1.2.1 Funções típicas: legislar e fiscalizar a Administração Pública (com o auxílio do Tribunal de Contas – órgão do Poder Legislativo)

1.2.2 Composição

- **União:** órgão bicameral – Congresso Nacional (art. 44 da CF) – formado por duas casas legislativas: Câmara dos Deputados (representa o povo) e Senado Federal (representa os Estados). Atenção: a **EC 109/21** acrescentou o inciso XVIII ao art. 49 da CF, portanto é da competência exclusiva do Congresso **a decretação do estado de calamidade pública de âmbito nacional** previsto nos arts. 167-B a 167-G desta Constituição.
Deputados federais: mínimo 8 e máximo 70, em número proporcional à população do Estado ou DF (art. 45, §1º, da CF). Devem ser brasileiros, maiores de 21 anos e estarem no pleno exercício dos direitos políticos. Eleição pelo sistema proporcional.
- **Senadores:** composição fixa, 3 membros por Estado e DF, mandato de 8 anos, alternando as cadeiras duas vezes em uma eleição e uma vez na outra. Devem ser brasileiros, maiores de 35 anos e estarem no pleno exercício dos direitos políticos. Eleição pelo sistema majoritário.
- **Estados:** unicameral – Assembleia Legislativa (art. 27 da CF)
- **Distrito Federal:** unicameral – Câmara Legislativa (art. 32 da CF)
- **Municípios:** unicameral – Câmara Municipal ou de Vereadores (art. 29 da CF).
Dica: a **EC 109/21** alterou o art. 29-A da CF o qual passou a incluir as despesas com inativos e pensionistas nos limites de gastos com despesas de pessoal no âmbito do legislativo municipal.
- **Funcionamento** (art. 44 ao 54 da CF)
Sessão legislativa: período de um ano de funcionamento do legislativo (02 de fevereiro a 17 de julho e de 1º de agosto a 22 de dezembro)
Legislatura: período de 4 anos (4 sessões legislativas). Equivale ao período do mandato
Recesso parlamentar (art. 57 da CF): período que Legislativo não funciona (18 de julho a 31 do mesmo mês e 23 de dezembro a 1 de fevereiro)
Sessão ordinária: corresponde a um dia de funcionamento do Poder Legislativo, mediante convocação ordinária
Sessão extraordinária (art. 57, §7º da CF): ocorre fora do período comum destinado à sessão legislativa. Tem por finalidade a deliberação de matéria específica
Hipóteses de cabimento (art. 57, §6º da CF): pelo presidente do Senado (estado de defesa ou intervenção federal, pedido de decretação de estado de sítio e para a posse do presidente da República); pelo presidente da República, da Câmara ou do Senado, ou a requerimento da maioria dos membros de ambas as casas na hipótese de urgência ou interesse público relevante

 Dica: em relação à presidência das casas legislativas do Congresso Nacional, há limite temporal para o exercício – o mandato é de dos anos e é proibida a recondução para o mesmo cargo na eleição imediatamente subsequente (art. 57, 4º, CF/88)

1.2.3 Comissões

- **Conceito:** subconjuntos parlamentares organizados com o fim de tratar de um assunto específico
- **Permanentes:** têm início no começo de cada legislatura. Analisam projeto de lei quanto a determinadas especificidades. Ex: CCJ que verifica a constitucionalidade das leis
- **Provisórias:** reunião provisória de um grupo de parlamentares para tratar de um assunto específico. Ex: CPI.
Dica: na constituição das Mesas e de cada Comissão, é assegurada, tanto quanto possível, a representação proporcional dos partidos ou dos blocos parlamentares que participam da respectiva Casa (art. 58, § 1º, da CF)

DIREITO CONSTITUCIONAL

Tema IX - Organização dos Poderes

1. Organização dos Poderes II

1.2. Legislativo II

1.2.4. Comissão Parlamentar de Inquérito (art. 58, §3º, da CF)

- **Conceito:** tem a função de apurar um fato determinado por um prazo certo. Criadas no âmbito do poder legislativo (federal, estadual ou municipal) e após ter sido apurado o fato, a comissão é desfeita
- **Requisitos de instalação:** requerimento de 1/3 dos membros (direito das minorias de investigar). Podem ser criadas separadamente tanto pela Câmara dos Deputados como pelo Senado Federal. Existe ainda a possibilidade de uma CPI mista. As conclusões serão encaminhadas ao Ministério Público, para que promova a responsabilidade civil ou criminal dos infratores
- **Poderes:** das autoridades judiciais e não de autoridades policiais. Poderão: i) convocar testemunhas, investigados e autoridades para prestarem esclarecimentos; ii) determinar a realização de certas perícias; iii) determinar as buscas que sejam imprescindíveis à instrução da investigação; iv) quebrar sigilo fiscal, bancário, financeiro e telefônico (apenas dados telefônicos, ou seja, acesso às contas)
- **Representativas** (art. 58, §4º, da CF)**:** reunião durante o período de recesso parlamentar, para que não sejam interrompidas as atividades do Congresso

Dica: são cabíveis os remédios constitucionais, em especial mandado de segurança e *habeas corpus*, na ocorrência de abusos no decorrer dos trabalhos

1.2.5. Imunidades:
finalidade de resguardar a liberdade e a independência durante o exercício do mandato eletivo. Inicia com a diplomação (ato do TSE que valida a candidatura e autoriza a posse) dos eleitos. Pode ser material ou formal/ processual

- **Imunidade material** (art. 53 da CF)**:** o parlamentar se torna inviolável civil e penalmente por qualquer palavra, opinião e voto que proferir durante o mandato
- **Imunidade formal/ processual** (art. 53, §3º, da CF)**:** relacionada a garantias relativas à prisão do parlamentar (somente em flagrante) e ao processo criminal que corra contra ele. Somente os crimes praticados após a diplomação são contemplados. Os processos criminais poderão ter seus andamentos suspensos. Se isso ocorrer, o prazo prescricional do crime também ficará suspenso (art. 53, §5º da CF)
- **Prerrogativa de foro** (art. 53, §1º e 102, I, "b", da CF)**:** deputados e senadores gozam de prerrogativas de foro para julgamento dos processos criminais que estejam litigando. Desde a expedição do diploma, serão submetidos a julgamento perante o Supremo Tribunal Federal. No âmbito estadual (deputados estaduais), a competência será do Tribunal de Justiça
- **Vedações** (art. 54 da CF)**:** desde a diplomação firmar contrato com pessoa jurídica de direito público, autarquia, empresa pública, exercer função ou emprego público, ser proprietários ou diretores de empresa que goze de favor decorrente de contrato com administração pública, dentre outras enumeradas na CF
- **Perda do mandato** (art. 55 da CF)**:** a CF estabelece seis hipóteses de perda do mandato. **Cassação** diz respeito à perda do mandato em virtude do parlamentar ter cometido falta funcional; já a **extinção** relaciona-se ao fato que torne automaticamente inexistente o mandato. Ex.: renúncia, morte, ausência injustificada
- **Decoro parlamentar** (art. 55, II, da CF)**:** a quebra do decoro é uma das hipóteses de perda do mandato e é caracterizada pelo abuso das prerrogativas parlamentares ou pela percepção de vantagens indevidas, além de outras previsões regimentais

DIREITO CONSTITUCIONAL

TEMA IX - ORGANIZAÇÃO DOS PODERES

1. Organização dos Poderes III

- **1.2. Legislativo III**
  - **1.2.6. Processo Legislativo I**

1.2.6.1. Conceito (art. 59 da CF): para a criação de atos normativos, é preciso respeitar um processo formal. Fases: instrutória, constitutiva e complementar

1.2.6.2. Fase instrutória: iniciativa do projeto. Apresentação por um dos seguintes legitimados: qualquer membro ou Comissão da Câmara dos Deputados, do Senado Federal ou do Congresso Nacional, ao presidente da República, ao Supremo Tribunal Federal, aos Tribunais Superiores, ao procurador-geral da República e aos cidadãos (art. 61 da CF)

- **Iniciativa popular** (art. 61, §2º, da CF): o projeto precisa ser subscrito por, no mínimo, um por cento do eleitorado nacional, distribuído em pelo menos por cinco Estados, com não menos de três décimos por cento dos eleitores de cada um deles. No âmbito estadual, as Constituições Estaduais estabelecem o percentual. No âmbito municipal, é necessário a assinatura de cinco por cento do eleitorado municipal (art. 29, XIII, da CF)
- **Tramitação** (art. 61, §2º, e 64 da CF): os projetos apresentados pelo presidente da República, Supremo Tribunal Federal e Tribunais Superiores terão início na Câmara dos Deputados (casa iniciadora) e concluídos no Senado Federal (casa revisora). Projeto de iniciativa do Senado, a tramitação começará nesta casa e a Câmara revisará

 Observação: o Presidente da República, em projetos de sua própria iniciativa, poderá solicitar urgência na apreciação (art. 64, § 1º, CF)

1.2.6.3. Fase constitutiva: deliberação que ocorrerá tanto no poder Legislativo quanto no Executivo

- **Deliberação Legislativa** (art. 58, §2º, I, e 65 da CF): O projeto passa por algumas comissões (temática – de acordo com o conteúdo) e pela Comissão de Constituição e Justiça, que dará parecer terminativo quanto à constitucionalidade. Em seguida o processo é votado no plenário da casa iniciadora. Após esse processo, o texto será encaminhado à casa revisora, com igual procedimento. Poderá ser aprovado, emendado ou rejeitado. Se rejeitado, será arquivado. Se aprovado, encaminhado ao Executivo para sanção ou veto. Se emendado (desde que haja alteração no sentido jurídico da norma), devolvido para apreciação da Casa iniciadora que poderá concordar ou rejeitar, nunca emendar
Dica: projeto de lei rejeitado só poderá ser reapresentado, na mesma sessão legislativa (ano) por iniciativa da maioria absoluta dos membros de quaisquer das Casas (art. 67 da CF)
- **Deliberação executiva** (art. 66, §1º, da CF): o veto poderá ter dois fundamentos: inconstitucionalidade (veto jurídico) ou contrariedade ao interesse público (veto político). Após o veto, o presidente da República terá 48h para comunicar os motivos ao presidente do Senado, que colocará a matéria para ser apreciada e votada em sessão conjunta, podendo ser mantido ou rejeitado pelo Congresso no prazo de 30 dias
- **Derrubada de veto:** caso o projeto vetado pelo presidente seja "derrubado" pela maioria absoluta dos deputados e senadores, em sessão conjunta, o projeto volta para promulgação, independente da vontade do presidente da República. Se o presidente não promulgar, o presidente do Senado poderá fazê-lo

1.2.6.4. Fase complementar (art. 84, IV, da CF): compreende a promulgação e a publicação oficial do projeto de lei (competência do presidente da República)

- **Promulgação:** significa ratificar o processo legislativo, validando a lei no ordenamento jurídico. Cria vida jurídica
- **Tramitação:** após a promulgação, a lei é publicada no Diário Oficial. Entretanto, a eficácia está condicionada à *vacatio legis* (período entre a publicação e a entrada em vigor). Regra geral, o prazo é de 45 dias. Poderá ser alterada por disposição expressa

DIREITO CONSTITUCIONAL

Tema IX - Organização dos Poderes

1. Organização dos Poderes IV

1.2. Legislativo IV

1.2.6. Processo Legislativo II

1.2.6.5. Espécies normativas (art. 59 da CF): estão enumeradas no art. 59 da CF. São elas: emendas constitucionais, leis complementares, leis ordinárias, leis delegadas, medidas provisórias, decretos legislativos e resoluções

1.2.6.5.1. Emendas constitucionais (art. 60 da CF): fruto do poder constituinte reformador, é a espécie legislativa utilizada para alterar a CF
* Limitações ao poder de reforma
– **Limitações procedimentais ou formais:** relacionadas à iniciativa, quórum, promulgação e representação:
a) **Iniciativa:** um terço da Câmara dos Deputados ou do Senado Federal, presidente da República e mais da metade das Assembleias Legislativas
b) **Quórum:** três quintos, em dois turnos e nas duas Casas do Congresso Nacional
c) **Promulgação:** Mesa da Câmara dos Deputados e do Senado Federal
Dica: emenda constitucional não passa por sanção ou veto presidencial
d) **Reapresentação:** a proposta de emenda rejeitada ou havida por prejudicada não poderá ser objeto de nova proposta na mesma sessão legislativa (mesmo ano)
– **Limitações circunstanciais:** em determinadas situações de anormalidade (intervenção federal, estado de defesa ou de sítio), a Constituição não poderá ser emendada
– **Limitações materiais** (art. 60, §4º, da CF): cláusulas pétreas. Matérias que são imodificáveis do texto: forma federativa de Estado; voto secreto, direto, universal e periódico; separação dos poderes; e direitos e garantias individuais

1.2.6.5.2. Leis complementares: quórum de aprovação diferenciado (maioria absoluta). Trata de matérias específicas, previstas na Constituição

1.2.6.5.3. Leis ordinárias: disciplina toda matéria, em que a Constituição exija lei, desde que a exigência não seja de lei complementar. Quórum de maioria simples

 Dica: quando determinado assunto não está reservado à lei complementar, mas o Congresso Nacional disciplina por meio de lei complementar, não há vício formal, pois o quórum para aprovação dessa espécie legislativa é superior (art. 69 da CF/88) ao da aprovação das leis ordinárias

1.2.6.5.4. Leis delegadas (art. 68 da CF): elaboradas pelo presidente da República quando ele exerce, atipicamente, função legislativa. Necessário que haja autorização do Legislativo. A delegação legislativa ao Executivo é realizada por meio de resolução que deve especificar o conteúdo e os termos de seu exercício. Vale lembrar que a resolução do Congresso também pode mencionar que o projeto de lei, elaborado pelo presidente, passe por sua apreciação (delegação atípica). Nessa hipótese, a verificação se dará em votação única e o Congresso não poderá fazer emendas ao texto (art. 68, §3º, da CF). Por outro lado, a delegação dada pelo Congresso Nacional pode ser de natureza típica, ou seja, sem qualquer interferência. Nessa hipótese, o presidente da República terá autonomia para criar, promulgar e mandar publicar a lei delegada. Vedações – não poderão ser objetos de delegação os atos de competência exclusiva do Congresso Nacional, os de competência privativa da Câmara dos Deputados ou do Senado Federal, a matéria reservada à lei complementar, nem a legislação sobre:
I – organização do Poder Judiciário e do Ministério Público, a carreira e a garantia de seus membros;
II – nacionalidade, cidadania, direitos individuais, políticos e eleitorais;
III – planos plurianuais, diretrizes orçamentárias e orçamentos (art. 68, §1º, da CF)

DIREITO CONSTITUCIONAL

TEMA IX - ORGANIZAÇÃO DOS PODERES

1. Organização dos Poderes V

1.2. Legislativo V

1.2.6. Processo Legislativo III

1.2.6.5. Espécies normativas (art. 59 da CF) II:

1.2.6.5.5 Medida provisória (art. 62 da CF):
– **Competência:** o presidente da República poderá adotar medidas provisórias com força de lei, devendo submetê-las imediatamente ao Congresso Nacional
– **Requisitos:** relevância e urgência
– **Matérias vedadas** (art. 62, I, §1º da CF): nacionalidade, cidadania, direitos políticos e eleitorais, direito penal, organização do Poder Judiciário e do Ministério Público, dentre outros previstos na CF
– **Período de eficácia:** a medida provisória terá duração de 60 dias, prorrogável, uma única vez, por igual período, a partir da publicação. Prazo suspenso no recesso do Congresso, portanto a MP pode ultrapassar os 120 dias de vigência nesse período
– **Perda de eficácia** (art. 62, §3º, da CF): não sendo convertida em lei neste período, perderá sua eficácia. Nessa hipótese, deve o Congresso por meio de **decreto legislativo**, regulamentar as relações jurídicas formadas durante o período que a medida vigorou. Se o Congresso não fizer o decreto em até 60 dias para aquelas relações (estabelecidas na vigência da MP), a MP valeu
– **Trancamento de pauta:** se a MP não for apreciada em um prazo de 45 dias, haverá trancamento de pauta e sobrestamento das demais deliberações legislativas
– **Reedição:** não poderão ser reeditas na mesma sessão legislativa (ano) as MPs que tenham sido rejeitadas ou perdido sua eficácia por decurso de prazo

1.2.6.5.6. Decretos legislativos (art. 49 da CF):
– **Conceito:** ato normativo primário que contempla as matérias de competência exclusiva do Congresso Nacional (art. 49 da CF). Exemplos de utilização do decreto legislativo: para sustar os atos normativos do Poder Executivo que exorbitem o poder regulamentar, para autorizar referendo e convocar plebiscito

 Dica: o presidente do Senado é quem promulga um decreto legislativo, não passando por deliberação executiva

1.2.6.5.7. Resolução (arts. 51 e 52 da CF):
– **Finalidade:** normatizar as matérias de competência privativa da Câmara dos Deputados, do Senado Federal e algumas do Congresso Nacional (assuntos administrativos e de natureza política)
– **Competência:** quem promulga uma resolução é a mesa da Casa Legislativa responsável por sua edição. Também não passa por deliberação executiva (sanção ou veto presidencial)

DIREITO CONSTITUCIONAL

Tema IX - Organização dos Poderes

1 Organização dos Poderes I

1.3 Executivo I

1.3.1 Funções típicas: administrar. O chefe do Executivo cumula as atribuições de chefe de Estado (representa o país perante a comunidade internacional) e o chefe de governo (comanda e administra o país no âmbito interno)

1.3.2 Funções atípicas: realiza funções legislativas ao vetar ou sancionar uma lei, ao iniciar um projeto de lei nas hipóteses de sua competência, e ao editar medidas provisórias e leis delegadas

1.3.3 Representantes no âmbito federal: presidente da República: brasileiro nato, com mais de 35 anos, em pleno gozo dos direitos políticos. Ministros de Estado: brasileiro, com mais de 21 anos, em pleno gozo dos direitos políticos

 Dica: ministro do Estado da Defesa obrigatoriamente deverá ser brasileiro nato

1.3.4 Representante no âmbito estadual: governador do Estado: brasileiro, com mais de 30 anos, auxiliados pelo vice-governador e secretários estaduais

1.3.5 Representantes no âmbito municipal: prefeito: brasileiro, com mais de 21 anos, auxiliado pelo vice-prefeito e secretários municipais

1.3.6 Mandato (art. 14, §5º da CF): 4 anos, admitida uma reeleição para um único período subsequente

1.3.7 Segundo turno nos municípios (art. 29, II da CF): haverá se o numero de eleitores for superior a duzentos mil. Regra geral, caso nenhum candidato obtenha a maioria absoluta dos votos válidos em primeira votação, far-se-á nova eleição em 20 dias, concorrendo os dois mais votados

1.3.8 Sucessão: afastamento definitivo. Ex: morte do presidente, afastamento em virtude de *impeachment*, invalidez permanente, etc.

1.3.9 Substituição: a ausência se dará de forma transitória. Ex.: afastamento médico ou suspensão de atividades em decorrência de processo judicial

1.3.10 Linha sucessória: vice-presidente, presidente da Câmara, presidente do Senado e presidente do Supremo Tribunal Federal. Somente o vice-presidente poderá suceder o presidente de forma definitiva, os demais o farão de modo temporário

1.3.11 Vacância do cargo (art. 81 da CF): ocorrendo a vacância do cargo de presidente e vice nos dois primeiros anos do mandato, novas eleições diretas deverão ser feitas no prazo de 90 dias. Caso a vacância ocorra nos dois últimos anos, o Congresso Nacional é que escolherá o novo presidente e vice (eleição indireta), para terminar o mandato de seus antecessores

 Dica: o presidente da República e seu vice não poderão ausentar-se do Brasil por período superior a 15 dias, salvo se tiverem autorização do Congresso Nacional

1.3.12 Atribuições do presidente da República (art. 84, CF): regulamentar normas (mediante decreto), relacionar-se com Estados estrangeiros no âmbito internacional, nomear autoridades para ocuparem cargos (ministros de Estado, do Supremo, Tribunais Superiores, procurador-geral da República, dentre outros), atuar no processo de formação de leis (como autor ou para vetar ou sancionar), atuar no estado de exceção, dirigir a Administração Federal, comandar as Forças Armadas, dentre outras atribuições

 Dica: a **EC 109/21** acrescentou o inciso XXVIII ao art. 84 da CF mencionando que cabe ao Presidente **propor ao Congresso Nacional a decretação do estado de calamidade pública** de âmbito nacional previsto nos arts. 167-B a 167-G desta Constituição.

DIREITO CONSTITUCIONAL

Tema IX - Organização dos Poderes

1. Organização dos Poderes VII

- **1.3. Executivo II**
  - **1.3.13. Responsabilidade do presidente** (art. 86 da CF)

– **Modalidades:** o chefe do Executivo pode ser responsabilizado pela prática de crime comum (responde perante o STF) e por responsabilidade (responde perante o Senado Federal).

Dica: súmula vinculante 46: a definição dos crimes de responsabilidade e o estabelecimento das respectivas normas de processo e julgamento são de competência legislativa privativa da União

Dica: crimes de responsabilidade (art. 4 da Lei 1.079/1950): atos que atentem contra a Constituição Federal, em especial contra a existência da União, contra o livre exercício dos poderes, contra o exercício dos direitos políticos, individuais e sociais, contra a segurança interna do País, contra a probidade na Administração, contra a lei orçamentária e contra o cumprimento das leis e das decisões judiciais

– **Procedimento:** 1ª etapa: tanto os crimes comuns como os de responsabilidade dependem da autorização da Câmara dos Deputados (admissibilidade) com aprovação de 2/3 dos membros, ou seja, pelo menos o voto de 342 deputados federais (art. 86 da CF). Havendo autorização, avança-se à segunda etapa. 2ª etapa: se for crime comum (art. 86 e 102, I, "b", da CF) será processado e julgado pelo STF. Sendo a denúncia ou queixa recebida, o presidente será suspenso de suas funções por até 180 dias. Passado esse período sem julgamento, o chefe do executivo retoma o mandato até o julgamento definitivo pelo STF (art. 86, §1º, I e §2º, da CF). Sendo crime de responsabilidade e após autorização da Câmara dos Deputados, será processado perante o Senado (haverá ampla defesa ao presidente). A partir desse momento, o presidente ficará suspenso de suas funções. Havendo aprovação de 2/3 dos senadores, o presidente sofrerá *impeachment*

– **Imunidades:** durante a vigência do mandato, se o presidente cometer crime comum, não poderá ser preso enquanto não houver sentença condenatória. Regra geral, não poderá ter restrita sua liberdade por nenhuma modalidade de prisão cautelar (imunidade formal)

Dica: a imunidade à prisão cautelar é prerrogativa exclusiva do presidente da República, não se estendendo aos governadores e prefeitos (ADI 1.028)

Dica: presidente não será julgado por crime comum estranho ao exercício de função durante o mandato. Nessa hipótese, serão processados pela justiça comum no fim do mandato

– **Consequências da condenação por crime de responsabilidade:**
autônomas e aplicadas cumulativamente: 1 – perda do cargo; 2 – inabilitação para o exercício da função por oito anos, incluindo concurso público, nomeação em confiança, mandatos eletivos. Todas cumulativas (art. 52, parágrafo único, da CF)

– **Procedimento nos estados:** governadores serão julgados pelo STJ nos crimes comuns (art. 105, I, "a", da CF) e pelo TJ nos crimes de responsabilidade (composição: 5 deputados e 5 senadores – art. 78, §3º, da Lei 1.079/1950)

– **Procedimento nos municípios:** prefeitos serão julgados pelo TJ nos crimes comuns (art. 29, X, da CF). Haverá dois procedimentos distintos a depender da espécie de crime de responsabilidade. Se for próprio (natureza política), será realizado pela Câmara dos Vereadores. Se for impróprio (natureza penal), a competência será do TJ

DIREITO CONSTITUCIONAL

Tema IX - Organização dos Poderes

1. Organização dos Poderes VIII

1.4. Poder Judiciário I

1.4.1. Pressupostos: Existência de uma lide. Depende de provocação. É regido pela imparcialidade, ou seja, deve agir com neutralidade

1.4.2. Magistratura (art. 93 da CF)

- **Ingresso na carreira** (art. 93, I da CF): mediante aprovação em concurso público de provas e títulos, com comprovação de três anos de atividade jurídica para ingresso (a partir da conclusão do curso)
- **Residência do juiz titular** (art. 93, VII da CF): na respectiva comarca, salvo se houver autorização do Tribunal
- **Remoção, disponibilidade e aposentadoria por interesse público** (art. 93, VIII da CF): depende de quórum da maioria absoluta do Tribunal respectivo ou CNJ (garantia de ampla defesa)
- **Publicidade** (art. 93, IX da CF): todos os julgamentos serão públicos e fundamentadas todas as decisões, sob pena de nulidade
- **Decisões administrativas dos Tribunais** (art. 93, X da CF): devem ser motivadas e tomadas em sessão pública
- **Composição do órgão especial** (art. 93, XI da CF): Tribunais com mais de 25 julgadores poderão possuir órgão especial com no mínimo 11 e no máximo 25 membros
- **Quinto constitucional** (art. 94 da CF): composição de um quinto (20%) dos Tribunais Regionais Federais e Tribunais de Justiça por promotores e advogados de notório saber jurídico e reputação ilibada com mais de dez anos de atividade profissional. Órgãos da respectiva classe indicarão lista sêxtupla ao Tribunal que reduzirá para uma lista tríplice e encaminhará ao chefe do Executivo para escolha

1.4.3. Funções típicas: atividade jurisdicional (solução de interesse por meio do devido processo legal). **Atípicas:** funções de natureza legislativa (elaboração de regimento interno) e executiva-administrativa (organização de suas secretarias)

1.4.4. Órgãos (art. 92 da CF): Supremo Tribunal Federal, Conselho Nacional de Justiça (EC 45/2004), Superior Tribunal de Justiça, Tribunal Superior do Trabalho (EC 92/2016), Tribunal Regional Federal, Justiça Federal, Tribunal Regional do Trabalho, Tribunal Regional Eleitoral, Tribunal de Justiça Militar e Tribunais de Justiça dos Estados e DF. O STF, os Tribunais Superiores e o Conselho Nacional de Justiça têm sede na capital federal (Brasília) e os dois primeiros têm jurisdição em todo território nacional

 Dica: a súmula vinculante 37 estabelece que aos membros do Judiciário é vedada a autonomia quanto à atualização de seus salários

DIREITO CONSTITUCIONAL

Tema IX - Organização dos Poderes

1. Organização dos Poderes IX

1.4. Poder Judiciário II

1.4.5. Súmula vinculante (art. 103-A da CF e Lei 11.417/2006): o STF poderá de ofício, ou mediante provocação, aprovar súmula vinculante mediante decisão de dois terços de seus membros, após reiteradas decisões de matéria constitucional. É necessário que haja uma controvérsia atual sobre a matéria que esteja acarretando multiplicação de processos

– **Legitimados:** os mesmos da ADI (art. 103 da CF), acrescidos do defensor-geral da União, Tribunais (Superiores, Estaduais, Regionais Federais, do Trabalho, Eleitorais e Militares) além dos municípios em ações que façam parte, de maneira incidental
– **Efeitos:** a partir da publicação na imprensa oficial, terá efeito vinculante em relação aos demais órgãos do judiciário e à Administração Pública direta e indireta nas esferas federal, estadual e municipal
Dica: a súmula não vincula a função legislativa, ainda que exercida de forma atípica por outro poder
– **Objetivo:** validade, interpretação e eficácia de normas que apresentem controvérsia atual entre órgãos do Judiciário ou entre esses e a Administração que acarrete insegurança jurídica e relevante multiplicação de processos sobre questão idêntica
– **Consequências do descumprimento:** caberá reclamação ao STF. Se julgada procedente, a decisão contestada será anulada e outra deverá ser proferida
– **Súmula viciada:** se o problema for na própria súmula vinculante, por exemplo, ela não tratou de matéria constitucional ou não foi aprovada por dois terços do STF (pelo menos 8 ministros), caberá um pedido de cancelamento ou de revisão pelos mesmos legitimados a sua edição (art. 3º da Lei 11.417/2006)
– **Garantias dadas aos membros do judiciário** (art. 95 da CF): vitaliciedade (após dois anos de estágio probatório), inamovibilidade (não serão removidos/transferidos sem prévio consentimento, exceto por interesse público que dependerá do voto da maioria absoluta dos membros do Tribunal ou do CNJ), irredutibilidade de subsídio

1.4.6. Atividades vedadas aos membros do Judiciário (art. 95, parágrafo único da CF): exercer outro cargo ou função, exceto magistério; recebimento de valores a qualquer título; atividade político-partidária; recebimento de qualquer tipo de auxílio financeiro ou contribuição de pessoas; exercício da advocacia antes de três anos do afastamento, em relação ao Tribunal a que estava vinculado

1.4.7. Supremo Tribunal Federal

– **Função:** guarda da Constituição
– **Competência** (art. 102, I, da CF): processar e julgar ADI e ADC; infrações penais comuns do presidente, vice, membros do Congresso, ministros e procurador-geral; litígio entre Estado estrangeiro e os poderes da União; extradição solicitada por Estado estrangeiro, dentre outros
– **Composição:** 11 ministros escolhidos pelo presidente após aprovação do Senado. Mínimo de 35 e máximo de 65 anos, notório saber jurídico e reputação ilibada

1.4.8. Superior Tribunal de Justiça

– **Composição:** no mínimo 33 ministros: um terço por membros dos TRFs, um terço por membros dos TJs, e um terço por advogados e promotores. A escolha será realizada pelo presidente após a apresentação de lista tríplice. Dependerá de aprovação do Senado Federal. Requisitos de investidura semelhante aos do STF
– **Competência** prevista no art. 105 da CF, se divide em: originária (I), por ex. processo e julgamento dos mandados de segurança e os habeas data contra ato de Ministro de Estado, dos Comandantes da Marinha, do Exército e da Aeronáutica ou do próprio Tribunal (alínea "b"); em sede de recurso ordinário (II), por ex. as causas em que forem partes Estado estrangeiro ou organismo internacional, de um lado, e, do outro, Município ou pessoa residente ou domiciliada no País (alínea "c"); e em sede de recurso especial (III), por ex. as causas decididas, em única ou última instância, pelos Tribunais Regionais Federais ou pelos tribunais dos Estados, do Distrito Federal e Territórios, quando a decisão recorrida contrariar tratado ou lei federal, ou negar-lhes vigência (alínea "a")

DIREITO CONSTITUCIONAL

Tema IX - Organização dos Poderes

1. Organização dos Poderes X

1.4. Poder Judiciário III

1.4.9. Conselho Nacional de Justiça

- **Funções:** fiscalizar o judiciário no cumprimento de deveres funcionais dos juízes e a administração financeira desse poder, além de outras atribuições (art. 103-B, §4º, da CF)
- **Composição:** 15 (quinze) membros com mandato de 2 (dois) anos, admitida 1 (uma) recondução (art. 103-B, I a XII, da CF). O Conselho é presidido pelo presidente do STF e nas suas ausências e impedimentos pelo Vice-Presidente do Supremo Tribunal Federal (art. 103-B, §1º, da CF)

1.4.10. Tribunais Regionais Federais e juízes federais (art. 106 a 110 da CF)

– **Composição:** no mínimo 7 juízes, recrutados, na respectiva região se possível, nomeados pelo presidente da República dentre brasileiros com mais de 30 e menos de 65 anos. Um quinto entre advogados e membros do MPF. Os demais, mediante promoção de juízes federais com mais de cinco anos de exercício (antiguidade e merecimento)

1.4.11. Competência da Justiça Federal:
competências em que a União, entidade autárquica ou empresa pública federal for parte ou interessada, dentre outras previstas no art. 109 da CF

1.4.12. Competência do TRF:
julgar recursos da JF, os juízes federais em crimes comuns, dentre outras previsto no art. 108 da CF

1.4.13. Tribunais e juízes do trabalho (art. 111 a 116 da CF)

– **Órgãos da Justiça do Trabalho:** TST, TRT e os juízes do trabalho
– **Composição:** 27 ministros, escolhidos dentre brasileiros com mais de 35 anos e menos de 65 anos, de notável saber jurídico e reputação ilibada, nomeados pelo presidente da República após aprovação pela maioria absoluta do Senado Federal (EC 92/16). Um quinto formado por advogados e membros do Ministério Público do Trabalho, ambos com mais de 10 anos de experiência e os demais dentre os juízes dos TRTs indicados pelo próprio Tribunal Superior do Trabalho

Dica: a EC 92/16 acrescentou § 3º ao art. 111-A da CF, dando competência ao TST para processar e julgar, originariamente, a reclamação para a preservação de sua competência e garantia da autoridade de suas decisões

1.4.14. Tribunais Regionais Eleitorais e juízes eleitorais (art. 118 a 120 da CF)

– **Órgãos:** Tribunal Superior Eleitoral, Tribunais Regionais Eleitorais, juízes eleitorais e juntas eleitorais
– **Composição do TSE:** 7 membros: 3 ministros do STF, 2 ministros do STJ e 2 advogados escolhidos pelo presidente da República após indicação por lista apresentada pelo STF. No TRE, a composição será formada por 7 membros, sendo 2 entre desembargadores do TJ, dois entre juízes de 1ª instância estadual, um juiz advindo do TRF e dois advogados dentre advogados indicados pelo TJ
Dica: as decisões do TSE são irrecorríveis, salvo as que contrariarem a Constituição e as denegatórias de *habeas corpus* ou mandado de segurança que caberá recurso ao STF

1.4.15. Tribunais e juízes militares

– **Órgãos da Justiça Militar:** Superior Tribunal Militar e os Tribunais e juízes militares
– **Competência:** processar e julgar os crimes militares definidos em lei
– **Composição:** 15 ministros vitalícios, nomeados pelo presidente após aprovação do Senado Federal. 3 oficiais-generais da Marinha, 4 oficiais-generais do Exército e 5 civis escolhidos pelo presidente da República maiores de 35 anos (3 advogados e 2 dentre juízes e membros do Ministério Público Militar)
– **Regime de precatórios:** os valores devidos pela Fazenda Pública, em razão do regime de impenhorabilidade dos bens públicos são pagos por meio da expedição de precatórios judiciais

1.4.16. Teto dos gastos públicos (EC 95/2016):
criou um novo regime fiscal, estabelecendo limites para os gastos realizados pelo governo federal para os próximos 20 anos. A partir do décimo exercício do novo regime, o presidente da República poderá propor projeto de lei complementar para alterar o método de correção dos limites. Essa medida poderá ser realizada apenas uma vez a cada mandato presidencial

– **Consequências pelo descumprimento** (art. 109 do ADCT da CF)**:** os órgãos públicos que não observarem os respectivos tetos estarão sujeitos a diversas sanções como (até o final do exercício de retorno das despesas aos respectivos limites): impossibilidade de realizar contratações, concursos públicos, reajustar salários de servidores, receber subsídios ou incentivos

DIREITO CONSTITUCIONAL
TEMA X - FUNÇÕES ESSENCIAIS À JUSTIÇA

1. Funções essenciais à Justiça

- **1.1. Conceito** (art. 127 da CF): funções sem as quais não se faz Justiça. Não fazem parte dos 3 poderes. Previstas a partir do art. 127 da CF. Integram as funções essenciais: o Ministério Público, as advocacias pública e privada e as defensorias públicas

- **1.2. Ministério Público** (art. 127 da CF): instituição de caráter permanente que tem por função a defesa da ordem jurídica, do regime democrático e dos interesses sociais e individuais indisponíveis
    - **1.2.1. Princípios que regem a instituição:** unidade (os membros integram um só órgão sob a chefia do procurador-geral da República (federal) e procurador-geral do Estado (estadual); indivisibilidade (os membros do MP atuam sempre em nome da instituição); independência funcional (os membros do MP atuam com total independência, não estando sujeitos às imposições de qualquer autoridade superior)
    - **1.2.2. Composição** (art. 128 da CF): Ministério Público da União (MP Federal, MP do Trabalho, MP Militar e o MP do DF e Territórios e em MP Estaduais). É dirigido pelo procurador-geral da República (35 anos e ser integrante da carreira do Ministério Público) que exercerá mandato de 2 anos, admitida recondução
    - **1.2.3. Funções institucionais** (art. 129 da CF): promover, privativamente, a ação penal pública, o inquérito civil, a ação civil pública, dentre outras atribuições
    - **1.2.4. Forma de ingresso na carreira:** aprovação em concurso de provas e títulos após 3 anos de comprovada atuação jurídica
    - **1.2.5. Garantias:** vitaliciedade, inamovibilidade e irredutibilidade de subsídios
    - **1.2.6. Vedações** (art. 128, §5º, II da CF): receber honorários ou valores sob qualquer pretexto, exercer advocacia, participar de sociedades comerciais, exercer qualquer outra função pública, atividade político-partidária, dentre outras

- **1.3. Conselho Nacional do Ministério Público** (art. 130-A da CF): atua na fiscalização do MP na atuação administrativa e financeira da instituição e do cumprimento dos deveres funcionais de seus membros
    - **1.3.1. Composição:** integrado por 14 membros, nomeados pelo presidente da República após aprovação do Senado Federal. Formado por cidadãos oriundos do Ministério Público, magistratura, advocacia e da sociedade

- **1.4. Advocacia pública:** defende os interesses do Estado em juízo e extrajudicialmente, bem como prestam assessoria e consultoria jurídica

- **1.5. Advocacia-geral da União** (art. 131 da CF)

- **1.6. Procuradoria-geral do Estado:** além de representarem judicialmente as respectivas unidades federadas, prestam consultoria e assessoramento jurídico
    - **1.6.1. Estabilidade:** garantida após 3 anos de efetivo exercício, mediante aprovação em avaliação de desempenho

- **1.7. Defensoria pública:** defesa, em todos os graus, dos necessitados na forma do art. 5º, LXXIV, da CF
    - **1.7.1. Função** (art. 134 da CF): orientação jurídica, a promoção dos direitos humanos e a defesa em todos os graus dos direitos individuais e coletivos de forma integral e gratuita, aos necessitados
    - **1.7.2. Forma de ingresso na carreira:** aprovação em concurso público de provas e títulos, além da garantia de inamovibilidade e da vedação ao exercício da advocacia além daqueles previstos ao cargo

- **1.8. Advocacia privada**
    - **1.8.1. Hierarquia:** não há hierarquia entre os advogados, magistrados e membros do Ministério Público
    - **1.8.2. Prerrogativas:** inviolabilidade material. No exercício da atividade profissional, não pode ser punido por seus atos ou manifestações, ainda que constituam injuria ou difamação, sem prejuízo das sanções disciplinares perante a OAB pelos excessos que eventualmente cometer

 Dica: a súmula vinculante 14 estabelece como prerrogativa do advogado o direito, no interesse do representado, de ter acesso amplo aos elementos de prova já produzidos em procedimentos investigatórios, a fim de garantir o exercício do direito de defesa

DIREITO CONSTITUCIONAL
Tema XI - Estados de Exceção

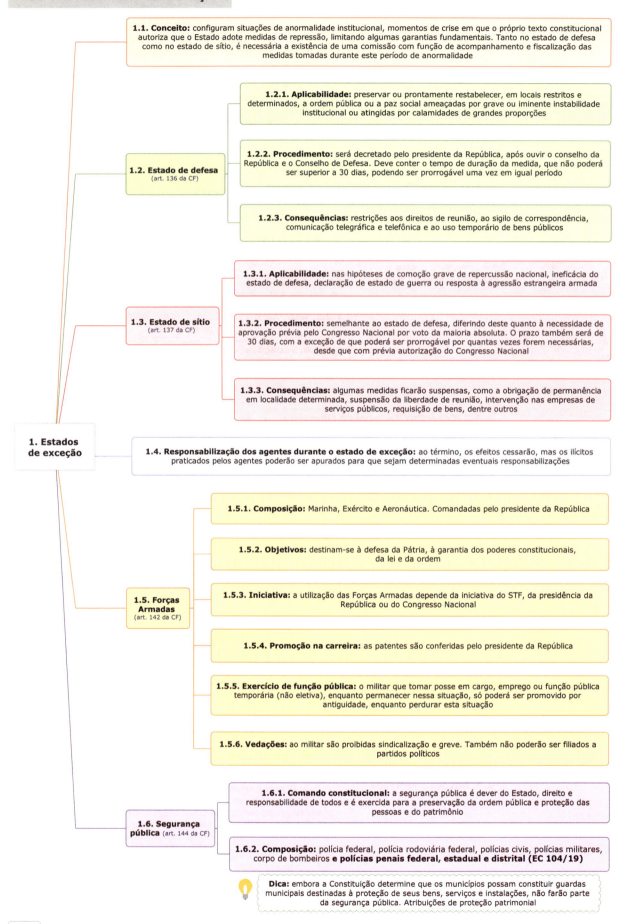

DIREITO CONSTITUCIONAL

TEMA XII - ORDEM ECONÔMICA E SOCIAL

1. Ordem econômica

1.1. Conceito: tem por fundamento a valorização do trabalho humano e a livre-iniciativa, visando assegurar existência digna a todos, conforme os ditames da justiça social

1.2. Princípios (art. 170 da CF): a ordem econômica é alicerçada pelos princípios da soberania nacional, propriedade privada, função social da propriedade, livre concorrência, defesa do consumidor, do meio ambiente, redução das desigualdades regionais e sociais, busca do pleno emprego, tratamento favorecido para empresas de pequeno porte, dentre outras

1.3. Atuação estatal do domínio econômico: embora prevaleça em nosso ordenamento a garantia de independência à iniciativa privada, o Estado também poderá atuar de maneira residual, subsidiária. O Estado participa quando há relevante interesse coletivo ou imperativo de segurança nacional (Ex.: fabricação de material bélico)

1.4. Monopólio da união (art. 177 da CF): pesquisa e lavra, exploração e domínio sobre petróleo, gás natural, dentre outras previstas na CF

DIREITO CONSTITUCIONAL
Tema XII - Ordem econômica e social

1. Ordem social I

1.1. Fundamento: a ordem social tem como base o primado do trabalho e como objetivo o bem-estar e a justiça social

1.2. Seguridade social: composta por três pressupostos importantes. Previdência social, saúde e assistência social. O sistema de previdência no Brasil é contributivo e não retributivo

1.2.1. Princípios: universalidade da cobertura e do atendimento, uniformidade dos benefícios e serviços às populações urbanas e rurais, seletividade e distributividade na prestação dos benefícios e serviços, irredutibilidade do valor dos benefícios, equidade na forma de participação no custeio, diversidade da base de financiamento, dentre outras

1.2.2. Fontes da seguridade: folha de salário dos empregados, receita ou faturamento das empresas, etc

1.2.3. Saúde: dever do Estado prestá-la, valendo-se para tanto de políticas públicas sociais e econômicas. Instituir programas para reduzir risco de doença, com campanhas publicitárias de prevenção, vacinação, dentre outras

- **Competência:** a regulamentação, fiscalização, controle e a execução das ações e serviços de saúde cabem ao poder público. O Estado poderá conceder a prestação dos serviços de saúde indiretamente ao particular
- **Aplicação de receitas** (art. 198 da CF e Lei 141/2012)**:** a União, Estados, DF e Municípios deverão aplicar um percentual mínimo das receitas em ações e serviços de saúde
- **Fundamentos do Sistema Único de Saúde:** descentralização, com direção única em cada esfera de governo, atendimento integral com prioridade para as atividades preventivas e participação da comunidade
- **Instituições privadas:** poderão participar de forma complementar do Sistema Único de Saúde, segundo diretrizes deste, mediante contrato de direito público ou convênio, tendo preferência as entidades filantrópicas e as sem fins lucrativos (art. 199, §1º da CF)

 Dica: é proibida a destinação de recursos públicos para auxílios ou subvenções às instituições privadas com fins lucrativos (art. 199, §2º da CF)

1.2.4. Previdência social

- **Estrutura:** regime contributivo e filiação obrigatória
- **Cobertura** (art. 201 da CF)**:** doença, invalidez, morte, idade avançada, desemprego involuntário, maternidade e prisão

1.2.5. Assistência social

- **Universalidade:** deverá ser prestada a todos que necessitarem, de forma gratuita, independente de contribuição
- **Objetivos:** proteção à família, maternidade, infância, adolescência e velhice; amparo às crianças e adolescentes carentes; promover a integração ao mercado de trabalho; habilitar e reabilitar as pessoas portadoras de deficiência e a promoção de sua integração à vida comunitária, dentre outros previstos na CF

 Exemplo: o benefício de um salário mínimo mensal à pessoa portadora de deficiência e ao idoso que comprovem não possuir meios de prover à própria manutenção ou de tê-la provida por sua família, conforme dispuser a lei (art. 203, V, da CF)

DIREITO CONSTITUCIONAL

TEMA XII - ORDEM ECONÔMICA E SOCIAL

1 Ordem social II

1.3 Educação (art. 206 da CF)

1.3.1 Princípios: direito de todos e dever do Estado, baseado na igualdade de condições para o acesso e permanência na escola, gratuidade do ensino público em estabelecimentos oficiais, gestão democrática do ensino público, dentre outros pilares fundamentais previstos na CF

1.3.2 Iniciativa privada (art. 209 da CF): deverá cumprir normas gerais da educação nacional e dependerá de autorização e avaliação de qualidade pelo poder público

1.3.3 Universalização do ensino obrigatório (art. 211, §4º da CF): a União, os Estados, o Distrito Federal e os Municípios na organização de seus sistemas de ensino definirão formas de colaboração que assegure a universalização do ensino obrigatório

Dica 1: o não oferecimento do ensino obrigatório pelo Poder Público, ou sua oferta irregular, importa responsabilidade da autoridade competente (art. 208, § 2º da CF)

Dica 2: a EC 108/20 instituiu, em caráter permanente, o Fundo de Manutenção e Desenvolvimento da Educação Básica e de Valorização dos Profissionais da Educação (Fundeb). Além disso, distribuiu o percentual ICMS aos municípios com melhoria na aprendizagem, aumentou a complementação de recursos distribuídos pela União e garantiu a participação da sociedade no planejamento das políticas sociais.

Dica 3: o ensino fundamental regular será ministrado em língua portuguesa, assegurada às comunidades indígenas também a utilização de suas línguas maternas e processos próprios de aprendizagem (art. 210, § 2º, da CF).

1.3.4 Competências

- **União:** organizará o sistema federal de ensino, financiará as instituições de ensino público federal e exercerá função redistributiva e supletiva em matéria educacional, a fim de garantir a equalização de oportunidades e padrão mínimo de qualidade do ensino, mediante assistência financeira aos demais entes
- **Municípios:** atuarão prioritariamente no ensino fundamental e na educação infantil
- **Estados e DF:** atuarão prioritariamente no ensino fundamental e médio

1.4 Cultura (art. 215 da CF)

1.4.1 Princípios: dever do Estado garantir o exercício dos direitos culturais e o acesso às fontes da cultura nacional, devendo dar suporte e incentivar a valorização e difusão das manifestações culturais

1.4.2 Competência pela promoção e preservação: a promoção e a proteção do patrimônio cultural brasileiro é dever do poder público e de toda a comunidade por meio de tombamento, desapropriação, vigilância e outras formas de preservação

1.4.3 Sistema Nacional de Cultura (art. 216-A da CF): finalidade de instituir um processo de gestão e promoção conjunta de políticas públicas de cultura entre Estado e sociedade. Visam à promoção do desenvolvimento humano, social e econômico com o exercício de direitos culturais além de prestigiar a transparência na aplicação de recursos

1.5 Desporto (art. 217 da CF)

1.5.1 Obrigações do Estado: apoiar práticas desportivas formais e não formais, como direito de cada um, garantindo a autonomia das entidades desportivas e associações, a destinação de recursos públicos para a promoção prioritária do desporto educacional e, em casos específicos, para o de alto rendimento, além de tratamento diferenciado ao desporto profissional e o não profissional

1.5.2 Justiça desportiva: só será admitida a propositura de ação perante o Poder Judiciário na hipótese do esgotamento das instâncias da justiça desportiva, que emana decisões de natureza eminentemente administrativa

DIREITO CONSTITUCIONAL
Tema XII - Ordem econômica e social

1. Ordem social III

- **1.6. Ciência, tecnologia e inovação**
  - **1.6.1. Deveres do Estado:** Promover e incentivar o desenvolvimento científico, a pesquisa, a capacitação científica e tecnológica e a inovação. Para tanto, deverá estimular a articulação entre entes públicos e privados além de promover e incentivar a atuação no exterior das instituições públicas de ciência, tecnologia e inovação

- **1.7. Meio ambiente** (art. 225 da CF)
  - **1.7.1. Atribuições do poder público:** preservar e restaurar os processos ecológicos essenciais e prover o manejo ecológico das espécies e ecossistema e proteger a fauna e a flora; veda as práticas que coloquem em risco sua função ecológica, provoquem a extinção de espécies ou submetam os animais à crueldade
  - **1.7.2. Práticas desportivas com animais:** a EC 96/2017 incluiu no texto constitucional dispositivo que afasta a caracterização de crueldade aos animais das práticas desportivas, desde que sejam manifestações culturais. O tema foi objeto da ADI 4983 a respeito de lei do estado do Ceará que tratava da vaquejada. Na ocasião, o STF considerou haver crueldade intrínseca, proibindo a prática. A EC foi uma resposta à decisão do STF. Há pendente de julgamento a ADI 5728 que questiona a constitucionalidade da EC

- **1.8. Família**
  - **1.8.1. Deveres da família, sociedade e estado** (art. 227 da CF)**:** assegurar à criança, ao adolescente e ao jovem, com absoluta prioridade, o direito à vida, à saúde, à alimentação, à educação, ao lazer, à profissionalização, à cultura, à dignidade, ao respeito, à liberdade e à convivência familiar e comunitária, além de colocá-los a salvo de toda forma de negligência, discriminação, exploração, violência, crueldade e opressão
  - **1.8.2. Igualdade de direito dos filhos:** os filhos, havidos ou não da relação do casamento, ou por adoção, terão os mesmos direitos e qualificações, proibidas quaisquer designações discriminatórias relativas à filiação
  - **1.8.3. Maioridade penal:** são penalmente inimputáveis os menores de 18 anos
  - **1.8.4. Dever dos pais e dos filhos:** os pais têm o dever de assistir, criar e educar os filhos menores, e os filhos maiores têm o dever de ajudar e amparar os pais na velhice, carência ou enfermidade
  - **1.8.5. Casamento:** é civil e gratuita a celebração. O religioso, em igual sentido, terá efeito civil. Poderá ser dissolvido pelo divórcio
    - **União estável:** é reconhecida a união estável entre o homem e a mulher como entidade familiar, devendo a lei facilitar sua conversão em casamento

DIREITO INTERNACIONAL

Renan Flumian

Material complementar de Direito Internacional está disponível online pelo site da Editora Foco, no link:
www.editorafoco.com.br/atualizacao

DIREITO INTERNACIONAL PRIVADO

Tema I - Introdução: Conflitos de Leis no Espaço e Regras de Conexão

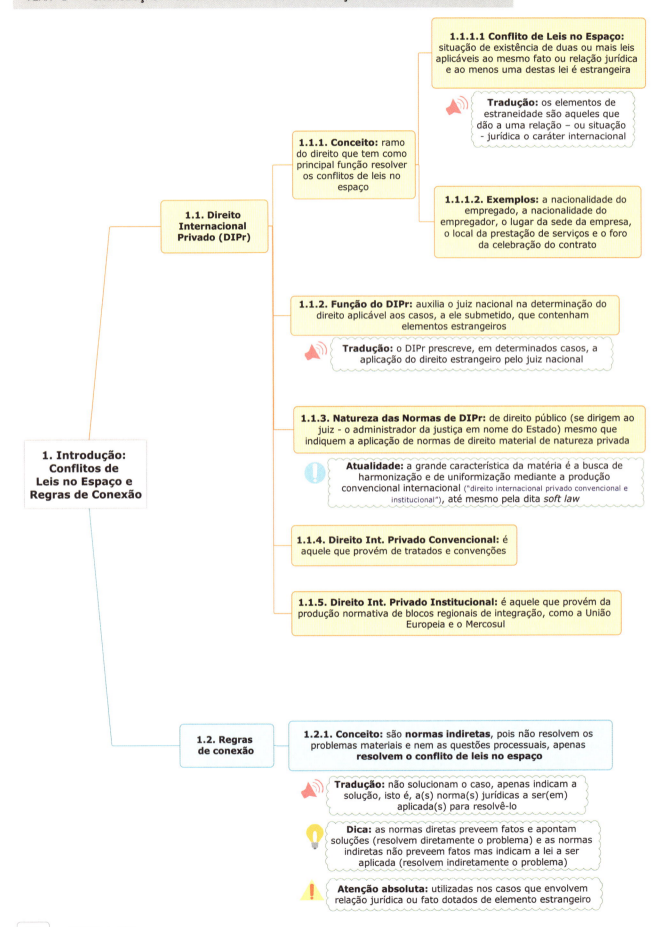

DIREITO INTERNACIONAL PRIVADO

TEMA II - REGRAS DE CONEXÃO

1. Regra de Conexão *Lex Domicilli* - I (Art.7º da LINDB)

- **1.1. Regra de Conexão: *lex domicilii*** (Art.7º, caput, da LINDB)
  - **1.1.1 Conceito:** a lei do país de domicílio da pessoa vai determinar as regras sobre o começo e o fim da personalidade, o nome, a capacidade e os direitos de família

- **1.2. Regra de Conexão: *lex loci celebrationis*** (§1º do art. 7º da LINDB)
  - **1.2.1. Conceito:** o casamento é regido, no que tange às suas formalidades, pela lei do país que for celebrado
  - **1.2.2. Exemplo:** o casamento realizado no exterior, que respeitou a lei do país de constituição do matrimônio, terá validade no Brasil se não ofender a ordem pública
  - **1.2.3. Requisito:** obrigatoriedade de registro no Brasil do casamento de brasileiros realizado no exterior no prazo de 180 dias contados da volta de um ou ambos cônjuges ao Brasil, no cartório do respectivo domicílio ou, em sua falta, no 1º Ofício da capital do estado em que passarem a residir (art. 1.544, CC)

- **1.3. Exceção à *lex loci celebrationis*** (§2º do art. 7º da LINDB)
  - **1.3.1. Conceito:** nubentes estrangeiros podem no Brasil casar com base em sua lei da nacionalidade, desde que perante autoridades diplomáticas ou consulares do país de ambos os nubentes

  💡 **Dica:** consagra indiretamente a lei da nacionalidade dos nubentes como regra de conexão

  ⚠️ **Atenção Absoluta:** o casamento é regido, no que tange às suas formalidades, pela citada lei, mas o regime de bens continua sendo regulado pela lei do domicílio dos nubentes, consoante determina o artigo 7º, *caput*, da LINDB

- **1.4. 1º domicílio conjugal – invalidade do casamento** (§3º do art. 7º da LINDB)
  - **1.4.1. Conceito:** se o domicílio dos nubentes for diverso, usa-se a lei do primeiro domicílio conjugal (**regra de conexão subsidiária**). Do contrário, aplica-se a lei do país do domicílio conjugal atual

  🔒 **Cuidado:** 1º domicílio conjugal não é sempre o país onde o casamento foi realizado, pois os nubentes podem contratar matrimônio em um país e estabelecer-se em outro

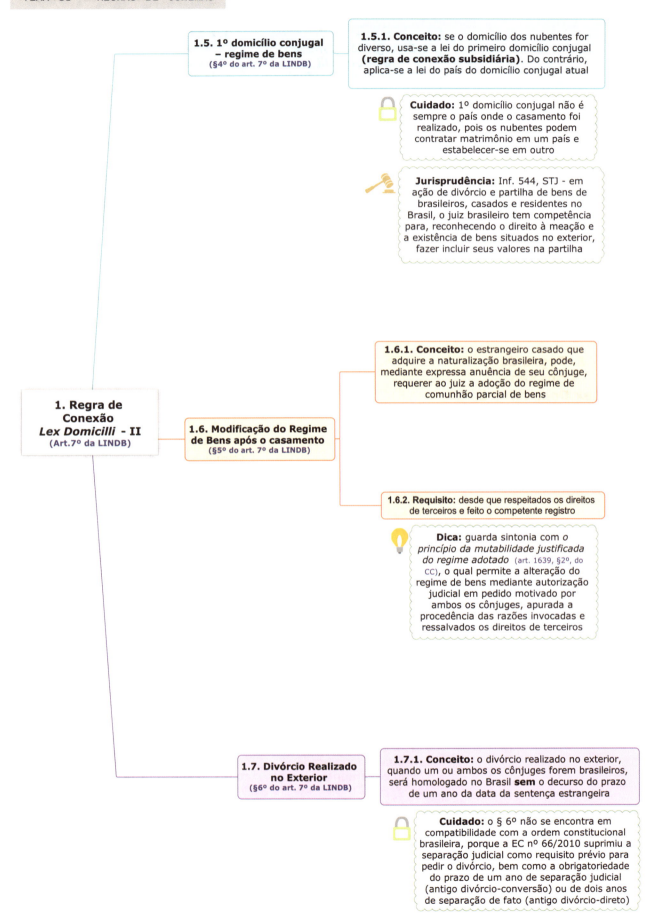

DIREITO INTERNACIONAL PRIVADO

TEMA II - REGRAS DE CONEXÃO

1. Regra de Conexão *Lex Rei Sitae* (Art. 8º da LINDB)

1.1. Regra de Conexão: *lex rei sitae* (Art. 8º, *caput*, da LINDB)

1.1.1 Conceito: é a lei do país onde os bens estão situados que vai regulá-los (**princípio da territorialidade**)

Dica: os direitos reais dizem respeito as relações jurídicas proprietárias, possessórias, garantias sobre bens

Atenção Absoluta: *lex rei sitae* regulará somente os bens móveis e imóveis considerados individualmente **(uti singuli)**. Assim, os bens considerados *uti universitas*, como o espólio, o patrimônio conjugal, escapam à aplicação da *lex rei sitae*, passando a se reger pela lei reguladora da sucessão **(lex domicilii do autor da herança)** e da sociedade conjugal

Doutrina: "É mister salientar que a capacidade para exercer direitos reais ou efetivar contratos a eles relativos rege-se pela *lex domicilii*, e a forma extrínseca dos atos negociais destinados à aquisição, transmissão e extinção de direitos reais obedece ao *locus regit actum*, mas as condições da constituição da aquisição, da transferência do direito real, p. ex., a exigência de tradição ou do assento no registro imobiliário, submetem-se à *lex rei sitae*" (síntese de M. H. Diniz)

1.2. Regra de Conexão Subsidiária: *lex domicilii* do proprietário (§1º do art. 8º da LINDB)

1.2.1. Conceito: a lei do país de domicílio do proprietário regulará os bens que estiverem em situação de intensa mobilidade e trânsito

Tradução: os bens móveis que estiverem em situação de intensa mobilidade terão como regra de conexão a lei do domicílio do proprietário

1.3. Regra de Conexão Subsidiária: *lex domicilii* do possuidor (§2º do art. 8º da LINDB)

1.3.1. Conceito: a lei do país de domicílio do possuidor que regulará o penhor

1.3.2. Objetivo: dar maior segurança ao negócio, pois o credor, após a tradição do bem dado em penhor, será o possuidor direto

DIREITO INTERNACIONAL PRIVADO

Tema II - Regras de Conexão

1. Regra de Conexão *Locus Regit Actum* (Art. 9º da LINDB)

- **1.1. Regra de Conexão: *locus regit actum*** (Art. 9º, *caput*, da LINDB)

  - **1.1.1. Conceito:** a lei do país onde as obrigações foram constituídas que vai regulá-las **(aspectos extrínsecos)**

    - 🔒 **Cuidado:** o local onde a obrigação foi constituída também será a sede da relação jurídica, ou seja, onde está produzindo efeitos. Assim, o juiz brasileiro poderá aplicar a lei nacional *(lex fori)*, sem afrontar o art. 9º, quando um contrato constituído no estrangeiro for executado majoritariamente no Brasil. E um exemplo comum desse caso é a aplicação da *lex loci executionis* aos contratos de trabalho celebrados no exterior, mas com a execução das atividades laborais tomando corpo inteiramente em solo brasileiro

  - **1.1.2. Exemplos:** as obrigações surgem geralmente dos contratos, dos delitos e dos quase delitos

  - **1.1.3 Característica:** funciona como um limitador da autonomia da vontade

- **1.2. Regra Unilateral: *lex loci executionis*** (§1º do art. 9º da LINDB)

  - **1.2.1. Conceito:** aplicação da lei brasileira no tocante à forma essencial para validade da obrigação constituída no exterior e que será executada no Brasil

  - **1.2.2 Requisitos:** respeitar os requisitos para validade do negócio jurídico (forma essencial)

    - 💡 **Dica:** a regra do § 1º não colide, mas sim reforça a regra geral de conexão *locus regit actum*. Isso porque prescreve, além do respeito à forma essencial ditada pelo direito brasileiro, a aplicação da lei do local onde a obrigação se constituiu.

  - **1.2.3. Exemplo:** negócio constituído no exterior que envolva a compra de imóvel, situado no Brasil, com valor superior à trinta vezes o maior salário mínimo vigente no país, dependerá para sua efetivação que se proceda à lavratura da escritura pública, caso não disponha a lei em contrário (art. 108 do CC)

- **1.3. Obrigação resultante do contrato entre ausentes** (§2º do art. 9º da LINDB)

  - **1.3.1. Conceito:** a obrigação resultante de contrato, entre ausentes, reputa-se constituída no lugar em que **residir** o proponente

    - 💡 **Dica:** o país onde residir o proponente significa o país onde ele estiver

    - 🔒 **Cuidado:** "entre ausentes" significa contratantes residentes em países diversos

    - ⚠️ **Atenção Absoluta:** o art. 9º, *caput*, é aplicado aos contratos internacionais entre presentes e determina que é a lei do local em que as obrigações foram constituídas que vai regulá-las

DIREITO INTERNACIONAL PRIVADO

TEMA II - REGRAS DE CONEXÃO

1. Regra de Conexão *Lex Domicilii* do defunto ou do desaparecido (Art. 10 da LINDB)

1.1. Regra de Conexão: *lex domicilii* do defunto ou do desaparecido (Art. 10 da LINDB)

1.1.1 Conceito: a lei do país de último domicílio do defunto ou do desaparecido regulará a sucessão por morte ou por ausência, qualquer que seja a natureza e a situação dos bens (**concepção unitarista da sucessão**)

 Jurisprudência: Inform. STJ 563 - a concepção unitarista da sucessão vem sendo relativizada (REsp 1.362.400-SP)

1.1.2. Contraponto: concepção pluralista da sucessão

1.1.2.1. Conceito: a pluralidade sucessória prega que cada bem, individualmente considerado, deve ser regulado pela lei de sua localização (*lex rei sitae*)

 Atenção Absoluta: a regra de conexão *lex domicilii* do defunto ou do desaparecido diz respeito aos **aspectos intrínsecos do testamento**, como, por exemplo, o conteúdo das disposições de última vontade, sua admissibilidade e os efeitos dela decorrentes. Por outro lado, **os aspectos extrínsecos do testamento** teriam como regra de conexão o *locus regit actum* (lei do local onde o negócio jurídico tenha se constituído). Como exemplos de aspectos extrínsecos podem-se apontar o respeito à forma legal e se o ato foi lavrado pela autoridade competente

 Dica: a LINDB não regulou a comoriência, aplica-se, então, o art. 29 do Cód. Bustamante: sem provas, será aplicada a lei de domicílio do de *cujus* para regular a comoriência

1.2. Exceção Benéfica (§1º do art. 10 da LINDB)

1.2.1. Conceito: a regra de conexão do *caput* será afastada para aplicação da *lex fori* sobre sucessão de bens de estrangeiros, situados no País (art. 5º, XXXI, da CF)

1.2.2. Requisito: desde que não seja mais favorável para o cônjuge ou os filhos brasileiros a lei pessoal do *de cujus*

 Dica: é um exemplo de aplicação do princípio da pluralidade sucessória, o que destoa da concepção unitarista adotada pelo DIPr brasileiro

1.3. Regra de Conexão: *lex domicilii* do herdeiro ou do legatário (§2º do art. 10 da LINDB)

1.3.1 Conceito: a lei do país de domicílio do herdeiro ou do legatário regulará a capacidade para suceder

 Atenção Absoluta: é a lei do país do último domicílio do de cujus que definirá quem é herdeiro ou não. Após a definição dos herdeiros, cabe verificar a capacidade para suceder de cada um. Tal verificação é balizada pela lei do domicílio do herdeiro

DIREITO INTERNACIONAL PRIVADO

Tema III - Aplicação do Direito Estrangeiro

1. Aplicação do Direito Estrangeiro

1.1. Aplicação do Direito Estrangeiro

1.1.1. Conceito: o juiz brasileiro terá que aplicar o direito estrangeiro em determinadas situações

🔊 **Tradução:** com a aplicação das regras de conexões é possível determinar o direito material que vai regular o caso com elemento estrangeiro. E este direito indicado pela **norma indireta do DIPr pode ser tanto o nacional como o estrangeiro**

1.2. Reenvio ou Devolução

1.2.1. Conceito: i**nterpretação que despreza a norma material indicada pela regra** de conexão e aplica DIPr estrangeiro para se chegar a outra norma material; geralmente de índole nacional (aqui o reenvio ou retorno tomava corpo)

🔊 **Tradução:** funciona como se a solução fosse enviada para o direito de certo país e o direito desse país a reenviasse (de volta ou para outro país)

⚠️ **Atenção Absoluta:** o art. 16 da LINDB **proíbe** o juiz nacional de utilizar-se do reenvio

1.2.2. Graus: 1º grau: refere-se a dois países, isto é, a legislação do país A remete à do país B, que reenvia para A; **2º grau:** refere-se a três países, situação em que a legislação de A remete à de B, que reenvia para C; **3º grau:** refere-se a quatro países, situação esta similar a do reenvio de 2º grau, com a diferença de que nesta a legislação de C remete à do país D

🔊 **Tradução:** o instituto do reenvio é um desfigurador das regras de conexão, pois a estas cabem solucionar os conflitos de leis no espaço, e, a partir do momento em que o DIPr brasileiro indicar o DIPr estrangeiro, ele não estará cumprindo com sua função

DIREITO INTERNACIONAL PRIVADO

Tema IV - Prova de Fatos Ocorridos no Estrangeiro e Prova do Direito Estrangeiro

1. Prova de Fatos Ocorridos no Estrangeiro e Prova do Direito Estrangeiro

1.1. Prova dos Fatos Ocorridos no Estrangeiro (art. 13 da LINDB)

1.1.1. Conceito: é a lei do país onde ocorreu o fato ou ato que vai regular o procedimento probatório *(locus regit actum)*

Dica: o juiz não poderá se valer das provas **não admitidas** pelo direito brasileiro

Atenção Absoluta: "Não admitidas" aparece sublinhada como forma de contrastar com o texto literal do artigo 13, que se refere às provas que a lei brasileira **não conheça**. Se prevalecesse o texto literal, teríamos uma mitigação do direito da parte de defender-se por meio de todas as provas em direito admitidas

Tradução: deve ser aceito qualquer meio de prova, desde que lícito conforme os ditames do ordenamento jurídico brasileiro e não violar a ordem pública (art. 17 da LINDB)

Legislação: art. 369 NCPC - "As partes têm o direito de empregar todos os meios legais, bem como os moralmente legítimos, ainda que não especificados neste Código, para provar a verdade dos fatos em que se funda o pedido ou a defesa e influir eficazmente na convicção do juiz"

1.2. Prova do Direito Estrangeiro (art. 14 da LINDB)

1.2.1. Conceito: se o juiz não conhecer, as partes devem provar o texto legal e a vigência do direito estrangeiro a ser aplicado no caso concreto (arts. 409, 410 e 411 do Código Bustamante)

Dica: aplicação da lei estrangeira, quando determinada pelo DIPr brasileiro, é uma obrigação do juiz, e não mera faculdade

Tradução: o juiz deve aplicar *ex officio* o direito estrangeiro, caso o conheça. Do contrário, pedirá que as partes provem o texto e a vigência desse direito (art. 376 do NCPC)

DIREITO INTERNACIONAL PRIVADO

Tema V - Competência Internacional

1. Competência Internacional I: introdução e competência concorrente

1.1. Competência Internacional

1.1.1. Conceito: antes do conflito de leis no espaço, existiria um conflito internacional de jurisdição, que deve ser resolvido com suporte na *lex fori* (artigo 12 da LINDB e nos artigos 21, 23 e 24 do NCPC)

💡 **Dica:** o juiz deve aplicar uma regra de conexão para determinar o direito aplicável ao caso com elemento estrangeiro, mas só poderá aplicar o DIPr brasileiro se for competente para julgar o caso misto (elemento estrangeiro)

1.1.2. Requisitos: o rol do NCPC não é exaustivo (STJ), porém é necessário obedecer os seguintes requisitos – **(i)** interesse do judiciário brasileiro no julgamento da causa; **(ii)** possibilidade de execução da sentença (p. da efetividade); **(iii)** na concordância dos envolvidos em submeter o litígio à jurisdição nacional (p. da submissão)

1.2. Competência Concorrente ou Relativa I

1.2.1. Conceito: o judiciário brasileiro possui competência para julgar o caso, porém o judiciário de outro país também pode ser competente para tanto (arts. 12, *caput*, da LINDB e 21 do NCPC)

1.2.2. Hipóteses:

1.2.2.1. O juiz brasileiro terá competência concorrente quando o réu, qualquer que seja sua nacionalidade, estiver domiciliado no Brasil (art. 21, III, NCPC)

📝 **"Característica":** o princípio informador desta regra é o *actio sequitor forum rei*

🔊 **Tradução:** a competência do juiz nacional é determinada pelo critério domiciliar, não importando a condição de estrangeiro do réu

💡 **Dica:** reputa-se domiciliada no Brasil a pessoa jurídica estrangeira que aqui tiver agência, filial ou sucursal (art. 21, parágrafo único, do NCPC)

1.2.2.2. O juiz brasileiro terá competência concorrente quando uma ação sobre obrigação, contratual ou extracontratual, deva ser cumprida no Brasil (art. 21, II, NCPC)

📝 **Característica:** esta regra prescinde do critério domiciliar

⚖️ **Jurisprudência:** o STJ decidiu que é vedado às partes dispor (ex.: cláusula de eleição de foro) sobre a competência concorrente de juiz brasileiro por força das normas fundadas na soberania nacional, não suscetíveis à vontade dos interessados (REsp 804.306-SP/STJ)

"Exemplo": contrato internacional que estipule sua execução no Brasil. Tal situação torna o juiz brasileiro competente, mas, ao mesmo tempo, não torna incompetente, por exemplo, o juiz

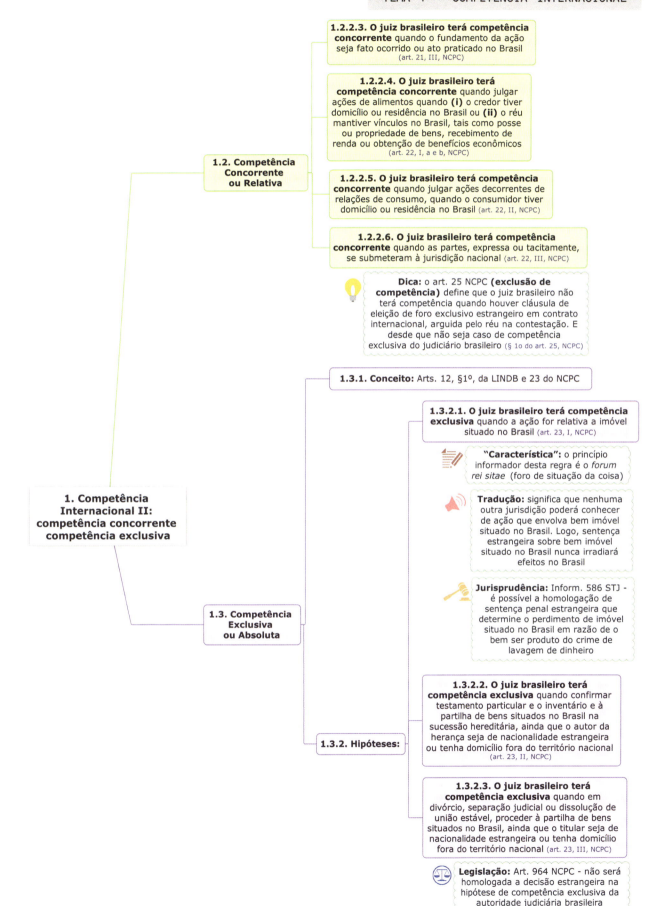

DIREITO INTERNACIONAL PRIVADO

Tema VI - Cooperação Judiciária Internacional

1. Cooperação Judiciária Internacional: carta rogatória

1.1. Cooperação Judiciária Internacional

1.1.1. Conceito: muitas são as situações em que um juiz depende do judiciário de outro país para efetuar uma diligência judiciária ou qualquer ato desprovido de carga executória

 Dica: o instrumento pelo qual um juiz doméstico pede auxílio a um juiz estrangeiro denomina-se *carta rogatória*

 Cuidado: o juiz que pede é denominado *rogante* (**carta rogatória ativa**), e o que recebe *rogado* (**carta rogatória passiva**)

 Legislação: arts. 26 e 27 do NCPC

1.2. Carta Rogatória (art. 12, §2º, da LINDB)

1.2.1. Conceito: é o meio processual adequado para a realização de diligências fora da jurisdição de um determinado

1.2.2. Características: compreende tanto os atos ordinatórios (exs: citação, notificação, intimação etc.) como os instrutórios (ex: coleta de provas)

 Dica: existe a possibilidade de executar, via carta rogatória, a decisão interlocutória estrangeira que concede medida de urgência (art. 960, § 1º, NCPC)

1.2.3. Requisito: um tratado regulando o instituto processual ou o princípio da reciprocidade

 Dica: a competência para conceder *exequatur* é do STJ (art. 105, I, i, da CF). Após a concessão de *exequatur*, a carta rogatória é remetida para o juiz federal competente cumpri-la (art. 109, X, CF)

 Atenção Absoluta: a carta rogatória deve respeitar a lei do país em que será cumprida (*lex fori* do juiz rogado) e nunca pode violar a ordem pública

 Atenção Absoluta: os efeitos do cumprimento ou da denegação da carta rogatória fazem apenas coisa julgada formal, ou seja, permitem a reapresentação da carta rogatória

DIREITO INTERNACIONAL PRIVADO

Tema VII - Homologação de Decisão Estrangeira

1. Homologação de decisão estrangeira

1.1 Homologação de decisão estrangeira

1.1.1. Conceito: a sentença, já apta a produzir efeitos no país prolator, passa a produzir efeitos em outro país também (art. 961 NCPC)

 Tradução: a sentença judicial é um ato soberano. A sentença, como todo ato soberano, incide apenas dentro do território nacional. Mas existem fatos ou relações jurídicas que interessam a mais de um país

 Dica: a competência é do STJ (art. 105, I, i, da CF)

1.1.2. Características:

1.1.2.1. O procedimento homologatório não examina o mérito da sentença estrangeira (v. SEC 651-FR e SEC. 1.043-AR). Ao STJ cabe apenas a análise dos requisitos formais e, sob um viés mais subjetivo, a análise sobre a violação ou não da ordem pública brasileira (art. 17 da LINDB)

1.1.2.2. Art. 961, § 3º, NCPC – a autoridade judiciária brasileira pode deferir pedidos de urgência e realizar atos de execução provisória no processo de homologação de decisão estrangeira

1.1.2.3. A sentença estrangeira poderá ser homologada parcialmente (art. 961, § 2º, NCPC)

1.1.2.4. A denegação da homologação por vício formal não obsta que a parte interessada renove o pedido, uma vez sanado o vício verificado (o rechaço da homologação não faz coisa julgada material)

 Dica: o estado estrangeiro interessado na homologação deve entrar com ação de homologação de decisão estrangeira (art. 960 NCPC)

1.1.2.5. Todo tipo de sentença (declaratória, constitutiva ou condenatória) e a sentença arbitral são objeto de homologação

 Dica: a sentença estrangeira de divórcio consensual não depende de homologação para produzir efeitos no Brasil (art. 961, § 5º, do NCPC)

 Atenção Absoluta: os títulos executivos extrajudiciais oriundos do exterior também não dependem de homologação do STJ para serem executados (art. 515, §§ 2º e 3º, NCPC)

 Dica: não é possível a homologação de sentença estrangeira na parte em que ordene a desistência de ação judicial proposta no Brasil (CF, art. 5º, XXXV)

DIREITO INTERNACIONAL PRIVADO

Tema VII - Homologação de Decisão Estrangeira

1. Homologação de decisão estrangeira I: requisitos do procedimento

- **1.1. Procedimento homologatório brasileiro**
  - **Legislação:** o art. 15 da LINDB deve ser conjugado com o Regimento Interno do STJ, conforme dispõe o art. 960, §2º, do NCPC e com o art. 963 NCPC
  - **1.1.1. Requisitos para homologação:**

    - **1.1.1.1. formalidades externas** (art. 963, III, NCPC, e art. 15, c, LINDB)

      Tradução: a sentença tem de ser válida e eficaz em seu país de origem. Seguindo o mesmo raciocínio, o procedimento arbitral tem de estar de acordo com o compromisso arbitral ou cláusula compromissória para ser considerado válido

    - **1.1.1.2. competência do juízo prolator** (art. 963, I, NCPC)

      Tradução: a sentença tem que ser prolatada por juiz competente segundo as regras de competência do direito processual internacional

    - **1.1.1.3. citação e revelia** (art. 963, II, NCPC)

      Tradução: cabe ao STJ checar se a citação das partes envolvidas foi regularmente efetuada ou se a revelia foi corretamente configurada com supedâneo na legislação do país onde a sentença foi prolatada

      Dica: tal regra tem por base os princípios constitucionais do devido processo legal, da ampla defesa e do contraditório (art. 5º, LIV e LV, da CF)

      Jurisprudência: se o réu tem domicílio no Brasil, o único meio de citá-lo é mediante carta rogatória (Inf. 543 STJ)

    - **1.1.1.4. trânsito em julgado** (art. 963, III, NCPC)

      Tradução: a sentença só será aqui homologada se tiver transitado em julgado no país onde foi prolatada (S. 420 do STF)

    - **1.1.1.5. tradução juramentada** (art. 963, V, NCPC)

      Tradução: necessário que documentos redigidos em língua estrangeira sejam traduzidos para o português para terem efeitos legais no País (art. 224, CC)

    - **1.1.1.6. não ofender a coisa julgada brasileira** (art. 963, IV, NCPC)

DIREITO INTERNACIONAL PRIVADO

Tema VII - Homologação de Decisão Estrangeira

1. Homologação de decisão estrangeira II: requisitos do procedimento e ordem pública

1.1. Procedimento homologatório brasileiro

1.1.1. Requisitos para homologação:

- **1.1.1.7.** não ofender a ordem pública (arts. 963, VI e 17 da LINDB)
- **1.1.1.8.** homologação

Tradução: é o ato final do procedimento homologatório

Dica: a sentença estrangeira só ganhará a chancela da homologação quando o STJ verificar que todos os requisitos determinados pela *lex fori* foram observados

Jurisprudência: "A simplicidade das sentenças estrangeiras, a exemplo das proferidas nos EUA, não inibe a homologação cabível, quando presentes seus requisitos" (SEC 868-US)

Atenção Absoluta: a execução da sentença estrangeira depois de homologada é de competência dos juízes federais (arts. 109, X, CF e 965 NCPC)

Dica: os laudos arbitrais, para no Brasil irradiarem seus efeitos, também dependem da chancela homologatória conferida pelo STJ

"Requisitos": os países podem confeccionar tratado para regular de maneira específica como o procedimento de homologação pode ocorrer. Só que na ausência de tratado não se exigirá a *promessa de reciprocidade* para homologação da sentença estrangeira (art. 26, §2º, NCPC)

Jurisprudência: Inform. 574 STJ - é possível a homologação pelo STJ de sentença eclesiástica de anulação de matrimônio, confirmada pelo órgão de controle superior da Santa Sé (§ 1º do art. 216-A do RISTJ)

1.2. Ordem Pública (arts. 963, VI e 17 da LINDB)

1.2.1. Conceito: são os valores compartilhados por uma dada sociedade num determinado corte temporal (**sentido amplo**)/ são as regras e princípios basilares de um certo ordenamento jurídico (**sentido jurídico**)

Dica: a redação do art. 17, LINDB, foi atualizada pelo art. 216-F do RISTJ, que assim dispõe - "Não será homologada a sentença estrangeira que ofender a soberania nacional, a dignidade da pessoa humana e/ou a ordem pública".

1.2.2. Características:

- **1.2.2.1.** defender o sistema de valores de um determinado país (instrumento reativo). Trata-se da chamada *exceção de ordem pública*
- **1.2.2.2.** mesmo se o DIPr brasileiro indicar o direito estrangeiro como aplicável ao caso misto, o juiz poderá afastá-lo para proteger a ordem pública

1.2.3. Exemplos: leis estrangeiras, atos ou negócios jurídicos celebrados no exterior (contrato, casamento, testamento etc.) e sentenças estrangeiras serão impedidos de irradiar efeitos no Brasil se atentarem contra a ordem pública

Jurisprudência: o STJ asseverou que não é possível a homologação de sentença estrangeira na parte em que ordene, sob pena de responsabilização civil e criminal, a desistência de ação judicial proposta no Brasil. Isso porque essa determinação claramente encontra obstáculo no princípio do acesso à Justiça (art. 5º, XXXV, da CF), que é cláusula pétrea da Constituição brasileira (SEC 854-US)

DIREITO EMPRESARIAL

Henrique Subi

DIREITO EMPRESARIAL

TEMA I - EMPRESÁRIO

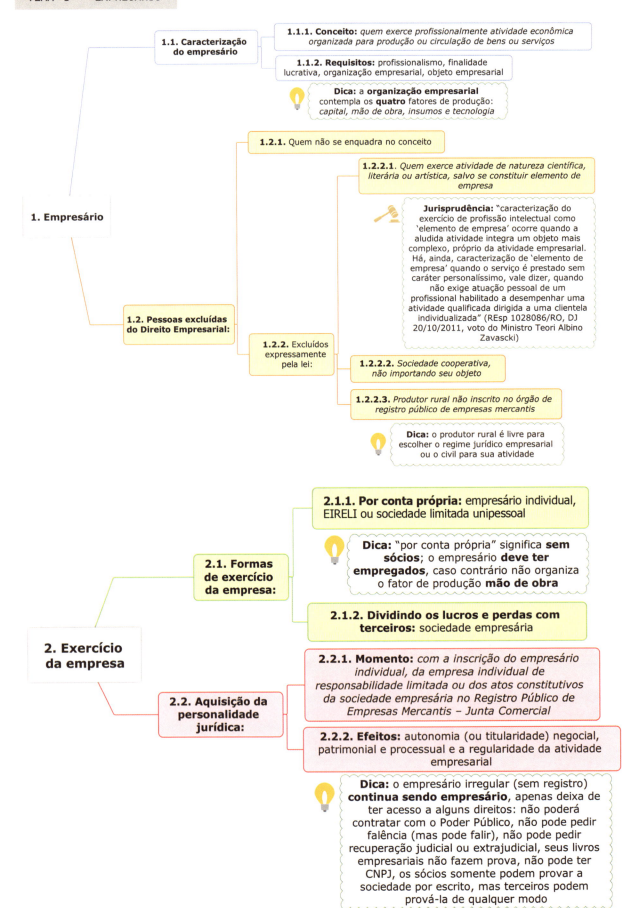

DIREITO EMPRESARIAL
Tema I - Empresário

3. Capacidade:

- **3.1. Conceito:** aptidão jurídica para exercer validamente a atividade empresária

- **3.2. Requisitos:**
  - **3.2.1. Pleno gozo da capacidade civil** (art. 3º e 4º do CC), inclusive o emancipado
  - **3.2.2. Não ser impedido de exercer empresa:** *o impedimento decorre de determinação legal*. Exemplos: falido não reabilitado, leiloeiro oficial, devedores do INSS

- **3.3. Incapaz como empresário:**
  - **3.3.1.** Situação excepcional
  - **3.3.2.** Não pode iniciar empresa, apenas continuar uma já existente
  - **3.3.3.** Obrigatória autorização judicial (alvará)
  - **3.3.4.** Seus bens não respondem pelas dívidas empresariais, exceto se forem empregados na atividade
  - **3.3.5.** Deve ser representado ou assistido
  - **3.3.6.** Podem ser nomeados gerentes
  - **3.3.7.** Não pode exercer a administração
  - **3.3.8.** Capital totalmente integralizado

- **3.4. Empresário casado:**
  - **3.4.1. Cônjuges sócios:** pessoas casadas podem constituir sociedade entre si, sozinhos ou com terceiros, originária ou incidentalmente, em sociedade simples ou empresária, *exceto nos regimes da comunhão universal e separação obrigatória de bens*
    - **Jurisprudência:** STJ, REsp 1058165/RS, DJ 14/04/2009
    - **Dica:** não há qualquer vedação para a constituição de sociedade entre cônjuges casos pelo regime da separação convencional de bens
  - **3.4.2. Gerenciamento dos bens:** o empresário casado pode livremente alienar ou gravar de ônus real bens imóveis pertencentes à empresa, sem necessidade de outorga uxória ou marital

DIREITO EMPRESARIAL
Tema I - Empresário

4. Registro I

- **4.1. Conceito:** os atos constitutivos e alteradores da empresa devem ser registrados na Junta Comercial
- **4.2. Fundamento:** garantir publicidade, autenticidade, segurança e eficácia aos atos empresariais
- **4.3. Efeitos:**
  - **4.3.1.** Aquisição da personalidade jurídica
  - **4.3.2.** Regularidade da atividade
  - **4.3.3.** Oponibilidade *erga omnes* dos atos registrados
  - **4.3.4.** Proteção ao nome empresarial
- **4.4. Estrutura dos órgãos:** o Registro Público de Empresas Mercantis está dividido em dois níveis:
  - **4.4.1. Nacional:** Departamento de Registro de Empresas e Integração (DREI)
  - **4.4.2. Estadual:** Juntas Comerciais
- **4.5. Atos da Junta Comercial:**
  - **4.5.1. Matrícula:** inscrição de pessoas exercentes de atividades **paracomerciais**, ou seja, que exercem funções paralelas ao regime jurídico empresarial (tradutores juramentados e leiloeiros oficiais)
  - **4.5.2. Arquivamento:** análise e publicidade para os atos de constitutivos de EIRELI, sociedades empresárias, inscrição do empresário individual e alterações posteriores
  - ⚠ **Atenção:** as sociedades simples são registradas no Cartório de Registro Civil de Pessoas Jurídicas e as sociedades de advogados exclusivamente na OAB
  - **4.5.3. Autenticação:** para terem validade como escrituração contábil, os livros empresariais devem ser autenticados na Junta Comercial
  - 💡 **Dica:** Trata-se de requisito extrínseco à validade dos livros

5. Registro II

- **5.1. Subordinação da Junta Comercial:**
  - **5.1.1. Questões técnicas (registros públicos):** DREI
  - **5.1.2. Questões administrativas:** Secretaria de Estado competente
  - ⚠ **Atenção:** a Junta Comercial do DF vincula-se **técnica e administrativamente ao DREI**
- **5.2. Julgamento pela Junta Comercial:**
  - **5.2.1. Órgão colegiado:** arquivamento relativos a S/A e recursos
  - **5.2.2. Órgão singular:** para os demais arquivamentos, matrículas e autenticações
- **5.3. Inatividade do registro:** declarada após 10 anos sem qualquer arquivamento ou comunicação à Junta Comercial
- **5.4. Documentos que devem ser registrados**
  - **5.4.1.** Atos constitutivos ou alteradores da empresa
  - **5.4.2.** Atos que importem em dissolução da empresa
  - **5.4.3.** Instituição de filial, sucursal ou agência
  - **5.4.4.** Pacto antenupcial
  - **5.4.5.** Títulos de doação, herança ou legado de bens gravados com cláusula de inalienabilidade ou incomunicabilidade
  - **5.4.6.** Sentença que decreta a separação judicial, o ato de reconciliação e o divórcio do empresário
  - **5.4.7.** Sentença que decreta a emancipação

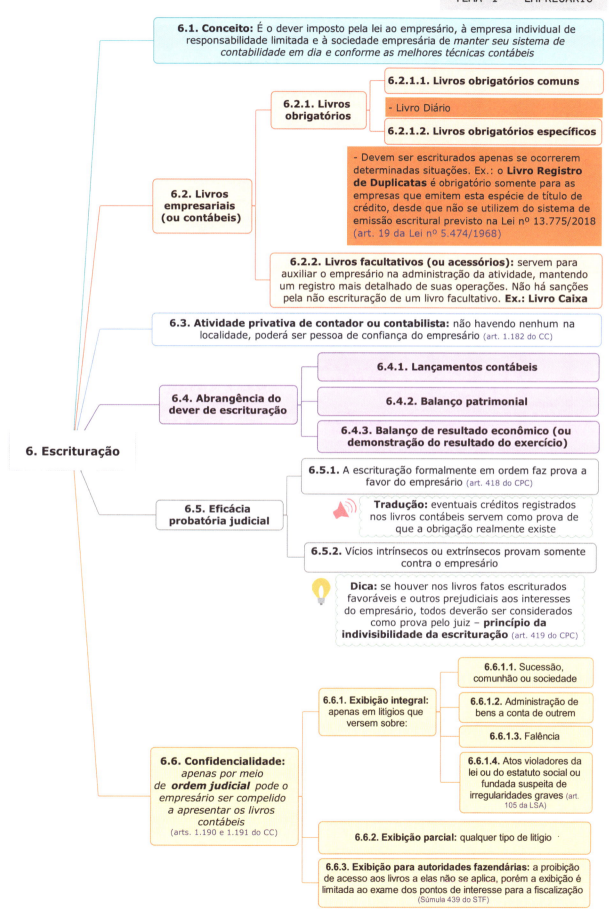

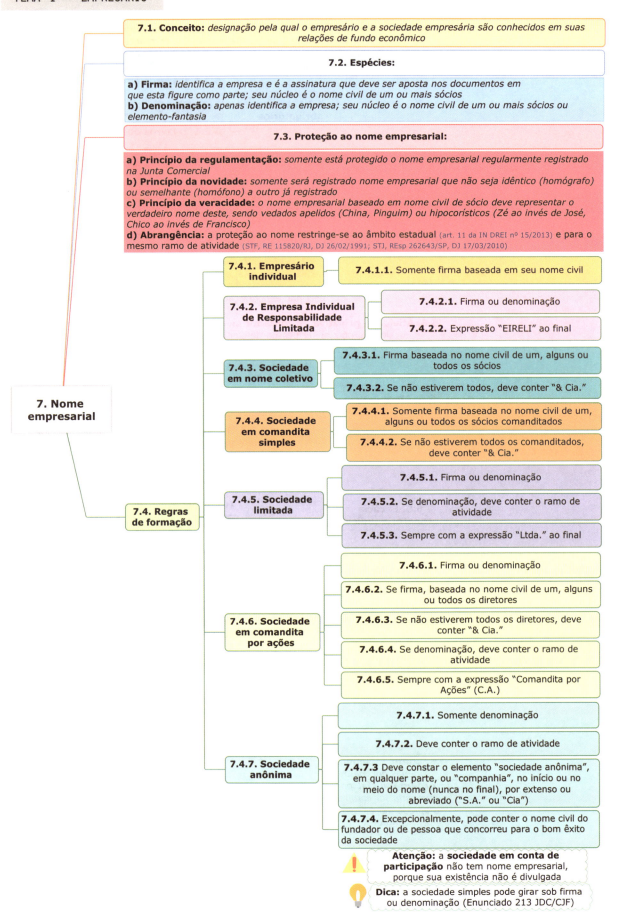

DIREITO EMPRESARIAL
TEMA I - EMPRESÁRIO

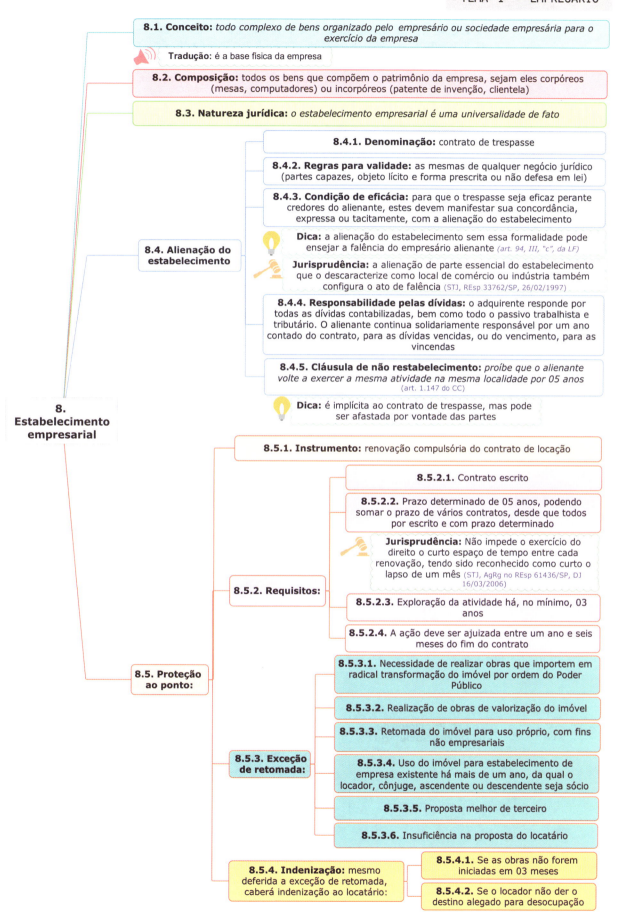

8. Estabelecimento empresarial

- **8.1. Conceito:** todo complexo de bens organizado pelo empresário ou sociedade empresária para o exercício da empresa
  - *Tradução:* é a base física da empresa
- **8.2. Composição:** todos os bens que compõem o patrimônio da empresa, sejam eles corpóreos (mesas, computadores) ou incorpóreos (patente de invenção, clientela)
- **8.3. Natureza jurídica:** o estabelecimento empresarial é uma universalidade de fato
- **8.4. Alienação do estabelecimento**
  - **8.4.1. Denominação:** contrato de trespasse
  - **8.4.2. Regras para validade:** as mesmas de qualquer negócio jurídico (partes capazes, objeto lícito e forma prescrita ou não defesa em lei)
  - **8.4.3. Condição de eficácia:** para que o trespasse seja eficaz perante credores do alienante, estes devem manifestar sua concordância, expressa ou tacitamente, com a alienação do estabelecimento
    - *Dica:* a alienação do estabelecimento sem essa formalidade pode ensejar a falência do empresário alienante (art. 94, III, "c", da LF)
    - *Jurisprudência:* a alienação de parte essencial do estabelecimento que o descaracterize como local de comércio ou indústria também configura o ato de falência (STJ, REsp 33762/SP, 26/02/1997)
  - **8.4.4. Responsabilidade pelas dívidas:** o adquirente responde por todas as dívidas contabilizadas, bem como todo o passivo trabalhista e tributário. O alienante continua solidariamente responsável por um ano contado do contrato, para as dívidas vencidas, ou do vencimento, para as vincendas
  - **8.4.5. Cláusula de não restabelecimento:** proíbe que o alienante volte a exercer a mesma atividade na mesma localidade por 05 anos (art. 1.147 do CC)
    - *Dica:* é implícita ao contrato de trespasse, mas pode ser afastada por vontade das partes
- **8.5. Proteção ao ponto:**
  - **8.5.1. Instrumento:** renovação compulsória do contrato de locação
  - **8.5.2. Requisitos:**
    - **8.5.2.1.** Contrato escrito
    - **8.5.2.2.** Prazo determinado de 05 anos, podendo somar o prazo de vários contratos, desde que todos por escrito e com prazo determinado
      - *Jurisprudência:* Não impede o exercício do direito o curto espaço de tempo entre cada renovação, tendo sido reconhecido como curto o lapso de um mês (STJ, AgRg no REsp 61436/SP, DJ 16/03/2006)
    - **8.5.2.3.** Exploração da atividade há, no mínimo, 03 anos
    - **8.5.2.4.** A ação deve ser ajuizada entre um ano e seis meses do fim do contrato
  - **8.5.3. Exceção de retomada:**
    - **8.5.3.1.** Necessidade de realizar obras que importem em radical transformação do imóvel por ordem do Poder Público
    - **8.5.3.2.** Realização de obras de valorização do imóvel
    - **8.5.3.3.** Retomada do imóvel para uso próprio, com fins não empresariais
    - **8.5.3.4.** Uso do imóvel para estabelecimento de empresa existente há mais de um ano, da qual o locador, cônjuge, ascendente ou descendente seja sócio
    - **8.5.3.5.** Proposta melhor de terceiro
    - **8.5.3.6.** Insuficiência na proposta do locatário
  - **8.5.4. Indenização:** mesmo deferida a exceção de retomada, caberá indenização ao locatário:
    - **8.5.4.1.** Se as obras não forem iniciadas em 03 meses
    - **8.5.4.2.** Se o locador não der o destino alegado para desocupação

DIREITO EMPRESARIAL
Tema II - Direito Societário

1. Sociedade Empresária

1.1. Conceito de sociedade empresária: *pessoa jurídica de direito privado na qual os sócios reciprocamente se obrigam a contribuir para o exercício da atividade empresária* (art. 966 do CC) *e a partilhar os resultados*

Dica: a sociedade limitada pode ser constituída por um único sócio (art. 1.052, parágrafo único, do CC)

1.2. Personalidade jurídica: garante existência distinta dos sócios, com autonomia patrimonial, negocial e processual

1.2.1. Desconsideração da personalidade jurídica: *visa a responsabilizar os sócios por obrigações da sociedade por conta do uso ilegal ou abusivo da pessoa jurídica*

1.2.1.1. São requisitos para a desconsideração:
- **No CC:** desvio de finalidade ou confusão patrimonial que gere benefício direto ou indireto a sócio ou administrador
- **No CTN:** excesso de poderes ou infração à lei, ao contrato ou estatuto social
- **No CDC:** abuso de direito, excesso de poder, fato ao ato ilícito, violação do contrato social, falência, insolvência, encerramento por má administração ou sempre que for um obstáculo ao ressarcimento

1.2.1.2. Teorias decorrentes
- **Teoria maior da desconsideração:** adotada pelo CC e pelo CTN
- **Teoria menor da desconsideração:** adotada pelo CDC
- **Teoria da desconsideração da personalidade jurídica inversa:** o adotada pelo art. 50, §3º, do CC

1.3. Princípios de Direito Societário

1.3.1. Preservação da empresa: *deve-se priorizar a existência da sociedade frente aos interesses individuais de seus integrantes* (Ex.: dissolução parcial)

1.3.2. Defesa das minorias societárias: *o sócio minoritário deve ter sua opinião e participação protegidas pelo ordenamento* (Ex.: direito de recesso)

1.3.3. Proteção à ME e EPP: *atribuição de tratamento simplificado às pequenas empresas* (Ex.: plano especial de recuperação judicial)

1.3.4. Liberdade contratual e autonomia da vontade: *os sócios são livres para dispor sobre as cláusulas do contrato social como bem entenderem, respeitando apenas as normas de caráter cogente* (Ex.: objeto social lícito)

1.3.5. Pluralidade de sócios: *somente se concebe uma sociedade se existe mais de uma pessoa na sua composição*

 Atenção: são exceções a sociedade limitada unipessoal (art. 1.052, parágrafo único, do CC), a unipessoalidade temporária para os demais tipos societários e a sociedade subsidiária integral (art. 251 da LSA)

DIREITO EMPRESARIAL

Tema II - Direito Societário

2. Empresa Individual de Responsabilidade Limitada – EIRELI

- **2.1 Conceito:** pessoa jurídica de direito privado, na qual todo o capital social é subscrito e integralizado por uma única pessoa
  - **Atenção:** EIRELI não é sociedade, é espécie distinta de pessoa jurídica (art. 44 do CC)

- **2.2. EIRELI x Empresário individual:** autonomia patrimonial e negocial da EIRELI; responsabilidade ilimitada do empresário individual

- **2.3. Requisitos para constituição**
  - **2.3.1.** Capital de, no mínimo, 100 salários-mínimos
  - **2.3.2.** A pessoa física que constituir a EIRELI somente poderá figurar em uma única pessoa jurídica dessa modalidade

- **2.4. Aplicação supletiva das normas que regem a sociedade limitada**

- **2.5. Nome empresarial:** a EIRELI recebeu regras próprias para formação de seu nome empresarial, não se confundindo com aquelas previstas para o empresário individual
  - **2.5.1.** Pode adotar firma ou denominação
  - **2.5.2.** Deve incluir a expressão "EIRELI" ao final do nome

- **2.6. Aspectos práticos:**
  - **2.6.1.** Personalidade jurídica própria que não se confunde com a da pessoa titular
  - **2.6.2.** Possibilidade de desconsideração da personalidade jurídica
    - **Atenção:** a lei prevê como hipótese para desconsideração da personalidade jurídica da EIRELI apenas "casos de fraude" (art. 980-A, §7º, do CC)
  - **2.6.3.** Pertence à EIRELI eventual remuneração decorrente da cessão de direitos patrimoniais de autor ou de imagem, nome, marca ou voz de que seja detentor seu titular, quando vinculados à atividade profissional
    - **Tradução:** um apresentador de TV ou um jogador de futebol por constituir uma EIRELI e receber a remuneração pela exploração de sua imagem como receita da pessoa jurídica, o que traz reflexos tributários
  - **2.6.4.** Pode ser constituída por pessoa física ou jurídica
  - **2.6.5.** Pode ser usada para fins empresariais ou não empresariais (científicas, literárias ou artísticas)
    - **Dica:** apesar do nome "**empresa** individual...", pode ser constituída uma "EIRELI Simples" (não empresária)

DIREITO EMPRESARIAL
Tema II - Direito Societário

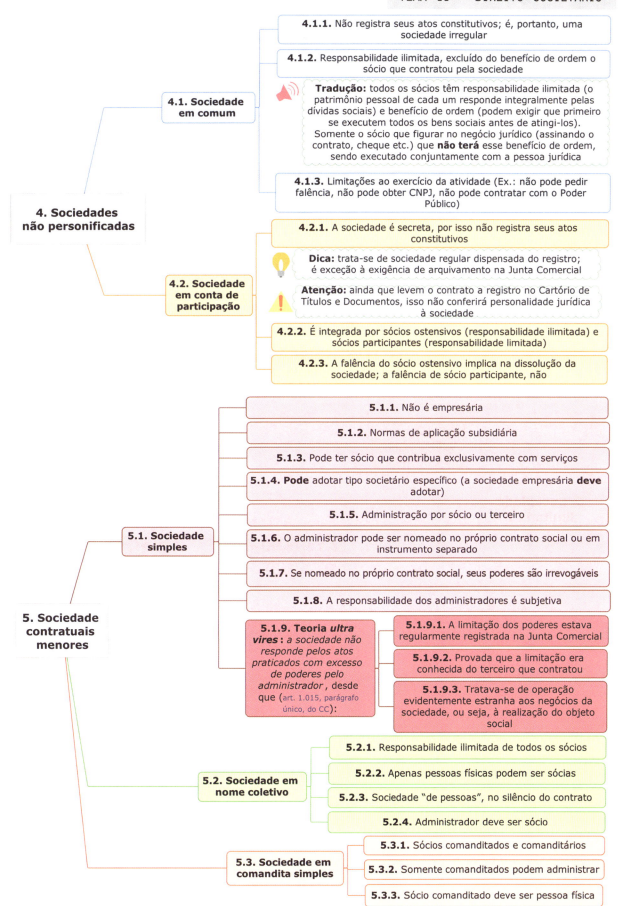

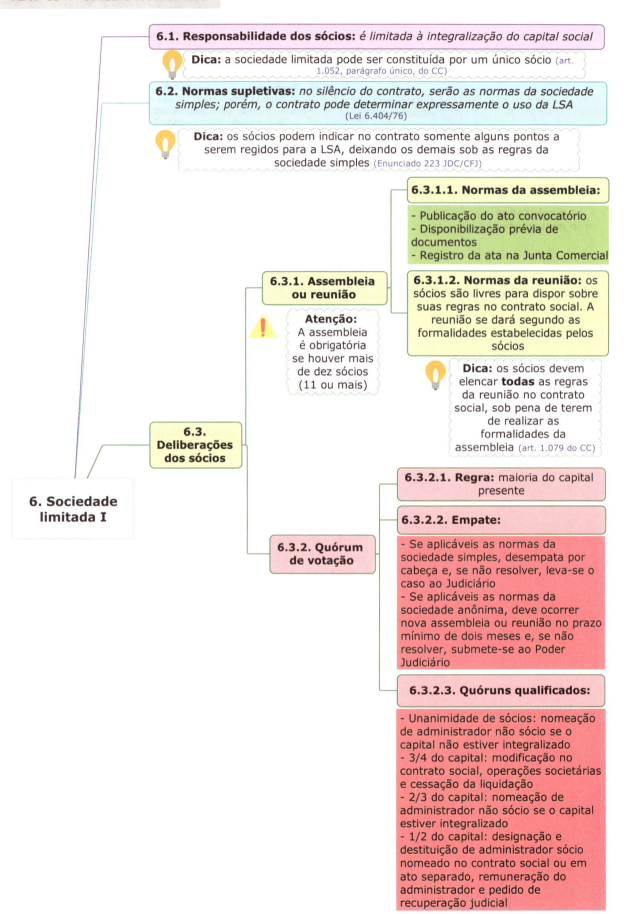

DIREITO EMPRESARIAL

Tema II - Direito Societário

7. Sociedade limitada II

7.1. Características importantes:

- **7.1.1.** Na omissão do contrato, é sociedade "de pessoas";
- **7.1.2.** É vedada a existência de sócio que contribua exclusivamente com serviços (sócio-indústria)
  - **Dica:** a sociedade simples pura permite sócio que participa do capital social unicamente com seus serviços; contudo se ela adotar o tipo "limitada", tal situação será proibida
- **7.1.3.** Independentemente da aplicação supletiva da LSA, cabíveis todas as causas de dissolução parcial e total previstas para a sociedade simples
  - **Tradução:** lembre-se que as sociedades institucionais não admitem dissolução parcial. O fato, porém, da sociedade limitada ser regida supletivamente pela LSA não desnatura sua natureza contratual

7.2. Conselho Fiscal: *órgão facultativo na limitada, pode ser constituído para acompanhar e fiscalizar os trabalhos dos administradores*

- **7.2.1.** Tem poderes para examinar livros, convocar assembleia e elaborar pareceres indicativos
- **7.2.2.** Formado por, no mínimo, três integrantes, sócios ou não
- **7.2.3.** São impedidos de figurar no Conselho: membros de outros órgãos da sociedade (ex.: administrador) ou de outra por esta controlada, empregados e cônjuges ou parentes até o 3º grau dessas
- **7.2.4.** Os sócios minoritários têm direito de eleger separadamente um dos membros do Conselho

7.3. Aumento e diminuição do capital social

- **7.3.1. Aumento:** basta que esteja integralizado. Os sócios têm preferência na aquisição de novas cotas
- **7.3.2. Diminuição:** se houver perdas irreparáveis, devendo o capital estar integralizado; ou se for excessivo em relação ao objeto da sociedade
  - **7.3.2.1.** Na segunda hipótese, os credores quirografários podem contestar a medida em até 90 dias

7.4. Exclusão de sócio minoritário

- **7.4.1.** Procedimento extrajudicial
- **7.4.2.** Importa na dissolução parcial da sociedade
- **7.4.3.** Atitude do sócio esteja pondo em risco a continuidade da empresa em virtude de atos de inegável gravidade
- **7.4.4.** Possibilidade que deve estar prevista no contrato social

7.5. Direito de recesso: *o sócio dissidente da decisão tomada em assembleia ou reunião de modificar o contrato social, incorporação ou fusão da sociedade tem o direito de retirar-se nos trinta dias subsequentes*

- **7.5.1.** Deve consignar sua dissidência em ata
- **7.5.2.** Liquidação de suas cotas
- **7.5.3.** Hipótese de dissolução parcial

DIREITO EMPRESARIAL
Tema II - Direito Societário

8. Dissolução da sociedade contratual

- **8.1. Dissolução parcial:** *o sócio que desejar retirar-se da sociedade pode fazê-lo a qualquer momento, apurando-se seus haveres*
  - **Atenção:** o CC chama o instituto de "resolução da sociedade em relação a um sócio"
  - **8.1.2. Hipóteses:**
    - **8.1.2.1. Vontade do sócio:**
      - Quebra da *affectio societatis*
      - Exercício do direito de recesso
    - **8.1.2.2. Exclusão extrajudicial de sócio:**
      - Sócio remisso
      - Sócio minoritário que esteja pondo em risco a continuidade da empresa em virtude de atos de inegável gravidade (**somente para as limitadas** – art. 1.085 do CC)
    - **8.1.2.3. Exclusão judicial de sócio**
      - Incapacidade superveniente
      - Falta grave no cumprimento de suas obrigações (inclusive se majoritário)
    - **8.1.2.4. Falência ou morte de sócio**
    - **8.1.2.5. Liquidação forçada de quota**
      - **Tradução:** é determinada judicialmente após requerimento de credor particular do sócio, a fim de que seja usado para o adimplemento desta obrigação (art. 1.026, parágrafo único, do CC)

- **8.2. Dissolução total:** *a sociedade deixa de existir, apurando-se e distribuindo-se os haveres de todos os sócios*
  - **8.2.1. Hipóteses:**
    - **8.2.1.1. Escoamento do prazo da sociedade por prazo determinado**
      - **Dica:** pode haver prorrogação tácita da sociedade, se a atividade continuar a ser exercida sem qualquer manifestação ou oposição
    - **8.2.1.2. Deliberação dos sócios**
      - Unânime, na sociedade de prazo determinado
      - Maioria absoluta, na sociedade de prazo indeterminado
    - **8.2.1.3. Unipessoalidade por mais de 180 dias, exceto nas sociedades limitadas**
      - **Dica:** o sócio remanescente pode requerer a transformação da pessoa jurídica para EIRELI
    - **8.2.1.4. Falência**
    - **8.2.1.5. Anulação do contrato social**
    - **8.2.1.6. Revogação da autorização para funcionar, quando exigida**
    - **8.2.1.7. Qualquer outra hipótese prevista no contrato**

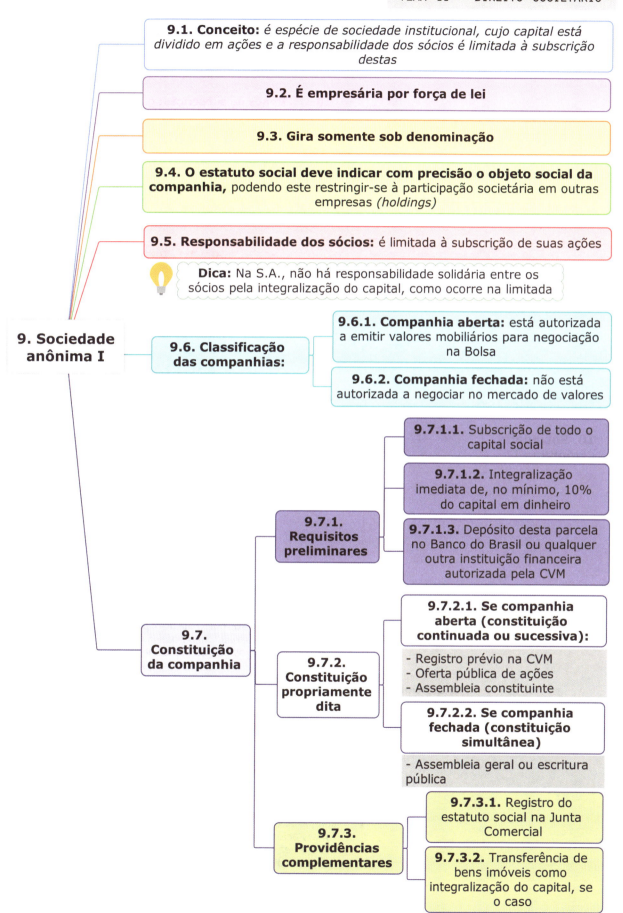

DIREITO EMPRESARIAL
Tema II - Direito Societário

10. Sociedade anônima II

10.1. Valores mobiliários

- **10.1.1. Ações:** são parcela do capital social
- **10.1.2. Debêntures:** representam um empréstimo realizado para a S.A.
- **10.1.3. Bônus de subscrição:** garantem preferência na subscrição de novas ações quando estas forem emitidas pela companhia
- **10.1.4. Commercial paper:** títulos representativos de empréstimos a curto prazo (menor que um ano)
- **10.1.5. Partes beneficiárias:** garantem direito a crédito eventual sobre a participação nos lucros da empresa, limitado a 10% do lucro (exclusivo das companhias fechadas)

10.2. Acionista

10.2.1. Deveres:
- 10.2.1.1. Integralização das ações subscritas
- 10.2.1.2. Dever de lealdade

10.2.2. Direitos fundamentais:
- 10.2.2.1. Participação nos lucros da empresa
- 10.2.2.2. Participação no ativo, após a liquidação da empresa
- 10.2.2.3. Fiscalização dos atos dos administradores
- 10.2.2.4. Preferência na subscrição de novas ações, de partes beneficiárias e debêntures conversíveis em ações e de bônus de subscrição
- 10.2.2.5. Direito de recesso

Dica: direito de voto não é um direito essencial, porque pode ser suprimido nas ações preferenciais

10.2.3. Acionista controlador: pessoa física ou jurídica, ou grupo de pessoas vinculadas por acordo de voto, que é titular de direitos de sócio que lhe assegurem, de forma permanente, a maioria dos votos nas deliberações em assembleia e o poder de eleger a maioria dos administradores

10.2.4. Acionista majoritário: é aquele que detém a maioria do capital social. Pode, ou não, ser o acionista controlador, pois esta figura independe da proporção na qual participa do capital

10.2.5. Acordo de acionistas: pacto celebrado entre dois ou mais acionistas que, uma vez registrado junto à sede da companhia, obriga esta a respeitá-lo

10.2.5.1. Pode ter por objeto:
- Compra e venda de ações
- Preferência na aquisição de ações
- Exercício do direito de voto
- Concessão ou alteração do poder de controle

DIREITO EMPRESARIAL

TEMA II - DIREITO SOCIETÁRIO

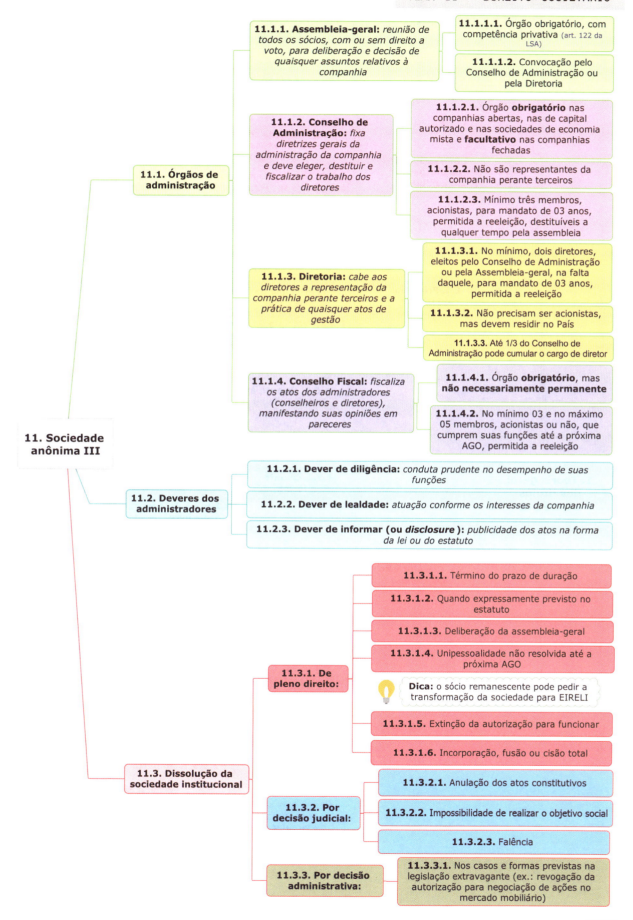

11. Sociedade anônima III

- **11.1. Órgãos de administração**
  - **11.1.1. Assembleia-geral:** reunião de todos os sócios, com ou sem direito a voto, para deliberação e decisão de quaisquer assuntos relativos à companhia
    - **11.1.1.1.** Órgão obrigatório, com competência privativa (art. 122 da LSA)
    - **11.1.1.2.** Convocação pelo Conselho de Administração ou pela Diretoria
  - **11.1.2. Conselho de Administração:** fixa diretrizes gerais da administração da companhia e deve eleger, destituir e fiscalizar o trabalho dos diretores
    - **11.1.2.1.** Órgão **obrigatório** nas companhias abertas, nas de capital autorizado e nas sociedades de economia mista e **facultativo** nas companhias fechadas
    - **11.1.2.2.** Não são representantes da companhia perante terceiros
    - **11.1.2.3.** Mínimo três membros, acionistas, para mandato de 03 anos, permitida a reeleição, destituíveis a qualquer tempo pela assembleia
  - **11.1.3. Diretoria:** cabe aos diretores a representação da companhia perante terceiros e a prática de quaisquer atos de gestão
    - **11.1.3.1.** No mínimo, dois diretores, eleitos pelo Conselho de Administração ou pela Assembleia-geral, na falta daquele, para mandato de 03 anos, permitida a reeleição
    - **11.1.3.2.** Não precisam ser acionistas, mas devem residir no País
    - **11.1.3.3.** Até 1/3 do Conselho de Administração pode cumular o cargo de diretor
  - **11.1.4. Conselho Fiscal:** fiscaliza os atos dos administradores (conselheiros e diretores), manifestando suas opiniões em pareceres
    - **11.1.4.1.** Órgão **obrigatório**, mas **não necessariamente permanente**
    - **11.1.4.2.** No mínimo 03 e no máximo 05 membros, acionistas ou não, que cumprem suas funções até a próxima AGO, permitida a reeleição

- **11.2. Deveres dos administradores**
  - **11.2.1. Dever de diligência:** conduta prudente no desempenho de suas funções
  - **11.2.2. Dever de lealdade:** atuação conforme os interesses da companhia
  - **11.2.3. Dever de informar (ou *disclosure*):** publicidade dos atos na forma da lei ou do estatuto

- **11.3. Dissolução da sociedade institucional**
  - **11.3.1. De pleno direito:**
    - **11.3.1.1.** Término do prazo de duração
    - **11.3.1.2.** Quando expressamente previsto no estatuto
    - **11.3.1.3.** Deliberação da assembleia-geral
    - **11.3.1.4.** Unipessoalidade não resolvida até a próxima AGO
    - **Dica:** o sócio remanescente pode pedir a transformação da sociedade para EIRELI
    - **11.3.1.5.** Extinção da autorização para funcionar
    - **11.3.1.6.** Incorporação, fusão ou cisão total
  - **11.3.2. Por decisão judicial:**
    - **11.3.2.1.** Anulação dos atos constitutivos
    - **11.3.2.2.** Impossibilidade de realizar o objetivo social
    - **11.3.2.3.** Falência
  - **11.3.3. Por decisão administrativa:**
    - **11.3.3.1.** Nos casos e formas previstas na legislação extravagante (ex.: revogação da autorização para negociação de ações no mercado mobiliário)

DIREITO EMPRESARIAL
Tema III - Títulos de Crédito

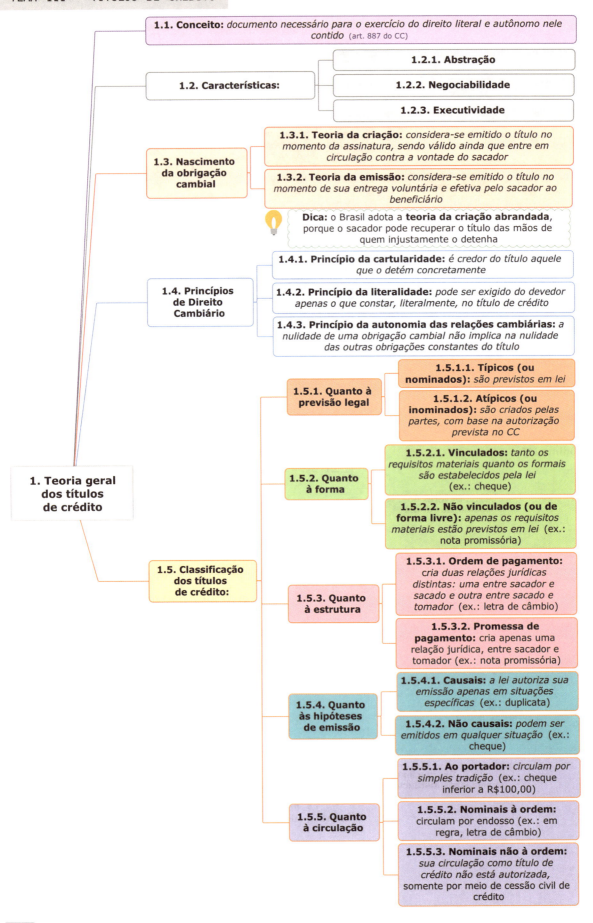

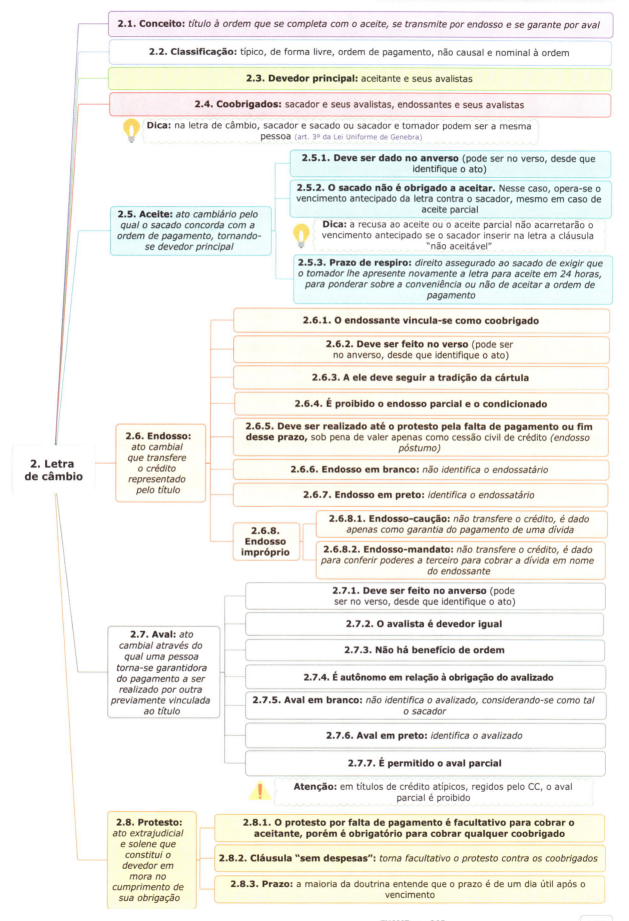

DIREITO EMPRESARIAL

Tema III - Títulos de crédito

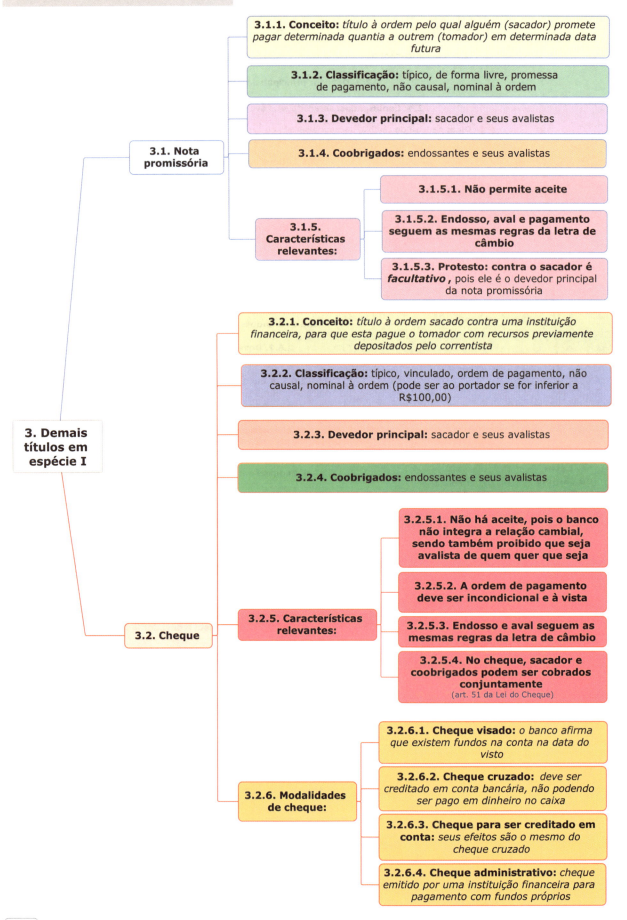

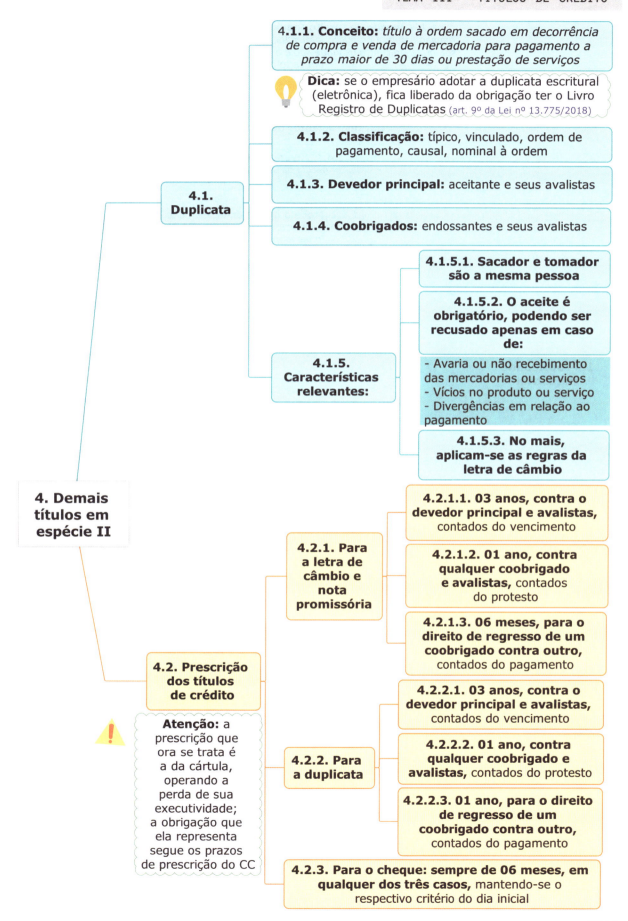

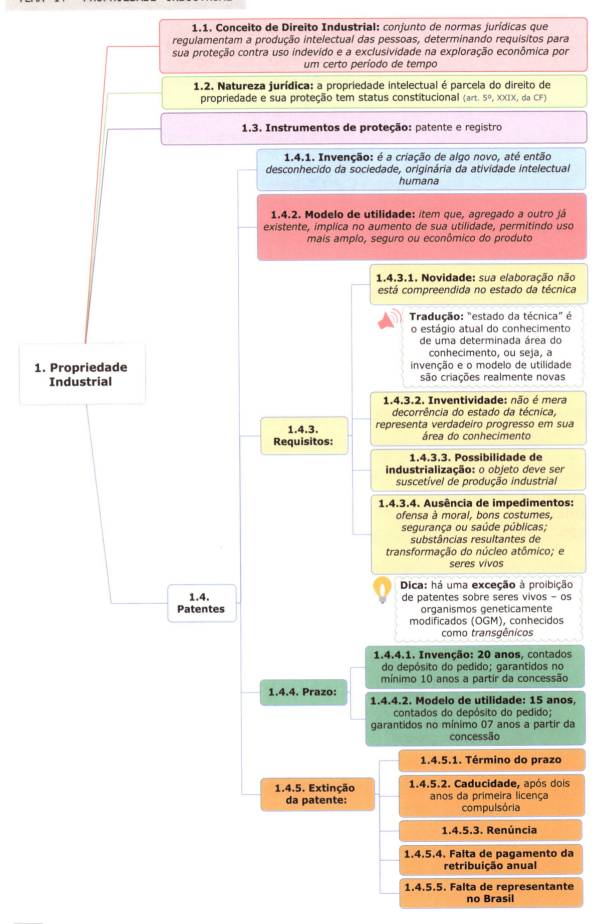

DIREITO EMPRESARIAL
Tema IV - Propriedade Industrial

2. Direito Industrial II

2.1. Registros

- **2.1.1. Desenho industrial (ou design):** *forma utilizada para fabricação de determinado objeto, abrangendo seu formato, linhas de desenho e suas cores*

- **2.1.2. Marca:** *designativo visualmente perceptível que identifica determinado produto ou serviço*

- **2.1.3. Requisitos para o registro de *design*:**
  - **2.1.3.1. Novidade:** *sua elaboração não está compreendida no estado da técnica*
  - **2.1.3.2. Originalidade:** *não se confunde com outros desenhos já registrados*
  - **2.1.3.3. Ausência de impedimentos:** *ofensa à moral, bons costumes, honra ou imagem das pessoas; atentatórios à liberdade de consciência e formas comuns, vulgares ou necessárias*

- **2.1.4. Requisitos para o registro de marca:**
  - **2.1.4.1. Novidade relativa:** *a novidade é restrita à utilização como elemento identificador de determinado produto ou serviço*
  - **2.1.4.2. Não colidência com marca notória:** *ainda que não registradas*
  - **2.1.4.3. Ausência de impedimentos:** *ofensa à moral, bons costumes; brasões ou emblemas oficiais; letras, algarismos ou datas sem qualquer especialidade; reprodução ou imitação de marca já registrada*

  > **Jurisprudência:** não há presunção absoluta de prejuízo pelo uso indevido de marca registrada, cabendo ao titular do registro provar o dano causado (STJ, REsp 333105/RJ, DJ 02/06/2005)

- **2.1.5. Prazo:**
  - **2.1.5.1. Design: 10 anos**, contados do depósito do pedido, prorrogáveis por três períodos de 05 anos
  - **2.1.5.2. Marca: 10 anos**, contados do depósito do pedido, prorrogáveis por ilimitados períodos iguais e sucessivos

- **2.1.6. Abrangência:** *o registro da marca confere proteção relativa ao uso indevido, pois se limita à categoria profissional na qual se inserir o requerente, exceto quando se tratar de marca de alto renome*

- **2.1.7. Extinção do registro:**
  - **2.1.7.1. Término do prazo**
  - **2.1.7.2. Caducidade (apenas para a marca)**
    - Exploração não iniciada em 05 anos contados da concessão
    - Interrupção da exploração pelo prazo de 05 anos consecutivos
    - Alteração substancial da marca
  - **2.1.7.3. Renúncia**
  - **2.1.7.4. Falta de pagamento da retribuição anual**
  - **2.1.7.5. Falta de representante no Brasil**

DIREITO EMPRESARIAL
Tema V - Contratos empresariais

1. Compra e venda mercantil

- **1.1. Conceito:** *um dos contratantes se obriga a transferir o domínio de certa coisa, e o outro, a pagar-lhe certo preço em dinheiro* (art. 481 CC)

- **1.2. Características:**
  - **1.2.1.** Típico
  - **1.2.2.** Oneroso
  - **1.2.3.** Bilateral

- **1.3. Requisitos:** os mesmos estabelecidos pelo CC para a compra e venda, sendo aplicáveis todas as regras ali expostas

- **1.4. Cláusulas especiais da compra e venda**
  - **1.4.1. Contrato de fornecimento:** espécie de compra e venda na qual a negociação *toma um cunho geral sobre compras e vendas sucessivas, mantendo-se as mesmas condições para todas elas, durante determinado período de tempo*
  - **1.4.2. Venda mediante amostra:** *o vendedor, previamente à celebração da avença, disponibiliza ao comprador uma amostra, protótipo ou modelo da coisa objeto do contrato, garantindo que esta comportará as mesmas características apresentadas*
  - **1.4.3. Venda a contento:** *o vendedor disponibiliza ao comprador a própria coisa objeto da negociação, autorizando que este a retenha por certo prazo para apreciação*

- **1.5. Comércio eletrônico:** é aquele realizado por meio da Rede Mundial de Computadores (Internet) nos estabelecimentos virtuais das empresas
  - **1.5.1. B2B – Business to Business:** aplica o CC
  - **1.5.2. B2C – Business to Consumer:** aplica o CDC
  - **1.5.3. C2C – Consumer to Consumer:** aplica o CC

DIREITO EMPRESARIAL

Tema V - Contratos empresariais

2. Contratos de colaboração

- **2.1. Franquia (ou *franchising*)**
  - **2.1.1. Conceito:** *o franqueador autoriza por meio de contrato um franqueado a usar marcas e outros objetos de propriedade intelectual, sempre associados ao direito de produção ou distribuição exclusiva ou não exclusiva de produtos ou serviços e também ao direito de uso de métodos e sistemas de implantação e administração de negócio ou sistema operacional desenvolvido ou detido pelo franqueador, mediante remuneração direta ou indireta, sem caracterizar relação de consumo ou vínculo empregatício em relação ao franqueado ou a seus empregados, ainda que durante o período de treinamento.*
  - **2.1.2. Características:**
    - **2.1.2.1. Autonomia relativa do franqueado**
    - **2.1.2.2. Circular de oferta de franquia:** *documento essencial à validade do contrato de franquia, deve ser apresentado ao potencial franqueado no mínimo dez dias antes da assinatura de qualquer contrato salvo em caso de licitação*
    - **2.1.2.3. Contrato típico, oneroso e bilateral**

- **2.2. Comissão:** *um empresário (comissário) obriga-se a realizar negócios em prol de outro (comitente), mas em nome próprio*
  - **2.2.1. Cláusula *del credere*:** *deve ser expressa no contrato de comissão e serve para transferir ao comissário os riscos do inadimplemento do terceiro com o qual contratar*

- **2.3. Mandato:** *um empresário (mandatário) obriga-se a realizar negócios em prol de outro (mandante), em nome deste, desde que aja nos limites dos poderes que lhe foram conferidos*

- **2.4. Representação (ou agência):** *um empresário (representante) obriga-se a localizar potenciais interessados nos produtos ou serviços de outro (representado) e obter, para este, pedidos de compra e venda ou prestação de serviços*
  - **2.4.1. Cláusula de exclusividade:**
    - **2.4.1.1. Exclusividade de representação:** deve estar expressa
    - **2.4.1.2. Exclusividade de zona:** é implícita (art. 27, "d", da Lei nº 4.886/1965)
    - ⚠ **Atenção:** no contrato de representação, diferente da comissão, é vedada a inclusão da cláusula del credere (art. 43 da Lei nº 4.886/1965)
  - **2.4.2. Distribuição:** *espécie de contrato de agência na qual o agente (aqui chamado de distribuidor) fica na posse direta dos bens do representado*
    - **2.4.2.1. Distribuição por aproximação:** os bens estão com o distribuidor a título de *depósito*
    - **2.4.2.2. Distribuição por intermediação:** os bens são *adquiridos* pelo distribuidor (exemplo: postos de combustíveis)

DIREITO EMPRESARIAL

Tema V - Contratos empresariais

3. Arrendamento mercantil (ou *leasing*)

3.1. Conceito: *contrato de aluguel no qual o locatário tem, ao final do prazo estipulado, a opção de devolver o bem, renovar a locação ou comprar a coisa, deduzido do preço o valor já pago a título de aluguel*

3.2. Características

- **3.2.1.** Arrendadora deve ser S.A. ou instituição financeira autorizada pelo BACEN
- **3.2.2.** É obrigatória a prévia notificação do devedor, em caso de atraso no pagamento das parcelas, para constituí-lo em mora (STJ, Súmula 369)

Jurisprudência: é cabível, como regra, a reintegração de posse em caso de inadimplemento. Mas a jurisprudência vem adotando **a teoria do adimplemento substancial**, a qual afasta a possibilidade de resolução do contrato e consequente reintegração de posse se o arrendatário já pagou um número expressivo de parcelas.
Nesse caso, mantém-se o direito ao crédito, o qual deverá ser exercido pelas vias executórias comuns (STJ, REsp 1.200.105/AM, DJ 19/06/2012).

3.3. Valor Residual Garantido (VRG)

- **3.3.1. Conceito:** *é o valor mínimo que o arrendador receberá pela disponibilização do bem, calculado com base em seu valor de mercado, independentemente das parcelas mensais*
- **3.3.2. A cobrança antecipada do Valor Residual Garantido (VRG) não desnatura o contrato de *leasing*** (Súmula 293 do STJ)

Jurisprudência: (...) quando o produto da soma do valor residual garantido (VRG) quitado com o valor da venda do bem for maior que o total pactuado como VRG na contratação, será direito do arrendatário receber a diferença, cabendo, porém, se estipulado no contrato, o prévio desconto de outras despesas ou encargos contratuais. (STJ, REsp 1.099.212/RJ – Recurso Repetitivo)

DIREITO EMPRESARIAL
Tema VI - Falência e Recuperação de Empresas

1. Disposições comuns à falência e à recuperação I

- **1.1. Princípios**
  - **1.1.1. Princípio da preservação da empresa:** *o interesse primário a ser buscado é a manutenção da fonte produtora, do emprego dos trabalhadores e dos interesses dos credores, promovendo, assim, a preservação da empresa, sua função social e o estímulo à atividade econômica* (art. 47 da LF)
  - **1.1.2. Princípio da equivalência dos créditos (*par conditio creditorum*):** todos os credores terão tratamento equitativo, *priorizando-se o recebimento proporcional por todos eles do que a satisfação integral de apenas alguns*
  - **1.1.3. Princípio da prevalência dos interesses dos credores:** ao lado da conservação da empresa, o Direito Falimentar *serve à satisfação das obrigações do devedor, participando os credores de todas as decisões relevantes (assembleia-geral, comitê de credores etc.)*

- **1.2. Órgãos da falência e da recuperação**
  - **1.2.1. Juiz:**
    - **1.2.1.1.** Decretação da falência
    - **1.2.1.2.** Deferimento da recuperação
    - **1.2.1.3.** Decisão sobre quaisquer questões controvertidas no curso do processo
    - **1.2.1.4.** Nomeação do administrador judicial
    - **1.2.1.5.** Homologação do quadro-geral de credores
  - **1.2.2. Ministério Público**
    - **1.2.2.1.** Impugnar o quadro-geral de credores antes de sua homologação ou promover sua alteração através de ação de rito ordinário (se já homologado);
    - **1.2.2.2.** Requerer a substituição do Administrador Judicial e de membros do Comitê de Credores nomeados em desacordo com a lei;
    - **1.2.2.3.** Ser intimado do deferimento da recuperação judicial e da decretação da falência;
    - **1.2.2.4.** Recorrer, através de agravo, da decisão que concede a recuperação judicial;
    - **1.2.2.5.** Propor ação revocatória;
    - **1.2.2.6.** Ser intimado de todo e qualquer ato de alienação de ativos, podendo inclusive impugnar a arrematação;
    - **1.2.2.7.** Pronunciar-se sobre a prestação de contas do Administrador Judicial no encerramento da falência.

DIREITO EMPRESARIAL
Tema VI - Falência e Recuperação de Empresas

2. Disposições comuns à falência e à recuperação II

- **2.3. Órgãos da falência e da recuperação**
  - **2.3.1. Administrador Judicial**
    - **2.3.1.1. Conceito:** *pessoa de confiança do juiz e nomeada por este para administrar o complexo de bens e dívidas do empresário falido (massa falida) durante o processo de falência ou para acompanhar a execução do plano de recuperação, no caso de recuperação judicial da empresa*
    - **2.3.1.2. Atribuições:** art. 22 da LF
    - **2.3.1.3. Remuneração:** fixada pelo juiz até o limite de 5% do valor devido aos credores na recuperação judicial ou do valor total de venda do ativo na falência
  - **2.3.2. Assembleia-geral de credores**
    - **2.3.2.1. Conceito:** *o órgão colegiado formado por todos os credores do falido ou do devedor em recuperação judicial, reunido para deliberar sobre questões afetas aos interesses daqueles*
    - **2.3.2.2. Atribuições:** art. 35 da LF
    - **2.3.2.3. Convocação:** por credores que representem 25% dos créditos de determinada classe, pelo administrador judicial ou pelo juiz
    - **2.3.2.4. Organização:** os credores são divididos em quatro classes
      - Credores trabalhistas e por acidente de trabalho
      - Credores com garantia real
      - Credores com privilégio especial e geral e credores quirografários
      - Credores microempresas e empresas de pequeno porte

    > 💡 A deliberação em assembleia-geral pode ser substituída por:
    > I – termo de adesão firmado por credores suficientes para atingir o quórum exigido em lei;
    > II – sistema eletrônico de votação;
    > III – qualquer outro mecanismo reputado suficientemente seguro pelo juiz
    > (art. 39, §4º, da LF)

  - **2.3.3. Comitê de credores**
    - **2.3.3.1. Conceito:** *órgão colegiado simplificado, formado por representantes das quatro classes de credores, com o objetivo de fiscalizar o trabalho do administrador judicial e manifestar suas opiniões nos casos previstos em lei*
    - **2.3.3.2. Atribuições:** art. 27 da LF

    > 💡 **Dica:** a criação do Comitê é **facultativa**. Na sua ausência, as funções serão realizadas pelo Administrador Judicial

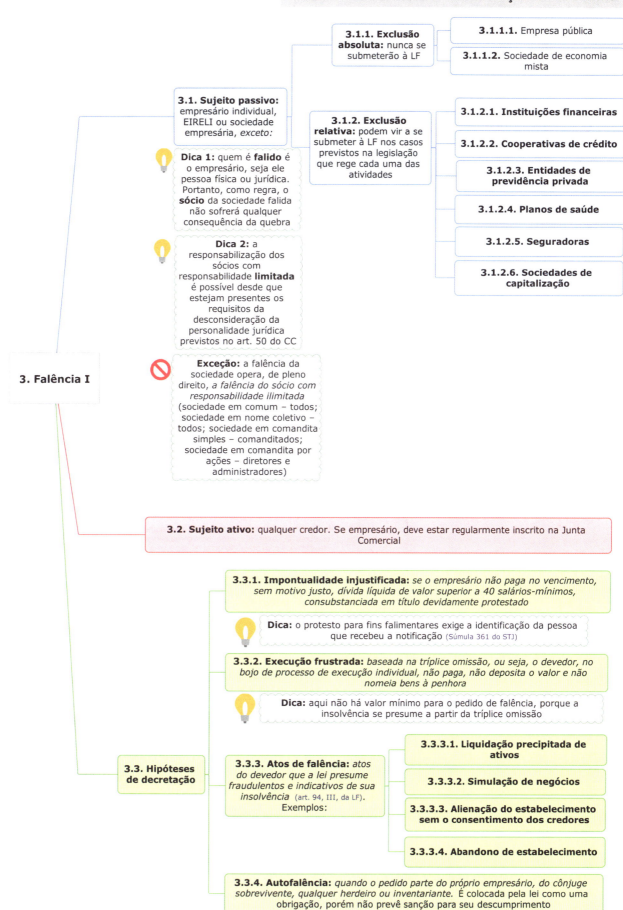

DIREITO EMPRESARIAL
Tema VI - Falência e Recuperação de Empresas

4. Falência II

4.4. Contratos do falido: *não se resolvem de pleno direito*, como regra, devendo o Administrador Judicial se manifestar em 90 dias sobre a intenção ou não do adimplemento da obrigação

4.5. Termo legal da falência: *período anterior à decretação da quebra no qual os atos jurídicos com escopo patrimonial praticados pelo devedor são considerados suspeitos e, destarte, ineficazes perante a massa falida.*

4.5.1. Critério: é fixado pelo juiz na sentença declaratória de falência em, no máximo, 90 dias antes do pedido de falência, ou de recuperação judicial, ou do primeiro protesto noticiado nos autos

4.6. Ordem de pagamento:

4.6.1. Antecipação dos créditos trabalhistas de natureza alimentar (art. 151 da LF) e restituições em dinheiro (art. 86 da LF).

4.6.2. Créditos extraconcursais (art. 84 da LF)
Dica: são credores da **massa falida**, e não do falido – ou seja, são obrigações que se constituíram depois da decretação da falência.

4.6.3. Créditos decorrentes de direitos trabalhistas, limitados a 150 salários mínimos por trabalhador, e de acidentes de trabalho.
Dica: o que ultrapassar o limite é considerado crédito quirografário.

Dica: são credores da **massa falida**, e não do falido – ou seja, são obrigações que se constituíram depois da decretação da falência

4.6.4. Créditos com garantia real, até o limite do valor do bem gravado.
Dica: o que ultrapassar o limite é considerado crédito quirografário.

Dica: o que ultrapassar o limite será considerado como crédito quirografário

4.6.5. Créditos tributário, exceto as multas

Dica: o que ultrapassar o limite será considerado como crédito quirografário

4.6.6. Créditos quirografários

Dica: credores sem qualquer garantia de pagamento, usualmente credores de títulos de crédito, bem como aqueles que estejam classificados com privilégio geral ou especial em leis esparsas.

4.6.7. Multas contratuais, penais, administrativas e tributárias

Dica: os créditos das microempresas e empresas de pequeno porte e os previstos no art. 964 do CC

4.6.8. Créditos subordinados

Dica: créditos dos sócios e administradores não empregados (desde que contratados sem observação de condições estritamente comutativas e as práticas de mercado) perante a sociedade e os assim classificados em lei ou contrato.

4.6.9. Os juros vencidos após a decretação da falência, conforme art. 124 da LF

Dica: credores sem qualquer tipo de privilégio ou garantia, normalmente titulares de títulos de crédito

4.6.10. Multas contratuais e por infrações das leis penais, tributárias e administrativas

4.6.11. Créditos subordinados

Dica: são os créditos dos sócios perante a sociedade

4.7. A existência de crédito em classe mais elevada *impede o pagamento das classes inferiores*. Dentro da mesma classe, os créditos são rateados entre os credores

DIREITO EMPRESARIAL
Tema VI - Falência e Recuperação de Empresas

5. Procedimento judicial da falência

- **5.1. Fase pré-falimentar**
  - **5.1.1. Baseada em impontualidade injustificada ou execução frustrada**
    - **5.1.1.1.** Citação do devedor com prazo para defesa: 10 dias
    - **5.1.1.2.** No prazo para defesa, o devedor pode:
      - Só apresentar defesa
      - Apresentar defesa + depósito elisivo
      - Só efetuar o depósito elisivo
      - Requerer a recuperação judicial

      Dica: o depósito elisivo está autorizado pela LF apenas para as hipóteses de impontualidade injustificada ou execução frustrada
  - **5.1.2. Baseada em ato de falência:** rito comum ordinário

- **5.2. Fase falimentar**
  - **5.2.1.** Inicia-se com a sentença declaratória de falência

    Dica: da sentença declaratória de falência cabe **agravo de instrumento**
  - **5.2.2.** Visa a saldar as dívidas do falido mediante a arrecadação e posterior realização do ativo
  - **5.2.3.** A falência impõe o vencimento antecipado de todas as dívidas do falido, devendo os credores habilitarem seus créditos junto ao administrador judicial
  - **5.2.4. Formação do quadro-geral de credores**
    - **5.2.4.1.** Publicação da relação de credores entregue pelo falido
    - **5.2.4.2.** Impugnações à lista, protocolizadas junto ao administrador judicial – 15 dias
    - **5.2.4.3.** Publicação de nova lista, após as decisões do administrador judicial – 45 dias
    - **5.2.4.4.** Recurso ao juiz da falência – 10 dias
    - **5.2.4.5.** Resolvidas as pendências, o juiz homologa o quadro-geral de credores
    - **5.2.4.6.** Paralelamente e independentemente, tem início a realização do ativo, devendo o MP ser intimado de todos os atos de alienação, sob pena de nulidade
  - **5.2.5.** Não há sucessão nas dívidas trabalhistas e tributárias, exceto se o adquirente da unidade produtiva:
    - **5.2.5.1.** É sócio da sociedade falida ou de outra por esta controlada
    - **5.2.5.2.** É parente, em linha reta ou colateral, até 4º grau, do falido ou de sócio da sociedade falida
    - **5.2.5.3.** É identificado como agente do falido

- **5.3. Encerramento da falência**
  - **5.3.1.** Sentença de encerramento é o marco inicial da prescrição das obrigações do devedor

    Dica: da sentença de encerramento da falência cabe **apelação**
  - **5.3.2.** O falido é impedido de exercer empresa, a não ser que obtenha sua **reabilitação através de sentença judicial, provado um dos seguintes acontecimentos:**
    - **5.3.2.1. Pagamento de todos os créditos**
    - **5.3.2.2.** Pagamento de mais de 25% dos créditos quirografários após a realização de todo o ativo
    - **5.3.2.3.** Decurso do prazo de 3 anos, contados da decretação da quebra
    - **5.3.2.4.** Encerramento da falência por ausência de bens suficientes para pagar as despesas do processo ou por julgamento favorável das contas do administrador judicial.

DIREITO EMPRESARIAL
Tema VI - Falência e Recuperação de Empresas

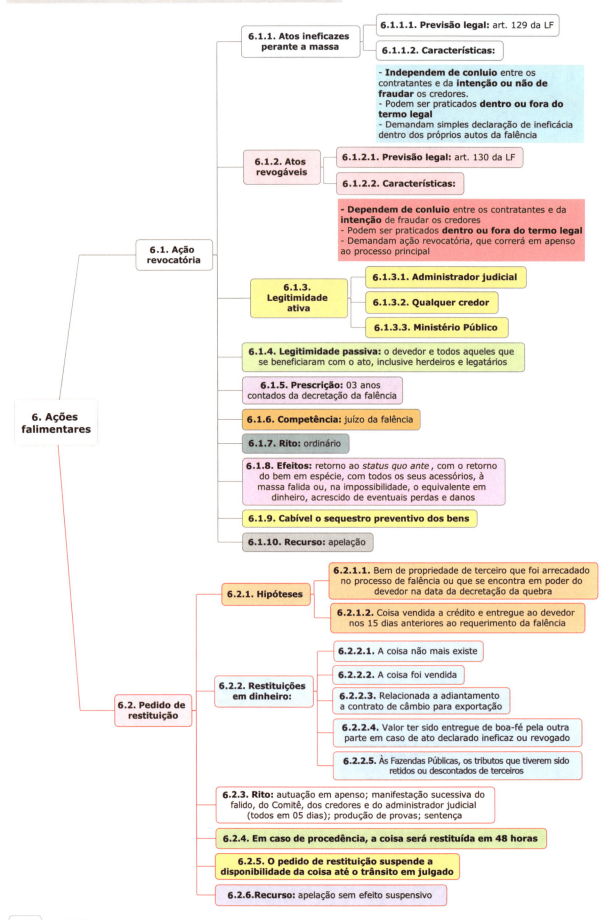

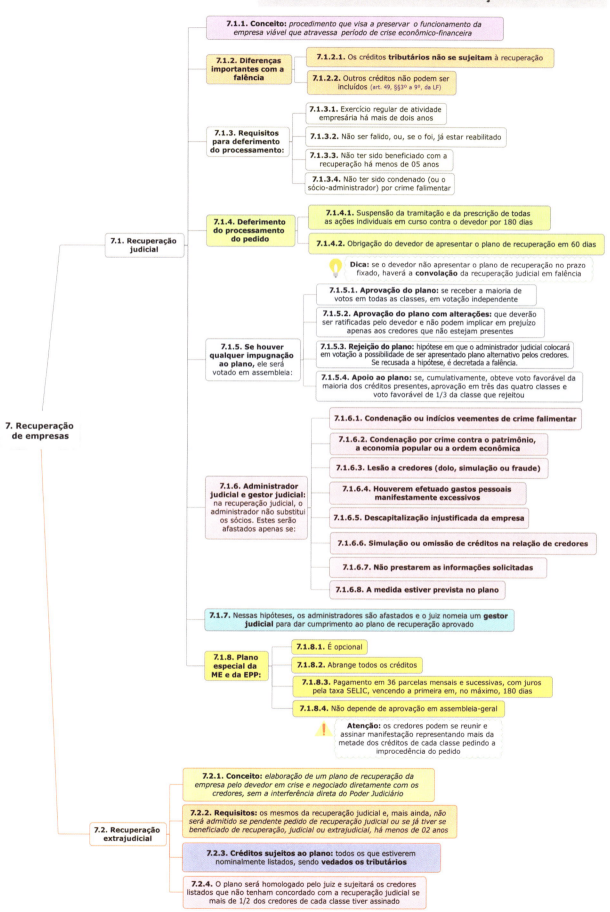

DIREITO DO CONSUMIDOR
Wander Garcia

DIREITO DO CONSUMIDOR

Tema I - Princípios do Direito do Consumidor

1. Princípios do Direito do Consumidor I

1.1. Legislação

1.1.1. Art. 48, do ADCT: "O Congresso Nacional, dentro de cento e vinte dias da promulgação da Constituição, elaborará código de **defesa** do consumidor"

1.1.2. Art. 5º, XXXII, da CF: "[...] o Estado promoverá, na forma da lei, a defesa do consumidor"
- cláusula pétrea
- mais uma vez, observe-se a expressão "defesa"

1.1.3. Art. 1º, III, da CF: fundamento da República: "dignidade da pessoa humana"
- enquanto trabalhadora, parte de uma família, presidiária, consumidora etc

1.1.4. Art. 150, § 5º, da CF: "A lei determinará medidas para que os consumidores sejam esclarecidos acerca dos impostos que incidam sobre mercadorias e serviços"

1.1.5. Art. 170, da CF: um dos princípios da ordem econômica: "defesa do consumidor". O fim da ordem econômica é: "[...] assegurar a todos existência digna, conforme os ditames da justiça social"

1.1.6. Lei 8.078/1990: Código de Defesa do Consumidor (CDC). A partir de agora, toda vez que se citar um artigo de lei no texto sem referência à lei respectiva, considere que se trata do CDC

1.2. Princípio da Vulnerabilidade

1.2.1. Conceito: impõe o reconhecimento da vulnerabilidade do consumidor no mercado de consumo (art. 4º, I)

1.2.2. Aplicação prática:

a) as cláusulas contratuais serão interpretadas da maneira mais favorável ao consumidor (art. 47)
b) o consumidor pode desistir de contratos feitos fora do estabelecimento (art. 49)

1.3. Princípio da Ordem Pública e do Interesse Social (art. 1º)

1.3.1. Conceito: estabelece que o CDC é norma de ordem pública e de interesse social (art. 1º)

1.3.2. Aplicação prática:

a) normas do CDC são cogentes e não podem ser afastadas por vontade das partes
b) juiz pode conhecer de ofício foro de eleição abusivo; porém, não se admite que juiz conheça de ofício outras cláusulas nulas
c) MP tem legitimidade para buscar a defesa de certos direitos do consumidor (Súm. do STF 643)

1.4. Princípio da Informação (arts. 6º, III, e 8º e ss.)

1.4.1. Conceito: estabelece o dever de o fornecedor informar de modo adequado e claro sobre as características, uso, risco e preço dos produtos e serviços

1.4.2. Aplicação prática:

a) supermercado tinha que colocar etiqueta em cada produto, mas a Lei 10.962/2004 admite sistema de código de barras e outros
b) o contrato não obrigará o consumidor se este não tomou conhecimento prévio de seus termos ou o instrumento for digido de modo a dificultar a compreensão (art. 46)
c) não é suficiente colocar "contém glúten" – tem que explicar consequências também (Inform. 417 do STJ)

1.5. Princípio da Prevenção (art. 6º, VI)

1.5.1. Conceito: obriga o fornecedor a tomar todas as precauções para evitar danos ao consumidor

1.5.2. Aplicação prática:

a) dever de informação ostensiva dos perigos e formas de uso dos produtos (arts. 8º e 9º)
b) proibição de venda de produto/serviço de alto grau de nocividade ou periculosidade (art. 10)
c) no caso de conhecimento ulterior do perigo, fornecedor deve comunicar o fato às autoridades competentes e aos consumidores, mediante anúncios publicitários – recall (art. 10, § 1º)

1.6. Princípio da Reparação Integral dos Danos

1.6.1. Conceito: impõe reparação de todos os danos causados ao consumidor (art. 6º, VI)

1.6.2. Aplicação prática:

a) deve-se reparar os danos patrimoniais e morais
b) deve-se reparar os danos individuais, coletivos e difusos
c) deve-se reparar integralmente os danos, não sendo possível o tabelamento destes, ressalvados os tratados internacionais firmados pelo País

DIREITO DO CONSUMIDOR

TEMA I - PRINCÍPIOS DO DIREITO DO CONSUMIDOR

1. Princípios do Direito do Consumidor II

1.7. Princípio da Responsabilidade Objetiva

1.7.1. Conceito: impõe responsabilidade ao fornecedor, independentemente da existência de culpa ou dolo

1.7.2. Aplicação prática:
a) objetivo é garantir a efetiva reparação dos danos
b) outro objetivo é promover a socialização dos danos
Exceção: profissional liberal responde subjetivamente (art. 14, § 4º)

1.8. Princípio da Solidariedade

1.8.1. Conceito: impõe que, havendo a ofensa mais de um autor, todos respondam solidariamente (art. 7º, p. ún.)

1.8.2. Aplicação prática:
Ex. 1: plano de saúde responde por dano causado por médico conveniado
Ex. 2: agência de turismo responde por dano causado em hotel recomendado
Ex. 3: corretora de seguro pode responder junto com seguradora (falta de transparência)
Exceção: no caso de acidente de consumo, comerciante não responde, salvo hipóteses do art. 13

1.9. Princípio da Facilitação da Defesa

1.9.1. Conceito: impõe que a defesa do consumidor seja facilitada por meio de normas de direito material e processual, bem como por atuação específica do Estado (art. 5º)

1.9.2. Aplicação prática:
a) responsabilidade objetiva facilita
b) Estado deve manter assistência jurídica gratuita e promotorias, delegacias e juizados específicos
c) ações coletivas facilitam
d) possibilidade de inversão do ônus da prova
Inversão do ônus da prova (art. 6º, VIII)
- hipótese legal: "[...] quando, a critério do juiz, for verossímil a alegação OU quando for ele hipossuficiente, segundo as regras ordinárias de experiências"
- adotou-se a Teoria da Carga Dinâmica
- STJ 1: inversão não é automática (ope legis), dependendo de decisão judicial (ope iudicis); salvo ônus da publicidade (art. 38)
- STJ 2: não é necessário cumprir os dois requisitos (verossimilhança e hipossuficiência), bastando cumprir um
- STJ 3: inversão não importa sempre obrigação da parte desfavorecida com a medida pagar perícia
- STJ 4: MP pode requerer inversão do ônus da prova

1.10. Princípio da Modificação e Revisão Contratual

1.10.1. Modificação: estabelece direito de modificação de cláusulas que imponham prestações desproporcionais

Ex.: cláusula que determina que, havendo desistência de compromisso de compra e venda de imóvel, vendedor ficará com 30% do valor pago

1.10.2. Revisão: estabelece direito de revisão de cláusulas em razão de fatos supervenientes que as tornem excessivamente onerosas

Ex.: revisão de cláusula em leasing, por elevadíssima variação cambial

1.11. Princípio da Boa-Fé (art. 4º, III)

1.11.1. Conceito: impõe ao fornecedor e ao consumidor o respeito à boa-fé objetiva

- em todas as fases que envolvem a contratação e também quanto às demais práticas comerciais
- concepção ética da boa-fé e não concepção subjetiva desta
Ex.: viola o princípio instituição financeira pedir busca e apreensão de veículo alienado fiduciariamente faltando apenas 1 parcela para quitar a obrigação

DIREITO DO CONSUMIDOR

TEMA II - ELEMENTOS DA RELAÇÃO DE CONSUMO

1. Elementos da Relação de Consumo

1.1. Elementos subjetivos

a) consumidor: pessoa física ou jurídica (art. 2º)
b) fornecedor: (art. 3º)
- pessoa física ou jurídica
- pública ou privada
- nacional ou estrangeira
- bem como entes despersonalizados
- que **desenvolvem** atividades de **produção**, montagem, criação, construção, transformação, importação, exportação, distribuição ou **comercialização** de produtos ou **prestação de serviços**

1.2. Elementos objetivos

a) produto: qualquer bem, móvel ou imóvel, material ou imaterial (art. 3º, § 1º)
b) serviço: (art. 3º, § 2º)
- qualquer atividade fornecida no mercado de consumo
- mediante remuneração
- inclusive as de natureza bancária, financeira, de crédito e securitária
- salvo as decorrentes das relações de caráter trabalhista

1.3. Elemento finalístico:
aquisição ou utilização do produto ou serviço como destinatário final. **Teorias sobre o requisito *finalístico*:**

1.3.1. Teoria finalista ou subjetiva: *consumidor é aquele que adquire produto ou serviço como destinatário final fático e econômico;* STJ aplica essa teoria

– compra para revenda ou como insumo: não há relação

1.3.2. Teoria maximalista: *consumidor é aquele que adquire produto ou serviço como destinatário final fático;* ex.: taxista; empresa que toma crédito para investir no negócio

1.3.3. Teoria intermediária: *consumidor é aquele que adquire produto ou serviço como destinatário final fático e econômico, podendo-se aplicar o CDC em caso de comprovação de vulnerabilidade técnica, jurídica ou econômica.* **Ex.:** microempresas e empresários individuais (Inform. 441 do STJ, máquina de bordar; Inform. 383 do STJ, caminhoneiro) Por conta disso, o STJ também costuma denominar essa nova forma de encarar a teoria finalista como **finalismo aprofundado;** O STJ aplica essa teoria em casos exepcionais de vulnerabilidade

1.4. Consumidores equiparados

1.4.1. Consumidor *standard*: pessoa que **adquire** ou **utiliza** produto/serviço como destinatário final (art. 2º)

1.4.2. Equiparado a consumidor 1: coletividade de pessoas, ainda que indetermináveis, que haja intervindo nas relações de consumo (art. 2º, parágrafo único)

1.4.3. Equiparado a consumidor 2 ("bystander"): *vítimas do evento decorrente de responsabilidade pelo fato do produto ou do serviço* (art. 17)

Ex.: vítima terrestre de acidente aéreo

1.4.4. Equiparado a consumidor 3: pessoas, determináveis ou não, expostas às práticas comerciais de oferta, publicidade, práticas abusivas, cobranças de dívidas e bancos de dados e cadastros de consumidores (art. 29)

Ex.: telespectadores de televisão que assistem à propaganda; negativados no Serasa

1.5. Não há relação de consumo:

a) entre condomínio e condôminos
b) na locação de imóveis
c) entre o fisco e os contribuintes de impostos e taxas
d) entre o INSS e seus segurados
e) na atividade profissional desenvolvida pelo advogado (STJ, REsp 1.228.104); aplica-se a Lei 8.906/1994

1.6. Há relação de consumo:

a) na alienação fiduciária
b) no *leasing*
c) no contrato bancário (Súmula 297 do STJ)
d) nos contratos com entidades abertas de previdência complementar (Súmula 563 do STJ)
e) nos planos de saúde, salvo os administrados por entidades de autogestão (Súmulas 469 e 608 do STJ)
f) nos contratos de transporte aéreo
g) quanto ao beneficiário de serviço público que não seja daqueles que só o Estado pode prestar, como segurança pública, justiça etc. (**ex.:** consumidor de água, luz, energia)
h) doação de sangue para entidade que o cobra depois
i) entre os torcedores e as entidades do esporte (Estatuto do Torcedor)
j) nos serviços prestados gratuitamente na internet, mas que sejam remunerados indiretamente por anúncios, como é o caso do Google; todavia, há de se verificar no caso concreto se o serviço foi defeituoso, considerando o que legitimamente se espera
k) nos empreendimentos habitacionais promovidos pelas sociedades cooperativas (Súmula 602 do CDC)

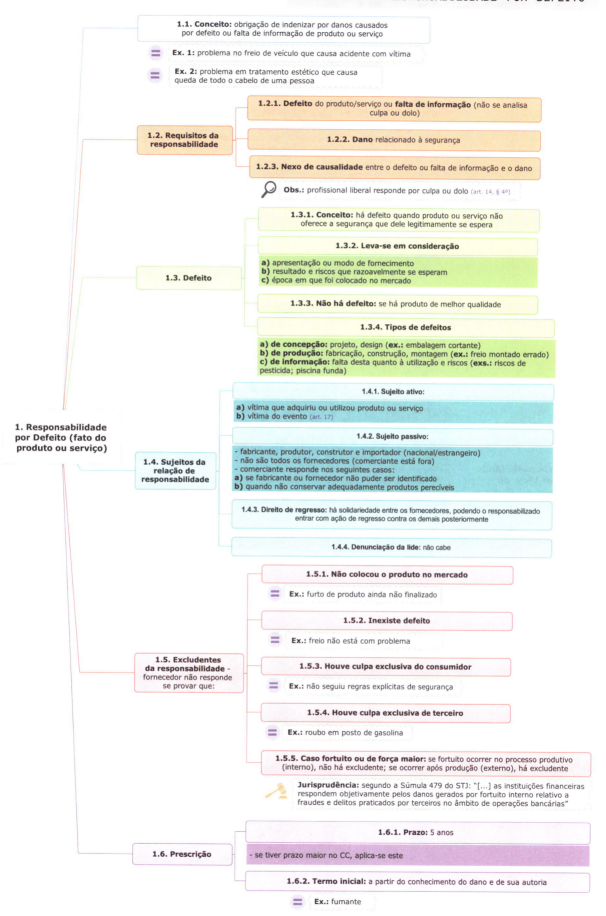

DIREITO DO CONSUMIDOR
Tema IV - Responsabilidade por Vício

1. Responsabilidade por Vício do Produto ou Serviço

1.1. Conceito: obrigação de sanar problemas intrínsecos de produtos ou serviços

- problema de qualidade e quantidade que tornem produtos ou serviços:
a) **impróprios:** validade vencida, produto deteriorado, adulterado, falsificado, nocivo, em desacordo com normas
b) **inadequados:** TV não funciona
c) **com diminuição do valor:** veículo com risco
d) **com disparidade na informação:** sem acessório informado
e) **com quantidade inferior:** 100 ml a menos que o informado na embalagem

🔍 **Obs.:** se alguém compra uma roupa e não serve, não tem então direito à troca, por não haver vício; comerciantes, na prática, trocam por uma política de bom relacionamento

1.2. Natureza da responsabilidade: objetiva!
Ou seja, independe de culpa ou dolo

1.3. Sujeitos da relação de responsabilidade

1.3.1. Sujeito ativo: adquirente ou destinatário do produto ou serviço

1.3.2. Sujeito passivo:

- todos os fornecedores envolvidos, inclusive comerciante

= **Ex.:** no caso de TV que não funciona; pode-se reclamar junto ao comerciante ou ao fabricante
- há **solidariedade** entre os fornecedores
- **ignorância** de qualquer dos fornecedores sobre o vício não exime sua responsabilidade
- é vedada a **exoneração/mitigação** contratual do fornecedor

1.4. Consequências do vício de qualidade de produto

1º passo: consumidor deve pedir, no prazo decadencial e por escrito, substituição das partes viciadas. Caso problema não seja resolvido no prazo de 30 dias (ou no prazo de 7 a 180 dias convencionado), vai-se ao 2º passo
2º passo: consumidor pode escolher o seguinte:
a) substituição do produto por outro da mesma espécie, em perfeito estado; ou
b) restituição imediata da quantia paga, corrigida, sem prejuízo das perdas e danos; ou
c) abatimento proporcional do preço.
- **tutela antecipada (de direito material):** consumidor pode passar direto para o 2º passo nos seguintes casos:
a) substituição das partes viciadas possa comprometer o produto (**ex.:** troca de motor)
b) produto seja daqueles essenciais (**ex.:** telefone)

1.5. Consequências do vício de quantidade de produto

a) substituição do produto ou
b) restituição da quantia paga ou
c) abatimento proporcional do preço ou
d) complementação do peso ou medida, quando for o caso

1.6. Consequências dos vícios dos serviços

a) re-execução dos serviços, sem custo e quando cabível ou
b) restituição imediata da quantia paga ou
c) abatimento proporcional do preço

1.7. Decadência para reclamar de vícios

1.7.1. Prazo (art. 26):

a) 30 dias se produto/serviço não durável
b) 90 dias se produto/serviço durável

⚠️ **Atenção:** garantia contratual é complementar à legal (art. 50)

⚖️ **Jurisprudência:** o início da contagem do prazo de decadência para a reclamação de vícios do produto se dá após o encerramento daquela (STJ, REsp 984106/SC)

1.7.2. Termo a quo:

a) **vício aparente:** entrega efetiva do produto ou término da execução dos serviços
b) **vício oculto:** momento em que ficar evidenciado o defeito (art. 26, § 3º)

1.7.3. Obstam a decadência:

a) reclamação comprovadamente formulada até resposta negativa inequívoca
b) instauração de inquérito civil até seu encerramento

DIREITO DO CONSUMIDOR
Tema V - Práticas Comerciais

1. Práticas Comerciais I

1.1. Desconsideração da personalidade jurídica

1.1.1. Hipóteses:
- abuso de direito
- excesso de poder
- infração da lei
- fato ou ato ilícito
- violação dos estatutos ou contrato social
- quando houver falência, estado de insolvência, encerramento ou inatividade da pessoa jurídica provocados por má-administração
- sempre que personalidade for obstáculo ao ressarcimento de prejuízos causados ao consumidor

⚠️ **Atenção:** a norma acima é tão ampla que se entende que o CDC adotou a Teoria Menor da Desconsideração, ou seja, basta que a personalidade seja um obstáculo ao ressarcimento, para que a desconsideração seja autorizada

1.1.2. Sociedades múltiplas:

a) sociedades integrantes de grupos societários e sociedades controladas (art. 265, Lei 6.404/1976):
- sociedade controladora e sua controlada podem constituir grupo de sociedades, mediante convenção, para combinar recursos e esforços para a realização de seus objetos
- respondem **subsidiariamente**

b) sociedades consorciadas (art. 278, Lei 6.404/1976):
- aliança para executar juntas determinado empreendimento
- respondem **solidariamente**

c) sociedades coligadas:
- são coligadas as sociedades nas quais a investidora tenha influência significativa (art. 243, § 1º, Lei 6.404/1976)
- só respondem por **culpa**

1.2. Oferta

1.2.1. Conceito: *veículo que transmite uma mensagem, seja ela **informação** ou **publicidade***

= **Ex. de informação:** resposta de gerente ou atendente

= **Ex. de publicidade:** anúncio em revista

1.2.2. Princípio da vinculação: toda informação ou publicidade suficientemente precisa, veiculada por qualquer forma ou meio de comunicação, obriga o fornecedor e integra o contrato que vier a ser celebrado (art. 30)

1.2.3. Recusa à oferta: consumidor pode escolher

a) exigir cumprimento forçado do oferecido (execução específica) ou
b) aceitar outro produto/serviço equivalente ou
c) rescindir o contrato, com direito à restituição da quantia paga atualizada e a perdas e danos

1.3. Publicidade

1.3.1. Princípio da identificação: deve ser veiculada de tal forma que o consumidor, fácil e imediatamente, a identifique como tal (art. 36)

- não pode ser feita como se fosse texto jornalístico

1.3.2. Princípio da veracidade: o fornecedor manterá em seu poder os dados fáticos, técnicos e científicos que dão sustentação à mensagem – ônus da prova é **dele**

1.3.3. Princípios da não abusividade:

É vedado:
a) **propaganda enganosa:** inteira ou parcialmente falsa ou capaz de induzir em erro
- enganosa por omissão: quando deixa de informar algo **essencial**
b) **propaganda abusiva:** discriminatória, que incite a violência, explore o medo ou superstição, aproveite-se da deficiência de julgamento, desrespeite valores ambientais, ou induza a comportamentos perigosos

DIREITO DO CONSUMIDOR
Tema V - Práticas Comerciais

1. Práticas Comerciais II

1.4. Práticas abusivas: são práticas abusivas, dentre outras (art. 39):

I – fazer venda casada e condição quantitativa, salvo justa causa
Ex. 1: obrigação de adquirir lanche, batata frita e refrigerante
Ex. 2: justa causa – é razoável embalagem com 1 Kg de açúcar
Jurisprudência: de acordo com a Súmula do STJ n. 356, "É legítima a cobrança da tarifa básica pelo uso dos serviços de telefonia fixa"
II – recusar atendimento à demanda de consumidor, na medida do estoque
Exs.: postos de gasolina que esperam aumento para vender; taxista que não aceita corrida pequena
III – fornecer sem solicitação
Sanção: equiparam-se a amostra grátis serviços prestados e produtos remetidos ou entregues sem solicitação
Ex.: couvert deixado na mesa; cartão de crédito não pedido
IV – aproveitar da fraqueza do consumidor
- STJ entende que o Banco não pode cobrar tarifa pela emissão de boleto bancário (Inf. 423)
VI – executar serviços sem prévios orçamento e autorização, salvo costume entre as partes
- art. 40 dispõe que o orçamento deve discriminar mão de obra, materiais, condições de pagamento, início e término dos serviços
- salvo estipulação em contrário, o valor orçado tem validade de 10 dias, contado do recebimento
VII – repassar informação depreciativa de consumidor no exercício de seu direito
VIII – colocar no mercado de consumo produto em desacordo com as normas técnicas
IX – recusar venda a quem se dispõe comprar mediante pronto pagamento
X – elevar sem justa causa o preço
- atualmente a legislação permite a diferença de preço para pagamento em dinheiro, ou cartão, não constituindo prática abusiva esse procedimento
XI – aplicar fórmula ou índice de reajuste diverso do previsto no contrato
XII – deixar de estipular prazo para cumprimento ou início da obrigação

1.5. Cobrança de dívidas (art. 42)

1.5.1. Limites: na cobrança de débitos, o consumidor inadimplente não será exposto a ridículo, nem será submetido a qualquer tipo de constrangimento ou ameaça

1.5.2 Cobrança indevida: o consumidor cobrado em quantia indevida tem direito à repetição do indébito, por valor igual ao dobro do que pagou em excesso, acrescido de correção e juros legais, salvo engano justificável- essa pena incide tanto na cobrança judicial, como na extrajudicial. Basta que o pagamento tenha sido feito

1.5.3. Qualificação: em todos os documentos de cobrança de débitos apresentados ao consumidor, deverão constar o nome, o endereço e o número de inscrição no Cadastro de Pessoas Físicas – CPF ou no Cadastro Nacional de Pessoa Jurídica – CNPJ **do fornecedor** do produto ou serviço correspondente

1.6. Banco de dados e Cadastro de Consumidores – SPC, SERASA, SISBACEN

1.6.1. Direito à informação: o consumidor terá acesso às informações existentes em cadastros, fichas, registros e dados pessoais e de consumo arquivados sobre ele, bem como sobre as suas respectivas fontes (art. 43)

1.6.2. Caducidade da informação: o cadastro não pode conter informações negativas referentes a período superior a 5 anos, prazo esse que se inicia "no dia subsequente ao vencimento da obrigação não paga, independentemente da data da inscrição no cadastro" (STJ, REsp 1.316.117-SC). Consumada a prescrição da cobrança do débito, dado também não pode mais ser oferecido

Súm. do STJ 323: a inscrição do nome do devedor pode ser mantida nos serviços de proteção ao crédito até o prazo máximo de 5 anos, independentemente da prescrição da execução

1.6.3. Comunicação de abertura de cadastro: a abertura de cadastro, ficha, registro e dados pessoais e de consumo deve ser comunicada por escrito ao consumidor, quando não solicitada por ele

1.6.4. Inexatidão: o consumidor, sempre que encontrar inexatidão nos seus dados e cadastros poderá exigir sua imediata correção, devendo o arquivista, no prazo de **5 dias úteis**, comunicar a alteração aos eventuais destinatários das informações incorretas

- negativação indevida dá ensejo a que se acione quem deu a informação (**ex.:** Banco)
- manutenção de informação indevida após ciência inequívoca da falta dá ensejo a que se acione o Banco de Dados (**ex.:** Serasa)

1.6.5. Outros entendimentos jurisprudenciais

- **Súm. do STJ 359:** cabe ao órgão mantenedor do Cadastro de Proteção ao Crédito a notificação do devedor antes de proceder à inscrição
- **Súm. do STJ 404:** é dispensável o aviso de recebimento (AR) na carta de comunicação ao consumidor sobre a negativação de seu nome em bancos de dados e cadastros
- **Súm. do STJ 385:** da anotação irregular em cadastro de proteção ao crédito, não cabe indenização por dano moral, quando preexistente legítima inscrição, ressalvado o direito ao cancelamento
- **STJ:** discussão judicial da dívida não é suficiente para suspender a negativação do nome; o consumidor há de demonstrar requisitos para a concessão de tutela de urgência
- **Súm. do STJ 380:** a simples propositura da ação de revisão de contrato não inibe a caracterização da mora do autor
- **Súm. do STJ 548:** "incumbe ao credor a exclusão do registro da dívida em nome do devedor no cadastro de inadimplentes no prazo de cinco dias úteis, a partir do integral e efetivo pagamento do débito";

DIREITO DO CONSUMIDOR

Tema VI - Contratos de Consumo

1. Contratos I

1.1. Pressupostos para a vinculação ao contrato: oportunidade de tomar conhecimento prévio de seu conteúdo e redação/apresentação de fácil compreensão

Art. 46: "Os contratos que regulam as relações de consumo **não obrigarão** os consumidores, senão lhes for dada oportunidade de tomar conhecimento prévio de seu conteúdo, ou se os respectivos instrumentos forem redigidos de modo a dificultar a compreensão de seu sentido e alcance"

1.2. Interpretação mais favorável (art. 47): as cláusulas contratuais serão interpretadas de maneira mais favorável ao consumidor

1.3. Vinculação de escritos (art. 48): declarações de vontade constantes de escritos, recibos e pré-contratos vinculam o fornecedor, ensejando execução específica

1.4. Direito de arrependimento (denúncia vazia do contrato de consumo – art. 49): "O consumidor pode desistir do contrato, no prazo de 7 dias a contar de sua assinatura ou do ato de recebimento do produto ou serviço, sempre que a contratação de fornecimento de produtos ou serviços ocorrer fora do estabelecimento comercial, especialmente por telefone ou a domicílio"

1.5. Garantia contratual (art. 50): a garantia contratual é complementar à legal e será conferida mediante termo escrito

1.6. Cláusulas abusivas (art. 51):
- São nulas de pleno direito, entre outras, as cláusulas contratuais relativas ao fornecimento de produtos ou serviços que:

I – mitiguem a responsabilidade por vícios de qualquer natureza ou impliquem renúncia ou disposição de direitos, salvo indenização de consumidor pessoa jurídica, que pode ser limitada em situações justificáveis

> **Ex.:** rádio furtado em estacionamento – Súmula 130 do STJ

II – subtraiam opção de reembolso prevista no CDC

> **Ex.:** afastamento contratual do direito de arrependimento

III – transfiram responsabilidade a terceiro

> **Obs.:** mas é possível o chamamento ao processo da seguradora

IV – estabeleçam obrigações iníquas, abusivas, que coloquem o consumidor em desvantagem exagerada, ou sejam incompatíveis com a boa-fé ou a equidade

> **Ex.:** é abusiva a limitação de dias de internação por parte de plano de saúde (Súm. STJ 302)
> - presume-se exagerada, entre outras, a vantagem que:
> i) ofende os princípios fundamentais do sistema
> ii) restringe direitos ou obrigações fundamentais inerentes à natureza do contrato, de tal modo a ameaçar seu objeto ou o equilíbrio contratual
> iii) mostre-se excessivamente onerosa ao consumidor. **Ex.:** foro de eleição oneroso

V – estabeleçam inversão do ônus da prova em prejuízo do consumidor

VI – determinem a utilização compulsória de arbitragem

> **Ex.:** consumidor pode aceitar, posteriormente à feitura do contrato, a arbitragem; a cláusula prévia é proibida

VII – imponham representante legal para concluir ou realizar outro negócio jurídico pelo consumidor

> **Ex.:** consumidor autoriza emissão de nota promissória em seu nome – é proibido pela Súmula 60 do STJ

VIII – deixem ao fornecedor a opção de concluir ou não o contrato, embora obrigando o consumidor

IX – permitam ao fornecedor, direta ou indiretamente, variação do preço de maneira unilateral

X – autorizem o fornecedor a cancelar o contrato unilateralmente, sem que igual opção seja dada ao consumidor

XI – obriguem o consumidor a ressarcir custos de cobrança de sua obrigação, sem que igual direito lhe seja concedido

XII – autorizem mudança unilateral do contrato

XIII – infrinjam ou possibilitem violação de normas ambientais

XIV – estejam em desacordo com o sistema de proteção ao consumidor

> **Ex.:** exigir maiores garantias de idoso – discriminatório

XV – possibilitem a renúncia do direito de indenização por benfeitorias necessárias

DIREITO DO CONSUMIDOR
Tema VI - Contratos de Consumo

1. Contratos II

- **1.7. Efeitos da nulidade:** a nulidade de uma cláusula contratual abusiva não invalida o contrato, exceto quando, de sua ausência, apesar dos esforços de integração, decorrer ônus excessivo a qualquer das partes

- **1.8. Ação anulatória geral:** é facultado, a qualquer consumidor ou entidade que o represente requerer ao Ministério Público que ajuíze a competente ação para ser declarada a nulidade de cláusula contratual, a qual contrarie o disposto no CDC, ou de qualquer forma, não assegure o justo equilíbrio entre direitos e obrigações das partes

- **1.9. Fornecimento de produtos ou serviços que envolva outorga de crédito ou concessão de financiamento ao consumidor** (art. 52)

    - **1.9.1. Informação:** deve ser prévia e adequada sobre o preço do produto/serviço, montante de juros e a taxa de juros efetiva anual, acréscimos legais, número e periodicidade das prestações e soma total a pagar, sem e com financiamento

    - **1.9.2. Multas de mora:** as multas de mora decorrentes do inadimplemento de obrigação no seu termo não poderão ser superiores a 2% do valor da prestação

    - **1.9.3. Liquidação antecipada:** é assegurada ao consumidor a liquidação antecipada do débito, total ou parcialmente, mediante redução proporcional dos juros e demais acréscimos

    - **1.9.4. Compra e venda de móveis/imóveis por prestações + alienação fiduciária:** são nulas de pleno direito as cláusulas que estabeleçam a perda total das prestações pagas em benefício do credor que, em razão do inadimplemento, pleitear a resolução do contrato e a retomada do produto alienado (art. 53)

    - **Súmula 543 do STJ:** "Na hipótese de resolução de contrato de promessa de compra e venda de imóvel submetido ao CDC, deve ocorrer a imediata restituição das parcelas pagas pelo promitente comprador – integralmente, em caso de culpa exclusiva do promitente vendedor/construtor, ou parcialmente, caso tenha sido o comprador quem deu causa ao desfazimento"

    - **1.9.5. Consórcio:** nos contratos do sistema de consórcio de produtos duráveis, a compensação ou a restituição das parcelas quitadas terá descontada, além da vantagem econômica auferida com a fruição, os prejuízos que o desistente ou inadimplente causar ao grupo

- **1.10. Contratos de adesão**

    - **1.10.1. Conceito:** *contrato de adesão é aquele cujas cláusulas tenham sido aprovadas pela autoridade competente ou estabelecidas unilateralmente pelo fornecedor de produtos ou serviços, sem que o consumidor possa discutir ou modificar substancialmente seu conteúdo* (art. 54)

        - **Obs.:** a inserção de cláusula no formulário não desfigura a natureza de contrato de adesão

    - **1.10.2. Cláusula resolutória:** nos contratos de adesão, admite-se cláusula resolutória, desde que alternativa, cabendo a escolha ao consumidor

    - **1.10.3. Redação:** os contratos de adesão escritos serão redigidos em termos claros e com caracteres ostensivos e legíveis, de modo a facilitar a sua compreensão pelo consumidor

        - A fonte da letra não pode ter corpo inferior a 12

    - **1.10.4. Limitação de direitos:** as cláusulas que implicarem limitação de direitos do consumidor deverão ser redigidas com destaque, permitindo a sua imediata e fácil compreensão

DIREITO DO CONSUMIDOR

Tema VII - Polícia do Consumidor

1. Polícia do Consumidor

1.1. Esferas de proteção do consumidor: a) Civil, b) Administrativa e c) Penal

1.2. Proteção do consumidor na CF
- art. 24, V e VIII: compete à União, aos Estados e ao DF legislar sobre consumo e responsabilidade do consumidor
- União edita normas gerais, Estados suplementam, e Municípios legislam sobre interesse local
- CDC é a norma geral. Decreto 2.181/1987 regulamenta o CDC quanto à proteção administrativa

1.3. Sistema Nacional de Defesa do Consumidor-SNDC

- **1.3.1. Integrantes:** a) Secretaria de Direito Econômico do MJ-SDE, por meio do Departamento de Proteção e Defesa do Consumidor – DPDC; b) demais órgãos federais, estaduais, distritais, municipais e as entidades civis de defesa do consumidor
- **1.3.2. DPDC:** a) **competência 1:** coordenar a política nacional, resolver conflito de competência, criar cadastro nacional de reclamações; b) **competência 2:** orientar consumidor, denunciar aos demais órgãos, exercer a polícia administrativa
- **1.3.3. Órgãos locais de defesa do consumidor:** competência: as mesmas do DPDC (menos a compet. 1), com destaque para a polícia administrativa

1.4. Práticas infrativas

- **1.4.1. Definição:** no Decreto 2.181/1997 (arts. 12 e 13) - normalmente, repete o texto de uma norma do CDC
  - **Ex.:** "[...] condicionar o fornecimento de produto ou serviço ao fornecimento de outro produto ou serviço, bem como, sem justa causa, a limites quantitativos"

- **1.4.2. Classificação** (art. 17):
  - a) **leves:** aquelas em que verificadas apenas circunstâncias atenuantes
  - b) **graves:** aquelas em que verificadas circunstâncias agravantes

- **1.4.3. Atenuantes:**
  - a) ação do infrator não ter sido fundamental para a consecução do fato
  - b) infrator primário
  - c) infrator ter minimizado ou logo reparado efeitos do ato

- **1.4.4. Agravantes:**
  - a) ser o infrator reincidente
  - b) ter o infrator cometido o ato p/ obter vantagens indevidas
  - c) trazer o ato dano à saúde ou segurança do consumidor
  - d) deixar o infrator de tomar as providências para evitar ou mitigar consequências do ato
  - e) ter o infrator agido com dolo
  - f) ocasionar o ato dano coletivo ou ter caráter repetitivo
  - g) ter a prática infrativa ocorrido em detrimento de menor de 18 ou maior de 60 anos, ou de pessoa deficiente
  - h) dissimular-se a natureza ilícita do ato ou atividade
  - i) ser a conduta infrativa praticada aproveitando-se o infrator de grave crise econômica ou da condição cultural, social ou econômica da vítima, ou, ainda, por ocasião de calamidade

- **1.4.5. Sanções administrativas** (arts. 56 a 60 do CDC): (podem ser cumuladas e aplicadas cautelarmente)

  - **1.4.5.1. Multa:** aplicável em qualquer caso, de acordo com gravidade da infração, vantagem auferida e condição econômica do fornecedor; reverte p/ o fundo de direitos difusos de cada ente político; valor será de 200 a 3 milhões de UFIRs

  - **1.4.5.2. Em caso de vício no produto ou serviço**
    - a) apreensão do produto
    - b) inutilização do produto
    - c) cassação do registro do produto no órgão competente
    - d) proibição de fabricação do produto
    - e) suspensão de fornecimento de produtos e serviço
    - f) revogação de concessões ou permissão: quando a concessionária violar obrigação legal ou contratual

  - **1.4.5.3. Em caso de reincidência em infrações de maior gravidade**
    - a) suspensão temporária da atividade
    - b) cassação de licença do estabelecimento ou atividade
    - c) interdição, total ou parcial, de estabelecimento, de obra ou de atividade
    - d) intervenção administrativa: será aplicada sempre que as circunstâncias de fato desaconselharem a cassação de licença, a interdição ou a suspensão da atividade

  - **1.4.5.4. Em caso de propaganda enganosa ou abusiva**
    - **imposição de contrapropaganda:** feita às expensas do infrator, deve ser divulgada da mesma forma, frequência e dimensão e, preferencialmente, no mesmo veículo, local, espaço e horário, de forma capaz de desfazer o malefício da publicidade enganosa ou abusiva

⚠️ **Atenção:** sujeitam-se à pena de multa os órgãos públicos que, por si ou suas empresas concessionárias, permissionárias ou sob qualquer outra forma de empreendimento, deixarem de fornecer serviços adequados, eficientes, seguros e, quanto aos essenciais, contínuos (art. 20 do Decreto 2.181/1997)

DIREITO DO CONSUMIDOR
Tema VIII - Tópicos Finais

1. Tópicos Finais

- **1.1. Ações cabíveis:** segundo o art. 83 do CDC, são admissíveis todas as espécies de ações para a defesa do consumidor

- **1.2. Tutela específica + Tutela de urgência:** art. 84

- **1.3. Vedação à denunciação da lide:** o art. 88 veda esse instituto, assim como o art. 101, II
  - comerciante acionado por defeito por não identificação do fabricante (art. 13) deve exercer direito de regresso em ação autônoma
  - porém o réu que tiver seguradora, pode promover o chamamento ao processo desta, vedada a integração no processo do Instituto de Resseguros

- **1.4. Competência nas ações de responsabilidade do fornecedor de produtos e serviços:** competência tradicional do NCPC + competência adicional do CDC (foro do domicílio do autor – art. 101)

- **1.5. Convenção Coletiva de Consumo**
  - **1.5.1. Conceito:** convenção escrita estabelecida entre as entidades civis de consumidores e as associações de fornecedores ou sindicatos de categoria econômica, que têm por fim regular relações de consumo que tenham por objeto estabelecer condições relativas ao preço, à qualidade, à quantidade, à garantia e às características de produtos e serviços, bem como reclamação e composição do conflito de consumo (art. 107)
  - **1.5.2. Formalidades:** a convenção, além de dever ser escrita, apenas se tornará obrigatória a partir do registro do instrumento no cartório de títulos e documentos
  - **1.5.3. Abrangência:** a convenção somente obrigará os filiados às entidades signatárias
    - além disso, não se exime de cumprir a convenção o fornecedor que se desligar da entidade em data posterior ao registro do instrumento

- **1.6. Crimes contra as relações de consumo**

  a) estão previstos no CDC (arts. 63 e ss.), sem prejuízo do disposto no CP e leis especiais (art. 61)
  b) há tipos culposos (art. 63, § 2º)
  c) a lei prevê circunstâncias agravantes (art. 76)
  d) quem, de qualquer forma, concorrer para os crimes previstos no CDC, incide as penas a esses cominadas na medida de sua culpabilidade; bem como o diretor, administrador ou gerente da pessoa jurídica que promover, permitir ou por qualquer modo aprovar o fornecimento, oferta, exposição à venda ou manutenção em depósito de produtos ou a oferta e prestação de serviços nas condições por ele proibidas (art. 75)
  e) além das penas privativas de liberdade e de multa, podem ser impostas, cumulativa ou alternadamente, observado o disposto nos arts. 44 a 47, do Código Penal:
  I – a interdição temporária de direitos;
  II – a publicação em órgãos de comunicação de grande circulação ou audiência, às expensas do condenado, de notícia sobre os fatos e a condenação;
  III – a prestação de serviços à comunidade (art. 78)
  f) no processo penal atinente aos crimes e contravenções que envolvam relações de consumo, poderão intervir, como assistentes do Ministério Público, os legitimados indicados no art. 82, inciso III e IV, aos quais também é facultado propor ação penal subsidiária, se a denúncia não for oferecida no prazo legal (art. 80)

DIREITO CIVIL

Wander Garcia

Material complementar de Direito Civil está disponível online pelo site da Editora Foco, no link:
www.editorafoco.com.br/atualizacao

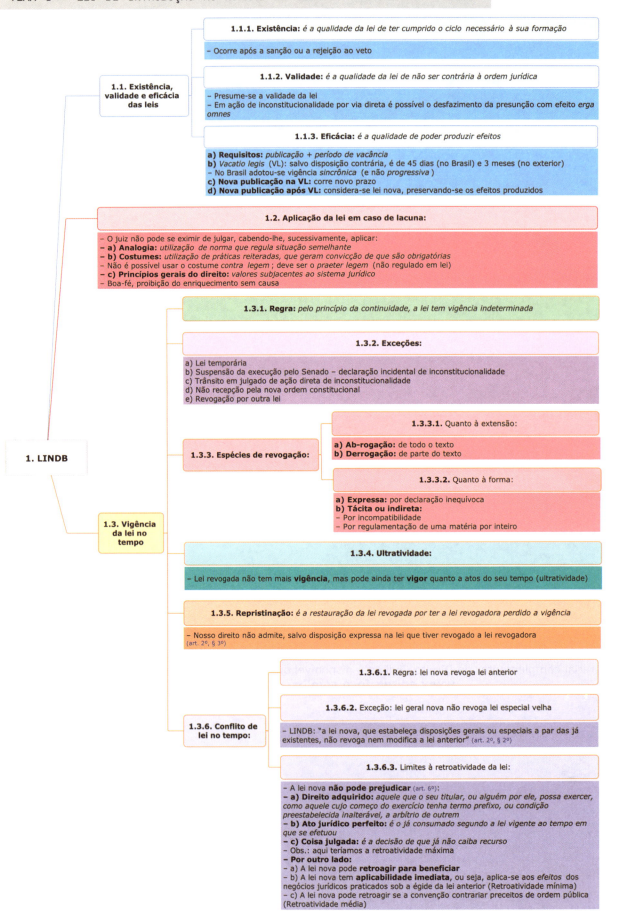

DIREITO CIVIL

Tema II - Pessoas Naturais

1. Pessoas Naturais I – Aspectos Gerais

1.1. Conceito de pessoa natural: é o ser humano

1.2. Início da personalidade:

Com o nascimento com vida = separação do ventre materno + inspiração
– Teoria adotada: natalista (e não concepcionista)
– Não é necessário:
a) Corte do cordão umbilical
b) Forma humana
c) Perspectiva de vida

1.3. Nascituro:

- **1.3.1. Conceito:** é o já concebido, mas que ainda não nasceu
- **1.3.2. Natureza jurídica:** não é pessoa
  – É sujeito de direito despersonificado
- **1.3.3. Regime jurídico:**
  – A lei põe a salvo seus direitos desde a concepção
  – Tem direitos da personalidade (vida, alimentos)
  – Tem direitos patrimoniais sob condição suspensiva

1.4. Embriões excedentários (Lei 11.105/2005):

- **1.4.1. Conceito:** são os embriões humanos produzidos por fertilização in vitro e não utilizados
- **1.4.2. Natureza jurídica:** não são pessoas nem sujeitos de direito despersonificados
  – São *objetos* de direito
- **1.4.3. Regime jurídico:** é permitida a utilização de células-tronco desses embriões, atendido ao seguinte:
  a) Para fins de ensino ou pesquisa, mediante autorização
  b) Embriões não utilizados no procedimento
  c) Embriões inviáveis ou congelados há mais de 3 anos
  d) Consentimento dos genitores

1.5. Fim da personalidade:

- **1.5.1. Modo:** com a morte
- **1.5.2. Espécies de morte**
  - **1.5.2.1. Real:** é a morte certa
    – Atestada por médico ou, na falta, por duas pessoas qualificadas que tiverem presenciado/verificado a morte
    – Com base no atestado de óbito, faz-se a lavratura do assento de óbito no Registro Público
    – A partir desse assento, faz-se a certidão de óbito
    – O enterro depende da certidão
    – A cremação, de vontade do falecido ou motivo de saúde pública, dependendo do atestado de 2 médicos ou de legista e, se morte violenta, de autorização judicial
  - **1.5.2.1. Presumida:**
    a) **Sem declaração de ausência:**
    – Se provável a morte de quem estava em perigo de vida
    – Se desaparecido em campanha ou feito prisioneiro, não for encontrado até 2 anos após a guerra (devem-se esgotar as buscas)
    b) **Com declaração de ausência:** dá-se quando alguém está ausente e a lei autoriza a abertura da sucessão definitiva. Fases:
    – Arrecadação de bens
    – Espera de 1 ano
    – Declaração de ausência e abertura da sucessão provisória
    – Espera de 10 anos após trânsito em julgado da decisão
    – Decisão autorizando abertura da sucessão definitiva

DIREITO CIVIL

Tema II - Pessoas Naturais II

1. Pessoas Naturais II – Capacidade

1.7. Capacidade:

a) **De direito (de gozo):** aptidão para adquirir direitos e deveres– Todos têm, inclusive os absolutamente incapazes
b) **De fato (de exercício):** aptidão para adquirir, pessoalmente, direitos e deveres
c) **Legitimação:** aptidão específica para a prática de certos atos
– Pessoa casada e plenamente capaz não tem legitimidade para vender imóvel a filho sem autorização do cônjuge e dos outros filhos (art. 496)

1.8. Absolutamente incapaz:

a) **Conceito:** é o que não pode exercer qualquer ato da vida civil
b) **Integração da incapacidade:** pela representação
c) **Sanção pela prática de atos:** nulidade absoluta
d) **Quem é:** Menor de 16 anos

1.9. Relativamente incapaz:

a) **Conceito:** *é o que não pode exercer sozinho grande parte dos atos da vida civil*
b) **Integração da incapacidade:** pela assistência
c) **Sanção pela prática de atos:** nulidade relativa
d) **Espécies:**
– Entre 16 e 18 anos
– Ébrios habituais e viciados em tóxico
– Aqueles que, por causa transitória ou permanente, não puderem exprimir sua vontade
– Pródigos
e) **Pródigos:**
– **Não podem:** alienar, emprestar, dar quitação, transigir, hipotecar, demandar
– **Podem fazer:** a mera administração do patrimônio – exemplos: casar (menos fazer pacto), mudar de domicílio, contratar empregados domésticos e prestadores de serviços ordinários
f) **Limites à curatela:** CC determina que o juiz, pronunciada a interdição, assinale limites à atuação do curador, especificando o que o incapaz pode fazer sozinho e no que este depende da participação do curador (art. 755, II, do NCPC)

Exemplo: permitir que o interditado por dependência química tenha os mesmos poderes do pródigo

1.10. Interdição:

a) **Casos:** art. 1.767
b) **Legitimidade ativa:**
– Pais ou tutores
– Cônjuge ou qualquer parente
– Ministério Público
c) **Curador:**
– Cônjuge ou companheiro não separado de fato
– Na falta, pai ou mãe
– Na falta, o descendente mais apto e mais próximo
– Na falta, o juiz escolhe

1.11. Internação psiquiátrica involuntária:

A Lei 10.216/2001 prevê as seguintes internações:
I – Internação voluntária: dá-se com o consentimento do internando
II – Internação compulsória: dá-se por ordem judicial
III – Internação involuntária: dá-se sem o consentimento do internando e a pedido de terceiro
– Feita por médico, com laudo que caracterize os motivos
– Necessário comunicação em 72 horas ao MP
– Término dá-se por solicitação de familiar, responsável ou por decisão do médico

1.12. Emancipação:

a) **Conceito:** cessação da incapacidade do menor
b) **Espécies:**
– **Voluntária:** dada pelos pais (ou um deles, na falta dos dois), por escritura pública, após os 16 anos
– **Judicial:** no caso de existência de tutor; conferida pelo juiz, após os 16 anos
– **Legal:**
• Pelo casamento
• Pelo exercício de emprego público efetivo
• Pela colação de grau em curso superior
• Pelo estabelecimento civil/comercial ou emprego, com economia própria e 16 anos

DIREITO CIVIL
Tema II - Pessoas Naturais III

1. Pessoas Naturais III – Direitos da personalidade

13. Direitos da personalidade

13.1. Conceito: são os direitos relativos às características próprias das pessoas, tais como

a) *A integridade física* (vida, corpo, partes do corpo)
b) *A integridade intelectual* (liberdade de expressão, autorias científica e artística)
c) *A integridade moral* (intimidade, vida privada, honra, imagem e nome)

Obs.: nascituro e pessoa jurídica são protegidos, no que couber - exemplo: direito à vida do nascituro e dano moral de pessoa jurídica (Súmula STJ 227)

13.2. Características (regime jurídico):

a) **Intransmissíveis:** não cabe cessão dos direitos
– Mas exercício do direito pode ser autorizado
Exemplo 1: é possível usar nome de alguém em propaganda comercial mediante autorização (art. 18)
Exemplo 2: é possível usar escritos, palavras e imagem das pessoas mediante autorização (art. 20)
Obs.: em caso de ordem pública também caberá exposição
b) **Irrenunciáveis:** não cabe rejeição do direito
Exemplo: é defeso disposição do corpo quando importar diminuição permanente ou contrariar bons costumes (art. 13) – salvo decisão médica, transplante ou após morte, gratuitamente
c) **Não passíveis de limitação voluntária:**
– São de ordem pública, de modo que a vontade é irrelevante à disposição do direito, ainda que autorizada pelo titular
d) **Absolutos:** oponíveis erga omnes
e) **Ilimitados:** abrangem características não identificadas expressamente, tais como direito a alimentos, ao planejamento familiar, à dignidade, à religião etc
f) **Imprescritíveis:** não sujeitos a usucapião
g) **Impenhoráveis:** não passíveis de constrição judicial
h) **Inexpropriáveis:** não passíveis de desapropriação

13.3. Sanções pela violação de tais direitos:

a) **Cessação da ameaça ou da lesão ao direito**
– O STF entende que, num primeiro momento, a liberdade de expressão ponderada em relação à inviolabilidade da imagem, não cabendo censura prévia (ADPF 130)
– Porém, o abuso da liberdade de expressão pode ser combatido posteriormente com outras sanções
b) **Perdas e danos:** incluindo dano moral e danos materiais (emergentes e lucros cessantes)
c) **Demais sanções previstas em lei:** como direito de resposta, sanções criminais etc

13.4. Legitimados a requerer a aplicação das sanções

a) **Próprio lesado:** por si ou seu representante
b) **Caso lesado seja falecido:**
– Cônjuge sobrevivente
Obs.: Enunciado 275 JDC – companheiro está compreendido na regra
– Qualquer parente em linha reta ou colateral até o 4º grau

14. Meios de individualização da pessoa:

a) **Pelo estado**
– **Político:** nato, naturalizado, estrangeiro
– **Familiar:** pai, filho, solteiro, casado etc
– **Individual:** capaz, incapaz
b) **Pelo nome**
c) **Pelo domicílio**

15. Nome

15.1. Terminologia:

a) **Prenome:** é o nome próprio (exemplo: João)
b) **Patronímico:** é o nome de família (exemplo: Garcia)
c) **Agnome:** é o sinal distintivo de parente (exemplo: Filho)
d) **Axiônimo:** são os títulos e qualificativos (exemplo: doutor)
e) **Alcunha ou epíteto:** são os apelidos (exemplo: Gugu)

15.2. Regime jurídico:

a) O nome não pode expor a pessoa ao ridículo
b) Como regra, o nome é imutável
c) O nome não pode ser utilizado por outros expondo a pessoa a desprezo público
d) O nome não pode ser usado em propaganda comercial, salvo autorização
e) O pseudônimo adotado para atividades lícitas goza da proteção que se dá ao nome

15.3. Exceções ao princípio da imutabilidade:

a) **Modificação no estado de filiação/paternidade:** muda-se patronímico apenas; salvo adoção de menores, em que é possível mudar o prenome (art. 47, § 6º, ECA)
b) **Alteração do nome de um dos pais**
c) **Casamento**
d) **Dissolução da sociedade conjugal e do casamento:** não é obrigatória a perda do nome; mas inocente pode requerer que o outro perca, desde que não cause prejuízo de identificação profissional ou familiar ao outro
e) **Pela união estável:** LRP art. 57, § 2º
f) **Vontade do que tem entre 18 e 19 anos:** não pode prejudicar apelidos de família (art. 56, LRP); em Cartório
g) **Erro gráfico evidente:** art. 110, LRP
h) **Exposição do portador ao ridículo:** art. 55, parágrafo único, LRP
i) **Apelido público notório:** exemplo: Xuxa – art. 58 LRP
j) **Proteção de vítimas, testemunhas e seus parentes:** art. 57, § 7º, LRP
k) **Homonímia:** qualquer alteração motivada – art. 57, caput, LRP
l) **Transgêneros:** os transgêneros, independentemente da cirurgia de transgenitalização ou tratamentos hormonais, têm direito à alteração tanto de seu **prenome** como de seu **gênero**, diretamente no Registro Civil (cartório), ou seja, sem pedido perante o Judiciário. Inexiste outro requisito (ex: idade mínima ou parecer médico). Basta o consentimento livre e informado do solicitante. O pedido é confidencial e os documentos não podem fazer remissão a eventuais alterações (STF, ADI 4275/DF, Plenário, 1o/3/18)

DIREITO CIVIL
Tema III - Domicílio

1. Domicílio

1.1. Conceito: é a sede jurídica da pessoa

1.2. Domicílio da pessoa natural:

a) **Regra 1:** é o local onde ela estabelece a sua residência com ânimo definitivo (elemento objetivo + elemento subjetivo)
b) **Regra 2:** se houver mais de uma residência, considera-se domicílio qualquer delas
c) **Regra 3:** se não houver residência habitual, é local onde a pessoa for encontrada (domicílio aparente/ocasional)
d) **Regra 4:** quanto às relações profissionais, é também domicílio o local onde estas são exercidas
e) **Regra 5:** constitui domicílio necessário
- **Do incapaz:** o de seu representante ou assistente
- **Do servidor público:** o local onde exercer permanentemente suas atribuições
- **Do militar:** o local onde servir, e, sendo da Marinha ou Aeronáutica, a sede do comando a que se encontrar imediatamente subordinado
- **Do marítimo:** o local onde o navio estiver matriculado
- **Do preso:** o lugar em que cumprir a sentença

1.3. Domicílio da pessoa jurídica:

a) **Regra 1:** é o local eleito no estatuto ou, não havendo eleição, o local onde funcionarem as respectivas diretorias ou administrações
b) **Regra 2:** se houver mais de um estabelecimento, cada um deles será considerado domicílio para os atos nele praticados
c) **Regra 3:** se a administração (ou diretoria) tiver sede no estrangeiro, haver-se-á por domicílio o lugar do estabelecimento, sito no Brasil, a que ela corresponder
d) **Regra 4:** quanto às pessoas jurídicas de direito público interno, o da União é o DF; o dos Estados, as capitais; e o dos Municípios, o lugar onde funcione a Administração

DIREITO CIVIL
Tema IV - Pessoas Jurídicas

1. Pessoas Jurídicas

1.1. Teoria adotada:
– Adotamos a da realidade das instituições jurídicas
– Não adotamos a da ficção e realidade objetiva

1.2. Pessoas de Direito Público:
a) **Externo:** países, Santa Sé, uniões aduaneiras, organismos internacionais (ONU, OEA, OMC)
b) **Interno:** entes políticos
– Autarquias e fundações públicas
– Agências reguladoras– Associações públicas

1.3. Pessoas de Direito Privado:

1.3.1. Associação: *união de pessoas para fins não econômicos*
– **Criação:** estatuto + cartório de pessoa jurídica
– **Liberdade:** livre entrada e saída
– **Exclusão de associado:** cabe por justa causa, com defesa e recurso, nos termos do estatuto

1.3.2. Fundação: *bens personalizados para fins não econômicos*
– **Criação:** estatuto + cartório de pessoa jurídica
– Dotação de bens por escritura pública ou testamento
– Fiscalização pelo MP

1.3.3. Sociedade: *pessoa jurídica com objetivo econômico*
– **Criação:** contrato social + cartório ou junta comercial
– **Sociedade simples:** reunião de profissionais liberais
– **Sociedade empresarial:** organização para a produção e circulação de bens ou serviços

1.3.4. Organização religiosa: *natureza de associação*

1.3.5. Partido político: *natureza de associação*

1.3.6. Empresas individuais de responsabilidade limitada

1.4. Desconsideração da personalidade:

1.4.1. Conceito: *declaração de ineficácia da personalidade para atingir o patrimônio de sócios ou administradores da pessoa jurídica*

1.4.2. Hipóteses: (abuso da personalidade)

- **Desvio de finalidade:** é a utilização da pessoa jurídica com o propósito de lesar credores e para a prática de atos ilícitos de qualquer natureza. Não constitui desvio de finalidade a mera expansão ou a alteração da finalidade original da atividade econômica específica da pessoa jurídica
- **Confusão patrimonial:** é a ausência de separação de fato entre os patrimônios, caracterizada por:
I - cumprimento repetitivo pela sociedade de obrigações do sócio ou do administrador ou vice-versa
II - transferência de ativos ou de passivos sem efetivas contraprestações, exceto os de valor proporcionalmente insignificante; e
III - outros atos de descumprimento da autonomia patrimonial.(as definições acima foram dadas pela Lei 13.874/19 - Lei da Liberdade Econômica - que alterou o art. 50 do CC)

Obs.: adotou-se **Teoria Maior da Desconsideração**, pois há mais requisitos para a desconsideração, diferente do CDC

1.4.3. Legitimados ativos:
– Credor
– Ministério Público, quando couber sua intervenção

1.4.4. Legitimados passivos:
– **Administradores** ou **Sócios** da pessoa jurídica beneficiados direta ou indiretamente pelo abuso

1.4.5. Desconsideração inversa: *consiste em desconsiderar a personalidade do sócio para atingir o patrimônio da pessoa jurídica*

Exemplo: marido que transfere bens para pessoa jurídica de sua titularidade para não dividi-los com a esposa em caso de divórcio

DIREITO CIVIL
Tema V - Bens

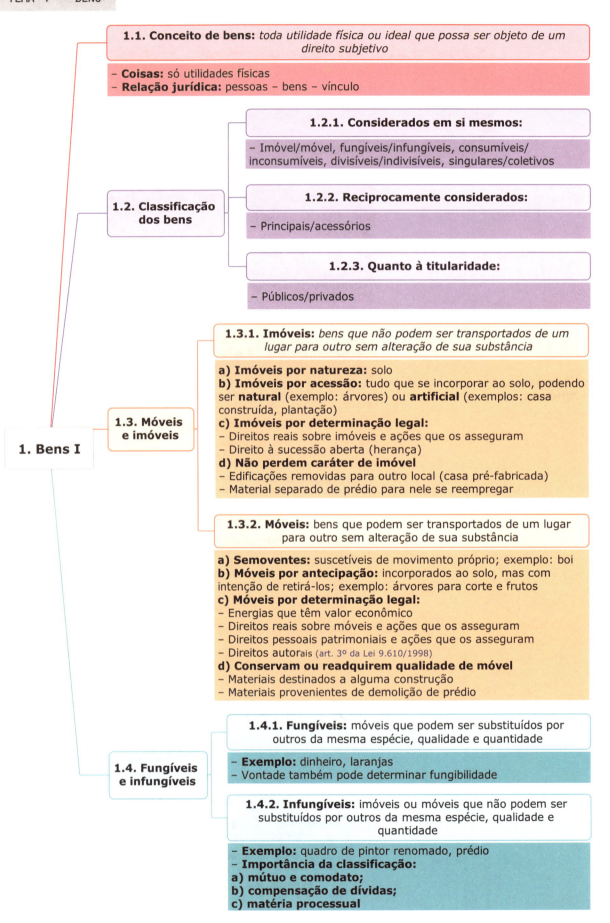

1. Bens I

1.1. Conceito de bens: *toda utilidade física ou ideal que possa ser objeto de um direito subjetivo*

– **Coisas:** só utilidades físicas
– **Relação jurídica:** pessoas – bens – vínculo

1.2. Classificação dos bens

1.2.1. Considerados em si mesmos:
– Imóvel/móvel, fungíveis/infungíveis, consumíveis/inconsumíveis, divisíveis/indivisíveis, singulares/coletivos

1.2.2. Reciprocamente considerados:
– Principais/acessórios

1.2.3. Quanto à titularidade:
– Públicos/privados

1.3. Móveis e imóveis

1.3.1. Imóveis: *bens que não podem ser transportados de um lugar para outro sem alteração de sua substância*

a) **Imóveis por natureza:** solo
b) **Imóveis por acessão:** tudo que se incorporar ao solo, podendo ser **natural** (exemplo: árvores) ou **artificial** (exemplos: casa construída, plantação)
c) **Imóveis por determinação legal:**
– Direitos reais sobre imóveis e ações que os asseguram
– Direito à sucessão aberta (herança)
d) **Não perdem caráter de imóvel**
– Edificações removidas para outro local (casa pré-fabricada)
– Material separado de prédio para nele se reempregar

1.3.2. Móveis: *bens que podem ser transportados de um lugar para outro sem alteração de sua substância*

a) **Semoventes:** suscetíveis de movimento próprio; exemplo: boi
b) **Móveis por antecipação:** incorporados ao solo, mas com intenção de retirá-los; exemplo: árvores para corte e frutos
c) **Móveis por determinação legal:**
– Energias que têm valor econômico
– Direitos reais sobre móveis e ações que os asseguram
– Direitos pessoais patrimoniais e ações que os asseguram
– Direitos autorais (art. 3º da Lei 9.610/1998)
d) **Conservam ou readquirem qualidade de móvel**
– Materiais destinados a alguma construção
– Materiais provenientes de demolição de prédio

1.4. Fungíveis e infungíveis

1.4.1. Fungíveis: móveis que podem ser substituídos por outros da mesma espécie, qualidade e quantidade

– **Exemplo:** dinheiro, laranjas
– Vontade também pode determinar fungibilidade

1.4.2. Infungíveis: imóveis ou móveis que não podem ser substituídos por outros da mesma espécie, qualidade e quantidade

– **Exemplo:** quadro de pintor renomado, prédio
– **Importância da classificação:**
a) mútuo e comodato;
b) compensação de dívidas;
c) matéria processual

DIREITO CIVIL
TEMA V - BENS II

1. Bens II

1.5. Consumíveis e inconsumíveis

1.5.1. Consumíveis: *móveis cujo uso importa na sua destruição ou os destinados à alienação*

Exemplo: alimentos em geral
– Também são consumíveis bens destinados à alienação

1.5.2. Inconsumíveis: *imóveis ou móveis cujo uso não importa na sua destruição e que não estejam destinados à alienação*

Exemplo: carro, casa
– **Importância da classificação: a)** usufruto; **b)** CDC adotou critério de durável e não durável

1.6. Divisíveis e indivisíveis

1.6.1. Divisíveis: *bens que se podem fracionar sem alteração da substância, boa diminuição de valor ou prejuízo do uso a que se destinam*

Exemplo: alimentos em geral, grande gleba de terra

1.6.2. Indivisíveis: *bens que, caso fracionados, sofrem alteração da substância, boa diminuição de valor ou prejuízo ao uso a que se destinam*

Exemplo: carro, casa
– Bem divisível pode se tornar indivisível por lei ou vontade das partes
– **Importância da classificação: a)** obrigações; **b)** divisão de condomínio

1.7. Singulares e coletivos

1.7.1. Singulares: *bens que, embora reunidos, se consideram de per si, independentemente dos demais*

Exemplo: 1 livro, 1 animal, 1 casa

1.7.2. Coletivos: *reunião de bens que forma um todo com individualidade própria*

Exemplo: 1 biblioteca, 1 rebanho, 1 herança
– Há duas espécies de **universalidade**:
a) De fato (biblioteca, rebanho)
b) De direito (herança, patrimônio, massa falida)
– A primeira decorre da vontade e a segunda, da lei

1.8. Principais e acessórios

1.8.1. Principais: *bens que existem por si só*

Exemplo: solo, contrato de locação

1.8.2. Acessórios: *bens cuja existência depende da do principal*

Exemplo: frutos da árvore, contrato de fiança
– **Importância da classificação:**
a) Natureza do acessório tende a ser a mesma do principal (princípio da gravitação)
b) Destino do acessório acompanha o do principal, ou seja, o "acessório segue principal" (presunção relativa)

1.8.3. Espécies de bens acessórios

1.8.3.1. Frutos: *utilidades que se reproduzem; exemplos: juros, aluguéis (civis), leite (naturais) e chocolate (industriais)*

1.8.3.2. Produtos: *utilidades que não se reproduzem; exemplos: pedras, metais e areia encontrados no solo*

1.8.3.3. Pertenças: *bens móveis destinados de modo duradouro à coisa, não constituindo parte integrante desta*

Exemplo: móveis de uma casa, tratores de fazenda
– Pertenças não acompanham o principal, salvo:
a) lei; b) convenção; c) circunstâncias
– Assim, vendida uma fazenda, em regra, não acompanham a venda tratores e máquinas usados no imóvel

1.8.3.4. Benfeitorias: *melhoramentos feitos em coisa já existente*

– Diferem de *acessões*, que são criação de coisa nova
– Espécies de benfeitorias:
a) Voluptuárias: *de mero recreio ou deleite*
b) Úteis: *aumentam ou facilitam o uso da coisa*
c) Necessárias: *indispensáveis à conservação do bem principal*
– Benfeitorias, diferente das pertenças, acompanham o principal
– Em matéria possessória, natureza da benfeitoria faz diferença quando há perda da posse

DIREITO CIVIL
Tema VI - Fatos Jurídicos

1. Classificação e requisitos de existência do negócio jurídico

1.1. Classificação do fato jurídico

– **Fato jurídico:** todo acontecimento que produz efeito jurídico

- **1.1.1. Fato jurídico em sentido estrito:** *é o acontecimento natural que produz efeitos jurídicos* – exemplos: nascimento, morte, decurso do tempo

- **1.1.2. Ato jurídico:** *é o acontecimento humano que produz efeito jurídico*
  - **1.1.2.1. Atos ilícitos:** *atos contrários ao Direito*
  - **1.1.2.2. Atos lícitos:** *atos que produzem efeitos queridos pelo agente*
    - **a) Ato jurídico em sentido estrito:** *simples declaração de vontade com efeitos legais*
      – Exemplo: tradição, reconhecimento de filho, ocupação
    - **b) Negócio jurídico:** *declaração de vontade com a finalidade de alcançar um fim previsto em lei*
      – Aqui a vontade é qualificada; exemplo: contrato de locação
      – Unilateral (testamento), bilateral (contrato)
    - **c) Ato-fato jurídico:** ato material humano com efeito jurídico; exemplo: achado de tesouro

1.2. Requisitos de existência do negócio jurídico

- **1.2.1. Manifestação de vontade:** *expressa ou tácita*
  – Ou seja, vontade *inequívoca* ou *comportamento*
  – Silêncio: significará vontade se os usos ou circunstâncias autorizarem, e não for necessária vontade expressa

- **1.2.2. Finalidade negocial:** *vontade de regulamentar uma relação jurídica*

- **1.2.3. Objeto:** *utilidade física ou ideal sobre a qual recai a vontade*

1.3. Interpretação dos negócios jurídicos

- Confira as principais regras de interpretação do negócio jurídico (arts. 112 a 114):
a) "Nas declarações de vontade se atenderá mais à intenção nelas consubstanciada do que ao sentido literal da linguagem";
b) "Os negócios jurídicos devem ser interpretados conforme a boa-fé e os usos do lugar de sua celebração";
c) "A interpretação do negócio jurídico deve lhe atribuir o sentido que:
I - for confirmado pelo comportamento das partes posterior à celebração do negócio;
II - corresponder aos usos, costumes e práticas do mercado relativas ao tipo de negócio;
III - corresponder à boa-fé;
IV - for mais benéfico à parte que não redigiu o dispositivo, se identificável;
V - corresponder a qual seria a razoável negociação das partes sobre a questão discutida, inferida das demais disposições do negócio e da racionalidade econômica das partes, consideradas as informações disponíveis no momento de sua celebração";
d) "As partes poderão livremente pactuar regras de interpretação, de preenchimento de lacunas e de integração dos negócios jurídicos diversas daquelas previstas em lei";
e) "Os negócios jurídicos benéficos e a renúncia interpretam-se estritamente".

DIREITO CIVIL
Tema VI – Fatos Jurídicos

1. Requisitos de validade e eficácia do negócio jurídico

1.1. Requisitos de validade do negócio jurídico

1.1.1. Manifestação de vontade livre: externada sem vícios (exemplo: erro, dolo, coação)

1.1.2. Agente emissor da vontade capaz: alguém com capacidade de fato ou com mediador idôneo

1.1.3. Legitimação: aptidão específica para o ato

1.1.4. Objeto lícito, possível e determinável

1.1.5. Obediência à forma, quando prescrita em lei

1.1.6. Inexistência de configuração de outras hipóteses de nulidade (exemplo: simulação) e de **anulabilidade** (exemplo: fraude contra credores)

Atos nulos: arts. 166 (vários casos) e 167 (simulação)
Simulação
a) **Absoluta:** *quando não se quer negócio algum* (exemplo: divórcio simulado para fugir de responsabilidade civil)
b) **Relativa:** *quando se encobre um negócio querido*
– Na relativa, temos:
i) **Negócio simulado:** *o que se declara, mas não se quer* – exemplo: doação de um imóvel – é nulo
ii) **Negócio dissimulado:** *o que se pretende de verdade* – exemplo: compra e venda do mesmo imóvel
– Negócio dissimulado pode ser mantido, desde que válido na forma e na substância
Atos anuláveis: art. 171
a) Por incapacidade relativa do agente (4 anos)
b) Por vício resultante de erro, dolo, coação, estado de perigo, lesão ou fraude contra credores (defeitos do negócio jurídico) (4 anos)
c) Outros casos previstos em lei, como na venda de ascendente para descendente (art. 496)(2 anos)
Anulabilidade versus Nulidade
a) **Interesse:** privado x público
b) **Legitimidade:** interessados x interessados, MP e juiz de ofício
c) **Confirmação:** admite x não admite
d) **Decurso do tempo:** convalesce (regra: 2 anos) x não convalesce
e) **Ação:** anulatória x declaratória de nulidade
f) **Efeitos da sentença:** não retroage *(ex nunc)* x retroage *(ex tunc)*
g) **Aproveitamento:** convalidação x conversão

1.2. Requisitos de eficácia do negócio jurídico

1.2.1. Inexistência de condição suspensiva pendente: ou seja, de evento futuro e incerto que condiciona o início dos efeitos do negócio

Exemplo: "se você se casar, ganhará R$ 200 mil" – enquanto não houver casamento, negócio não produz efeitos

1.2.2. Inexistência de termo suspensivo pendente: ou seja, de evento futuro e certo que condiciona o início dos efeitos do negócio

Exemplo: "a locação entrará em vigor dia 20 deste mês" – enquanto não chegar dia 20, negócio não produz efeitos
Obs.: quanto aos elementos acidentais do negócio:
a) **Condição:** subordina negócio a evento futuro e incerto
b) **Termo:** subordina negócio a evento futuro e certo
a) **Condição/termo suspensivos:** enquanto não acontecerem, negócio fica com efeitos suspensos
b) **Condição/termo resolutivos:** quando acontecerem negócio fica resolvido, ou seja, não produzirá mais efeitos
– **Encargo:** *cláusula que impõe obrigação ao beneficiário de negócio jurídico*
Exemplo: doação com encargo
– Não suspende aquisição do direito

DIREITO CIVIL
Tema VI - Fatos Jurídicos

1. Defeitos do Negócio Jurídico (geram anulabilidade)

1.1. Erro ou ignorância: é o engano cometido pelo próprio agente

– Deve ser:
a) **Substancial (essencial):** quanto à sua natureza, seu objeto ou suas qualidades
b) **Escusável**
c) **Real:** prejuízo deve ser a causa determinante do negócio
Exemplos: pensa-se ser doação, mas é venda; pensa-se ser filho, mas não é
– O erro acidental (relativo a questões secundárias) não gera a anulabilidade do ato, nem indenização

1.2. Dolo: erro provocado pela parte contrária ou por terceiro, por meio de expediente malicioso

Exemplo: adulteração de quilometragem
– Deve ser:
a) **Essencial**
b) **Com malícia**
c) **Determinante**
d) **Não recíproco**
– O dolo acidental só enseja reparação por perdas e danos

1.3. Coação: é a ameaça que constrange alguém à prática de um negócio

A ameaça deve ser:
a) **Da parte que aproveita ou de terceiro, com conhecimento daquela**
b) **Determinante**
c) **Grave:** veem-se aspectos subjetivos das partes
d) **Injusta:** mal prometido não é exercício regular de direito; se for, ameaça não é injusta
e) **Iminente**
f) **Relativa ao paciente, sua família ou seus bens**
Obs.: pessoa que não for da família, juiz decide

1.4. Estado de perigo: assunção de obrigação excessivamente onerosa com o intuito de salvar a si ou a alguém de sua família de grave dano conhecido da outra parte

Exemplo: exigência de cheque caução em hospital
– Ato anulável
– Há corrente doutrinária que entende que o ato deveria ser válido, determinando-se apenas o ajuste das prestações

1.5. Lesão: assunção de prestação manifestamente desproporcional ao valor da prestação oposta, por premente necessidade ou inexperiência

Exemplo: compra de imóvel que vale R$ 500 mil por R$ 100 mil, por inexperiência de quem vende
– Elementos objetivo e subjetivo
– Não ocorre em atos unilaterais– Não há necessidade de: i) situação de perigo; ii) conhecimento da outra parte
– Ato é anulável
– Negócio pode ser mantido se parte prejudicada receber uma compensação

1.6. Fraude contra credores:

1.6.1. Dá-se com a transmissão de bens ou remissão de dívida feitas pelo devedor já insolvente, ou por elas reduzido à insolvência

1.6.2. Requisitos:

a) **Consilium fraudis:** conluio fraudulento (elemento subjetivo)
– Nos gratuitos, é presumido
– Nos onerosos, a existência de ações configura
b) **O evento danoso:** prejuízo (elemento objetivo)
c) **Ação própria:** pauliana ou revocatória

1.6.3. Diferenças com fraude de execução: a) vício social *versus* ato atentatório da Justiça; b) ação própria *versus* reconhecimento na própria execução; c) anulação do negócio *versus* ineficácia do negócio perante credor

DIREITO CIVIL
Tema VII - Prescrição e Decadência

1. Prescrição e Decadência

1.1. Prescrição

1.1.1. Conceito: é a causa extintiva da pretensão pelo seu não exercício no prazo estipulado pela lei

– Diz respeito às ações **condenatórias**

1.1.2. Características:

a) Parte que se beneficia só pode renunciar ao direito após o decurso do prazo (191)
b) Prazos não podem ser alterados por convenção (192)
c) Juiz pode reconhecer de ofício (487, II, do NCPC)
d) Pode-se reconhecê-la a qualquer tempo (193)
e) Relativamente incapaz e PJ têm ação contra responsáveis por ela (195)
f) Prescrição iniciada contra uma pessoa, continua a correr contra o seu sucessor (196)

1.1.3. Não corre prescrição:

– Entre os cônjuges, na constância da sociedade conjugal
– Entre ascendentes e descendentes, durante o poder familiar
– Entre tutelados ou curatelados e seus tutores ou curadores, durante a tutela ou curatela
– Contra os incapazes de que trata o art. 3º
– Contra os ausentes do País em serviço público da União, dos Estados ou dos Municípios
– Contra os que se acharem servindo nas Forças Armadas em tempo de guerra
– Pendendo condição suspensiva
– Não estando vencido o prazo– Pendendo ação de evicção

1.1.4. Interrompem a prescrição (uma única vez):

– O despacho do juiz, mesmo incompetente, que ordenar a citação, se o interessado a promover no prazo e na forma da lei processual
– O protesto, nas condições do inciso antecedente
– O protesto cambial
– A apresentação do título de crédito em juízo de inventário ou em concurso de credores
– Qualquer ato judicial que constitua em mora o devedor
– Qualquer ato inequívoco, ainda que extrajudicial, que importe reconhecimento do direito pelo devedor

Observações:
– A prescrição interrompida recomeça a correr da data do ato interruptivo ou do último ato do processo para interrompe
– A prescrição pode ser interrompida por qualquer interessado
– A interrupção da prescrição por um credor não aproveita aos outros; semelhantemente, a interrupção operada contra o codevedor, ou seu herdeiro, não prejudica aos demais coobrigados (art. 204)
– Exceção: interrupção por um credor solidário aproveita aos outros; assim como a interrupção efetuada contra o devedor solidário envolve os demais e seus herdeiros
– A interrupção operada contra um dos herdeiros do devedor solidário não prejudica os outros herdeiros ou devedores, senão quando se trate de obrigações e direitos indivisíveis
– A interrupção produzida contra o principal devedor prejudica o fiador (acessório segue o principal)

1.1.5. Prazos:

1.1.5.1. Geral: a prescrição ocorre em 10 anos, quando a lei não lhe haja fixado prazo menor (art. 205)

1.1.5.2. Especiais (art. 206):

a) **1 ano:** pretensão de hotéis; segurado contra segurador (pedido de pagamento suspende prazo); tabeliães; peritos etc.
b) **2 anos:** prestação de alimentos, dos vencimentos
c) **3 anos:** alugueres; ressarcimento por enriquecimento sem causa; reparação civil; seguro obrigatório (exemplo: DPVAT)
d) **4 anos:** pretensão relativa à tutela, prestação de contas
e) **5 anos:** cobrança de dívidas líquidas constantes de instrumentos; pretensão de profissionais liberais, contado da conclusão dos serviços; pretensão do vencedor para haver do vencido o que despendeu em juízo

1.2. Decadência

1.2.1. Conceito: é a causa extintiva do direito potestativo pelo seu não exercício no prazo estipulado pela lei

– Diz respeito às ações **constitutivas**

1.2.2. Características:

a) Salvo disposição legal, não se aplicam os casos de impedimento, suspensão e interrupção (art. 207)
b) Não corre prazo decadencial contra absolutamente incapaz (art. 208)
c) É nula a renúncia à decadência legal (art. 209), mas a decadência convencional pode ser alterada
d) Juiz deve conhecer de ofício decadência legal (art. 210)
e) Pode-se reconhecê-la a qualquer tempo (art. 211)

DIREITO CIVIL
Tema VIII - Obrigações

1. Obrigações I – Aspectos Gerais

1.1. Conceito de obrigação: *é o vínculo jurídico que confere ao credor (sujeito ativo) o direito de exigir do devedor (sujeito passivo) o cumprimento de determinada prestação*

– **Obrigação:** vínculo entre pessoas
– **Responsabilidade:** sujeição do patrimônio do devedor ao cumprimento da obrigação

1.2. Fontes das obrigações:

a) **Atos ilícitos**
b) **Contratos**
c) **Declarações unilaterais de vontade** (exemplo: promessa)
d) **Outros fatos previstos em lei** (exemplo: tributos)

1.3. Classificação das obrigações

1.3.1. Quanto à exigência:

a) **Civil:** aquela que pode ser exigida em juízo
b) **Natural:** aquela que não pode ser exigida em juízo, mas, uma vez cumprida, não pode ser repetida
– Exemplo: dívida prescrita; dívida de jogo

1.3.2. Quanto à extensão:

a) **De resultado:** *aquela em que devedor se compromete a atingir fim, sob pena de responder;* exemplo: cirurgia plástica
b) **De meio:** *aquela em que devedor se compromete a fazer o melhor, mas sem garantir o resultado;* exemplo: defesa em ação judicial

1.3.3. Quanto à natureza do direito:

a) **De direito pessoal:** *aquela travada entre pessoas;* exemplo: obrigação de pagar determinada quantia
b) **De direito real:** *aquela em que todas as pessoas ficam obrigadas a respeitar relação que vincula a pessoa à coisa;* exemplo: obrigação de respeitar propriedade
c) **Propter rem:** *aquela em que alguém, pelo simples fato de ser titular de um direito real sobre uma coisa, fica obrigado a cumprir;* exemplos: obrigação de pagar dívida de condomínio ou dívida tributária; obrigação de proprietários de prédios confinantes dividirem despesas de tapumes provisórios

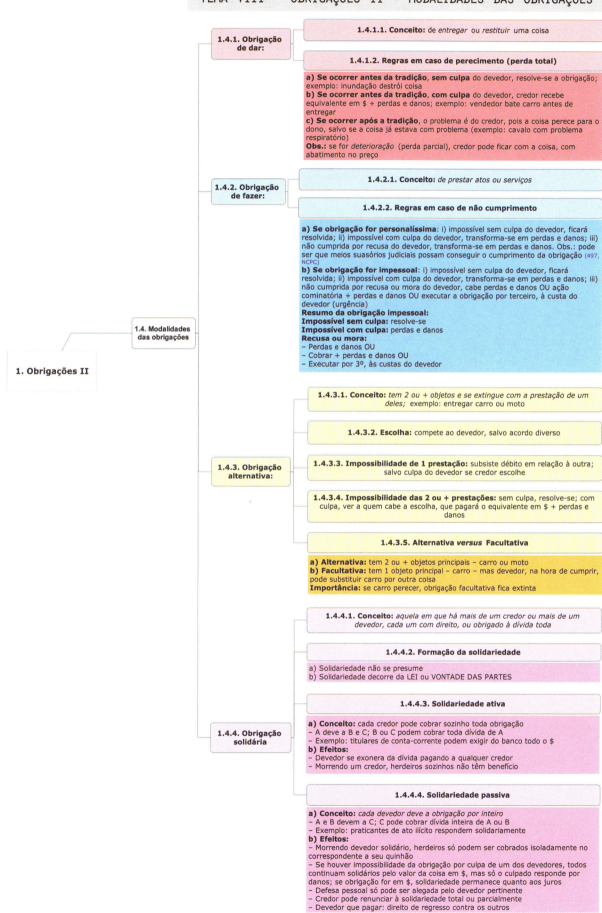

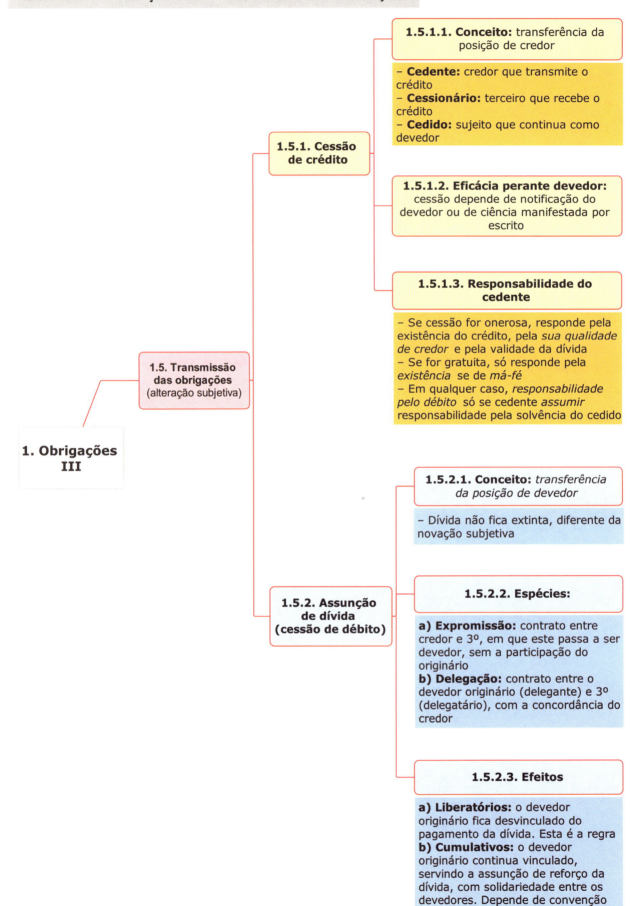

DIREITO CIVIL
Tema VIII - Obrigações IV - Extinção das obrigações

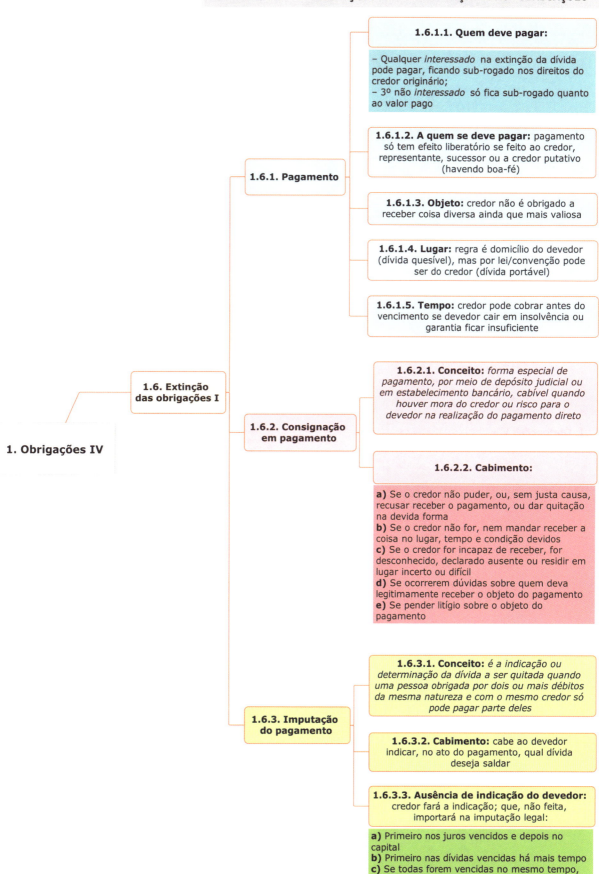

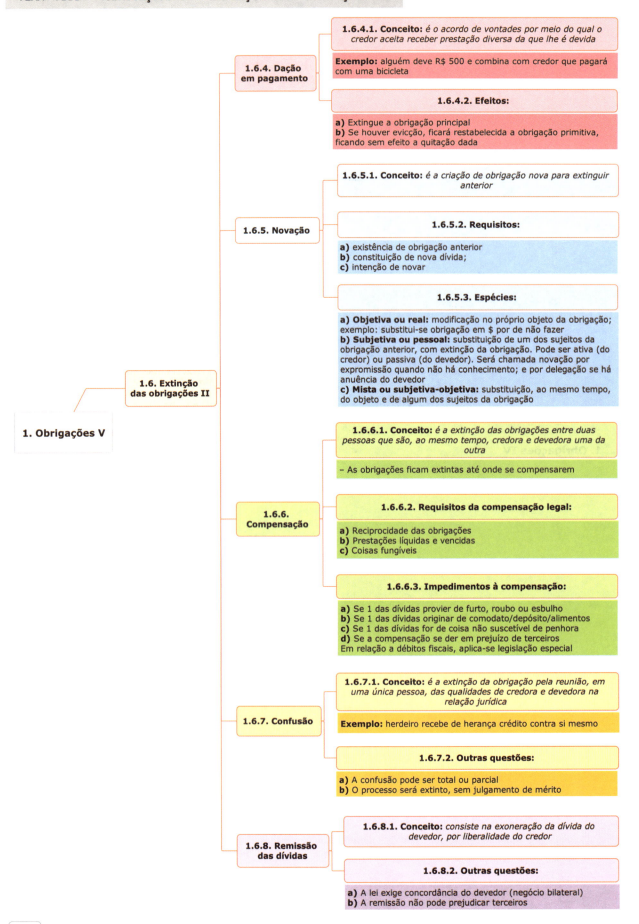

DIREITO CIVIL

Tema VIII - Obrigações VI - Inadimplemento das Obrigações I

1. Obrigações VI

1.7. Inadimplemento das obrigações I

1.7.1. Espécies

1.7.1.1. Inadimplemento absoluto: *inexecução da obrigação que impossibilita o credor de receber a prestação*

Exemplo: vestido de noiva chega após casamento

1.7.1.2. Inadimplemento relativo: *inexecução da obrigação que não impossibilita o credor de receber a prestação, que continua útil para este, apesar da inobservância do tempo, do lugar e da forma devidos*

Exemplo: vestido de noiva chega só 1 dia antes do casamento
Importância da distinção:
– **Absoluto:** enseja cobrança de perdas e danos, sem direito à prestação
– **Relativo:** enseja cobrança de perdas e danos + cobrança da própria prestação

1.7.1.3. Inadimplemento culposo: *é a inexecução da obrigação por culpa ou dolo do devedor*

Exemplo: fotógrafo esquece dia do casamento
– **Obrigações negociais e contratuais:** a culpa é presumida
– **Contratos benéficos:** aquele a quem não aproveita só responde se houver dolo
– **Excludentes:** o devedor fica exonerado da responsabilidade se demonstrar algum excludente, como o *caso fortuito* ou de *força maior*, ou a *culpa exclusiva* de terceiro
– **Reforço da responsabilidade:** no fortuito, o devedor responde **se** expressamente houver se responsabilizado pelo caso fortuito ou de força maior

1.8. Espécies de mora

1.8.1. Mora *ex re* (ou de pleno direito): *é aquela em que há data de vencimento*

– Aplica a regra: "dies interpellat pro homine"
– Também há mora automática nos casos de ato ilícito

1.8.2. Mora *ex persona* ("por ato da parte"): *é aquela que depende de providência por parte do credor, para que se caracterize*

– Depende de interpelação judicial/extrajudicial, protesto, citação
– O CC estabelece que "não havendo termo, a mora se constitui mediante interpelação judicial ou extrajudicial"
– Há casos em que, mesmo havendo termo (vencimento), a lei determina que a mora só se configurará com interpelação

1.9. Perdas e danos

a) **Danos emergentes:** o que efetivamente se perdeu
b) **Lucros cessantes:** o que razoavelmente se deixou de lucrar
c) **Incluem danos morais**
d) **Quando se trata de dívida em dinheiro**
– Danos emergentes: a própria prestação + atualização monetária + custas + honorários de advogado
– Lucros cessantes: juros de mora
– O juiz pode conceder **indenização suplementar**, quando for provado que os juros de mora não cobrem o prejuízo e **não houver pena convencional**
– Os juros de mora são contados desde a citação; isso não ocorre nas indenizações por ato ilícito e nos casos de mora *ex re*

DIREITO CIVIL

Tema VIII - Obrigações VI - Inadimplemento das obrigações II

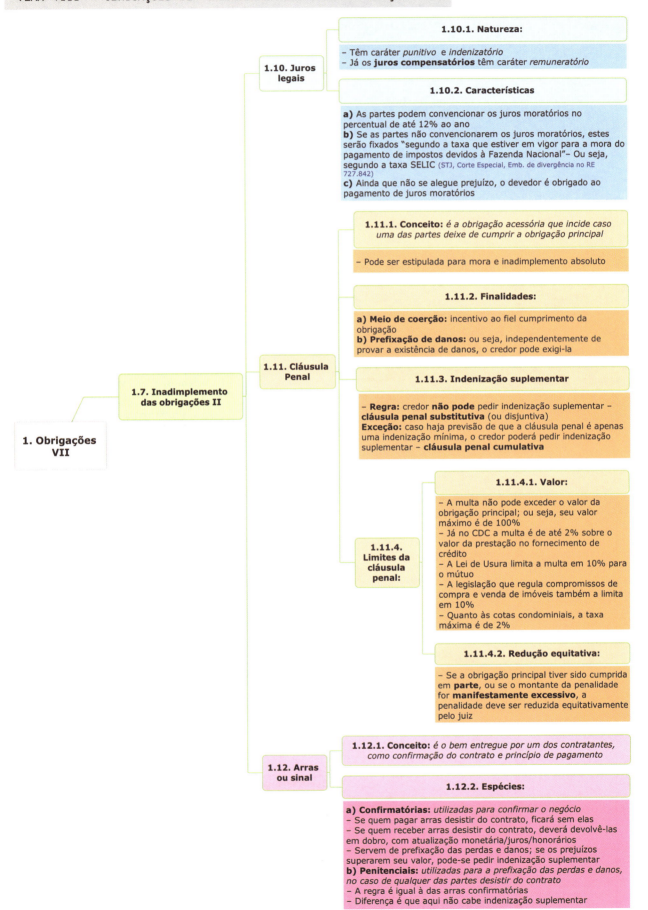

1. Obrigações VII

- **1.7. Inadimplemento das obrigações II**

  - **1.10. Juros legais**

    - **1.10.1. Natureza:**
      - Têm caráter *punitivo* e *indenizatório*
      - Já os **juros compensatórios** têm caráter *remuneratório*

    - **1.10.2. Características**
      - a) As partes podem convencionar os juros moratórios no percentual de até 12% ao ano
      - b) Se as partes não convencionarem os juros moratórios, estes serão fixados "segundo a taxa que estiver em vigor para a mora do pagamento de impostos devidos à Fazenda Nacional" – Ou seja, segundo a taxa SELIC (STJ, Corte Especial, Emb. de divergência no RE 727.842)
      - c) Ainda que não se alegue prejuízo, o devedor é obrigado ao pagamento de juros moratórios

  - **1.11. Cláusula Penal**

    - **1.11.1. Conceito:** é a obrigação acessória que incide caso uma das partes deixe de cumprir a obrigação principal
      - Pode ser estipulada para mora e inadimplemento absoluto

    - **1.11.2. Finalidades:**
      - a) **Meio de coerção:** incentivo ao fiel cumprimento da obrigação
      - b) **Prefixação de danos:** ou seja, independentemente de provar a existência de danos, o credor pode exigi-la

    - **1.11.3. Indenização suplementar**
      - **Regra:** credor **não pode** pedir indenização suplementar – **cláusula penal substitutiva** (ou disjuntiva)
      - **Exceção:** caso haja previsão de que a cláusula penal é apenas uma indenização mínima, o credor poderá pedir indenização suplementar – **cláusula penal cumulativa**

    - **1.11.4. Limites da cláusula penal:**

      - **1.11.4.1. Valor:**
        - A multa não pode exceder o valor da obrigação principal; ou seja, seu valor máximo é de 100%
        - Já no CDC a multa é de até 2% sobre o valor da prestação no fornecimento de crédito
        - A Lei de Usura limita a multa em 10% para o mútuo
        - A legislação que regula compromissos de compra e venda de imóveis também a limita em 10%
        - Quanto às cotas condominiais, a taxa máxima é de 2%

      - **1.11.4.2. Redução equitativa:**
        - Se a obrigação principal tiver sido cumprida em **parte**, ou se o montante da penalidade for **manifestamente excessivo**, a penalidade deve ser reduzida equitativamente pelo juiz

  - **1.12. Arras ou sinal**

    - **1.12.1. Conceito:** é o bem entregue por um dos contratantes, como confirmação do contrato e princípio de pagamento

    - **1.12.2. Espécies:**
      - a) **Confirmatórias:** utilizadas para confirmar o negócio
        - Se quem pagar arras desistir do contrato, ficará sem elas
        - Se quem receber arras desistir do contrato, deverá devolvê-las em dobro, com atualização monetária/juros/honorários
        - Servem de prefixação das perdas e danos; se os prejuízos superarem seu valor, pode-se pedir indenização suplementar
      - b) **Penitenciais:** utilizadas para a prefixação das perdas e danos, no caso de qualquer das partes desistir do contrato
        - A regra é igual à das arras confirmatórias
        - Diferença é que aqui não cabe indenização suplementar

DIREITO CIVIL
Tema IX - Contratos

1. Princípios contratuais

1.1. Princípio da autonomia da vontade

1.1.1. Conceito: é aquele que assegura a liberdade de contratar, consistente na escolha entre celebrar ou não um contrato e na faculdade de escolher com quem, o que e como contratar

1.1.2. Consequências

i) **Liberdade quádrupla:** as pessoas podem contratar se, com quem, o que e como quiserem
ii) **Pacta sunt servanda:** a vontade livremente manifestada "faz lei entre as partes" (princípio da força obrigatória)
iii) **Relatividade dos contratos:** os contratos só vinculam os contratantes (princípio da relatividade)

Atenção: a Lei 13.874/19 (Lei da Liberdade Econômica) criou um novo dispositivo para reforçar o princípio da autonomia da vontade, criando uma presunção relativa de paridade e simetria dos contratos civis empresariais, com o nítido objetivo de frear o exagero nas modificações contratuais judiciais com base em outros princípios do CC
Confira: Art. 421-A. Os contratos civis e empresariais presumem-se paritários e simétricos até a presença de elementos concretos que justifiquem o afastamento dessa presunção, ressalvados os regimes jurídicos previstos em leis especiais, garantido também que:
I - as partes negociantes poderão estabelecer parâmetros objetivos para a interpretação das cláusulas negociais e de seus pressupostos de revisão ou de resolução
II - a alocação de riscos definida pelas partes deve ser respeitada e observada
III - a revisão contratual somente ocorrerá de maneira excepcional e limitada

1.2. Princípio da função social dos contratos

1.2.1. Conceito: aquele que só protege contratos que objetivam trocas úteis, justas e não prejudiciais ao interesse coletivo

1.2.2. Consequências valorativas:

a) **Os contratos devem ser úteis para as partes; exemplo:** não é útil o contrato com venda casada
b) **Os contratos devem ser justos**, ou seja, devem ser equilibrados e sem abusividade; exemplo: viola o princípio cláusula que estabelece que um contratante fica exonerado de qualquer responsabilidade pelo serviço prestado
c) **Os contratos devem respeitar o interesse coletivo**, ou seja, não podem prejudicar os interesses difusos e coletivos, tais como o meio ambiente ecologicamente equilibrado
– O juiz, diante dessa cláusula geral, valer-se-á das *regras de experiência* e das *conexões sistemáticas*

1.2.3. Consequências operacionais/instrumentais

O princípio, de ordem pública (art. 2.035, parágrafo único, do CC), tem tríplice função no plano operacional (instrumental):
a) **Interpretativa:** é vetor interpretativo da lei e do contrato
b) **Integrativa:** é meio de integração em caso de lacuna
c) **Corretiva:** corrige cláusulas contratuais injustas e abusivas, tendo o juiz as seguintes possibilidades:
i) Modificar a cláusula
ii) Invalidar a cláusula
iii) Resolver o contrato
iv) Condenar o ofensor ao pagamento de uma indenização

Atenção: a Lei 13.874/19 (Lei da Liberdade Econômica) inseriu um parágrafo no art. 421, também com o objetivo de frear o exagero nas modificações contratuais judiciais com base nesse princípio. Confira a regra: "Nas relações contratuais privadas, prevalecerão o princípio da intervenção mínima e a excepcionalidade da revisão contratual"

1.3. Princípio da boa-fé objetiva

1.3.1. Conceito: aquele que impõe aos contratantes guardar em todas as fases que envolvem o contrato o respeito à lealdade

1.3.2. Consequências valorativas:

a) Contratantes devem ser **leais**, ou seja, devem agir com honestidade, retidão, respeito, cuidado e probidade
b) Impõe **boa-fé objetiva**, ou seja, a concepção ética da boa-fé, e não a concepção individual, subjetiva
– O juiz, diante dessa cláusula geral, também deverá se valer das regras de experiência e das conexões sistemáticas

1.3.3. Extensão no tempo: o princípio deve ser obedecido em todas as fases contratuais: a) tratativas; b) celebração (ou conclusão); c) execução; d) extinção; e e) fase pós-contratual

1.3.4. Consequências operacionais: o princípio tem as seguintes funções operacionais ou instrumentais:

a) **Interpretativa, integrativa e corretiva**
b) **Criativa de deveres anexos**, vez que estabelece deveres acessórios a todos os contratos, proibindo que as pessoas exerçam abusivamente seus direitos e impondo que as pessoas ajam com cuidado e respeito
– **Enunciado CFJ 24:** a violação de deveres anexos constitui espécie de inadimplemento, independentemente de culpa

DIREITO CIVIL

Tema IX - Contratos

1. Classificação dos Contratos I

1.1. Quanto aos efeitos (ou quanto às obrigações):

1.1.1. Contratos unilaterais: são aqueles em que há obrigações para apenas uma das partes

Exemplos: doação pura e simples, mandato, depósito, mútuo e comodato
– Os três últimos são unilaterais, pois só se formam no instante da entrega da coisa; a partir desse momento, só uma das partes (a devedora) tem obrigações

1.1.2. Contratos bilaterais: são aqueles em que há obrigações para ambos os contratantes

– Também são chamados de sinalagmáticos
Exemplos: a prestação de serviços e a compra e venda

1.1.3. Contratos bilaterais imperfeitos: são aqueles originariamente unilaterais, que se tornam bilaterais por uma circunstância acidental

Exemplo: mandato e depósito não remunerados

1.1.4. Contratos bifrontes: são aqueles que originariamente podem ser unilaterais ou bilaterais

Exemplo: mandato e depósito
Importância da classificação:
a) Apenas nos contratos bilaterais cabe exceção de contrato não cumprido, seja por inexecução total (*exceptio non adimplecti contractus*), seja por inexecução parcial (*exceptio non rite adimplecti contractus*)
b) Verificar qual das duas partes tem de cumprir primeiro a obrigação

1.2. Quanto às vantagens:

1.2.1. Contratos gratuitos: são aqueles em que há vantagens apenas para uma das partes

– Também são chamados de benéficos
Exemplo: doação pura e simples, depósito e mútuo não remunerados, comodato

1.2.2. Contratos onerosos: são aqueles em que há vantagens para ambas as partes

Exemplo: compra e venda, prestação de serviços, mútuo remunerado (feneratício) e doação com encargo
– Não confundir com a classificação anterior, pois há contratos unilaterais e onerosos, como o mútuo feneratício

1.3. Quanto ao momento de formação

1.3.1. Contrato consensual: é aquele que se forma no momento do acordo de vontades

Exemplo: a compra e venda e o mandato
– Entrega da coisa (tradição) é mera execução do contrato

1.3.2. Contrato real: é aquele que somente se forma com a entrega da coisa

Exemplo: comodato, depósito e mútuo
– Entrega da coisa é requisito para a formação do contrato

1.4. Quanto à forma

1.4.1. Contratos não solenes: são os de forma livre

Exemplo: compra e venda de bens móveis, prestação de serviços e locação
– A regra é ter o contrato forma livre (art. 107 do CC), obedecendo forma especial só quando a lei determinar

1.4.2. Contratos solenes: são aqueles que devem obedecer a uma forma prescrita em lei

Exemplo: compra e venda de imóveis, seguro e fiança
– A forma costuma ser essencial para a validade do negócio (forma "ad solemnitatem"), mas há situações em que a forma é mero meio de prova (forma "ad probationem tantum")

1.5. Quanto à existência de regramento legal

1.5.1. Contratos típicos (ou nominados): são os que têm regramento legal específico

Exemplos: compra e venda, locação de imóveis urbanos

1.5.2. Contratos atípicos (ou inominados): são os que não têm regramento legal específico

Exemplo: cessão de clientela, agenciamento matrimonial
– Podem ser celebrados observados os limites legais

1.5.3. Contratos mistos: são os que resultam da fusão de contratos nominados com elementos particulares, não previstos pelo legislador, criando novos negócios contratuais

Exemplo: exploração de lavoura de café, em que se misturam locação, empreitada, arrendamento rural e parceria agrícola

DIREITO CIVIL
Tema IX - Contratos

1. Classificação dos Contratos II

1.6. Quanto às condições de formação

1.6.1. Contratos paritários: *são aqueles em que as partes estão em situação de igualdade, podendo discutir efetivamente as condições contratuais*

1.6.2. Contratos de adesão: *são aqueles cujas cláusulas são:*

a) Aprovadas pela autoridade competente; ou
b) Estabelecidas unilateralmente, sem que o aderente possa modificar/discutir substancialmente seu conteúdo
Exemplo: contratos de financiamento bancário, seguro e telefonia
– A inserção de cláusula no formulário não desnatura o contrato, que continua de adesão
Regras no CC:
a) As cláusulas **ambíguas** devem ser interpretadas favoravelmente ao aderente
b) A cláusula que estipula a **renúncia antecipada** do aderente a direito resultante da natureza do contrato é nula
Regras no CDC:
a) Os contratos de adesão admitem cláusula resolutória, mas estas são alternativas, cabendo a escolha ao consumidor
b) As cláusulas limitativas de direito devem ser redigidas com destaque, permitindo sua imediata e fácil identificação, sob pena de nulidade

1.7. Quanto à definitividade

1.7.1. Contratos definitivos: *são aqueles que criam obrigações finais aos contratantes*

1.7.2. Contratos preliminares: *são aqueles que têm como objeto a realização futura de um contrato definitivo*

Exemplo: compromisso de compra e venda
– Os contratos preliminares devem conter os requisitos essenciais do contrato a ser celebrado, *salvo quanto à forma*
– O contrato preliminar deve ser levado a registro para ter eficácia perante terceiros
– Mas o compromissário comprador, uma vez pagas todas as parcelas do compromisso, tem direito à adjudicação compulsória, independentemente do registro
– A parte prejudicada pode pedir que o juiz supra a vontade daquele que não celebra o contrato definitivo

1.8. Quanto ao momento de execução

1.8.1. Contratos instantâneos: *são aqueles em que a execução se dá no momento da celebração*

Exemplo: compra e venda de pronta entrega e pagamento

1.8.2. Contratos de execução diferida: *são aqueles em que a execução se dá em ato único, em momento posterior à celebração*

Exemplo: compra e venda para pagamento em 120 dias

1.8.3. Contratos de trato sucessivo ou de execução continuada: *são aqueles em que a execução é distribuída no tempo em atos reiterados*

Exemplo: compra e venda em prestações, locação e financiamento pago em parcelas

1.9. Onerosidade Excessiva

1.9.1. Requisitos para aplicação da regra da imprevisão

a) O contrato deve ser de execução continuada ou diferida
b) A prestação de uma das partes deve se tornar excessivamente onerosa
c) A outra parte deve ficar com extrema vantagem
d) O desequilíbrio deve ser decorrência de acontecimentos extraordinários e imprevisíveis (Doutrina aceita acontecimento imprevisível ou resultados imprevisíveis)
Exemplo: uma guerra que afeta substancialmente o preço do petróleo, desequilibrando contratos de longo prazo no Brasil

1.9.2. Consequência da configuração do instituto

– Pode-se pedir em juízo a **resolução** do contrato, retroagindo os efeitos da sentença para a data da citação (art. 478 do CC)
– Isso **fere** os princípios da conservação dos contratos, função social, boa-fé objetiva e proibição de exercício abusivo dos direitos, bem como os arts. 317 e 480 do CC
– Assim, doutrina e jurisprudência entendem que se deve buscar, em 1º lugar, a **revisão** contratual; e, se não for possível, promover a resolução do contrato
– Se o prejudicado pedir a resolução do contrato e o réu se oferecer a modificar equitativamente as condições do contrato, o juiz pode aceitar a proposta

DIREITO CIVIL
Tema IX - Contratos

1. Evicção

1.1. Conceito: *é a perda da coisa adquirida onerosamente, em virtude de decisão judicial ou administrativa que a atribui a outrem por motivo anterior à aquisição*

Exemplo: "A" compra carro de "B", mas vem a perdê-lo para "C", verdadeiro proprietário da coisa
– **Alienante:** aquele que transferiu o direito sobre a coisa e que não era seu verdadeiro titular
– **Evicto:** aquele que adquiriu o direito sobre a coisa, mas foi vencido numa demanda promovida por terceiro, verdadeiro titular de tal direito
– **Evictor** ou **evencente:** terceiro reivindicante da coisa, que vence a demanda que promoveu contra o adquirente

1.2. Incidência:

– Na perda da *posse* e na perda do *domínio*
– Perda pode ser *parcial* ou *total*
– Deve se tratar de *contrato oneroso* ou *doação para casamento com certa e determinada pessoa*
– A garantia subsiste mesmo na compra feita em *hasta pública*
– A privação da coisa, configuradora da evicção, pode se dar tanto por decisão judicial como por *decisão administrativa*

1.3. Garantia

– Ocorrendo a evicção, o evicto se voltará contra o alienante para fazer valer os seguintes direitos:
a) *Restituição integral do preço ou das quantias pagas;* o preço será o do valor da coisa na época em que se evenceu
b) *Indenização dos frutos que tiver sido obrigado a restituir*
c) *Indenização pelas despesas dos contratos e pelos prejuízos que diretamente resultarem da evicção;* exemplos: escritura, registro e imposto; correção monetária e juros
d) *De ressarcimento das custas judiciais e dos honorários do advogado por ele constituído*
e) *De pagamento das benfeitorias necessárias ou úteis que fizer, não abonadas pelo reivindicante*

1.4. Evicção parcial

– Se a evicção for parcial, mas considerável (exemplos: evicto perde 80% de uma fazenda comprada), ele terá duas opções:
a) Pedir a *restituição de parte do preço* correspondente ao desfalque sofrido
b) Optar pela *rescisão do contrato*, com a devolução total do preço pago

1.5. Possibilidades de alteração da garantia

1.5.1. Possibilidades: é facultado às partes, desde que por cláusula expressa, reforçar, diminuir ou excluir a responsabilidade pela evicção

1.5.2. Exclusão parcial:

– Dá-se quando há mera cláusula que exclui a garantia (exemplo: "fica excluída a garantia que decorre da evicção")
– Aqui temos uma *cláusula genérica de exclusão da garantia*
– Evicto **terá direito** à devolução do preço pago pela coisa
– Ficam excluídos **somente** os demais direitos que decorrem da evicção (indenização dos frutos, despesas, prejuízos, sucumbência e benfeitorias)
– Preserva-se o não enriquecimento sem causa

1.5.3. Exclusão total:

– Dá-se quando presentes três requisitos:
a) Existência de uma **cláusula de exclusão da garantia**
b) **Ciência**, pelo adquirente, do risco da evicção (exemplo: o evicto é informado de ação judicial sobre o bem)
c) **Assunção**, pelo adquirente, do risco de perder a coisa
– Trata-se da chamada *cláusula específica de exclusão da garantia*

1.6. Denunciação da lide ao alienante

1.6.1. Regra: CC obriga denunciação da lide pelo adquirente ao alienante

1.6.2. Consequências da não denunciação (STJ)**:**

– STJ: o adquirente fica impedido de exercer o direito de regresso no mesmo processo
– Mas o adquirente pode ingressar com ação autônoma, para exercer os direitos que decorrem da evicção, evitando-se o enriquecimento sem causa

1.6.3. Denunciação *per saltum*:

– Adquirente pode denunciar o alienante imediato ou qualquer dos anteriores

DIREITO CIVIL
Tema IX - Contratos

1. Vícios redibitórios

1.1. Conceito: *são problemas ocultos presentes em coisas recebidas em virtude de contrato comutativo, que as tornem impróprias ao uso a que são destinadas ou lhes diminuam o valor*

Exemplo: carro com motor ruim; apartamento com infiltração
– Fundamento é o princípio da garantia quanto à coisa
– Não confundir com dolo:
a) Vício – problema na coisa – gera redibição ou abatimento no preço
b) Dolo – problema na vontade – gera anulação

1.2. Requisitos para a configuração do instituto

a) Prejuízo sensível ao uso ou ao valor da coisa
b) Problema imperceptível à diligência ordinária do adquirente (vício oculto)
c) Problema já existente ao tempo da entrega da coisa
d) Contrato oneroso e comutativo

1.3. Efeitos do vício redibitório

Configurado o vício, o adquirente poderá ingressar com uma das seguintes ações (ações edilícias):

1.3.1. Ação redibitória: *é aquela que objetiva a rescisão do contrato*

– Pede-se a extinção do contrato + devolução do valor recebido + despesas do contrato
– Se o alienante sabia do vício, pede-se ainda a indenização por perdas e danos

1.3.2. Ação estimatória ("quanti minoris"): *é aquela que tem por finalidade a obtenção do abatimento do preço*

1.4. Prazo decadencial para ingressar com a ação

a) Se coisa móvel: 30 dias
b) Se coisa imóvel: 1 ano

– Termo "a quo". Conta-se o prazo da/do:
a) Data da entrega: se adquirente não está na posse
b) Data da alienação: se adquirente está na posse da coisa. Nesse caso, o prazo fica reduzido à metade
c) Momento em que o adquirente tiver ciência do vício: se este, além de oculto, só puder ser conhecido mais tarde
– Neste caso, há prazo máximo para ciência do vício
– Prazo para ciência: 180 dias p/ móvel e 1 ano p/ imóvel
Exemplo: comprador de carro descobre vício 170 dias após a compra, cumprindo o *prazo para ciência*. Terá, agora, 30 dias para ingressar com ação, que é o *prazo de garantia*

DIREITO CIVIL
Tema IX - Contratos

1. Espécies de extinção do contrato

1.1. Execução
– Cumprimento dos efeitos

1.2. Invalidação
– Anulação (ato anulável) ou declaração de nulidade (ato nulo)

1.3. Morte
– Em contrato **impessoal**, a morte de uma das partes não o extingue. Os herdeiros deverão cumpri-lo segundo as forças da herança
– Já em contrato **personalíssimo** (exemplo: contratação de um cantor), a morte da pessoa contratada extingue o contrato

1.4. Resolução: há três hipóteses:

1.4.1. Por inexecução culposa: é aquela que decorre de culpa de um dos contratantes

a) **Cláusula resolutiva expressa (pacto comissório):**
– Resolução opera de pleno direito, extinguindo o contrato
– Pode-se entrar com ação declaratória, com efeitos *ex tunc*
– Há casos em que a lei determina a notificação do devedor, dando oportunidade para este purgar a mora

b) **Se não houver cláusula resolutiva expressa:**
– Cláusula resolutiva tácita: a resolução dependerá de interpelação judicial, com efeitos *ex nunc*. Opções: parte lesada pode pedir resolução do contrato ou cumprimento deste + indenização por perdas e danos

1.4.2. Por inexecução involuntária: é aquela que decorre da impossibilidade da prestação
– Pode decorrer de caso fortuito ou força maior
– Esta forma de inexecução exonera o devedor de responsabilidade (art. 393, CC), salvo se este expressamente assumiu o risco (art. 393, CC) ou se estiver em mora (art. 399, CC)

1.4.3. Por onerosidade excessiva: é aquela em que fato extraordinário e imprevisível desequilibra significativamente o contrato e não há como se proceder a uma revisão contratual

1.5. Resilição

1.5.1. Conceito: é a extinção do contrato pela vontade de um ou de ambos contratantes

1.5.2. Resilição bilateral (distrato): é o acordo de vontades para pôr fim ao contrato
– A forma para o distrato é a mesma que a lei exige para o contrato
Exemplo: o distrato de venda de imóvel deve ser por escritura

1.5.3. Resilição unilateral (denúncia): é a extinção do contrato pela vontade de uma das partes

a) **Hipóteses:**
i) Se houver previsão contratual
ii) Se a lei expressa ou implicitamente autorizar; exemplos: contrato de execução continuada com prazo indeterminado; mandato; comodato; depósito; compra virtual; locação
b) **Formalidade:** o denunciante deve notificar a outra parte, podendo fazê-lo extrajudicialmente
c) **Aviso prévio legal:** se a parte tiver feito investimentos consideráveis, a lei dispõe que a denúncia só produzirá efeitos após prazo compatível com a amortização dos investimentos

1.6. Rescisão
– A maior parte da doutrina encara a rescisão como gênero, que tem como espécies a resolução, a resilição, a redibição etc

DIREITO CIVIL
Tema IX - Contratos

1. Compra e Venda I

- **1.1. Conceito:** é o contrato pelo qual um dos contratantes (vendedor) se obriga a transferir o domínio de coisa corpórea ou incorpórea, e o outro (comprador), a pagar-lhe certo preço em dinheiro ou valor fiduciário equivalente

  – Compra e venda não transfere a propriedade da coisa, mas apenas obriga uma das partes a transferir a coisa a outro (sistema romano)
  – No sistema francês é diferente: o contrato tem o poder de transferir o domínio da coisa

- **1.2. Classificação:** compra e venda é bilateral, consensual, onerosa, comutativa e não solene (salvo os direitos reais sobre imóveis)

- **1.3. Elementos**

  - **1.3.1. Consentimento**

  - **1.3.2. Preço**

    a) Deve ter **pecuniariedade, seriedade** (ser verdadeiro, sob pena de ser simulação) e **certeza** (certo ou determinável)
    b) A lei admite o **preço segundo**:
    i) acordo entre os contratantes;
    ii) arbítrio de 3º escolhido pelas partes;
    iii) tabelamento oficial;
    iv) taxa de mercado ou bolsa em certo dia e lugar;
    v) índices ou parâmetros (exemplo: valor do petróleo)
    c) A lei admite venda sem fixação de preço, hipótese em que se considera a tabela oficial ou o preço corrente
    d) O preço é livre, mas há alguns limites (exemplo: lesão – 157)

  - **1.3.3. Coisa**

    a) Deve ser **existente**, ainda que de modo potencial; se já pereceu, a venda é nula; se for sobre coisa futura sem assunção de risco, a venda é sob condição; se for coisa futura com assunção de risco, a venda é aleatória
    b) Deve ser **individuada**: determinada ou determinável; se for incerta, deve ser indicada quanto ao gênero e à qualidade; o devedor escolherá, pelo menos, a de termo médio
    c) Deve ser **disponível**, ou seja, alienável natural, legal e voluntariamente, e pertencente ao vendedor. Neste caso, não sendo o vendedor dono da coisa, a venda poderá ser convalidada se ele vier a adquiri-la posteriormente e estiver de boa-fé (art. 1.268, CC)

- **1.4. Efeitos da compra e venda**

  - **1.4.1. Principais:**

    a) gera obrigações recíprocas de entregar a coisa e pagar o preço;
    b) gera responsabilidades por vícios redibitórios e pela evicção

  - **1.4.2. Secundários:**

    a) Responsabilidade pelos riscos da coisa: até a tradição, é do vendedor; se houver mora no recebimento, é do comprador; se for entregue ao transportador indicado pelo comprador, é do comprador
    b) Responsabilidade pelos riscos do preço: até o pagamento, é do comprador; após o pagamento e em caso de mora em receber, é do vendedor
    c) Responsabilidade pelas despesas de escritura e registro: é do comprador, salvo convenção diversa
    d) Responsabilidade pela tradição: é do vendedor, salvo convenção diversa
    e) Responsabilidade pelas dívidas pretéritas que gravam a coisa até a tradição: é do vendedor, salvo convenção diversa; se a obrigação for *propter rem*, o comprador terá direito de regresso contra o vendedor
    f) Direito de retenção da coisa: até o pagamento, o vendedor não é obrigado a entregar a coisa, salvo nas vendas a crédito e em caso de convenção em contrário

DIREITO CIVIL
TEMA IX - CONTRATOS

1. Compra e Venda II

1.5. Limitações à compra e venda

1.5.1. Venda de ascendente à descendente: é anulável, salvo se houver consentimento dos outros descendentes e do cônjuge

– A doação não precisa do consentimento
– Porém o donatário deverá colacionar os bens recebidos em vida, no inventário do doador, salvo se houver dispensa disso

1.5.2. Aquisição por pessoa encarregada de zelar pelos interesses do vendedor: é nula

Exemplos: aquisição pelo tutor, curador, administrador, juiz, servidor público etc

1.5.3. Venda de fração ideal de coisa indivisível em condomínio: consortes terão direito de preferência

Exemplos:
– Três pessoas donas de um mesmo imóvel. Caso uma delas queira vender sua parte, deverá oferecer às outras, que terão preferência na aquisição
– Não respeitada tal preferência, o prejudicado poderá depositar o preço dentro de 180 dias da transmissão
– Se os dois consortes prejudicados tiverem interesse na coisa, tem primazia:
i) o que tiver benfeitorias de maior valor na coisa;
ii) o que tiver maior quinhão;
iii) o que fizer o primeiro depósito, nessa ordem

1.5.4. Venda entre cônjuges: só é possível em relação a bens excluídos da comunhão

1.6. Venda ad mensuram

1.6.1. Conceito: aquela em que o preço estipulado é feito com base nas dimensões do imóvel

Exemplo: "Vendo terreno de 360 m² por R$ 70 mil"

1.6.2. Consequência: área deve corresponder à promessa

1.6.3. Tolerância: lei admite diferença de até 1/20 da área total enunciada (5%)

1.6.4. Exclusão da tolerância:
a) se houver exclusão expressa no contrato;
b) se o comprador provar que não teria realizado o negócio se soubesse da diferença

1.6.5. Direitos do comprador: pedir complemento da área (ação ex empto ou ex vendito). Não sendo possível, deve optar entre resolução do contrato e abatimento do preço

1.7. Venda ad corpus

1.7.1. Conceito: aquela em que o imóvel é vendido como coisa certa e discriminada, sendo meramente enunciativa eventual referência às suas dimensões

Exemplo: consta do contrato que "a área tem mais ou menos 20.000 m²"

1.7.2. Consequência: pouco importa a área efetiva do imóvel. Não haverá complemento ou devolução do preço

1.8. Retrovenda

1.8.1. Conceito: cláusula pela qual o vendedor reserva-se o direito de reaver o imóvel que está sendo alienado, em certo prazo, restituindo o preço, mais despesas feitas pelo comprador (art. 505, CC)

– Ou seja, alguém vende imóvel, mas assegura direito de recomprá-lo em certo prazo, pelo mesmo preço da venda anterior
– Infelizmente esse instituto é muito utilizado na agiotagem
– O Judiciário vem reconhecendo a simulação quando o intuito da retrovenda é servir de garantia para uma dívida

1.8.2. Direito de retrato: o prazo máximo para esse direito é de 3 anos. Trata-se de prazo decadencial

1.9. Preferência

1.9.1. Conceito: convenção em que o comprador se obriga a oferecer ao vendedor a coisa que vai vender, para que este use seu direito de prelação na compra, tanto por tanto

1.9.2. Exercício do direito:
– Comprador deve notificar vendedor para este dizer se tem interesse em adquirir a coisa pelo preço de proposta atual
– Não havendo prazo estipulado, vendedor terá 3 dias, se a coisa for móvel, e 60 dias, se a coisa for imóvel, para manifestar-se, sob pena de decadência
– O prazo máximo que pode ser convencionado para esse tipo de manifestação é de 180 dias, se a coisa for móvel, e de 2 anos, se imóvel

1.9.3. Descumprimento do direito:
– A preferência contratual, se preterida, enseja apenas o direito de o prejudicado pedir perdas e danos ao ofensor **(direito pessoal)**
– Não há direito de perseguir a coisa (direito real)
– Há outros direitos de preferência previstos na lei que estabelecem direito real; por exemplo, o caso da preferência que existe entre coproprietários de um bem indivisível, quando um deles deseja vender sua fração ideal

DIREITO CIVIL

Tema X - Responsabilidade Civil

1. Responsabilidade Civil I - Obrigação de Indenizar I

1.1. Responsabilidade subjetiva

1.1.1. Hipótese de incidência (art. 186)

– Aquele que, por ação ou omissão voluntária, negligência ou imprudência, violar direito e causar dano a outrem, ainda que exclusivamente moral, comete ato ilícito
Conduta + culpa lato sensu + dano + nexo causal

1.1.2. Consequência (art. 927)

– Aquele que cometer ato ilícito fica obrigado a reparar o dano

1.1.3. Excludentes da ilicitude

a) Legítima defesa
b) Exercício regular de direito e estrito cumprimento de dever legal
c) Estado de necessidade – neste caso, o 3º não culpado será indenizado pelo agressor

1.2. Responsabilidade objetiva

Conduta + dano + nexo causal

1.2.1. Ato ilícito por abuso de direito (art. 187)

– Também comete ato ilícito o titular de um direito que, ao exercê-lo, excede manifestamente os limites impostos pelo seu fim econômico ou social, pela boa-fé ou pelos bons costumes
– Trata-se do chamado **ato emulativo**
– Enunciado 37/CJF considera **objetiva** a responsabilidade no caso, ou seja, não é necessário culpa ou dolo
– Exemplos:
– Excesso na liberdade de informação
– Excesso no exercício da propriedade
– Excesso na legítima defesa

1.2.2. Atividade de risco (art. 927, parágrafo único)

Quando a atividade normalmente desenvolvida pelo autor do dano implicar, por sua natureza, risco para os direitos de outrem
Exemplos: acidente em loja de fogos; acidente com helicóptero, matando terceiros
– Configura-se quando a atividade causar à pessoa determinada um ônus maior do que aos demais membros da coletividade (Enunciado 39/CJF)

1.2.3. Produtos postos em circulação (art. 931)

Os empresários individuais e as empresas respondem independentemente de culpa pelos danos causados pelos produtos postos em circulação
Exemplo: danos causados por insumo vendido a uma indústria

1.2.4. Responsabilidade pelo fato de 3º (arts. 932 e 933)

– Responsabilidade **indireta**
– **Não afasta** a responsabilidade do causador do dano
– Se o agente praticante do ato responder (o que requer culpa ou dolo, como regra), o responsável também responderá, mas sem necessidade de dolo ou culpa in vigilando/eligendo
– Hipóteses:
a) **Pais** por filhos menores sob sua autoridade e companhia
STJ: emancipação voluntária não exclui a responsabilidade do pai
b) **Tutor** e **curador** nos mesmos casos
c) **Empregador** por empregados, no exercício do trabalho
STF: é presumida a culpa do patrão (Sum. 341); STJ: tomador de serviço não responde por empresa terceirizada
d) **Dono** de hotel por hóspedes
e) **Partícipe** de crime, sem ganho, até participação

DIREITO CIVIL

Tema X - Responsabilidade Civil II

1. Responsabilidade Civil II - Obrigação de Indenizar II

1.3. Outros casos de obrigação de indenizar

1.3.1. Dono ou detentor de animal (art. 936)

– **Responsabilidade objetiva:** *o dono ou detentor do animal ressarcirá o dano por este causado, se não provar culpa da vítima ou força maior*

1.3.2. Prédio em ruína (art. 937)

– **Responsabilidade objetiva:** *o dono de edifício ou construção responde pelos danos que resultarem de sua ruína, se esta provier de falta de reparos, cuja necessidade fosse manifesta*

1.3.3. Coisas caídas ou lançadas (art. 938)

– **Responsabilidade objetiva:** *aquele que habitar prédio, ou parte dele, responde pelo dano proveniente das coisas que dele caírem ou forem lançadas em lugar indevido*

1.4. Excludentes de responsabilidade em geral

1.4.1. Legítima defesa

– Situação atual/iminente de injusta agressão a si ou a 3º
Exemplo: atira-se em pessoa que está para matar outra

1.4.2. Exercício regular de direito

Exemplo: ingresso com ação judicial; protesto

1.4.3. Estrito cumprimento de dever legal

Exemplo: prestação de informações às autoridades fiscais

1.4.4. Estado de necessidade

– Dano à coisa ou pessoa para remover perigo iminente
– Se 3º atingido não causar o perigo, o agente **responde**, com ação regressiva contra verdadeiro culpado
Exemplo: "A", fechado por "B", desvia carro, batendo em 3º ("C"), para não cair num rio; "A", apesar do estado de necessidade, responderá perante 3º ("C"), podendo ingressar com ação de regresso contra "B", culpado por tudo

1.4.5. Caso fortuito ou de força maior

– *É o fato necessário, cujos efeitos não é possível evitar ou impedir* (art. 393 do CC)
Exemplos: um tornado de grande expressão, um terremoto
– Para o STJ, roubo em posto de gasolina é considerado força maior, excluindo a responsabilidade do estabelecimento
– Já roubo em agência bancária é evento previsível, não caracterizando força maior

1.4.6. Culpa exclusiva da vítima

Exemplo: alguém se joga na frente de um carro e é atropelado
Obs.: culpa concorrente da vítima só altera valor indenizatório

1.4.7. Fato de terceiro

Exemplo: arremesso de pedra em ônibus, ferindo passageiro (STJ)
– Já se houver acidente de ônibus causado por 3º, transportador responde perante passageiros, com regresso contra 3º
Obs.: extinção da punibilidade criminal não acarreta exoneração da responsabilidade, salvo nos casos de:
– Negativa de autoria
– Inexistência material do fato

DIREITO CIVIL

Tema X - Responsabilidade Civil III

1. Responsabilidade Civil III - Obrigação de Indenizar III

1.5. Sujeitos passivos do direito à indenização

1.5.1. Autores e coautores da ofensa

1.5.2. Responsáveis indiretos

a) **Responsáveis por atos de 3ºs** (arts. 932 e 933)
b) **Súmula STJ 130:** a empresa responde, perante o cliente, pela reparação de dano/furto em seu **estacionamento**
c) **Súmula STF 492:** a empresa **locadora** de veículos responde civil e solidariamente com o locatário, pelos danos por este causados a terceiro, no uso do carro locado
d) **Súmula STJ 132:** a ausência de registro da transferência não implica responsabilidade do antigo dono resultante de acidente que envolva o **veículo alienado**

1.5.3. Solidariedade

– Se a ofensa tiver mais de um autor, todos responderão solidariamente pela reparação (art. 942)
– Súmula STJ 221: são civilmente responsáveis pelo ressarcimento do dano, decorrente de publicação pela imprensa, tanto o autor do escrito quanto o proprietário do veículo de divulgação
– STJ: quem permite que 3º conduza seu veículo é responsável solidário pelos danos culposamente causados por este

1.6. Sujeitos ativos do direito à indenização

1.6.1. Vítima direta

Exemplo: aquele que sofreu o acidente

1.6.2. Vítima indireta

Exemplo: os familiares próximos da vítima do acidente
– Tem-se no caso danos morais **reflexos** ou por **ricochete**
– Trata-se do *préjudice d'affection*, pois o instituto é fundado no princípio da afeição
– O STJ admite o dano indireto, sendo comum fixar-se indenização por danos morais em favor de pessoas muito próximas da vítima de um homicídio, tais como pais, filhos, irmãos, cônjuge e companheiro

DIREITO CIVIL
Tema X - Responsabilidade Civil IV

1. Responsabilidade Civil IV - Danos I

1.7. Reparação dos danos

1.7.1. Regra: a indenização mede-se pela extensão do dano
– Trata-se do princípio da reparação integral dos danos
– Exemplo de aplicação prática do princípio é a Súmula 281 do STJ, que impede a tarifação do dano moral

1.7.2. Exceções ao princípio da reparação integral:
a) Se houver **excessiva desproporção** entre a *gravidade da culpa* e o *dano*, o juiz pode reduzir equitativamente a indenização (art. 944, parágrafo único)
Obs.: há quem entenda inconstitucional esse preceito
b) Se houver **culpa recíproca**, a indenização será proporcional, levando em conta os graus de culpa (art. 945)
c) O **incapaz** responde *subsidiária* e *equitativamente*
– **Subsidiariamente:** pois só responde se o responsável não responder ou não dispuser de meios– Exemplo: curador de um incapaz rico, que não tiver meios
– **Equitativamente:** pois, caso o incapaz responda, o valor não poderá privá-lo do necessário para a sua subsistência
– Adotou-se a **Teoria do Patrimônio Mínimo**

1.7.3. Espécies de danos:

1.7.3.1. Dano material
a) **Danos emergentes:** *o que efetivamente se perdeu*
Exemplo: conserto do veículo, medicamentos, tratamentos
b) **Lucros cessantes:** *o que razoavelmente se deixou de lucrar*
Exemplo: renda que profissional liberal deixa de auferir por ficar 30 dias sem trabalhar
c) **Decorrentes da "perda de uma chance":** dano decorrente da possibilidade de se buscar posição jurídica mais vantajosa que **muito provavelmente** ocorreria
Exemplo: voo atrasado a impedir posse de aprovado em concurso

1.7.3.2. Dano estético
– Cicatrizes, marcas, aleijão
– STJ: dano estético é cumulável com dano moral (STJ 387)

1.7.3.3. Dano moral: cumulável com dano material (STJ 37)

1.7.4. Demanda antes de vencida a dívida (art. 939)
Credor ficará obrigado a:
i) esperar o tempo que faltava para o vencimento;
ii) descontar os juros correspondentes, embora estipulados;
iii) pagar as custas em dobro

1.7.5. Demanda por dívida já paga (art. 940)
– Credor pagará ao devedor o dobro do que houver cobrado

1.7.6. Demanda com pedido maior que o devido (art. 940)
– Credor pagará ao devedor o equivalente do que dele exigir
Obs. 1: excludente – essas penas não se aplicarão se credor **desistir** da ação antes de contestada a lide, ressalvada ao réu indenização por prejuízos comprovados
Obs. 2: STJ admite cobrança da indenização na contestação

1.7.7. Homicídio (art. 948)
a) Despesas com tratamento da vítima, seu funeral e o luto da família (exemplo: médico + enterro + dano moral)
b) Alimentos às pessoas a quem o morto os devia, levando-se em conta a duração provável da vida da vítima – PENSÃO

1.7.8. Lesão à saúde (art. 949)
a) Despesas do tratamento e dos lucros cessantes até ao fim da convalescença, além de prejuízos provados (art. 949)
b) se resultar defeito prejudicando o exercício de profissão, a indenização incluirá a pensão correspondente (art. 950)

DIREITO CIVIL
Tema X - Responsabilidade Civil V

1. Responsabilidade Civil V - Danos II

1.8. Dano moral

1.8.1. Conceito: consiste na ofensa ao patrimônio moral de pessoa, tal como o nome, a honra, a fama, a imagem, a intimidade, a credibilidade, a respeitabilidade, a liberdade de ação, a autoestima, o respeito próprio e a afetividade

1.8.2. Sujeitos passivos do dano moral:

a) **Pessoas naturais**
Exemplo: atropelamento da esposa de alguém, causando morte
b) **Pessoas jurídicas** (Súmula 227 do STJ), sendo que, nesse caso, o dano moral exsurge da ofensa à honra objetiva da pessoa jurídica
Exemplo: difamação do nome de um restaurante da cidade
c) **Coletividade:** STJ está dividido sobre essa possibilidade

1.8.3. Prova do dano moral

a) **Pessoa natural:** a simples lesão ao patrimônio moral da pessoa natural caracteriza o dano moral, não sendo necessária a prova da ocorrência desse dano
Exemplo: mãe não precisa demonstrar que sentiu morte do filho
Obs.: na inexecução de um contrato não existe tal presunção
b) **Pessoa jurídica:** o fato lesivo deve ser devidamente demonstrado para caracterizá-lo (Enunciado 189/CJF)
c) **Dano moral *in re ipsa*:** para o STJ, determinadas condutas geram dano moral, sem necessidade de demonstração ou prova da ocorrência deste, mesmo quando a vítima for pessoa jurídica
Exemplos:
i) Inscrição indevida em cadastro de inadimplentes
ii) Publicação não autorizada da imagem de pessoa com fins econômicos ou comerciais (Súm. STJ 403)

1.8.4. Exemplos de casos em que cabe dano moral

– Súm. STJ 388: a simples devolução indevida de cheque caracteriza dano moral
– Súm. STJ 370: caracteriza dano moral a apresentação antecipada de cheque pré-datado
– Resp 1.159.242 STJ: abandono afetivo por pai gera dano moral, em caso de culpa ou dolo deste

1.8.5. Exemplos de casos em que não cabe dano moral

– Súm. STJ 385: anotação irregular em cadastro de crédito não gera dano moral se já existe legítima inscrição
– Inf. 350 STJ: descumprimento de contrato, por si só, não gera dano moral
– Mero dissabor decorrente de produto com vício não gera dano moral, se a coisa vem a ser consertada

1.8.6. Encargos de condenação no dano moral

a) **Correção monetária:** é devida desde a data da fixação da indenização por dano moral (sentença ou acórdão)
b) **Juros moratórios:** são devidos desde a data do evento danoso (Súm. STJ 54)
c) **Honorários:** incidem também sobre o valor fixado a título de danos morais

1.9. Pensão segundo o STJ

1.9.1. Falecimento de pai/mãe, com filhos menores: devida até 25 anos do filho, quando presumidamente este terá concluído sua formação

1.9.2. Falecimento de cônjuge ou companheiro: devida até quando vítima fizesse 70 anos

1.9.3. Falecimento de filho menor em família de baixa renda: devida desde quando vítima tivesse 14 anos, até quando fizesse 65 anos; valor cairá à metade quando vítima fizesse 25, pois se presume que teria contraído família e não mais poderia ajudar tanto os pais

1.9.4. Falecimento de filho maior que ajudava família: devida vitaliciamente à família, diminuindo o valor quando vítima fizesse 25 anos

1.9.5. Encargos de condenação na pensão

a) **Correção monetária:** é devida desde o evento danoso
b) **Juros moratórios:** são devidos desde a data do evento danoso (Súm. STJ 54)
c) **Honorários:** incidem sobre as parcelas vencidas e 12 parcelas vincendas

DIREITO CIVIL
Tema XI - Direito das Coisas

1. Posse I

1.1. Aspectos Gerais

1.1.1. Conceito: *é o exercício, pleno ou não, de algum dos poderes inerentes à propriedade* (art. 1.196, CC)

– É a exteriorização da propriedade
Exemplo: locatário, comodatário
– **Teoria adotada:** objetiva de Ihering – basta conduta de dono (não são necessários *corpus* e *animus* – apreensão e vontade de dono – Savigny)
– **Detenção:** *é aquela situação em que alguém conserva a posse em nome de outro e em cumprimento às suas ordens e instruções.* Exemplo: caseiro

1.1.2. Classificação da posse

1.1.2.1. Quanto à existência de vício objetivo

a) Posse justa: *é aquela não obtida de forma violenta, clandestina ou precária* (1.200)
– Não tem força, ocultação ou abuso de confiança
b) Posse injusta: *é aquela originada de esbulho*
– **Nasce** com a cessação da violência ou da clandestinidade (1.208); na precariedade a passagem é direta
– **Cuidado:** após ano e dia continua injusta; a injustiça cessa com a aquisição da coisa
– A posse só é injusta em **relação** ao anterior possuidor

1.1.2.2. Quanto à existência de vício subjetivo

a) Posse de boa-fé: *é aquela em que possuidor ignora vício ou obstáculo à aquisição da coisa* (1.201)
– **Presunção:** está de boa-fé quem tem **justo título**, que é aquele hábil a transferir, se proviesse do verdadeiro possuidor/dono
b) Posse de má-fé: *é aquela em que o possuidor tem ciência do vício/obstáculo para a aquisição da coisa*
– Posse de boa-fé pode se transmudar em de má-fé, com a ciência do vício.
Exemplo: citação em reintegração

1.1.3. Efeitos da posse

Os direitos ou obrigações do possuidor que tiver perdido a posse são os seguintes:
a) Indenização por benfeitorias
– **Boa-fé:** possuidor será indenizado pelas benfeitorias necessárias e úteis (valor atual); e poderá levantar as voluptuárias
– **Má-fé:** possuidor só será ressarcido pelas benfeitorias necessárias
b) Direito de retenção da coisa enquanto não indenizado por benfeitorias: só o possuidor de boa-fé tem esse direito, até ser indenizado
– Deve requerer na contestação da ação para a retomada da coisa
c) Direito aos frutos:
– **Boa-fé:** possuidor tem direito aos frutos percebidos no momento certo, enquanto de boa-fé
– **Má-fé:** possuidor indenizará os frutos percebidos e os que deixou de perceber por sua culpa; mas tem direito às despesas de produção
d) Responsabilidade por deterioração da coisa: possuidor de boa-fé não responde; mas o de má-fé sim, salvo se demonstrar que o fato ocorreria de qualquer maneira
e) Direito a usucapião
f) Direito à proteção possessória

DIREITO CIVIL

Tema XI - Direito das Coisas

1. Posse II

1.2. Proteção possessória

1.2.1. Conceito: *direito do possuidor de defender sua posse contra ameaças ou intervenções provocadas por terceiro*

1.2.2. Espécies:

a) **Autoproteção:** promovida pelo próprio possuidor
– **Legítima defesa da posse**, em caso de perturbação
– **Desforço imediato**, em caso de esbulho; nesse caso o prejudicado deve "agir logo", ou seja, fazê-lo no calor dos acontecimentos; se ausente, deve fazê-lo logo que tomar conhecimento
b) **Heteroproteção:** promovida pelo Judiciário, a pedido do possuidor

1.2.3. Características dos interditos possessórios:

a) **Fungibilidade:** juiz pode outorgar comando diferente do pedido
b) **Cumulação de pedidos:** possessório + perdas e danos + cominação de pena + desfazimento
c) **Caráter dúplice:** o réu pode pedir proteção possessória na contestação
d) **Impossibilidade de discussão de domínio** exceto se a pretensão for deduzida em face de terceira pessoa: art. 1.210, § 2º, CC e 557 do NCPC; ganha a ação quem provar que detinha a posse anteriormente

 Exceção: quando ambos disputam a posse sob alegação de domínio (Súmula 487 do STF)

1.2.4. Espécies de interditos possessórios:

a) **Interdito proibitório:** *ação cominatória para impedir agressões iminentes*; ação preventiva
– Juiz fixa pena para o caso de descumprimento da ordem
b) **Manutenção de posse:** *ação destinada a reprimir turbação da posse*
– Turbação: todo ato que **embaraça** o livre exercício da posse; exemplo: vizinho colhe frutos do imóvel do outro
– Expede-se mandado para a manutenção da posse
c) **Reintegração de posse:** *ação destinada a reprimir esbulho*
– Ação de força espoliativa, com as **seguintes** regras:
– **Requisitos:** prova da *posse*, do *esbulho*, da *data* do esbulho e da *perda* da posse
– **Legitimidade ativa:** *do possuidor*, que pode agir sozinho, se houver outros possuidores; não se exige autorização do cônjuge
– **Legitimidade passiva:** *é do autor do esbulho*; se se trata de terceiro que não sabe do esbulho, melhor é a reivindicatória (domínio)
– **Ordem judicial:** de reintegração; outras ordens dependem de pedido específico (pena, perdas e danos, desfazimento)
– **Liminar:** se ação for promovida dentro de ano e dia do esbulho, o rito é especial e o juiz dará liminar independentemente de *periculum in mora*; se após ano e dia, o rito é o comum e cabe tutela de urgência

1.3. Reivindicatória

1.3.1. Conceito: *ação de natureza real promovida pelo proprietário da coisa para retomá-la de quem injustamente a possua*

1.3.2. Pressupostos:

a) **Titularidade do domínio:** há de existir registro na matrícula; compromissário comprador só pode ajuizar se mostrar que compromisso era irrevogável e que pagou tudo
b) **Individuação da coisa:** descrição atualizada do bem (limites, confrontações)
c) **Demonstração de posse injusta do réu:** não é necessário demonstrar esbulho; basta demonstrar posse sem causa jurídica
d) **Impossibilidade de ser movida na constância de ação possessória**

1.3.3. Outras características:

a) É imprescritível
b) É improcedente se houver usucapião (Súmula 237 do STF admite alegação de usucapião em defesa); aliás, o Estatuto da Cidade, no art. 10, dispõe que se o juiz reconhecer a usucapião especial urbana alegada na defesa, pode determinar diretamente o registro no Registro de Imóveis
c) É indispensável a autorização do cônjuge (art. 73, § 2º, do NCPC)
d) Cada condômino pode reivindicar individualmente (art. 1.314 do CC)

DIREITO CIVIL
Tema XI - Direito das Coisas

1. Posse III

1.4. Usucapião

1.4.1. Conceito: é a forma de aquisição originária da propriedade pela posse prolongada no tempo e pelo cumprimento de outros requisitos legais

– A sentença é declaratória
– A aquisição da propriedade é originária

1.4.2. Requisitos básicos

a) **Posse prolongada no tempo:** não basta mera detenção da coisa
b) **Posse com *animus domini*:** com intenção de proprietário; isso impede que locatário adquira a coisa
c) **Posse mansa e pacífica:** posse sem oposição; se teve reintegração no período requisitado não fica preenchido
d) **Posse contínua:** sem interrupção

1.4.3. Usucapião extraordinária – requisitos:

a) **Tempo: 15 anos**
– O prazo será reduzido para 10 anos se o possuidor houver estabelecido no imóvel a sua moradia habitual, ou nele realizado obras ou serviços de caráter produtivo (art. 1.238, parágrafo único, do CC)
+
b) **Requisitos básicos:**
– Posse com "ânimo de dono"
– Posse "mansa e pacífica" (sem oposição)
– Posse "contínua" (sem interrupção)

1.4.4. Usucapião ordinária – requisitos:

a) **Tempo: 10 anos**
– O prazo será reduzido para **5 anos** se preenchidos dois requisitos:
i) se o imóvel tiver sido adquirido onerosamente com base no registro constante do respectivo cartório;
ii) se os possuidores nele tiverem estabelecido a sua moradia ou realizado investimentos de interesse social e econômico (art. 1.242, parágrafo único, do CC)
+
b) **Requisitos básicos**
+
c) **Boa-fé e justo título**

1.4.5. Usucapião especial urbana – requisitos:

a) **Tempo: 5 anos** (art. 1.240, CC) (183 CF) (9º EC)
+
b) **Requisitos básicos**
+
c) **Tipo de imóvel:** área urbana; tamanho de até 250 m2; ECJF 85: cabe em unidade autônoma de condomínio edilício
d) **Finalidade do imóvel:** moradia do possuidor/família
e) **Requisitos negativos:** que o possuidor não seja proprietário de outro imóvel ou já beneficiado
f) **Outras características:**
– MP fiscal da lei
– Associação de moradores tem legitimidade extraordinária
– Autor tem benefício da justiça gratuita e da assistência judiciária gratuita, inclusive perante o Registro de Imóveis (art. 12, Estatuto da Cidade)

1.4.6. Usucapião especial urbana FAMILIAR

– Requisitos:
a) **Tempo: 2 anos** (art. 1.240-A, CC) (Lei 12.424/2011)
+
b) **Requisitos básicos**
+
c) **Tipo de imóvel:** urbano de até 250 m2
d) **Finalidade do imóvel:** moradia do possuidor/família
e) **Tipo de posse:** posse direta, com exclusividade
f) **Requisito específico:** imóvel cuja propriedade é dividida com ex-cônjuge ou ex-companheiro que abandonou lar
g) **Requisitos negativos:** que o possuidor não seja proprietário de outro imóvel ou já beneficiado
h) **Outra característica:** Adquire-se o domínio integral do imóvel

1.4.7. Usucapião urbana coletiva – requisitos:

a) **Tempo: 5 anos** (art. 10 EC)
+
b) **Requisitos básicos**
+
c) **Tipo de imóvel:** área urbana; superior a 250 m2
– Juiz atribui fração ideal do terreno para cada possuidor, salvo acordo
d) **Finalidade do imóvel:** tratar-se de núcleo urbano informal cuja área total dividida pelo número de possuidores seja inferior a 250 m2 por possuidor (Lei 13.465/17)
e) **Requisitos negativos:** que o possuidor não seja proprietário de outro imóvel urbano ou rural; que seja impossível identificar o terreno ocupado por cada um dos possuidores

1.4.8. Usucapião especial rural – requisitos: 191, CF

a) **Tempo: 5 anos** (art. 1.239, CC)
+
b) **Requisitos básicos**
+
c) **Tipo de imóvel:** área de terra em zona rural, de até 50 hectares
d) **Finalidade do imóvel:** moradia do possuidor ou de sua família + área produtiva pelo trabalho dele
e) **Requisito negativo:** a terra não pode ser pública

DIREITO CIVIL
Tema XI - Direito das Coisas

1. Direitos Reais I

1.1. Posse "pro labore" ("desapropriação privada")

1.1.1. Conceito: direito do possuidor de extensa área de adquirir compulsoriamente a coisa, pagando justa indenização ao proprietário do imóvel

1.1.2. Requisitos:
a) posse ininterrupta por mais de 5 anos;
b) boa-fé do possuidor;
c) extensa área;
d) considerável número de possuidores;
e) realização de obras e serviços considerados pelo juiz de relevante interesse social e econômico
– Diferentemente da usucapião coletiva, não requer moradia, mas boa-fé e pagamento de justa indenização

1.1.3. Operacionalização: por ocasião da reivindicação da coisa, interessados devem requerer ao juiz fixação de justa indenização ao proprietário, que, paga, ensejará registro da sentença no Registro de Imóveis, para o fim de atribuir a propriedade aos possuidores
(art. 1.228, §§ 4º e 5º, CC)

1.2. Direito real

1.2.1. Conceito: é o poder, direto e imediato, do titular sobre a coisa, com exclusividade e contra todos

– Direito **pessoal** (é diferente)
– Gera uma relação entre pessoas determinadas – violado, converte-se em perdas e danos
– Direito **real**
– Gera uma relação oponível em face de todos – violado, permite perseguição da coisa
– Em regra, adquire-se com a tradição (móvel) ou o registro (imóvel)

1.2.2. Formas de aquisição da propriedade imóvel

a) **Registro** do título na matrícula
b) **Usucapião**
c) **Acessão:** "passa a pertencer ao proprietário tudo o que se une ou se incorpora ao seu bem"
Exemplos: acessões artificiais; álveo abandonado, aluvião, avulsão, formação de ilhas

1.2.3. Formas de aquisição da propriedade móvel

a) **Ocupação, achado de tesouro, especificação, confusão, comissão e adjunção**
b) **Tradição**, que pode ser *real, simbólica* ou *consensual*
Exemplo: constituto possessório, em que possuidor proprietário passa a ter apenas a posse direta da coisa

DIREITO CIVIL
Tema XI - Direito das Coisas

1. Direitos Reais II

- **1.3. Direitos reais de fruição**

  - **1.3.1. Superfície**

    - **1.3.1.1. Conceito:** é o direito real pelo qual o proprietário concede a outrem, por tempo determinado, gratuita ou onerosamente, a faculdade de construir ou de plantar em seu terreno

      – Art. 1.369, CC, e arts. 21 a 24 da Lei 10.257/2001

    - **1.3.1.2. Características:**

      a) Superficiário paga *solarium* ao concedente (fundieiro)
      b) Superficiário só usa solo, e não o subsolo

  - **1.3.2. Servidão**

    - **1.3.2.1. Conceito:** é o direito real de gozo que proporciona utilidade para o prédio dominante e grava o prédio serviente, que pertence a dono diverso (art. 1.378)

      Exemplo: convenção estabelecendo recuos para construção

    - **1.3.2.2. Características:**

      a) Perpétua: tem duração indefinida, como regra; mas cabe servidão ad tempus
      b) Indivisível: mesmo se dividido prédio dominante ou serviente, a restrição continua a gravar cada parte
      c) Inalienável: como a restrição é feita pela necessidade do prédio dominante, não há que se falar em transferência da restrição, por alienação, a outro prédio

    - **1.3.2.3. Ações judiciais:**

      a) Ação confessória: visa ao reconhecimento da existência da servidão; promovida pelo dono do prédio dominante
      b) Ação negatória: visa à negativa da existência da servidão; é promovida pelo dono do prédio serviente
      c) Manutenção ou reintegração de posse: promovidas para reprimir violações ao exercício da servidão

    - **1.3.2.4. Servidão de passagem versus Passagem forçada:**

      a) A 1ª decorre de negócio jurídico; a 2ª, da lei
      b) A 2ª decorre de um imperativo (prédio encravado)
      c) A 2ª impõe indenização
      d) A 1ª está regulada no âmbito dos direitos reais, ao passo que a 2ª, mesmo encerrando as características de direito real, está no âmbito do direito de vizinhança

  - **1.3.3. Usufruto**

    - **1.3.3.1. Conceito:** é o direito real de retirar temporariamente de coisa alheia os frutos e as utilidades que ela produz, sem alterar-lhe a substância (art. 1.390, CC)

      – USAR + FRUIR
      – Nu-proprietário (proprietário) *versus* Usufrutuário (beneficiário)

    - **1.3.3.2. Características:**

      a) Temporário: extingue-se no prazo ou com morte do usufrutuário; se pessoa jurídica, prazo máximo é de 30 anos
      b) Direito real: diferente do comodato, que é pessoal
      c) Inalienável: não é possível ceder o *direito* ao usufruto, mas apenas o *exercício do direito;* assim, o usufrutuário pode alugar a coisa, mas não ceder o usufruto desta

  - **1.3.4. Uso**

    - **1.3.4.1. Conceito:** é o direito real que, a título gratuito ou oneroso, autoriza uma pessoa a retirar temporariamente de coisa alheia todas as utilidades para atender às suas próprias necessidades e às de sua família (art. 1.412, CC)

      – USAR + FRUIR PARA MANUTENÇÃO DA FAMÍLIA

    - **1.3.4.2. Características:** é temporário, indivisível, intransmissível e personalíssimo; aplica-se, no que couber, as disposições relativas ao usufruto

  - **1.3.5. Habitação**

    - **1.3.5.1. Conceito:** direito real temporário de ocupar gratuitamente coisa alheia, para morada do titular e de sua família (art. 1.414, CC)

      – OCUPAR CASA PARA MORAR (só isso!)
      – GRATUITO

DIREITO CIVIL

Tema XI - Direito das Coisas

1. Direitos Reais III

1.4. Direitos reais de garantia

1.4.1. Efeitos: os direitos reais em garantia geram os seguintes efeitos

a) Direito de preferência: os credores hipotecários (de hipoteca) e pignoratícios (de penhor) têm preferência no pagamento de seus créditos, em relação a outros credores que não tiverem o mesmo direito (art. 1.422 do CC). Uma vez arrematada em juízo a coisa, o credor com garantia real receberá primeiro, e, havendo sobras, serão pagos os demais credores. Havendo mais de uma hipoteca, terá preferência aquele que tiver prioridade na inscrição, ou seja, aquele que tiver a garantia mais antiga
b) Direito de sequela: consiste no poder de o credor com garantia real perseguir e reclamar a coisa dada em garantia de qualquer pessoa
c) Direito de excussão: consiste no poder de promover a venda judicial da coisa dada em garantia, após o vencimento da dívida. Esse direito é diferente na anticrese
d) Indivisibilidade: o pagamento de uma ou mais prestações da dívida não importa em exoneração da garantia, salvo convenção entre as partes

1.4.2. Requisitos para a validade da garantia

a) Capacidade geral para os atos da vida civil
b) Capacidade especial para alienar
c) Legitimidade (exemplo: presença de outorga uxória)
d) Existência de bem suscetível de alienação
Exemplo: não pode ser dado em garantia um bem público)

1.4.3. Requisitos para a constituição e a eficácia da garantia

a) especialização, que consiste na descrição pormenorizada do bem, do valor do crédito, do prazo para pagamento e da taxa de juros
b) publicidade, que consiste no Registro de Imóveis (para hipoteca, anticrese e penhor rural) ou no Registro de Títulos e Documentos (para penhor convencional)

1.4.4. Cláusula comissória: estipulação que autoriza o credor a ficar com a coisa dada em garantia, caso a dívida não seja paga. É nula estipulação nesse sentido

1.4.5. Penhor: recai sobre coisa **móvel** e fica constituído, de acordo com a **tradição**, a transferência efetiva da posse da coisa ao credor (art. 1.431 do CC), que passa a ser depositário da coisa. No penhor rural, industrial, mercantil e de veículos as coisas empenhadas ficam na posse do devedor, que as deve guardar e conservar

1.4.6. Hipoteca: recai sobre os imóveis e seus acessórios, o domínio direto, o domínio útil, as estradas de ferro, os navios, as aeronaves, entre outros. A hipoteca abrange as ações e melhoramentos feitos posteriormente no imóvel (arts. 1.473 e 1.474 do CC). Deve ser registrada no cartório do lugar do imóvel. A lei considera nula a cláusula que proíbe ao proprietário alienar a coisa, mas o adquirente terá de suportar a garantia que recai sobre o bem

1.4.7. Anticrese: *direito real em garantia em que o devedor entrega imóvel ao credor, que recebe o direito de perceber os frutos e rendimentos da coisa, para compensação da dívida* (art. 1.506 do CC). O credor anticrético pode administrar os bens dados em anticrese e fruir seus frutos e utilidades, mas deverá apresentar anualmente balanço, exato e fiel, de sua administração

DIREITO CIVIL
Tema XI - Direito das Coisas

1. Direitos Reais IV

1.5. CONDOMÍNIO I

1.5.1. Conceito: é o direito de propriedade de mais de uma pessoa sobre a mesma coisa, cabendo a cada uma delas a totalidade dos poderes inerentes ao domínio, sendo que o exercício desses poderes é limitado pelos direitos dos demais (art. 1.314 do CC)

1.5.2. Direitos e exercício dos direitos: todos os condôminos podem usar, reivindicar e gravar a coisa, bem como alhear parte ideal dela; mas não podem alterar a destinação da coisa e dar posse a estranhos; devem também dividir as despesas proporcionalmente, deliberar sobre a administração da coisa pela maioria e dividir os frutos na proporção de seus quinhões

1.5.3. Quota ideal: é a fração que, no bem indiviso, cabe a cada consorte

1.5.4. Direitos dos condôminos

a) Usar a coisa conforme sua destinação e sobre ela exercer todos os direitos compatíveis com a indivisão
b) Reivindicar os bens de terceiros
c) Alhear ou gravar sua parte, mas a alienação deve respeitar o direito de preferência em favor dos demais condôminos (art. 504 do CC); já o gravame (instituição de hipoteca, por exemplo) só incidirá sobre a parte ideal pertencente ao condômino
d) Direito de pedir a divisão

1.5.5. Deveres dos condôminos

a) **Concorrer para as despesas** de conservação e divisão da coisa, na proporção de sua parte
b) **Responder pelas dívidas** contraídas em proveito da comunhão, presumindo-se o rateio na proporção dos quinhões
c) **Responder pelos frutos** que percebeu da coisa e pelo **dano** que lhe causou

1.5.6. Extinção do condomínio: a todo tempo será lícito ao condômino exigir a divisão da coisa comum (art. 1.320 do CC)
Demais regras:

1.5.6.1 Exceções:

a) Existindo pacto de não dividir, cujo prazo máximo é de cinco anos, suscetível de prorrogação posterior
b) Pela vontade do doador ou do testador
c) Por determinação judicial, se houver graves razões aconselhando

1.5.6.2. Meios para a divisão

a) **Coisa divisível:** divide-se fisicamente, de acordo com os quinhões
b) **Coisa indivisível:** i) verifica-se se um dos consortes tem interesse em adjudicar tudo para si, com a concordância de todos; não sendo possível, ii) vende-se e reparte-se o apurado, sendo que há direito de preferência do condômino em relação a estranhos. É importante ressaltar que as regras do direito de preferência em caso de venda voluntária de fração ideal (art. 504 do CC) são diferentes das regras do mesmo direito em caso de divisão forçada (art. 1.322 do CC)

1.5.7. Administração do condomínio

1.5.7.1. Escolha do administrador: a maioria escolherá o administrador, que pode ser estranho ao condomínio (art. 1.323 do CC)

1.5.7.2. Poderes do administrador: este não poderá praticar atos que exigem poderes especiais, como alienar, por exemplo

1.5.7.3. Quorum para deliberações: estas serão tomadas pela maioria absoluta; a maioria será calculada pelo valor dos quinhões. Em caso de empate, decidirá o juiz, a requerimento de qualquer condômino, ouvidos os outros (art. 1.325, §§ 1º e 2º, do CC)

DIREITO CIVIL
TEMA XI - DIREITO DAS COISAS

1. Direitos Reais V

- **1.5. CONDOMÍNIO II**
  - **1.5.8. Condomínio edilício**

1.5.8.1. Conceito
É o condomínio caracterizado pela existência de uma propriedade comum ao lado de uma propriedade privativa (art. 1.331 do CC)

Nesse caso temos
a) unidades autônomas, tais como apartamentos, escritórios, salas, lojas e garagens; e
b) partes comuns, tais como o terreno, a estrutura do edifício, o telhado, os corredores, as escadas, as áreas de lazer

1.5.8.2. Deveres e sujeições dos condôminos

a) Contribuir para as despesas na proporção de sua fração ideal, salvo disposição em contrário na convenção, não podendo votar na assembleia se não estiver quite
b) Pagar juros de 1% ao mês e multa de até 2% caso não pague sua contribuição
c) Não alterar a fachada
d) Preservar o sossego, a salubridade, a segurança e os bons costumes
e) Pagar multa correspondente até o quíntuplo do valor atribuído à contribuição para as despesas condominiais, se não cumprir reiteradamente os seus deveres perante o condomínio, conforme a gravidade das faltas e a reiteração, independentemente das perdas e danos que se apurem, mediante deliberação de três quartos dos condôminos restantes. O condômino ou o possuidor que, por seu comportamento antissocial, gerar incompatibilidade de convivência com os demais condôminos ou possuidores, poderá ser compelido a pagar multa de até dez vezes o valor de sua contribuição, de acordo com as disposições legais e convencionais aplicáveis ao caso concreto

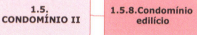

Jurisprudência:
a) O prazo prescricional aplicável à pretensão de cobrança de taxas condominiais é de cinco anos, de acordo com art. 206, § 5º, I, do Código Civil (STJ, AgInt no AREsp 883973/DF)
b) Havendo compromisso de compra e venda não levado a registro, a responsabilidade pelas despesas de condomínio pode recair tanto sobre o promitente vendedor quanto sobre o promissário comprador, dependendo das circunstâncias de cada caso concreto. (STJ, AgInt no AREsp 733185/SP)
c) As cotas condominiais possuem natureza *proptem rem*, razão pela qual os compradores de imóveis respondem pelos débitos anteriores à aquisição (STJ, AgRg no AREsp 215906/RO)
d) É possível a penhora do bem de família para assegurar o pagamento de dívidas oriundas de despesas condominiais do próprio bem (STJ, AgRg no AgRg no AREsp 198372/SP)
e) "O condomínio, independentemente de previsão em regimento interno, não pode proibir, em razão de inadimplência, condômino e seus familiares de usar áreas comuns, ainda que destinadas apenas a lazer" (STJ, REsp 1.564.030-MG)

1.5.8.3. Administração do condomínio

a) Exercício: dá-se pelo síndico, cujo mandato é de até dois anos, permitida a reeleição
b) Competência do síndico: representa ativa e passivamente o condomínio, em juízo ou fora dele; pode ser condômino ou pessoa natural ou jurídica estranha
c) Assembleia: a Geral Ordinária tem por objeto aprovar, por maioria dos presentes, o orçamento das despesas, a contribuição dos condôminos e a prestação de contas. Já a Extraordinária é convocada pelo síndico ou por 1/4 dos condôminos
d) Quórum: salvo quando exigido quórum especial, as deliberações da assembleia serão tomadas, em primeira convocação, por maioria dos votos dos condôminos presentes que representem pelo menos metade das frações ideais. Em segunda votação, a assembleia poderá deliberar por maioria dos votos presentes. Depende da aprovação de 2/3 dos votos dos condôminos a alteração da convenção. A mudança de destinação do edifício depende da unanimidade

DIREITO PROCESSUAL CIVIL

Luiz Dellore

DIREITO PROCESSUAL CIVIL

TEMA I - FORMAS DE SOLUÇÃO DOS CONFLITOS

1. Formas de Solução dos Conflitos

1.1 A **lide** (conflito qualificado por uma pretensão resistida), em regra, não pode ser solucionada pelas partes, pois a autotutela é vedada.

- **1.1.1** Por isso, há a solução dos conflitos por meio do Judiciário, ou seja, a solução via **jurisdição**, que é poder de aplicar o direito (decidir) em relação a um caso concreto (lide).

- **1.1.2** Porém, considerando (i) a morosidade do Judiciário e (ii) a tentativa de se mudar o paradigma litigante da sociedade, ganham força os **meios alternativos de solução de conflitos.**

  Sigla útil: MASC ou, na sigla em inglês, ADR (alternative dispute resolution). Mais recentemente fala-se em ODR (online dispute resolution), ou seja, o uso de plataformas digitais para solucionar conflitos (ex: consumidor.gov).

- **1.1.3** São métodos alternativos a **conciliação, mediação e arbitragem**.

  - Na conciliação e mediação busca-se **obter um acordo entre as partes**, especialmente via transação (mútuas concessões – CPC, art. 487, III, b).

1.2 Conciliação: terceiro busca o fim do litígio mediante a apresentação de uma solução a ser acolhida pelos litigantes.

- **1.2.1** Solução mais adequada para situações episódicas (CPC, art. 165, §2º: *O conciliador, que atuará preferencialmente nos casos em que não houver vínculo anterior entre as partes, poderá sugerir soluções para o litígio, sendo vedada a utilização de qualquer tipo de constrangimento ou intimidação para que as partes conciliem*).

1.3 Mediação: terceiro busca resgatar o diálogo entre os litigantes, *para que eles próprios construam a solução do conflito* (é regulada pelo CPC e pela L. 13.140/2015).

- **1.3.1** Solução mais adequada para situações em que há vínculo entre as partes – como casos de família, vizinhança e societário (CPC, art. 165, §3º: *O mediador, que atuará preferencialmente nos casos em que houver vínculo anterior entre as partes, auxiliará aos interessados a compreender as questões e os interesses em conflito, de modo que eles possam, pelo restabelecimento da comunicação, identificar, por si próprios, soluções consensuais que gerem benefícios mútuos*).

1.4 Audiência de conciliação ou mediação: prevê o Código que o início do procedimento será por meio de tentativa de solução consensual (CPC, art. 334: *Se a petição inicial preencher os requisitos essenciais e não for o caso de improcedência liminar do pedido, o juiz designará audiência de conciliação ou de mediação com antecedência mínima de 30 (trinta) dias, devendo ser citado o réu com pelo menos 20 (vinte) dias de antecedência. § 1º O conciliador ou mediador, onde houver, atuará necessariamente na audiência de conciliação ou de mediação, observando o disposto neste Código, bem como as disposições da lei de organização judiciária*).

1.5 Arbitragem: regulada pela L. 9.307/1996, seu art. 1º preceitua: *"as pessoas capazes de contratar poderão valer-se da arbitragem para dirimir litígios relativos a direitos patrimoniais disponíveis"*.

- **1.5.1** A escolha pela arbitragem usualmente se dá **via contrato** em que se inclua a "cláusula compromissória", ou cláusula arbitral.

- Feita a opção pela arbitragem, a sentença arbitral é **impositiva** (art. 23) e *"produz, entre as partes e seus sucessores, os mesmos efeitos da sentença proferida pelos órgãos do Poder Judiciário, e sendo condenatória, constitui título executivo"*. (Trata-se de um título **executivo judicial** – CPC, art. 515, VII).

DIREITO PROCESSUAL CIVIL
TEMA II - PRINCÍPIOS PROCESSUAIS

1.1. Princípios no NCPC: O CPC/2015 traz também princípios processuais que antes estavam apenas na CF

 Cuidado: art 1º do CPC aponta a leitura do Código a partir da CF *(art. 1º: O processo civil será ordenado, disciplinado e interpretado conforme os valores e as normas fundamentais estabelecidos na Constituição da República Federativa do Brasil, observando-se as disposições deste Código)*

1. Princípios Processuais I

1.2. Princípios em espécie

1.2.1. Acesso à Justiça / Inafastabilidade da Jurisdição

– **Conceito:** *são indevidas quaisquer limitações à possibilidade de se acionar o Judiciário* (CF, art. 5º, XXXV: a lei não excluirá da apreciação do Poder Judiciário lesão ou ameaça a direito)
– **Exemplo:** dificuldades financeiras não podem impedir acesso à justiça (justiça gratuita e Defensoria Pública)
– **Discussão:** a arbitragem, ao impedir a discussão da decisão arbitral, viola o princípio? STF: não (SEC 5.206) / NCPC, art. 3º, § 1º): É permitida a arbitragem, na forma da lei

1.2.2. Devido processo legal

– **Conceito:** o Judiciário deve agir mediante *regras previamente estabelecidas* (CF, art. 5º, LIV: ninguém será privado da liberdade ou de seus bens sem o devido processo legal)
– **Exemplo:** citação realizada em outra pessoa que não o réu não pode ser admitida
– **Discussão:** sempre haverá a nulidade se não observada a regra processual? Ainda que a forma não tenha sido observada, *"o juiz considerará válido o ato se, realizado de outro modo, lhe alcançar a finalidade"* (CPC, art. 277 – este é o princípio da instrumentalidade)

1.2.3. Ampla defesa e contraditório

– **Conceito:** o contraditório significa: *necessidade de informação + possibilidade de manifestação + manifestação do Judiciário* (aos litigantes [...] são assegurados o contraditório e ampla defesa, com os meios e recursos a ela inerentes – CF, art. 5º, LV e CPC, art. 9º)
– **Exemplo:** se os autos do processo não estão em cartório no momento do prazo de contestação do réu, deve haver a *devolução de prazo para contestar*
– **Discussão:** a concessão de uma medida liminar *sem ouvir a parte contrária* é permitida? Sim, pois o réu será ouvido, mas posteriormente (CPC, art. 9º, parágrafo único)

1.2.4. Vedação de decisões surpresa

– **Conceito:** complemento do contraditório, é a impossibilidade de decisão sem que as partes tenham se manifestado a respeito de determinado tema (CPC, art. 10. O juiz não pode decidir, em grau algum de jurisdição, com base *em fundamento a respeito do qual não se tenha dado às partes oportunidade de se manifestar,* ainda que se trate de matéria sobre a qual deva decidir de ofício)
– **Exemplo:** necessidade de o juiz ouvir as partes antes de decidir, mesmo que de ofício, a respeito da prescrição
– **Discussão:** aplica-se a *todos* os casos ou há exceções? Divergência. Exemplo: enunciado ENFAM 4. Na declaração de incompetência absoluta não se aplica o disposto no art. 10, parte final, do CPC/2015

DIREITO PROCESSUAL CIVIL

Tema II - Princípios processuais

1. Princípios Processuais II

1.3 Princípios em espécie no CPC

1.3.1 Juiz natural.

— **Conceito:** "não haverá juízo ou tribunal de exceção". O juiz natural é o juiz competente previsto em lei (Constituição e Códigos) para julgar a lide, antes mesmo de sua ocorrência.
— **Exemplo:** não pode existir a escolha da vara ou magistrado que irá julgar uma causa após a ocorrência do fato. O objetivo é garantir a **imparcialidade** do magistrado.
— **Discussão:** a existência de varas especializadas violaria o princípio? Turmas de Tribunais compostas por juízes convocados violariam o princípio? **Não, exatamente porque há previsão**.

1.3.2 Publicidade e motivação.

— **Conceito:** todos os julgamentos dos órgãos do Poder Judiciário serão públicos, e fundamentas todas as decisões, sob pena de **nulidade**.
— **Exemplo:** não podem existir julgamentos secretos ou decisões não publicadas. E não cabe ao magistrado simplesmente afirmar "acolho o pedido pois estão presentes os requisitos" – há necessidade de se fundamentar a decisão judicial (CPC, art. 489).
— **Discussão:** sempre haverá publicidade?
— Não – **segredo de justiça** (CPC, art. 189).

1.3.3 Princípio da cooperação.

— **Conceito:** CPC, art. 6º: Todos os sujeitos do processo devem **cooperar entre si** para que se obtenha, em tempo razoável, decisão de mérito justa e efetiva.
— **Exemplo:** ao determinar a emenda, o juiz deve indicar qual o vício a ser corrigido; fixação do ônus da prova pelo juiz, no saneamento; perícia consensual; NJP.
— **Discussão:** isso significa que o juiz deve ajudar a parte? Que não há mais conflito entre advogados? **Por certo que não**.

1.3.4 Julgamento em ordem cronológica.

— **Conceito:** CPC, art. 12: Os juízes e os tribunais deverão obedecer **à ordem cronológica** de conclusão para proferir sentença ou acórdão. **Há exceções** no §2º.
— **Debate:** esse princípio é aplicado? Na prática não, mas segue previsto no CPC.

DIREITO PROCESSUAL CIVIL

Tema III - Jurisdição e competência

1. Classificação da jurisdição e competência

- **1.1.** A jurisdição (vide mapa 1, item 1.1.1) é **una e indivisível** como *função estatal*. Mas, para melhor compreensão do tema, há classificações
  - **1.1.1. Divisão da jurisdição quanto à matéria**
    - **Justiça especializada**
      a) Trabalhista (CF, art. 114)
      b) Eleitoral (CF, art. 125)
      c) Penal Militar (CF, art. 122)
    - **Justiça comum**
      d) Federal (CF, art. 109, I)
      e) Estadual (CF, art. 125)

- **1.2. Competência**
  - **1.2.1. Conceito:** medida, parcela, parte da jurisdição
  - **1.2.2. Tipos de competência:** absoluta e relativa
    - **Absoluta:** não pode ser alterada por vontade das partes (CPC, art. 62). A competência determinada em razão da matéria, da pessoa ou da função é inderrogável por convenção das partes
    - **Relativa:** pode ser alterada por vontade das partes (CPC, art. 63). As partes podem modificar a competência em razão do valor e do território, elegendo foro onde será proposta ação oriunda de direitos e obrigações
  - **1.2.3. Espécies de competência:** matéria, pessoa e hierarquia (espécies de competência *absoluta*); valor e território (espécies de competência *relativa*)

- **1.3. Exemplos:** Competência em razão da...
  - **1.3.1. Matéria:** Federal, Estadual ou Trabalhista? Vara Cível ou Família?
  - **1.3.2. Pessoa:** ente federal participa do processo?
  - **1.3.3. Hierarquia / Função:** causa ajuizada em 1º grau ou Tribunal?
  - **1.3.4. Valor:** JEC ou vara tradicional?
  - **1.3.5. Território:** São Paulo ou Rio de Janeiro?

DIREITO PROCESSUAL CIVIL
Tema III - Jurisdição e competência

1. Distinções incompetência absoluta e relativa

- **1.1.** Há **diferenças** em relação às *consequências da incompetência absoluta ou relativa*

- **1.2.** Juiz pode **conhecer de ofício da incompetência?**
  - **1.2.1.** Incompetência **absoluta**: *sim*, deve (CPC, art. 64, § 1º)¹
  - **1.2.2.** Incompetência **relativa**: *não* (CPC, art. 65)
    - ⚠️ **Atenção**: há uma exceção, caso em que o juiz pode conhecer de ofício da incompetência relativa: art. 63, § 3º: Antes da citação, a cláusula de eleição de foro, se abusiva, pode ser reputada ineficaz de ofício pelo juiz, que determinará a remessa dos autos ao juízo do foro de domicílio do réu
    - 🚫 **Exceção**: caso em que o juiz pode conhecer de ofício da incompetência relativa: art. 63, § 3o Antes da citação, a cláusula de eleição de foro, se abusiva, pode ser reputada ineficaz de ofício pelo juiz, que determinará a remessa dos autos ao juízo do foro de domicílio do réu

- **1.3. Como a parte alega a incompetência?**
  - **1.3.1.** Incompetência **absoluta**: na *contestação*, preliminar (CPC, art. 64)
  - **1.3.2.** Incompetência **relativa**: *idem*

- **1.4.** E se a parte **não alegar** a incompetência? *Há preclusão?*
  - **1.4.1.** Incompetência **absoluta**: pode ser alegada a qualquer *tempo* e *grau* de jurisdição
  - Além disso, após o trânsito em julgado é possível ajuizar **ação rescisória**
  - **1.4.2.** Incompetência **relativa**: há a *prorrogação da competência*, ou seja, o juiz passa a ser *relativamente competente* (CPC, art. 65)

- **1.5. Perpetuatio jurisdictionis**: perpetuação da competência (CPC, art. 43). Determina-se a competência no momento do registro ou da distribuição da petição inicial, sendo irrelevantes as modificações do estado de fato ou de direito ocorridas posteriormente, salvo quando suprimirem órgão judiciário ou alterarem a competência absoluta

- **1.6. Competência no Brasil ou no exterior?**
  - **1.6.1. Competência concorrente**: juiz brasileiro ou estrangeiro pode julgar a causa, quando (CPC, arts. 21 e 22):
    - *(i)* réu domiciliado no Brasil;
    - *(ii)* obrigação tiver de ser cumprida no Brasil;
    - *(iii)* o fundamento da causa seja fato ocorrido / ato praticado no Brasil;
    - *(iv)* ação de alimentos, se credor tiver domicílio, residência ou vínculos (bens ou renda) no Brasil;
    - *(v)* consumidor domiciliado no Brasil;
    - *(vi)* partes se submetam à jurisdição brasileira (há o processo no Brasil e não há impugnação pelo réu, ainda que não se esteja diante de uma das hipóteses anteriores)
    - 💡 **Dica**: para que a decisão estrangeira seja *cumprida no Brasil*, necessária a **homologação de sentença estrangeira**, a ser realizada no STJ (CPC, art. 960)
    - 🔒 **Cuidado**: a **decisão estrangeira de tutela de urgência**, poderá ser executada, via rogatória, pelo juiz competente para cumprir a medida, *sem homologação* (CPC, art. 962, § 4º)
  - **1.6.2. Competência exclusiva**: somente juiz brasileiro poderá julgar a causa, quando (CPC, art. 23):
    - *(i)* imóveis situados no Brasil;
    - *(ii)* ações relativas a sucessão hereditária de bens aqui situados;
    - *(iii)* em divórcio, separação judicial ou dissolução de união estável, para proceder à partilha de bens situados no Brasil
    - 🔒 **Cuidado**: não compete à Justiça brasileira julgar quando houver **cláusula de eleição de foro exclusivo estrangeiro em contrato internacional**, arguida pelo réu na contestação (CPC, art. 25)

DIREITO PROCESSUAL CIVIL
Tema III - Jurisdição e competência

1. Fixação de competência territorial

- **1.1.** A **fixação da competência territorial** é o tema mais regulado no CPC

- **1.2. Existem duas regras gerais**
  - **1.2.1. Direito pessoal ou** direito real sobre bens *móveis*: competente é o *domicílio do réu* (CPC, art. 46)
  - **1.2.2. Direito real** sobre *bens imóveis*: competente é o foro do local da coisa (CPC, art. 47)

  ⚠️ **Atenção absoluta:** quanto ao art. 47, apesar de se tratar de *competência territorial*, o § 1º traz casos em que não cabe foro de eleição ("*O autor pode optar pelo foro [...] se o litígio não recair sobre direito de propriedade, vizinhança, servidão, divisão e demarcação de terras e nunciação de obra nova*")

- **1.3. Exceções** quanto à regra de fixação de competência territorial (proteção *da parte mais fraca*)
  - **1.3.1.** Nas ações relativas a **sucessão**: foro do *último domicílio do falecido* (CPC, art. 48)
  - **1.3.2.** Quando o **réu for ausente**: foro de seu *último domicílio* (NCPC, art. 49)
  - **1.3.3.** Quando o **réu for incapaz**: foro do domicílio de seu *representante* ou *assistente* (CPC, art. 50)
  - **1.3.4.** No **divórcio** (ações correlatas - CPC, art. 53):
    a) foro do *domicílio do filho incapaz*;
    b) se não houver filho incapaz, do *último domicílio do casal*;
    c) se nenhum morar no último domicílio, no *último domicílio do réu* (CPC, art. 53 CPC, art. 50);
    d) se houver violência doméstica e familiar (aplicação Lei Maria da Penha), no *domicílio da vítima*
  - **1.3.5.** Na **ação de alimentos**: foro do domicílio de quem pede alimentos (CPC, art. 53, II)
  - **1.3.6.** Na ação envolvendo **estatuto do idoso** (Lei 10.741/2003): na residência do idoso (CPC, art. 53, III)
  - **1.3.7.** Nas **ações de reparação de danos**: no lugar do ato ou fato (CPC, art. 53, IV, a)
  - **1.3.8.** Nas **indenizações decorrentes de acidente de veículo** (inclusive aeronave) ou **delito**: *foro do local do fato* ou *do domicílio do autor* (CPC, art. 53, V)
  - **1.3.9.** Nas **relações de consumo**: *domicílio do consumidor* (CDC, art. 101, I)
  - **1.3.10.** Nas **ações locatícias**: foro da *situação do imóvel*, caso não haja foro de eleição (L. 8.245/1991, art. 58, II)

- **1.4. Alterações da competência**
  - **1.4.1. Regra:** fixa-se a competência *no momento da propositura* (CPC, art. 43 – *perpetuatio jurisdictionis*)

  Exceções: poderá haver a mudança do foro competente após a propositura quando:
  – **Conexão:** *mesma causa de pedir ou pedido* (CPC, art. 55)
  Cuidado: inovação do CPC é a possibilidade de *reunião de processos semelhantes, mesmo que não haja conexão* (CPC, art. 55, § 3º)
  – **Continência:** *identidade* de partes e causa de pedir; *pedido de uma das causas é mais amplo* (CPC, art. 56)
  – **Conflito de competência** (CC – CPC, art. 66)
  a) **Positivo:** dois ou mais juízes se declaram *competentes*
  b) **Negativo:** dois ou mais juízes se declaram *incompetentes*
  c) Conflito é **suscitado** por: *juiz, partes, MP* (CPC, art. 951)
  d) Conflito é **decidido pelo Tribunal** (hierarquicamente superior ao juízo suscitante e suscitado)

DIREITO PROCESSUAL CIVIL
Tema IV - Processo

1. Processo, pressupostos processuais e procedimento

1.1. Processo
1.1. Conceito: instrumento que o *Estado* coloca à disposição dos *litigantes* para *decidir a lide*

1.2. Pressupostos processuais
1.2.1. Conceito: *requisitos* que devem estar presentes para que se considere existente o processo *(pressupostos de existência / constituição)* e para que haja o desenvolvimento de forma regular *(pressupostos de validade)*

– **Pressupostos de constituição:** jurisdição, capacidade postulatória, petição inicial e citação
Cuidado: há um debate quanto a se a citação é pressuposto de constituição ou de validade
– **Pressupostos de desenvolvimento** válido e regular: petição inicial apta, citação válida, capacidade processual do autor, competência do juízo e imparcialidade do juiz
– **Pressupostos negativos** (se presentes, acarretam a extinção do processo): *litispendência* (CPC, art. 337, § 3º), *coisa julgada* (CPC, art. 337, § 4º), *perempção* (CPC, art. 486, § 3º) e *convenção de arbitragem* (CPC, art. 337, X)

1.3. Tipos de processo
1.3.1. O CPC conhece 2 instrumentos

– **Conhecimento** (tutela cognitiva): crise de incerteza, visa a uma sentença de mérito, para dizer quem tem razão
– **Execução** (tutela satisfativa): crise de inadimplemento, visa à satisfação de um *direito já reconhecido*
Cuidado: no CPC/1973 havia ainda o processo *cautelar* (crise de urgência), substituído pela *tutela provisória* no CPC

1.4. Procedimento
1.4.1. Conceito: forma, modo, *maneira pela qual o processo se desenvolve*

Classificação:
– O processo de **conhecimento** se divide no **procedimento comum e especial**
Cuidado: no CPC não há mais a divisão do procedimento comum em ritos ordinário e sumário
– O processo de **execução** tem procedimentos variáveis, conforme o *tipo de obrigação*

DIREITO PROCESSUAL CIVIL

TEMA V - AÇÃO

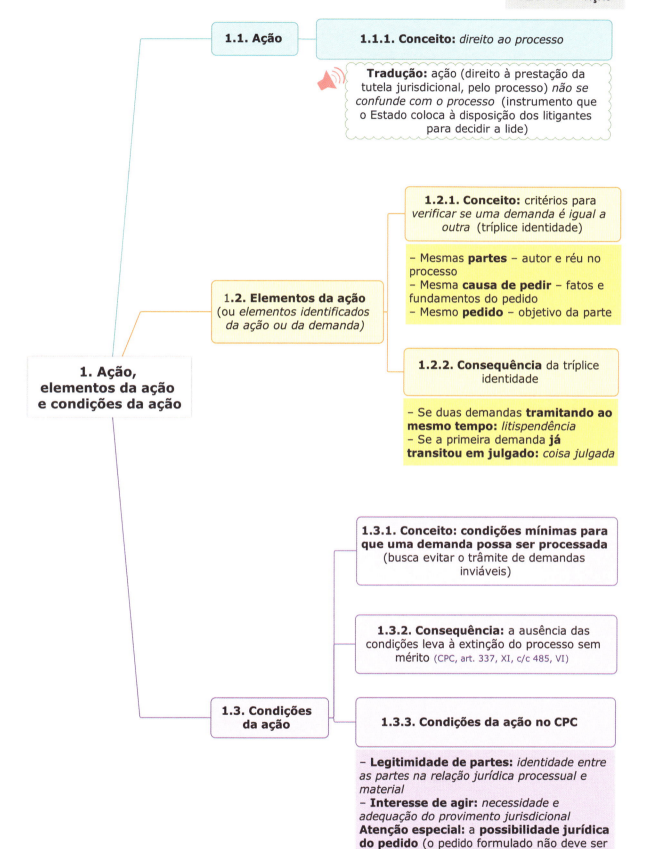

1. Ação, elementos da ação e condições da ação

1.1. Ação

1.1.1. Conceito: *direito ao processo*

Tradução: ação (direito à prestação da tutela jurisdicional, pelo processo) *não se confunde com o processo* (instrumento que o Estado coloca à disposição dos litigantes para decidir a lide)

1.2. Elementos da ação (ou *elementos identificados da ação ou da demanda*)

1.2.1. Conceito: critérios para *verificar se uma demanda é igual a outra* (tríplice identidade)

– Mesmas **partes** – autor e réu no processo
– Mesma **causa de pedir** – fatos e fundamentos do pedido
– Mesmo **pedido** – objetivo da parte

1.2.2. Consequência da tríplice identidade

– Se duas demandas **tramitando ao mesmo tempo:** *litispendência*
– Se a primeira demanda **já transitou em julgado:** *coisa julgada*

1.3. Condições da ação

1.3.1. Conceito: condições mínimas para que uma demanda possa ser processada (busca evitar o trâmite de demandas inviáveis)

1.3.2. Consequência: a ausência das condições leva à extinção do processo sem mérito (CPC, art. 337, XI, c/c 485, VI)

1.3.3. Condições da ação no CPC

– **Legitimidade de partes:** *identidade entre as partes na relação jurídica processual e material*
– **Interesse de agir:** *necessidade e adequação do provimento jurisdicional*
Atenção especial: a **possibilidade jurídica do pedido** (o pedido formulado não deve ser vedado pelo sistema jurídico) *deixou de ser condição da ação no CPC.* O que antes se entendia por impossibilidade jurídica agora está inserido na falta de interesse de agir

DIREITO PROCESSUAL CIVIL
Tema VI - Partes

1. Partes, MP e defensoria

1.1. Partes

1.1.1. Conceito: aquele que figura no polo ativo e passivo

1.1.2. Capacidades

– **Capacidade de ser parte:** pode ser parte em um processo judicial *quem tem a possibilidade de ser titular de direitos* (conceito ligado à personalidade jurídica – CC, art. 1º)
Dica: a legislação processual por vezes concede *capacidade de ser parte a entes sem personalidade*. Ex.: espólio, massa falida, condomínio (NCPC, art. 75, incisos)
– **Capacidade processual:** é a capacidade de *figurar no processo judicial por si*, sem o auxílio de outrem
Dica: os *absolutamente incapazes* (CC, art. 3º) devem ser *representados*; os *relativamente incapazes* (CC, art. 4º) devem ser *assistidos*
Cuidado: atenção para quem é incapaz, considerando as alterações decorrentes do Estatuto da Pessoa com Deficiência (L. 13.146/2015)
Solução de vícios: diferentemente da incapacidade de ser parte, a incapacidade processual pode ser suprida (NCPC, art. 76)
– **Capacidade postulatória:** é a capacidade de *representar as partes em juízo;* de falar nos autos perante o Poder Judiciário
Cuidado: em *regra* o advogado é o titular da capacidade postulatória. Mas há **exceções**, em que *a parte é dotada dessa capacidade: (i)* no JEC, até 20 salários-mínimos (Lei 9.099/1995, 9º); *(ii)* na ação de alimentos (Lei 5.478/1968, 2º); *(iii)* no *habeas corpus* (Lei 8.906/1994, 1º, § 2º) e *(iv)* nas *reclamações trabalhistas* (CLT, art. 791)

1.2. Ministério Público

1.2.1. Conceito: instituição permanente, essencial à função jurisdicional e destinada à *preservação dos valores fundamentais do Estado* (defesa da ordem jurídica, regime democrático e interesses sociais – CF, art. 127; NCPC, art. 176)

1.2.2. Atuação no processo civil: como *parte ou fiscal da ordem jurídica*

– Atuação do MP como **fiscal da ordem jurídica** (NCPC, art. 178)
a) Em demandas que envolvam *interesse público ou social*
b) Em demandas que envolvam *interesses de incapazes*
c) Em litígios coletivos que discutam *posse de terra rural ou urbana*

1.2.3. Consequência da não manifestação do MP: *nulidade do processo,* mas somente "após a intimação do Ministério Público, que se manifestará sobre a existência ou a inexistência de prejuízo" (NCPC, art. 279, § 2º)

1.3. Defensoria Pública

1.3.1. Conceito: instituição permanente, essencial à função jurisdicional, incumbindo-lhe a orientação jurídica, a promoção dos direitos humanos e a defesa dos direitos individuais e coletivos aos *necessitados* (CF, art. 134; NCPC, art. 185)

1.3.2. Atuação no processo civil: postulação em prol da população carente

1.3.3. Prerrogativas processuais da defensoria

– *Prazo em dobro* (NCPC, art. 186)
– *Intimação pessoal* (NCPC, art. 186, § 1º)
Dica: a defensoria pública tem as mesmas prerrogativas processuais que a advocacia pública e o MP

DIREITO PROCESSUAL CIVIL

Tema VI - Partes

1. Honorários advocatícios sucumbenciais

1.1. Cabimento: CPC, art. 85. *A sentença condenará o vencido a pagar honorários ao advogado do vencedor*

§ 1º São devidos honorários advocatícios na reconvenção, no cumprimento de sentença, provisório ou definitivo, na execução, resistida ou não, e nos recursos interpostos, cumulativamente

1.2. Valor dos honorários: CPC, art. 85, § 2º *Os honorários serão fixados entre o mínimo de dez e o máximo de vinte por cento sobre o valor da condenação, do proveito econômico obtido ou, não sendo possível mensurá-lo, sobre o valor atualizado da causa*

1.3. Honorários envolvendo entes estatais: CPC, art. 85, § 3º *Nas causas em que a Fazenda Pública for parte, a fixação dos honorários observará (...) os seguintes percentuais:*

I - mínimo de dez e máximo de vinte por cento sobre o valor da condenação ou do proveito econômico obtido até 200 (duzentos) salários-mínimos
II - oito e dez / acima de 200 a 2.000
III - cinco e oito / acima de 2.000 a 20.000
IV - três e cinco / acima de 20.000 a 100.000
V - um e três / acima de 100.000

1.4. Honorários no caso de não acolhimento do pedido do autor: mesmo na extinção ou improcedência, mínimo de 10% do valor da causa (CPC, art. 85, § 6º)

1.5. Sucumbência recursal: inova o CPC ao prever a sucumbência também no recurso (*§ 11. O tribunal, ao julgar recurso, majorará os honorários fixados anteriormente levando em conta o trabalho adicional realizado em grau recursal, observando, conforme o caso, o disposto nos §§ 2º a 6º, sendo vedado ao tribunal, no cômputo geral da fixação de honorários devidos ao advogado do vencedor, ultrapassar os respectivos limites estabelecidos nos §§ 2º e 3º para a fase de conhecimento*)

(Qual o teto) na sucumbência recursal? 20% entre particulares e escalonamento (vide item 1.3 acima) no caso da Fazenda

O STJ entende que NÃO cabe sucumbência recursal em (i) embargos de declaração, (ii) agravo interno e (iii) recurso em que na origem não houve fixação de honorários (cf. EDcl no AgInt no REsp 1.573.573/RJ)

1.6. Características dos honorários: titularidade do advogado, natureza alimentar e vedada a compensação no caso de sucumbência parcial (§ 14)

 Cuidado: com o § 14, superada a Súmula 306 do STJ ("*Os honorários advocatícios devem ser compensados quando houver sucumbência recíproca, assegurado o direito autônomo do advogado à execução do saldo sem excluir a legitimidade da própria parte*")

1.7. Honorários sucumbenciais para advogado público: o CPC prevê que os honorários de sucumbência decorrentes de processo em que a Fazenda participar (União, Estados, Municípios, autarquias e fundações) são da titularidade dos procuradores / advogados. (§ 19). O STF já disse que esse dispositivo é constitucional (ADI 6053)

DIREITO PROCESSUAL CIVIL
Tema VI - Partes

1. Gratuidade de justiça

- **1.1. Conceito:** isenção do pagamento de custas no processo judicial (CPC, art. 98: *A pessoa natural ou jurídica, brasileira ou estrangeira, com insuficiência de recursos para pagar as custas, as despesas processuais e os honorários advocatícios têm direito à gratuidade da justiça, na forma da lei*)

- **1.2. Abrangência da gratuidade:** a gratuidade abrange todos os custos do processo (CPC, art. 98, § 1º: *A gratuidade da justiça compreende: [...] VIII - os depósitos previstos em lei para interposição de recurso, para propositura de ação e para a prática de outros atos processuais inerentes ao exercício da ampla defesa e do contraditório*)

  - **1.2.1.** Porém, a critério do juiz, é possível a concessão da **gratuidade parcial**, apenas para alguns atos do processo (CPC, art. 98 [...] § 5º: *A gratuidade poderá ser concedida em relação a algum ou a todos os atos processuais, ou consistir na redução percentual de despesas processuais que o beneficiário tiver de adiantar no curso do procedimento*)

  - **1.2.2.** Além disso, é possível ao juiz deferir o **parcelamento das despesas** (CPC, art. 98, § 6º: *Conforme o caso, o juiz poderá conceder direito ao parcelamento de despesas processuais que o beneficiário tiver de adiantar no curso do procedimento*)

- **1.3. Requerimento da gratuidade:** pode ser feito a qualquer momento, por qualquer das partes (CPC, art. 99: *O pedido de gratuidade da justiça pode ser formulado na petição inicial, na contestação, na petição para ingresso de terceiro no processo ou em recurso. § 1º Se superveniente à primeira manifestação da parte na instância, o pedido poderá ser formulado por petição simples, nos autos do próprio processo, e não suspenderá seu curso Justiça Gratuita*)

  - **1.3.1.** Existe **presunção de veracidade** na alegação de gratuidade para pessoa física (CPC, art. 99 [...] § 3º: *Presume-se verdadeira a alegação de insuficiência deduzida exclusivamente por pessoa natural*)

  - **1.3.2.** Existe **necessidade de provar** dificuldade financeira para **pessoa jurídica** obter a gratuidade (Súmula 481 do STJ: *Faz jus ao benefício da justiça gratuita a pessoa jurídica com ou sem fins lucrativos que demonstrar sua impossibilidade de arcar com os encargos processuais*)

- **1.4. Advogado particular e gratuidade:** não se concede gratuidade para quem for representado pela defensoria pública (art. 99, § 4º: *A assistência do requerente por advogado particular não impede a concessão de gratuidade da justiça*)

- **1.5. Impugnação à gratuidade:** será feita nos próprios autos, *logo após o deferimento*, na próxima peça processual a ser apresentada (art. 100: *Deferido o pedido, a parte contrária poderá oferecer impugnação na contestação, na réplica, nas contrarrazões de recurso ou, nos casos de pedido superveniente ou formulado por terceiro, por meio de petição simples, a ser apresentada no prazo de 15 [quinze] dias, nos autos do próprio processo, sem suspensão de seu curso*)

DIREITO PROCESSUAL CIVIL
Tema VI - Partes

1. Litisconsórcio

1.1. Conceito: *pluralidade de partes* na relação processual

1.2. Classificação do litisconsórcio

1.2.1. Quanto ao polo da relação processual

– **Litisconsórcio passivo:** dois ou mais réus
– **Litisconsórcio ativo:** dois ou mais autores
– **Litisconsórcio misto ou recíproco:** ao mesmo tempo, mais de um autor e mais de um réu

1.2.2. Quanto ao momento de formação do litisconsórcio

– **Litisconsórcio originário ou inicial:** aquele formado desde a petição inicial
– **Litisconsórcio superveniente, incidental ou ulterior:** o qual é formado em momento posterior ao início da demanda

1.2.3. Quanto à necessidade de existência do litisconsórcio

– **Litisconsórcio facultativo:** há pluralidade de litigantes por opção das partes (apesar de existir, o litisconsórcio não é obrigatório)
– **Litisconsórcio necessário:** há pluralidade de litigantes porque *a lei ou a relação jurídica objeto do litígio assim determinam* (o litisconsórcio é obrigatório, sob pena de extinção do processo sem resolução do mérito)
– **Litisconsórcio multitudinário, plúrimo ou múltiplo:** grande número de *litisconsortes ativos facultativos*
Dica: nesse caso, é possível ao juiz desmembrar o processo (CPC, art. 113, § 1º)

1.2.4. Se houver existência da mesma decisão para os litisconsortes

– **Litisconsórcio comum ou simples:** a decisão pode ser, mas não é obrigatório que seja a mesma para os litisconsortes
– **Litisconsórcio unitário:** a decisão deverá ser a mesma para os litisconsortes, invariavelmente
Cuidado: em **regra**, o litisconsórcio necessário será unitário, ao passo que o litisconsórcio *facultativo será simples*. Porém, é possível existir um litisconsórcio **necessário e simples** e também um litisconsórcio **facultativo e unitário**

DIREITO PROCESSUAL CIVIL
Tema VI - Partes

1. Intervenção de terceiros

- **1.1. Conceito:** figura processual que possibilita ao *terceiro participar do processo*

- **1.2. Classificação**
  - **1.2.1. Espontânea:** *terceiro busca seu ingresso* na demanda
  - **1.2.2. Provocada:** autor ou réu buscam *trazer o terceiro para o processo*

- **1.3. Formas de intervenção de terceiro**
  - **1.3.1. Assistência:** terceiro *ajuda uma das partes*
    - **Cabimento:** terceiro que tem *interesse jurídico* ingressa em processo para ajudar uma das partes (art. 119: *Pendendo causa entre 2 [duas] ou mais pessoas, o terceiro juridicamente interessado em que a sentença seja favorável a uma delas poderá intervir no processo para assisti-la*)

- **1.4. Modalidades de assistência**
  - **1.4.1. Assistência simples:** os poderes do assistente são limitados. A relação jurídica existente é entre o assistente e o assistido – como no caso de sublocatário e sublocador (art. 121 *O assistente simples atuará como auxiliar da parte principal, exercerá os mesmos poderes e sujeitar-se-á aos mesmos ônus processuais que o assistido. Parágrafo único. Sendo revel ou, de qualquer outro modo, omisso o assistido, o assistente será considerado seu substituto processual*)
  - **1.4.2. Assistência litisconsorcial:** o assistente tem *poderes ilimitados*. A relação jurídica existente é entre o assistente e a parte contrária – como no caso de diversos condôminos em relação a um invasor (art. 124 *Considera-se litisconsorte da parte principal o assistente sempre que a sentença influir na relação jurídica entre ele e o adversário do assistido*)

- **1.5. Procedimento:** a assistência será admitida em *qualquer tempo e grau de jurisdição* (art. 119: *Parágrafo único. A assistência será admitida em qualquer procedimento e em todos os graus de jurisdição, recebendo o assistente o processo no estado em que se encontre*)
  - **1.5.1. Se houver discordância de alguma das partes:** impugnação (art. 120: *Não havendo impugnação no prazo de 15 [quinze] dias, o pedido do assistente será deferido, salvo se for caso de rejeição liminar. Parágrafo único. Se qualquer parte alegar que falta ao requerente interesse jurídico para intervir, o juiz decidirá o incidente, sem suspensão do processo*)
  - **1.5.2. Recurso cabível da decisão quanto ao ingresso do assistente:** agravo de instrumento (art. 1.015, IX)

- **1.6. Denunciação da lide:** *ação de regresso*
  - **1.6.1. Cabimento:** parte busca, no próprio processo, acionar o terceiro por meio de ação de regresso, de modo a buscar ressarcimento (art. 125: *É admissível a denunciação da lide, promovida por qualquer das partes: I - ao alienante imediato, no processo relativo à coisa cujo domínio foi transferido ao denunciante, a fim de que possa exercer os direitos que da evicção lhe resultam; II - àquele que estiver obrigado, por lei ou pelo contrato, a indenizar, em ação regressiva, o prejuízo de quem for vencido no processo*)
  - **1.6.2. Obrigatoriedade:** *não há* qualquer obrigatoriedade na propositura da denunciação, sempre sendo possível o ajuizamento de ação autônoma (art. 125, § 1º: *O direito regressivo será exercido por ação autônoma quando a denunciação da lide for indeferida, deixar de ser promovida ou não for permitida*)
  - **1.6.3. Procedimento**
    - Se oferecida **pelo autor**, na inicial, cabe aditamento dessa peça pelo denunciado
    - Se oferecida **pelo réu**, na contestação, o denunciado *pode contestar a ação e denunciação ou só a denunciação*
    - A denunciação **somente será apreciada** se a ação principal *for procedente* (art. 129)
    - Se **não apreciada a denunciação**, o denunciante deverá pagar honorários para o advogado do denunciado (art. 129, parágrafo único)
    - **Procedente ação e denunciação**, cabe cumprimento de sentença diretamente no denunciado (art. 128, parágrafo único)

DIREITO PROCESSUAL CIVIL
TEMA VI - PARTES

1. Formas de intervenção de terceiro

- **1.1. Chamamento ao processo:** réu aciona terceiro, com base na *solidariedade*

  - **1.1.1. Cabimento:** utilizado pelo réu quando, *diante de devedores solidários ou corresponsáveis*, somente um colocado no polo passivo (CPC, art. 130: *É admissível o chamamento ao processo, requerido pelo réu: I - do afiançado, na ação em que o fiador for réu; II - dos demais fiadores, na ação proposta contra um ou alguns deles; III - dos demais devedores solidários, quando o credor exigir de um ou de alguns o pagamento da dívida comum*)

  - **1.1.2. Procedimento**
    – Apresentado pelo réu, **na contestação**, sem suspensão do processo
    – **Acolhido** o chamamento: sentença vale como título executivo em favor do réu que satisfizer a dívida (art. 132)

- **1.2. Incidente de desconsideração da Personalidade Jurídica (IDPJ)**

  - **1.2.1. Cabimento:** utilizado para afastar a personalidade jurídica da pessoa jurídica e se *chegar ao sócio*, quando houver *abuso* (com base no CC, consumidor, trabalhista, tributário, ambiental – CPC, art. 133, § 1º)

  – Cabível também para a **desconsideração inversa**, ou seja, para se chegar à pessoa jurídica quando houver abuso da pessoa física (CPC, art. 133, § 2º)

  - **1.2.2. Procedimento**
    – Requerido pela parte ou MP (quando fiscal da ordem jurídica)
    – Incidente é obrigatório para se acionar o patrimônio do terceiro (art. 795, § 4º)
    – Apenas não haverá o incidente se for requerida a desconsideração na própria petição inicial

  - **1.2.3. Momento de utilização:** a qualquer momento (art. 134: *O incidente de desconsideração é cabível em todas as fases do processo de conhecimento, no cumprimento de sentença e na execução fundada em título executivo extrajudicial*)

- **1.3. *Amicus curiae*:** "amigo da corte"

  - **1.3.1. Cabimento:** terceiro (pessoa física ou jurídica), com *conhecimento técnico* e sem interesse jurídico, manifesta-se no processo para auxiliar o juiz a julgar determinada demanda (CPC, art. 138: *O juiz ou o relator, considerando a relevância da matéria, a especificidade do tema objeto da demanda ou a repercussão social da controvérsia, poderá, por decisão irrecorrível, de ofício ou a requerimento das partes ou de quem pretenda manifestar-se, solicitar ou admitir a participação de pessoa natural ou jurídica, órgão ou entidade especializada, com representatividade adequada, no prazo de 15 [quinze] dias de sua intimação*)

  - **1.3.2. Poderes do *amicus curiae*:** decisão do juiz ou relator (art. 138. [...] § 2º: *Caberá ao juiz ou ao relator, na decisão que solicitar ou admitir a intervenção, definir os poderes do amicus curiae*)

  – **Pode o *amicus curiae* recorrer?** Somente via embargos de declaração, salvo no caso de IRDR (art. 138, § 1º: *A intervenção de que trata o caput não implica alteração de competência nem autoriza a interposição de recursos, ressalvadas a oposição de embargos de declaração e a hipótese do § 3º. [...] § 3º O amicus curiae pode recorrer da decisão que julgar o incidente de resolução de demandas repetitivas*)

DIREITO PROCESSUAL CIVIL
Tema VII - Juiz

1. Juiz: poderes e imparcialidade

1.1. Poderes do juiz

1.1.1. O CPC prevê diversos poderes do juiz (art. 139)

– Novidade trazida pelo Código é a **atipicidade das medidas executivas** (IV - determinar todas as medidas indutivas, coercitivas, mandamentais ou sub-rogatórias necessárias para assegurar o cumprimento de ordem judicial, inclusive nas ações que tenham por objeto prestação pecuniária)

Cuidado: a jurisprudência **não está definida** a respeito de quais os limites dessas medidas – debate-se se o juiz poderia suspender o cartão de crédito, carteira de motorista ou passaporte do devedor (o STJ, (a) no RHC 97.876 afirmou que o passaporte só pode ser retido em situações muito excepcionais, (b) no REsp 1.782.418 disse ser possível a retenção de CNH e passaporte desde que (i) observado o contraditório, (ii) a decisão judicial seja fundamentada, (iii) haja prévio esgotamento dos meios executivos típicos e (iv) haja indícios de que o executado tenha patrimônio expropriável)

1.2. Imparcialidade do juiz

1.2.1. O magistrado deve ser imparcial, por isso existem as figuras do **impedimento** e **suspeição** do juiz

– Essas figuras não se restringem ao magistrado, mas a **outros participantes** do processo (como MP, oficial de justiça, perito etc)

1.2.2. Impedimento: situação objetiva em que se impede o julgamento do juiz

– Há várias hipóteses no Código (CPC, art. 144), valendo destacar: (...)
VII - atuar em processo que for parte instituição de ensino com a qual tenha relação de emprego ou decorrente de contrato de prestação de serviços
VIII - quando for parte cliente do escritório de advocacia de seu cônjuge, companheiro ou parente, consanguíneo ou afim, em linha reta ou colateral, até o terceiro grau inclusive, mesmo que patrocinado por advogado de outro escritório
IX - quando o magistrado for autor de demanda contra a parte ou seu advogado

1.2.3. Suspeição: situação subjetiva na qual não é conveniente que haja o julgamento do juiz

– São hipóteses de suspeição do juiz (CPC, art. 145), valendo destacar: (...)
I - amigo íntimo ou inimigo de qualquer das partes ou de seus advogados(...)
IV - interessado no julgamento do processo em favor de qualquer das partes§ 1º Poderá o juiz declarar-se suspeito por motivo de foro íntimo, sem necessidade de declarar suas razões

DIREITO PROCESSUAL CIVIL
TEMA VIII - ATOS PROCESSUAIS

1. Prazos processuais e NJP

- **1.1. Prazos**
  - **1.1.1. Contagem de prazos:** relevante inovação na contagem dos prazos no CPC, em que se consideram *apenas os dias úteis* (art. 219: *Na contagem de prazo em dias, estabelecido por lei ou pelo juiz, computar-se-ão somente os úteis*)
  - **1.1.2. Dias não úteis:** feriados, sábados, domingos e dias sem expediente forense (art. 216)
  - **1.1.3. Prazos contados em dias úteis:** apenas os prazos processuais (art. 219, Parágrafo único: *O disposto neste artigo aplica-se somente aos prazos processuais*)
  - 🔓 **Cuidado:** após muita polêmica sobre a contagem de prazo nos Juizados Especiais, houve alteração na lei para deixar claro que para a prática de qualquer ato processual, todos os prazos são contados em dias úteis (art. 12-A da L. 9.099/1995, alterado pela Lei 13.728/2018)
  - ⚠️ **Atenção:** o STJ já decidiu que o prazo para pagamento, no cumprimento de sentença, é processual e, portanto, contado em dias úteis (REsp 1.693.784 e 1708348)
  - **1.1.4. Forma de contagem de prazo:** disponibilização, publicação, exclusão do dia do início e inclusão do dia do término (art. 224: *Salvo disposição em contrário, os prazos serão contados excluindo o dia do começo e incluindo o dia do vencimento. § 1º Os dias do começo e do vencimento do prazo serão protraídos para o primeiro dia útil seguinte, se coincidirem com dia em que o expediente forense for encerrado antes ou iniciado depois da hora normal ou houver indisponibilidade da comunicação eletrônica. § 2º Considera-se como data de publicação o primeiro dia útil seguinte ao da disponibilização da informação no Diário da Justiça eletrônico. § 3º A contagem do prazo terá início no primeiro dia útil que seguir ao da publicação*)

- **1.2. Negócio Jurídico Processual (NJP)**
  - **1.2.1. Conceito:** possibilidade de *adequar o procedimento ao caso concreto e às partes,* mediante negociação, em contrato ou no processo
  - **1.2.2. Previsão legal:** o art. 190 prevê a "cláusula geral de negócio jurídico processual" (art. 190: *Versando o processo sobre direitos que admitam autocomposição, é lícito às partes plenamente capazes estipular mudanças no procedimento para ajustá-lo às especificidades da causa e convencionar sobre os seus ônus, poderes, faculdades e deveres processuais, antes ou durante o processo*)
  - **1.2.3. Exemplo:** cabe NJP para afastar a previsão de audiência de conciliação e julgamento
  - **1.2.4. Calendarização:** também é possível se estipular os diversos atos do processo (art. 191: *De comum acordo, o juiz e as partes podem fixar calendário para a prática dos atos processuais, quando for o caso. § 1º O calendário vincula as partes e o juiz, e os prazos nele previstos somente serão modificados em casos excepcionais, devidamente justificados. § 2º Dispensa-se a intimação das partes para a prática de ato processual ou a realização de audiência cujas datas tiverem sido designadas no calendário*)

DIREITO PROCESSUAL CIVIL

Tema VIII - Atos processuais

1. Comunicação dos atos processuais

- **1.1 Citação**
  - **1.1.1 Conceito**: o ato pelo qual são convocados o réu, o executado ou o interessado para integrar a relação processual (CPC, art. 238).

- **1.2 Intimação**
  - **1.2.1 Conceito**: ato pelo qual *se dá a ciência a alguém dos atos e termos do processo* – para que faça ou deixe de fazer algo (CPC, art. 269).

- **1.3 Formas de citação:**
  - **1.3.1 Citação por meio eletrônico**: é o meio preferencial (CPC, art. 246, com redação da Lei 14.195/2021).
    – O endereço eletrônico será obtido junto ao cadastro regulado pelo CNJ e informado pelo réu (as empresas são obrigadas a manter esse cadastro atualizado – §1º).
    – O citando deverá comprovar que recebeu a citação em até 3 dias úteis.
    – Se não houver essa comprovação, será feita citação por outros meios (§ 1º-A), estando sujeito o réu a multa caso não explique a justa causa pelo qual não respondeu à citação por meio eletrônico (§ 1º-B e C)
  - **1.3.2 Citação por correio**: infrutífera a citação por meio eletrônico, inicialmente haverá a tentativa de citação por correio.
  - **1.3.3 Citação por oficial de justiça**: se não houver êxito na citação postal ou quando vedada essa forma de citação.

    Oficial de justiça entregará o **mandado diretamente ao citando**. Se houver suspeita de ocultação, em 2 oportunidades, o oficial de justiça procederá à **citação por hora certa** (art. 252: *Quando, por 2 (duas) vezes, o oficial de justiça houver procurado o citando em seu domicílio ou residência sem o encontrar, deverá, havendo suspeita de ocultação, intimar qualquer pessoa da família ou, em sua falta, qualquer vizinho de que, no dia útil imediato, voltará a fim de efetuar a citação, na hora que designar*).

  - **1.3.4 Citação por edital**: se não se encontrar o citando, cabe a citação por edital.

    Requisitos da citação por edital: art. 257, CPC – São requisitos da citação por edital (...) II - a publicação do edital na rede mundial de computadores, no sítio do respectivo tribunal e na plataforma de editais do Conselho Nacional de Justiça, que deve ser certificada nos autos;
    III - a determinação, pelo juiz, do prazo, que variará entre 20 (vinte) e 60 (sessenta) dias, fluindo da data da publicação única ou, havendo mais de uma, da primeira;
    IV - a advertência de que será nomeado curador especial em caso de revelia.

  - **1.3.5 Citação ficta**: hipótese em que há uma ficção de que houve a citação do réu (citação por edital e por hora certa).

    Curador especial: se o réu citado de forma ficta permanecer revel, será nomeado curador especial para que o defenda (art. 72, II).

DIREITO PROCESSUAL CIVIL

Tema IX – Tutela provisória

1. Tutela Provisória

1.1. Finalidade dos processos

- **1.1.1. Processo de conhecimento:** solucionar *crise de incertez*
- **1.1.2. Processo de execução:** solucionar *crise de inadimplemento*
- **1.1.3. E para resolver uma situação de urgência?** Tutela provisória, pleiteada dentro de um dos processos

1.2. Divisão da tutela provisória (CPC, art. 294)

- **1.2.1. Conceito:** utilizada quando houver necessidade de uma liminar, uma proteção judicial desde logo, antes do fim do processo
- **1.2.2. Divisão da tutela provisória:** tutela de urgência e tutela de evidência

1.3. Tutela provisória de urgência

1.3.1. Subdivisão da tutela de urgência

– **Tutela cautelar:** utilizada para resguardar o direito debatido no processo
– **Tutela antecipada:** utilizada para satisfazer o direito debatido no processo (art. 294: *A tutela provisória pode fundamentar-se em urgência ou evidência. Parágrafo único. A tutela provisória de urgência, cautelar ou antecipada, pode ser concedida em caráter antecedente ou incidental*)
– **Fungibilidade** entre as tutelas de urgência: apenas se prevê que o *pedido cautelar* possa ser apreciado, pelo juiz, como pedido de tutela antecipada (CPC, art. 305, parágrafo único)
a) **Fungibilidade de mão dupla?** O Código não prevê o contrário, a saber, o juiz receber um pedido de tutela antecipada como se fosse cautelar. No CPC/1973, a jurisprudência assim reconheceu

1.3.2. Características

– **Medidas possíveis:** o juiz poderá determinar as medidas que considerar adequadas para efetivar a tutela provisória, que observará, no que couber, as normas referentes ao *cumprimento provisório* da sentença (CPC, art. 297)
– **Momento de concessão:** a tutela de urgência poderá ser concedida liminarmente ou após audiência de justificação prévia (CPC, art. 300, § 2º)
– **É vedada a concessão de tutela antecipada** se houver perigo de irreversibilidade (CPC, art. 300, § 3º)
– **Caução:** para deferir a tutela de urgência o juiz poderá, conforme o caso, exigir caução, podendo a caução ser dispensada se a parte economicamente hipossuficiente não puder oferecê-la (CPC, art. 300, § 1º)
– **Se revertida a tutela de urgência que foi anteriormente efetivada:** parte responderá pelos prejuízos que a efetivação da tutela tiver causado (CPC, art. 302)
– **Estabilidade da tutela antecipada:** se for pleiteada apenas a tutela antecipada na petição inicial, se a tutela for deferida e se o réu não recorrer dessa decisão, a tutela antecipada se estabiliza

DIREITO PROCESSUAL CIVIL
Tema IX - Tutela provisória

1. Tutela de evidência

1.1. Conceito: tutela provisória que não é fundada na urgência, mas sim no *direito evidente*

1.2. Finalidade: se já existe *direito razoavelmente plausível em favor do autor*, por que aguardar a sentença para sua fruição?

1.3. Cabimento: será concedida, independentemente de perigo de dano, em 4 situações (CPC, art. 311):

- **1.3.1. Tutela de evidência penalizadora da má-fé:** cabível quando ficar caracterizado *abuso do direito de defesa ou manifesto propósito protelatório da parte*

- **1.3.2. Tutela de evidência fundada em tese firmada em precedente vinculante:** cabível quando as alegações de fato puderem ser *comprovadas apenas documentalmente* e houver *tese firmada em julgamento de casos repetitivos ou súmula vinculante*

- **1.3.3. Tutela de evidência fundada em contrato de depósito:** cabível nos casos de pedido reipersecutório fundado em *prova documental adequada do contrato de depósito*, caso em que será decretada a ordem de entrega do objeto depositado sob pena de multa

- **1.3.4. Tutela de evidência fundada em prova incontroversa:** cabível quando a petição inicial for instruída com *prova documental suficiente* dos fatos constitutivos do direito do autor, a que o *réu não oponha prova capaz de gerar dúvida razoável*

DIREITO PROCESSUAL CIVIL

TEMA X - FORMAÇÃO, SUSPENSÃO E EXTINÇÃO DO PROCESSO

1. Formação, suspensão e extinção do processo

1.1. Formação do processo

1.1.1. Forma-se o processo com a propositura da demanda, ou seja, distribuição da petição inicial (art. 312: *Considera-se proposta a ação quando a petição inicial for protocolada, todavia, a propositura da ação só produz quanto ao réu os efeitos mencionados no* art. 240 *depois que for validamente citado*)

1.2. Suspensão do processo

1.2.1. Hipóteses: tem-se a suspensão do processo nos casos previstos no art. 313 do NCPC, como por exemplo:

II - pela convenção das partes
III - pela arguição de impedimento ou de suspeição
IV - pela admissão de incidente de resolução de demandas repetitivas
V - quando a sentença de mérito: a) depender do julgamento de outra causa ou da declaração de existência ou de inexistência de relação jurídica que constitua o objeto principal de outro processo pendente

1.2.2. E como proceder em relação aos atos urgentes durante a suspensão? (art. 314: Durante a suspensão é vedado praticar qualquer ato processual, podendo o juiz, todavia, determinar a realização de atos urgentes a fim de evitar dano irreparável, salvo no caso de arguição de impedimento e de suspeição

1.3. Extinção do processo

1.3.1. Hipóteses de extinção do processo sem resolução do mérito (extinção atípica): art. 485: *O juiz não resolverá o mérito quando:*

I - indeferir a petição inicial
II - o processo ficar parado durante mais de 1 (um) ano por negligência das partes
III - por não promover os atos e as diligências que lhe incumbir, o autor abandonar a causa por mais de 30 (trinta) dias
IV - verificar a ausência de pressupostos de constituição e de desenvolvimento válido e regular do processo
V - reconhecer a existência de perempção, de litispendência ou de coisa julgada
VI - verificar ausência de legitimidade ou de interesse processual (condições da ação)
VII - acolher a alegação de existência de convenção de arbitragem ou quando o juízo arbitral reconhecer sua competência
VIII - homologar a desistência da ação
IX - em caso de morte da parte, a ação for considerada intransmissível por disposição legal; e
X - nos demais casos prescritos neste Código
– **Cabe a repropositura?** Extinção sem resolução do mérito em regra, não impede (art. 486: *O pronunciamento judicial que não resolve o mérito não obsta a que a parte proponha de novo a ação. § 1º No caso de extinção em razão de litispendência e nos casos dos incisos I, IV, VI e VII do art. 485, a propositura da nova ação depende da correção do vício que levou à sentença sem resolução do mérito*)

1.3.2. Hipóteses de extinção do processo com resolução do mérito:

Art. 487: *Haverá resolução de mérito quando o juiz:*
I - acolher ou rejeitar o pedido formulado na ação ou na reconvenção
II - decidir, de ofício ou a requerimento, sobre a ocorrência de decadência ou prescrição
III - homologar:
• o reconhecimento da procedência do pedido formulado na ação ou na reconvenção
• a transação
• a renúncia à pretensão formulada na ação ou na reconvenção

DIREITO PROCESSUAL CIVIL

Tema XI - Julgamento conforme o estado do processo

1. Julgamento conforme o estado do processo

1.1. Momento do julgamento conforme o estado do processo

- **1.1.1.** Após a petição inicial, contestação e réplica

1.2. Quatro possibilidades de julgamento conforme o estado do processo

1.2.1. Extinção do processo: quando se tratar de extinção sem mérito (art. 485) ou prescrição / decadência ou transação / renúncia / reconhecimento (art. 487, II e III)

> **Cuidado:** é possível que a extinção se refira a apenas *parcela do processo*, e nesse caso o recurso cabível será o **agravo de instrumento** (art. 354, parágrafo único)
>
> **Exemplo:** exclusão de um dos litisconsortes

1.2.2. Julgamento antecipado do mérito: juiz julga procedente ou improcedente o pedido antes da produção de prova em audiência (art. 355: *O juiz julgará antecipadamente o pedido, proferindo sentença com resolução de mérito, quando: I - não houver necessidade de produção de outras provas; II - o réu for revel, ocorrer o efeito previsto no art. 344 e não houver requerimento de prova, na forma do art. 349*)

1.2.3. Julgamento antecipado parcial do mérito: novidade do NCPC, é possível o julgamento antecipado de apenas parte do pedido (art. 356: *O juiz decidirá parcialmente o mérito quando um ou mais dos pedidos formulados ou parcela deles: I - mostrar-se incontroverso; II - estiver em condições de imediato julgamento, nos termos do art. 355*)

> **Dica:** o recurso cabível da decisão que julga antecipadamente parcial o mérito é o agravo de instrumento (art. 356, § 5º)

1.2.4. Saneamento e organização do processo: não ocorrendo nenhuma das hipóteses anteriores, então será proferida a decisão saneadora, preparando o processo para a instrução

– **Conteúdo do saneador:** deverá o juiz, nesse momento (art. 357): *I - resolver as questões processuais pendentes, se houver; II - delimitar as questões de fato sobre as quais recairá a atividade probatória, especificando os meios de prova admitidos; III - definir a distribuição do ônus da prova, observado o art. 373; IV - delimitar as questões de direito relevantes para a decisão do mérito; V - designar, se necessário, audiência de instrução e julgamento*
– **Esclarecimentos da decisão saneadora:** proferido o saneador, as partes poderão "pedir esclarecimentos ou solicitar ajustes", no prazo comum de 5 (cinco) dias (art. 357, § 2º)
– **Audiência de saneamento em cooperação** (§ 3º)**:** permite o Código que, em causas complexas, o juiz designe "audiência para que o saneamento seja feito em cooperação com as partes"

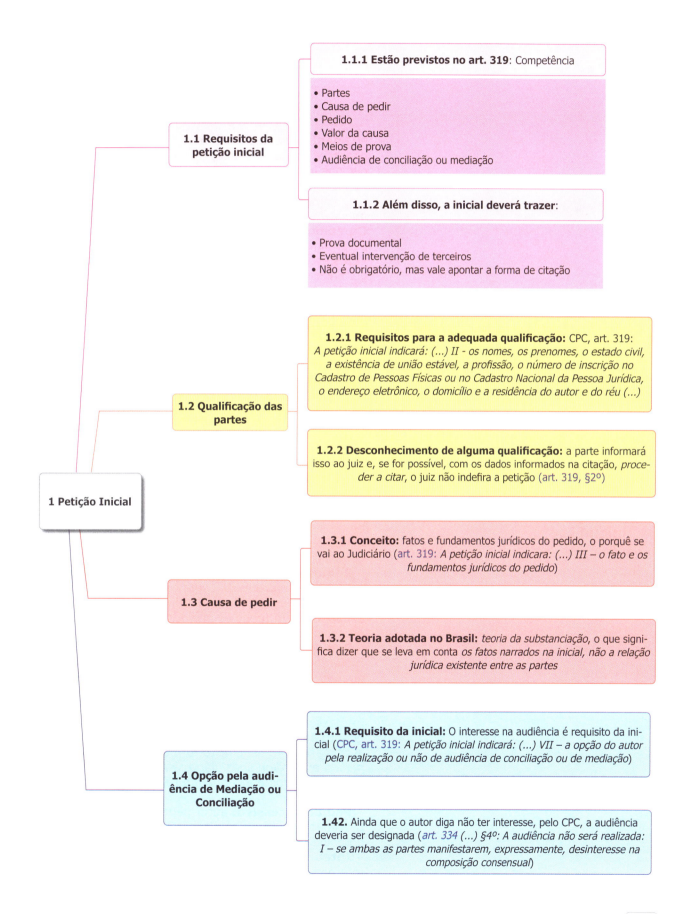

DIREITO PROCESSUAL CIVIL
Tema XII - Processo de conhecimento

1. Petição inicial II

1.5. Pedido

1.5.1. Conceito: o que a parte pleiteia, o que se espera do Judiciário

1.5.2. Classificação

– **O pedido deve ser certo** (art. 322): certeza quanto à tutela pleiteada, mas existem alguns pedidos implícitos (art. 322, § 1º: *Compreendem-se no principal os juros legais, a correção monetária e as verbas de sucumbência, inclusive os honorários advocatícios*)

O pedido deve ser determinado (art. 324): determinação quanto ao bem da vida, mas por vezes se admite o pedido indeterminado, ou seja, genérico

a) Hipóteses em que é admitido o pedido genérico: art. 324, § 1º: É lícito, porém, formular pedido genérico:
I - nas ações universais, se o autor não puder individuar os bens demandados;
II - quando não for possível determinar, desde logo, as consequências do ato ou do fato;
III - quando a determinação do objeto ou do valor da condenação depender de ato que deva ser praticado pelo réu

1.5.3. Cumulação de pedidos

– **Cabimento** (art. 327): É lícita a cumulação, em um único processo, contra o mesmo réu, de vários pedidos, ainda que entre eles não haja conexão
– **Requisitos** (art. 327, § 1º): *I - os pedidos sejam compatíveis entre si; II - seja competente para conhecer deles o mesmo juízo; III - seja adequado para todos os pedidos o tipo de procedimento*
– **Pedido alternativo:** autor pede A ou B, sem preferência (art. 325: *O pedido será alternativo quando, pela natureza da obrigação, o devedor puder cumprir a prestação de mais de um modo*)
– **Pedido subsidiário:** autor pede A ou, se não for possível, B, de modo que há preferência quanto ao pedido principal, em relação ao subsidiário (art. 326: *É lícito formular mais de um pedido em ordem subsidiária, a fim de que o juiz conheça do posterior, quando não acolher o anterior*)
– **Pedido sucessivo:** autor pede A e, se procedente A, também pleiteia B (é uma variação do pedido cumulado)
– **Intepretação do pedido** (art. 322): (...) § 2º: *A interpretação do pedido considerará o conjunto da postulação e observará o princípio da boa-fé*

DIREITO PROCESSUAL CIVIL

Tema XII - Processo de conhecimento

1. Petição inicial III

- **1.6. Valor da causa**
  - **1.6.1. Toda causa cível terá valor** (art. 291 *A toda causa será atribuído valor certo, ainda que não tenha conteúdo econômico imediatamente aferível*)
  - **1.6.2. Critérios para fixação do valor da causa**
    - **Voluntária:** valor fixado por opção do autor, *pois não há previsão legal* para o valor da causa nesses casos
    - **Legal:** valor da causa é *previsto em lei* (art. 292)

- **1.7. Análise da petição inicial**
  - **1.7.1. O que o juiz pode fazer ao receber a inicial ?** (arts. 321, 330, 332 e 334)
  - **1.7.2. Há admissibilidade negativa ou positiva**
    - Emenda da Inicial (negativa)
    - Indeferimento da Inicial (negativa)
    - Improcedência Liminar do Pedido (negativa)
    - Citação (positiva)

- **1.8. Emenda da inicial:** se houver **vício sanável,** o juiz determinará a correção da inicial (art. 321: *O juiz, ao verificar que a petição inicial não preenche os requisitos dos arts. 319 e 320 ou que apresenta defeitos e irregularidades capazes de dificultar o julgamento de mérito, determinará que o autor, no prazo de 15 [quinze] dias, a emende ou a complete, indicando com precisão o que deve ser corrigido ou completado*)

  – **Consequência da ausência de emenda:** extinção do processo sem resolução de mérito, em virtude do indeferimento da inicial

- **1.9. Indeferimento liminar da inicial:** se o vício for *insanável* ou não houver a correção da inicial (item anterior), haverá a extinção por esse motivo (art. 330: *A petição inicial será indeferida quando: I - for inepta; II - a parte for manifestamente ilegítima; III - o autor carecer de interesse processual; IV - não atendidas as prescrições dos arts. 106 e 321*)

- **1.10. Improcedência liminar do pedido:** se a petição estiver formalmente em ordem, mas o pedido formulado pelo autor já tem precedente vinculante contrário, o juiz deverá, desde logo, *julgar improcedente o pedido, sem nem ouvir o réu.* (art. 332: *Nas causas que dispensem a fase instrutória, o juiz, independentemente da citação do réu, julgará liminarmente improcedente o pedido que contrariar: I - enunciado de súmula do Supremo Tribunal Federal ou do Superior Tribunal de Justiça; II - acórdão proferido pelo Supremo Tribunal Federal ou pelo Superior Tribunal de Justiça em julgamento de recursos repetitivos; III - entendimento firmado em incidente de resolução de demandas repetitivas ou de assunção de competência; IV - enunciado de súmula de tribunal de justiça sobre direito local*)

- **1.11. Determinação de citação:** estando em termos a inicial, o juiz *determinará a citação do réu* (NCPC, art. 334)

DIREITO PROCESSUAL CIVIL
Tema XII - Processo de conhecimento

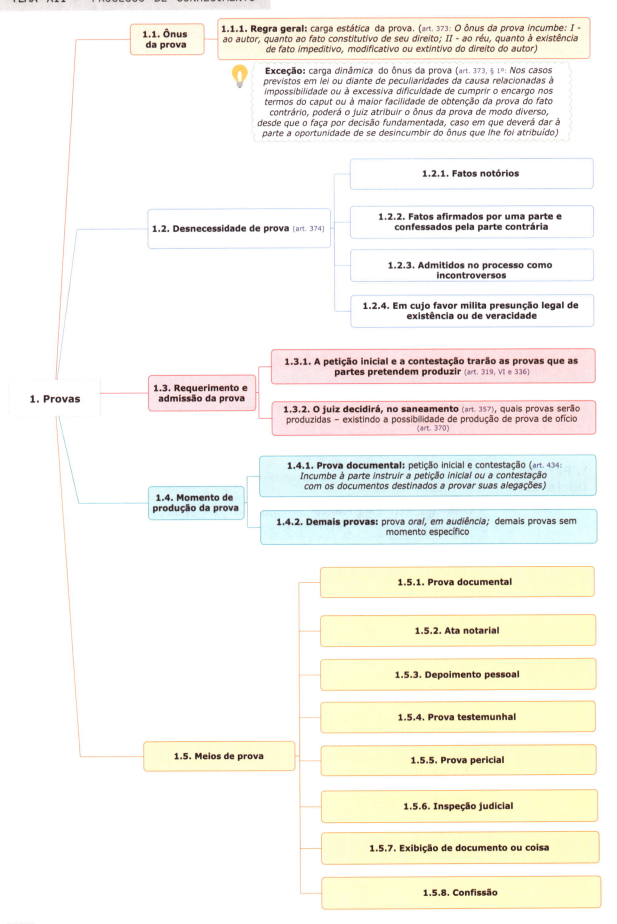

DIREITO PROCESSUAL CIVIL

Tema XII - Processo de conhecimento

1. Contestação I

- **1.1. Conceito:** defesa do réu em relação ao pedido formulado pelo autor

  - **1.1.1. Princípio da eventualidade:** toda matéria de defesa deve ser alegada na contestação, ainda que contraditória, pois não há possibilidade de complemento da defesa (art. 336)

  - **1.1.2. Ônus da impugnação específica:** como reflexo da eventualidade, há esse ônus, de modo que, em relação àquilo que não for impugnado na contestação, haverá *presunção de verdade* (art. 341)

  - **1.1.3. Prazo para contestar:** *15 dias* (art. 335)

    – **Termo inicial do prazo de contestação:** *variável* (art. 355, I: *da audiência de conciliação ou de mediação, ou da última sessão de conciliação, quando qualquer parte não comparecer ou, comparecendo, não houver autocomposição; II - do protocolo do pedido de cancelamento da audiência de conciliação ou de mediação apresentado pelo réu, quando ocorrer a hipótese do art. 334, § 4º, inciso I; III - prevista no art. 231, de acordo com o modo como foi feita a citação, nos demais casos*)

- **1.2. Divisão**

  - **1.2.1. Defesa processual:** discute-se a relação jurídica de direito processual, vícios de ordem formal, antes do mérito (por isso *preliminarmente*)

    – **Consequências da defesa processual, se acolhida:**
    a) **Extinção** sem mérito, se o *vício for grave* (art. 485)
    b) **Emenda,** *sob pena de extinção* e
    c) **Alteração de juízo**
    – **Defesa processual no CPC:** art. 337: *Incumbe ao réu, antes de discutir o mérito, alegar:*
    I - inexistência ou nulidade da citação;
    II - incompetência absoluta e relativa
    III - incorreção do valor da causa;
    IV - inépcia da petição inicial;
    V - perempção;
    VI - litispendência;
    VII - coisa julgada;
    IX - incapacidade da parte, defeito de representação ou falta de autorização;
    X - convenção de arbitragem;
    XI - ausência de legitimidade ou de interesse processual;
    XII - falta de caução ou de outra prestação que a lei exige como preliminar;
    XIII - indevida concessão do benefício de gratuidade de justiça

  - **1.2.2. Defesa de mérito:** discute-se a relação jurídica de direito material, teses que se referem ao conteúdo da inicial

    – **Consequência da defesa de mérito, se acolhida:** improcedência do pedido (art. 487, I)

DIREITO PROCESSUAL CIVIL
Tema XII - Processo de conhecimento

1. Contestação II

- **1.3. Ilegitimidade passiva na contestação**
  - **1.3.1. Se houver alegação de ilegitimidade passiva:** o autor poderá alterar o polo passivo, substituindo o réu (art. 338: *Alegando o réu, na contestação, ser parte ilegítima ou não ser o responsável pelo prejuízo invocado, o juiz facultará ao autor, em 15 [quinze] dias, a alteração da petição inicial para substituição do réu*)
  - **1.3.2. Se o réu souber quem deve figurar no polo passivo:** deverá indicar, sob pena de ter de pagar valores (art. 339: *Quando alegar sua ilegitimidade, incumbe ao réu indicar o sujeito passivo da relação jurídica discutida sempre que tiver conhecimento, sob pena de arcar com as despesas processuais e de indenizar o autor pelos prejuízos decorrentes da falta de indicação*)
  - **1.3.3. Consequências da substituição do réu** (art. 338, parágrafo único): se o autor requerer a substituição, o novo réu ingressa nos atos, o anterior é excluído e seu advogado receberá honorários, de 3% a 5%

- **1.4. Reconvenção**
  - **1.4.1. Conceito:** pedido formulado pelo réu contra o autor, no mesmo processo
  - **1.4.2. Forma:** na própria contestação (art. 343)
  - 🔒 **Cuidado:** no Código anterior, a reconvenção era apresentada em peça apartada

- **1.5. Impedimento e suspeição**
  - **1.5.1. Esses vícios do magistrado são apresentados em peça apartada:** única hipótese, no NCPC, de defesa do réu fora da contestação (art. 146: *No prazo de 15 [quinze] dias, a contar do conhecimento do fato, a parte alegará o impedimento ou a suspeição, em petição específica dirigida ao juiz do processo, na qual indicará o fundamento da recusa, podendo instruí-la com documentos em que se fundar a alegação e com rol de testemunhas*)

- **1.6. Revelia**
  - **1.6.1. Conceito:** revelia é a ausência de contestação (art. 334)
  - **1.6.2. Efeitos da revela**
    - **Presunção de veracidade das alegações de fato formuladas pelo autor** (art. 344)
    Não haverá a presunção de veracidade se (art. 345):
    I - havendo *pluralidade de réus*, algum deles contestar a ação
    II - o litígio versar sobre *direitos indisponíveis*
    III - a petição inicial não estiver *acompanhada de instrumento que a lei considere indispensável à prova do ato*
    IV - as alegações de fato formuladas pelo autor forem *inverossímeis ou estiverem em contradição com prova constante dos autos*
    – **Prazos fluem a partir da publicação no diário oficial**
    Porém, se o **revel tiver advogado constituído**, o patrono deverá ser intimado pela imprensa

DIREITO PROCESSUAL CIVIL

Tema XII - Processo de conhecimento

1. Sentença

1.1. Decisões judiciais

1.1.1. Um juiz pode proferir os seguintes pronunciamentos (art. 203):

– **Sentença** (§ 1º *Ressalvadas as disposições expressas dos procedimentos especiais, sentença é o pronunciamento por meio do qual o juiz, com fundamento nos arts. 485 e 487, põe fim à fase cognitiva do procedimento comum, bem como extingue a execução*)
– **Decisão interlocutória:** todo pronunciamento judicial de natureza decisória que *não se enquadre no § 1º* (§ 2º)
– **Despachos:** todos os *demais pronunciamentos do juiz praticados no processo*, de ofício ou a requerimento da parte

1.1.2. No âmbito dos tribunais (2º grau ou superior), são possíveis os seguintes pronunciamentos:

– **Acórdão:** julgamento colegiado proferido pelos tribunais (art. 204)
– **Decisão monocrática:** decisão proferida apenas do relator (art. 932, III, IV e V)

1.2. Elementos da sentença (CPC, art. 489)

- **1.2.1. Relatório**
- **1.2.2. Fundamentos**
- **1.2.3. Dispositivo**

1.3. Fundamentação para as decisões judiciais

1.3.1. Inova o CPC ao prever fundamentação distinta para a sentença e demais decisões judiciais (§ 1º: *Não se considera fundamentada qualquer decisão judicial, seja ela interlocutória, sentença ou acórdão, que*):

*I - se limitar à indicação, à reprodução ou à paráfrase de ato normativo, sem explicar sua relação com a causa ou a questão decidida
II - empregar conceitos jurídicos indeterminados, sem explicar o motivo concreto de sua incidência no caso;
III - invocar motivos que se prestariam a justificar qualquer outra decisão;
IV - não enfrentar todos os argumentos deduzidos no processo capazes de, em tese, infirmar a conclusão adotada pelo julgador;
V - se limitar a invocar precedente ou enunciado de súmula, sem identificar seus fundamentos determinantes nem demonstrar que o caso sob julgamento se ajusta àqueles fundamentos;
VI - deixar de seguir enunciado de súmula, jurisprudência ou precedente invocado pela parte, sem demonstrar a existência de distinção no caso em julgamento ou a superação do entendimento*

1.4. Vícios da sentença: a sentença deve refletir o que consta do pedido, sob pena de vício

1.4.1. Classificação

– **Extra petita:** fora do pedido
– **Ultra petita:** além do pedido
– **Infra ou citra petita:** abaixo do pedido

DIREITO PROCESSUAL CIVIL
TEMA XII - PROCESSO DE CONHECIMENTO

1. Coisa julgada

- **1.1. Conceito:** *imutabilidade e indiscutibilidade* da decisão de mérito não mais sujeita a recurso (CPC, art. 502)

- **1.2. Classificação**
  - **1.2.1. Coisa julgada formal:** imutabilidade da decisão no próprio processo em que foi proferida (atinge qualquer sentença, inclusive terminativas)
  - **1.2.2. Coisa julgada material:** imutabilidade e indiscutibilidade da decisão não só no processo em que foi proferida, mas em qualquer outro processo (atinge apenas as decisões definitivas)

- **1.3. Limites**
  - **1.3.1. Limites objetivos da coisa julgada:** *qual parte* da decisão judicial é coberta pela coisa julgada
    - O dispositivo é coberto pela coisa julgada (art. 503)
    - A verdade dos fatos e fundamentação não são (art. 504)
    - A questão prejudicial pode ser, desde que presentes alguns requisitos (art. 503, § 1º):
      a) For expressamente decidida pelo juiz
      b) Com contraditório prévio e efetivo
      c) Se o juiz for competente de forma absoluta para a questão prejudicial
  - **1.3.2. Limites subjetivos da coisa julgada:** *quem* é coberto pela coisa julgada
    - As **partes** litigantes são cobertas pela coisa julgada (art. 506)
    - E **terceiros**? O artigo 506 não repete, como no Código anterior, que a coisa julgada não beneficiará terceiros (art. 506: A sentença faz coisa julgada às partes entre as quais é dada, não prejudicando terceiros)
    - Isso significa que a coisa julgada **pode beneficiar** terceiros? Tema ainda em aberto na jurisprudência, mas a tendência é no **sentido de que não** (Enunciado 36/CJF: "O disposto no art. 506 do CPC não permite que se incluam, dentre os beneficiados pela coisa julgada, litigantes de outras demandas em que se discuta a mesma tese jurídica")

- **1.4. Ação rescisória (AR)**
  - **1.4.1. Conceito:** ação prevista em lei que busca *rescindir decisão de mérito transitada em julgado*
  - **1.4.2. Competência:** originária de *tribunal*
  - **1.4.3. Prazo para ajuizamento:** 2 anos do trânsito em julgado (CPC, art. 975)
  - **1.4.4. Cabimento:** só é cabível a AR nas seguintes hipóteses (art. 966):
    I – decisão proferida por juiz corrupto;
    II – juiz impedido ou absolutamente incompetente
    III – dolo da parte vencedora ou colusão das partes
    IV – decisão viola coisa julgada anterior
    V – decisão viola manifestamente norma jurídica
    VI – decisão fundada em prova falsa
    VII – prova nova
    VIII – fundada em erro de fato

DIREITO PROCESSUAL CIVIL

TEMA XII - PROCESSO DE CONHECIMENTO

1. Procedimentos Especiais

1.1. Procedimentos no processo de conhecimento: *comum* e *especial*

1.1.1. Utilização do procedimento comum:
utilizado quando *não houver,* para determinada demanda, nenhum procedimento especial previsto em lei

– Trâmite do procedimento comum:
1) Inicial
2) Audiência de conciliação ou mediação
3) Contestação
4) Réplica
5) Decisão saneadora
6) Audiência de instrução e julgamento
7) Alegações
8) Sentença

1.1.2. Utilização do procedimento especial:
utilizado quando houver, para determinada demanda, procedimento especial previsto no NCPC ou em lei extravagante

1.1.3. Distinção entre os procedimentos:
o procedimento é especial quando apresentar alguma diferença em relação ao procedimento comum (trâmite, prazo, audiência, limitação probatória, etc)

1.1.4. Finalidade dos procedimentos especiais:
adequar o procedimento ao direito material debatido

1.1.5. Classificação dos procedimentos especiais

– Procedimentos especiais de jurisdição contenciosa: há lide
– Procedimentos especiais de jurisdição voluntária: não há lide, mas há necessidade de intervenção do Poder Judiciário *(administração pública de interesses privados)*
Exemplo: divórcio consensual

1.1.6. Procedimentos especiais no NCPC

- Da ação de consignação em pagamento
- Da ação de exigir contas
- Das ações possessórias
- Da ação de divisão e da demarcação
- Da ação de dissolução parcial de sociedade
- Do inventário e da partilha
- Dos embargos de terceiro
- Da oposição
- Da habilitação
- Das ações de família
- Da ação monitória
- Da homologação do penhor legal
- Da regulação de avaria grossa
- Da restauração de autos

DIREITO PROCESSUAL CIVIL

TEMA XIII - CUMPRIMENTO DE SENTENÇA E EXECUÇÃO

1. Cumprimento e execução

- **1.1. Finalidades dos processos**
  - **1.1.1. Processo de conhecimento:** solucionar uma *crise de incerteza* (não se sabe quem tem razão)
  - **1.1.2. Processo de execução:** solucionar uma *crise de inadimplemento* (já se sabe quem tem razão, mas quem não tem razão não cumpriu sua obrigação)

- **1.2. Requisitos do processo de execução**
  - **1.2.1. Inadimplemento:** não cumprimento da obrigação (NCPC, art. 786: *A execução pode ser instaurada caso o devedor não satisfaça a obrigação certa, líquida e exigível consubstanciada em título executivo*)
    – Ainda que o NCPC fale em *exigibilidade de obrigação*, mais fácil compreender a partir do **inadimplemento**
  - **1.2.2. Título executivo:** documento que permite o início da execução/cumprimento de sentença (NCPC, art. 783: *A execução para cobrança de crédito fundar-se-á sempre em título de obrigação certa, líquida e exigível*)

- **1.3. Distinção entre execução e cumprimento de sentença**
  - **1.3.1. Título executivo judicial + inadimplemento = *fase* de cumprimento de sentença**
  - **1.3.2. Título executivo extrajudicial + inadimplemento = processo de execução**
    – **Sempre que houver título executivo extrajudicial há execução? Nem sempre** (NCPC, art. 785: A existência de título executivo extrajudicial não impede a parte de optar pelo processo de conhecimento, a fim de obter título executivo judicial)

- **1.4. Aplicação subsidiária das regras de execução/cumprimento**
  - **1.4.1. Das regras do processo de execução para o cumprimento de sentença:** *sim,* no que não for colidente (CPC, art. 513: *O cumprimento da sentença será feito segundo as regras deste Título, observando-se, no que couber e conforme a natureza da obrigação, o disposto no Livro II da Parte Especial deste Código*)
  - **1.4.2. Das regras do cumprimento de sentença para o processo de execução:** sim, no que não for colidente (CPC, art. 771, Parágrafo único: *Aplicam-se subsidiariamente à execução as disposições do Livro I da Parte Especial*)

DIREITO PROCESSUAL CIVIL
Tema XIII - Cumprimento de sentença e execução

1.1. Conceito: documento que permite o *início da execução / cumprimento de sentença*

1. Título executivo

1.2. Classificação

1.2.1. Título executivo judicial: título *elaborado pelo Poder Judiciário* ou órgão equiparado a tanto, pelo legislador, para fins de *permissão do início do cumprimento de sentença*

– **Títulos executivos judiciais previstos no CPC** (art. 515)
a) **Decisões proferidas no processo civil** (como *sentença*) que reconheçam a exigibilidade de obrigação de pagar quantia, de fazer, de não fazer ou de entregar coisa
b) **Decisão homologatória de autocomposição judicial** *(acordo* entre as partes)
c) **Decisão homologatória de autocomposição extrajudicial** de qualquer natureza (acordo *celebrado fora de processo,* levado ao juízo para *homologação)*
d) **Formal e certidão de partilha,** exclusivamente em relação ao inventariante, aos herdeiros e aos sucessores a título singular ou universal (título decorrente de *inventário* ou *arrolamento)*
e) **Crédito de auxiliar da justiça,** quando as custas, emolumentos ou honorários tiverem sido *aprovados por decisão judicial*
f) **Sentença penal condenatória** transitada em julgado (proferida, portanto, em sede de vara criminal)
g) **Sentença arbitral** *(não se trata título executivo extrajudicial,* por opção legislativa)
h) **Sentença estrangeira** homologada pelo Superior Tribunal de Justiça
i) **Decisão interlocutória estrangeira**, após a concessão do *exequatur* à carta rogatória pelo Superior Tribunal de Justiça

1.2.2. Início do cumprimento de sentença fundada em título judicial

– **Por intimação:** é a *regra,* perante o próprio juízo onde foi proferido o título executivo judicial
– **Por citação:** é a **exceção,** ocorrerá quando o título não foi elaborado no juízo cível onde se procede ao cumprimento (nos casos dos itens 2.1.1.6 a 2.1.1.9 do CPC, art. 515, § 1º)

1.2.3. Título executivo extrajudicial: título *elaborado fora do Poder Judiciário,* conforme escolha do legislador, e que permite dar *início ao processo de execução*

– **Alguns títulos executivos extrajudiciais previstos no CPC** (art. 784)
a) **Títulos de crédito:** a letra de câmbio, a nota promissória, a duplicata, a debênture e o cheque
b) **Escritura pública** ou outro *documento público assinado pelo devedor*
c) **Confissão de dívida:** o documento particular **assinado pelo devedor e por 2 (duas) testemunhas**
d) **Instrumento de transação referendado** pelo *Ministério Público*, *pela Defensoria Pública,* pela *Advocacia Pública,* pelos *advogados* dos transatores ou por *conciliador* ou *mediador* credenciado por tribunal
e) **Crédito referente às contribuições ordinárias ou extraordinárias de condomínio edilício**, previstas na respectiva convenção ou aprovadas em assembleia geral, desde que documentalmente comprovadas
Dica: no CPC/1973 cobrança de condomínio era *processo de conhecimento,* a tramitar pelo rito *sumário*
f) **Certidão expedida por serventia notarial** ou de registro relativa a valores de emolumentos e demais despesas devidas pelos atos por ela praticados, fixados nas tabelas estabelecidas em lei (ou seja, *documento emitido por cartório extrajudicial,* quanto aos seus emolumentos)

1.2.4. Início do processo de execução fundado em título extrajudicial: *citação* do executado

DIREITO PROCESSUAL CIVIL

Tema XIII - Cumprimento de sentença e execução

1. Procedimento do cumprimento de sentença para pagamento de quantia

- **1.1. Existindo decisão condenatória:** deverá haver o pagamento espontâneo pelo devedor
  - **1.1.1. Se o devedor não pagar:** o autor requererá o início do cumprimento de sentença (CPC, art. 523)
  - **– Completa memória do débito**
  - **– Indicação de bens para penhora** (CPC, art. 524) – sendo possível requerer a penhora online

- **1.2. Intimado o devedor**
  - **1.2.1. Se houver pagamento:** fim do cumprimento de sentença
  - **1.2.2. Se não houver pagamento:** passados 15 dias *úteis*, incidirá multa e honorários, no valor de 10% cada (CPC, art. 523, § 1º)
  - **– No caso de não pagamento:** além da multa, *penhora e avaliação de bens* necessários à satisfação do débito (CPC, art. 523)

- **1.3. Defesa do executado:** superado o prazo de 15 dias para pagar, tem início o prazo de 15 dias para *impugnação* (CPC, art. 525)

- **1.4. Alienação do bem penhorado:** se a impugnação *não suspender* o cumprimento de sentença ou, ao final, *for rejeitada*, então ocorrerá a alienação do bem penhorado

- **1.5. Extinção da fase de cumprimento de sentença:** com o acolhimento da impugnação, pagamento da dívida ou outra forma (CPC, art. 924)

DIREITO PROCESSUAL CIVIL

Tema XIII - Cumprimento de sentença e execução

1. Procedimento da execução de quantia

- **1.1. Ajuizamento da execução:** apontando o inadimplemento, juntando o título executivo e apresentando memória do débito
  - **1.1.1. Se a inicial tiver falhas:** o juiz determina a emenda da inicial
  - **1.1.2. Se a inicial estiver correta:** o juiz determinará a citação do executado, para pagar o débito em 3 dias, contados a partir da efetiva citação (CPC, art. 829)
    - O juiz fixará, no despacho inicial, **honorários de 10%**

- **1.2. Recebida a petição inicial executiva:** poderá o exequente obter certidão da execução (identificadas as partes e valor da causa), para *"averbação no registro de imóveis, de veículos ou de outros bens sujeitos a penhora, arresto ou indisponibilidade"* (CPC, art. 828)

- **1.3. Citado o executado**
  - **1.3.1. Se houver o pagamento em 3 dias:** extinção da execução e honorários *reduzidos à metade* (CPC, art. 827, § 1º)
  - **1.3.2. Se não houver pagamento:** haverá a *penhora e avaliação* dos bens indicados pelo exequente; salvo se o executado indicar bens que configurem situação menos onerosa a ele e que não tragam prejuízo ao exequente (CPC, art. 829, § 1º e 2º)
  - **1.3.3. Formas de citação na execução:** no CPC, pode ser feita por *correio* (art. 247), além de por oficial de justiça. Além disso, também é possível que seja feita por hora certa e *edital* (CPC, art. 830, § 1º e 2º)

- **1.4. Se o oficial de justiça não encontrar o executado:** será possível o *arresto executivo* dos bens (art. 830) que, pela jurisprudência do STJ, pode inclusive ser *online*
  - **Cuidado:** não se deve confundir este arresto executivo com: (i) penhora, pois a penhora somente é possível após a citação, e este arresto somente ocorre se o executado não foi encontrado; e com (ii) arresto cautelar (CPC, art. 301)

- **1.5. Defesa:** em até 15 dias após a citação, cabem embargos à execução

- **1.6. Alienação do bem penhorado:** se os embargos *não suspenderem* a execução ou, ao final, *forem rejeitados*, então ocorrerá a alienação do bem penhorado

- **1.7. Extinção da execução** (CPC, art. 924 – aplicável também ao cumprimento de sentença)
  - **1.7.1. Quando a petição inicial for indeferida**
  - **1.7.2. Quando a obrigação for satisfeita** (principalmente no *pagamento do débito* – **remição** da execução – ou satisfação do crédito com a alienação do bem penhorado)
  - **1.7.3. Quando o executado obtiver, por qualquer outro meio, a extinção total da dívida** (como no caso de *novação ou prescrição*, dentre outros)
  - **1.7.4. Quando o exequente renunciar ao crédito** (perdão pelo credor – remissão da dívida)
  - **1.7.5. Quando ocorrer a prescrição intercorrente** (prescrição que ocorre não antes do ajuizamento, mas sim com a morosidade do exequente durante o processo – vide art. 921, §§)

DIREITO PROCESSUAL CIVIL

Tema XIII - Cumprimento de sentença e execução - defesa do executado

	EMBARGOS À EXECUÇÃO (EXECUÇÃO DE TÍTULO EXTRAJUDICIAL)	**IMPUGNAÇÃO (CUMPRIMENTO DE SENTENÇA)**
1. Prazo	1.1. **15 dias** (CPC, art. 915)	1.2. **15 dias** (CPC, art. 525)
2. Contagem do prazo	2.1. Contado da **juntada aos autos** do mandado de citação ou da juntada do AR (CPC, arts. 915 e 231)	2.2. Contado depois de **transcorrido o prazo de 15 dias para pagamento** voluntário (CPC, arts. 525 e 523))
3. Necessidade de penhora	3.1. **Não** (CPC, art. 914)	3.2. **Não** (CPC, art. 525)
4. Efeito suspensivo	4.1. Em regra, **não** (CPC, art. 919) 4.1.1. **Para concessão** (art. 919, § 1º) 4.1.1.1. Garantia do juízo pela penhora 4.1.1.2. Verificados os requisitos para a concessão da tutela provisória **Atenção**: são requisitos da tutela provisória de urgência (art. 300): (a) probabilidade do direito e (b) o perigo de dano ou o risco ao resultado útil do processo	4.2. Em regra, **não** (CPC, art. 525, § 6º) 4.2.1. Para concessão 4.2.1.1. Garantia do juízo pela penhora 4.2.1.2. Fundamentos relevantes da impugnação 4.2.1.3. Prosseguimento da execução for capaz de causar grave dano de difícil ou incerta reparação 4.3. Assim, os requisitos para a concessão do efeito suspensivo são os mesmos, nos embargos e impugnação, ainda que o legislador tenha dito isso de forma distinta.
5. Autuação	5.1. **Em apartado** (CPC, art. 914, § 1º))	5.2. **Nos mesmos autos** do cumprimento de sentença (CPC, art. 525, caput e § 10))
6. Matérias de defesa	6.1. **Qualquer matéria**, já que não houve prévia manifestação do Poder Judiciário (CPC, art. 917, VI))	6.2. **Matérias específicas** (CPC, art. 525, § 1º), considerando que já houve manifestação do Judiciário (respeito à coisa julgada)
7. Recurso cabível	7.1. **Apelação** (CPC, art. 1.009)	7.2. Variável 7.2.1. **Apelação**: se a fase de cumprimento *não prosseguir* (NCPC, art. 1.009) 7.2.2. **Agravo de instrumento**: se a fase de cumprimento prosseguir (CPC, art. 1.015, parágrafo único)

DIREITO PROCESSUAL CIVIL

Tema XIV - Recursos

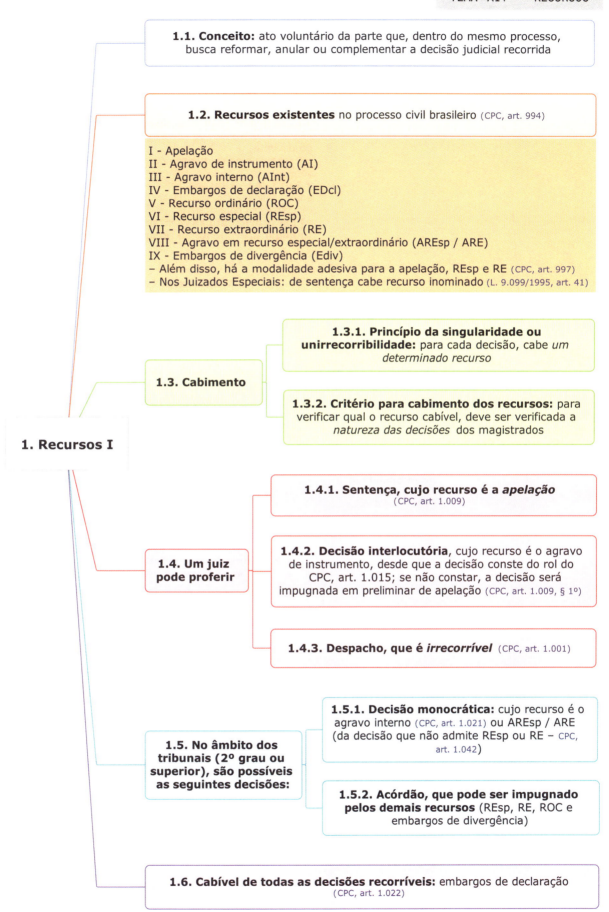

1. Recursos I

1.1. Conceito: ato voluntário da parte que, dentro do mesmo processo, busca reformar, anular ou complementar a decisão judicial recorrida

1.2. Recursos existentes no processo civil brasileiro (CPC, art. 994)

I - Apelação
II - Agravo de instrumento (AI)
III - Agravo interno (AInt)
IV - Embargos de declaração (EDcl)
V - Recurso ordinário (ROC)
VI - Recurso especial (REsp)
VII - Recurso extraordinário (RE)
VIII - Agravo em recurso especial/extraordinário (AREsp / ARE)
IX - Embargos de divergência (Ediv)
– Além disso, há a modalidade adesiva para a apelação, REsp e RE (CPC, art. 997)
– Nos Juizados Especiais: de sentença cabe recurso inominado (L. 9.099/1995, art. 41)

1.3. Cabimento

1.3.1. Princípio da singularidade ou unirrecorribilidade: para cada decisão, cabe *um determinado recurso*

1.3.2. Critério para cabimento dos recursos: para verificar qual o recurso cabível, deve ser verificada a *natureza das decisões* dos magistrados

1.4. Um juiz pode proferir

1.4.1. Sentença, cujo recurso é a *apelação* (CPC, art. 1.009)

1.4.2. Decisão interlocutória, cujo recurso é o agravo de instrumento, desde que a decisão conste do rol do CPC, art. 1.015; se não constar, a decisão será impugnada em preliminar de apelação (CPC, art. 1.009, § 1º)

1.4.3. Despacho, que é *irrecorrível* (CPC, art. 1.001)

1.5. No âmbito dos tribunais (2º grau ou superior), são possíveis as seguintes decisões:

1.5.1. Decisão monocrática: cujo recurso é o agravo interno (CPC, art. 1.021) ou AREsp / ARE (da decisão que não admite REsp ou RE – CPC, art. 1.042)

1.5.2. Acórdão, que pode ser impugnado pelos demais recursos (REsp, RE, ROC e embargos de divergência)

1.6. Cabível de todas as decisões recorríveis: embargos de declaração (CPC, art. 1.022)

DIREITO PROCESSUAL CIVIL
Tema XIV - Recursos

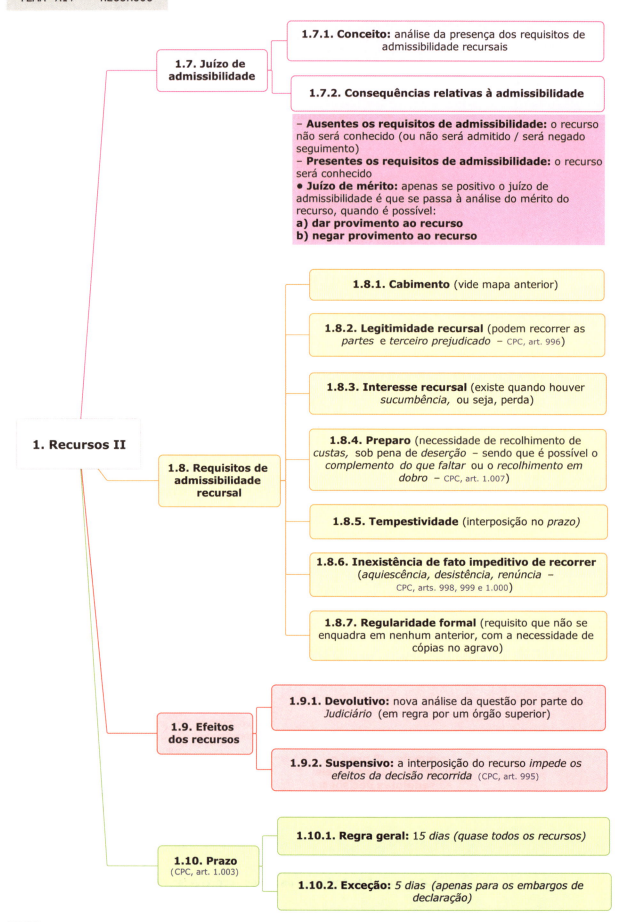

1. Recursos II

- **1.7. Juízo de admissibilidade**
  - **1.7.1. Conceito:** análise da presença dos requisitos de admissibilidade recursais
  - **1.7.2. Consequências relativas à admissibilidade**
    - **Ausentes os requisitos de admissibilidade:** o recurso não será conhecido (ou não será admitido / será negado seguimento)
    - **Presentes os requisitos de admissibilidade:** o recurso será conhecido
    - **Juízo de mérito:** apenas se positivo o juízo de admissibilidade é que se passa à análise do mérito do recurso, quando é possível:
      a) dar provimento ao recurso
      b) negar provimento ao recurso

- **1.8. Requisitos de admissibilidade recursal**
  - **1.8.1. Cabimento** (vide mapa anterior)
  - **1.8.2. Legitimidade recursal** (podem recorrer as *partes* e *terceiro prejudicado* – CPC, art. 996)
  - **1.8.3. Interesse recursal** (existe quando houver *sucumbência*, ou seja, perda)
  - **1.8.4. Preparo** (necessidade de recolhimento de *custas*, sob pena de *deserção* – sendo que é possível o *complemento* do que faltar ou o *recolhimento em dobro* – CPC, art. 1.007)
  - **1.8.5. Tempestividade** (interposição no *prazo*)
  - **1.8.6. Inexistência de fato impeditivo de recorrer** (*aquiescência, desistência, renúncia* – CPC, arts. 998, 999 e 1.000)
  - **1.8.7. Regularidade formal** (requisito que não se enquadra em nenhum anterior, com a necessidade de cópias no agravo)

- **1.9. Efeitos dos recursos**
  - **1.9.1. Devolutivo:** nova análise da questão por parte do *Judiciário* (em regra por um órgão superior)
  - **1.9.2. Suspensivo:** a interposição do recurso *impede os efeitos da decisão recorrida* (CPC, art. 995)

- **1.10. Prazo** (CPC, art. 1.003)
  - **1.10.1. Regra geral:** 15 dias (quase todos os recursos)
  - **1.10.2. Exceção:** 5 dias (apenas para os embargos de declaração)

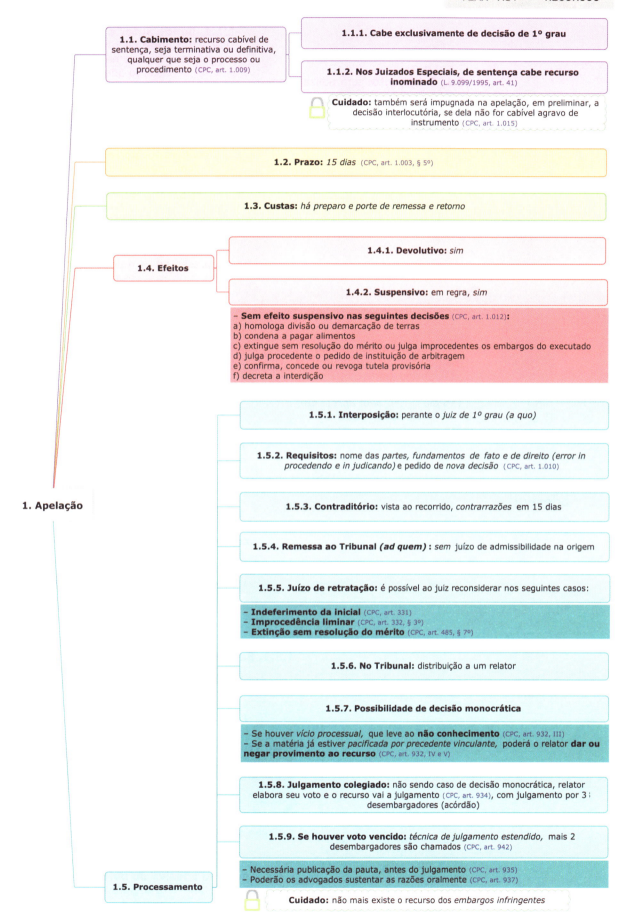

DIREITO PROCESSUAL CIVIL
Tema XIV - Recursos

1. Apelação adesiva

- **1.1. Cabimento:** será utilizada no caso de *sucumbência recíproca* (autor e réu sucumbiram em algum grau, o que ocorre no caso de **procedência parcial do pedido**)
  - **1.1.1. Sendo autor e réu vencidos, cada um pode recorrer de forma autônoma** – isso não se trata de recurso adesivo
  - **1.1.2. Se apenas uma das partes recorrer, só a situação do recorrente pode melhorar** (considerando a vedação da *reformatio in pejus* – ou seja, não pode haver a reforma para pior)

- **1.2. Processamento.** Se houver a apelação de uma das partes, pode o recorrido, no prazo das contrarrazões (15 dias), *também apresentar a apelação adesiva*
  - **1.2.1.** A apelação adesiva é apresentada em peça distinta das contrarrazões (CPC, art. 997)
  - **1.2.2. A apelação adesiva tem todos os requisitos de admissibilidade da apelação regular**
  - **1.2.3. Após a interposição da apelação adesiva, será aberta *vista à parte contrária,*** para apresentação de contrarrazões à apelação adesiva
  - **1.2.4. O conhecimento da apelação adesiva fica condicionado ao conhecimento da apelação principal.** Assim, se for intempestiva ou houver a desistência da apelação principal, também não será conhecida a apelação adesiva

- **1.3. Exemplo:** pedido de dano material de R$ 10 mil
  - **1.3.1. Sentença:** parcial procedência do pedido, no valor de R$ 5 mil
  - **1.3.2. Apelação apenas do réu**
    - **No Tribunal, possibilidade de:** (i) manutenção de R$ 10 mil (recurso negado), (ii) redução do valor (recurso parcialmente provido) ou (iii) afastamento da condenação (recurso totalmente provido)
    - **No Tribunal, impossibilidade de:** majoração do valor da indenização
  - **1.3.3. Apelação adesiva do autor:** possibilidade de, no Tribunal, haver a majoração da apelação

DIREITO PROCESSUAL CIVIL

Tema XIV - Recursos

1. Agravo de instrumento

- **1.1. Cabimento:** somente cabe AI nos casos previstos no Código (CPC, art. 1.015):

  Atenção: é taxativo o rol do art. 1.015? A polêmica é grande, e decidiu o STJ, em recurso repetitivo, que estamos diante de uma "taxatividade mitigada", cabendo agravo "quando verificada a urgência decorrente da inutilidade do julgamento da questão no recurso de apelação" (REsp 1.696.396 e 1.704.520)

  - 1.1.1. Tutelas provisórias
  - 1.1.2. Mérito do processo
  - 1.1.3. Rejeição da alegação de convenção de arbitragem
  - 1.1.4. Incidente de desconsideração da personalidade jurídica (IDPJ)
  - 1.1.5. Rejeição do pedido de gratuidade da justiça
  - 1.1.6. Exibição ou posse de documento ou coisa
  - 1.1.7. Exclusão de litisconsorte
  - 1.1.8. Rejeição do pedido de limitação do litisconsórcio
  - 1.1.9. Admissão ou inadmissão de intervenção de terceiros
  - 1.1.10. Concessão, modificação ou revogação do efeito suspensivo aos embargos à execução
  - 1.1.11. Redistribuição do ônus da prova nos termos do art. 373, § 1º
  - 1.1.12. Outros casos expressamente referidos em lei
  - 1.1.13. Qualquer decisão proferida na fase de liquidação de sentença
  - 1.1.14. Qualquer decisão proferida na fase de cumprimento de sentença
  - 1.1.15. Qualquer decisão proferida no processo de execução
  - 1.1.16. Qualquer decisão proferida no processo de inventário

- **1.2. Prazo:** *15 dias*

- **1.3. Custas:** há preparo e porte de retorno

- **1.4. Efeitos**
  - 1.4.1. **Devolutivo:** *sim*
  - 1.4.2. **Suspensivo:** em regra, *não* (pode o relator conceder)

- **1.5. Processamento**
  - 1.5.1. **Interposição:** diretamente no Tribunal (juízo *ad quem*)

    Atenção: ÚNICO caso em que o recurso é interposto diretamente no juízo de destino

  - 1.5.2. **Requisitos:** necessidade de documentos para formar o instrumento (CPC, art. 1.017, I: obrigatoriamente, com cópias da petição inicial, da contestação, da petição que ensejou a decisão agravada, da própria decisão agravada, da certidão da respectiva intimação ou outro documento oficial que comprove a tempestividade e das procurações outorgadas aos advogados do agravante e do agravado) – salvo se for processo eletrônico (art. 1.017, § 5º)

    – Agravante pode substituir documentos por declaração de que não existem alguns dos documentos (art. 1.017, II)
    – **Se faltar alguma peça:** relator deve dar *oportunidade de corrigir o vício* (art. 1.017, § 3º)

  - 1.5.3. **Contraditório:** recorrido apresentará *contrarrazões ou contraminuta*, em 15 dias
  - 1.5.4. **Em 3 dias após a interposição:** se os autos forem *físicos*, agravante deve juntar *cópia do agravo e documentos* na origem (CPC, art. 1.018)
  - 1.5.5. Relator, ao receber o recurso
  - 1.5.6. **Sustentação oral:** somente cabe no "no agravo de instrumento interposto contra decisões interlocutórias que versem sobre tutelas provisórias de urgência ou da evidência" (CPC, art. 937, VIII)

    – Pode conceder ou negar o efeito suspensivo / antecipação de tutela recursal
    – Cabe julgamento monocrático nos mesmos casos da apelação

DIREITO PROCESSUAL CIVIL
Tema XIV - Recursos

1. Embargos de declaração

- **1.1. Cabimento** (CPC, art. 1.022): cabíveis de decisão que tiver *omissão, contradição, obscuridade* ou *erro material*
  - **1.1.1. Cabível de qualquer decisão com carga decisória** (salvo despacho), em *qualquer grau*

- **1.2. Prazo:** *5 dias* (CPC, art. 1.003, § 5º)
  - *Cuidado:* **único** recurso com prazo de 5 dias

- **1.3. Custas:** não há custas

- **1.4. Efeitos**
  - **1.4.1. Devolutivo:** *sim*
  - **1.4.2. Suspensivo:** em regra, *não* (mas pode o juiz ou relator conceder esse efeito ao recurso)
  - – Poderá ser concedido **efeito suspensivo / antecipação de tutela recursal** se houver *dano grave* e *probabilidade de provimento* do recurso (CPC, arts. 995 e 1.026)

- **1.5. Processamento**
  - **1.5.1. Interposição:** perante o próprio órgão prolator, seja juiz, relator ou turma julgadora (*juízo a quo = juízo ad quem*)
  - **1.5.2. Interrupção do prazo para os demais recursos**
  - – **Não é possível a interposição simultânea de dois recursos** (princípio da unirrecorribilidade). **Exemplo:** primeiro há a oposição dos **declaratórios** de sentença e, após a decisão, será *interposta a apelação*
  - **1.5.3. Contraditório:** em regra, não há
  - **Exceção:** se os declaratórios puderem ser recebidos com *efeitos modificativos ou infringentes*, antes deverá o julgador abrir *vista para contrarrazões* (CPC, art. 1.023, § 2º)
  - **1.5.4. Prequestionamento:** os declaratórios podem ser utilizados para fins de prequestionamento (requisitos do REsp e RE), no chamado prequestionamento ficto ou virtual (CPC, art. 1.025)
  - **1.5.5. Embargos de decisão monocrática:** quando opostos dessa decisão, devem ser julgados pelo **próprio relator**, monocraticamente (CPC, art. 1.024, § 2º)
  - – **Conversão em agravo interno:** se o relator entender que a finalidade é reformar a monocrática, poderá haverá a *conversão em agravo interno* – mas o recorrente deve ser intimado para ajustar o recurso (CPC, art. 1.024, § 3º)
  - **1.5.6. Embargos protelatórios:** são penalizados com multa não superior a 2% do valor atualizado da causa (CPC, art. 1.026, § 2º)
  - – **Reiteração de embargos protelatórios**
    a) **Multa será aumentada para 10%** do valor atualizado da causa, e a interposição do outro recurso ficará condicionada ao depósito prévio do valor da multa (CPC, art. 1.026, § 3º)
    b) **Vedada a oposição de novos declaratórios** (CPC, art. 1.026, § 4º)

DIREITO PROCESSUAL CIVIL

Tema XIV - Recursos

1. Agravo interno

1.1. Cabimento (CPC, art. 1.021): impugna decisão monocrática proferida por relator

1.1.1. Cabe também da *decisão da presidência do Tribunal de 2º grau* que aplica ao REsp e RE o regime da *repercussão geral ou repetitivos* (CPC, art. 1.030, § 2º)

1.2. Prazo: 15 dias (CPC, art. 1.003, § 5º)

1.3. Custas: *não há* previsão no CPC (pode haver em regimentos internos de tribunais)

1.4. Efeitos: apenas *efeito devolutivo*

1.5. Processamento

1.5.1. Interposição: perante o próprio relator

1.5.2. Contraditório: há *contrarrazões* por parte do recorrido, no prazo de 15 dias

1.5.3. Julgamento: dará origem a uma decisão colegiada (acórdão)

– **Não pode o relator só reproduzir** os "fundamentos da decisão agravada para julgar improcedente o agravo interno" (§ 3º) – Se o recurso for inadmissível ou improcedente em votação unânime, haverá multa, entre 1 e 5% do valor atualizado da causa (§ 4º)

DIREITO PROCESSUAL CIVIL
Tema XIV - Recursos

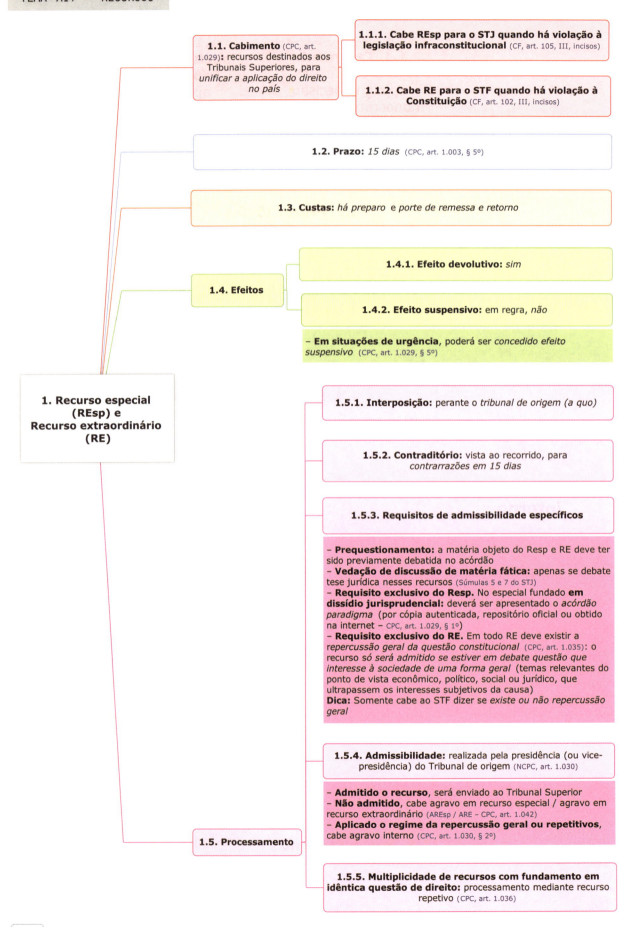

DIREITO PROCESSUAL CIVIL
Tema XIV - Recursos

1. Agravo em Resp (AREsp) e Agravo em RE (ARE)

- **1.1. Cabimento** (CPC, art. 1.042): impugna decisão monocrática proferida por presidente (ou vice-presidente) de tribunal que não admite REsp ou RE
  - **1.1.1. Objetivo** é "destrancar" o recurso não admitido ou "fazer subir" o recurso para Brasília (também conhecido como agravo de decisão denegatória)
  - **Atenção:** Se a decisão de inadmissão do REsp/RE **decorrer de recurso repetitivo ou repercussão geral**, então não será cabível AREsp/ARE, mas sim *agravo* interno (CPC, art. 1.030, § 2º). E não há fungibilidade nesse caso

- **1.2. Prazo:** *15 dias* (CPC, art. 1.003, § 5º)

- **1.3. Custas:** *não há* (CPC, art. 1.042, § 2º)

- **1.4. Efeitos:** somente efeito devolutivo

- **1.5. Pode-se tentar a concessão de efeito suspensivo no REsp e RE**, mas *não no AREsp e ARE*

- **1.6. Processamento**
  - **1.6.1. Interposição:** perante a *presidência do tribunal de origem (a quo)*
  - **1.6.2. Contraditório:** vista ao recorrido, para *contrarrazões em 15 dias*
  - **1.6.3. Juízo de retratação:** *existe,* se houver o Resp ou RE será admitido
  - – **Se não houver retratação:** *autos, na íntegra, serão encaminhados para o Tribunal Superior* (CPC, art. 1.042, § 4º)
  - **1.6.4. Inadmissão de REsp e RE:** deve haver a *interposição de AREsp e ARE*
  - **1.6.5. Julgamento conjunto do agravo e do recurso:** pode o ministro no Tribunal Superior julgar, em conjunto, o agravo e respectivo recurso, *caso em que será permitida sustentação oral*

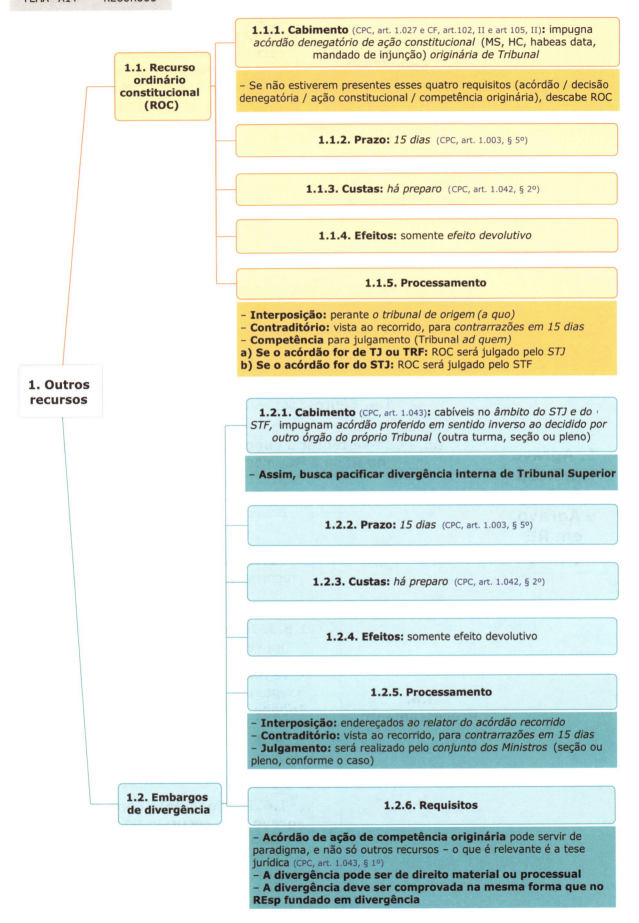

DIREITO PROCESSUAL CIVIL
Tema XV - Precedentes

1. Precedentes

- **1.1. Atributos da jurisprudência** (CPC, art. 926)
  - 1.1.1. Uniforme
  - 1.1.2. Íntegra
  - 1.1.3. Estável
  - 1.1.4. Coerente

- **1.2. Precedente vinculantes** (CPC, art. 927): devem ser observados por todos os juízes e tribunais
  - 1.2.1. Decisões do STF em controle concentrado (basicamente ADI, ADC, ADPF)
  - 1.2.2. Súmula vinculante
  - 1.2.3. Acórdãos em IAC, IRDR e recursos repetitivos
  - 1.2.4. Demais súmulas do STF em matéria constitucional e súmulas do STJ em matéria infraconstitucional
  - 1.2.5. Orientação do plenário ou do órgão especial de todos os tribunais, em relação aos juízes abaixo desse tribunal
  - 1.2.6. Precedente somente poderá não ser aplicado

    – **Distinção** *(distinguishing)*: caso concreto é *distinto do caso que deu origem ao precedente*
    – **Superação** *(overruling)*: mudança legislativa e/ou da sociedade justificam a *evolução do entendimento jurisprudencial*
    – Para que haja a superação é possível:
    a) **A realização de audiências públicas** (CPC, art. 927, § 2º)
    b) **A participação de *amicus curiae*,** para trazer esclarecimentos quanto ao tema (CPC, art. 927, § 2º)
    c) **A modulação dos efeitos da mudança jurisprudencial,** ou seja, que o novo entendimento só seja aplicado *a partir de determinado momento* (CPC, art. 927, § 3º)
    d) **Há necessidade de fundamentação adequada e específica** (CPC, art. 927, § 4º)
    – **Publicidade dos precedentes** (CPC, art. 927, §§ 5º): os tribunais darão *publicidade a seus precedentes,* organizando-os por questão jurídica decidida e divulgando-os, preferencialmente, na *rede mundial de computadores*

DIREITO PROCESSUAL CIVIL
Tema XV - Precedentes

1. IRDR e IAC

1.1. Incidente de resolução de demandas repetitivas (IRDR) (CPC, art. 976)

1.1.1. Finalidade: pacificar o entendimento a respeito de uma *questão repetitiva* que venha recebendo *decisões divergentes*

1.1.2. Requisitos
- Efetiva repetição de processos
- Controvérsia sobre mesma questão de direito (descabe em relação a *questão de fato*)
- Risco de ofensa à isonomia e à segurança jurídica
- Não esteja afetado Resp ou RE repetitivo sobre a mesma matéria

1.1.3. Competência: será dirigido ao **TJ** ou **TRF**

1.1.4. Legitimidade para requerer ou instaurar (CPC, art. 977)
- Juiz ou relator
- Partes
- MP ou Defensoria

1.1.5. Efeitos da admissão (CPC, art. 982)
- **Suspensão dos processos individuais e coletivos** pendentes por um ano, no âmbito do tribunal (CPC, art. 980)
- **Dica:** a suspensão pode ser ampliada, a pedido, para todo o país – *a ser deferida pelo STJ/F* (CPC, art. 982, § 3º e art. 1.029, § 4º)
- Relator poderá requerer informações a juízos onde tem processos repetitivos
- **MP será intimado a se manifestar**, em 15 dias (CPC, art. 976, § 2º)

1.1.6. Decisão do IRDR (CPC, art. 985)
- **Quanto aos processos suspensos:** será aplicada a tese do IRDR a *todos os processos individuais ou coletivos*, inclusive àqueles que tramitem nos *juizados especiais* do respectivo Estado ou região
- **Quanto aos casos futuros:** tratando-se da *mesma questão de direito*, também deverá ser *aplicada a mesma tese jurídica*, salvo no caso de revisão (CPC, art. 986)

1.1.7. REsp ou RE no IRDR (CPC, art. 987)
- **Características**
a) Possuem efeito suspensivo
b) A repercussão geral no RE é presumida
c) Acarretam a suspensão dos processos individuais em nível nacional
d) Julgados os recursos, ampliam os efeitos do julgamento do IRDR para nível nacional

1.2. Incidente de assunção de competência (IAC)

1.2.1. Cabimento (CPC, art. 947): recurso, remessa necessária ou ação originária com relevante questão de direito:
- **Com grande repercussão social**, mas *sem repetitividade*
- **A respeito da qual seja conveniente evitar divergência**

1.2.2. Legitimidade
- Relator, de ofício
- Requerimento da parte

1.2.3. Decisão: o acórdão proferido em IAC *vinculará todos os juízes e órgãos fracionários*, exceto se houver revisão de tese

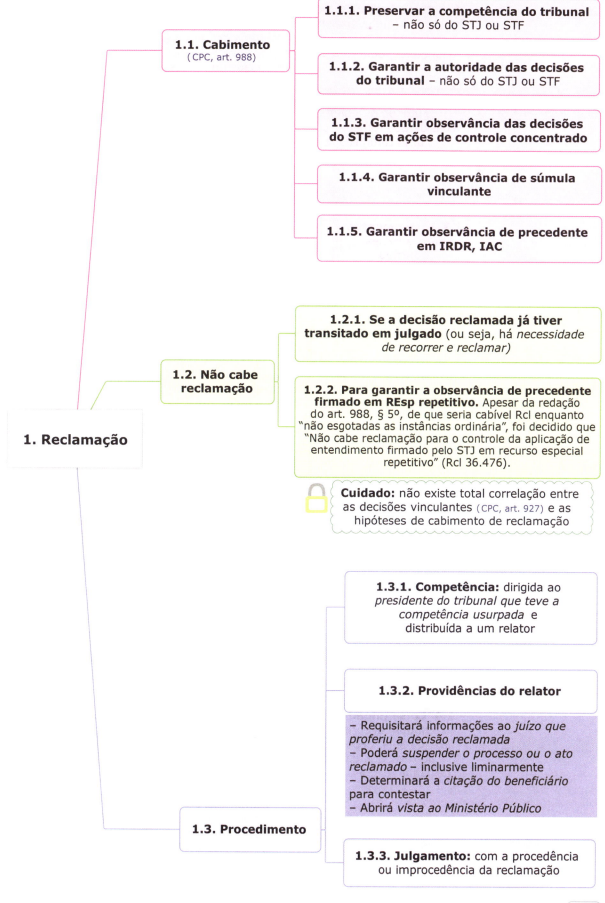

DIREITO PROCESSUAL CIVIL
Tema XVI - Processo Coletivo

1. Processo coletivo

1.1. Introdução: O CPC trata a lide do ponto de vista do indivíduo versus indivíduo (ou, eventualmente, em litisconsórcio). Na sociedade de massas em que vivemos, muitos conflitos passaram a ocorrer em grande quantidade, de forma análoga (consumidor, meio ambiente, idoso, criança etc.). Daí a necessidade do processo coletivo

1.2. Conceito: "Ação coletiva é a ação proposta por um legitimado autônomo (legitimidade), em defesa de um direito coletivamente considerado (objeto), cuja imutabilidade do comando da sentença atingirá uma comunidade ou coletividade (coisa julgada)" (Antonio Gidi)

1.3. Instrumentos para a tutela coletiva

1.3.1 Ação popular (Lei 4.717/1965)

- **Legitimidade ativa:** é do cidadão (prova da cidadania é feita com título de eleitor)
- **Objeto:** defesa do patrimônio público (declaração de nulidade dos atos lesivos a qualquer ente ligado ao Estado)

1.3.2. Ação civil pública (Lei 7.34719/85 – LACP)

- **Legitimidade não é do indivíduo, mas de alguma entidade** (art. 5º): (i) MP, (ii) defensoria, (iii) União, Estados, DF e Municípios; (iv) autarquia, empresa pública, fundação ou sociedade de economia mista; V
- **A associação que:**
a) esteja constituída há pelo menos 1 ano e que
b) inclua, entre suas finalidades institucionais, a proteção de algum direito objeto da ACP
- **O Objeto** (art. 1º): defesa do(a): (i)meio ambiente; (ii)consumidor; (iii)bens de valor artístico, estético, histórico, turístico e paisagístico; (iv) qualquer outro interesse difuso ou coletivo. (v) infração da ordem econômica; (vi) ordem urbanística; (vii) honra e à dignidade de grupos raciais, étnicos ou religiosos; (viii) patrimônio público e social

1.4. Coisa julgada: é *secundum eventum litis*, ou seja, depende do resultado da demanda (CDC, art. 103)

1.4.1. No caso de direitos difusos, a coisa julgada será erga omnes no caso de procedência, ou seja, a coisa julgada só terá eficácia em relação a todos se o pedido for julgado procedente. Se for improcedente por insuficiência de provas, qualquer legitimado poderá intentar outra ação, mediante nova prova (CDC, art. 103, § 1º)

1.4.2. No caso de direitos coletivos, a situação é semelhante aos direitos difusos, mas, se procedente, será ultra partes, limitada ao grupo, categoria ou classe

1.4.3. No caso de direitos individuais homogêneos, haverá coisa julgada erga omnes na hipótese de procedência. No caso de improcedência (qualquer que seja a causa), o indivíduo, salvo se não tiver se habilitado como litisconsorte, poderá propor ação individual

DIREITO ADMINISTRATIVO

Wander Garcia   Rodrigo Bordalo

Material complementar de Direito Administrativo está disponível online pelo site da Editora Foco, no link:
www.editorafoco.com.br/atualizacao

DIREITO ADMINISTRATIVO

Tema I - Regime Jurídico-Administrativo

1. Regime Jurídico-Administrativo

1.1. Atividade Administrativa

1.1.1. Conceito: atividade de executar concreta, direta e imediatamente a lei

Exemplos: fiscalização de trânsito, fiscalização de obras, fiscalização de posturas, fiscalização sanitária, gestão de serviços públicos (transporte, lixo etc)

1.1.2. Regime jurídico: de direito público, em que vigem dois princípios basilares, quais sejam, o da *supremacia do interesse público sobre o privado* e o da *indisponibilidade do interesse público*

Dica: no regime de direito privado, ao contrário, há dois princípios basilares bem diferentes: o da *igualdade* e o da *autonomia da vontade*

1.2. Conceito de Administração Pública:

1.2.1. Em sentido *formal*: a Administração é o conjunto de **órgãos** instituídos para consecução dos fins do governo (que é o comando, a iniciativa)

1.2.2. Em sentido *material*: a Administração é o conjunto das **funções** necessárias aos serviços públicos em geral

1.2.3. Em sentido operacional: a Administração é o **desempenho** sistemático dos serviços estatais

1.3. Transformações no Direito Administrativo moderno:

– Constitucionalização do Direito Administrativo
– Multiplicação de microssistemas administrativos – diversas leis pontuais e não um grande código
– Multiplicação das leis gerais nacionais de poder de polícia para a defesa de interesses difusos e coletivos
– Maior ingerência do Judiciário nas condutas omissivas e comissivas da Administração
– Maior participação popular
– Responsabilidade fiscal e responsabilização pessoal dos agentes públicos
– Busca da eficiência
a) Desburocratização
b) Transparência absoluta
c) Adoção de práticas privadas
d) Desestatização
e) Participação do Terceiro Setor
f) Dinamismo

1.4. Funções próprias da Administração Pública Moderna:

– Regulação de atividades e serviços públicos
– Prestação direta ou indireta de serviços públicos
– Fiscalização das concessões e permissões
– Poder de polícia
– Gestão de bens e agentes públicos
– Previdência pública obrigatória
– Fomento de certas atividades

1.5. Sistemas de controle jurisdicional da Administração:

1.5.1. Sistema do Contencioso Administrativo (Sistema Francês): trata-se da chamada *dualidade de jurisdição* (ou *contencioso administrativo*), em que um órgão exerce a jurisdição sobre os atos administrativos e outro órgão, o Poder Judiciário, a exerce sobre os demais atos e fatos jurídicos

Dica: na França, por exemplo, o Conselho de Estado é quem faz esse papel de exercer a jurisdição sobre atos administrativos, ficando o Judiciário responsável pelos demais conflitos de interesse

1.5.2. Sistema judiciário (sistema inglês): adotado pelo Brasil, no qual se tem jurisdição única, de maneira que compete apenas ao Poder Judiciário a jurisdição sobre o controle de atos administrativos postos em disputa

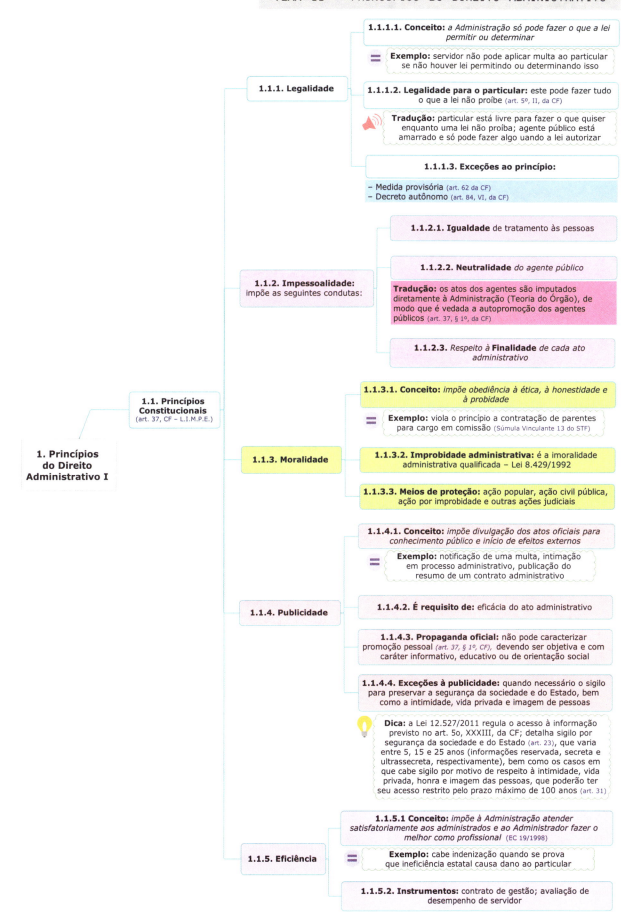

DIREITO ADMINISTRATIVO
Tema II - Princípios do Direito Administrativo

1. Princípios do Direito Administrativo II

1.3. Princípios não expressos na CF I

1.3.1. Razoabilidade

1.3.1.1. Conceito: impõe adequação entre os meios e fins previstos em lei (art. 2º, caput e parágrafo único, VI, da Lei 9.784/1999)

= **Exemplos:** viola o princípio a *demissão* de um servidor por uma mera 'falta leve' deste

1.3.1.2. Incidência do princípio: sobre atos *discricionários*, diminuindo a margem de liberdade

1.3.1.3. Princípio da Proporcionalidade: é a medida da razoabilidade; a *razoabilidade* tem fundamento nas noções de racionalidade e equilíbrio (mais subjetivas) e a *proporcionalidade* nas noções de adequação, necessidade e ponderação (mais objetivas)

1.3.1.4. Critérios para a aplicação da proporcionalidade na restrição a direitos fundamentais:

– **Adequação:** eficácia do meio escolhido
– **Necessidade:** uso do meio menos restritivo ou gravoso para atingir a finalidade, face ao indivíduo paciente
– **Proporcionalidade em sentido estrito:** ponderação entre os benefícios alcançados com o ato e os danos por ele causados

1.3.1.5. Consequências práticas: nas esferas administrativa, controladora e judicial, não se decidirá com base em valores jurídicos abstratos sem que sejam consideradas as consequências práticas da decisão (art. 20, caput, LINDB)

1.3.2. Motivação

1.3.2.1. Conceito: impõe a indicação dos pressupostos de fato e de direito que determinam um ato administrativo (arts. 2º, *caput* e parágrafo único, VII, e 50 da Lei 9.784/1999; art. 93, X, da CF)

= **Exemplo:** uma multa de trânsito (ato administrativo) deve conter os fatos ocorridos (exemplo: narrativa de que alguém estava em velocidade "x", acima da permitida) e o direito aplicável (exemplo: incidência do dispositivo do Código de Trânsito que trata da multa para quem trafega acima da velocidade)

🚫 **Exceções:** a motivação não precisa ser feita nos casos em que a lei a dispensar, como na nomeação e exoneração de alguém para cargo em comissão (art. 37, II, da CF)

1.3.2.2. Motivação aliunde: ocorre quando um ato administrativo é motivado em parecer anterior dado no processo; a lei admite (art. 50, § 1º, da Lei 9.784/1999)

1.3.2.3. Requisitos: a motivação demonstrará a necessidade e a adequação da medida imposta ou da invalidação de ato, contrato, ajuste, processo ou norma administrativa, inclusive em face das possíveis alternativas (art. 20, p. ún., LINDB)

💡 **Dica:** a motivação das decisões de órgãos colegiados e comissões ou de decisões orais constará da respectiva ata ou de termo escrito (art. 50, § 3º, da Lei 9.784/1999)

1.3.3. Segurança Jurídica

1.3.3.1. Conceito: impõe maior estabilidade nas relações jurídicas (art. 2º, caput, da Lei 9.784/1999)

1.3.3.2. Consequências:

– Impõe respeito **ao direito adquirido, à coisa julgada** e ao **ato jurídico perfeito**
– Permite **convalidação** de ato anulável (art. 55 da Lei 9.784/1999)
– Permite a **conversão** de um ato nulo e um outro ato que preenche os requisitos legais (art. 170 do CC)
– **Impede a anulação de um ato que beneficia terceiro de boa-fé** após 5 anos de sua expedição (art. 54, caput, da Lei 9.784/1999)
– **Impede a retroação de uma nova interpretação** por parte da administração (art. 2º, par. único XIII, da Lei 9.784/1999)

💡 **Dica:** esse princípio, apesar de sua força, não gera direito adquirido a um regime funcional ou contratual; assim, um servidor público não pode se opor a uma mudança legal no seu regime de trabalho

⚠️ **Atenção absoluta:** a LINDB criou regras que impactarão na aplicação prática desse princípio (arts. 23, 24, 26, 27 e 30)
- A decisão administrativa, controladora ou judicial que estabelecer interpretação ou orientação nova sobre norma de conteúdo indeterminado, impondo novo dever ou novo condicionamento, preverá regime de transição quando indispensável ao seu cumprimento adequado
- A revisão quanto à validade de tais atos cuja produção já se houver completado levará em conta as orientações gerais da época, sendo vedado que, com base em mudança posterior de orientação geral, se declarem inválidas situações plenamente constituídas
- Consideram-se orientações gerais as interpretações e especificações contidas em atos públicos de caráter geral ou em jurisprudência judicial ou administrativa majoritária, e ainda as adotadas por prática administrativa reiterada e de amplo conhecimento público
- Para eliminar irregularidade, incerteza jurídica ou situação contenciosa na aplicação da lei, a autoridade administrativa poderá, após oitiva do órgão jurídico e, se o caso, após consulta pública, havendo relevante interesse geral, celebrar compromisso com os interessados, o qual só produzirá efeitos a partir de sua publicação oficial
- A decisão do processo, nas esferas administrativa, controladora ou judicial, poderá impor compensação por benefícios indevidos ou prejuízos anormais ou injustos resultantes do processo ou da conduta dos envolvidos. Para prevenir ou regular a compensação, poderá ser celebrado compromisso processual entre os envolvidos
- As autoridades públicas devem atuar para aumentar a segurança jurídica na aplicação das normas, inclusive por meio de regulamentos, súmulas administrativas e respostas a consultas, que terão caráter vinculante em relação ao órgão ou entidade a que se destinam, até ulterior revisão

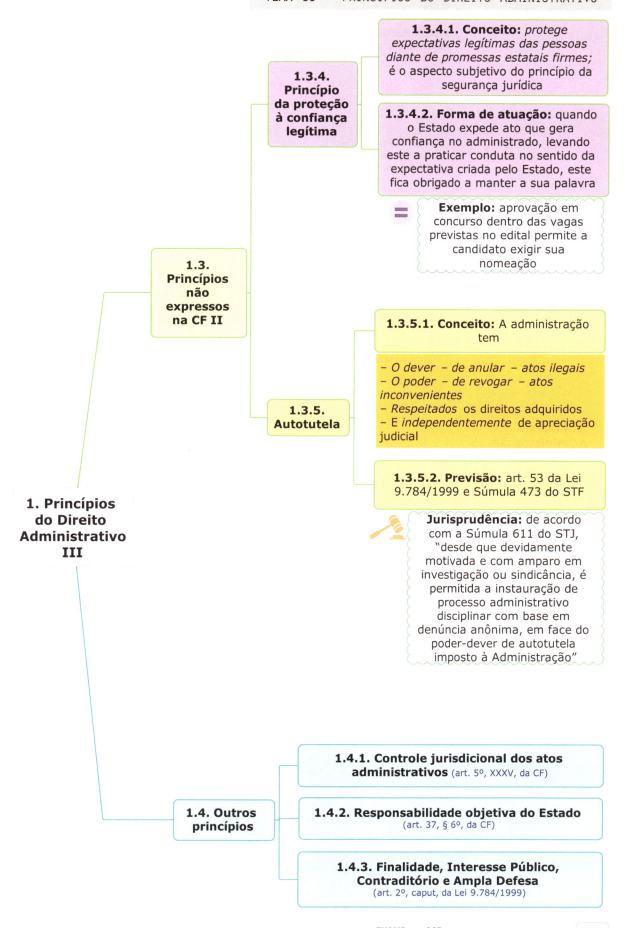

DIREITO ADMINISTRATIVO
Tema III - Poderes da Administração Pública

1. Poderes da Administração Pública I

1.1. Poder vinculado: *aquele em que a lei estabelece* **objetiva e claramente** *a competência, os elementos e os requisitos para a formalização do ato administrativo;*

 Exemplo: o poder para aplicar uma multa de trânsito por excesso de velocidade

1.2. Poder discricionário: *aquele em que a lei confere* **margem de liberdade** *à Administração na escolha da conveniência, oportunidade e conteúdo do ato administrativo;*

Exemplo: o poder para escolher qual imóvel será desapropriado

1.3. Poder hierárquico: *aquele pelo qual a Administração pode* **distribuir** *e escalonar funções dos órgãos,* **ordenar** *e* **rever** *a atuação dos agentes, estabelecendo relação de subordinação entre os servidores;*

Exemplo: o superior hierárquico pode avocar para ele (temporariamente) a competência do seu subordinado (art. 15 da Lei 9.784/1999)

 Dica: não confundir o poder *hierárquico*, que se exerce de **órgão para órgão** e é um poder bem amplo, com poder de *controle* ou *tutela*, que se exerce de **pessoa jurídica para pessoa jurídica** e é mais restrito

1.4. Poder regulamentar

1.4.1. Conceito: *é a faculdade de que dispõe os Chefes do Executivo de explicar a lei para a sua correta execução, ou de expedir decretos autônomos sobre matéria de sua competência, quando cabível*

1.4.2. Regra: em geral os regulamentos/decretos são de execução de lei (art. 84, IV, da CF), ou seja, só podem existir se for para explicar uma lei já existente

 Exceção: excepcionalmente, cabem regulamentos /decretos autônomos de lei (art. 84, VI, da CF):
– Decreto sobre organização e funcionamento da administração, desde que não implique aumento de despesa, nem crie ou extinga órgãos
– Decreto para extinguir funções ou cargos, quanto estes estiverem vagos

1.4.4. Características:

– É indelegável (art. 13, I, da Lei 9.784/1999)
– Não pode inovar na ordem jurídica, mas apenas servir de meio para a fiel execução da lei (art. 84, IV, da CF)
– O Congresso pode sustar os atos que exorbitem o poder regulamentar (art. 49, V, da CF)
– O controle jurisdicional concentrado de um regulamento só pode se dar por ação de controle de constitucionalidade

1.5. Poder disciplinar: *aquele pelo qual a Administração pode* **punir** *internamente as infrações funcionais dos servidores e demais pessoas sujeitas à disciplina de seus órgãos e serviços*

DIREITO ADMINISTRATIVO

TEMA III - PODERES DA ADMINISTRAÇÃO PÚBLICA

1. Poderes da Administração Pública II

1.6. Poder de polícia

1.6.1. Conceito: poder de condicionar e restringir a propriedade, as atividades e a liberdade das pessoas, ajustando-as ao interesse da coletividade

1.6.2. Abrange: as **leis** (= limitações administrativas) e **atos administrativos** (= polícia administrativa ou poder de polícia em sentido estrito)

1.6.3. Polícia administrativa (ou poder de polícia em sentido estrito): atividade da Administração de fiscalização do cumprimento das leis (das limitações administrativas);

Dica: essa atividade impõe às pessoas um "não fazer", um "non facere"

1.6.4. Polícia administrativa (poder de polícia) x polícia judiciária

– Atua por variados órgãos x atua por Polícia Civil (PC) ou Polícia Federal (PF)
– Age sobre ilícito administrativo x age sobre ilícito penal
– Age sobre bens e atividades x age sobre pessoas
– Tem atuação preventiva, repressiva e punitiva x atua repressivamente, voltada a investigar ilícitos penais
– É custeada por taxas x é custeada por impostos

1.6.5. Características:

– Pode ser discricionário ou vinculado, conforme a lei
– Pode ter uso da força ou não, conforme a lei
– Abrange genericamente pessoas e atividades
– É exercido privativamente por autoridade pública; o particular só pode contribuir materialmente;

Exemplo: particular contratado pode operar um radar de trânsito, mas quem emite e assina a multa com base na foto do radar é apenas a autoridade pública

1.6.6. Ação punitiva decorrente da polícia administrativa (Lei 9.873/1999)

1.6.6.1. Prazo: prescreve em **5 anos** a ação punitiva da polícia administrativa; esse prazo é contado da prática do ato ou, se a infração for permanente, do dia em que tiver cessado

1.6.6.2. Em caso de ato que também é crime: nesse caso o prazo prescricional é o da lei penal

1.6.6.3. Prescrição intercorrente: ocorre se procedimento ficar parado por mais de 3 anos; pode ser reconhecida de ofício ou a pedido

1.6.6.4. Interrupção do prazo: a prescrição é interrompida pela citação, por ato inequívoco de apuração e por decisão condenatória irrecorrível

1.6.6.5. Suspensão do prazo: a prescrição é suspensa na vigência de Termo de Ajustamento de Conduta (TAC)

1.6.6.6. Execução da punição: uma vez constituído o ato punitivo (exemplo: uma multa), começa a correr um novo prazo prescricional, que é para a execução da punição (no exemplo dado, execução da multa); esse prazo também é de **5 anos**

1.6.6.7. Princípio da intranscendência das sanções: o art. 5º, XLV, da CF dispõe que "nenhuma pena passará da pessoa do condenado, podendo a obrigação de reparar o dano e a decretação do perdimento de bens ser, nos termos da lei, estendidas aos sucessores e contra eles executadas, até o limite do valor do patrimônio transferido"

1.6.6.8. Taxa: o exercício do poder de polícia é hipótese de incidência da "taxa" (art. 145, II, da CF)

DIREITO ADMINISTRATIVO

Tema IV - Atos Administrativos

1. Atos Administrativos - Noções Gerais

1.1. O que é um ato administrativo?

1.1.1. Conceito: *Declarações do Estado ou de quem lhe faça as vezes, no exercício de prerrogativas públicas, destinadas a cumprir concreta, direta e imediatamente a lei*

Dica: repare que há 3 informações-chave: *declaração estatal, rerrogativas públicas* e *cumprimento direto e imediato da lei*. Um ato privado não se encaixa nesse conceito por não haver prerrogativas públicas. Um ato jurisdicional também não, pois depende de provocação, não agindo de modo direto e imediato

Exemplos: uma multa de trânsito, uma pena disciplinar, uma inabilitação de um licitante na licitação; uma ordem para fechar um estabelecimento comercial

1.1.2. Não são atos administrativos

a) Os atos regidos pelo Direito Privado (faltam prerrogativas públicas)
b) Atos materiais ou fatos administrativos (faltam declaração estatal)
c) Atos políticos (são muito discricionários, previstos na própria CF, e têm status superior ao dos meros atos administrativos)

1.1.3. Silêncio administrativo: este só é relevante quando a lei atribuir algum efeito a ele; do contrário, se a Administração não declarar, não se pode inferir nenhum efeito jurídico

1.2. Planos do ato administrativo

1.2.1. Existência: plano em que o ciclo de formação de um ato administrativo está totalmente cumprido

Exemplo: no momento em que um policial de trânsito preenche e assina uma multa, ela passa a *existir*, pouco importando se a multa, é válida ou não

1.2.2. Validade: plano em que um ato existente é também compatível com a ordem jurídica

Exemplo: se a multa já preenchida e assinada é também feita conforme a lei, pode-se dizer que ela é também *válida*

1.2.3. Eficácia: plano em que um ato existente já tem aptidão para produzir efeitos

Exemplo: uma multa preenchida e assinada, caso venha a ser objeto de notificação do infrator passará a ter *eficácia* também

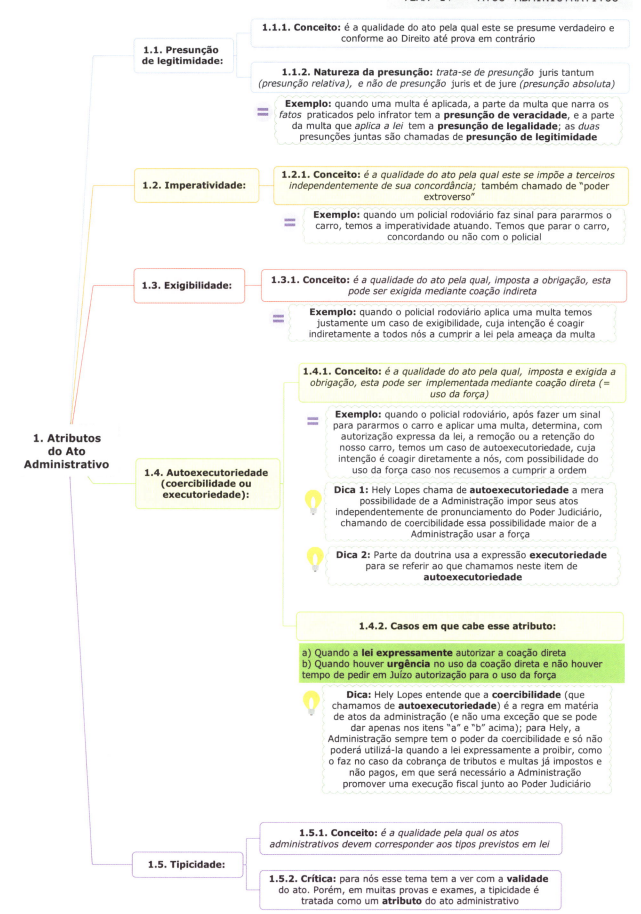

DIREITO ADMINISTRATIVO

Tema IV - Atos Administrativos

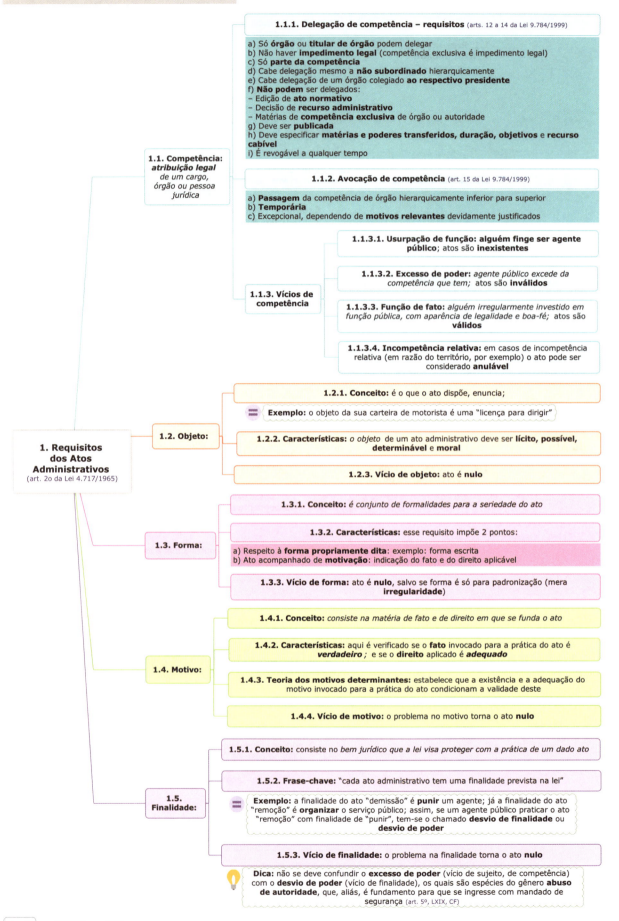

1. Requisitos dos Atos Administrativos (art. 2o da Lei 4.717/1965)

1.1. Competência: *atribuição legal de um cargo, órgão ou pessoa jurídica*

1.1.1. Delegação de competência – requisitos (arts. 12 a 14 da Lei 9.784/1999)

a) Só **órgão** ou **titular de órgão** podem delegar
b) Não haver **impedimento legal** (competência exclusiva é impedimento legal)
c) Só **parte da competência**
d) Cabe delegação mesmo a **não subordinado** hierarquicamente
e) Cabe delegação de um órgão colegiado **ao respectivo presidente**
f) **Não podem** ser delegados:
– Edição de **ato normativo**
– Decisão de **recurso administrativo**
– Matérias de **competência exclusiva** de órgão ou autoridade
g) Deve ser **publicada**
h) Deve especificar **matérias e poderes transferidos, duração, objetivos** e **recurso cabível**
i) É revogável a qualquer tempo

1.1.2. Avocação de competência (art. 15 da Lei 9.784/1999)

a) **Passagem** da competência de órgão hierarquicamente inferior para superior
b) **Temporária**
c) Excepcional, dependendo de **motivos relevantes** devidamente justificados

1.1.3. Vícios de competência

1.1.3.1. Usurpação de função: alguém finge ser agente público; atos são **inexistentes**

1.1.3.2. Excesso de poder: *agente público excede da competência que tem;* atos são **inválidos**

1.1.3.3. Função de fato: *alguém irregularmente investido em função pública, com aparência de legalidade e boa-fé;* atos são **válidos**

1.1.3.4. Incompetência relativa: em casos de incompetência relativa (em razão do território, por exemplo) o ato pode ser considerado **anulável**

1.2. Objeto:

1.2.1. Conceito: é o que o ato dispõe, enuncia;

Exemplo: o objeto da sua carteira de motorista é uma "licença para dirigir"

1.2.2. Características: *o objeto* de um ato administrativo deve ser **lícito, possível, determinável** e **moral**

1.2.3. Vício de objeto: ato é **nulo**

1.3. Forma:

1.3.1. Conceito: *é conjunto de formalidades para a seriedade do ato*

1.3.2. Características: esse requisito impõe 2 pontos:
a) Respeito à **forma propriamente dita**: exemplo: forma escrita
b) Ato acompanhado de **motivação**: indicação do fato e do direito aplicável

1.3.3. Vício de forma: ato é **nulo**, salvo se forma é só para padronização (mera **irregularidade**)

1.4. Motivo:

1.4.1. Conceito: *consiste na matéria de fato e de direito em que se funda o ato*

1.4.2. Características: aqui é verificado se o **fato** invocado para a prática do ato é *verdadeiro*; e se o **direito** aplicado é *adequado*

1.4.3. Teoria dos motivos determinantes: estabelece que a existência e a adequação do motivo invocado para a prática do ato condicionam a validade deste

1.4.4. Vício de motivo: o problema no motivo torna o ato **nulo**

1.5. Finalidade:

1.5.1. Conceito: consiste no *bem jurídico que a lei visa proteger com a prática de um dado ato*

1.5.2. Frase-chave: "cada ato administrativo tem uma finalidade prevista na lei"

Exemplo: a finalidade do ato "demissão" é **punir** um agente; já a finalidade do ato "remoção" é **organizar** o serviço público; assim, se um agente público praticar o ato "remoção" com finalidade de "punir", tem-se o chamado **desvio de finalidade** ou **desvio de poder**

1.5.3. Vício de finalidade: o problema na finalidade torna o ato **nulo**

Dica: não se deve confundir o **excesso de poder** (vício de sujeito, de competência) com o **desvio de poder** (vício de finalidade), os quais são espécies do gênero **abuso de autoridade**, que, aliás, é fundamento para que se ingresse com mandado de segurança (art. 5º, LXIX, CF)

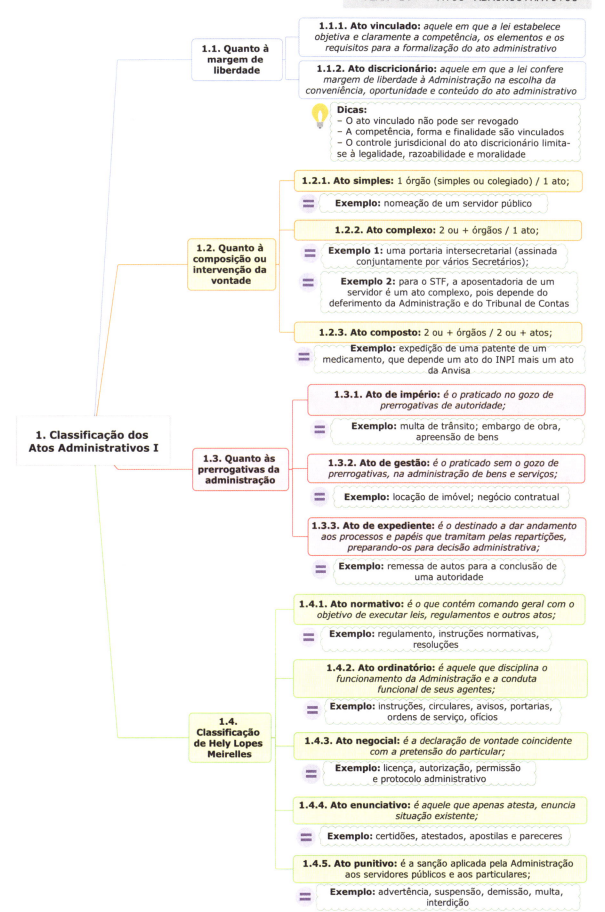

DIREITO ADMINISTRATIVO

Tema IV - Atos Administrativos

1. Classificação dos Atos Administrativos II

1.5. Atos administrativos em espécie – Conteúdo

1.5.1. Admissão: ato unilateral e vinculado pelo qual se reconhece o direito de receber serviço público
- **Exemplo:** matrícula em escola

1.5.2. Licença: ato unilateral e vinculado pelo qual se faculta o exercício de uma atividade
- **Exemplo:** licença para construir

1.5.3. Autorização: ato unilateral, discricionário e precário, que faculta ao particular, em proveito deste, o uso de um bem público ou o exercício de uma atividade
- **Exemplos:** porte de arma e fechamento de rua para festa

1.5.4. Permissão: ato unilateral, discricionário e precário, que faculta ao particular o uso de bem público ou a prestação de serviço público, mediante licitação
- **Exemplos:** banca de jornal e transporte por van

1.5.5. Concessão: ato bilateral (contratual) que faculta ao particular o uso de um bem público ou a prestação de serviço público, mediante licitação
- **Exemplos:** estacionamento em aeroporto e transporte por ônibus

1.5.6. Credenciamento: ato ou contrato formal pelo qual a administração pública confere a um particular (pessoa física ou jurídica), normalmente sem prévia licitação, a prerrogativa de exercer certas atividades materiais ou técnicas, em caráter instrumental ou de colaboração com o Poder Público, a título oneroso, remuneradas, na maioria das vezes, diretamente pelos interessados
- **Exemplos:** ato que ocorre com as empresas de autoescola, que recebem credenciamento do Poder Público para a prática de certas atividades em colaboração com este (aulas, exames etc.)

1.5.7. Aprovação: controle discricionário de atos administrativos
- **Exemplos:** aprovação, pelo Senado, de indicação de Ministro do STF

1.5.8. Homologação: controle vinculado de atos administrativos;
- **Exemplos:** homologação de um concurso público

1.5.9. Parecer: opinião técnica sobre um dado assunto
- **Vinculante:** autoridade é obrigada a pedir e obrigado a acatar
- **Obrigatório:** autoridade é obrigada a pedir e não obrigado a acatar
- **Facultativo:** autoridade não é obrigada a pedir e não é obrigada a acatar

Dica: o parecer vinculante é, na verdade, uma decisão; assim, o parecerista responde por culpa ou dolo
- **Exemplos:** parecer prévio em licitação (art. 38 da Lei 8.666/1993)

1.5.10. Visto: ato administrativo unilateral pelo qual a autoridade atesta a regularidade formal de outro ato administrativo;
- **Exemplos:** pedido de férias de um agente, que recebe o visto de seu chefe (o qual observa sua regularidade formal) antes deste encaminhar para o chefe subsequente apreciá-lo

1.5.11. Protocolo administrativo: ato negocial pelo qual o Poder Público acerta com o particular a realização de determinado empreendimento ou atividade ou a abstenção de certa conduta

1.6. Atos administrativos em espécie – Forma

1.6.1. Alvará: forma usada para expedir *licenças* e *autorizações*

1.6.2. Decreto: forma usada pelo Chefe do Executivo para expedir Regulamentos

1.6.3. Resoluções e portarias: formas usadas por autoridades que não são Chefe do Executivo, como Secretários Municipais e Estaduais; os Ministros usam as instruções normativas

1.6.4. Circular: forma para transmitir ordens internas para subordinados

1.6.5. Despacho: forma para transmitir decisões administrativas em geral

DIREITO ADMINISTRATIVO

Tema IV - Atos Administrativos

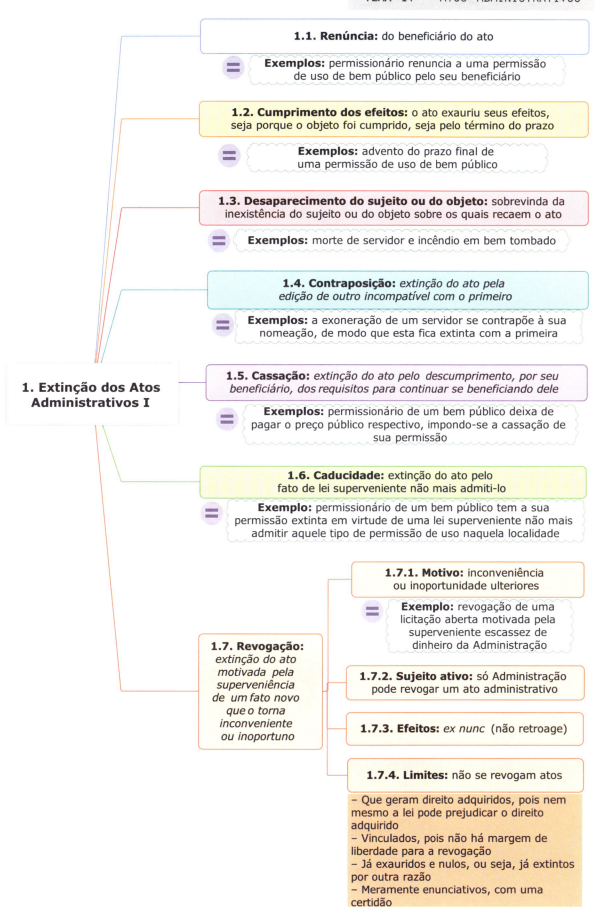

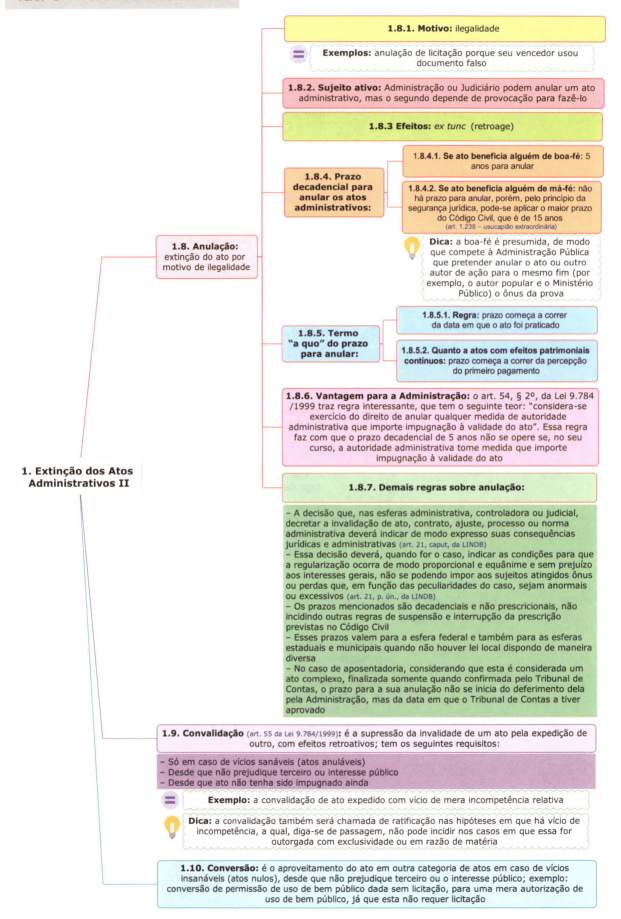

DIREITO ADMINISTRATIVO

TEMA V – ESTRUTURA DA ADMINISTRAÇÃO PÚBLICA

1. Estrutura da Administração Pública I

1.1. Conceitos básicos

1.1.1. Pessoas jurídicas estatais: *entes estatais dotadas de personalidade;* exemplo: União

1.1.2. Órgãos: c*entros de competência integrantes de pessoas estatais;* exemplo: Ministério da Justiça. Quanto à posição, são:
- **Independentes:** Legislativo, Executivo e Judiciário
- **Autônomos:** Ministérios, Secretarias, MP
- **Superiores:** departamentos
- **Subalternos:** seções

1.1.3. Desconcentração: distribuição interna de competências ou atribuições (órgão para órgão); exemplo: criação de nova Secretaria

1.1.4. Descentralização: distribuição externa de competências ou atribuições (PJ para PJ); exemplo: criação de nova autarquia; que pode ser por:
- **Serviço:** lei atribui *titularidade* do serviço
- **Colaboração:** contrato atribui *execução* do serviço

1.1.5. Administração Direta: *compreende os órgãos das pessoas políticas;* exemplo: órgãos dos Poderes, MP, Tribunal de Contas

1.1.6. Administração Indireta: compreende as pessoas jurídicas criadas pelos entes políticos; exemplo: autarquias, empresas estatais

1.1.7. Hierarquia: poder de fiscalização de órgão para órgão; o poder de revisar atos do subordinado é amplo

1.1.8. Controle: *poder de fiscalização finalística de pessoa jurídica para pessoa jurídica; o poder de revisar ato do fiscalizado é limitado ao que a lei autorizar*

1.2. Pessoas Jurídicas de Direito Público

1.2.1. Conceito: são os entes políticos e as pessoas criadas para o exercício de atividades típicas do Estado

1.2.2. Pessoas de direito público da Administração Indireta
a) Autarquias – exemplos: Banco Central, INSS
b) Fundações públicas – exemplo: Funai
c) Agências reguladoras – exemplos: Anatel, Aneel
d) Consórcios públicos de direito público (associações públicas)

1.2.3. Regime jurídico geral das PJDP da Administração Indireta
a) Criadas por lei específica (art. 37, XIX, da CF)
b) Possuem capacidade administrativa: podem regulamentar, fiscalizar e outorgar concessões
c) Expedem atos administrativos típicos e têm regime jurídico administrativo
d) Possuem imunidade de impostos quanto ao patrimônio, renda e serviços vinculados às suas finalidades essenciais (art. 150, § 2º, da CF)
e) Possuem bens públicos
f) Agentes têm regime estatutário em regra, salvo consórcio público de direito público
g) Respondem objetivamente (art. 37, § 6º, da CF)
h) Possuem as vantagens processuais da Fazenda, como prazo em dobro para manifestações processuais (art. 183, caput, do NCPC)

1.2.4. Especificidades das fundações públicas:
a) São um patrimônio personalizado
b) São de direito privado se não forem criadas para titularizar atividade administrativa; e são de direito público, regido por este item, quando criadas para titularizar atividade administrativa (como é o caso da Funai), hipótese em que têm o regime de direito público

1.2.5. Especificidades das agências reguladoras
a) Criadas para controle de serviços públicos, poder de polícia, fomento e uso de bem público
b) Possuem poder normativo
c) Dirigentes são nomeados após aprovação do Senado
d) Dirigentes têm mandato fixo
e) Dirigentes se sujeitam a "quarentena" findo o mandato

> **Obs.:** não confundir com agências executivas, qualificativo de autarquias e fundações públicas que celebram contrato de gestão, com metas, de um lado, e benefícios, de outro

1.2.6. Especificidades dos consórcios (Lei 11.107/2005)
a) **Conceito:** *reunião de entes políticos (União, Estados, DF ou Municípios) para a gestão associada de serviços públicos*
b) **Espécies:**
– Direito público: criados para atividade típica de Estado ("associações públicas"); exemplo: criados para fiscalização
– Direito privado: criados para atividade não típica de Estado; exemplo: um hospital
c) **Criação:** protocolo de intenções entre os entes políticos + publicação nos DOs dos entes + ratificação por leis locais + contrato de consórcio público
d) **Contrato de rateio:** celebrado anualmente pelos entes políticos, serve para tratar dos recursos que entes políticos destinarão para o consórcio
e) **Contrato de programa:** nome do contrato de *prestação de serviço prestado por consórcio (ou por um órgão ou ente de um consorciado) em favor de um ente político consorciado*

DIREITO ADMINISTRATIVO
TEMA V - ESTRUTURA DA ADMINISTRAÇÃO PÚBLICA

1. Estrutura da Administração Pública II

1.3. Pessoas Jurídicas de Direito Privado Estatal

1.3.1. Conceito: são as pessoas criadas para o exercício de atividades não típicas de Estado, tais como a mera execução de serviço público e a exploração de atividade econômica

Dica: só podem ser criadas para atuar na atividade econômica em 2 casos: de *relevante interesse público* ou de *imperativo de segurança nacional*

1.3.2. Pessoas de direito privado estatais

a) Empresa pública – exemplos: CEF, Correios
b) Sociedade de economia mista – exemplos: BB, Petrobrás
c) Fundações privadas – exemplo: um museu estatal
d) Consórcios públicos de direito privado

1.3.3. Regime jurídico das pessoas privadas estatais

a) São criadas mediante autorização de lei específica, de modo que a criação só se efetiva com o arquivamento dos atos constitutivos da sociedade na Junta Comercial. Também depende de autorização legislativa, em cada caso, a criação de subsidiárias de empresas estatais, assim como a participação de qualquer delas em empresa privada (art. 37, XX, CF)
b) São reguladas pelo direito privado: civil, empresarial e trabalhista; porém obedecem aos princípios da Administração e devem fazer licitação e concursos públicos
c) Não possuem imunidade de impostos, salvo Correios
d) Não possuem bens públicos, salvo Correios
e) Submetem seus agentes a regime celetista
f) Têm responsabilidade civil subjetiva, salvo se prestadores de serviço público, hipótese em que responsabilidade é objetiva (art. 37, § 6º, da CF)
g) Não possuem as vantagens processuais que a Fazenda Pública tem
h) São fiscalizadas pelos Tribunais de Contas
i) Obedecem aos princípios da Administração Pública, e seus agentes são equiparados a funcionários públicos para efeitos penais e de improbidade administrativa
j) Os dirigentes de empresas estatais estão sujeitos ao mandado de segurança quando exercem funções delegadas do Poder Público
k) Apesar de terem autonomia administrativa e financeira, sofrem o controle ou supervisão da entidade criadora, bem como condicionantes legais e constitucionais (vide artigo 169, § 1º, da CF)
l) Seus agentes estão sujeitos ao teto remuneratório previsto no art. 37, XI, da CF, nos casos estabelecidos no § 9º do art. 37; esse teto não se aplica à empresa estatal que não for dependente economicamente da entidade que a tiver criado;
m) Seus agentes estão sujeitos à proibição de acumulação remunerada de cargos, empregos ou funções na Administração (art. 37, XVII, CF)
n) Não estão sujeitas à falência (art. 2º, I, da Lei 11.101/2005)

1.3.4. Empresas pública x Sociedade de economia mista

1.3.4.1. Estatuto Jurídico das Empresas Estatais: cumprindo o art. 173, § 1º, da CF, veio a Lei 13.303/2016, com deveres como:

a) Ter governança corporativa e transparência, gestão de riscos, controle interno e mecanismos de proteção de acionistas
b) Elaborar Código de Conduta e Integridade (art. 9º, § 1º)
c) Exigir requisitos técnicos para membros da Diretoria/Conselho (art. 17)
d) Usar licitação especial (art. 28 e ss.) e não mais licitação da Lei 8.666/1993, salvo exceções (art. 41)

1.3.4.2. Diferenças entre empresa pública e sociedade de economia mista:

– Capital exclusivamente público x Capital público e privado (mas com controle societário público)
– Qualquer modalidade societária x Somente sociedade anônima (S/A)
– Foro na Justiça Federal, salvo contravenção penal x Foro na Justiça Estadual
– CEF e Correios x Banco do Brasil e Petrobras

DIREITO ADMINISTRATIVO
TEMA V - ESTRUTURA DA ADMINISTRAÇÃO PÚBLICA

1. Estrutura da Administração Pública III

1.4. Entidades de Cooperação (Paraestatais / 3º Setor)

1.4.1. Conceito: pessoas de direito privado não estatais, sem fins lucrativos, e que exercem atividades de interesse público não exclusivas do Estado

1.4.2. Serviços Sociais Autônomos:
- Sistema "S" (Sesi, Senac, Senai etc)
- Ligadas a categorias profissionais
- Prestam atividades privadas de interesse público
- Arrecadam contribuições parafiscais
- Não são obrigadas a fazer licitação e concursos, mas devem gastar recursos observando a impessoalidade e a moralidade
- Sujeitam-se à fiscalização do TCU

1.4.3. Organizações Sociais – OS (Lei 9.637/1998):
- Ensino, saúde, cultura, pesquisa, meio ambiente
- Atuam em atividades que o Estado deve prestar
- Devem ter representantes do Poder Público e da comunidade em seu órgão superior
- São qualificadas mediante aprovação do Ministério Supervisor e do Ministério da Reforma do Estado
- Celebram "Contrato de Gestão"

1.4.4. Organizações da Sociedade Civil de Interesse Público – OSCIPs (Lei 9.790/1999)
- Promoção da segurança alimentar, ética, paz, saúde
- Atuam em atividades de interesse público
- recebem fomento
- Qualificadas pelo Ministro da Justiça
- Celebram "Termo de Parceria"

1.4.5. Organizações da Sociedade Civil – OSC (Lei 13.019/2014)
- Assistência social, educação, saúde, esporte, cultura, direitos humanos
- Parcerias com a administração pública, em regime de mútua cooperação, para a consecução de finalidades de interesse público e recíproco
- Administração deve criar Conselho de Política Pública, Comissão de Seleção e Comissão de Monitoramento e Avaliação
- Celebram "Termo de Colaboração" e "Termo de Fomento" (2º nome é usado se plano de trabalho é proposto pela própria OSC), após chamamento público. Não se usará mais a palavra "convênio", agora reservada só para parcerias entre entes políticos

1.5. OAB

1.5.1. Natureza jurídica: é uma **autarquia especial** e que presta um **serviço público**, mas **não integra a Administração Indireta** como outro tipo de pessoa jurídica (STF ADI 3.026-4/DF). É figura ímpar no País: um Serviço Público Independente

1.5.2. Controle: não se sujeita ao controle estatal; assim, não é obrigada a fazer concursos públicos, licitações e a se submeter à fiscalização do TCU e ao regime estatutário dos agentes públicos, podendo contratar pelo regime celetista

1.5.3. Poderes: por ser um serviço público, a OAB pode fiscalizar os advogados e também tem direito a vantagens tributárias

DIREITO ADMINISTRATIVO
Tema VI - Agentes Públicos

1. Agentes Públicos – Noções Gerais

1.1 Classificação dos agentes públicos

- **1.1.1. Agentes políticos:** titulares de cargos estruturais à organização política do País; exemplos: Chefes do Executivo, Parlamentares, Ministros e Secretários, além dos Membros do Judiciário, do MP e dos TCs

- **1.1.2. Agentes administrativos:** os que mantêm relação de trabalho profissional, não eventual e com subordinação com a Administração Pública; exemplos: servidores públicos e empregados públicos das pessoas de direitos públicos, bem como empregados das pessoas de direito privado estatais;

- **1.1.3. Agentes honoríficos:** os convocados para prestar serviço transitório ao Estado, em razão de sua honorabilidade; exemplos: mesários eleitorais e jurados do Tribunal do Júri

- **1.1.4. Agentes delegados:** os que recebem delegação para agir em nome próprio e por conta e risco, mediante remuneração advinda do Estado ou dos usuários dos serviços; exemplos: tabeliães, oficiais de registro e concessionários de serviço público

- **1.1.5. Agentes credenciados:** particulares que recebem incumbência específica para representar a administração; exemplos: advogado conveniado à Defensoria para representar necessitados em juízo

1.2. Vínculos

1.2.1. Cargo Público: mais simples unidade de competência criada por lei

1.2.1.1. Cargo efetivo
- Requer concurso público
- Estabilidade: após 3 anos de exercício + aprovação em avaliação especial de desempenho
- Desligamento do estável: só por processo administrativo com ampla defesa, sentença transitada ou excesso de despesa com pessoal

1.2.1.2. Cargo vitalício:
- Requer concurso (exemplo: juiz) ou indicação (exemplo: desembargadores)
- Vitaliciedade: após 2 anos de exercício, se o ingresso foi por concurso (juízes), ou logo após a posse, se por indicação (membros dos Tribunais)
- Desligamento do vitalício: só por sentença transitada

1.2.1.3. Cargo em comissão (art. 37, V, CF)
- Só para atribuições de confiança: direção, chefia e assessoria
- É provido sem concurso público: mas % mínimo de nomeados devem ser de carreira
- Não tem estabilidade: exoneração é livre ("ad nutum")
- Regime funcional: estatutário
- Regime previdenciário: Geral do INSS

💡 **Dica:** o **quadro** é o conjunto de todos os **cargos**, isolados e de carreira. A **carreira** é composta de **classes**, que por sua vez é o conjunto de cargos da mesma natureza de trabalho. Por fim temos os **cargos**, que são as menores unidades de competência. **Lotação** é o número de servidores que devem ter exercício em cada repartição

1.2.2. Função Pública

1.2.2.1. Função de confiança: é aquela de direção, chefia e assessoramento, preenchida exclusivamente por ocupante de cargo efetivo (art. 37, V, CF)

1.2.2.2. Outros: estágio, contratação temporária (37, IX, CF) e agentes de saúde e de combate a endemias (art. 198, § 4º, CF)

1.2.3. Emprego Público

1.2.3.1. Conceito: núcleo de encargo de trabalho contratado pela CLT

1.2.3.2. Hipóteses: pessoas de direito público (só para atribuições subalternas) e de direito privado (é a regra nessas entidades)

1.2.3.3. Características:
- Justiça do Trabalho é a competente para causas
- Empregados públicos não têm estabilidade, salvo se for um empregado público em pessoa jurídica de direito público (Súmula 390 do TST)
- A dispensa de empregado público que trabalhe em pessoa jurídica de direito privado estatal (exemplo: no Banco do Brasil ou na CEF) não requer motivação especial, salvo se for um empregado público de pessoa jurídica de direito privado que preste serviço público (exemplo: dos Correios)

DIREITO ADMINISTRATIVO
Tema VI - Agentes Públicos

1. Espécies de Provimento (Lei 8.112/1990)

1.1. Nomeação: é a designação inicial para cargo público

– Depois vem a **posse** (investidura): em até 30 dias, podendo ser por procuração específica (art. 13)
– Depois vem a **entrada em exercício**: em até 15 dias da posse (art. 15)

1.2. Promoção: é a designação para cargo superior na carreira (art. 17)

1.3. Readaptação: é a designação para cargo compatível com limitação superveniente de servidor (art. 24), com funções, escolaridade e vencimentos equivalentes; caso o agente revele incapacidade permanente para o trabalho, conceder-lhe-á a aposentadoria por invalidez, não se falando em readaptação

1.4. Reversão: é a designação do aposentado para retornar ao serviço; cabe em 2 casos (art. 25)

– Na aposentadoria por invalidez, cessados os motivos desta
– Na aposentadoria voluntária, havendo interesse da Administração, pedido do aposentado e desde que se dê em até 5 anos da aposentadoria

1.5. Aproveitamento: é a designação do servidor em disponibilidade para retornar a cargo equivalente (art. 30)

– **Disponibilidade:** é a inatividade remunerada do servidor estável, que tenha sido desalojado de seu cargo ou cujo cargo tenha sido extinto; os proventos são proporcionais

1.6. Reintegração: é a reinvestidura do servidor estável quando invalidada a sua demissão por decisão administrativa ou judicial (art. 28)

– O reintegrado terá direito ao ressarcimento de todas as vantagens quando a sentença criminal se comunica para a esfera administrativa (art. 126 da Lei 8.112/1990)? Apenas na absolvição por inexistência do fato e por negativa de autoria
– Comunicabilidade de instâncias x reintegração: como regra, as instâncias civil, administrativa e criminal são independentes. Porém a instância criminal produzirá efeitos nas demais quando importar em absolvição por inexistência do fato ou por negativa de autoria (art. 126 da Lei 8.112/1990). Assim, a mera absolvição criminal por falta de provas não é suficiente para que o agente público demitido na esfera administrativa leve essa sentença à Administração para pedir sua reintegração. Essa só vai acontecer se a absolvição do agente demitido for por inexistência material do fato ou negativa de autoria

1.7. Recondução: é o retorno do servidor estável ao cargo que antes titularizava por ter sido inabilitado no estágio probatório de outro cargo ou por ter sido desalojado pela reintegração daquele cuja vaga ocupou. A recondução, na primeira hipótese, depende de previsão expressa no estatuto local

Dica:
Vedação ao nepotismo (Súm. Vinculante nº 13)
– "A nomeação de cônjuge, companheiro ou parente em linha reta, colateral ou por afinidade, até o 3º grau, inclusive, [NOMEAÇÃO DE QUEM]
– da autoridade nomeante ou de servidor da mesma pessoa jurídica investido em cargo de direção, chefia ou assessoramento [PARENTE DE QUEM]
– para o exercício de cargo em comissão ou de confiança ou, ainda, de função gratificada [PARA O QUÊ]
– na administração pública direta e indireta em qualquer dos Poderes da União, Estados, DF e Municípios, [ONDE]
– compreendido o ajuste mediante designações recíprocas, [NEPOTISMO CRUZADO]
– viola a Constituição Federal."

Exceção: o STF tem admitido a nomeação de parentes para cargos de alto escalão político (exemplo: governador nomear parente para ser secretário estadual)

DIREITO ADMINISTRATIVO
Tema VI - Agentes Públicos

1. Espécies de Vacância (Lei 8.112/1990)

1.1. Falecimento, promoção, posse em cargo não cumulável: a morte do agente torna vago o cargo, o emprego ou a função

1.2. Aposentadoria: a transferência para a inatividade remunerada (aposentadoria), seja ela voluntária, compulsória ou por invalidez, gera o desligamento do agente, a vacância, não podendo o servidor permanecer trabalhando no cargo que detinha. O agente público somente poderá cumular a aposentadoria com outra remuneração se for nomeado para um cargo em comissão ou se detiver mandato eletivo, respeitando, na somatória do que receber, o teto remuneratório respectivo

1.3. Perda do cargo, emprego ou função: por sentença em ação penal ou em ação de improbidade administrativa

1.4. Demissão: é o desligamento por justa causa quando há infração disciplinar. Tem natureza punitiva, sancionatória, o que a difere da exoneração, própria para os desligamentos que não têm tal natureza. A demissão por infração disciplinar depende de processo administrativo em que se assegure ampla defesa, seja para servidores estáveis, seja para servidores que ainda estão em estágio probatório

1.5. Exoneração: é o desligamento a pedido ou de ofício, sempre com caráter não punitivo. De ofício, pode ser **imotivada** (cargo em comissão) ou **motivada**, esta nas seguintes hipóteses:

– Não satisfação do estágio probatório
– Quando o agente não entrar em exercício
– Por avaliação insatisfatória de desempenho (art. 41, CF): tanto na avaliação especial de desempenho (aquela necessária para adquirir a estabilidade e que requer uma comissão específica), como na avaliação periódica de desempenho (aquela feita após a estabilidade, mas dependente de lei complementar e ampla defesa)
– Para atender aos limites de despesa com pessoal ativo e inativo (art. 169, § 4º, CF)

 Dica: neste último caso a Lei de Responsabilidade Fiscal traz limites de despesas com pessoal: 50% (União) e 60% (Estados e Municípios) da receita corrente líquida. Superado o limite, deve-se exonerar pessoal com os seguintes critérios (Lei 9.801/1999): primeiro reduzindo em pelo menos 20% os cargos em comissão e as funções de confiança; depois exonerando os não estáveis; por fim, exonerando servidores estáveis, condicionado a ato normativo motivado de cada um dos Poderes que especifique a atividade funcional, o órgão ou unidade objeto da redução e traga os seguintes critérios combinados: menor tempo de serviço, maior remuneração e menor idade. O servidor que perde cargo por esse motivo fará jus a indenização correspondente a um mês de remuneração por um ano de serviço. O cargo será extinto, vedada a criação de outro semelhante por pelo menos 4 anos

DIREITO ADMINISTRATIVO

TEMA VI - AGENTES PÚBLICOS

1. Concurso Público I

1.1. Acessibilidade: os cargos, empregos e funções públicas são acessíveis

a) aos brasileiros que preencham os requisitos legais;
b) aos estrangeiros, na forma da lei (art. 37, I, da CF)

> **Dica:** repare que, enquanto a norma relativa aos brasileiros é de eficácia contida ou restringível (o que a faz produzir imediatamente efeitos, em que pese a lei poder restringi-los), a norma relativa aos estrangeiros é diferente, dando a ideia de ter eficácia limitada (o que a faz depender de uma lei para produzir efeitos)

1.2. Concurso – Noções gerais

1.2.1. Regra: os cargos, empregos e funções públicas dependem de aprovação prévia em concurso público

1.2.2. Exceções: cargo em comissão (livre nomeação), e contratações temporárias e de agentes de saúde e de combate a endemias (mero processo seletivo)

1.2.3. Avaliação: de acordo com a natureza e a complexidade do cargo ou emprego, na forma prevista em lei, podendo ser

a) de provas
b) de provas e títulos

1.2.4. Requisitos de acessibilidade:

a) Estejam previstos em lei (art. 37, I, da CF); decretos, resoluções e outros instrumentos não são suficientes para inserir no edital a previsão de exame psicotécnico; deve ser lei em sentido formal (STF, AI 529.219 Agr, DJ 26.03.2010);
b) Sejam objetivos, científicos e pertinentes, sob pena de violação ao princípio da isonomia (art. 5º, caput, da CF);
c) Sejam passíveis de recurso e impugnação, sob pena de violação aos princípios do contraditório e da ampla defesa; vide, por exemplo, o REsp 1.046.586 (STJ)

Jurisprudência selecionada
a) Súmula STF 683: "o limite de idade para a inscrição em concurso público só se legitima em face do art. 7º, XXX, da Constituição, quando possa ser justificado pela natureza das atribuições do cargo a ser preenchido"; segundo o STF, o limite de idade, quando regularmente fixado em lei e no edital de determinado concurso público, há de ser comprovado no momento da inscrição no certame, e não no momento da posse (ARE 840.592/CF, J. 23.06.2015)
b) Súmula STF 684: "é inconstitucional o veto não motivado à participação de candidato a concurso público"
c) Súmula STF 686: "só por lei se pode sujeitar a exame psicotécnico a habilitação de candidato a cargo público". Nesse sentido é também a Súmula Vinculante STF n. 44: "Só por lei se pode sujeitar a exame psicotécnico a habilitação de candidato a cargo público"
d) Não se pode exigir prova física desproporcional ao tipo de cargo, como de escrivão, papiloscopista, perito criminal e perito médico-legista de Polícia Civil (STF, Ag. Reg. no RE 505.654-DF)
e) Não se pode exigir sexo masculino para concurso de ingresso em curso de formação de oficiais de polícia militar estadual, requisito que fere a isonomia, traduzindo-se em indevido discrímen de gênero (STF, RE 528.684/MS, j. 03.09.2013)
f) Não se pode exigir que candidato não tenha inquérito penal ou ação penal ainda não transitada em julgada, requisito que fere o princípio da presunção de inocência (STF, Ag. Reg. no ARE 713.138-CE); ou seja, "na fase de investigação social em concurso público, o fato de haver instauração de inquérito policial ou propositura de ação penal contra candidato, por si só, não pode implicar a sua eliminação" (STJ, AgRg no RMS 39.580-PE, j. 11.02.2014)
g) Não se pode exigir que candidato não tenha tatuagem, ressalvadas situações que violem valores constitucionais, como tatuagens com obscenidades, ideologias terroristas, discriminatórias, que pregam violência e criminalidade, discriminação de raça, credo, sexo ou origem" (STF, RE 898450/SP, j. 17.08.2016)

DIREITO ADMINISTRATIVO
Tema VI - Agentes Públicos

1. Concurso Público II

- **1.3. Validade do concurso:**
  - **1.3.1. Prazo:**
    - a) até 2 anos;
    - b) prorrogável uma vez, por igual período (art. 37, III, da CF)
    - **Exemplo:** se for fixado no edital prazo de validade de 6 meses, tal prazo poderá ser prorrogado, mas terá que ser somente uma vez e pelo mesmo período de 6 meses, de modo que, caso prorrogado, o prazo total do exemplo será de 1 ano de validade do concurso
  - **1.3.2. Prorrogação do prazo de validade:** candidatos não têm direito à prorrogação desse prazo. Trata-se de decisão discricionária da Administração. Porém, se novos cargos vierem a ser criados nesse prazo de validade, é recomendável a prorrogação (STF, RE 581.113-C)

- **1.4. Direitos do aprovado**
  - **1.4.1. Não ser preterido na ordem de classificação;** se for, tem direito de ser nomeado
  - **1.4.2. Não ser preterido em relação a novos concursados;** se for, tem direito de ser nomeado
  - **1.4.3. Ser nomeado no limite das vagas do edital;** se não for, pode ingressar com ação judicial para exigir nomeação; devem ser descontadas as vagas dos nomeados desistentes; Por exemplo, caso o edital preveja 40 vagas e, logo após a homologação do concurso, 25 aprovados sejam nomeados, os aprovados entre a 26ª e a 40ª colocações têm direito de nomeação imediata; a Administração só não terá de nomear se provar, mediante ato fundamentado, fato novo que inviabilize a nomeação

- **1.5. Proibição de acesso a novas carreiras sem concurso público:** a Súmula Vinculante STF n. 43 proíbe a **ascensão funcional**: "É inconstitucional toda modalidade de provimento que propicie ao servidor investir-se, sem prévia aprovação em concurso público destinado ao seu provimento, em cargo que não integra a carreira na qual anteriormente investido"

- **1.6. Direito à anulação de questões de concursos:** a princípio, o STF entende que o Judiciário é incompetente para substituir-se à banca examinadora de concurso público no reexame de critérios de correção das provas e de conteúdo das questões formuladas, salvo erro grosseiro

- **1.7. Cláusula de barreira:** é a regra do edital que prevê nota de corte para correção de provas de outra fase do concurso; segundo o STF, é constitucional

- **1.8. Pessoas com deficiência:** segundo o art. 37, VIII, da CF, "a lei reservará percentual dos cargos e empregos públicos para as pessoas portadoras de deficiência e definirá os critérios para a sua admissão". STF:
  - a) na reserva de vagas para deficientes (concorrência específica), esses só concorrem entre si;
  - b) para o cálculo do número de vagas reservadas, deve-se fazer o arredondamento "para cima" da fração

- **1.9. Vagas reservadas aos negros ("Cotas"):** a Lei Federal 12.990/2014 reservou aos negros 20% das vagas oferecidas nos concursos públicos para provimento de cargos efetivos e empregos públicos no âmbito da administração pública federal, das autarquias, das fundações públicas, das empresas públicas e das sociedades de economia mista controladas pela União (art. 1º). Estados, DF e Municípios também têm estabelecido regras nesse sentido e o STF entende que essas regras são constitucionais

- **1.10. Contratação temporária:** não exige concurso público, mas só pode ser feita se cumpridos 5 requisitos (art. 37, XI, da CF):
  - a) prévia seleção simplificada que preserve a moralidade administrativa;
  - b) os casos excepcionais que a autorizam devem estar previstos em lei;
  - c) o prazo de contratação deve ser predeterminado;
  - d) deve ser necessidade realmente temporária;
  - e) que o interesse público seja excepcional. As controvérsias são resolvidas pela Justiça Comum e não Justiça do Trabalho, pois são servidores regidos pelo estatuto dessas contratações e não pela CLT

DIREITO ADMINISTRATIVO

Tema VI - Agentes Públicos

1. Direitos dos Agentes Públicos I

1.1. Acumulação de cargos, empregos e funções

1.1.1. Regra: *é proibida a acumulação remunerada de cargos, empregos e funções, em toda a Administração Direta e Indireta*

Exceções: há direito de acumulação, se houver compatibilidade de horário, nos seguintes casos:
a) 2 cargos de professor
b) 1 cargo de professor + 1 cargo técnico ou científico
c) 2 cargos de profissional da saúde com profissão regulamentada
d) 1 cargo de professor + 1 cargo de juiz/membro MP
e) 1 cargo + 1 mandato de vereador; caso o vereador não queira acumular, ele se afastará do cargo que tem e poderá escolher remuneração que pretende ganhar (de vereador ou do cargo que tem)

Dica 1: o eleito para prefeito não pode acumular cargos, devendo afastar-se do cargo, emprego ou função que detinha, mas poderá optar pela remuneração (art. 38, II, CF); o eleito para mandato eletivo federal, estadual e distrital ficará afastado do cargo, emprego ou função anterior (art. 38, I, CF), sem poder optar pela remuneração

Dica 2: nos casos de afastamento, o tempo de serviço do mandato será contado para todos os fins do cargo, emprego ou função originais (previdenciários, para concessão de quinquênios etc.), exceto promoção por merecimento

Dica 3: no caso de acumulação, o STF passou a entender que o teto remuneratório é aplicável em relação a cada cargo ocupado e não à somatória das remunerações dos dois cargos acumulados

1.2. Acumulação de *remuneração* na atividade com *proventos* de inatividade

1.2.1. Regra: *é proibida a acumulação de remuneração com proventos, em toda a Administração Direta e Indireta*

Exceções: haverá direito acumular remuneração com proventos nos seguintes casos:
a) se oriundas de dois cargos acumuláveis na atividade
b) 1 provento + 1 remuneração de cargo em comissão
c) 1 provento + 1 subsídio de mandato eletivo

1.3. Estabilidade

1.3.1. Conceito: *garantia de permanência, salvo*

– Processo disciplinar com ampla defesa – Sentença transitada em julgado
– Não aprovação em avaliação periódica de desempenho (lei complementar + processo administrativo com ampla defesa)
– Atendimento a limites de despesa com pessoal

1.3.2. Requisitos

a) Nomeação para cargo efetivo mediante concurso (Súmula/TST 390: celetista de Pessoa de Direito Público tem direito)
b) 3 anos de efetivo exercício (STJ: estágio probatório dura 3 anos)
c) Aprovação em avaliação especial de desempenho (se não houver avaliação até 3 anos, fica estável direto)

DIREITO ADMINISTRATIVO
Tema VI - Agentes Públicos

1. Direitos dos Agentes Públicos II

1.4. Sistema remuneratório:

1.4.1. Regra: servidor recebe **remuneração**, que é = vencimento + vantagens (indenizações, gratificações e adicionais)

 Exceção: alguns agentes recebem subsídio, que é em parcela única;

1.4.3. Teto remuneratório:

1.4.3.1. Teto geral: subsídio dos Ministros do STF

1.4.3.2. Subtetos:

a) **Municípios:** subsídio do prefeito
b) **Estados/DF:** subsídio do governador (Executivo), deputados (Legislativo) e desembargadores (Judiciário)
– Subsídio do Desembargador: limitado a 90,25% do subsídio dos Ministros do STF
– STF entende inconstitucional limite de 90,25% para Desembargador, mas só para beneficiar os membros do Judiciário, mantido esse percentual para os demais cargos submetidos a esse percentual
c) **Ministério Público, Procuradores, Defensores:** limite do desembargador (90,25%)

1.4.4. Outras regras:

a) **Proibição de efeito cascata:** vantagens e gratificações não podem incidir umas sobre as outras (artigo 37, XIV, da CF)
b) **Fixação por lei e revisão geral anual:** a remuneração/subsídio só podem ser alterados por lei específica, observada a iniciativa privativa em cada caso. Assegura-se revisão geral anual, sempre na mesma data e sem distinção de índices
c) **Proibição de vinculação ou equiparação:** é vedada a vinculação ou equiparação de quaisquer espécies remuneratórias para efeito de remuneração dos servidores
d) **Irredutibilidade:** os subsídios e os vencimentos são irredutíveis (art. 37, XV, CF); o STF entende que fere esse princípio o aumento na carga de trabalho do servidor sem o consequente aumento na remuneração (RE 255792/MG); já a aplicação do teto remuneratório não fere o princípio (STF, RE 609.381)
e) **Proibição de indexação:** o STF editou a Súmula Vinculante n. 42, com o seguinte teor: "É inconstitucional a vinculação do reajuste de vencimentos de servidores estaduais ou municipais a índices federais de correção monetária"
f) **Publicação obrigatória:** "os Poderes Executivo, Legislativo e Judiciário publicarão anualmente os valores do subsídio e da remuneração dos cargos e empregos públicos" (art. 39, § 6º, CF)
g) **Direitos dos ocupantes de cargos públicos:** o § 3º do artigo 39 da Constituição dispõe que se aplica aos servidores ocupantes de cargo público o disposto no art. 7º, IV, VII, VIII, IX, XII, XIII, XV, XVI, XVII, XVIII, XIX, XX, XXII e XXX

 Tradução: confira o disposto no incisos citados do art. 7º da CF: IV e VII (salário mínimo), VIII (décimo terceiro salário), IX (remuneração de trabalho noturno superior à do diurno), XII (salário-família ao trabalhador de baixa renda), XIII (jornada diária não superior a 8 horas e semanal não superior a 44 horas, facultadas compensações), XV (repouso semanal remunerado), XVI (hora extra superior em pelo menos 50% da hora normal), XVII (férias anuais, com 1/3 a mais de remuneração), XVIII (licença à gestante de 120 dias), XIX (licença-paternidade), XX (proteção do mercado de trabalho da mulher), XXII (redução dos riscos do trabalho) e XXX (proibição de diferença de salário, função ou admissão por discriminação)

DIREITO ADMINISTRATIVO

Tema VI - Agentes Públicos

1. Direitos dos Agentes Públicos III

1.5. Aposentadoria (EC 103/19):

1.5.1. Por incapacidade permanente para o trabalho: no cargo em que estiver investido, quando insuscetível de readaptação hipótese em que será obrigatória a realização de avaliações periódicas para verificar a continuidade das condições, na forma de Lei do respectivo ente federativo

1.5.2. Compulsória: 75 anos (Lei Complementar 152/15), com proventos proporcionais ao tempo de contribuição

1.5.3. Voluntária: a pedido

Servidores Públicos da União
- Idade mínima: 62 anos (mulheres) e 65 anos (homens)
- Tempo mínimo de contribuição: 25 anos, com 10 anos no serviço público e 5 no cargo

Professores
- Idade mínima: 57 ano (mulheres) e 60 anos (homens)
- Tempo mínimo de contribuição: 25 anos, com 10 anos no serviço público e 5 no cargo

Policiais federais, rodoviários federais, agentes penitenciários federais e policiais civis do DF
- Idade mínima: 55 anos (ambos os sexos)
- Tempo mínimo de contribuição: 30 anos, para ambos os sexos, com 25 anos no exercício na função
- Quanto ao valor do benefício da aposentadoria voluntária, quem cumpre os prazos mínimos de 62 anos para mulher ou 65 anos para homem, e 25 anos de contribuição, tem direito a 60% da média, com mais 2% a mais por ano que contribuir além de 20 anos.
Há regras de transição para quem já era servidor ao tempo da promulgação da reforma

- No âmbito dos Estados, do Distrito Federal e dos Municípios, a aposentadoria voluntária poderá se dar na idade mínima estabelecida mediante emenda às respectivas Constituições e Leis Orgânicas, observados o tempo de contribuição e os demais requisitos estabelecidos em lei complementar do respectivo ente federativo, mantidas as regras anteriores à EC 103/19 enquanto não promovidas alterações na legislação interna relacionada ao respectivo regime próprio de previdência social

1.5. Direito de Greve

1.5.1. Regra: pode ser exercido nos termos de lei específica

– STF declarou mora legislativa abusiva e concedeu ao servidor o direito de exercer greve imediatamente (MIs 670, 708 e 712)
– Adotou-se a teoria concretista geral, utilizando-se a analogia, preenchendo lacuna legislativa, com efeito erga omnes
– Determinou aplicação da Lei 7.783/1989, inclusive com determinação de percentual mínimo de pessoal que precisa continuar trabalhando
– Não é possível exonerar/demitir por se fazer greve
– O STF admite o corte de remuneração dos servidores que entrarem em greve, salvo nos casos de conduta ilegal do órgão público, como quando deixa de pagar a remuneração dos servidores

 Exceção: não podem fazer greve
a) Militar das Forças Armadas (CF);
b) Policial Militar (CF);
c) Policial Civil, Juízes e outros cargos relacionados à segurança pública (decisões do STF)

DIREITO ADMINISTRATIVO

Tema VI - Agentes Públicos

1. Processo Disciplinar I

- **1.1. Conceito:** é aquele destinado à apuração de faltas disciplinares, violação de deveres funcionais e imposição de sanções a servidores públicos

- **1.2. Garantias e princípios**

  - **1.2.1. Contraditório e ampla defesa:** "aos litigantes, em processo judicial ou administrativo, e aos acusados em geral são assegurados o contraditório e ampla defesa, com os meios e recursos a ela inerentes" (art. 5º, LV, CF); entretanto, o STF, na Súmula Vinculante 5, não entende que a simples falta de defesa técnica por advogado no processo disciplinar, por si só, ofenda o contraditório e a ampla defesa

  - **1.2.2. Juiz natural:** "ninguém será processado nem sentenciado senão pela autoridade competente" (art. 5º, LIII, CF)

  - **1.2.3. Vedação da prova ilícita:** "são inadmissíveis, no processo, as provas obtidas por meios ilícitos" (art. 5º, LVI, CF). Exemplos: não é possível interceptação telefônica em processo administrativo disciplinar (Lei 9.296/1996); porém, o STJ admite essa prova, na qualidade de "prova emprestada", se produzida em ação penal; não se considera ilícita a prova quando feita pela própria vítima (interlocutor) de fiscal que exigia propina, bem como não se considera flagrante preparado (mas flagrante esperado) no caso em que a solicitação de dinheiro pelo fiscal se dera dias antes de sua prisão; também não se consideram provas ilícitas as informações obtidas por monitoramento de e-mail corporativo de servidor público

  - **1.2.4. Direito ao silêncio,** *in dubio pro reo,* **presunção de inocência e ônus da prova da Administração:** por conta do princípio da presunção de inocência, não é possível cortar remuneração preventivamente, mas é cabível o afastamento cautelar do agente; por conta do ônus da prova da Administração não é possível que esta simplesmente coloque o ônus da prova sobre o servidor e atue de modo tendencioso e direcionado a culpabilizá-lo

  - **1.2.5. Gratuidade:** não se pode cobrar custas do agente público

  - **1.2.6. Oficialidade:** instaurado e desenvolvido de ofício pela Administração;

  - **1.2.7. Formalismo moderado:** assim, STJ entende que a prorrogação motivada do prazo do processo disciplinar não acarreta a nulidade do procedimento

  - **1.2.8. Motivação:** a motivação é fundamental no processo disciplinar, mas, segundo o STF, isso não quer dizer que a Administração tem o dever de fazer o exame detalhado de cada argumento trazido pelas partes

  - **1.2.9. Respeito aos demais princípios administrativos:** o STJ determinou a anulação de demissão em certa ocasião por ofensa aos princípios da impessoalidade (art. 37, caput, da CF) e da imparcialidade (art. 18 da Lei 9.784/1999), pelo fato de o processo administrativo ter sido instaurado por um dos investigados e também pelo fato de uma das testemunhas também se tratar de investigado, tendo prestado depoimento sem o compromisso de dizer a verdade

  - **1.2.10. Respeito ao devido processo substancial:** além do respeito aos princípios e regras administrativos em geral e ao respeito às garantias estritamente processuais, destaque-se a relevância de decidir consoante os princípios da **legalidade, da moralidade** e, mais do que nunca, **da razoabilidade** e da **proporcionalidade**

     Jurisprudência: o Judiciário tem anulado a aplicação de penas de demissão (determinando que a Administração aplique nova pena), quando há violação à razoabilidade ou proporcionalidade (STJ, RMS 29.290-MG) ou quando a autoridade apenadora comete desvio de finalidade, apenando por perseguição por exemplo (STJ, MS 14.959-DF)

DIREITO ADMINISTRATIVO

TEMA VI - AGENTES PÚBLICOS

1. Processo Disciplinar II

1.3. Incidência do processo disciplinar: o processo administrativo é obrigatório para as hipóteses em que são cabíveis sanções mais graves, tais como:

a) Demissão
b) Perda do cargo
c) Suspensão por mais de 30 dias
d) Cassação da aposentadoria
e) Destituição de cargo em comissão como punição (diferente da livre exoneração, pois aqui o destituído comete uma infração disciplinar e é destituído por este motivo)

1.4. Fases do processo administrativo

a) **Instauração:** por portaria, auto de infração, representação ou despacho da autoridade;
b) **Instrução:** produção de provas com participação do acusado
c) **Defesa:** deve ser ampla e efetiva
d) **Relatório:** elaborado pelo presidente da comissão (que deve ser formada por pessoas estáveis de cargo idêntico ou superior ao processado); trata-se de mera peça opinativa, não vinculando autoridade julgadora(As quatro fases anteriores também são chamadas de **inquérito**)
e) **Julgamento:** decisão final, que deve ser motivada e fundamentada pela autoridade competente (exemplo: pelo prefeito). Não é obrigatória a intimação do interessado para apresentar alegações finais após o relatório do processo (STJ, MS 18.090-DF, j. 08.05.2013). Cabe recurso administrativo e ao Judiciário, que não adentra ao mérito do julgamento, mas ao respeito às formalidades e aos aspectos de legalidade. Em caso de anulação judicial da demissão, haverá reintegração do agente, com direito a indenização

1.5. Meios sumários

1.5.1. Sindicância: meio sumário de investigação, destinado à apuração preliminar de fatos com dois objetivos, que devem ser vistos no prazo de 30 dias:

a) **Aplicação de sanções menos severas:** multa, repreensão e suspensão de até 30 dias
b) **Processo preparatório:** meio de convencimento para instauração de processo administrativo ou arquivamento da peça de instauração

1.5.2. Verdade sabida: aquela testemunhada ou conhecida inequivocamente pelo superior hierárquico e que enseja sanção leve. Alguns estatutos admitem que a partir dela se imponha sanção, desde que se garanta ampla defesa ou contraditório. É inconstitucional

1.5.3. Termo de Declarações: servidor, confessando a falta, aceita a sanção aplicável, desde que não se exija processo disciplinar. É inconstitucional

1.6. Sanções disciplinares: normalmente, os estatutos dos funcionários públicos estabelecem as seguintes sanções disciplinares:

a) Demissão
b) Demissão a bem do serviço público
c) Suspensão
d) Advertência, repreensão
e) Multa
Porém, o estatuto local tem liberdade para estabelecer outros tipos de sanções disciplinares

1.7. Comunicabilidade de instâncias

1.7.1. Regra: é a da independência das instâncias cível, administrativa e criminal

 Exceções: a absolvição ocorrida no juízo criminal irá se comunicar à instância administrativa se se tratar de "absolvição por negativa de autoria" ou de "absolvição por inexistência do fato", mas nunca se for "absolvição por falta de provas". De qualquer forma, o exercício do poder disciplinar pelo Estado não está sujeito ao encerramento da perseguição criminal, nem se deixar influenciar, como se viu, por eventual sentença absolutória nessa instância, salvo nos casos mencionados

1.7.2. Falta residual: de acordo com a Súmula 18 do STF, *"pela falta residual, não compreendida na absolvição pelo juízo criminal, é admissível a punição administrativa do servidor público"*

DIREITO ADMINISTRATIVO

Tema VII - Improbidade Administrativa

1. Improbidade Administrativa – Direito Material I

1.1. Conceito: imoralidade administrativa qualificada por uma das modalidades previstas na Lei 8.429/1992

⚠️ **Atenção!** A Lei 8.429/1992 foi objeto de relevantes alterações pela Lei 14.230/2021

1.2 Modalidades

1.2.1. Enriquecimento ilícito (art. 9º): "constitui ato de improbidade administrativa importando em enriquecimento ilícito auferir, mediante a prática de ato doloso, qualquer tipo de vantagem patrimonial indevida em razão do exercício de cargo, de mandato, de função, de emprego ou de atividade nas entidades referidas no art. 1º desta Lei, e notadamente: [...]" (rol exemplificativo)

1.2.2. Prejuízo ao erário (art. 10): "constitui ato de improbidade administrativa que causa lesão ao erário qualquer ação ou omissão dolosa, que enseje, efetiva e comprovadamente, perda patrimonial, desvio, apropriação, malbaratamento ou dilapidação dos bens ou haveres das entidades referidas no art. 1º desta Lei, e notadamente: [...]" (rol exemplificativo)

1.2.3. Violação a princípios administrativos (art. 11): "constitui ato de improbidade administrativa que atenta contra os princípios da administração pública a ação ou omissão dolosa que viole os deveres de honestidade, de imparcialidade e de legalidade, caracterizada por uma das seguintes condutas: [...]"

Obs.1: o art. 11 contém 8 hipóteses (exemplo: prática de nepotismo); esse rol é taxativo, cf. alteração promovida pela Lei 14.230/2021
Obs.2: demonstração objetiva da prática de ilegalidade no exercício da função pública, com a indicação das normas constitucionais, legais ou infralegais violadas
Obs.3: necessidade de lesividade relevante ao bem jurídico tutelado; independe da ocorrência de danos ao erário e de enriquecimento ilícito dos agentes públicos

⚠️ **Atenção absoluta:**
– O elemento subjetivo da improbidade administrativa é o dolo; assim, de acordo com o novo regramento, não existe improbidade culposa
– Considera-se dolo a vontade livre e consciente de alcançar o resultado ilícito tipificado nos arts. 9º, 10 e 11 da Lei 8.429/1992, não bastando a voluntariedade do agente
– Para que seja configurada a improbidade administrativa, há necessidade de comprovar a finalidade de obter proveito ou benefício indevido para si ou para outra pessoa ou entidade
– Não configura improbidade a divergência interpretativa da lei, baseada em jurisprudência, ainda que não pacificada, mesmo que não venha a ser posteriormente prevalecente nas decisões dos órgãos de controle ou do Poder Judiciário
– A LINDB criou regras que podem ser invocadas pelo acusado de improbidade para afastar a tipicidade na Lei 8.429/1992 ou em outras leis sancionadoras de agentes públicos (arts. 22 e 28)

1.3. Sujeito do ato de improbidade

1.3.1. Sujeitos passivos: podem ser vítimas do ato de improbidade as seguintes pessoas

a) Administração direta e indireta, no âmbito da União, dos Estados, dos Municípios e do Distrito Federal
Obs.: abrange Poderes Executivo, Legislativo e Judiciário
b) Entidade privada para cuja criação ou custeio o erário haja concorrido ou concorra no seu patrimônio ou receita atual
Obs.: o ressarcimento ao erário limita-se à repercussão do ilícito sobre a contribuição dos cofres públicos
c) Entidade privada que receba subvenção, benefício ou incentivo, fiscal ou creditício, de entes públicos ou governamentais

1.3.2. Sujeitos ativos: ou seja, praticam atos de improbidade as seguintes pessoas (arts. 2º e 3º da Lei 8.429/1992):

a) Agentes públicos, ou seja, o agente político, o servidor público e todo aquele que exerce, ainda que transitoriamente ou sem remuneração, por eleição, nomeação, designação, contratação ou qualquer outra forma de investidura ou vínculo, mandato, cargo, emprego ou função nas entidades mencionadas acima como sujeitos passivos; aqui temos os chamados agentes próprios de improbidade
Obs.: a Lei 14.230/2021 incorporou a jurisprudência do STF, para quem os agentes políticos, de modo geral – com exceção do Presidente da República –, encontram-se sujeitos a um duplo regime sancionatório: improbidade administrativa e crime de responsabilidade
b) O particular, pessoa física ou jurídica, que celebra com a administração pública convênio, contrato de repasse, contrato de gestão, termo de parceria, termo de cooperação ou ajuste administrativo equivalente
c) Aquele que, mesmo não sendo agente público, induza ou concorra dolosamente para a prática do ato de improbidade
Obs.1: os sócios, os cotistas, os diretores e os colaboradores de pessoa jurídica de direito privado não respondem pelo ato de improbidade que venha a ser imputado à pessoa jurídica, salvo se, comprovadamente, houver participação e benefícios diretos
Obs.2: as sanções de improbidade não se aplicam à pessoa jurídica, caso o ato de improbidade administrativa seja também sancionado como ato lesivo à administração pública de que trata a Lei 12.846/2013 (lei anticorrupção); observância do princípio constitucional do non bis in idem
Obs.3: Vale informar que o STJ tem entendimento de que "não é possível o ajuizamento de ação de improbidade administrativa exclusivamente em face de particular, sem a concomitante presença de agente público no polo passivo da demanda"

DIREITO ADMINISTRATIVO
Tema VII - Improbidade Administrativa

1. Improbidade Administrativa – Direito Material II

1.4. Sanções:

1.4.1. Previsão: art. 12 da Lei 8.429/1992

1.4.2. Cumulação das sanções: o STJ já entende que **não é necessário cumular** todas as sanções, o que já consta do art. 12, *caput*, da Lei 8.429/1992 (as penas "podem ser aplicadas isolada ou cumulativamente, de acordo com a gravidade do fato"). Essa cumulação só deve ocorrer em casos mais graves.
Obs.1: As sanções eventualmente aplicadas em outras esferas (penal, administrativa etc) devem ser **compensadas** com as sanções cominadas nos termos da Lei 8.429/1992
Obs.2: No caso de atos de **menor ofensa** aos bens jurídicos tutelados pela lei, a sanção limita-se à aplicação de multa civil, sem prejuízo do ressarcimento do dano e, se o caso, da perda dos valores obtidos

1.4.3. Requisitos para a aplicação das sanções: configuração de uma das hipóteses previstas nos arts. 9º a 11 da Lei 8.429/1992, seja um dos casos previstos nos incisos desses artigos, seja um fato que se enquadre na hipótese genérica do *caput* (no caso dos arts. 9º e 10). A aplicação das sanções **independe**:

a) Da efetiva ocorrência de dano ao patrimônio público
Obs.: salvo quanto à pena de ressarcimento e às condutas previstas no art. 10 da mesma lei
b) Da aprovação/rejeição das contas pelo órgão de controle interno ou pelo Tribunal de Contas
Obs.: a Lei 14.230/2021 mitigou essa independência, ao dispor que:
– Os atos do órgão de controle interno/externo devem ser considerados pelo juiz quando tiverem servido de fundamento para a conduta do agente público
– As provas produzidas perante os órgãos de controle e as correspondentes decisões devem ser consideradas na formação da convicção do juiz

1.4.4. Sanções previstas na lei:

a) **Suspensão dos direitos políticos**: até 14 anos (no caso de enriquecimento ilícito – art. 9º) ou até 12 anos (no caso de prejuízo ao erário – art. 10)
Obs.: de acordo com o atual regime, não mais se aplica a suspensão de direitos políticos no caso de improbidade por violação aos princípios (art. 11)
b) **Perda da função pública:** no caso de enriquecimento ilícito e prejuízo ao erário
Obs.1: não mais se aplica a perda da função pública no caso de improbidade por violação aos princípios (art. 11)
Obs.2: a sanção atinge apenas o vínculo de mesma qualidade e natureza que o agente público ou político detinha com o poder público na época do cometimento da infração. Excepcionalmente, pode o magistrado, na hipótese de enriquecimento ilícito, estendê-la aos demais vínculos, consideradas as circunstâncias do caso e a gravidade da infração
c) **Indisponibilidade dos bens:** finalidade de garantir a integral recomposição do erário ou do acréscimo patrimonial resultante de enriquecimento ilícito
d) **Ressarcimento ao erário**
Obs.1: a reparação do dano decorrente da improbidade deve **deduzir** o ressarcimento ocorrido nas instâncias criminal, civil e administrativa que tiver por objeto os mesmos fatos
Obs.2: para fins de apuração do valor do ressarcimento, devem ser descontados os serviços efetivamente prestados
e) **Perda de bens e valores acrescidos ilicitamente**
f) **Multa civil:** valor do acréscimo patrimonial (art. 9º); valor do dano (art. 10); até 24 vezes o valor da remuneração percebida pelo agente (art. 11).
Obs.: a multa pode ser aumentada até o dobro, se o juiz considerar que, em virtude da situação econômica do réu, o valor acima é ineficaz para reprovação e prevenção do ato de improbidade
g) **Proibição de contratar com o poder público ou de receber benefícios ou incentivos fiscais ou creditícios**, direta ou indiretamente, ainda que por intermédio de pessoa jurídica da qual seja sócio majoritário: prazo não superior a 14, 12 e 4 anos, para os arts. 9º a 11, respectivamente

Atenção! As sanções somente podem ser executadas após o **trânsito em julgado** da sentença condenatória

Dica 1: as quatro primeiras sanções foram criadas expressamente pela CF, enquanto as demais foram criadas pela Lei 8.429/1992

Dica 2: quanto ao sucessor daquele que causar lesão ao patrimônio público ou se enriquecer ilicitamente, o art. 8º da Lei 8.429/1992, respeitando o princípio da intranscendência (art. 5º, XLV, da CF), dispõe que está sujeito apenas à obrigação de reparar o dano, até o limite do valor da herança ou do patrimônio transferido

Obs.: A responsabilidade sucessória do art. 8º da Lei 8.429/1992 aplica-se também na hipótese de alteração contratual, de transformação, de incorporação, de fusão ou de cisão societária

Jurisprudência: para o STJ, a aplicação da demissão/perda do cargo não é competência do juiz, podendo ser feita pela autoridade administrativa

DIREITO ADMINISTRATIVO

Tema VII - Improbidade Administrativa

1. Improbidade Administrativa – Direito Processual

1.1. Legitimado Ativo para ação judicial de improbidade: somente o Ministério Público (legitimidade privativa do MP)

 Atenção! Antes da alteração promovida pela Lei 14.230/2021, também era legitimado ativo, além do MP, a pessoa jurídica interessada (= pessoa jurídica lesada)

 Obs.1: a pessoa jurídica interessada deve ser intimada para, caso queira, intervir no processo

Obs.2: a assessoria jurídica que emitiu o parecer atestando a legalidade prévia dos atos administrativos praticados pelo administrador público fica obrigada a defendê-lo judicialmente

1.2 Foro de prerrogativa de função: não há

1.3. Rito: comum

 Atenção! Antes da alteração promovida pela Lei 14.230/2021, havia uma fase de defesa preliminar. Atualmente, se a petição inicial estiver em devida forma, o juiz deve ordenar a citação dos requeridos para apresentação de contestação (prazo comum de 30 dias)

1.4. Tutelas de urgência: são cabíveis as seguintes

a) Indisponibilidade de bens (art. 16):
– Necessidade de demonstração do *periculum in mora* (a urgência não pode ser presumida)
Atenção! O STJ entendia que a decretação da medida requeria apenas o *fumus boni iuris*, estando o *periculum in mora* implícito na lei; a Lei 14.230/2021 passou a exigir expressamente o perigo de dano irreparável ou de risco ao resultado útil do processo
– a indisponibilidade dos bens pode ser decretada sem a oitiva prévia do réu, sempre que o contraditório prévio puder comprovadamente frustrar a efetividade da medida
– permitida a substituição da indisponibilidade por caução idônea, por fiança bancária ou por seguro-garantia judicial, a requerimento do réu
– a medida somente pode recair sobre bens que assegurem exclusivamente o integral ressarcimento do dano ao erário, sem incidir sobre os valores aplicados a título de multa civil ou sobre acréscimo patrimonial decorrente de atividade lícita
– é vedada a decretação de indisponibilidade da quantia de até 40 salários mínimos depositados em caderneta de poupança, em outras aplicações financeiras ou em conta-corrente
b) Afastamento do agente público (art. 20, §§1º e 2º): a autoridade judicial pode determinar o afastamento do agente público do exercício da função pública, sem prejuízo da remuneração, quando a medida for necessária à instrução processual ou para evitar a iminente prática de novos ilícitos; prazo de afastamento de até 90 dias, prorrogável uma única vez por igual período; o STF é claro no sentido de que o afastamento cautelar do agente é excepcional

1.5. Transação (acordo): a redação originária da Lei 8.429/1992 vedava expressamente qualquer tipo de transação, acordo ou conciliação na ação por improbidade; porém, houve modificação e agora a lei autoriza o Ministério Pública a "celebrar acordo de não persecução civil" (art. 17-B). As características do acordo são:

– deve contemplar, ao menos, o integram ressarcimento do dano e a reversão à pessoa jurídica lesada da vantagem indevida obtida pelos envolvidos
Obs.: para a apuração do valor do dano, deve ser realizada oitiva do Tribunal de Contas
– a celebração depende, entre outros, de homologação judicial, independentemente de o acordo ocorrer antes ou depois do ajuizamento da ação de improbidade administrativa
– a celebração do acordo deve considerar a personalidade do agente, a natureza, as circunstâncias, a gravidade e a repercussão social do ato de improbidade, bem como as vantagens, para o interesse público, da rápida solução do caso
– o acordo poder contemplar a adoção de mecanismos internos de integridade (*compliance*)
– em caso de descumprimento, o ímprobo fica impedido de celebrar novo acordo pelo prazo de 5 anos, contado do conhecimento pelo Ministério Público do efetivo descumprimento
– Havendo a possibilidade de solução consensual, podem as partes requerer ao juiz a interrupção do prazo para a contestação, por prazo não superior a 90 dias

1.6. Sentença: aplicará as sanções e determinará o pagamento ou reversão dos bens em favor da pessoa jurídica (art. 18). Não se aplica na ação de improbidade o reexame obrigatório da sentença de improcedência ou de extinção sem resolução de mérito (art. 17, §19, IV)

1.7. Prescrição

1.7.1. Ressarcimento ao erário: é imprescritível o ressarcimento ao erário fundado na prática de ato doloso tipificado na Lei 8.429/1992, segundo o STF

1.7.2. Aplicação das demais sanções: 8 anos, contados a partir da ocorrência do fato ou, no caso de infrações permanentes, do dia em que cessou a permanência

Obs.: a Lei 14.230/2021, ao alterar a Lei 8.429/1992, dispôs sobre a suspensão e interrupção do prazo prescricional:
– A instauração de inquérito civil para apuração dos ilícitos suspende o curso do prazo prescricional por, no máximo, 180 dias corridos, recomeçando a correr após a sua conclusão ou, caso não concluído o processo, esgotado o prazo de suspensão
– Interrompe-se o prazo prescricional: a) pelo ajuizamento da ação de improbidade administrativa; b) pela publicação da sentença condenatória; c) pela publicação de decisão ou acórdão de Tribunal de Justiça (ou Tribunal Regional Federal), do STJ ou do STF que reforma sentença condenatória ou que confirma sentença de improcedência
– Interrompida a prescrição, o prazo recomeça a correr do dia da interrupção, pela metade do prazo de 8 anos
– O inquérito civil para apuração do ato de improbidade deve ser concluído no prazo de 365 dias corridos, prorrogável uma única vez por igual período

 Atenção! A Lei 14.230/2001 alterou substancialmente o regime da prescrição em improbidade administrativa, nos termos do regramento originário da Lei 8.429/1992

1.8. Outras novidades decorrentes da Lei 14.230/2021

– Aplicam-se ao sistema da improbidade os princípios constitucionais do direito administrativo sancionador
– A evolução patrimonial desproporcional somente configura improbidade administrativa se decorrer de enriquecimento ilícito (art. 9º, VII)
Obs.: antes da alteração promovida pela Lei 14.230/2021, essa hipótese era autônoma, independentemente da demonstração efetiva de enriquecimento ilícito
– Na responsabilização da pessoa jurídica, devem ser considerados os efeitos econômicos e sociais das sanções, de modo a viabilizar a manutenção de suas atividades
– Declaração de bens: a posse e o exercício de agente público ficam condicionados à apresentação de declaração de imposto de renda que tenha sido apresentada à Receita Federal do Brasil
– A ação de improbidade administrativa deve ser proposta perante o foro do local onde ocorrer o dano ou da pessoa jurídica prejudicada
– Possibilidade de conversão da ação de improbidade em ação civil pública, caso se identifique a existência de ilegalidades administrativas a serem sanadas e sem que estejam presentes os requisitos para a imposição das sanções da Lei 8.429/1992
– A assessoria jurídica que emitiu o parecer atestando a legalidade prévia dos atos administrativos praticados pelo administrador público fica obrigada a defendê-lo judicialmente, caso este venha a responder ação por improbidade administrativa

DIREITO ADMINISTRATIVO
TEMA VIII - BENS PÚBLICOS

1. Bens Públicos I

1.1. Conceito de bens públicos
São bens pertencentes às pessoas jurídicas de direito público (art. 98 CC)

Tradução: bens da União, Estados, DF, Municípios, autarquias, fundações públicas, agências reguladoras e associações públicas

1.2. Classificação quanto à destinação (art. 99)

1.2.1. Bens de uso comum do povo
a) **Conceito:** são os destinado ao uso indistinto de todos
b) **Exemplos:** rios, mares, estradas, ruas, praças
c) **Regra:** uso pode ser gratuito ou retribuído, conforme lei local

1.2.2. Bens de uso especial
a) **Conceito:** são os destinados a serviços ou estabelecimento da administração
b) **Exemplos:** repartições públicas, teatros, universidades, escolas, bibliotecas, museus, viaturas, cemitérios e mercados públicos

1.2.3. Bens dominicais
a) **Conceito:** são os que constituem mero patrimônio das pessoas jurídicas de direito público
b) **Exemplos:** bens adquiridos em execução fiscal, imóveis desocupados, terras devolutas
c) **Regra 1:** "não dispondo a lei em contrário, consideram-se dominicais os bens pertencentes às pessoas jurídicas de direito público a que se tenha dado estrutura de direito privado" (art. 99, parágrafo único); exemplo: fundações estatais
Regra 2: podem ser alienados, observadas as exigências da lei; mas são impenhoráveis e imprescritíveis

Atenção! conheça os seguintes conceitos:
– **Afetação:** ato ou fato que dá destinação a um bem público
– Bens de uso comum do povo e especial são afetados
– Dá-se por lei, ato administrativo, registro, construção, força da natureza
– **Desafetação:** ato ou fato que retira a destinação dada a um bem público
– Bens dominicais são desafetados
– Dá-se por ato da mesma hierarquia do ato que afetou, por caso fortuito e força maior

1.3. Regime jurídico

1.3.1. Imprescritíveis
a) **Conceito:** não estão sujeitos a usucapião
b) **Fundamento:** arts. 183, § 3º, e 191, parágrafo único, da CF; art. 102 do CC; Súmula 340 do STF
c) **Atenuantes:** uso de bens públicos pode gerar direito à
– **Legitimação de posse:** arts. 29 a 31 da Lei 6.383/1976, gera licença de ocupação por um tempo + preferência na aquisição
– **Concessão de uso especial:** MP 2.220/2001 (art. 183, § 1º, da CF); requer atendimento aos requisitos para usucapião especial até 22/12/2016; a concessão tem prazo indeterminável e é transferível
– **Jurisprudência:** de acordo com a Súmula STJ 619, "A ocupação indevida de bem público configura mera detenção, de natureza precária, insuscetível de retenção ou indenização por acessão e benfeitorias"

1.3.2. Impenhoráveis
a) **Conceito:** não estão sujeitos à constrição judicial
b) **Fundamento:** art. 100 do CC (bens não alienáveis) + art. 100 da CF (pagamentos por precatório ou, de pequeno valor, à vista)
– **Precatório:** requisição de pagamento feita pelo Presidente do Tribunal ao Chefe do Executivo, deve incluir o valor no orçamento do ano seguinte, se a requisição for até 1º de julho
c) **Atenuantes:** cabe constrição nos seguintes casos
– Sequestro pelo preterimento ou não pagamento (100, § 6º, da CF)
– Bloqueio de dinheiro para tratamento médico indispensável

1.3.3. Inalienáveis
a) **Conceito:** bens de uso comum e de uso especial são inalienáveis, enquanto conservarem a sua qualificação, na forma da lei
b) **Fundamento:** art. 100 do CC
c) **Requisitos para alienar imóvel** (art. 76 da Lei 14.133/2021 ou art. 17 da Lei 8.666/1993)
– Interesse público justificado
– Desafetação/autorização legislativa
– Avaliação
– Licitação por concorrência

1.3.4. Não passíveis de oneração
a) **Conceito:** bens públicos não podem ser dados em garantia
b) **Fundamento:** art. 100 do CC; se não inalienáveis, não podem ser dados em garantia
c) **Exceções:** cabe vinculação de receitas nos seguintes casos previstos a Constituição
– Art. 167, IV: garantia às operações de crédito por antecipação de receita
– Art. 167, § 4º: garantia às dívidas junto à União

DIREITO ADMINISTRATIVO
Tema VIII - Bens Públicos

1. Bens Públicos II

1.4. Uso dos bens públicos

- **1.4.1. Uso livre:** existe nos bens de uso *comum do povo,* desde que sem exclusividade – exemplo: brincar em praça pública
- **1.4.2. Autorização de uso:** unil./discr./prec./proveito próprio – exemplo: fechar rua para uma festa de São João
- **1.4.3. Permissão de uso:** unil./discr./prec./licitação – exemplo: banca de jornal de praça pública
- **1.4.4. Concessão de uso:** bilat./ñ prec./licitação – exemplo: estacionamento privado em aeroporto
- **1.4.5. Concessão de direito real de uso:** bilat./ñ prec./licit./real – exemplo: instalação de indústria em terreno público
- **1.4.6. concessão de uso especial** (MP 2.220/2001)**; art. 183, p. 1o, da CF):** como não se admite usucapião em bem público, nas hipóteses em que forem preenchidos os requisitos legais para a usucapião especial urbana até 22.12.2016, há direito do ocupante à concessão de uso especial, que se constitui administrativa ou judicialmente."
- **1.4.7. Cessão de uso:** cessão a outro ente público; exemplo: para a Polícia Militar

1.5. Bens públicos da União (art. 20 da CF)

- **1.5.1.** Os que atualmente lhe pertencem e os que lhe vierem a ser atribuídos
- **1.5.2. Terras devolutas indispensáveis à defesa:**
  a) das fronteiras, fortificações e construções militares;
  b) das vias federais de comunicação;
  c) da preservação ambiental, definidas em lei
- **1.5.3. Terras tradicionalmente ocupadas pelos índios**
  – Estes têm **posse permanente** e **usufruto exclusivo** das riquezas do solo, dos rios e dos lagos nelas existentes
  – Aproveitamento dos demais recursos só com autorização do Congresso Nacional, garantida a participação nos resultados
- **1.5.4. Lagos e rios:**
  a) de terrenos de seu domínio;
  b) que banhem mais de um Estado;
  c) que sirvam de limite com outros países;
  d) que se estendam a território estrangeiro ou dele provenham
  – Inclusive os terrenos marginais
- **1.5.5. Terrenos de marinha:** faixa de terra de 33 metros da linha preamar média, em direção ao continente
- **1.5.6. Praias marítimas**
- **1.5.7. Mar territorial:** 12 milhas do continente
- **1.5.8. Recursos da zona econômica exclusiva:** 12 a 200 milhas do continente
- **1.5.9. Ilhas:**
  a) **Fluviais** (de rios) e **lacustres** (de lagos) nas zonas limítrofes com outros países; as demais são dos Estados
  b) **Oceânicas** (no oceano)
  c) **Costeiras** (próximas à costa), excluídas as de terceiros
- **1.5.10. Cavidades subterrâneas e sítios arqueológicos e pré-históricos**
- **1.5.11. Potenciais de energia hidráulica**
- **1.5.12. Recursos minerais, inclusive dos subsolos**

– Assegurada a participação (ou compensação financeira) no resultado da exploração de petróleo, gás natural, potencial hídrico e outros recursos minerais
– No respectivo território, plataforma continental, mar territorial e zona econômica exclusiva
– Em favor dos Estados, DF, Municípios e União
– Nos termos da lei (art. 20, § 1º, da CF)

DIREITO ADMINISTRATIVO

Tema IX - Intervenção do Estado na Propriedade

1. Intervenção na Propriedade I

1.1. Introdução:

1.1.1. Propriedade tem função individual

1.1.2. Propriedade tem função social

– O Estado intervém na propriedade para garantir que esta atenda a sua função social
– O Estado está preocupado com os seguintes valores:
a) **Uso seguro da propriedade:** exemplo Código de Obras
b) **Uso organizado da propriedade:** exemplo: Zoneamento
c) **Uso legítimo da propriedade:** exemplo: Lei do Silêncio
d) **Uso social da propriedade:** exemplos: desapropriação, servidão, requisição, ocupação temporária
e) **Preservação do meio ambiente:** exemplo: tombamento

1.2. Limitação administrativa:

1.2.1. Conceito: *imposição geral e gratuita, que traz os limites dos direitos das pessoas, de modo a condicioná-los às exigências da coletividade;* exemplos: Códigos de Trânsito, de Obras e Sanitário; Lei de Zoneamento, Lei do Silêncio, Reserva Legal

1.2.2. Características:

a) **Incidência:** sobre atividades, direitos e propriedade
b) **Destinatário:** atinge pessoas indeterminadas (geral)
c) **Intensidade:** limita, mas não inviabiliza propriedade; impõe um non facere (não fazer)
d) **Consequência:** não enseja indenização (gratuita)

1.3. Requisição administrativa:

1.3.1. Conceito: *ato que determina a utilização de bens e serviços particulares, em caso de iminente perigo público, mediante indenização ulterior* (art. 5º, XXV, CF); exemplos: uso de clube privado para abrigar vítimas de inundação; uso de clínica privada para atender queimados

1.3.2. Características:

a) **Incidência:** bens ou serviços
b) **Destinatário:** atinge pessoas determinadas
c) **Intensidade:** atinge o uso e é transitória
d) **Consequência:** se houver dano, enseja indenização, mas posterior
e) **Aplicação:** é autoexecutória, dispensando ingresso com ação judicial

1.4. Ocupação temporária:

1.4.1. Conceito: *é o uso, pelo Poder Público, de um bem particular não edificado, com o objetivo de executar obras ou serviços públicos* (art. 36 do Dec.-lei 3.365/1941); exemplos: canteiro para obra pública; pesquisa de minérios em bem privado

1.4.2. Características:

a) **Incidência:** terreno não edificado
b) **Destinatário:** atinge pessoas determinadas
c) **Intensidade:** atinge o uso e é transitória
d) **Consequência:** enseja indenização
e) **Aplicação:** depende de ação própria, que fixará a indenização

DIREITO ADMINISTRATIVO
Tema IX - Intervenção do Estado na Propriedade

1. Intervenção na Propriedade II

1.5. Servidão administrativa:

1.5.1. Conceito: *ônus real de uso imposto ao particular para a realização de obras ou serviços públicos; exemplos: torre de energia elétrica, aqueduto, placa de rua*

1.5.2. Características:

a) **Incidência:** bens imóveis
b) **Destinatário:** atinge pessoas determinadas
c) **Intensidade:** ônus real impondo um suportar (pati)
d) **Consequência:** enseja indenização prévia
e) **Aplicação:** depende de acordo extrajudicial ou ação de desapropriação para instituição de servidão (art. 40 do Dec.-lei 3.365/1941)

1.6. Tombamento (Dec.-lei 25/1937)

1.6.1. Conceito: *ato que declara bem de valor especial para fins de proteção*

1.6.2. Objeto: material/imaterial, móvel/imóvel, imóvel isolado/conjunto arquitetônico, bairro, cidade

1.6.3. Modalidades:

a) **Voluntário:** a pedido do proprietário da coisa
b) **Contencioso:** praticado de ofício pela Administração; neste caso, esta notifica o proprietário para defesa em 15 dias; com a notificação ocorre o tombamento provisório, que já protege o bem a ser tombado

1.6.4. Instituição:

a) **Por ato administrativo:** após decisão, inscreve-se no Livro do Tombo; em sendo imóvel, há de se registrar no Registro de Imóveis;
b) **por ato legislativo**;
c) **por ato judicial**

1.6.5. Efeitos do tombamento:

a) O proprietário deve **conservar** a coisa (se não tiver recursos, o Poder Público está autorizado pela lei a arcar com os custos)
b) O proprietário depende de **autorização especial** para reparar, pintar ou restaurar a coisa
c) Os **vizinhos** não podem reduzir a visibilidade da coisa tombada) Bem tombado público é inalienável
e) Bem tombado **não pode sair do País**, salvo se por prazo curto, sem alienação, para fim de intercâmbio cultural e mediante autorização pública

1.7. Expropriação (art. 243 da CF):

1.7.1. Conceito: *consiste na retirada da propriedade de alguém sem o pagamento de indenização alguma*

1.7.2. Hipóteses:

a) Sobre gleba onde forem localizadas culturas ilegais de plantas psicotrópicas
b) Sobre bem apreendido em decorrência de tráfico

1.7.3. Destinação das glebas e bens apreendidos:

a) Glebas serão destinadas ao assentamento de colonos para cultivo de produtos alimentares e medicamentos
b) Bens reverterão em benefício de instituições e pessoal especializados no tratamento de viciados e no aparelhamento e custeio de atividades de fiscalização, controle, prevenção e repressão do crime de tráfico

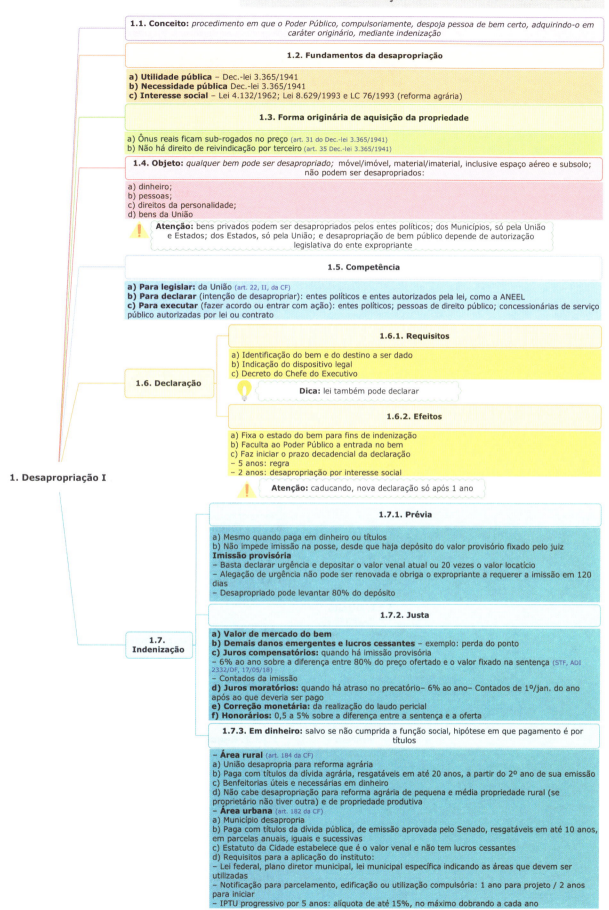

DIREITO ADMINISTRATIVO

TEMA IX - INTERVENÇÃO DO ESTADO NA PROPRIEDADE

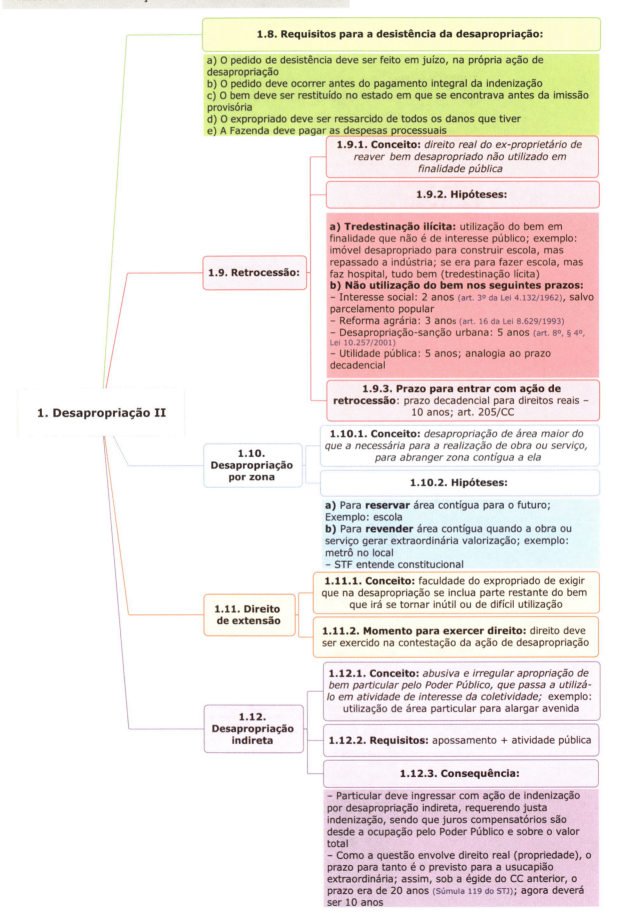

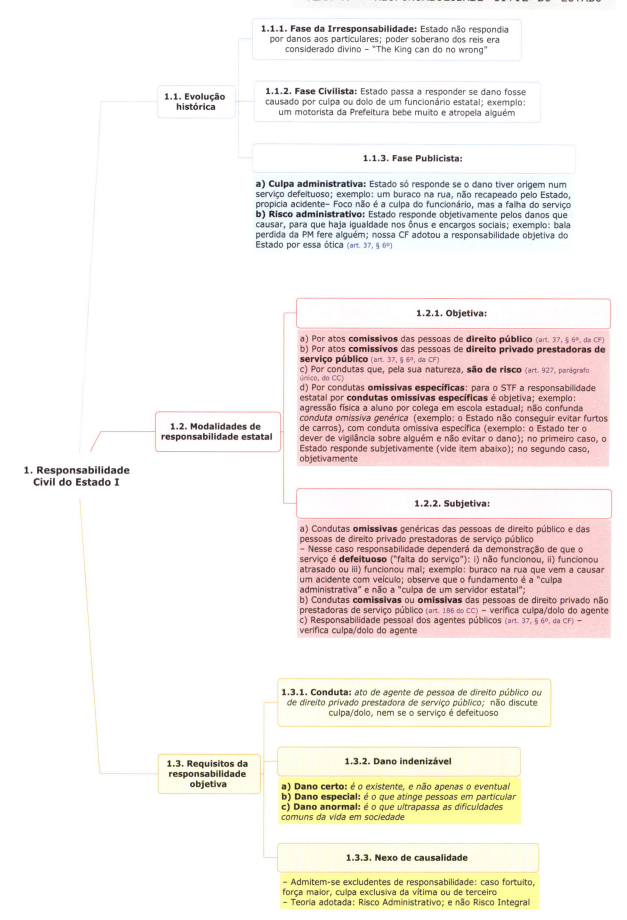

DIREITO ADMINISTRATIVO

Tema X - Responsabilidade Civil do Estado

1. Responsabilidade Civil do Estado II

1.4. Responsabilidade das Concessionárias de Serviço Público
a) **Modalidade:** objetiva
b) **Beneficiários:** usuários do serviço + terceiros não usuários (STF se pacificou nesse sentido)
c) **Responsabilidade do Estado:** é subsidiária em relação à prestadora de serviço público

1.5. Responsabilidade do Tabelião e do Registrador
a) **Modalidade:** jurisprudência considerava objetiva, na forma do art. 37, §6º, da CF; mas Lei 13.286/2016 alterou art. 22 da Lei 8.935/1994 para dizer que respondem apenas se agirem por si ou via seus substitutos e escreventes mediante conduta culposa ou dolosa
b) **Beneficiários:** usuários do serviço + terceiros não usuários
c) **Responsabilidade do Estado:** é subsidiária em relação ao delegatário do serviço público

1.6. Responsabilidade por Ato Legislativo
a) **Regra:** não responde
b) **Exceções:** lei inconstitucional; lei de efeitos concretos

1.7. Responsabilidade por Ato Jurisdicional
a) **Regra:** não responde
b) **Exceções:**
– Juiz agir com dolo, fraude ou prevaricar (art. 143 do NCPC)
– Prisão além do tempo (art. 5º, LXXV, da CF)
– Erro judiciário: i) reconhecido em revisão criminal; ii) erro grave (prisão sem qualquer envolvimento no crime)

1.8. Responsabilidade do agente público
a) **Regra:** responde por culpa ou dolo
b) **Responsabilidade indireta:** não é cabível acionar diretamente o agente público, ou seja, não cabe responsabilidade per *saltum* deste; prejudicado deve ingressar com ação diretamente contra o Estado e este pode denunciar da lide o agente público que agiu culposa ou dolosamente
c) **Denunciação da lide do Estado face ao agente:** não é obrigatória; o Estado deve imputar fato culposo ou doloso

1.9. Prescrição:
a prescrição em geral para exercer pretensão face à Fazenda Pública é de 5 anos (Decreto 20.910/1932)

1.10. Responsabilidade civil e administrativa de pessoas jurídicas:
a) Trata-se da chamada Lei Anticorrupção (Lei 12.846/2013);
b) Dispõe sobre a responsabilização objetiva, nas esferas administrativa e civil, de pessoas jurídicas, pela prática, por estas, de atos contrários à Administração Pública, inclusive atos contrários à Administração Pública estrangeira, ainda que cometidos no exterior (arts. 1º e 28)
c) Sanções administrativas podem ser aplicadas sem intervenção do Judiciário no caso de aplicação de multa e de publicação extraordinária de decisão condenatória (art. 6º);
d) Quanto às demais sanções administrativas (perdimento de bens, a suspensão ou interdição parcial de atividades, a dissolução compulsória da pessoa jurídica e a proibição de contratar com a Administração), bem como a reparação civil, cabe ao Poder Público ou ao MP ingressar com ação judicial,
e) A autoridade máxima de cada órgão ou entidade pública poderá celebrar **acordo de leniência** com as pessoas jurídicas responsáveis pela prática dos atos previstos na Lei que colaborem efetivamente com as investigações e o processo administrativo; o acordo isenta algumas sanções, diminui multa até 2/3, mas não exime da obrigação de reparar o dano

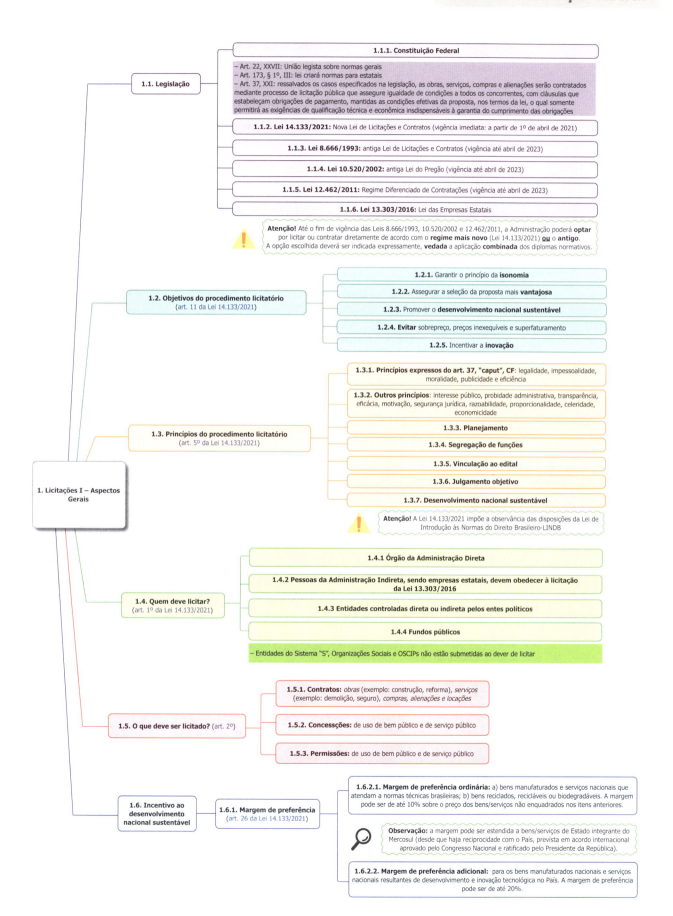

DIREITO ADMINISTRATIVO
Tema XI - Licitação Pública

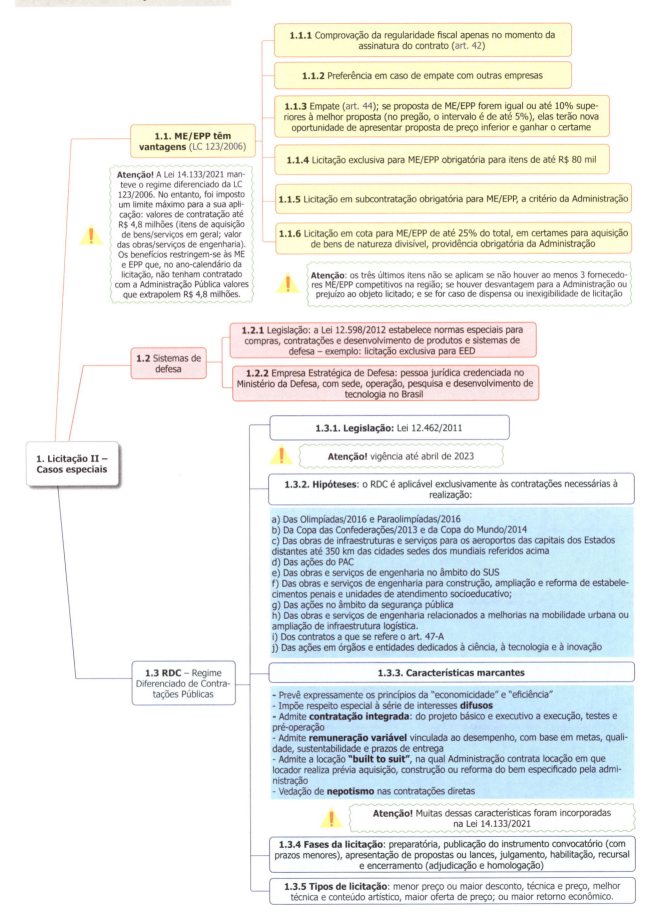

DIREITO ADMINISTRATIVO

TEMA XI - LICITAÇÃO PÚBLICA

1. Licitação III – Contratação Direta I

1.1 Hipóteses de Contratação Direta (= sem licitação)

1.1.1 Licitação Dispensada (art. 76 da Lei 14.133/2021)
- Relativa à alienação de bens públicos
- Rol taxativo
- Não há discricionariedade para a Administração

1.1.2. Dispensa de licitação (art. 75 da Lei 14.133/2021)
- Rol taxativo
- Há discricionariedade para realizar ou não a licitação – "a lei faculta a dispensa"

1.1.3. Inexigibilidade de licitação (art. 74 da Lei 14.133/2021)
- Rol exemplificativo
- A licitação é inviável, ou seja, "não tem como ser feita"
- Não há discricionariedade para a Administração

1.2 Licitação dispensada

1.2.1 Imóveis
– Alienação depende de interesse público, autorização legislativa, avaliação e licitação, dispensada esta na:
a) Dação em pagamento
b) Doação para Administração ou para programas sociais
c) Investidura (alienação a proprietário lindeiro, de área remanescente ou resultante de obra pública, inaproveitável isoladamente)

1.2.2 Móveis
– A alienação depende de interesse público, avaliação e licitação, dispensada esta na doação social, na permuta entre órgãos da Administração, entre outros casos

1.3. Dispensa de licitação (art. 75)

1.3.1. Em razão do valor

a) contratos até R$ 100 mil (obras e serviços de engenharia ou de serviços de manutenção de veículos automotores)
b) contratos de até R$ 50 mil (outros serviço e compras)
Obs.1: esses limites são aplicados em dobro se a contratação for feita por consórcio público e agência executiva
Obs.2: os limites da Lei 8.666/1993 são diferentes (em valores atualizados, R$ 33 mil para obras e serviços de engenharia; e R$ 17,6 mil para compras e serviços gerais)
Obs.3: não é possível o fracionamento de contratações que possam ser feitas de uma só vez, para que não haja violação reflexa da lei

1.3.2. Em razão de situações excepcionais

a) em caso de guerra, estado de defesa, estado de sítio, intervenção federal ou grave perturbação da ordem
Obs.: a Lei 8.666/93 somente prevê a guerra ou grave perturbação da ordem
b) em caso de calamidade pública ou emergência:
– somente para os bens/serviços relacionados à urgência;
– prazo máximo de 1 ano, vedada a prorrogação do contrato, bem como a recontratação da empresa contratada diretamente
Obs.: A Lei 8.666/1993 estabelece o prazo máximo de 180 dias
c) em caso de licitação deserta:
– caso não haja interessados à licitação e esta não possa ser repetida sem prejuízo, mantidas as condições do edital.
Obs.1: de acordo com a Lei 14.133/2021, a contratação direta somente é possível se for realizada em menos de 1 ano da licitação deserta
Obs.2: não se deve confundir licitação deserta com licitação fracassada; na última, aparecem interessados, mas esses ou são inabilitados ou são desclassificados, não cabendo dispensa, mas concessão de prazo para os licitantes apresentarem nova documentação; ressalte-se que a dispensa é cabível, nos termos da Lei 14.133/2021, se as propostas não forem válidas ou se veicularem preços manifestamente superiores aos praticados no mercado ou incompatíveis com os fixados pelos órgãos oficiais competentes
d) quando a União tiver que intervir no domínio econômico para regular preços ou normalizar o abastecimento
e) em caso de rescisão contratual, para conclusão do remanescente de obra, serviço ou fornecimento; contrata-se o 2º melhor classificado nas condições oferecidas pelo vencedor do certame (cf. Lei 8.666/1993)
Obs.: a Lei 14.133/2021 não mais insere tal hipótese no rol das licitações dispensáveis, embora seja possível a contratação do 2º melhor classificado para a conclusão do remanescente. Pelo atual regime, embora prioritária a aceitação das condições oferecidas pelo vencedor do certame, há possibilidade de negociação ou até mesmo de contratação com base nas condições originárias do 2º colocado

1.3.3. Em razão do objeto

a) Para compra ou locação de imóvel pela Administração (art. 24, X, da Lei 8.666/1993). Exemplo: aluguel de imóvel para instalar uma creche municipal
– Imóvel destinado a finalidade precípua da Administração
– Imóvel com instalação/localização ideais para Administração
– Imóvel com valor compatível com o de mercado
Atenção! importante apontar que, de acordo com a Lei 14.133/2021, esta hipótese é tratada como inexigibilidade (art. 74, V)
b) Para aquisição ou restauração de obras de arte e objetos históricos:
– Desde que de autenticidade certificada
– Desde que compatível com finalidade do órgão

1.3.4. Em razão da pessoa

a) na contratação de instituição brasileira de pesquisa, ensino, desenvolvimento institucional ou recuperação de preso, com inquestionável reputação ético-profissional e sem fins lucrativos. Exemplo: contratação da FGV para uma consultoria
b) na contratação de serviços de organizações sociais para atividades contempladas no contrato de gestão (art. 24, XXIV, da Lei 8.666/1993)
Obs.: esta hipótese não está prevista na nova lei de licitações
– Verificar os demais incisos do art. 74 da Lei 14.133/2021

DIREITO ADMINISTRATIVO
Tema XI - Licitação Pública

1. Licitação III – Contratação Direta II

1.4. Inexigibilidade de licitação
(art. 74 da Lei 14.133/2021)

– Quando houver inviabilidade de competição, em especial (rol exemplificativo)

1.4.1 Em caso de fornecedor exclusivo (I) – exemplos: quando há único fornecedor de um medicamento para contratação de serviço postal (só há os Correios, que têm monopólio)

– É vedada a preferência de marca, salvo para padronização

1.4.2. Caso seja necessário contratar serviço técnico especializado

– Serviço técnico especializado é aquele de natureza predominantemente intelectual relacionado pela lei. Exemplos: estudos e assessorias técnicas, perícias, patrocínio ou defesa de causas judiciais ou administrativas, treinamento e aperfeiçoamento de pessoal
– A contratação direta deve ser feita com profissional ou empresa de notória especialização
Obs.: há uma diferença na redação entre as Leis 8.666/1993 e 14.133/2021. Enquanto a primeira exige que o serviço seja "de natureza singular", a segunda não contempla expressamente esse requisito
– Serviço singular é aquele serviço técnico diferenciado, não podendo se tratar de um serviço comum. Um exemplo é a necessidade de contratar uma consultoria para a modelagem de uma parceria público-privada, serviço que, efetivamente, é singular. Já a contratação de um escritório de advocacia para o ingresso com uma ação simples, como uma ação de revisão contratual, não envolve serviço singular, mas serviço comum, corrente
– Não há inexigibilidade no serviço de publicidade/divulgação

1.4.3 Na contratação de **artista**, desde que consagrado pela crítica especializada **ou** pela opinião pública

1.4.4. Credenciamento

a) No credenciamento a Administração realiza a contratação com todos que pretendem firmar determinado negócio com a Administração. Assim, inviável a competição, tornando a licitação inexigível. Exemplo: credenciamento de estabelecimentos para a prestação de serviços médicos destinados ao atendimento dos servidores da entidade pública credenciante, mediante a fixação da contraprestação a ser paga pelo serviço prestado
b) A Lei 8.666/1993 não prevê expressamente a figura do credenciamento. Apesar disso, essa figura já era utilizada pelas diversas Administrações Públicas, com base no permissivo genérico da inexigibilidade (art. 25, "caput", da mesma lei)
c) O credenciamento é reputado legalmente como instrumento auxiliar, tendo sido definido pela lei da seguinte forma: "processo administrativo de chamamento público em que a Administração Pública convoca interessados em prestar serviços ou fornecer bens para que, preenchidos os requisitos necessários, se credenciem no órgão ou na entidade para executar o objeto quando convocados."

1.4.5. Em caso de aquisição ou locação de imóveis

– Características de instalações e de localização tornam necessária sua escolha

 Atenção! hipótese tratada pela Lei 8.666/1993 como sendo de licitação dispensável.

1.5. Formalidades para a contratação direta

– Justificativa de preço
– Razão da escolha do contratado
– Autorização da autoridade competente

1.6 Responsabilidade em caso de superfaturamento

a) É solidária pelo dano causado à Fazenda Pública
b) São responsáveis o fornecedor e o agente público
c) Sem prejuízo das demais sanções legais

DIREITO ADMINISTRATIVO

TEMA XI - LICITAÇÃO PÚBLICA

1. Licitação IV – Fases da Licitação (rito procedimental comum – Lei 14.133/2021)

1.1. Fase interna (fase preparatória)

a) descrição da necessidade de contratação
b) definição do objeto a ser contratado (instrumentos: termo de referência, anteprojeto, projeto básico ou executivo)
c) definição da modalidade de licitação, do critério de julgamento, das condições de execução e pagamento e das garantias exigidas
d) elaboração do edital de licitação e da minuta do contrato
e) análise dos riscos envolvidos – elaboração da matriz de alocação de riscos
f) controle prévio de legalidade pelo órgão de assessoramento jurídico da Administração

Obs.: a **pré-qualificação** (procedimento seletivo prévio à licitação), o **procedimento de manifestação de interesse** (procedimento pelo qual a Administração solicita à iniciativa privada o desenvolvimento de estudos e projetos), o **sistema de registro de preços** (procedimentos de registro formal de preços relacionados a compras rotineiras padronizadas) e o **registro cadastral** (assentamento em que se permite a qualificação prévia de interessados) são previstos na Lei 14.133/2021 como **instrumentos auxiliares**.

1.2. Fase externa

1.2.1. Edital: contém procedimento, condições de participação, critérios de julgamento, elementos do futuro contrato; em anexo, contém minuta do contrato

– Cabe impugnação do edital por:
i) qualquer cidadão, até 5 dias úteis da data da abertura dos envelopes de habilitação (cf. Lei 8.666/1993); ou até 3 dias úteis da data da abertura do certame (cf. Lei 14.133/2021)
ii) licitante (cf. Lei 8.666/1993, até 2º dia útil da abertura dos envelopes)

1.2.2. Apresentação de propostas e lances: fase em que se verifica a disputa entre os participantes da licitação

O modo de disputa pode ser, isolado ou conjuntamente:
a) Aberto: propostas apresentadas por meio de lances públicos e sucessivos;
b) Fechado: sigilo das propostas até a data e hora designadas para sua divulgação.
Obs.: vedada a utilização isolada do modo fechado quando forem adotados os critérios de julgamento de menor preço ou de maior desconto.

1.2.3. Julgamento: verificação objetiva da conformidade das propostas com os critérios previamente estabelecidos, bem como na ordenação da melhor para a pior para a Administração

– Parâmetros para **desempate** (art. 60 da Lei 14.133/2021):
a) disputa final (os licitantes empatados podem apresentar nova proposta)
b) avaliação do desempenho contratual prévio dos licitantes
c) desenvolvimento pelo licitante de ações de equidade entre homens e mulheres no ambiente de trabalho
d) desenvolvimento pelo licitante de programa de integridade
Caso persista o empate, deve ser assegurada preferência, sucessivamente, aos bens e serviços produzidos ou prestados por:
a) empresas estabelecidas no Estado (ou no DF) do ente da Administração Pública estadual (ou distrital) licitante ou, no caso de licitação realizada por ente de Município, no território do Estado em que este se localize
b) empresas brasileiras
c) empresas que invistam em pesquisa e no desenvolvimento de tecnologia no País
d) empresas que comprovem a prática de mitigação tratada na Lei 12.187/2009 (lei da Política Nacional das Mudanças do Clima), referente aos gases de efeito estufa

1.2.4. Habilitação: verificação da idoneidade, por meio da entrega de documentos.

De acordo com o rito procedimental comum da Lei 14.133/2021, a regra é a habilitação posterior (após a fase de julgamento).
Obs.: admite-se a habilitação preliminar (antes da fase de apresentação de proposta e julgamento), desde que mediante ato motivado com explicitação dos benefícios decorrentes.
– Qualificações verificadas:
a) Jurídica: documentos da pessoa
b) Fiscal: inscrição e regularidade com as Fazendas, com a Seguridade Social e com o FGTS; inscrição fiscal e certidões negativas
c) Técnica: experiência e disponibilidade de pessoal e equipamentos; inscrição nos órgãos e atestados
d) Econômico-financeira: existência de aptidão econômica para a satisfação do objeto contratual; exige-se balanços, certidão negativa de falência e garantia de até 1% (caução, seguro-garantia ou fiança bancária)
e) social: regularidade quanto ao trabalho de menores
f) trabalhista: inexistência de débitos inadimplidos perante a Justiça do Trabalho

1.2.5. Fase recursal: a apreciação do recurso deve ser feita em fase única

1.2.6. Homologação: verificação da regularidade formal do procedimento

1.2.7. Adjudicação: atribuição do objeto ao vencedor

Obs.: na Lei 8.666/1993, a adjudicação é feita após a homologação. Já na Lei 14.133/2021, a adjudicação a antecede.

DIREITO ADMINISTRATIVO
TEMA XI - LICITAÇÃO PÚBLICA

1. Licitação V – Modalidades de licitação (ritos)

Atenção! De acordo com a Lei 8.666/1993, as modalidades são: concorrência, tomada de preços, convite, concurso e leilão. Além disso, há a Lei 10.520/2002 (modalidade pregão) e a Lei 12.642/2011 (Regime Diferenciado de Contratações). Já conforme a Lei 14.133/2021, temos: pregão, concorrência, concurso, leilão e diálogo competitivo.

1.1. Concorrência

1.1.1. Destinação:
– Bens e serviços especiais
– Obras
– Serviços comuns e especiais de engenharia
Obs.1: independe do valor do contrato
Obs.2: de acordo com a Lei 8.666/1993, a concorrência é destinada a contratações de grande vulto, compra e alienações de imóveis, concessões e licitações internacionais

1.1.2. Características marcantes
– Procedimento: rito procedimental comum (habilitação posterior, como regra)
– Universalidade

1.2. Tomada de preços
Obs.: modalidade prevista apenas na Lei 8.666/1993

1.2.1 Destinação:
– Médio vulto: obras e serviços de engenharia de valor até R$ 1,5 milhão (em valores atualizados, até R$ 3,3 milhões – vide Decreto 9.412/18) e, quanto às compras e demais serviços, de valor até R$ 650 mil (em valores atualizados, até R$ 1,43 milhão) – Licitações internacionais, se houver cadastro
– Prazos para apresentação da proposta: no mínimo 30 dias, se envolver técnica, e no mínimo 15 dias nos demais casos; prazos contados da última publicação

1.3. Convite
Obs.: modalidade prevista apenas na Lei 8.666/1993

1.3.1 Destinação:
– Pequeno vulto: obras e serviços de engenharia de valor até R$ 150 mil (e, valores atualizados, até R$ 330 mil – vide Decreto 9.412/18), e quanto às compras e demais serviços, de valor até R$ 80 mil (em valores atualizados, até R$ 176 mil – vide Decreto 9.412/18)

1.3.2 Características marcantes:
– Publicidade reduzida: não há edital, mas carta-convite e efixação desta no quadro de avisos
– Chamam-se no mínimo 3 pessoas, cadastradas ou não
– Se existir mais de 3 cadastrados, a cada novo convite há de se chamar cadastrado ainda não convidado
– Não cadastrado pode participar se manifestar interesse até 24 horas a partir da data da apresentação proposta
– Prazo: 5 dias úteis, contando da expedição do convite
– Habilitação pode ser dispensada, salvo regularidade com a Seguridade Social

1.4 Concurso

1.4.1 Destinação:
– Para a escolha de trabalhos técnico, científico ou artístico, mediante prêmios ou remuneração aos vencedores
– Exemplo: concurso de fotografia, concurso de monografia jurídica, concurso de projeto arquitetônico

1.4.2. Características marcantes:
– Entrega-se trabalho pronto, e não uma proposta
– Prazo para a entrega do trabalho pronto: no mínimo 45 dias após a última publicação (cf. Lei 8.666/1993); prazo mínimo de 35 dias úteis (cf. Lei 14.133/2021)
– Habilitação pode ser dispensada, mas o edital deve indicar eventual qualificação exigida dos participantes

1.5 Leilão

1.5.1. Destinação:
Modalidade de licitação para a alienação de bens:
– imóveis
– móveis inserviveis ou legalmente apreendidos
– Ex: leilão de produtos apreendidos pela Receita Federal
Obs.: o regime da Lei 8.666/93 é diverso: no que tange aos bens imóveis, somente podem ser alienados por leilão aqueles adquiridos em processo judicial ou por dação em pagamento

1.5.2. Características marcantes
– Prazo para realização do evento: no mínimo 15 dias após publicação (cf. Lei 8.666/1993); mínimo de 15 dias úteis (cf. Lei 14.133/2021)
– Tipo: maior lance, igual ou superior ao da avaliação

1.6. Pregão (Lei 14.133/2021)

1.6.1. Destinação
– Aquisição de bens e serviços comuns
– Aqueles que têm especificações usuais no mercado
– Exemplo: móveis, material de escritório, serviço de limpeza
Obs.: cabível a utilização para a contratação de serviço comum de engenharia

1.6.2. Características marcantes:
– Prazo para a realização da sessão de pregão: no mínimo 8 dias úteis, contados da última publicação (bem comum); no mínimo 10 dias úteis (serviço comum, inclusive o de engenharia)
– Critérios de julgamento: menor preço ou maior desconto
– Procedimento: rito procedimental comum
– Direção por pregoeiro e equipe de apoio (maioria com cargos efetivos)
Obs: a Lei 10.520/2002 veda a exigência de garantia de proposta. A Lei 14.133/2021 não impõe esta proibição

1.7. Diálogo competitivo

1.7.1. Destinação
– Definição: "modalidade de licitação para contratação de obras, serviços e compras em que a Administração Pública realiza diálogos com licitantes previamente selecionados mediante critérios objetivos, com o intuito de desenvolver uma ou mais alternativas capazes de atender às suas necessidades, devendo os licitantes apresentar proposta final após o encerramento dos diálogos"
– O escopo é realizar diálogos com licitantes, no intuito de desenvolver alternativas capazes de atender às necessidades públicas de contratação

Atenção! O diálogo competitivo pode ser utilizado, além da modalidade concorrência, para a celebração de contrato de concessão de serviço público (cf. Lei 8.987/1995), inclusive parceria público-privada-PPP (cf. Lei 11.079/2004).

1.7.2. Características marcantes
– Modalidade inédita no ordenamento brasileiro (Lei 14.133/2021)
– Condução dessa modalidade é feita por comissão de contratação (composta de pelo menos 3 agentes públicos efetivos/permanentes)

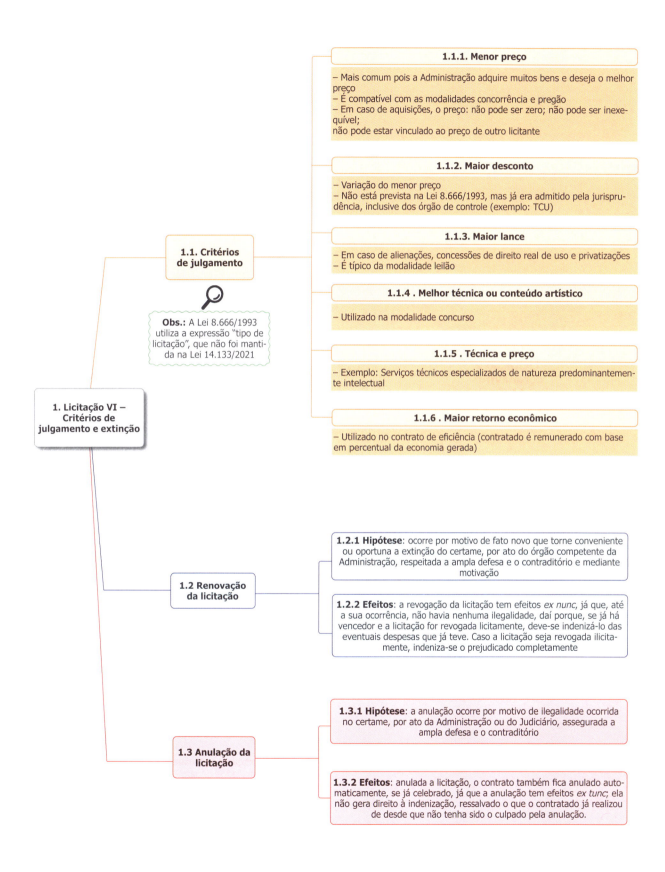

DIREITO ADMINISTRATIVO

Tema XI - Licitação Pública

Licitação e coronavírus (Lei 13.979/20)

1. Licitação dispensável

1.1. Objeto: para aquisição de bens, serviços, inclusive de engenharia, e insumos destinados ao enfrentamento da emergência de saúde pública de importância internacional decorrente do coronavírus.

1.2. Quando: é temporária e aplica-se apenas enquanto perdurar a emergência decorrente do coronavírus.

1.3. Presunções: nessas dispensas de licitação presumem-se atendidas as condições de:
a) ocorrência da emergência;
b) necessidade de pronto atendimento da situação de emergência;
c) existência de risco a segurança de pessoas, obras, prestação de serviços, equipamentos e outros bens, públicos ou particulares;
e d) limitação da contratação à parcela necessária ao atendimento da situação de emergência.

2. Flexibilizações para as contratações relacionadas ao coronavírus

2.1. Contratação de inidôneo ou suspenso: excepcionalmente, será possível a contratação de empresas com inidoneidade declarada ou com o direito de contratar com o Poder Público suspenso, quando se tratar, comprovadamente, de única fornecedora do bem ou serviço a ser adquirido.

2.2. Irregularidades fiscal e trabalhista: havendo restrições de interessados a autoridade, excepcional e justificadamente, poderá dispensar a documentação de regularidade fiscal e trabalhista ou o cumprimento de um ou mais requisitos de habilitação, ressalvados a exigência de regularidade relativa à Seguridade Social e o cumprimento do inciso XXXIII do art. 7º da CF.

2.3. Estudos preliminares: não será exigida a elaboração de estudos preliminares quando se tratar de bens e serviços comuns.

2.4. Risco: o Gerenciamento de Riscos da contratação somente será exigível durante a gestão do contrato.

2.5. Termo de referência e projeto básico: será admitida a apresentação de termo de referência simplificado ou de projeto básico simplificado, salientando-se que os preços obtidos a partir da estimativa a ser necessariamente feita não impedem a contratação por valores superiores decorrentes de oscilações ocasionadas pela variação de preços, hipótese em que deverá haver justificativa nos autos.

2.6. Prazos no pregão: em qualquer modalidade pregão nos prazos licitatórios serão reduzidos pela metade e os recursos terão somente efeito devolutivo; se o prazo original for número ímpar, este será arredondado para o número inteiro antecedente; fica dispensada a realização de audiência pública a que se refere o art. 39 da Lei nº 8.666/93.

2.7. Duração do contrato: os contratos regidos por esta Lei terão prazo de duração de até 6 meses e poderão ser prorrogados por períodos sucessivos, enquanto perdurar a necessidade de enfrentamento dos efeitos dessa emergência de saúde pública.

2.8. Alteração contratual: a administração pública poderá prever que os contratados fiquem obrigados a aceitar, nas mesmas condições contratuais, acréscimos ou supressões ao objeto contratado, em até 50% por cento do valor inicial atualizado do contrato.

2.9. Prescrição: fica suspenso o transcurso dos prazos prescricionais para aplicação de sanções administrativas previstas na Lei nº 8.666/93 (Licitações), na Lei nº 10.520/02 (Pregão) e na Lei nº 12.462/11 (RDC).

DIREITO ADMINISTRATIVO
TEMA XII - CONTRATOS ADMINISTRATIVOS

1. Contratos Administrativos I

1.1 Conceito: *acordo* de vontades entre a Administração e terceiros, pertinente a obras, serviços, compras, alienações ou locações, em que existem cláusulas exorbitantes em favor da primeira, preservado o equilíbrio econômico-financeiro das partes

1.2 Características marcantes

1.2.1 Cláusulas exorbitantes
a) Modificação e rescisão unilaterais
b) Fiscalização da execução e aplicação unilateral de sanções
c) Ocupação provisória de instalações – para acautelar a apuração de faltas ou no caso de rescisão

1.2.2 Manutenção do equilíbrio econômico-financeiro
– Equilíbrio das "cláusulas econômicas" deve ser mantido
– Administração aumenta tarefas, mas compensa economicamente

1.3. Regime jurídico geral
1º) CF
– Exemplo: princípio da eficiência
2º) Lei 14.133/2021, Lei 8.666/1993 e Preceitos de Direito Público
– Exemplo: casos de rescisão;
3º) Cláusulas editalícias e contratuais
4º) Princípios da Teoria Geral dos Contratos
– Exemplo: princípio da função social dos contratos
5º) Disposições de Direito Privado
Exemplo: regras sobre vícios redibitórios

1.4 Formalidades para a contratação

1.4.1 Processo de licitação ou de contratação direta

1.4.2. Convocação do adjudicatário
– Estipula-se prazo para o adjudicatário (vencedor da licitação) comparecer para assinar o contrato
– Adjudicatário fica liberado do dever de assinar contrato decorridos 60 dias da data de entrega das propostas na licitação (Lei 8.666/1993)
Obs.: a Lei 14.133/2021 não fixa o prazo de validade da proposta, remetendo a fixação ao edital da licitação
– Se o convocado não assinar contrato, a Administração pode:
a) Convocar o licitante remanescente, nas mesmas condições do vencedor
b) Revogar o certame.
– Se os licitantes remanescentes não aceitarem a contratação nas condições do vencedor, a Administração pode (Lei 14.133/2021):
a) Convocar os licitantes remanescentes para negociação, na ordem de classificação, com vistas à obtenção de preço melhor, mesmo que acima do preço do adjudicatário
b) Adjudicar e celebrar o contrato nas condições ofertadas pelos licitantes remanescentes, atendida a ordem classificatória, quando frustrada a negociação de melhor condição

1.4.3. Instrumento escrito
– Verbal: contratações de pequenas compras ou o de prestação de serviços de pronto pagamento, assim entendidos aqueles de valor não superior a R$ 10 mil (Lei 14.133/2021)
– Regra: instrumento do contrato é obrigatório
– Exceções (Lei 14.133/2021):
a) Dispensa de licitação em razão de valor
b) Compras com entrega imediata e dos quais não resultem obrigações futuras, inclusive quanto a assistência técnica, independentemente de seu valor
Obs.: nesses casos o instrumento do contrato pode ser substituído por: carta-contrato, nota de empenho, autorização de compra, ordem de execução de serviços

1.4.4 Garantia
– Faculta-se à Administração a exigência de garantias a fim de assegurar a execução do contrato, devendo estar prevista no edital
– O particular deve escolher entre caução, em dinheiro ou títulos da dívida pública, seguro-garantia ou fiança bancária
– A garantia não deve exceder a 5% do valor do contrato, salvo quanto a obras, serviços e fornecimentos de grande vulto envolvendo alta complexidade técnica e riscos financeiros consideráveis, quando o limite poderá ser elevado até a 10% do valor do contrato
– A garantia será liberada ou restituída após a execução, e, quando em dinheiro, será atualizada monetariamente

1.4.5. Publicação
– O contrato tem como condição de eficácia a publicação de seu resumo na Imprensa Oficial, a qual deve se dar até o 5º dia útil do mês seguinte à sua assinatura e até 20 dias após esta, seja de que valor for (Lei 8.666/1993)
– Cf. Lei 14.133/2021, a divulgação no Portal Nacional de Contratações Públicas é condição indispensável para a eficácia do contrato, devendo ocorrer nos seguintes prazos, contados da data de sua assinatura:
a) 20 dias úteis, no caso de licitação
b) 10 dias úteis, no caso de contratação direta

DIREITO ADMINISTRATIVO
TEMA XII - CONTRATOS ADMINISTRATIVOS

1. Contratos Administrativos II

1.5 Alterações contratuais

1.5.1. Unilaterais: feitas por imposição da Administração

1.5.1.1. Qualitativas: em caso de alteração do projeto ou especificações, para adequação técnica aos seus objetivos

a) Situações novas: decisão judicial impondo que dada obra atenda preceitos técnicos em matéria de acústica
b) Situações existentes, mas desconhecidas: solo se revela diferente do imaginado, impondo fundação diferenciada
Obs. 1: bom projeto básico evita isso
Obs. 2: não pode alterar o próprio objeto do contrato

1.5.1.2 Quantitativas: quando necessária a modificação do valor contratual em decorrência do aumento ou diminuição nas obras, serviços ou compras, com os seguintes limites

a) Acréscimo: até 25% do valor inicial; 50%, se for reforma
b) Diminuição: até 25% do valor inicial
Obs.: não são computados nos limites os reajustes e revisões

1.5.2. Bilaterais (revisão): feitas por acordo ou decisão judicial para restabelecer o equilíbrio econômico-financeiro do contrato, por prejuízo significativo causado por:

1.5.2.1. Caso fortuito ou força maior: por exemplo, um tornado destrói uma obra pública construída por um particular

1.5.2.2. Sujeições ou interferências imprevistas: *descoberta de um óbice natural ao cumprimento do contrato de forma prevista.* Exemplo: descoberta de que o terreno em que o particular deverá construir a obra contratada é rochoso, aumentando em demasia os custos para realização da fundação

1.5.2.3. Fato da administração: *conduta específica da Administração sobre um contrato, retardando ou impedindo sua execução;* exemplo: suspensão do contrato

1.5.2.4. Fato do príncipe: *conduta geral do Poder Público que acaba afetando um contrato;* exemplo: mudança da política cambial ou em *tributos,* interferindo nos custos do contrato

1.5.2.5. Modificação tributária: *criação, alteração ou extinção de tributo ou encargo legal que interfira diretamente nos preços (cursos) para mais ou menos* (art. 65, § 5º). Assim, aumentos significativos em tributos como ISS, ICMS, IPI, entre outros, geram o direito à revisão contratual. Note que o aumento no imposto sobre a renda não interfere nos custos de uma empresa, mas apenas na renda desta, não ensejando a revisão contratual; da mesma forma, a criação da CPMF não enseja a revisão, por não gerar um prejuízo significativo, segundo o TCU

1.5.2.6. Aplicação da Teoria da Imprevisão: caso não se configure nenhuma das hipóteses acima, é possível invocar-se cláusula genérica para alteração contratual, *que requer desequilíbrio contratual causado pela sobrevinda de fatos imprevisíveis ou previsíveis, porém de consequências incalculáveis, retardadores ou impeditivos da execução contrato.* Vale dizer, são necessários: i) desequilíbrio contratual ulterior, ii) imprevisibilidade ou previsibilidade de consequência incalculável e iii) retardamento ou impedimento da execução do ajustado (prejuízo significativo). Exemplo: advento de guerra causando aumento demasiado do preço do petróleo, atingindo contratos em curso; crise mundial amentando muito o dólar

 Dica: não gera revisão o dissídio coletivo, a inflação, a CPMF e o IR

1.5.3. Reajuste (em sentido estrito): forma de manutenção do equilíbrio econômico-financeiro de contrato consistente na aplicação do índice de correção monetária previsto no contrato (Lei 14.133/2021)

– Aplica-se aos contratos de trato sucessivo e é feito a cada 12 meses
– Já a **repactuação** constitui forma de manutenção do equilíbrio econômico-financeiro de contrato por meio da análise da variação dos custos contratuais (Lei 14.133/2021). Aplica-se aos contratos de serviços contínuos com regime de mão de obra.
– Outra figura é a **revisão**, que decorre de evento extraordinário

DIREITO ADMINISTRATIVO
TEMA XII - CONTRATOS ADMINISTRATIVOS

1. Contratos Administrativos III

1.6 Extinção do contrato

1.6.1. Decurso do tempo
- Duração deve respeitar autorização orçamentária
- Serviços contínuos (ex.: limpeza, vigilância merenda etc.): cabem sucessivas prorrogações, limitando-se a contratação total a até 60 meses, sendo que, em casos excepcionais, devidamente justificados e mediante autorização da autoridade superior, cabe outra prorrogação, por mais 12 meses (Lei 8.666/1993)
- Prazos da Lei 14.133/2021: **a)** contratos de serviços e fornecimento contínuos: prazo de até 5 anos, cabendo prorrogação até 10 anos; **b)** contratos que geram receita e contratos de eficiência: até 10 anos, nos contratos sem investimento; e de até 35 anos, nos contratos com investimento; **c)** contratos em que a Administração seja usuária de serviço público (oferecido em regime de monopólio): prazo indeterminado; **d)** contrato com escopo predefinido: prazo de vigência automaticamente prorrogado quando o objeto não for concluído no período firmado no contrato; **e)** operação continuada de sistemas estruturantes de tecnologia da informação: prazo com vigência máxima de 15 anos.

1.6.2 Bilateral
- Em caso de acordo entre as partes (distrato)

1.6.3. Judicial
- Havendo culpa da Administração, particular entra em Juízo
- Particular não pode alegar "exceção de contrato não cumprido", salvo após:
a) 2 meses ou mais de atraso de pagamento (cf. Lei 14.133/2021). **Obs.:** a Lei 8.666/1993 prevê o prazo mínimo de 90 dias
b) 3 meses ou mais de suspensão do contrato (cf. Lei 14.133/2021). **Obs.:** a Lei 8.666/1993 prevê o prazo mínimo de 120 dias

1.6.4 Unilateral
- Promovida pela Administração, respeitando o contraditório e a ampla defesa, nos seguintes casos:

1.6.4.1 Anulação
- Por motivo de ilegalidade na licitação ou no contrato
- Retroage, impedindo e desconstituindo efeitos
- Mas a administração deve indenizar o contratado pelo já executado e por prejuízos, salvo se houver culpa deste
- Boa-fé do particular é presumida
- Comprovada a má-fé do particular, não se indenizará

1.6.4.2 Revogação: por inconveniência ou inoportunidade
- Particular será indenizado por lucros cessantes

1.6.4.3 Inexecução do contrato pelo contratado

1.7 Outras questões

1.7.1. Adoção de meios alternativos de prevenção e resolução de controvérsias (conciliação, mediação, comitê de resolução de disputas e arbitragem)
- admitida expressamente pela Lei 14.133/2021

1.7.2. Retenção de pagamento pela não manutenção da regularidade fiscal
- Não é possível retenção por esse motivo
- Mas é possível rescindir o contrato no caso
- Retenção é cabível para cobrir multa

1.7.3. Responsabilidade do contratado
- O contratado tem responsabilidade exclusiva pelos encargos trabalhistas, fiscais e comerciais que tiver

> **Jurisprudência:** segundo o STF, essa regra inclui a responsabilidade por dívidas trabalhistas decorrentes de serviços terceirizados que a Administração contratar (exemplo: limpeza e vigilância). Os órgãos públicos só poderão ser responsabilizados em casos excepcionais, se forem comprovadas falhas na fiscalização.

> **Atenção!** A Lei 14.133/2021 incorporou a jurisprudência do STF (art. 121): nas contratações de serviços contínuos com regime de dedicação exclusiva de mão de obra, a Administração responde subsidiariamente pelos encargos trabalhistas, se comprovada falha na fiscalização do cumprimento das obrigações do contratado (culpa *in vigilando*).

> **Obs.:** a fim de garantir o cumprimento das obrigações trabalhistas, pode a Administração, entre outras medidas, condicionar o pagamento do contrato à comprovação de quitação das obrigações trabalhistas vencidas relativas ao contrato.

1.7.4. Sanções administrativas
As penalidades previstas na Lei 14.133/2021 são:
a) advertência
b) multa: a nova lei, em caráter inédito, definiu o limite mínimo e máximo dessa sanção pecuniária (0,5% a 30% do valor do contrato)
c) impedimento de licitar e contratar: vedação de licitação e contratação pelo prazo máximo de 3 anos; sua abrangência restringe-se ao ente federativo que tenha aplicado a sanção
d) declaração de inidoneidade: vedação de licitação e contratação pelo prazo mínimo de 3 anos e máximo de 6 anos; seus efeitos abrange todas as esferas federativas.

DIREITO ADMINISTRATIVO

Tema XIII - Serviços Públicos

1. Serviço Público

1.1. Conceito: atividade oferecida aos administrados, prestada pelo Estado ou por concessionário, sob regime de Direito Público

- Exemplo: energia, água, telefone, transporte coletivo, lixo
- Constituição Federal ou lei local estabelecem os serviços que são ou serão públicos

1.2. Deveres do Estado quanto ao serviço público

- **Regulamentar:** dispor como o serviço deverá ser prestado
- **Fiscalizar:** verificar se o particular está cumprindo o regulamento do serviço
- **Executar:** por si ou por terceiro, mediante concessão ou permissão

1.3. Princípios do serviço adequado

1.3.1. Generalidade: todos devem ter acesso ao serviço, garantido o tratamento equânime aos usuários que estiverem na mesma situação

1.3.2. Eficiência

1.3.3. Segurança

1.3.4. Cortesia

1.3.5. Atualidade: compreende a modernidade das técnicas, do equipamento e das instalações e a sua conservação, bem como a melhoria e expansão do serviço

1.3.6. Modicidade das tarifas: ou seja, as tarifas devem ter preços acessíveis

1.3.7. Regularidade e Continuidade: impõe que o serviço esteja sempre à disposição para utilização coletiva

- O serviço público não pode ser interrompido, mesmo em caso de greve, quando será mantido para garantir o mínimo à população
- Exceções: o serviço pode ser interrompido em situação de emergência ou após aviso prévio, por:
a) razões de ordem técnica ou segurança;
b) inadimplemento do usuário, considerado o interesse da coletividade
- O STJ admite o corte do serviço por inadimplemento
- Não cabe o corte em 3 casos:
a) serviços essenciais;
b) débitos antigos;
c) cobrança por aferição unilateral

1.4. Classificação do serviço público

1.4.1. Quanto à essencialidade:

a) **Serviços públicos:** são os que a Administração presta diretamente à comunidade, por serem essenciais à sobrevivência do grupo social (exemplos: defesa, polícia)
- Outros nomes: *pró-comunidade* ou *próprios do Estado*
b) **Serviços de utilidade pública:** são os prestados pela Administração ou concessionários, por ser conveniente que haja regulamentação e controle (exemplos: luz, gás, telefone)
- Outros nomes: *pró-cidadão* ou *impróprios do Estado*

1.4.2. Quanto aos destinatários:

a) *Uti singuli:* tem usuários determinados (exemplo: água, luz)
b) *Uti universi:* tem usuários indeterminados (exemplo: segurança)

1.4.3. Quanto à finalidade:

a) **Administrativos:** executados para atender as necessidades da Administração ou preparar outros serviços que serão prestados ao público
b) **Industriais/comerciais:** são os que produzem renda para quem os presta, por meio de tarifa ou preço (exemplo: correios)
c) **Sociais:** educação, saúde etc

DIREITO ADMINISTRATIVO
TEMA XIII - SERVIÇOS PÚBLICOS

1. Concessões de Serviço Público

1.1. Conceito: atribuição do exercício de serviço público a alguém, que o prestará em nome próprio e por conta e risco, segundo condições fixadas pelo Poder Público

1.2. Noções Gerais
- Regulamentada na Lei 8.987/1995
- É concedido o *exercício*, e não a *titularidade* do serviço
- A remuneração se dá por *tarifas, subsídios* e outras formas, como a publicidade

1.3. Natureza contratual complexa
a) **Ato regulamentar:** ato unilateral do Poder Público, que fixa as condições da prestação do serviço
b) **Contrato:** trata da questão econômico-financeira

1.4. Poderes do concedente
a) **Fiscalização:** vê-se desempenho, cumprimento de deveres e de metas
b) **Alteração unilateral das cláusulas regulamentares:** respeitados o equilíbrio financeiro e os limites legais (por exemplo, não pode alterar a natureza do objeto da concessão)
c) **Intervenção:** em casos de comprometimento do serviço público, a Administração pode intervir na concessionária para regularizar a situação. Exemplo: intervenção em empresa de ônibus que não está desempenhando corretamente seu papel, mesmo após notificações e aplicação de multa
d) **Extinção da concessão antes do prazo:** pode se dar por motivos de conveniência e oportunidade para melhorar o serviço público ou por falta cometida pelo concessionário
e) **Aplicação de sanções ao concessionário inadimplente:** multas, por exemplo

1.5. Prazo
- Não existe na lei, devendo ser fixado no contrato
- Admite-se prorrogação do prazo, desde que haja previsão no contrato; exemplo: para amortizar investimentos

1.6. Transferência da concessão e do controle acionário da concessionária
- São autorizadas, mediante anuência da Administração

1.7. Direitos do concessionário
a) Manutenção do equilíbrio econômico-financeiro
b) Não sofrer exigência estranha ao objeto da concessão

1.8. Formas de extinção

1.8.1. Pelo advento do termo contratual: forma usual

1.8.2. Por rescisão judicial
- Feita a pedido do concessionário, por culpa do poder concedente
- A ação pode pleitear indenização por não ter havido, ainda, amortização do investimento feito pelo concessionário

1.8.3. Por rescisão consensual: por mútuo acordo

1.8.4. Pela falência da concessionária

1.8.5. Pela morte do permissionário ou pela extinção da pessoa jurídica

1.8.6. Por rescisão unilateral do Poder Concedente
a) **Encampação ou resgate:** extinção pela Administração durante o prazo da concessão, por motivo de conveniência e oportunidade administrativa
- Depende de lei específica e de prévia indenização
- Exemplo: fim dos bondes
b) **Caducidade:** extinção antes do prazo, por inadimplência do concessionário
- Requer prévio processo administrativo, com ampla defesa, para apuração da falta grave do concessionário
- Só se indeniza o investimento não amortizado, uma vez que houve culpa do concessionário
c) **Anulação:** extinção por ilegalidade; indeniza-se concessionário por despesas, salvo má-fé

1.9. Reversão dos bens

1.9.1. Conceito: é a passagem ao poder concedente dos bens do concessionário aplicados no serviço público, como consequência da extinção da concessão

- A finalidade é manter a continuidade do serviço

1.9.2. Extensão: a reversão se dará nos limites definidos no edital de convocação para a licitação, assegurando-se ao concessionário a amortização do investimento que fez

DIREITO ADMINISTRATIVO
Tema XIII - Serviços Públicos

1. Parceria Público - Privada
(Lei 11.079/2004)

1.1. Conceito

– Contrato de *prestação de serviços* ou de *concessão de serviços públicos* ou de obras públicas
i) De grande vulto (igual ou superior a R$ 10 milhões)
ii) De período não inferior a 5 anos
iii) Caracterizado pela busca da eficiência na realização de seu escopo
iv) E pela existência de garantias especiais e reforçadas
v) Para o cumprimento da necessária contraprestação pecuniária do parceiro público ao parceiro privado
vi) Financiado pelo mercado financeiro

1.2. Espécies

a) Concessão patrocinada: *é a concessão de serviços ou de obras públicas em que, além das tarifas cobradas dos usuários, há contraprestação pecuniária do parceiro público ao parceiro privado* (art. 2º, § 1º, da Lei 11.079/2004). Exemplo: saneamento básico, construção e reforma de rodovias
b) Concessão administrativa: *é o contrato de prestação de serviços qualificados de que a Administração seja usuária direta ou indireta* (art. 2º, § 2º, da Lei 11.079/2004)
– Não há cobrança de tarifa de usuários
– Não cabe se tiver como objeto único fornecimento de mão de obra, instalação de equipamentos ou obra pública
– Exemplo: construção de escolas, hospitais e presídios
c) Concessão comum: é a que não se encaixa numa PPP; exemplo: quando as tarifas dos usuários são suficientes para cobrir os custos do contratado. Usa-se a Lei 8.987/1995

1.3. Modelo

– O vencedor da licitação fará o investimento com recursos próprios e financiamento do mercado financeiro
– O vencedor entregará a obra pronta para o parceiro público
– Somente neste momento é que o parceiro público começará a pagar sua contraprestação, que tem garantias especiais, como seguro-pagamento, fiança bancária e fundo ou empresa estatais dotados de bens passíveis de penhora

1.4. Características da licitação na PPP

a) Inversão de fases: o edital poderá prever a inversão das fases de habilitação e julgamento
b) Lances verbais: o edital poderá prever que, após a entrega dos envelopes, serão feitos lances em viva-voz
c) Tipo de licitação: é o de "menor valor da contraprestação a ser paga pela Administração". Pode-se combinar com melhor técnica
d) Saneamento de falhas: o edital poderá prever a possibilidade de saneamento de falhas, de complementação de insuficiências ou ainda de correções de caráter formal no curso do procedimento, desde que o licitante possa satisfazer as exigências dentro do prazo fixado no instrumento convocatório (art. 12, IV)

DIREITO TRIBUTÁRIO

Robinson Barreirinhas

Material complementar de Direito Tributário está disponível online pelo site da Editora Foco, no link:
www.editorafoco.com.br/atualizacao

DIREITO TRIBUTÁRIO

TEMA I - TRIBUTOS

1. Tributo: Definição e Espécies

- **1.1. Definição Tributo**
  - **1.1.1. Conceito:** toda prestação pecuniária compulsória, em moeda ou cujo valor nela se possa exprimir, que não constitua sanção de ato ilícito, instituída em lei e cobrada mediante atividade administrativa plenamente vinculada (art. 3º do CTN)
    - **1.1.1.1. Prestação:** objeto da relação obrigacional tributária
    - **1.1.1.2. Pecuniária:** prestação de dar dinheiro, moeda corrente nacional, não há tributo *in natura*; obrigação de fazer ou entregar qualquer coisa que não seja dinheiro
    - **1.1.1.3. Compulsória:** independe da vontade, é imposição legal, *ex legis*
    - **1.1.1.4. Não constituir sanção:** o tributo jamais decorre de fato ilícito; não se confunde com penalidade, multa
      - **Dica:** são tributados fatos lícitos, ainda que realizados ilicitamente *(non olet)*
      - **Exemplo:** traficante deve pagar imposto de renda, pois auferir renda, em si, é ato lícito
    - **1.1.1.5. Instituída em lei:** a compulsoriedade depende de lei – ninguém é obrigado a fazer ou deixar de fazer algo senão em virtude de lei (art. 5º, II, da CF)
    - **1.1.1.6. Cobrada mediante atividade administrativa plenamente vinculada:** a atuação do fisco na exigência do tributo é vinculada, não discricionária ou arbitrária
  - **Dica:** o conceito de tributo é dado por lei complementar federal (art. 146, III, a, da CF), e o CTN, apesar de formalmente lei ordinária, foi recepcionado pela Constituição atual como lei complementar

- **1.2. Espécies tributárias**
  - **1.2.1. Conceito:** o gênero "tributo" é classificado em diversas "espécies", e os critérios para essa classificação são o fato gerador (art. 4º do CTN) e a base de cálculo
  - **1.2.2. Pela teoria tripartida** (art. 145 da CF e art. 5º do CTN) há três espécies de tributo: impostos, taxas e contribuições de melhoria
  - **1.2.3. É pacífico, entretanto, que a Constituição Federal prevê mais duas espécies de tributo** (total de cinco, portanto): empréstimos compulsórios e contribuições especiais
  - **Dica:** as espécies tributárias da teoria tripartida (impostos, taxas e contribuições de melhoria) realmente são definidas por seu fato gerador e sua base de cálculo. Os outros dois – empréstimos compulsórios e contribuições especiais –, entretanto, são definidos pela sua finalidade ou pelas situações que dão ensejo a sua criação

DIREITO TRIBUTÁRIO
Tema II - Espécies Tributárias

1. Espécies Tributária I

1.1. Impostos

1.1.1. Conceito: tributo cuja obrigação tem por fato gerador uma situação independente de qualquer atividade estatal específica, relativa ao contribuinte (art. 16 do CTN)

1.1.2. Características:

1.1.2.1. Tributo nãovinculado: fatos geradores são situações sem qualquer relação com a atividade estatal voltada ao contribuinte, como auferir renda, ser proprietário de algo

1.1.2.2. Sempre que possível, os impostos terão caráter pessoal e serão graduados segundo a capacidade econômica do contribuinte (art. 145, § 1º, da CF)

- **Capacidade contributiva:** quem tem mais contribui com mais
- **Progressividade de alíquotas:** alíquotas maiores conforme maior for a base de cálculo, diferente da simples proporcionalidade que há quando se aplica a mesma alíquota a bases de cálculo distintas

Dicas:
- Devem ser progressivos, segundo a CF: IR e ITR
- Podem ser progressivos, segundo a CF: IPTU (a Súmula Vinculante 668 do STF refere-se a período anterior à EC 29/2000) e ITCMD (segundo jurisprudência do STF, que admite a progressividade pelo valor, mas não pelo grau de parentesco)
- Não podem ser progressivos, segundo entendimento tradicional do STF (que pode mudar!): outros impostos reais, como ITBI (Súmula 656 do STF) e IPVA

1.1.2.3. Não vinculação das receitas dos impostos a despesas específicas: princípio da não afetação (direito financeiro – art. 167, IV, da CF), com as exceções previstas na própria Constituição Federal

DIREITO TRIBUTÁRIO
Tema II - Espécies Tributárias

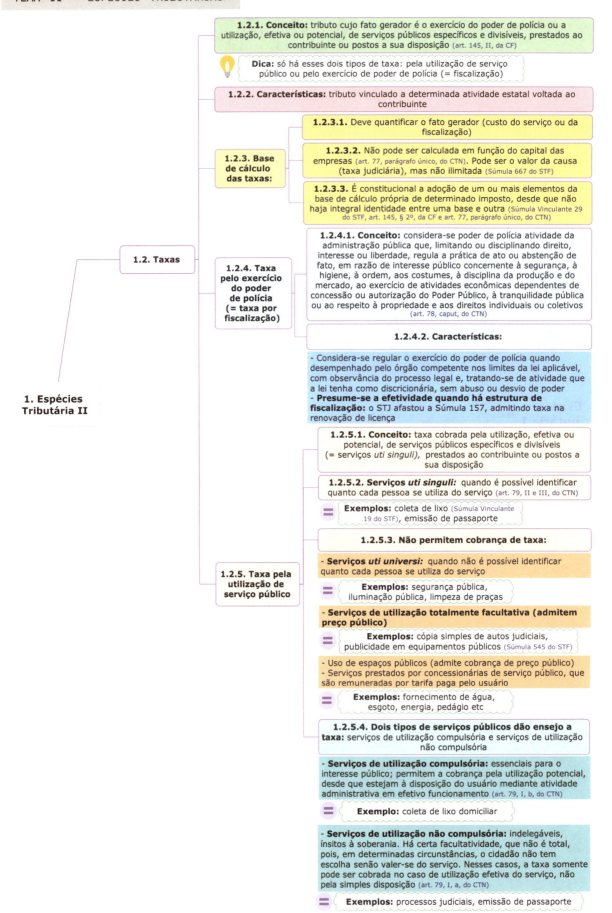

1. Espécies Tributária II

1.2. Taxas

1.2.1. Conceito: tributo cujo fato gerador é o exercício do poder de polícia ou a utilização, efetiva ou potencial, de serviços públicos específicos e divisíveis, prestados ao contribuinte ou postos a sua disposição (art. 145, II, da CF)

Dica: só há esses dois tipos de taxa: pela utilização de serviço público ou pelo exercício de poder de polícia (= fiscalização)

1.2.2. Características: tributo vinculado a determinada atividade estatal voltada ao contribuinte

1.2.3. Base de cálculo das taxas:

1.2.3.1. Deve quantificar o fato gerador (custo do serviço ou da fiscalização)

1.2.3.2. Não pode ser calculada em função do capital das empresas (art. 77, parágrafo único, do CTN). Pode ser o valor da causa (taxa judiciária), mas não ilimitada (Súmula 667 do STF)

1.2.3.3. É constitucional a adoção de um ou mais elementos da base de cálculo própria de determinado imposto, desde que não haja integral identidade entre uma base e outra (Súmula Vinculante 29 do STF, art. 145, § 2º, da CF e art. 77, parágrafo único, do CTN)

1.2.4. Taxa pelo exercício do poder de polícia (= taxa por fiscalização)

1.2.4.1. Conceito: considera-se poder de polícia atividade da administração pública que, limitando ou disciplinando direito, interesse ou liberdade, regula a prática de ato ou abstenção de fato, em razão de interesse público concernente à segurança, à higiene, à ordem, aos costumes, à disciplina da produção e do mercado, ao exercício de atividades econômicas dependentes de concessão ou autorização do Poder Público, à tranquilidade pública ou ao respeito à propriedade e aos direitos individuais ou coletivos (art. 78, caput, do CTN)

1.2.4.2. Características:

- Considera-se regular o exercício do poder de polícia quando desempenhado pelo órgão competente nos limites da lei aplicável, com observância do processo legal e, tratando-se de atividade que a lei tenha como discricionária, sem abuso ou desvio de poder
- **Presume-se a efetividade quando há estrutura de fiscalização:** o STJ afastou a Súmula 157, admitindo taxa na renovação de licença

1.2.5. Taxa pela utilização de serviço público

1.2.5.1. Conceito: taxa cobrada pela utilização, efetiva ou potencial, de serviços públicos específicos e divisíveis (= serviços *uti singuli*), prestados ao contribuinte ou postos a sua disposição

1.2.5.2. Serviços *uti singuli*: quando é possível identificar quanto cada pessoa se utiliza do serviço (art. 79, II e III, do CTN)

Exemplos: coleta de lixo (Súmula Vinculante 19 do STF), emissão de passaporte

1.2.5.3. Não permitem cobrança de taxa:

- **Serviços *uti universi*:** quando não é possível identificar quanto cada pessoa se utiliza do serviço

Exemplos: segurança pública, iluminação pública, limpeza de praças

- **Serviços de utilização totalmente facultativa (admitem preço público)**

Exemplos: cópia simples de autos judiciais, publicidade em equipamentos públicos (Súmula 545 do STF)

- Uso de espaços públicos (admite cobrança de preço público)
- Serviços prestados por concessionárias de serviço público, que são remuneradas por tarifa paga pelo usuário

Exemplos: fornecimento de água, esgoto, energia, pedágio etc

1.2.5.4. Dois tipos de serviços públicos dão ensejo a taxa: serviços de utilização compulsória e serviços de utilização não compulsória

- **Serviços de utilização compulsória:** essenciais para o interesse público; permitem a cobrança pela utilização potencial, desde que estejam à disposição do usuário mediante atividade administrativa em efetivo funcionamento (art. 79, I, b, do CTN)

Exemplo: coleta de lixo domiciliar

- **Serviços de utilização não compulsória:** indelegáveis, ínsitos à soberania. Há certa facultatividade, que não é total, pois, em determinadas circunstâncias, o cidadão não tem escolha senão valer-se do serviço. Nesses casos, a taxa somente pode ser cobrada no caso de utilização efetiva do serviço, não pela simples disposição (art. 79, I, a, do CTN)

Exemplos: processos judiciais, emissão de passaporte

DIREITO TRIBUTÁRIO
Tema II - Espécies Tributárias

1. Espécies Tributária III

1.3. Contribuições de Melhoria

- **1.3.1. Conceito:** tributo cujo fato gerador é a valorização imobiliária decorrente de obra pública (art. 81 do CTN)

- **1.3.2. Características:** tributo vinculado a atividade estatal (obra): há atividade estatal indireta e mediatamente referida ao obrigado
  - **1.3.2.1. Há limite total para a cobrança:** valor gasto pelo poder público com a obra – a soma dos valores cobrados de cada contribuinte não pode ultrapassar esse custo total
  - **1.3.2.2. Há limite individual para a cobrança:** acréscimo de valor que a obra resultar para cada imóvel beneficiado – o art. 12 do DL 195/1967 refere-se ao limite anual de 3% do maior valor fiscal do imóvel
  - **Jurisprudência:** exige-se cálculo individualizado do benefício trazido ao imóvel de cada um dos contribuintes, não basta dividir o custo da obra pelos imóveis circundantes, não se admite base de cálculo presumida

- **1.3.3. Permitem a cobrança:** construção de praças, escolas, hospitais, avenidas que valorizem o imóvel próximo. O art. 2º do DL 195/1967 refere-se à valorização apenas de imóveis privados (discutível sua recepção pela CF)

- **1.3.4. Não permitem a cobrança:** simples manutenção de equipamentos (recapeamento de rua, reforma da praça, conserto de viaduto) ou obras que desvalorizem o imóvel

- **1.3.5. Procedimento descrito no art. 82 do CTN:**
  - **1.3.5.1.** Publicação prévia de edital com memorial descritivo, orçamento, parcela a ser financiada pela contribuição, delimitação da zona beneficiada, fator de valorização para zona ou áreas diferenciadas
  - **1.3.5.2.** Prazo mínimo de 30 dias para impugnação
  - **1.3.5.3.** Regulamentação do processo administrativo

1.4. Empréstimos Compulsórios

- **1.4.1. Conceito:** tributo que pode ser instituído exclusivamente nas duas hipóteses previstas no art. 148 da CF: (a) para atender a despesas extraordinárias, decorrentes de calamidade pública, de guerra externa ou sua iminência; e (b) no caso de investimento público de caráter urgente e de relevante interesse nacional, observado o disposto no art. 150, III, b
  - **Atenção:** não subsiste hipótese do art. 15, III, do CTN – a CF/1988 não recepcionou a possibilidade de se instituir empréstimo compulsório em caso de conjuntura que exija a absorção temporária de poder aquisitivo. A competência é exclusiva da União, ou seja, somente a União pode instituir, jamais Estados, DF ou Municípios

- **1.4.2. Características:**
  - **1.4.2.1.** Deve ser instituído por lei complementar federal
  - **1.4.2.2.** A lei deve fixar o prazo e as condições de resgate
  - **1.4.2.3.** No caso de despesa extraordinária não há anterioridade
  - **1.4.2.4.** A aplicação dos recursos é vinculada à despesa que fundamentou sua instituição (art. 184, p. único, da CF)
  - **1.4.2.5.** No caso de guerra externa ou sua iminência, a União também pode instituir imposto extraordinário, por lei ordinária

1.5. Contribuições Especiais

- **1.5.1. Conceito:** tributos previstos nos arts. 149 e 149-A da CF, caracterizados por sua finalidade:
  - **1.5.1.1. Contribuições sociais** (arts. 149 e 195 da CF): finalidade de custear a seguridade social
  - **1.5.1.2. Contribuições de intervenção no domínio econômico** (CIDE – arts. 149 e 177, § 4º, da CF): como diz o nome, finalidade de intervir no mercado
  - **1.5.1.3. Contribuições de interesse de categorias profissionais ou econômicas** (art. 149 da CF): finalidade de custear a atividade das entidades que regulam e representam essas categorias
  - **1.5.1.4. Contribuição para custeio dos regimes próprios previdenciários dos servidores públicos** (art. 149, § 1º, da CF): finalidade, como diz o nome, de gerar recursos para custeio da previdência própria dos servidores
  - **1.5.1.5. Contribuição para custeio do serviço de iluminação pública** (art. 149-A da CF): finalidade, também explicada pelo nome, de gerar recursos para os Municípios manterem e ampliarem a rede de iluminação pública

- **1.5.2. Características:**
  - **1.5.2.1.** Tributos vinculados a atividade estatal, de modo indireto
  - **1.5.2.2.** Caracterizados pela finalidade
  - **1.5.2.3.** A Constituição Federal nem sempre indica o fato gerador, o que fica a cargo do legislador ordinário
  - **1.5.2.4.** Há autores que se referem a contribuições *parafiscais*, mas a *parafiscalidade* não ocorre sempre
  - **Dica:** há parafiscalidade quando o sujeito ativo delegado (quem cobra o tributo sem ser o ente federativo competente para instituí-lo) fica com os recursos arrecadados para realizar suas atividades essenciais
  - **Exemplos:** conselhos profissionais como CRM, CRC

DIREITO TRIBUTÁRIO
Tema III - Contribuições Especiais

1. Contribuições Especiais I

1.1. Contribuições Sociais

1.1.1. Conceito: tributos de competência exclusiva da União cuja finalidade é o custeio da seguridade social (previdência, saúde e assistência) (arts. 149 e 195 da CF)

1.1.2. Características:

- **1.1.2.1.** Submetem-se apenas ao princípio da anterioridade nonagesimal (criação e majoração exigível apenas 90 dias após a publicação da lei correspondente)
- **1.1.2.2.** Aquelas listadas expressamente no art. 195 da CF podem ser veiculadas por lei ordinária federal. Outras contribuições que sejam criadas pela União, nos termos do art. 195, § 4º, da CF, devem ser criadas e modificadas por lei complementar federal

1.1.3. Categorias de contribuições sociais (art. 195 da CF):

- **1.1.3.1.** Do empregador, da empresa e da entidade a ela equiparada na forma da lei, incidentes sobre: (a) a folha de salários e demais rendimentos do trabalho pagos ou creditados, a qualquer título, à pessoa física que lhe preste serviço, mesmo sem vínculo empregatício; (b) a receita ou o faturamento; e (c) o lucro
- **1.1.3.2.** Do trabalhador e dos demais segurados da previdência social, não incidindo contribuição sobre aposentadoria e pensão concedidas pelo regime geral de previdência social de que trata o art. 201 da CF
- **1.1.3.3.** Sobre a receita de concursos de prognósticos (= loterias)
- **1.1.3.4.** Do importador de bens ou serviços do exterior, ou de quem a lei a ele equiparar
- **1.1.3.5.** Outras criadas pela União, por lei complementar, observado o art. 154, I, da CF

1.1.4. Imunidade: não incidirão sobre receitas decorrentes de exportação (art. 149, § 2º, I, da CF)

Jurisprudência: a imunidade sobre receitas decorrentes de exportação não pode ser ampliada. O benefício não abrange a CSLL (que incide sobre lucro), nem a CPMF (que incidia sobre movimentação financeira). Não cabe interpretação teleológica nesse sentido. Admite-se, entretanto, a imunidade em relação às receitas decorrentes de variações cambiais ativas

1.1.5. Incidência: incidirão também sobre a importação de produtos estrangeiros e serviços (art. 149, § 2º, II, da CF), sendo que a pessoa natural destinatária das operações de importação poderá ser equiparada a pessoa jurídica, na forma da lei (art. 149, § 3º, da CF); a lei definirá as hipóteses em que as contribuições incidirão uma única vez (art. 149, § 4º, da CF)

1.1.6. Alíquotas: podem ser (a) *ad valorem* sobre o faturamento, receita bruta, valor da operação ou valor aduaneiro ou (b) específicas, sobre a unidade de medida adotada (art. 149, § 2º, III, da CF)

1.1.7. Normas do art. 195 da CF, §§ 3º e seguintes, que visam a garantir os recursos para a seguridade social e incentivar o emprego:

- **1.1.7.1.** Pessoa em débito com a seguridade social, conforme lei, não pode contratar com o Poder Público, nem dele receber benefícios ou incentivo fiscais ou creditícios
- **1.1.7.2.** São *isentas* (imunes) as entidades beneficentes de assistência social, atendidos os requisitos legais
- **1.1.7.3.** Produtor rural e pescador artesanal em economia familiar (sem empregados permanentes) contribuem sobre o resultado da comercialização da produção
- **1.1.7.4.** As contribuições devidas pelo empregador e equiparados poderão ter alíquotas ou bases diferenciadas, em razão da atividade econômica, da utilização intensiva de mão de obra, do porte da empresa ou da condição estrutural do mercado de trabalho
- **1.1.7.5.** É vedada a concessão de remissão ou anistia (perdão) de contribuições sociais sobre salários e rendimentos pagos e de contribuições devidas pelos empregados e equiparados em valor superior ao fixado em lei complementar
- **1.1.7.6.** A lei definirá setores para os quais as contribuições sobre receita, faturamento e importadores serão não cumulativas
- **1.1.7.7.** Essa não cumulatividade aplica-se à substituição gradual, total ou parcial da contribuição sobre salários e rendimentos pagos, pela contribuição sobre receita ou faturamento

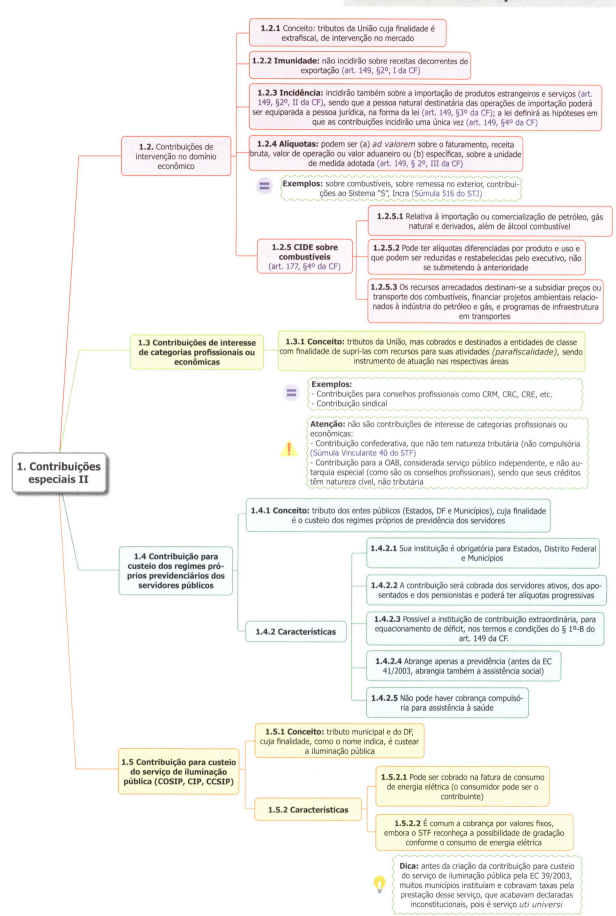

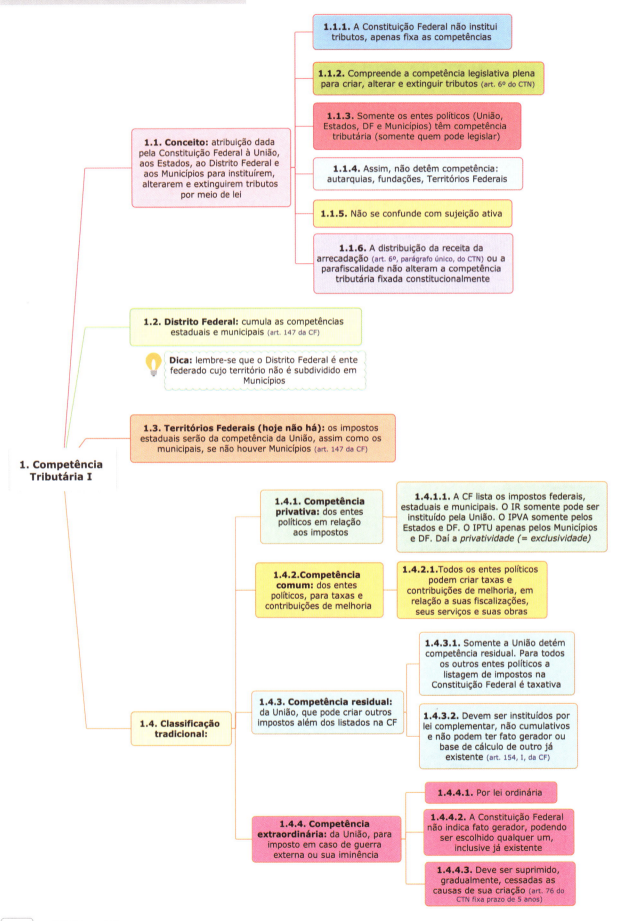

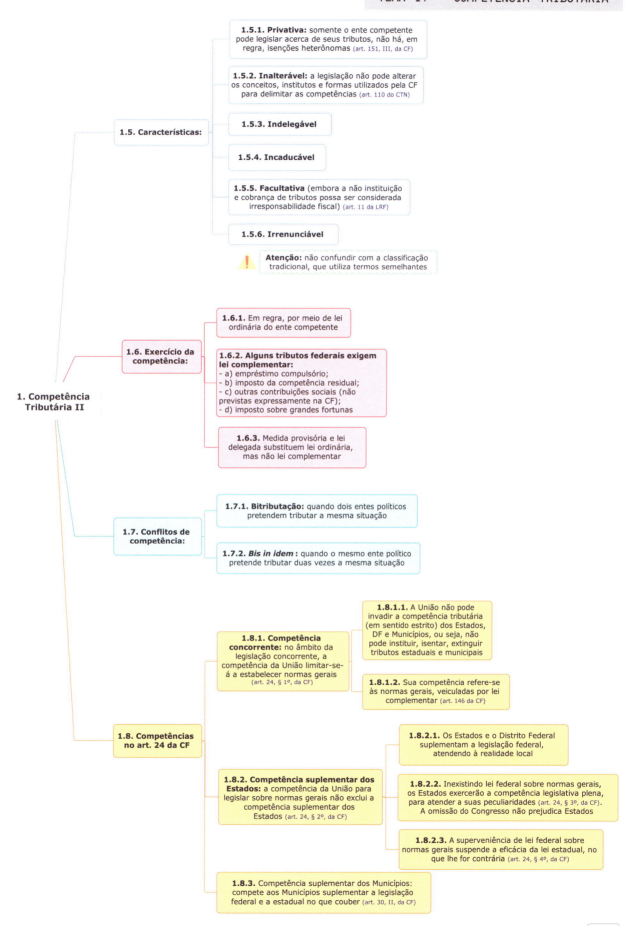

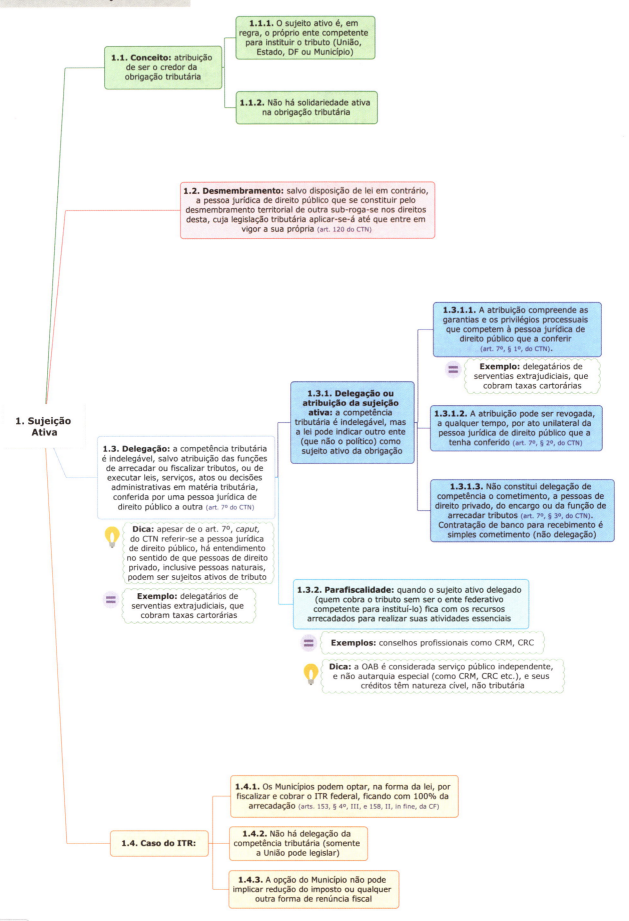

DIREITO TRIBUTÁRIO

Tema VI - Imunidade

1. Imunidade I

- **1.1. Conceito:** delimitação negativa da competência tributária fixada pela CF (limitação constitucional ao poder de tributar)

  - **1.1.1.** A Constituição Federal fixa as competências positivamente (mapa seguinte) e negativamente (imunidades)

  - **1.1.2.** Sempre que a CF afastar a competência, há imunidade, independentemente do termo utilizado (isenção – arts. 184, § 5º, e 195, § 7º; não incidência – art. 156, § 2º, I)

  - **1.1.3.** Há autores que defendem que ela se aplica apenas a impostos, mas há casos de imunidades em relação a contribuições sociais (arts. 149, § 2º, I, e 195, § 7º) e taxas (art. 5º, XXXIV, LXXIV, LXXVI e LXXVII)

  - **1.1.4. Distinções:**
    - **1.1.4.1. Imunidade:** norma constitucional, afasta a competência tributária; não há incidência
    - **1.1.4.2. Isenção:** norma legal, pressupõe a competência tributária; segundo o CTN, mesmo no caso de isenção ocorre fato gerador, surge obrigação, mas o pagamento é dispensado
    - **1.1.4.3. Não incidência:** termo genérico e não muito técnico (define pela negativa), designa situações totalmente fora do alcance da norma de incidência
    - **1.1.4.4. Isenção heterônoma:** excepcionalmente, a CF prevê que o Congresso Nacional excluirá da incidência do ISS as exportações de serviços (art. 156, § 3º, II, da CF)

- **1.2. Regras comuns aplicáveis às imunidades recíproca, dos templos, dos partidos e das entidades:**

  - **1.2.1.** Aplicam-se apenas a impostos, e não a taxas, contribuição de melhoria, contribuições especiais e empréstimos compulsórios
  - **1.2.2.** Abrange qualquer imposto que implique redução do patrimônio, prejudique a renda ou onere os serviços
  - **1.2.3.** Abrange os impostos sobre patrimônio (ITR, IPVA, IPTU), renda (IR) e serviços (ISS, ICMS), além dos impostos sobre transmissão de bens (ITCMD e ITBI), operações financeiras (IOF) e os incidentes nas importações (II, IPI e ICMS), desde que o ente imune seja o contribuinte de direito
  - **1.2.4.** Os entes imunes não se eximem das responsabilidades tributárias (devem reter na fonte, quando assim determina a lei, por exemplo) e devem cumprir deveres acessórios (art. 9º, § 1º, do CTN)
  - **1.2.5.** Não afastam a tributação na exploração de atividade econômica, embora o STF a reconheça em caso de produção e venda de mercadoria por entidade imune

  - **Jurisprudência:** não beneficiam contribuinte de direito que vende produto, bem ou serviço a ente imune (Súmula 591 do STF)
  - **Jurisprudência:** ente imune (Município) não se exonera do ICMS na aquisição de serviços (telefonia, energia etc.), pois o contribuinte de direito é o fornecedor. Entretanto, a importação promovida por entidade imune (em que o importador é o contribuinte de direito) não se sujeita ao ICMS

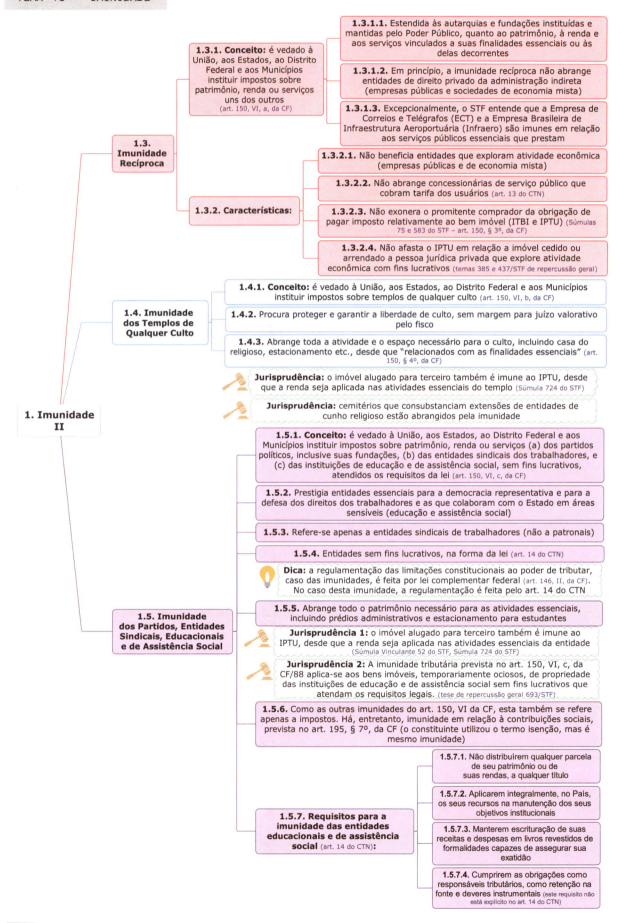

DIREITO TRIBUTÁRIO

TEMA VI - IMUNIDADE

1. Imunidade III

1.6. Imunidade dos livros, jornais e periódicos

1.6.1. Conceito: é vedado à União, aos Estados, ao Distrito Federal e aos Municípios instituir impostos sobre livros, jornais, periódicos e o papel destinado a sua impressão (art. 150, VI, d, da CF)

1.6.2. A imunidade é objetiva e restrita aos impostos incidentes sobre os livros, jornais, periódicos e o papel para impressão

1.6.3. Abrange, portanto, Imposto de Importação, IPI e ICMS relativos à compra do papel, produção e comercialização desses bens

1.6.4. Não há imunidade em relação aos tributos que incidem direta ou indiretamente sobre a atividade ou outros bens (ISS, IR, IOF, IPTU etc.)

1.6.5. Pretende-se prestigiar o acesso à informação, à educação e à cultura

1.6.6. Abrange toda publicação, independentemente do conteúdo (mesmo fescenino, de baixo nível), listas telefônicas, livros-brinquedo (*pop up*, com música infantil, bonecos afixados etc.)

1.6.7. O livro eletrônico (e-book) é imune, incluindo os equipamentos exclusivos para leitura, como o "kindle" (tese de repercussão geral 593/STF)

Jurisprudência: a imunidade abrange, além do próprio livro, jornal ou periódico, apenas o papel utilizado na impressão, filmes e papéis fotográficos (Súmula 657 do STF)

Jurisprudência: a Suprema Corte não reconhece a imunidade em relação às tintas e aos equipamentos para impressão, serviços de composição gráfica ou de impressão onerosos ou serviços de distribuição das publicações. Tampouco há imunidade em relação a material promocional ou de propaganda

1.7. Imunidade dos fonogramas e videogramas

1.7.1. Conceito: é vedado à União, aos Estados, ao Distrito Federal e aos Municípios instituir impostos sobre fonogramas e videofonogramas musicais produzidos no Brasil, contendo obras musicais ou literomusicais de autores brasileiros, e/ou obras em geral interpretadas por artistas brasileiros, bem como os suportes materiais ou arquivos digitais que os contenham, salvo na etapa de replicação industrial de mídias ópticas de leitura a laser (art. 150, VI, e, da CF)

1.8. Outras imunidades, além das previstas no art. 150, VI, da CF:

1.8.1. Contribuição social e CIDE sobre receitas decorrentes de exportação (art. 149, § 2º, I)

1.8.2. Contribuição social de entidades beneficentes de assistência social (art. 195, § 7º)

1.8.3. Contribuição social sobre aposentadoria e pensão concedida pelo regime geral de previdência social (RGPS-INSS) (art. 195, II, in fine, da CF)

1.8.4. IPI e ICMS sobre exportação (arts. 153, § 3º, III, e 155, § 2º, X, a)

1.8.5. ITR sobre pequenas glebas (art. 153, § 4º, II)

1.8.6. ITBI sobre alterações societárias (art. 156, § 2º, I)

DIREITO TRIBUTÁRIO
Tema VII - Princípios Tributários

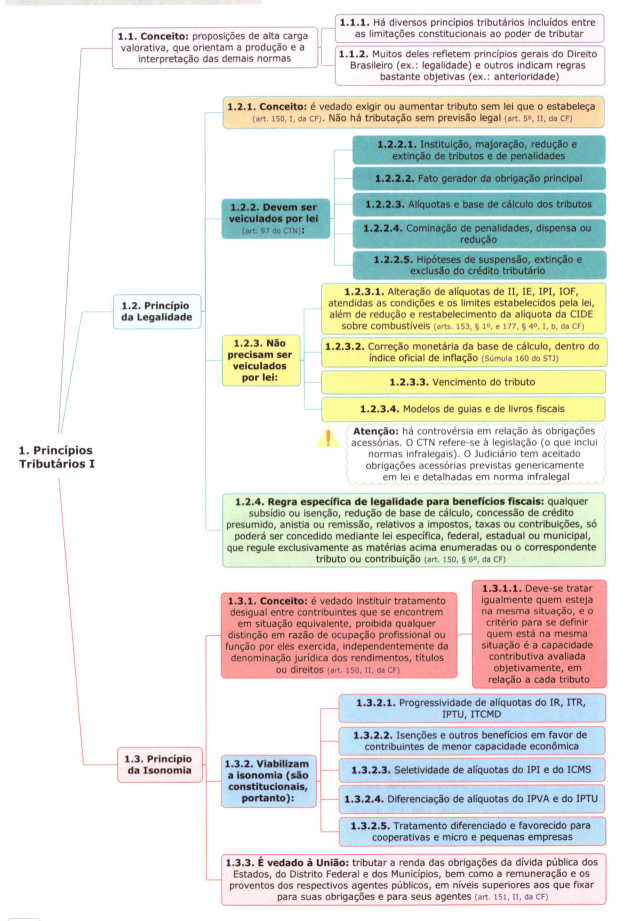

DIREITO TRIBUTÁRIO

Tema VII - Princípios Tributários

1. Princípios Tributários II

1.4. Princípio da Irretroatividade

1.4.1. Conceito: é vedado cobrar tributos em relação a fatos geradores ocorridos antes do início da vigência da lei que os houver instituído ou aumentado (art. 150, III, a, da CF)

- **1.4.1.1.** A legislação tributária aplica-se imediatamente aos fatos geradores futuros e aos pendentes (ocorrência iniciada, mas ainda não concluída – art. 105 do CTN)

1.4.2. A lei se aplica a atos e fatos pretéritos:

- **1.4.2.1.** No caso de lei expressamente interpretativa, sem penalidade pela infração dos dispositivos interpretados (arts. 106, I, do CTN)
- **1.4.2.2.** Norma sancionadora mais benéfica ao infrator (lex mitior), exceto no caso de ato definitivamente julgado (art. 106, II, do CTN)
- **1.4.2.3.** Novas regras para a fiscalização ou aumento das garantias e privilégios do crédito, exceto criação de responsabilidade (art. 144, § 1º, do CTN)

1.5. Princípio da Anterioridade

1.5.1. Conceito: é vedado cobrar tributos
a) no mesmo exercício financeiro em que haja sido publicada a lei que os instituiu ou aumentou e
b) antes de decorridos noventa dias da data em que haja sido publicada a lei que os instituiu ou aumentou (art. 150, III, b e c, da CF)

- **1.5.1.1.** Eficácia da norma somente após 90 dias da publicação (nonagesimal) ou em 1º de janeiro do ano seguinte (anual), o que ocorrer depois
- **1.5.1.2.** Somente no caso de instituição ou majoração, e não no de redução ou extinção – é proteção ao contribuinte, limitação constitucional ao poder de tributar – os benefícios aplicam-se imediatamente
- **1.5.1.3.** Apesar da expressão "cobrar tributos", entende-se que se refere aos fatos geradores

1.5.2. Peculiaridade no caso do IR: aplica-se a lei vigente no ano da declaração (exercício seguinte ao ano-base) (Súmula 584 do STF)

Jurisprudência: é cláusula pétrea, não pode ter seu alcance reduzido pelo constituinte derivado (foi caso de majoração da CSLL). A alteração do prazo de recolhimento não implica aumento ou diminuição do tributo, de modo que não se sujeita à anterioridade

1.5.3. No caso de medida provisória que institua ou majore imposto (exceto II, IE, IPI, IOF e extraordinário), só produzirá efeito no exercício seguinte se houver sido convertida em lei até o último dia do ano em que foi editada (art. 62, § 2º, da CF), sem prejuízo da anterioridade nonagesimal

1.5.4. Exceções à anterioridade anual e à anterioridade nonagesimal (não se aplica qualquer uma delas):

- **1.5.4.1.** Empréstimo compulsório em caso de despesa extraordinária
- **1.5.4.2.** Impostos de importação e impostos de exportação
- **1.5.4.3.** IOF
- **1.5.4.4.** Imposto extraordinário

1.5.5. Exceções apenas à anterioridade anual (aplica-se exclusivamente a nonagesimal):

- **1.5.5.1.** IPI
- **1.5.5.2.** Restabelecimento da alíquota do ICMS e da CIDE sobre combustíveis e lubrificantes Contribuições sociais

1.5.6. Exceções apenas à anterioridade nonagesimal (aplica-se exclusivamente a anual):

- **1.5.6.1.** Imposto de renda
- **1.5.6.2.** Fixação da base de cálculo do IPVA e do IPTU

DIREITO TRIBUTÁRIO
Tema VII - Princípios Tributários

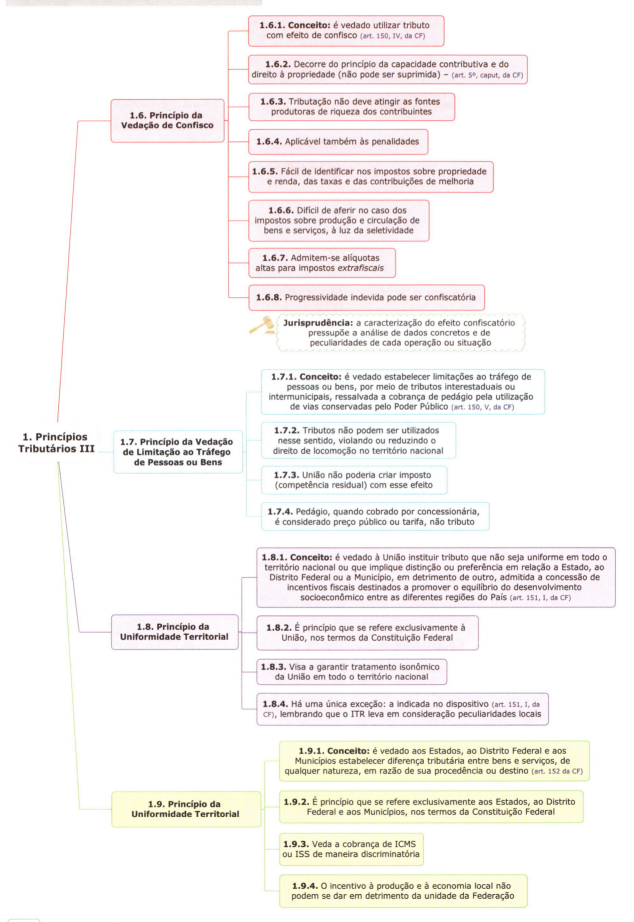

DIREITO TRIBUTÁRIO

Tema VIII - Legislação Tributária

1. Legislação Tributária I

1.1. Conceito: a expressão "legislação tributária" compreende: leis, tratados internacionais, decretos e normas complementares relativas à tributação (art. 96 do CTN)

1.2. Constituição Federal:
- **1.2.1.** As normas tributárias básicas estão na Constituição Federal
- **1.2.2.** Princípios expressos e implícitos
- **1.2.3.** Normas de competência tributária
- **1.2.4.** Pode ser emendada, observadas as cláusulas pétreas (direitos dos contribuintes, princípio federativo)

1.3. Lei complementar federal:

- **1.3.1.** A lei complementar federal pode veicular normas nacionais, que se aplicam a todos os entes federados (União, Estados, Distrito Federal e Municípios) e seus contribuintes, e também normas federais, atinentes à competência tributária da União

- **1.3.2.** Normas nacionais devem, em regra, ser reguladas por leis complementares nacionais, especialmente aquelas matérias listadas nos arts. 146 e 146-A da CF (ou seja, somente o Congresso Nacional, por lei complementar, pode regular as seguintes matérias):
  - **1.3.2.1.** Conflitos de competência
  - **1.3.2.2.** Regulamentação das limitações constitucionais ao poder de tributar
  - **1.3.2.3.** Normas gerais tributárias, especialmente sobre: (a) definição de tributos e de suas espécies, bem como, em relação aos impostos discriminados nesta Constituição, a dos respectivos fatos geradores, bases de cálculo e contribuintes; (b) obrigação, lançamento, crédito, prescrição e decadência tributários; (c) adequado tratamento tributário ao ato cooperativo praticado pelas sociedades cooperativas; (d) definição de tratamento diferenciado e favorecido para as microempresas e para as empresas de pequeno porte
  - ⚠ **Atenção:** as normas nacionais listadas no art. 146 da CF devem ser veiculadas exclusivamente por lei complementar federal; significa que é inconstitucional haver norma sobre decadência ou prescrição veiculada por lei ordinária federal (Súmula Vinculante 8 do STF)
  - **1.3.2.4.** Critérios especiais de tributação para prevenir desequilíbrios da concorrência (neste caso, a regulação de normas gerais por lei complementar não afasta a competência da União para estabelecer normas de igual objetivo por lei ordinária)
  - **Jurisprudência:** lei materialmente ordinária, embora formalmente complementar, pode ser alterada/revogada por lei ordinária posterior (Súmula 508 do STJ)

- **1.3.3.** Alguns tributos federais exigem leis complementares para sua veiculação. Essas leis complementares veiculam simples normas federais (atinentes à competência tributária da União), e não normas nacionais. Referem-se aos seguintes tributos: (a) empréstimos compulsórios, (b) impostos da competência residual, (c) outras contribuições sociais além daquelas indicadas expressamente no art. 195 da CF e (d) imposto sobre grandes fortunas

1.4. Lei Ordinária
- **1.4.1.** A lei ordinária de cada ente competente é o instrumento normativo básico para veicular normas tributárias (quando em matéria tributária a Constituição refere-se simplesmente à *lei*, refere-se à lei ordinária)
- **1.4.2.** Os elementos essenciais da tributação (art. 97 do CTN) devem ser veiculados por lei ordinária, em regra (há determinados tributos federais cuja regulação exige lei complementar)

DIREITO TRIBUTÁRIO
Tema VIII - Legislação Tributária

1. Legislação Tributária II

1.5. Medida provisória
- **1.5.1. Substitui lei ordinária (jamais lei complementar):** não pode tratar de matéria processual tributária
- **1.5.2.** No caso de instituição e majoração de impostos (exceto II, IE, IPI, IOF e imposto extraordinário), produzirá efeitos apenas no exercício seguinte, se for convertida em lei até o final do ano de sua edição (art. 62, § 2º, da CF)

Jurisprudência: o STF admitiu MP estadual, pelo princípio da simetria

1.6. Lei delegada: o Congresso Nacional pode atender à solicitação do Presidente e, por meio de resolução, delegar poder para produzir lei, nos termos do art. 68 da CF. A lei delegada não substitui lei complementar

1.7. Decretos legislativos e resoluções: produzidos pelo Legislativo, mas sem posterior sanção do chefe do Executivo

1.8. Tratados internacionais:

- **1.8.1. Procedimento:**
  1º) Presidente celebra (art. 84, VIII, da CF);
  2º) Congresso Nacional referenda, aprovando por decreto legislativo (art. 49, I, da CF);
  3º) Presidente ratifica (manifestando o consentimento);
  4º) Presidente promulga por decreto, cuja publicação insere o tratado no sistema nacional

- **1.8.2. Características:**
  - **1.8.2.1.** Em princípio, não há *acordos executivos* (sem referendo pelo Congresso) em matéria tributária
  - **1.8.2.2.** Em geral, os tratados são equivalentes a leis ordinárias federais (exceto no caso de Direitos Humanos), mas há grande debate em relação à matéria tributária
  - **1.8.2.3.** O art. 98 do CTN dispõe que os tratados e as convenções internacionais revogam ou modificam a legislação tributária interna, e serão observados pela que lhes sobrevenha

Jurisprudência: o STF decidiu que o disposto no art. 151, III, da CF não impede a concessão de isenções tributárias heterônomas por meio de tratados internacionais, ou seja, é possível instituição de benefícios fiscais relativos a tributos estaduais ou municipais por esse meio (RE 543.943 AgR/PR)

1.9. Decretos do executivo:
- **1.9.1.** São produzidos pelo chefe do Executivo (Presidente, Governadores e Prefeitos), normalmente referendado por ministros ou secretários
- **1.9.2.** Regulamentam as leis e não podem ultrapassar seus limites (não há, em princípio, *decretos autônomos* em matéria tributária)
- **1.9.3.** Servem também para consolidar a legislação (CTN prevê consolidação anual – art. 212)
- **1.9.4.** Excepcionalmente podem ser utilizados para alteração de alíquotas de tributos federais (II, IE, IPI, IOF, CIDE sobre combustíveis)
- **1.9.5.** Não são normas complementares, conforme terminologia do CTN

1.10. Normas complementares (art. 100 do CNT):
- **1.10.1.** Atos normativos expedidos pelas autoridades
- **1.10.2.** Decisões administrativas com eficácia normativa
- **1.10.3.** Práticas reiteradas das autoridades administrativas
- **1.10.4.** Convênios entre União, Estados, DF e Municípios
- **1.10.5.** A observância das normas complementares exclui a imposição de penalidades, a cobrança de juros de mora e a atualização do valor monetário da base de cálculo do tributo

DIREITO TRIBUTÁRIO
Tema VIII - Legislação Tributária

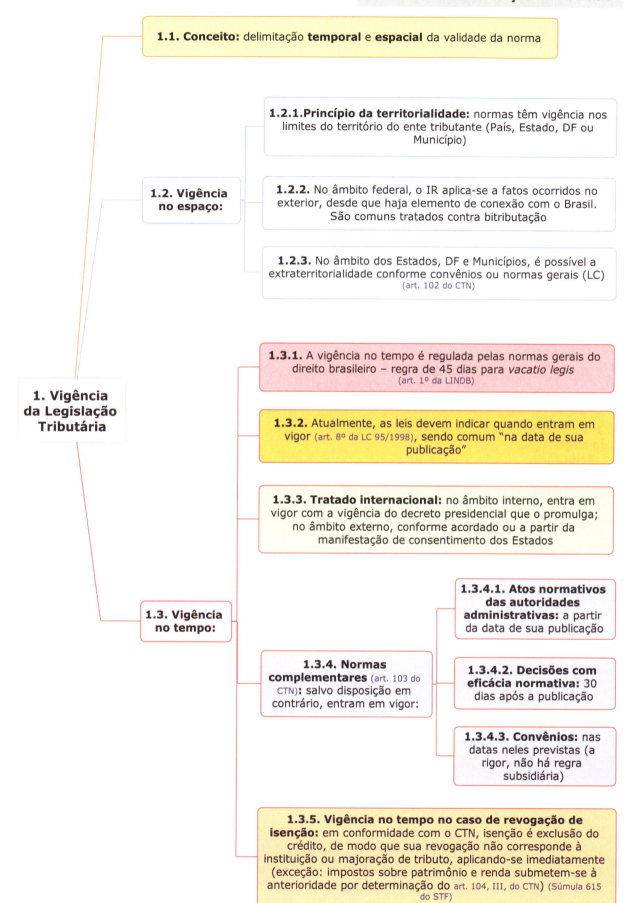

DIREITO TRIBUTÁRIO
Tema VIII - Legislação Tributária

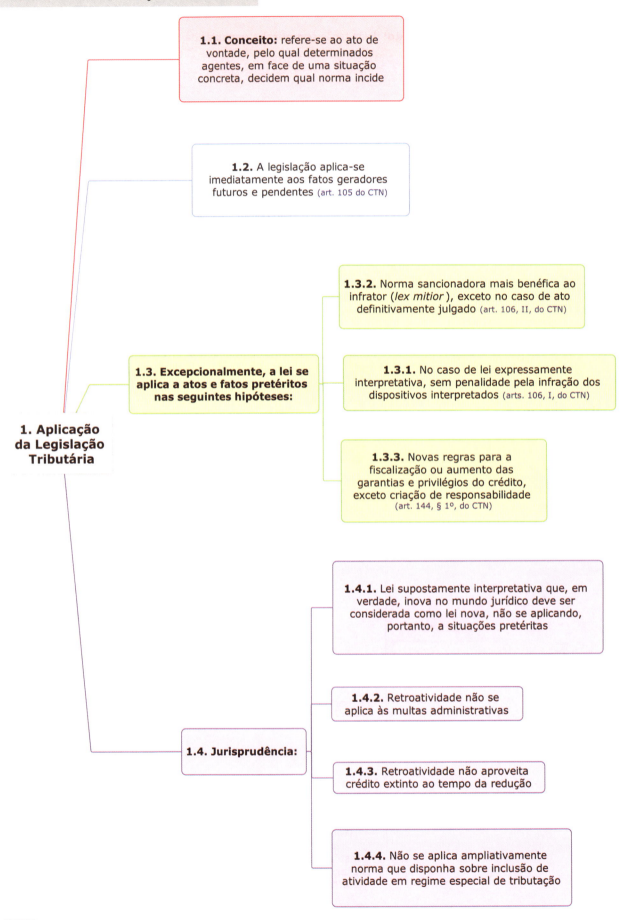

DIREITO TRIBUTÁRIO

TEMA VIII - LEGISLAÇÃO TRIBUTÁRIA

1. Interpretação e integração da Legislação Tributária

- **1.1. Conceito de interpretação:** construir o conteúdo, o sentido e o alcance das normas jurídicas a partir da leitura dos textos legais; ou esforço para extrair do texto legal o significado depositado pelo legislador
  - **1.1.1.** É pressuposta para a aplicação da legislação
  - **1.1.2.** Utilizam-se no direito tributário os métodos da teoria geral do direito (gramatical ou literal, lógico-sistemático, teleológico ou, conforme a finalidade, histórico), mas há regras específicas no CTN

- **1.2. Conceito de integração:** em caso de ausência de disposição expressa (lacuna), a autoridade competente para aplicar a legislação tributária utilizará, sucessivamente, na ordem indicada:
  1º) analogia,
  2º) princípios gerais de direito tributário,
  3º) princípios gerais de direito público e
  4º) equidade (art. 108 do CTN)
  - **1.2.1. Analogia:** em caso de lacuna, o intérprete busca situação fática semelhante, verifica a norma aplicável a ela e, em seguida, adota-a para o caso analisado
    - **1.2.1.1.** Parte da premissa de que, se o legislador tivesse pensado no caso, teria fixado a mesma norma
    - **1.2.1.2.** O emprego da analogia não poderá resultar na exigência de tributo não previsto em lei (art. 108, § 1º, do CTN)
    - **1.2.1.3.** Tampouco é possível benefício fiscal por analogia
  - **1.2.2. Princípios gerais de direito tributário:** capacidade contributiva, isonomia, irretroatividade, anterioridade, não confisco, uniformidade territorial, não diferenciação etc
  - **1.2.3. Princípios gerais de direito público:** supremacia do interesse público, indisponibilidade do interesse público, ampla defesa etc
  - **1.2.4. Equidade:** justiça aplicada ao caso concreto
    - **1.2.4.1.** *Summum jus summa injuria* × *dura lex sed lex* (reconhecimento de que aplicação "cega" da lei pode levar a injustiça no caso concreto, em contraposição ao entendimento de que a lei, mesmo sendo dura, deve ser aplicada)
    - **1.2.4.2.** O emprego da equidade não poderá resultar na dispensa do pagamento de tributo devido

- **1.3. Os princípios gerais de direito privado utilizam-se para pesquisa da definição, do conteúdo e do alcance de seus institutos, conceitos e formas, mas não para definição dos respectivos efeitos tributários** (art. 109 do CTN)
  - = **Exemplo:** se a norma tributária se refere a "curador", o intérprete analisará o conceito à luz do direito privado, mas não seus efeitos tributários (responsabilidade), que serão interpretados à luz do direito tributário

- **1.4. A lei tributária não pode alterar a definição, o conteúdo e o alcance de institutos, conceitos e formas de direito privado, utilizados, expressa ou implicitamente, pela Constituição Federal, pelas Constituições dos Estados, ou pelas Leis Orgânicas do Distrito Federal ou dos Municípios, para definir ou limitar competências tributárias** (art. 110 do CTN)
  - **1.4.1.** A competência fixada pela CF é inalterável pela lei dos entes tributantes
  - = **Exemplo:** a lei estadual não pode alterar o conceito de mercadoria, utilizado pela Constituição Federal, e cobrar ICMS sobre a venda do único automóvel de um particular

- **1.5. Interpreta-se literalmente a legislação tributária que disponha sobre:**
  a) suspensão ou exclusão do crédito tributário,
  b) outorga de isenção e
  c) dispensa do cumprimento de obrigações tributárias acessórias (art. 111 do CTN)
  - **1.5.1.** A regra é a incidência e os deveres acessórios. A exceção (benefício) deve ser interpretada estritamente
  - **1.5.2.** Subsídio, isenção, redução de base, crédito presumido, isenção ou remissão devem ser concedidos mediante lei específica (art. 150, § 6º, da CF)

- **1.6. A lei tributária que define infrações, ou lhe comina penalidades, interpreta-se da maneira mais favorável ao acusado, em caso de dúvida quanto:**
  a) à capitulação legal do fato;
  b) à natureza ou às circunstâncias materiais do fato, ou à natureza ou extensão dos seus efeitos;
  c) à autoria, imputabilidade, ou punibilidade; e
  d) à natureza da penalidade aplicável, ou à sua graduação

DIREITO TRIBUTÁRIO

Tema IX - Obrigação Tributária

1. Obrigação Tributária

1.1. Há obrigação principal, cujo objeto é prestação pecuniária, e obrigação acessória, cujo objeto não é pecuniário

1.2. Conceito de obrigação principal: a obrigação principal surge com a ocorrência do fato gerador, tem por objeto o pagamento de tributo ou penalidade pecuniária e extingue-se juntamente com o crédito dela decorrente (art. 113, § 1º, do CTN)

- **1.2.1.** O objeto é sempre a entrega de dinheiro (tributo ou penalidade pecuniária)
- **1.2.2.** Apesar de ser obrigação *tributária* principal, seu objeto pode ser tributo (que jamais decorre de fato ilícito) ou algo que não é tributo (penalidade pecuniária, multa, decorrente de fato ilícito)

1.3. Conceito de obrigação acessória: a obrigação acessória decorre da legislação tributária e tem por objeto as prestações, positivas ou negativas, nela previstas no interesse da arrecadação ou da fiscalização dos tributos (art. 113, § 2º, do CTN)

- **1.3.1.** O objeto não é pecuniário
  - **Exemplos:** emitir nota fiscal, escriturar livros, apresentar declarações, permitir a entrada do fiscal
- **1.3.2.** Pode existir independentemente da obrigação principal
- **1.3.3.** A obrigação acessória, pelo simples fato da sua inobservância, converte-se em obrigação principal relativamente à penalidade pecuniária (art. 113, § 3º, do CTN)
  - **Exemplo:** a falta de emissão de nota fiscal (descumprimento de obrigação acessória) é ilícito que acarreta aplicação de multa ao infrator, ou seja, o descumprimento da obrigação acessória faz surgir a obrigação principal de pagar multa (multa = pecuniária)

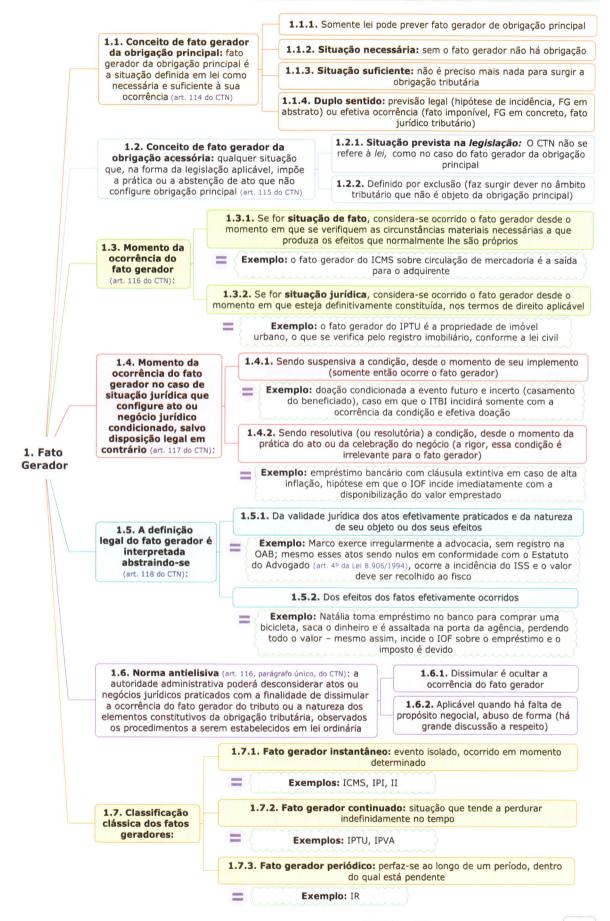

DIREITO TRIBUTÁRIO

Tema X - Fato Gerador e Crédito Tributário

1. Crédito Tributário

- **1.1. Conceito:** decorre da obrigação principal e tem a mesma natureza desta (art. 139 do CTN)
  - **1.1.1.** A obrigação tributária nasce automaticamente com o fato gerador, mas é inexigível pelo fisco antes do lançamento
  - **1.1.2.** Com o lançamento, constitui-se o crédito tributário, que decorre da obrigação principal e tem a mesma natureza desta (art. 139 do CTN)
  - **1.1.3.** A extinção do crédito extingue a obrigação (art. 113, § 1º, do CTN)

- **1.2. Características:**
  - **1.2.1.** As circunstâncias que modificam o crédito, sua extensão ou seus efeitos, ou as garantias ou os privilégios, ou que excluem sua exigibilidade não afetam a obrigação tributária.
    - **Exemplo:** a nulidade do crédito ou a concessão de garantia real não alteram, necessariamente, a obrigação tributária
  - **1.2.2.** Modificação, suspensão, extinção ou exclusão somente nos casos previstos no CTN
  - **1.2.3.** O crédito e suas garantias não podem ser dispensados, sob pena de responsabilidade funcional

DIREITO TRIBUTÁRIO

Tema XI - Lançamento Tributário

1. Lançamento Tributário

- **1.1. Conceito:** ato que constitui o crédito tributário. CTN define como procedimento de competência privativa da autoridade administrativa:
  - **1.1.1.** Compete privativamente à autoridade administrativa constituir o crédito tributário pelo lançamento, assim entendido o procedimento administrativo tendente a verificar a ocorrência do fato gerador da obrigação correspondente, determinar a matéria tributável, calcular o montante do tributo devido, identificar o sujeito passivo e, sendo o caso, propor a aplicação da penalidade cabível (art. 142 do CTN)
  - **1.1.2.** Parte da doutrina defende que o lançamento declara o crédito, que é ínsito à obrigação tributária principal. Há também entendimento intermediário de que o lançamento declara a ocorrência do fato gerador (passado) e constitui o crédito (presente), tornando exigível a obrigação

- **1.2. Privatividade do fisco:** CTN afirma ser competência privativa do fisco, como já mencionado, sendo atividade vinculada e obrigatória, sob pena de responsabilidade funcional (art. 142, parágrafo único, do CTN)
  - **1.2.1.** Entretanto, é pacífico o entendimento de que "a entrega de declaração pelo contribuinte reconhecendo débito fiscal constitui o crédito tributário, dispensada qualquer outra providência por parte do fisco" (Súmula 436 do STJ). O depósito feito pelo contribuinte tem efeito semelhante

- **1.3. Características:**
  - **1.3.1.** O lançamento documenta a ocorrência do fato gerador e formaliza a relação jurídica obrigacional
  - **1.3.2.** Indica-se o sujeito passivo, o valor do tributo (alíquota × base de cálculo), multas, juros e correção monetária
  - **1.3.3.** Se o valor estiver em moeda estrangeira, será feita a conversão em reais no lançamento, pelo câmbio da data de ocorrência do fato gerador
  - **1.3.4.** Muitas vezes, utiliza-se o termo *lançamento* para o tributo e *autuação* quando há constituição do crédito pela fiscalização, com aplicação de multa
  - **1.3.5.** Nos termos do CTN (art. 142, caput), a autoridade lançadora *propõe* a aplicação de penalidade (para a autoridade superior). Na prática, o próprio fiscal já aplica a multa, sendo aberto prazo para impugnação pelo interessado

- **1.4.** Há forte entendimento, consolidado pela Súmula Vinculante 24 do STF, de que a notificação do lançamento constitui provisoriamente o crédito tributário. A constituição definitiva ocorre somente com o fim do processo administrativo ou após o prazo para impugnação ou recurso pelo sujeito passivo

- **1.5. Lei aplicável:** em relação ao tributo, aplica-se sempre a lei vigente à época do fato gerador (art. 144 do CTN). Quanto à penalidade, pode haver retroatividade em favor do infrator – *lex mitior* (art. 106, II, do CTN)

- **1.6. O lançamento notificado só pode ser alterado em caso de** (art. 145 do CTN): (i) impugnação do sujeito passivo; (ii) recurso de ofício ou (iii) iniciativa de ofício da autoridade, nos casos do art. 149 do CTN (lançamento de ofício)
  - **1.6.1.** Modificação de critérios jurídicos (erro de direito) não permite a alteração do lançamento (Súmula 227 do TFR e art. 146 do CTN)
    - **Exemplo:** a autoridade administrativa, durante diligência fiscalizatória, detectou que determinado motor era a diesel, mas aplicou a alíquota menor fixada para motores elétricos, por analogia

- **1.7.** Erro de fato permite a revisão do lançamento
  - **Exemplo:** a autoridade administrativa aplicou a alíquota menor por engano, pensando que se tratava de motor elétrico, quando na verdade era motor a diesel (cuja alíquota é maior)

- **1.8. Modalidades de lançamento:**
  - **1.8.1. Lançamento por declaração (ou misto):** o sujeito passivo declara e o fisco calcula o crédito e notifica para o pagamento
    - **Exemplo:** há quem cite ITR e ITBI (discordamos)
  - **1.8.2. Lançamento de ofício (ou direto):** o fisco faz tudo, calcula e notifica o sujeito passivo para o pagamento
    - **Exemplos:** IPVA, IPTU
  - **1.8.3. Lançamento por homologação (ou autolançamento):** o contribuinte faz tudo, calcula e recolhe o tributo (o fisco só homologa)
    - **Exemplos:** ICMS, IPI, ISS, contribuições

DIREITO TRIBUTÁRIO

Tema IX - Lançamento Tributário

1. Modalidades Lançamento I

1.1. Lançamento por Declaração ou Misto

1.1.1. Conceito: lançamento realizado com base na declaração do sujeito passivo ou de terceiro, prestada ao fisco, na forma da legislação, com informações sobre matéria de fato indispensáveis para a constituição do crédito (art. 147 do CTN)

- **1.1.1.1.** Quando o contribuinte presta as declarações, mas ele mesmo preenche a guia de recolhimento e paga o tributo, há lançamento por homologação, não declaração

⚠ **Atenção:** a simples existência de declaração do contribuinte não configura o lançamento por declaração. É essencial que o fisco recolha as informações prestadas, identifique os elementos da obrigação tributária e *notifique* o contribuinte para que pague

1.1.2. Erro e retificação (art. 147, §§ 1º e 2º, do CTN):

- **1.1.2.1.** O declarante pode retificar a declaração que vise a reduzir ou a excluir o tributo somente antes da notificação do lançamento, desde que comprove o erro
- **1.1.2.2.** Depois da notificação, o sujeito passivo pode contestar judicialmente o crédito (doutrina e jurisprudência)
- **1.1.2.3.** Se o erro for apurável pelo próprio exame da declaração, será corrigido de ofício pela autoridade

1.1.3. Arbitramento: quando o cálculo do tributo tenha por base, ou em consideração, o valor ou o preço de bens, direitos, serviços ou atos jurídicos; a autoridade lançadora, mediante processo regular, arbitrará aquele valor ou preço, sempre que sejam omissos ou não mereçam fé as declarações ou os esclarecimentos prestados, ou os documentos expedidos pelo sujeito passivo ou pelo terceiro legalmente obrigado; ressalvada, em caso de contestação, avaliação contraditória, administrativa ou judicial (art. 148 do CTN)

- **1.1.3.1.** Quando há omissão ou não mereçam fé as manifestações do sujeito passivo
- **1.1.3.2.** Quanto a valores ou preços apenas
- **1.1.3.3.** Deve ser instaurado processo administrativo regular para arbitramento, garantido o contraditório
- **1.1.3.4.** Cabe também no lançamento de ofício subsidiário

1.2. Lançamento de Ofício ou Direito

1.2.1. Conceito: lançamento realizado diretamente pela autoridade fiscal, sem participação imediata do sujeito passivo, verificando a ocorrência do fato gerador, determinando a matéria tributável, calculando o montante, aplicando eventual penalidade, identificando e notificando o devedor

1.2.2. Utiliza dados de cadastros, muitas vezes alimentados por declarações dos contribuintes (não confundir com o lançamento por declaração)

1.2.3. Cabe para todos os tributos, sempre, originariamente ou subsidiariamente (= revisão no prazo decadencial)

1.2.4. Cabe também para constituir o crédito relativo a penalidades (autuação)

1.2.5. Hipóteses de lançamento de ofício listadas nos incisos do art. 149 do CTN:

- **1.2.5.1.** Quando a lei assim o determine: caso do lançamento de ofício originário, quando a lei determina essa modalidade para determinado tributo (ex.: IPVA, IPTU)
- **1.2.5.2.** Quando a declaração não seja prestada, por quem de direito, no prazo e na forma da legislação tributária: caso de omissão do sujeito passivo ou do terceiro obrigado à declaração (no lançamento por declaração)
- **1.2.5.3.** Quando a pessoa legalmente obrigada, embora tenha prestado declaração nos termos do inciso anterior, deixe de atender, no prazo e na forma da legislação tributária, a pedido de esclarecimento formulado pela autoridade administrativa; recuse-se a prestá-lo; ou não o preste satisfatoriamente, a juízo daquela autoridade: outro caso de omissão, em relação a pedido de esclarecimento feito pelo fisco (peculiar "discricionariedade" da administração tributária)
- **1.2.5.4.** Quando se comprove falsidade, erro ou omissão quanto a qualquer elemento definido na legislação tributária como sendo de declaração obrigatória: caso de falsidade ou erro na declaração
- **1.2.5.5.** Quando se comprove omissão ou inexatidão, por parte da pessoa legalmente obrigada, no exercício da atividade atinente ao lançamento por homologação: outro caso de omissão ou inexatidão do sujeito passivo
- **1.2.5.6.** Quando se comprove ação ou omissão do sujeito passivo, ou de terceiro legalmente obrigado, que dê lugar à aplicação de penalidade pecuniária: refere-se à aplicação de penalidade pecuniária, sendo comum o uso do termo *autuação*
- **1.2.5.7.** Quando se comprove que o sujeito passivo, ou terceiro em benefício daquele, agiu com dolo, fraude ou simulação: reiteração da possibilidade de autuação no caso de ilícito tributário
- **1.2.5.8.** Quando deva ser apreciado fato não conhecido ou não provado por ocasião do lançamento anterior: erro de fato
- **1.2.5.9.** Quando se comprove que, no lançamento anterior, ocorreu fraude ou falta funcional da autoridade que o efetuou, ou omissão, pela mesma autoridade, de ato ou formalidade especial: revisão do lançamento de ofício anteriormente realizado, por fraude, falta ou omissão da autoridade fiscal

1.2.6. A revisão do lançamento só pode ser iniciada enquanto não extinto o direito da Fazenda Pública (art. 149, parágrafo único, do CTN): após o prazo decadencial, não é mais possível a revisão

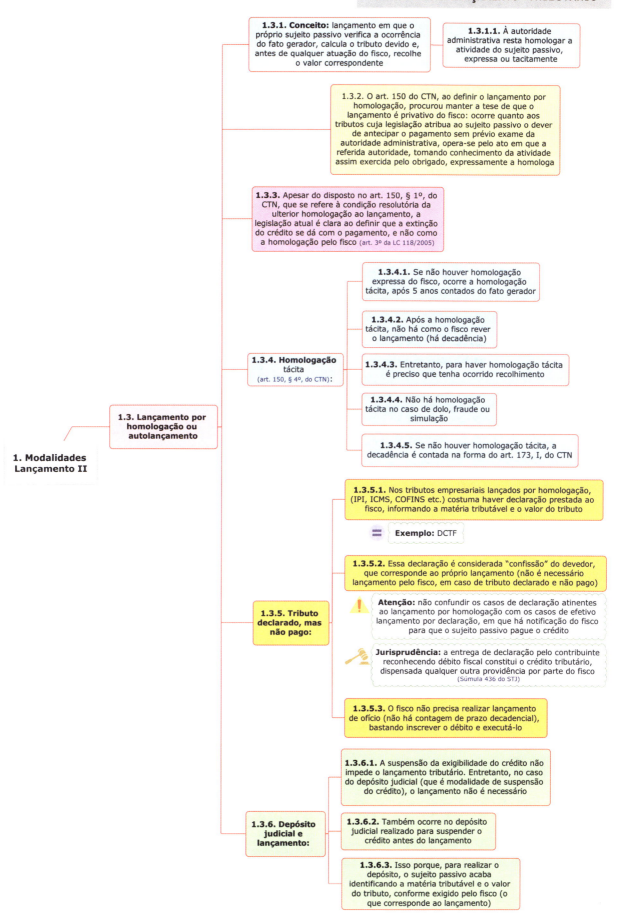

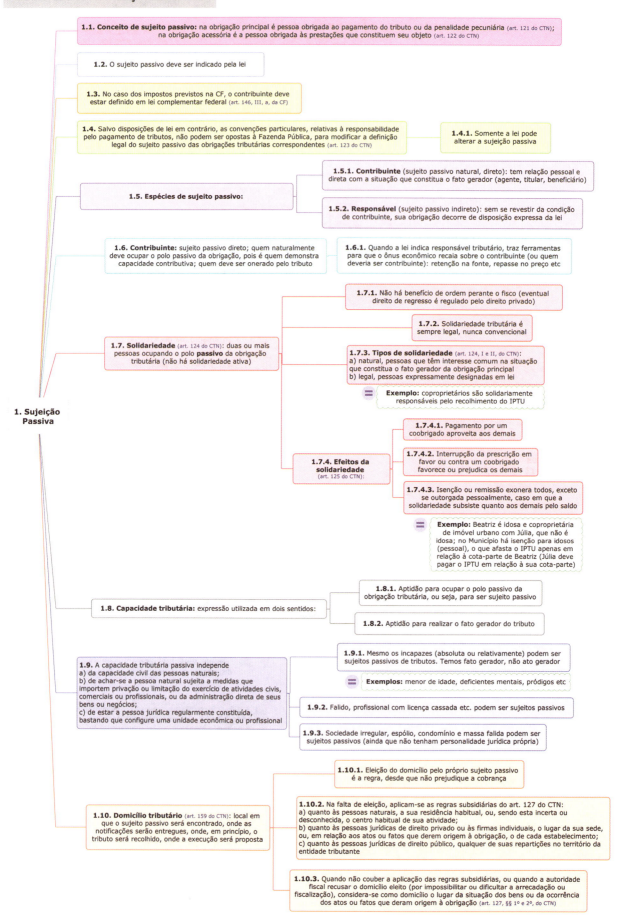

DIREITO TRIBUTÁRIO
Tema XIII - Responsável Tributário

1. Responsável Tributário

1.1. Conceito: definido por exclusão, aquele a quem a lei impõe a obrigação tributária, sem se revestir da condição de contribuinte (art. 121, parágrafo único, II, do CTN)

1.2. Há responsabilidade no CTN e na lei de cada ente (art. 128 do CTN)

1.3. Deve haver algum vínculo com o fato gerador

1.4. Pode ser: exclusiva, subsidiária, principal ou solidária

1.5. Tipos de responsabilidade:

1.5.1. Transferência: a obrigação tributária surge em relação ao contribuinte, mas, por conta de evento posterior ao fato gerador, outra pessoa passa a ocupar o polo passivo (casos do CTN são desse tipo, em regra)

1.5.2. Substituição: a obrigação já surge em relação ao responsável, pois a lei exclui a figura do contribuinte (substituição "para frente", retenção na fonte)

1.6. Substituição tributária "para frente" ou prospectiva (art. 150, § 7º, da CF): a lei atribui a sujeito passivo de obrigação tributária a condição de responsável pelo pagamento de imposto ou contribuição, cujo fato gerador deva ocorrer posteriormente, assegurada a imediata e preferencial restituição da quantia paga, caso não se realize o fato gerador presumido

= **Exemplo:** a fábrica de automóveis (substituta) recolhe não apenas o imposto devido pela venda dos carros para as concessionárias (substituídas), mas também antecipa aquele devido sobre as vendas posteriores para os consumidores

⚠ **Atenção:** O STF entedia que a substituição tributária para a frente gerava presunção absoluta, de forma que, se ocorrida a operação, independente do valor, não haveria direito à restituição, assim como não haveria dever de complementação (STF, RE 266.602-5/MG, Pleno, j. 14.09.2006, rel. Min. Ellen Gracie, DJ 02.02.2007). Ocorre que em outubro de 2016 o Pleno do STF modificou esse entendimento, fixando nova tese no RE 593.849/MG em repercussão geral, reconhecendo o direito à restituição também no caso de o fato gerador ocorrer por valor inferior ao presumido e que servirá de base de cálculo para o tributo recolhido na sistemática de substituição tributária "para frente"

1.7. Substituição tributária "para trás" ou regressiva: adia-se o recolhimento do tributo para fase posterior da cadeia de produção e comercialização, sendo que determinado contribuinte recolhe não apenas o imposto devido pela operação que promove, mas também aquele devido por operação anterior

= **Exemplo:** a fábrica (substituta) de laticínios recolhe não apenas o imposto devido pela venda do produto para a loja, mas também aquele devido sobre as vendas anteriormente realizadas pelos fornecedores de leite (substituídos)

1.8. O CTN regula três categorias de responsabilidade:

1.8.1. Dos sucessores (arts. 129 a 133)

1.8.2. De terceiros (arts. 134 e 135)

1.8.3. Por infrações (arts. 136 a 138)

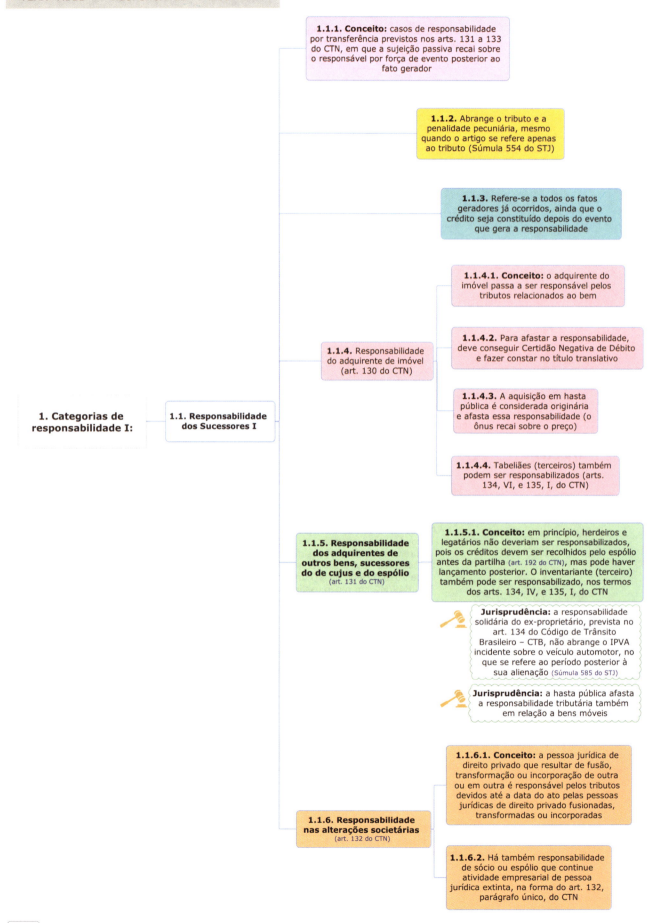

DIREITO TRIBUTÁRIO

Tema XIII - Responsável Tributário

1. Categorias de responsabilidade II:

- **1.1. Responsabilidade dos Sucessores II**

  - **1.1.6. Responsabilidade nas alterações societárias** (art. 132 do CTN)

    - **1.1.6.3. Fusão:** duas ou mais sociedades se unem formando uma nova; transformação: sociedade passa de um tipo para outro
      - **Exemplo:** de limitada para sociedade anônima)
    - **1.1.6.4. Incorporação:** uma sociedade remanescente absorve outra, que deixa de existir
    - **1.1.6.5. Cisão:** sociedade transfere parcela de seu patrimônio para outra(s), total (deixando de existir) ou parcialmente
      - **Jurisprudência:** embora não conste expressamente do rol do art. 132 do CTN, a cisão da sociedade é modalidade de mutação empresarial sujeita, para efeito de responsabilidade tributária, ao mesmo tratamento jurídico conferido às demais espécies de sucessão

  - **1.1.7. Responsabilidade do adquirente de fundo de comércio ou estabelecimento** (art. 133 do CTN)

    - **1.1.7.1. Conceito:** responsabilidade pelos tributos e penalidades tributárias desde que, cumulativamente,
      a) adquira o estabelecimento ou fundo de comércio e
      b) continue explorando a mesma atividade empresarial do alienante
    - **1.1.7.2. Características:**
      - Se o alienante abandonar a atividade empresarial, a responsabilidade do adquirente é integral
      - Se o alienante continuar na atividade empresarial (ainda que em outro ramo) ou retornar em 6 meses, a responsabilidade do adquirente é subsidiária
      - **Jurisprudência:** simples continuidade da atividade no local, ou mesmo a simples locação do imóvel, mas sem aquisição do estabelecimento (cuja comprovação é ônus do fisco), não enseja a responsabilidade
    - **1.1.7.3. Exceção:** não há responsabilidade no caso de alienação judicial em processo de falência, ou de filial ou unidade produtiva isolada em processo de recuperação judicial (art. 133, § 1º, do CTN)
    - Entretanto, haverá responsabilidade, mesmo no caso de alienação judicial em falência ou recuperação, caso o adquirente seja
      a) sócio da sociedade falida ou em recuperação judicial, ou sociedade controlada pelo devedor falido ou em recuperação judicial;
      b) parente, em linha reta ou colateral até o 4o (quarto) grau, consanguíneo ou afim, do devedor falido ou em recuperação judicial ou de qualquer de seus sócios; ou
      c) identificado como agente do falido ou do devedor em recuperação judicial com o objetivo de fraudar a sucessão tributária (art. 133, § 2º, do CTN)
    - Os recursos da alienação em falência serão utilizados para pagar créditos extraconcursais (posteriores à quebra e à recuperação, basicamente), além de trabalhistas até 150 salários mínimos por credor, acidentários e com garantias reais, nos termos e prazos do art. 133, § 3º, do CTN

DIREITO TRIBUTÁRIO

Tema XIII - Responsável Tributário

1. Categorias de responsabilidade III:

- **1.2. Responsabilidade de Terceiros**

  - **1.2.1. Responsabilidade subsidiária do art. 134 do CTN**

    - **1.2.1.1. Conceito:** responsabilidade subsidiária em relação ao tributo e à multa moratória (não punitiva) dos sujeitos listados no art. 134 do CTN, que surge somente se
      a) o fisco não puder cobrar o tributo diretamente do contribuinte e
      b) houver ato praticado pelo responsável, ou omissão, relacionado ao débito (é preciso haver culpa – é praticamente uma sanção imposta ao responsável)

    - ⚠️ **Atenção:** apesar de o art. 134 do CTN fazer referência à solidariedade, a responsabilidade é subsidiária, conforme jurisprudência do STJ

    - **Exemplos:**
      Daniela não recolhe o IR devido por sua filha menor Natália. Posteriormente, o fisco não consegue cobrar o débito da contribuinte (de Natália), pois a filha não tem mais patrimônio: a mãe responde pela dívida tributária
      Responsável pelo registro de imóveis não exige a comprovação do recolhimento do ITBI, conforme a legislação municipal, antes de registrar a alienação: se não for possível cobrar o contribuinte, o titular do cartório responde pelo débito

  - **1.2.2. Responsabilidade pessoal do art. 135 do CTN**

    - **1.2.2.1. Conceito:** responsabilidade pessoal dos sujeitos indicados no art. 135 do CTN decorrente da prática de atos com excesso de poderes ou infração de lei, contrato social ou estatutos

    - Situação mais grave que a do art. 134, pois há excesso de poderes, violação de lei, contrato social ou estatutos (há dolo, e não simples culpa) – abrange tributo e penalidades

    - ⚠️ **Atenção:** o STJ tem entendimento no sentido de que a responsabilidade do art. 135 do CTN é subsidiária

    - **Jurisprudência:** o inadimplemento da obrigação tributária pela sociedade não gera, por si só, a responsabilidade solidária do sócio-gerente (Súmula 430 do STJ)

    - ⚠️ **Atenção:** o STF decidiu pela inconstitucionalidade de lei que fixa responsabilidade solidária de sócio pelo simples inadimplemento, pois se afasta das "regras matrizes de responsabilidade de terceiros estabelecidas em caráter geral" pelos arts. 134 e 135 do CTN. Também haveria inconstitucionalidade pela confusão patrimonial entre sociedade e sócio, em violação ao direito à propriedade e à iniciativa privada (arts. 5º, XIII, e 170, p. único, da CF)

    - **Jurisprudência:** presume-se dissolvida irregularmente a empresa que deixar de funcionar no seu domicílio fiscal, sem comunicação aos órgãos competentes, legitimando o redirecionamento da execução fiscal para o sócio-gerente (Súmula 435 do STJ)

DIREITO TRIBUTÁRIO

TEMA XIII - RESPONSÁVEL TRIBUTÁRIO

1. Categorias de responsabilidade IV:

1.3. Responsabilidade por Infrações

1.3.1. Conceito: salvo disposição de lei em contrário, a responsabilidade por infrações da legislação tributária independe da intenção do agente ou do responsável e da efetividade, natureza e extensão dos efeitos do ato (art. 136 do CTN)

1.3.2. Características: há autores que se referem à responsabilidade objetiva em relação às infrações tributárias, mas o dispositivo trata da irrelevância da intenção e do resultado

= **Exemplos:**
Se o contribuinte não recolhe o tributo, o fisco não precisa investigar a intenção do agente ou do responsável
Se não houve emissão de nota fiscal, é devida a multa, ainda que não haja prejuízo para o fisco (caso o contribuinte tenha recolhido corretamente o tributo, por exemplo), pois o resultado é irrelevante

1.3.3. Hipóteses excepcionais em que a intenção do agente é relevante e enseja sua responsabilidade pessoal (art. 137 do CTN):

1.3.3.1. Casos em que o mesmo ato é tipificado como ilícito tributário e ilícito criminal, salvo quando praticado no exercício regular de administração, mandato, função, cargo ou emprego, ou no cumprimento de ordem expressa emitida por quem de direito

1.3.3.2. Caso em que a norma tributária, excepcionalmente, define o dolo do agente como elementar para a configuração da infração

1.3.3.3. Quanto às infrações que decorram direta e exclusivamente de dolo específico
a) das pessoas referidas no art. 134 do CTN, contra aquelas por quem respondem;
b) dos mandatários, prepostos ou empregados, contra seus mandantes, preponentes ou empregadores;
c) dos diretores, gerentes ou representantes de pessoas jurídicas de direito privado, contra estas

1.3.4. Denúncia espontânea: exclusão das multas em caso de denúncia espontânea da infração, acompanhada, se for o caso, do pagamento do tributo devido e dos juros de mora, ou do depósito da importância arbitrada pela autoridade administrativa, quando o montante do tributo dependa de apuração (art. 138 do CTN)

1.3.4.1. Não se considera espontânea a denúncia apresentada após o início de qualquer procedimento administrativo ou medida de fiscalização, relacionados com a infração

1.3.4.2. Para haver denúncia espontânea, é preciso, cumulativamente:
a) recolhimento total do tributo (ou do valor arbitrado) corrigido monetariamente e dos juros de mora e
b) ocorrer antes do início de qualquer procedimento fiscalizatório relacionado com a infração

Jurisprudência: o procedimento fiscalizatório que obsta a denúncia não pode ser genérico, tem que se relacionar com a infração. Inquérito policial, por si só, não impede a denúncia espontânea. A denúncia espontânea afasta qualquer espécie de multa (moratória ou punitiva). Simples parcelamento do débito não implica denúncia espontânea (art. 155-A, § 1º, do CTN)

Jurisprudência: o benefício da denúncia espontânea não se aplica aos tributos sujeitos a lançamento por homologação regularmente declarados, mas pagos a destempo (Súmula 360 do STJ)

Jurisprudência: não há denúncia espontânea no caso de obrigações acessórias autônomas, de modo que não afasta a multa decorrente do atraso na entrega da declaração de rendimentos (IR)

1.3.5. Responsabilidade de servidor público: certidão negativa expedida com dolo ou fraude, que contenha erro contra a Fazenda Pública, responsabiliza pessoalmente o funcionário que a expedir, pelo crédito tributário e juros de mora acrescidos, sem prejuízo da responsabilidade criminal e funcional (art. 208 do CTN)

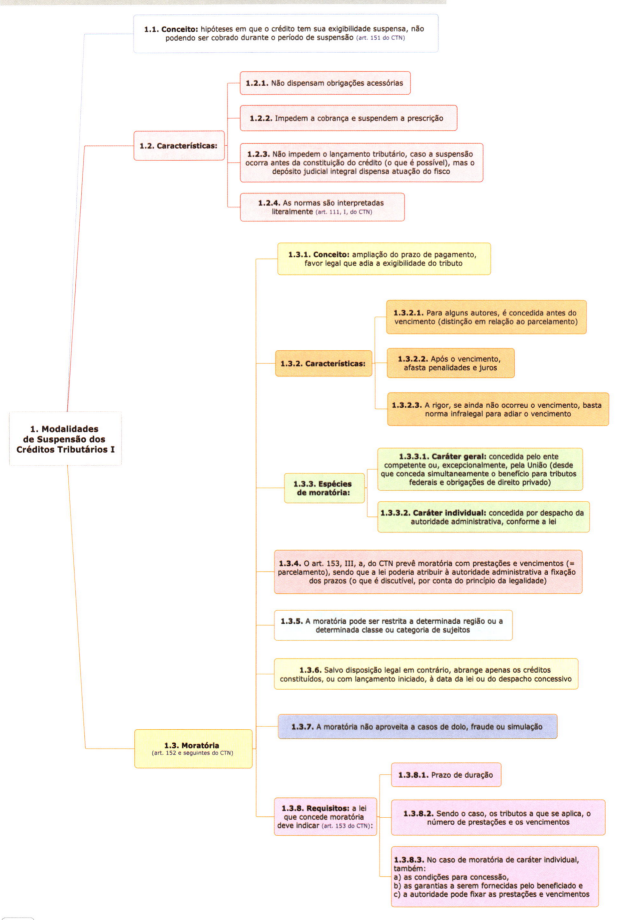

DIREITO TRIBUTÁRIO

Tema XIV - Modalidades de Suspensão dos Créditos Tributários

1. Modalidades de Suspensão dos Créditos Tributários II

1.4. Parcelamento (art. 155-A do CTN)

- **1.4.1. Conceito:** espécie de moratória, concedida por lei, em que a exigibilidade do crédito fica adiada (suspensa até data futura), qualificada pelos pagamentos periódicos
- **1.4.2.** Para alguns autores, a moratória (mesmo parcelada) é concedida antes do vencimento, enquanto o parcelamento é posterior ao vencimento
- **1.4.3. Características:**
  - **1.4.3.1.** Aplicam-se subsidiariamente as regras da moratória (art. 155-A, § 2º, do CTN)
  - **1.4.3.2.** Aplicabilidade da norma: salvo disposição contrária, só para créditos já constituídos ou com lançamento iniciado à data da lei ou do despacho concessivo
  - **1.4.3.3.** O crédito deve estar constituído para o efetivo parcelamento (normalmente exige-se confissão)
  - **1.4.3.4.** Não é novação, mas suspensão do crédito
  - **1.4.3.5.** Não exclui juros e multas, salvo disposição em contrário (não há denúncia espontânea) (Súmula 208 do TFR)
- **1.4.4.** Parcelamento na recuperação judicial: lei específica disporá sobre as condições de parcelamento (art. 155-A, § 3º, do CTN). Enquanto inexistir essa lei específica, aplicam-se as leis gerais de parcelamento do ente tributante, sendo que o prazo não pode ser inferior ao da lei federal (art. 155-A, § 4º, do CTN)

1.5. Depósito Integral

- **1.5.1. Conceito:** para que haja suspensão do crédito tributário, deve ser integral e em dinheiro (Súmula 112 do STJ), podendo ser judicial (mais comum) ou administrativo
- **1.5.2. Características:**
  - **1.5.2.1.** O depósito é prerrogativa, não imposição: não pode ser exigido como requisito para ações ou recursos administrativos ou judiciais (Súmula Vinculante 21 do STF e Súmula 373 do STJ)
  - **1.5.2.2.** Atualmente, o depósito judicial em favor da União é imediatamente disponibilizado ao Tesouro (Lei 9.703/1998). Permite-se sistemática semelhante para Estados, DF e Municípios
  - **1.5.2.3.** O depositante não responde pelos juros e correção

Durante o processo administrativo, relativo ao lançamento, a exigibilidade do crédito fica suspensa
É inconstitucional a exigência de depósito ou arrolamento prévios de dinheiro ou bens para admissibilidade de recurso administrativo (Súmula Vinculante 21 do STF, semelhante à Súmula 373 do STJ)

> **Jurisprudência:** o depósito implica "lançamento tácito" quanto ao valor correspondente

> **Jurisprudência:** depósito é faculdade, mas, após realizado, cumpre função de garantia, de modo que somente poderá ser levantado pelo contribuinte-depositante se vencer a demanda no mérito (caso contrário, o depósito é convertido em renda do fisco, exceto se o juiz não reconhecer o ente público como sujeito ativo)

1.6. Liminares e Antecipações de Tutela

- **1.6.1.** A simples impetração de mandado de segurança ou o ajuizamento de ação ordinária não suspendem a exigibilidade do crédito tributário
- **1.6.2.** Para isso, é necessário que o juiz defira liminar ou conceda antecipação da tutela
- **1.6.3.** Elas não impedem o lançamento do tributo (ou poderia haver decadência, cujo prazo não se suspende)

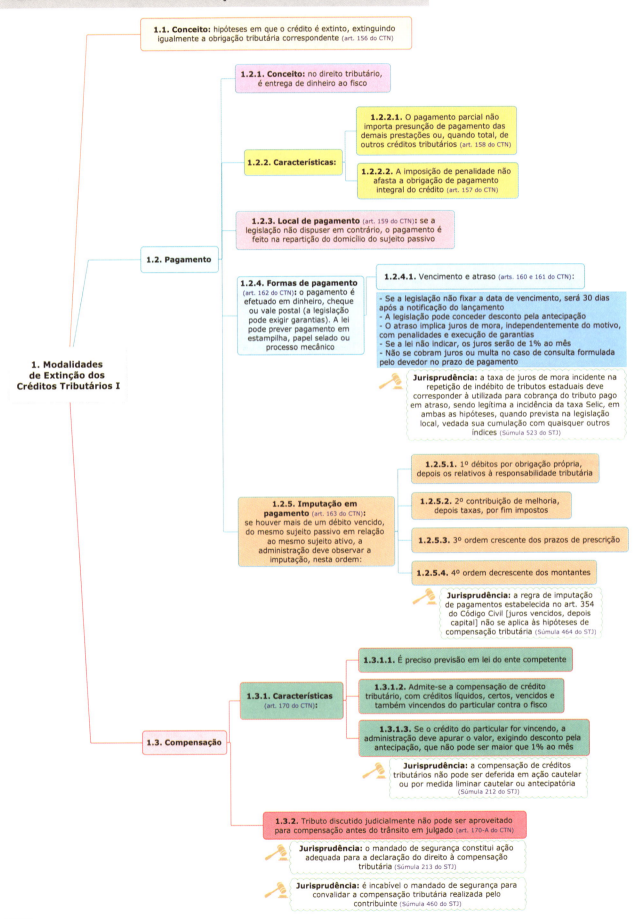

DIREITO TRIBUTÁRIO

Tema XV - Modalidades de Extinção dos Créditos Tributários

1. Modalidades de Extinção dos Créditos Tributários II

1.4. Transação

- **1.4.1. Conceito (art. 171 do CTN):** a lei pode facultar, nas condições que estabeleça, aos sujeitos ativo e passivo da obrigação tributária celebrar transação que, mediante **concessões mútuas**, importe em determinação de litígio e consequente extinção de crédito tributário
  - **1.4.1.1.** A lei indicará a autoridade competente para autorizar a transação em cada caso

- **1.4.2. Características:**
  - **1.4.2.1.** A transação tributária deve estar prevista minuciosamente em lei
  - **1.4.2.2.** No direito tributário, há somente transação terminativa de litígio, não preventiva

1.5. Remissão

- **1.5.1. Conceito** (art. 172 do CTN): remissão (do verbo remitir) significa perdão do crédito tributário (art. 172 do CTN), não confundir com remição, do verbo remir, resgatar

- **1.5.2. Características:**
  - **1.5.2.1.** Refere-se ao tributo e à penalidade pecuniária (= crédito), diferente da anistia, que se restringe à multa
  - **1.5.2.2.** Exige lei específica, que regule apenas o benefício ou o tributo (art. 150, § 6º, da CF)

- **1.5.3. Requisitos:** a lei pode autorizar a autoridade a conceder, por despacho fundamentado, remissão total ou parcial, atendendo:
  - **1.5.3.1.** À situação econômica do sujeito passivo
  - **1.5.3.2.** Ao erro ou ignorância escusáveis do sujeito passivo, quanto a matéria de fato
  - **1.5.3.3.** À diminuta importância do crédito tributário
  - **1.5.3.4.** A considerações de equidade, em relação a características pessoais ou materiais do caso
  - **1.5.3.5.** A condições peculiares a determinada região do território da entidade tributante

- **1.5.4. Revogação da remissão individual:** a concessão de moratória, remissão, isenção ou anistia em caráter individual não gera direito adquirido; se o fisco verificar que o beneficiado não satisfazia ou deixou de satisfazer os requisitos para o benefício, deverá revogá-la de ofício
  - **1.5.4.1.** Se o beneficiário agiu com dolo, fraude ou simulação:
    a) o crédito tributário deve ser pago com juros moratórios e penalidades, e
    b) o tempo entre a concessão e a revogação do benefício não conta para fins de prescrição do direito à cobrança (não corre prescrição contra o fisco)
  - **1.5.4.2.** Se o beneficiário não agiu com dolo, fraude ou simulação (houve simples erro):
    a) o crédito tributário deve ser pago com juros moratórios, mas sem penalidades, e
    b) a revogação só pode ocorrer antes do término do prazo para cobrança, que não para de fluir (corre prescrição contra o fisco)

- **1.5.5. Vedação de remissão e anistia para contribuições sociais** (art. 195, § 11, da CF): a Constituição Federal veda expressamente a moratória e o parcelamento em prazo superior a 60 meses e, na forma da lei complementar, a remissão e a anistia para as contribuições sociais devidas por:
  a) empregados e equiparados sobre folhas de salários e demais rendimentos pagos e
  b) trabalhadores e equiparados

DIREITO TRIBUTÁRIO

Tema XV - Modalidades de Extinção dos Créditos Tributários

1. Modalidades de Extinção dos Créditos Tributários III

1.6. Decadência

1.6.1. Conceito: perda do direito de o fisco constituir o crédito tributário (lançar), pelo decurso do prazo de 5 anos (art. 173 do CTN)

Jurisprudência: A notificação do auto de infração faz cessar a contagem da decadência para a constituição do crédito tributário; exaurida a instância administrativa com o decurso do prazo para a impugnação ou com a notificação de seu julgamento definitivo e esgotado o prazo concedido pela Administração para o pagamento voluntário, inicia-se o prazo prescricional para a cobrança judicial (Súmula 622/STJ)

1.6.2. Características:

- **1.6.2.1.** Indicado pelo CTN como modalidade de extinção do crédito tributário
- **1.6.2.2.** Norma a ser veiculada exclusivamente por lei complementar federal (Súmula Vinculante 8 do STF)

1.6.3. Contagem: o prazo decadencial é quinquenal (5 anos), contado:

- **1.6.3.1.** Do primeiro dia do exercício seguinte àquele em que o lançamento poderia ter sido efetuado (regra)
- **1.6.3.2.** Da data em que se tornar definitiva a decisão que houver anulado, por vício formal, o lançamento anteriormente efetuado (caso de interrupção)
- **1.6.3.3.** Da data em que tenha se iniciado a constituição do crédito pela notificação do sujeito passivo, a respeito de qualquer medida preparatória indispensável

Exemplo de tributo lançado de ofício (IPTU, IPVA) cujo fato gerador ocorreu em 2017: o prazo decadencial é contado a partir de 01/01/2018, terminando em 01/01/2023

1.6.4. Tributos lançados por homologação têm regra específica:
a) ocorre homologação tácita (que impede a revisão pelo fisco) após 5 anos contados do fato gerador (art. 150, § 4º, do CTN); mas,
b) se não houve pagamento ou se ocorreu dolo, fraude ou simulação, não há falar em homologação tácita e se aplica a regra geral do art. 173 (primeiro dia do exercício seguinte)

Exemplo: ICMS cujo fato gerador ocorreu em 15/05/2017, em que houve pagamento a menor, mas sem dolo, fraude ou simulação (foi simples erro); em 15/05/2022 haverá homologação tácita e, portanto, decadência do direito de o fisco lançar e cobrar o valor não pago

Exemplo: ICMS cujo fato gerador ocorreu em 15/05/2017, mas sem que houvesse qualquer pagamento, o prazo decadencial começa a partir de 01/01/2018, havendo decadência do direito de o fisco lançar e cobrar em 01/01/2023

Atenção: quando não houver declaração do débito, o prazo decadencial quinquenal para o fisco constituir o crédito tributário conta-se exclusivamente na forma do art. 173, I, do CTN, nos casos em que a legislação atribui ao sujeito passivo o dever de antecipar o pagamento sem prévio exame da autoridade administrativa (Súmula 555 do STJ)

Atenção: tributo lançado por homologação em que há declaração por parte do contribuinte, mas não há recolhimento, já está constituído o crédito, não havendo falar em prazo decadencial (Súmula 436 do STJ)

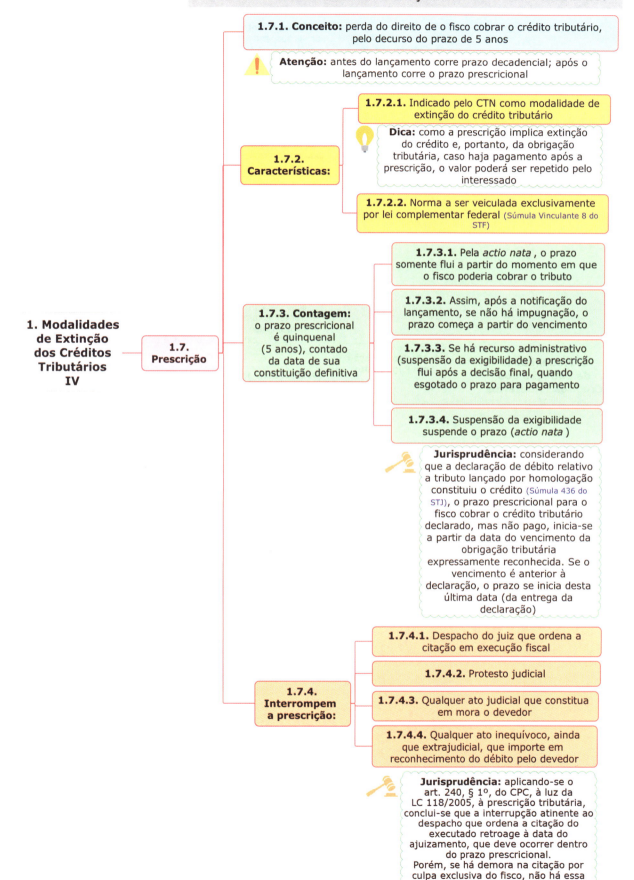

DIREITO TRIBUTÁRIO

Tema XV - Modalidades de Extinção dos Créditos Tributários

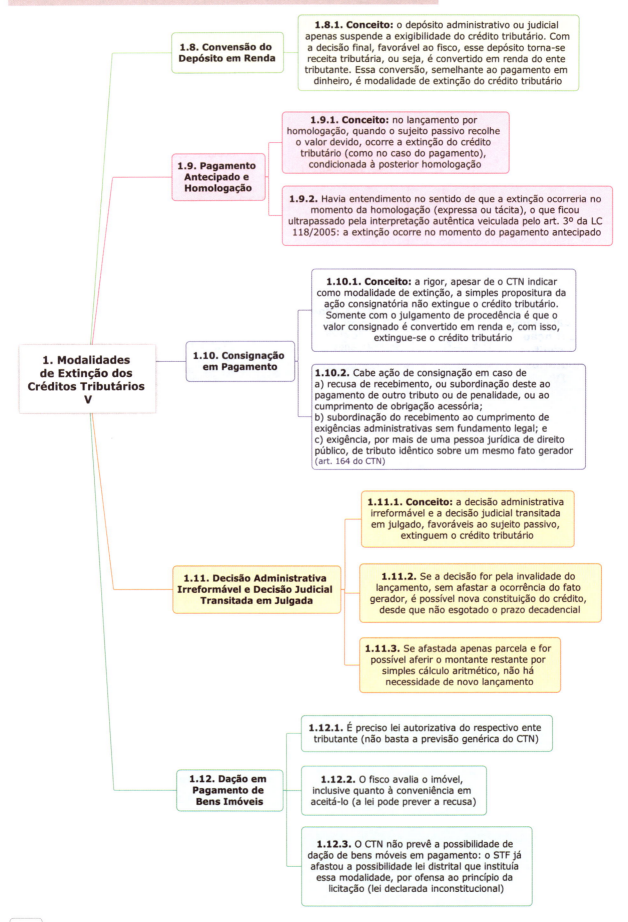

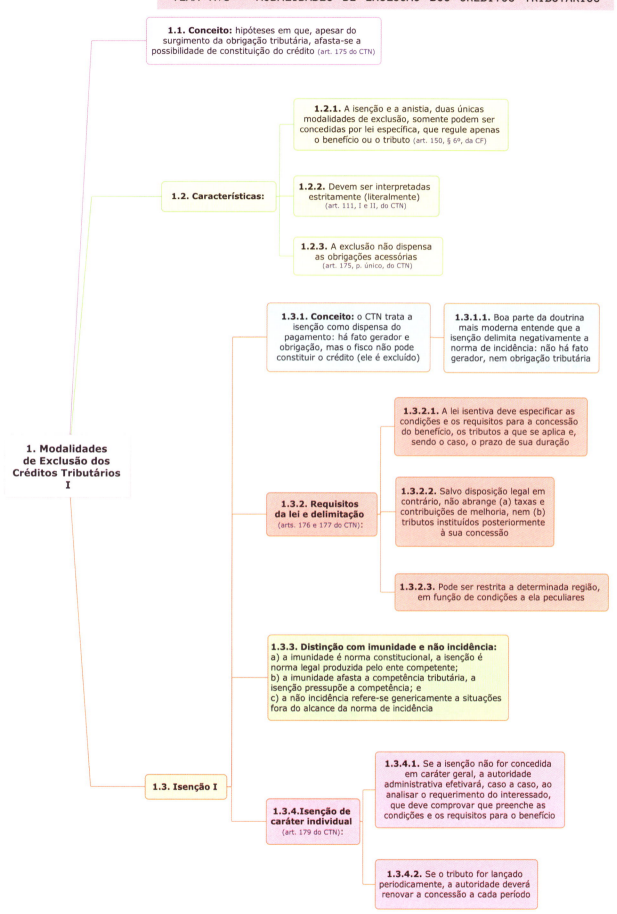

DIREITO TRIBUTÁRIO

Tema XVI - Modalidades de Exclusão dos Créditos Tributários

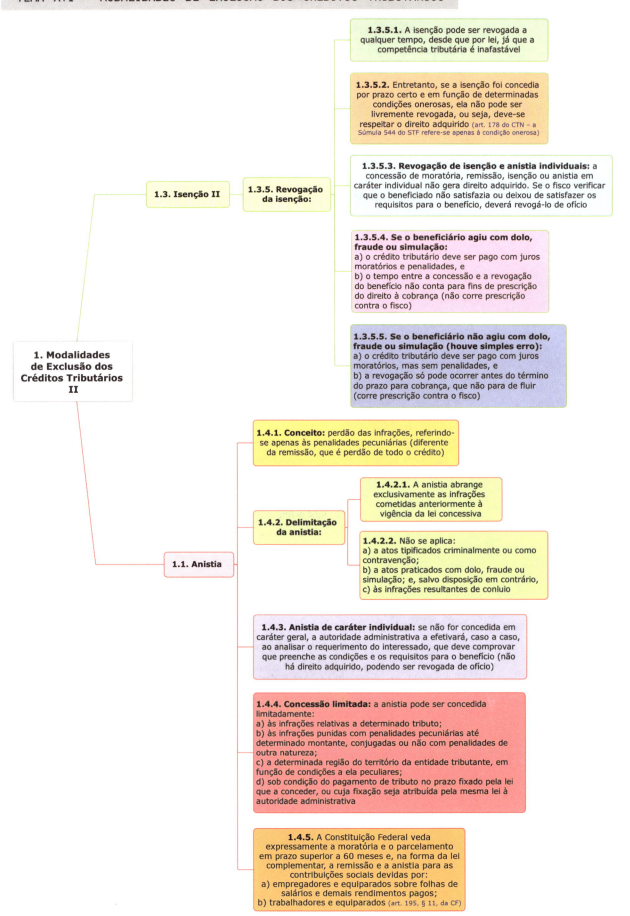

DIREITO DO TRABALHO

Hermes Cramacon

Material complementar de Direito Trabalho está disponível online pelo site da Editora Foco, no link:
www.editorafoco.com.br/atualizacao

DIREITO DO TRABALHO

TEMA I - FONTES E PRINCÍPIOS DO DIREITO DO TRABALHO

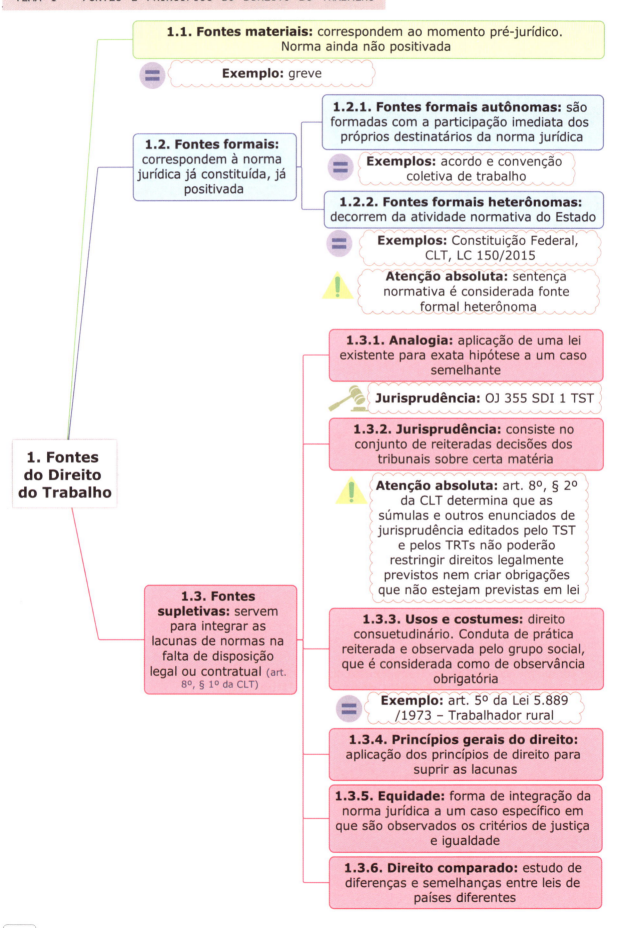

DIREITO DO TRABALHO

Tema II - Princípios do Direito do Trabalho

1. Princípios do Direito do Trabalho

- **1.1. Princípio protetor**

  - **1.1.1. *In dubio pro operario:*** uma norma jurídica que admita diversas interpretações deverá ser interpretada da maneira que mais favorecer o empregado
    - ⚠️ **Atenção absoluta:** não possui incidência no campo probatório

  - **1.1.2. Aplicação da norma mais favorável:** havendo diversas normas válidas incidentes sobre a mesma relação jurídica de emprego, deve ser aplicada aquela mais benéfica ao trabalhador
    - ⚠️ **Atenção absoluta:** aplicação da teoria do conglobamento mitigado (art. 3º, II da Lei 7.064/1982)
    - 🔒 **Cuidado:** art. 620 da CLT determina que as condições estabelecidas em acordo coletivo de trabalho sempre prevalecerão sobre as condições estipuladas em convenção coletiva de trabalho

  - **1.1.3. Condição mais benéfica:** as vantagens adquiridas não poderão ser retiradas, tampouco modificadas para pior
    - **Exemplo:** alterações não podem causar prejuízos diretos ou indiretos ao empregado (art. 468 da CLT)
    - ⚠️ **Atenção absoluta:** a Lei 13.467/2017 não se aplica aos fatos e contratos anteriores à sua vigência
    - ⚖️ **Jurisprudência:** súmula 51, I do TST

- **1.2. Princípio da irrenunciabilidade:** em regra, não se admite que o empregado renuncie, abrindo mão dos direitos assegurados por lei
  - ⚠️ **Atenção absoluta:** os empregados com diploma de nível superior e que receba mais que 2 vezes o teto da previdência, podem abrir mão das disposições contidas no art. 611-A da CLT

- **1.3. Princípio da continuidade da relação de emprego:** tem por objetivo preservar o contrato de trabalho, presumindo a contratação por prazo indeterminado, sendo exceção o contrato com prazo determinado
  - **Exemplo:** sucessão trabalhista (arts. 10 e 448 da CLT)
  - ⚖️ **Jurisprudência:** súmula 212 do TST

- **1.4. Princípio da primazia da realidade sobre a forma:** deve prevalecer a realidade dos fatos e não a eventual forma construída em desacordo com a verdade
  - 💡 **Dica:** ignora-se a disposição contratual para examinar-se a realidade dos fatos. "Contrato-realidade"

- **1.5. Princípio da irredutibilidade salarial:** o salário do emprego é irredutível, salvo acordo coletivo ou convenção coletiva de trabalho (art. 7º, VI da CF)
  - ⚠️ **Atenção absoluta:** Programa Seguro-Emprego (Lei 13.456/2017) permite a redução salarial mediante redução da jornada de trabalho

- **1.6. Princípio da intangibilidade salarial:** é proibido ao empregador efetuar descontos no salário do empregado, salvo adiantamentos, dispositivos de lei ou contrato coletivo (art. 462 da CLT)

DIREITO DO TRABALHO

Tema III - Contrato de trabalho

1. Contrato de trabalho

- **1.1. Denominação:** contrato individual de trabalho é o acordo tácito ou expresso correspondente à relação de emprego (art. 442 da CLT)

- **1.2. Natureza jurídica:** direito privado

- **1.3. Requisitos**
  - **1.3.1. Prestação de serviço por pessoa física:** deve ser prestado por pessoa natural; não se admite pessoa jurídica
  - **1.3.2. Pessoalidade:** o empregado não pode fazer-se substituir por outra pessoa
  - **1.3.3. Não eventual:** o trabalho exercido não pode ser eventual; deve haver habitualidade na prestação dos serviços
  - **1.3.4. Subordinada:** os serviços são prestados sob as ordens (poder diretivo) do empregador
    - ⚠ **Atenção absoluta:** trata-se, portanto, de subordinação jurídica
  - **1.3.5. Onerosidade:** serviços prestados mediante o pagamento de salários

  Sigla útil: SOPPA
  Subordinação
  Onerosidade
  Pessoa física
  Pessoalidade
  HAbitualidade

  - **1.3.6. Período de experiência na atividade contratada:** o empregador não exigirá do candidato à vaga de emprego comprovação de experiência prévia por tempo superior a 6 (seis) meses no mesmo tipo de atividade (art. 442-A da CLT)

  - **1.3.7. Elementos do contrato de trabalho:** para validade do contrato de trabalho, este deverá observar os elementos de validade do negócio jurídico previstos no art. 104 do CC

    - **Forma prescrita em lei:** em regra, o contrato de trabalho não exige forma determinada, podendo ser celebrado de forma escrita ou verbal, tácita ou expressamente
    - **Agente capaz:** proibição de trabalho noturno, perigoso ou insalubre a menores de dezoito e de qualquer trabalho a menores de dezesseis anos, salvo na condição de aprendiz, a partir de quatorze anos (art. 7º, XXXIII da CF)
    - **Vontade sem vícios:** ninguém poderá ser compelido a trabalhar
    - **Objeto:** as relações contratuais de trabalho podem ser objeto de livre estipulação das partes interessadas em tudo quanto não contravenha às disposições de proteção ao trabalho, aos contratos coletivos que lhes sejam aplicáveis e às decisões das autoridades competentes
    Atenção absoluta: O empregado portador de diploma de nível superior e que receba salário mensal igual ou superior a duas vezes o limite máximo dos benefícios do RGPS possui capacidade de negociação individual com eficácia plena nas hipóteses previstas no art. 611-A, (art. 444, parágrafo único, CLT)
    - **Objeto lícito:** o objeto do contrato de trabalho deve ser lícito, entendido como aquele cujo objeto não seja considerado crime ou contravenção penal
    - **Trabalho ilícito:** é aquele não permitido porque seu objeto consiste na prestação de atividades criminosas e/ou contravencionais
    Jurisprudência: OJ 199 SDI 1 TST
    - **Trabalho proibido:** é aquele que a lei impede que seja exercido por determinadas pessoas ou em determinadas circunstâncias
    Exemplo: trabalho do menor em condições insalubres (art. 405, I, da CLT)

- **1.4. Anotações na CTPS e Registro de funcionários**
  - **1.4.1. Anotação na CTPS:** O empregador terá o prazo de 5 (cinco) dias úteis para anotar na CTPS, em relação aos trabalhadores que admitir, a data de admissão, a remuneração e as condições especiais, se houver, facultada a adoção de sistema manual, mecânico ou eletrônico, conforme instruções a serem expedidas pelo Ministério da Economia (art. 29 CLT)
    - ⚠ **Atenção absoluta:** A CTPS será preferencialmente emitida em meio eletrônico – Carteira de Trabalho Digital – podendo excepcionalmente ser em meio físico, art. 14 da CLT
  - **1.4.2. Registro de empregados:** em todas as atividades será obrigatório para o empregador o registro dos trabalhadores, podendo ser adotados livros, fichas ou sistema eletrônico, conforme instruções a serem expedidas pelo Ministério da Economia (art. 41 CLT)
  - **Falta de registro:** multa no valor de R$ 3.000,00 (três mil reais) por empregado não registrado, acrescido de igual valor em cada reincidência (art. 47, CLT)
    - ⚠ **Atenção absoluta:** microempresa ou empresa de pequeno porte, o valor final da multa aplicada será de R$ 800,00 (oitocentos reais) por empregado não registrado (art. 47 e § 1º, da CLT)
  - **1.4.3. Anotações sobre proteção do trabalhador:** além da qualificação civil ou profissional de cada trabalhador, deverão ser anotados todos os dados relativos à sua admissão no emprego, duração e efetividade do trabalho, a férias, acidentes. (art. 41, parágrafo único, CLT)
  - **Falta de anotação:** multa de R$ 600,00 (seiscentos reais) por empregado prejudicado. (art. 47-A da CLT)

DIREITO DO TRABALHO

Tema IV - Duração do contrato de trabalho

1. Duração do contrato de trabalho: o contrato individual de trabalho poderá ser acordado tácita ou expressamente, verbalmente ou por escrito, por prazo determinado ou indeterminado, ou para prestação de trabalho intermitente (art. 443 da CLT)

1.1. Contrato com prazo indeterminado
em regra, o contrato de trabalho vigora por prazo indeterminado

 Dica: princípio da continuidade da relação de emprego

1.2. Contratos de trabalho por prazo determinado

1.2.1. Regulados pela CLT (art. 443, § 2º e alíneas)

- **Natureza ou transitoriedade do serviço que justifique a predeterminação do prazo – atividade de caráter transitório** (art. 443, § 2º, a da CLT): celebrado sempre que a necessidade do serviço prestado pelo empregado não seja permanente
Exemplo: situação transitória de aumento de demanda, substituição de empregado permanente afastado, trabalho a ser realizado certo e delimitado no tempo (treinamento de empregados)

- **Atividades empresariais de caráter transitório** (art. 443, § 2º, b da CLT): a atividade realizada pela empresa possui caráter transitório. É levada em consideração a natureza da empresa e não do serviço prestado
Exemplo: venda de fogos de artifício em festa junina ou fim de ano

- **Contrato de experiência** (art. 443, § 2º, c da CLT): modalidade do contrato por prazo determinado, onde as partes irão se testar mutuamente

1.2.2. Prazo e prorrogação
para os contratos cuja natureza ou transitoriedade do serviço justifique a predeterminação do prazo e para atividades empresariais de caráter transitório, o prazo máximo é de 2 anos, permitindo-se uma única prorrogação desde que na somatória não ultrapasse 2 anos. Já o contrato de experiência o prazo máximo é de 90 dias, permitindo-se uma única prorrogação desde que na somatória não ultrapasse 90 dias

- **Prorrogação irregular:** o contrato com prazo determinado que for prorrogado mais de uma vez passará a vigorar por prazo indeterminado (art. 451 da CLT)

1.2.3. Período entre um contrato e outro
entre uma contratação e outra, deve ser observado um período mínimo de 6 meses, sob pena de ser considerado contrato por prazo indeterminado (art. 452 da CLT)

 Dica: caso a expiração do primeiro contrato dependeu da execução de serviços especializados ou a realização de certos acontecimentos, não será necessário aguardar o período de 6 meses mesmo estudado (art. 452, parte final da CLT)

1.2.4. Rescisão antecipada nos contratos por prazo determinado

- **Por vontade do empregador:** o empregador estará obrigado a pagar indenização correspondente a metade da remuneração a que o empregado teria direito até o termo do contrato (art. 479 da CLT)
- **Por vontade do empregado:** o empregado será obrigado a indenizar o empregador dos prejuízos comprovados que desse fato lhe resultarem. Nesse caso, a indenização paga pelo empregado não poderá ser mais alta à que ele teria direito em iguais condições (art. 480 da CLT)
Dica: além dessas indenizações, o obreiro ainda fará jus à indenização por despedida arbitrária ou sem justa causa (40% do saldo do FGTS)
- **Cláusula assecuratória do direito recíproco de rescisão:** cláusula que trata da hipótese de rescisão antecipada do contrato por prazo determinado. Nesse caso, serão aplicados os princípios que regem a rescisão dos contratos por prazo indeterminado
Dica: nesse caso, o contrato com prazo determinado, inclusive o de experiência, terá obrigatoriamente a concessão de aviso prévio
Jurisprudência: súmula 163 do TST

DIREITO DO TRABALHO

TEMA V - CONTRATO DE TRABALHO INTERMITENTE

1. Contrato de trabalho intermitente I

1.1. Conceito: é o contrato no qual a prestação de serviços, com subordinação, não é contínua, ocorrendo com alternância de períodos de prestação de serviços e de inatividade, determinados em horas, dias ou meses, independentemente do tipo de atividade do empregado e do empregador (art. 443, § 3º da CLT)

💡 **Dica:** não aplicável ao aeronauta

1.2. Requisitos (art. 452-A da CLT)

- **1.2.1. Contrato Escrito**
- **1.2.2. Deve conter especificamente o valor da hora de trabalho**
  - ⚠️ **Atenção absoluta:** o valor da hora de trabalho não pode ser inferior ao valor horário do salário mínimo ou àquele devido aos demais empregados do estabelecimento que exerçam a mesma função em contrato intermitente ou não
- **1.2.3. Anotação na CTPS do empregado**
- **1.2.4. Identificação, assinatura e domicílio ou sede das partes**
- **1.2.5. Local e o prazo para o pagamento da remuneração**
  - ⚠️ **Atenção absoluta:** Os requisitos trazidos nos itens 3, 4 e 5 estão dispostos no art. 2º da Portaria 349/2018 MTE

1.3. Convocação do empregado: o empregador deverá convocar o empregado para prestar serviços por qualquer meio de comunicação eficaz, informando-o qual será a jornada, com, pelo menos, 3 dias corridos de antecedência (art. 452-A, § 1º da CLT)

1.4. Resposta do empregado: o empregado terá o prazo de um dia útil para responder ao chamado. Caso não responda nesse prazo, ficará presumida a recusa

💡 **Dica:** a recusa da oferta não descaracteriza a subordinação

1.5. Período de inatividade: intervalo temporal distinto daquele para o qual o empregado intermitente haja sido convocado e tenha prestado serviços (art. 4º da Portaria 349/2018 MTE)

- **1.5.1. Não será considerado tempo à disposição do empregador e não será remunerado**
  - ⚠️ **Atenção absoluta:** Caso haja pagamento de remuneração nesse período restará descaracterizado o contrato de trabalho intermitente (art. 4º, § 2º, da Portaria 349/2018 MTE)
- **1.5.2. Nesse período o trabalhador poderá prestar serviços:** de qualquer natureza a outros tomadores de serviço, que exerçam ou não a mesma atividade econômica, utilizando contrato de trabalho intermitente ou outra modalidade de contrato de trabalho (art. 4º, § 1º, da Portaria 349/2018 MTE)

DIREITO DO TRABALHO

TEMA V - CONTRATO DE TRABALHO INTERMITENTE

1. Contrato de trabalho intermitente II

- **1.6. Descumprimento da oferta aceita:** a parte que descumprir, sem justo motivo, pagará à outra parte, no prazo de trinta dias, multa de 50% (cinquenta por cento) da remuneração que seria devida, permitida a compensação em igual prazo

- **1.7. Pagamento:** ao final de cada período de prestação de serviço, o empregado receberá o pagamento imediato das seguintes parcelas
  - **1.7.1. Remuneração**
  - **1.7.2. Férias proporcionais com acréscimo de um terço**
  - **1.7.3. Décimo terceiro salário proporcional**
  - **1.7.4. Repouso semanal remunerado**
  - **1.7.5. Adicionais legais**

Atenção absoluta: O recibo de pagamento deverá conter a discriminação dos valores pagos relativos a cada uma das parcelas

DICA: Sempre que o período de convocação exceder um mês, o pagamento das parcelas não poderá ser estipulado por período superior a um mês, devendo ser pagas até o quinto dia útil do mês seguinte ao trabalhado (art. 2º, § 2º, Portaria 349/2018 MTE)

- **1.8. Férias:** A cada 12 meses, o empregado adquire direito a usufruir, nos 12 meses subsequentes, um mês de férias, período no qual não poderá ser convocado para prestar serviços pelo mesmo empregador
  - **1.8.1 Fracionamento do período de férias:** o empregado, mediante prévio acordo com o empregador, poderá usufruir suas férias em até três períodos, nos termos dos §§ 1º e 3º do art. 134 da CLT (art. 2º, § 1º, Portaria 349/2018 MTE)

- **1.9. Recolhimento das contribuições previdenciárias:** as contribuições previdenciárias (empregado e empregador) e o depósito do FGTS, deverão ser recolhidas pelo empregador, com base nos valores pagos no período mensal, devendo fornecer ao empregado comprovante do cumprimento dessas obrigações

- **1.10. Aviso prévio e verbas rescisórias:** serão calculados com base na média dos valores recebidos pelo empregado no curso do contrato de trabalho intermitente (art. 5º da Portaria 349/2018 MTE)

DIREITO DO TRABALHO

Tema VI - Contrato de trabalho temporário previstos em leis específicas

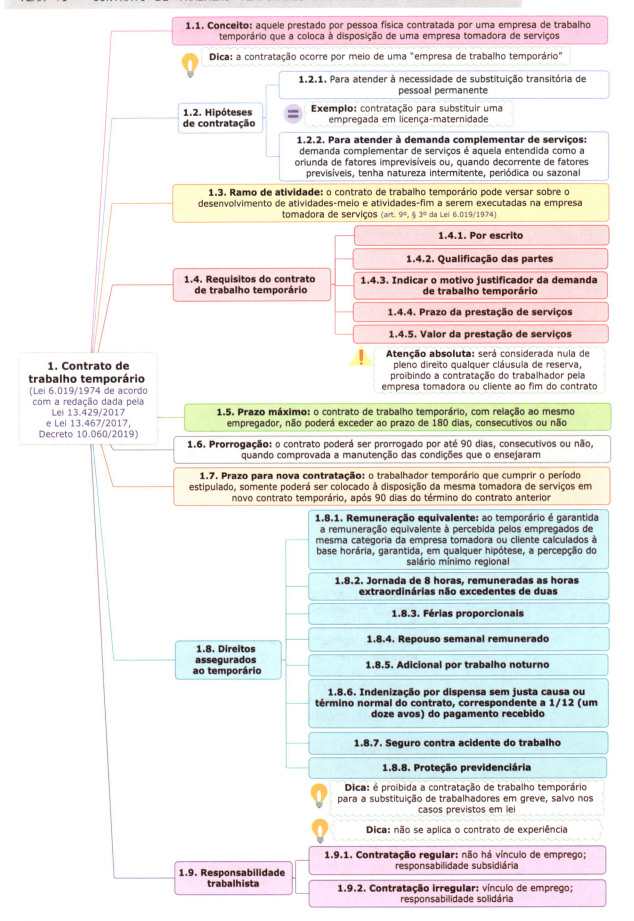

DIREITO DO TRABALHO

Tema VI - Contrato de trabalho temporário previstos em leis específicas

1. Contrato por prazo determinado pela Lei 9.601/1998

- **1.1. Conceito:** contratação para quaisquer atividades da empresa, desde que represente um aumento no número de empregados

- **1.2. Considerações**
  - **1.2.1. Prévia negociação coletiva:** é necessária a participação do sindicato. O número de empregados a serem contratados deve observar o estabelecido na negociação coletiva
  - **1.2.2. Indenização para rescisões antecipadas:** o valor da indenização por rescisão antecipada estará disposto no instrumento coletivo
  - **1.2.3. Multa por descumprimento das cláusulas:** estarão dispostas no instrumento coletivo
  - **1.2.4. Estabilidade:** são garantidas as estabilidades provisórias da gestante; do dirigente sindical, ainda que suplente; do empregado eleito para cargo de direção de comissões internas de prevenção de acidentes; do empregado acidentado (art. 118 da Lei 8.213/1991), durante a vigência do contrato por prazo determinado, que não poderá ser rescindido antes do prazo estipulado pelas partes (art. 1º, § 4º da Lei 9.601/1998)
  - **1.2.5. Rescisão antecipada do contrato:** não serão aplicadas as multas previstas nos arts. 479 e 480 da CLT. Isso porque as indenizações estarão dispostas no instrumento coletivo

- **1.3. Prazo máximo de duração:** 2 anos. Aplicação do art. 445 da CLT
  - **1.3.1. Prorrogação:** o presente contrato poderá ser prorrogado diversas vezes, desde que obedecido o prazo máximo. Não se aplica a regra prevista no art. 451 da CLT (art. 1º, § 2º da Lei 9.601/1998)

DIREITO DO TRABALHO
Tema VII - Terceirização

1. Terceirização (Lei 6.019/1974 com a redação dada pela Lei 13.429/2017 e Lei 13.467/2017)

Jurisprudência: súmula 331 do TST

1.1. Conceito: transferência feita pela contratante da execução de quaisquer de suas atividades, inclusive sua atividade principal, à pessoa jurídica de direito privado prestadora de serviços que possua capacidade econômica compatível com a sua execução

 Jurisprudência: ADPF 324 e Recurso Extraordinário (RE) 958252, com repercussão geral

1.2. Sujeitos do contrato de terceirização

1.2.1. Empresa prestadora de serviços a terceiros

- **Requisitos para funcionamento** (art. 4º-B da Lei 6.019/1974)
  • Prova de inscrição no Cadastro Nacional da Pessoa Jurídica (CNPJ)
  • Registro na Junta Comercial
  • Capital social compatível com o número de empregados
- **Vedação para ser contratada:** a pessoa jurídica cujos titulares ou sócios tenham, nos últimos 18 meses, prestado serviços à contratante na qualidade de empregado ou trabalhador sem vínculo empregatício, exceto se os referidos titulares ou sócios forem aposentados

 Atenção absoluta: o empregado que for demitido não poderá prestar serviços para esta mesma empresa na qualidade de empregado de empresa prestadora de serviços antes do decurso de prazo de 18 meses, contados a partir da demissão do empregado

1.2.2. Contratante: pessoa física ou jurídica que celebra contrato com empresa de prestação de serviços relacionados a quaisquer de suas atividades, inclusive sua atividade principal (art. 5º-A da Lei 6.019/1974)

1.2.3. Requisitos do contrato (art. 5-B da Lei 6.019/1974)
- Qualificação das partes
- Especificação do serviço a ser prestado
- Prazo para realização do serviço, quando for o caso
- O valor

1.2.4. Local de prestação dos serviços: os serviços contratados poderão ser executados nas instalações físicas da empresa contratante ou em outro local de comum acordo entre as partes

1.2.5. Contratação irregular: é vedada à contratante a utilização dos trabalhadores em atividades distintas daquelas que foram objeto do contrato com a empresa prestadora de serviços

1.2.6. Ramo de atividade: quaisquer de suas atividades, inclusive atividade principal (atividade fim) da empresa contratante. Permite-se para atividade meio e atividade fim da contratante

1.2.7. Responsabilidade trabalhista

- **Terceirização regular:** não há vínculo de emprego entre a contratante e o obreiro; responsabilidade subsidiária
- **Terceirização irregular:** vínculo de emprego entre a contratante e o obreiro; responsabilidade solidária

1.2.8. Terceirização na administração pública: admite-se a terceirização de atividade ou serviço pela administração pública. Figura de contrato administrativo, firmado com a empresa prestadora de serviços que, em regra, é precedido de licitação

- **Responsabilidade trabalhista da administração pública:** embora não haja o reconhecimento de vínculo de emprego com a administração, por força da necessidade de concurso público (art. 37, II da CF), a responsabilidade será subsidiária, desde que comprovada conduta culposa da administração na fiscalização do contrato

 Jurisprudência: súmula 331, IV e V do TST

1.2.9. Quarteirização: empresa prestadora de serviços subcontrata outras empresas para a realização dos serviços contratados pela empresa tomadora (art. 4º-A, § 1º da Lei 6.019/1974)

DIREITO DO TRABALHO

Tema VIII - Sujeitos da relação de emprego: "Empregador"

1. Empregador

- **1.1. Conceito:** considera-se empregador a empresa, individual ou coletiva, que, assumindo os riscos da atividade econômica, admite, assalaria e dirige a prestação pessoal de serviço (art. 2º da CLT)

- **1.2. Figuras equiparadas a empregador**
  - 1.2.1. Profissionais liberais
  - 1.2.2. Instituições de beneficência
  - 1.2.3. Associações recreativas
  - 1.2.4. Instituições sem fins lucrativos

- **1.3. Poder de direção:** conforme Martins, é a "forma como o empregador define como serão desenvolvidas as atividades do empregador, pois este é quem dirige as atividades do empregado"
  - **1.3.1. Poder de organização:** é o empregador quem organiza seu empreendimento, distribuindo os empregados em suas respectivas funções
    - **Exemplo:** horário de trabalho
  - **1.3.2. Poder de controle/fiscalização:** é o empregador quem fiscaliza a atividade laboral de seus empregados, para que sejam cumpridas as regras impostas pelo próprio empregador e pelo sistema jurídico
    - **Exemplo:** uso dos Equipamentos de Proteção Individual – EPIs
  - **1.3.3. Poder disciplinar/punição:** cabe ao empregador a aplicação das penalidades ao empregado que não observar as regras de organização impostas
  - **Tipos de punição:**
    - **Advertência:** não prevista na CLT
    - **Suspensão do empregado:** art. 474 da CLT
    - **Dispensa por justa causa:** art. 482 da CLT

- **1.4. Grupo de empresas:** sempre que uma ou mais empresas, tendo, embora, cada uma delas, personalidade jurídica própria, estiverem sob a direção, controle ou administração de outra, ou ainda quando, mesmo guardando cada uma sua autonomia, integrarão grupo econômico
  - **1.4.1. Responsabilidade:** serão responsáveis solidariamente pelas obrigações decorrentes da relação de emprego
  - **Jurisprudência:** súmula 129 do TST
  - ⚠️ **Atenção absoluta:** para a caracterização do grupo econômico, não basta a mera identidade de sócios. A nova regra requer a comunhão de interesses, demonstração de interesse integrado e atuação conjunta das empresas que pertençam ao mesmo grupo econômico

- **1.5. Sucessão trabalhista:** ocorre com a transferência da titularidade do negócio pelo titular primário, chamado de sucedido, a um novo titular, chamado sucessor, que se tornará responsável por todos os direitos e dívidas existentes (arts. 10 e 448 da CLT)
  - **1.5.1. Requisitos:**
    - Transferência da unidade econômico-jurídica
    - Continuidade na prestação laboral
  - **Jurisprudência:** OJ 411 SDI 1 TST
  - **1.5.2. Responsabilidade do sócio retirante:** responde subsidiariamente pelas obrigações trabalhistas da sociedade relativas ao período em que figurou como sócio, somente em ações ajuizadas até 2 anos depois de averbada a modificação do contrato
  - **Ordem de preferência:** para responsabilização do sócio retirante deve-se observar a seguinte ordem:
    - A empresa devedora
    - Os sócios atuais
    - Os sócios retirantes
  - **1.5.3. Fraude na negociação:** comprovada fraude na alteração societária decorrente da modificação do contrato, o sócio retirante responderá solidariamente com os demais sócios (art. 10-A da CLT)
  - **Atenção absoluta:** não há sucessão trabalhista em delegação de serviços notariais

DIREITO DO TRABALHO

Tema IX – Sujeitos da relação de emprego: "Empregado"

1. Empregado I

- **1.1. Conceito:** considera-se empregado toda pessoa física que prestar serviços de natureza não eventual a empregador, sob a dependência deste e mediante salário (art. 3º da CLT)

- **1.2. Empregado doméstico I:**

  - **1.2.1. Conceito:** aquele que presta serviços de forma contínua, subordinada, onerosa e pessoal e de finalidade não lucrativa à pessoa ou à família, no âmbito residencial destas, por mais de 2 (dois) dias por semana (art. 1º da LC 150/2015)

  - **1.2.2. Contrato de empregado doméstico com prazo determinado** (art. 4º da LC 150/2015)
    - **Contrato de experiência:** tem como fim teste para ambas as partes
      - **Prazo máximo:** 90 dias; admite-se uma única prorrogação desde que não exceda o prazo máximo de 90 dias
    - **Para atender necessidades familiares de natureza transitória:** necessidade transitória da pessoa ou família necessitar de um empregado doméstico
      - **Prazo máximo:** 2 anos
      - **Exemplo:** pessoa da família sofre procedimento cirúrgico e, por consequência, necessitará de período de repouso
    - **Substituição temporária de empregado com contrato interrompido ou suspenso:**
      - **Interrupção:** licença-maternidade, férias, etc
      - **Suspensão:** aposentadoria por invalidez, suspensão disciplinar, licença remunerada, etc
      - **Prazo máximo:** 2 anos

  - **1.2.3. Rescisão antecipada nos contratos com prazo determinado**
    - **Por vontade do empregador:** o empregador estará obrigado a pagar indenização correspondente à metade da remuneração a que o empregado teria direito até o termo do contrato (art. 6º da LC 150/2015)
    - **Por vontade do empregado:** o empregado será obrigado a indenizar o empregador dos prejuízos comprovados que desse fato lhe resultarem. Nesse caso, a indenização paga pelo empregado não poderá ser mais alta à que ele teria direito em iguais condições (art. 7º da LC 150/2015)

  - **1.2.4. Estabilidade provisória:** a confirmação do estado de gravidez durante o curso do contrato de trabalho, ainda que durante o prazo do aviso prévio trabalhado ou indenizado, garante à empregada gestante a estabilidade provisória prevista na alínea "b" do inciso II do art. 10 do ADCT (art. 25, parágrafo único da LC 150/2015)

 Jurisprudência: súmula 244, III do TST

DIREITO DO TRABALHO

TEMA IX - SUJEITOS DA RELAÇÃO DE EMPREGO: "EMPREGADO"

1. Empregado II

1.2. Empregado doméstico II

1.2.5. Jornada de trabalho

- **Regra geral:** 8 horas/dia e 44 horas/semana
- **Registro do horário de trabalho:** deverá ser feito por qualquer meio manual, mecânico ou eletrônico, desde que idôneo, independentemente do número de empregados
- **Acordo de compensação de jornadas:** possibilidade da celebração por acordo individual (art. 2º, §§ 4º e 5º da LC 150)
- **Remuneração e compensação:** será devido o pagamento das 40 horas mensais excedentes ao horário normal de trabalho, como horas extraordinárias. Dessas 40 (quarenta) horas mensais, poderão ser deduzidas, sem o pagamento, as horas não trabalhadas, em função de redução do horário normal de trabalho ou de dia útil não trabalhado, durante o mês. O saldo deverá ser compensado em até 1 ano

 Dica: admite-se o sistema de compensação 12 x 36

 Atenção absoluta: intervalo para descanso poderá ser reduzido a 30 minutos, mediante acordo escrito entre empregado e empregador

1.2.6. Empregado doméstico em viagem: acordo escrito entre as partes poderá prever o acompanhamento do empregador pelo empregado em viagens (art. 11 LC 150/2015)

- **Adicional:** mínimo de 25% (art. 11, § 2º da LC 150/2015)

 Dica: despesas por conta do empregador

1.2.7. Intangibilidade salarial: é vedado o desconto salarial por fornecimento de alimentação, vestuário, higiene ou moradia, bem como por despesas com transporte, hospedagem e alimentação em caso de acompanhamento em viagem (art. 18 da LC 150/2015)

- **Possibilidade de desconto salarial**
- "Moradia" se refere à residência diversa àquela em que o empregado presta serviços e se houver consentimento expresso das partes
- Para sua inclusão em planos de assistência médico-hospitalar e odontológica
- De seguro e de previdência privada
- Adiantamento de salário

 Atenção absoluta: o total dos descontos não poderá ultrapassar 20% (vinte por cento) do salário

1.2.8. FGTS: inscrição obrigatória

- **Valores:** alíquota de 8% sobre a remuneração devida no mês anterior e 3,2% destinada ao pagamento da indenização compensatória da perda do emprego, sem justa causa ou por culpa do empregador
- **Levantamento dos valores depositados ao pagamento da indenização compensatória da perda do emprego**
- **Levantamento pelo empregado:** em caso de demissão imotivada ou rescisão por culpa do empregador

 Atenção absoluta: o levantamento servirá como indenização por despedida arbitrária ou sem justa causa

1.2.9. Justa causa do empregado: as hipóteses de justa causa do empregado doméstico estão dispostas no art. 27 da LC 150/2015

1.2.10. Justa causa do empregador: o empregado doméstico poderá dar por rescindido o contrato por culpa de seu empregador nas hipóteses trazidas pelo parágrafo único do art. 27 da LC 150/2015

DIREITO DO TRABALHO

Tema X - Empregado e empregador rural

1. Empregado e empregador rural

1.1. Empregado rural: é toda pessoa física que, em propriedade rural ou prédio rústico, presta serviços de natureza não eventual a empregador rural sob a dependência deste e mediante salário (art. 2º da Lei 5.889/1973)

- **1.1.1. Propriedade rural:** situada na zona rural
- **1.1.2. Prédio rústico:** situado na zona rural ou urbana e destinado a uma atividade agroeconômica

1.2. Empregador rural: considera-se empregador rural, para os efeitos desta Lei, a pessoa física ou jurídica, proprietária ou não, que explore atividade agroeconômica, em caráter permanente ou temporário, diretamente ou através de prepostos e com auxílio de empregados (art. 3º da Lei 5.889/1973)

- **1.2.1. Figuras equiparadas a empregador rural:** equipara-se ao empregador rural a pessoa física ou jurídica que, habitualmente, em caráter profissional, e por conta de terceiros, execute serviços de natureza agrária, mediante utilização do trabalho de outrem (intermediação)

 Dica: não pode ser atividade industrial

1.3. Requisitos para caracterização de relação de emprego rural

- **1.3.1.** O trabalho deve ser desenvolvido em propriedade rural ou prédio rústico

- **1.3.2. O empregador deve desenvolver atividade agroeconômica:** atividade agrícola, pastoril ou pecuária
  - **Indústria rural:** inclui-se na atividade econômica (atividade agroeconômica) a exploração industrial em estabelecimento agrário não compreendido na CLT (art. 3º, § 1º da Lei 5.889/1973)
  - Trata-se de atividades que compreendem o primeiro tratamento dos produtos agrários *in natura* sem transformá-los em sua natureza (art. 2º, § 4º do Dec. 73.626/1974)

   Jurisprudência: OJ 38 SDI 1 TST

- **1.3.3. Trabalho noturno**
  - **Lavoura:** o período noturno é aquele desenvolvido entre 21 horas de um dia até às 5 horas do dia seguinte
  - **Pecuária:** o período noturno é aquele desenvolvido entre as 20 horas de um dia até 4 horas do dia seguinte, nos termos do art. 7º da Lei 5.889/1973

- **1.3.4. Adicional noturno: 25%**

   Dica: não se aplica a hora fictamente reduzida

- **1.3.5. Intervalo intrajornada:** em qualquer trabalho contínuo com duração superior a 6 (seis) horas, deverá ser concedido um intervalo para repouso ou alimentação observados os usos e costumes da região

- **1.3.6. Intervalo interjornada:** entre duas jornadas de trabalho haverá um período mínimo de onze horas consecutivas para descanso

- **1.3.7. Fornecimento de escola:** toda propriedade rural que mantenha a seu serviço ou trabalhando em seus limites mais de 50 famílias de trabalhadores é obrigada a possuir e conservar em funcionamento escola primária, inteiramente gratuita, para os filhos destes (art. 16 da Lei 5.889/1973)

- **1.3.8. Descontos no salário:** em regra, não é permitido os descontos no salário do empregado rural, salvo:
  - Até o limite de 20% (vinte por cento) pela ocupação da morada
  - Até o limite de 25% (vinte por cento) pelo fornecimento de alimentação sadia e farta, atendidos os preços vigentes na região
  - Adiantamentos em dinheiro

   Dica: os percentuais dos descontos efetuados no salário do obreiro deverão ser calculados sobre o salário mínimo. Essas deduções deverão ser previamente autorizadas, sem o que serão nulas de pleno direito (art. 9º, § 1º da Lei 5.889/1973)

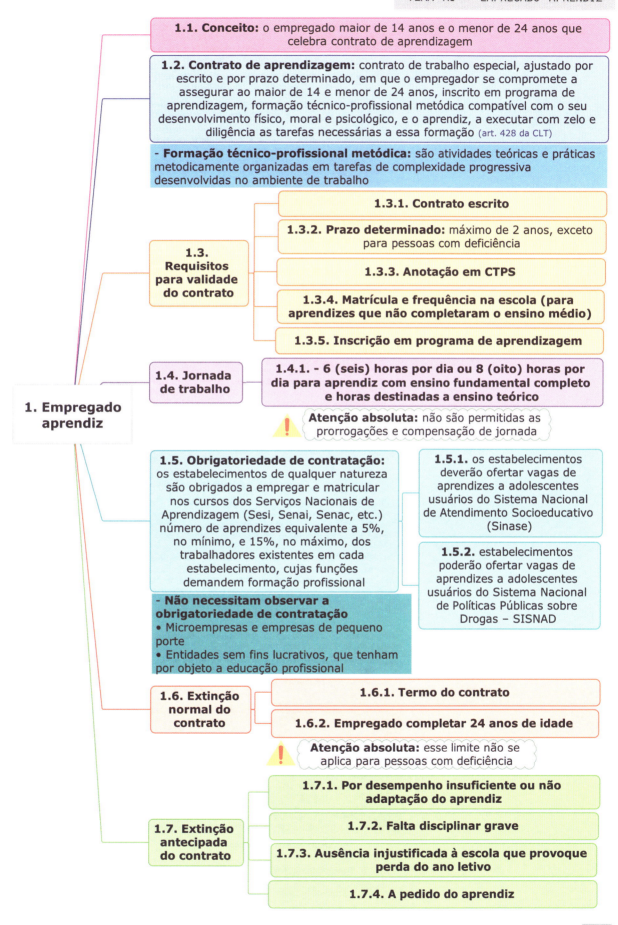

DIREITO DO TRABALHO

Tema XII - Teletrabalho a anotações do empregador

1. Teletrabalho e Trabalho Autônomo

1.1. Teletrabalho

1.1.1. Conceito: prestação de serviços preponderantemente fora das dependências do empregador, com a utilização de tecnologias de informação e de comunicação que, por sua natureza, não se constituam como trabalho externo (art. 75-B da CLT)

⚠️ **Atenção absoluta:** o comparecimento do empregado às dependências do empregador para a realização de atividades específicas que exijam sua presença no estabelecimento não descaracterizará o regime de teletrabalho

🔒 **Cuidado:** não se confunde com os empregados externos, pois não possuem um local fixo para exercer suas atividades

1.1.2. Requisito contratual

- **Modalidade:** no contrato de trabalho, deverá constar expressamente a modalidade de prestação de serviços "teletrabalho", devendo especificar as atividades que serão realizadas pelo empregado
- Disposições acerca da responsabilidade pela aquisição, manutenção ou fornecimento dos equipamentos tecnológicos e da infraestrutura necessária e adequada à prestação do trabalho remoto
- Disposições sobre reembolso de despesas arcadas pelo empregado

⚠️ **Atenção absoluta:** essas utilidades não integram a remuneração do empregado

1.1.3. Alteração entre os regimes presencial e teletrabalho

- **Presencial para teletrabalho:** por mútuo acordo entre as partes, devendo ser registrado em aditivo contratual
- **Teletrabalho para presencial:** poderá ser realizada por determinação do empregador, sendo garantido prazo de transição mínimo de quinze dias, com correspondente registro em aditivo contratual

1.1.4. Jornada de trabalho: não é protegido pelo regime de duração do trabalho, podendo laborar acima do limite constitucional (art. 62, III da CLT)

1.1.5. Responsabilidades do empregador por doenças e acidentes do trabalho: por força do contrato de trabalho, o empregador está obrigado a dar ao empregado as condições plenas de trabalho, nos aspectos da segurança, salubridade e condições de higiene e conforto (art. 157 da CLT)

1.2. Trabalho Autônomo

1.2.1. Conceito: aquele que trabalha por conta própria

1.2.2. Fundamento legal: art. 442-B CLT

1.2.3. Requisitos de validade

- Cumprimento de formalidades legais pelo autônomo
• Inscrição como contribuinte individual perante o INSS (art. art. 12, inciso V, letra h, Lei 8.212/91)
• Inscrição na Prefeitura Municipal no Cadastro de Contribuinte Municipal - CCM
• Forma legal de contratação: mediante contrato escrito de prestação de serviços autônomos
• Forma de pagamento: Recibo de Pagamento de Autônomo - R.P.A.

⚠️ **Atenção absoluta:** Cumpridas pelo autônomo todas as formalidades legais, com ou sem exclusividade, de forma contínua ou não, afasta a qualidade de empregado (art. 1º da Portaria 349/2018 MTE)

1.2.4. Exclusividade: pode haver ou não exclusividade

- Não caracteriza a qualidade de empregado o fato de o autônomo prestar serviços a apenas um tomador de serviços

1.2.5. Possibilidade de prestação de serviços a outros tomadores: poderá prestar serviços de qualquer natureza a outros tomadores de serviços que exerçam ou não a mesma atividade econômica, sob qualquer modalidade de contrato de trabalho, inclusive como autônomo

1.2.6. Cláusula de penalidade: o contrato pode trazer cláusula prevendo penalidade em caso de recusa do trabalhador em realizar atividades demandadas pelo contratante (art. 1º, § 3º, da Portaria 349/2018 MTE)

1.2.7. Trabalhadores autônomos que NÃO possuem qualidade de empregado (art. 1º, § 5º, da Portaria 349/2018 MTE)

- Motoristas
- Representantes comerciais
- Corretores de imóveis
- Parceiros
- Trabalhadores de outras categorias profissionais reguladas por leis específicas relacionadas a atividades compatíveis com o contrato autônomo

💡 **Dica:** rol exemplificativo

1.2.8. Subordinação jurídica: não há subordinação jurídica no trabalho autônomo

- Presente a subordinação jurídica, será reconhecido o vínculo empregatício (art. 1º, § 5º, da Portaria 349/2018 MTE)

DIREITO DO TRABALHO

Tema XIII - Remuneração e salário

1. Remuneração e salário

1.1. Remuneração: consiste na somatória da contraprestação paga diretamente pelo empregador, seja em pecúnia, seja em utilidades, com a quantia recebida pelo obreiro de terceiros a título de gorjeta

 Dica: REMUNERAÇÃO = SALÁRIO + GORJETA

1.2. Salário: é contraprestação paga diretamente pelo empregador ao empregado pelos serviços prestados, seja em dinheiro, seja em utilidades, como, por exemplo, habitação, alimentação, etc

SALÁRIO
- SALÁRIO BÁSICO → PARTE EM DINHEIRO + UTILIDADE (*IN NATURA*)
- SOBRESSALÁRIO → ADICIONAIS

- **Salário mínimo:** é a contraprestação mínima devida e paga diretamente pelo empregador a todo trabalhador, inclusive ao trabalhador rural, sem distinção de sexo, por dia normal de serviço, e capaz de satisfazer, em determinada época e região do país, as suas necessidades normais de alimentação, habitação, vestuário, higiene e transporte
Atenção absoluta: o salário mínimo pago em dinheiro não será inferior a 30% (trinta por cento) do salário mínimo (art. 82, parágrafo único da CLT)

- **Salário *in natura*:** toda parcela, bem ou vantagem fornecida habitualmente pelo empregador como gratificação pelo trabalho desenvolvido ou pelo cargo ocupado
Dica: "prestação para o trabalho" = natureza não salarial; e "prestação pelo trabalho" = natureza salarial (salário *in natura*)
• **Não são considerados salário *in natura*:** art. 458, § 2º da CLT
Atenção absoluta: habitação e alimentação não poderão exceder 25 e 20%, respectivamente, do salário contratual
Jurisprudência: súmula 367 do TST

1.3. Gorjetas: correspondem não só à importância espontaneamente dada pelo cliente ao empregado como também o valor cobrado pela empresa, como serviço ou adicional, a qualquer título, e destinado à distribuição aos empregados

1.3.1. Anotações em CTPS: as empresas anotarão na Carteira de Trabalho e Previdência Social de seus empregados o salário fixo e a média dos valores das gorjetas referente aos últimos doze meses (art. 7º Portaria 349/2018 - MTE)

 Jurisprudência: Súmula 354 do TST

DIREITO DO TRABALHO

TEMA XIV - NORMAS DE PROTEÇÃO DO SALÁRIO

1. Normas de proteção do salário

1.1. Conceito: são direitos dos trabalhadores urbanos e rurais, além de outros que visem a melhoria de sua condição social, a proteção do salário na forma da lei, constituindo crime sua retenção dolosa (art. 7º, X da CF)

1.2. Proteção contra o empregador
- **1.2.1. Irredutibilidade salarial**
- **1.2.2. Intangibilidade salarial**

1.3. Proteção contra credores do empregado: o art. 833, IV do CPC/2015 prevê a regra da impenhorabilidade do salário

⚠️ **Atenção absoluta:** não se aplica à penhora para pagamento de prestação alimentícia, independentemente de sua origem (art. 833, § 2º do CPC/2015)

⚖️ **Jurisprudência:** OJ 153 SDI 2 TST

1.4. Irredutibilidade salarial: o salário é irredutível, salvo o disposto em convenção ou acordo coletivo (art. 7º, VI da CF)

1.5. Intangibilidade salarial: não poderá haver desconto no salário do obreiro (art. 462 da CLT)

1.5.1. Descontos permitidos
- Contribuições previdenciárias
- Contribuições sindicais
- Imposto de renda
- Desconto para prestação alimentícia
- Desconto para pagamento de pena criminal pecuniária
- Pagamento de custas judiciais
- Pagamento de prestações do Sistema Financeiro de Habitação
- Retenção de saldo salarial por falta de aviso prévio do empregado
- Faltas injustificadas
- Empréstimos, até 30%

💡 **Dica:** em caso de dano causado por culpa do empregado, o desconto é permitido desde que haja seu consentimento; já em caso de dolo, não é necessário seu consentimento

1.6. Local e forma de pagamento do salário: o pagamento do salário, qualquer que seja a modalidade do trabalho, não deve ser estipulado por período superior a 1 (um) mês, salvo no que concerne a comissões, percentagens e gratificações

1.7. Condições para pagamento

1.7.1. Quando estipulado por mês, deverá ser efetuado até o quinto dia útil do mês subsequente ao vencido (art. 459, § 1º da CLT)

⚖️ **Jurisprudência:** súmula 381 do TST

1.7.2. Em dia útil e no local do trabalho, dentro do horário do serviço ou imediatamente após o encerramento, salvo quando efetuado por depósito em conta bancária

💡 **Dica:** terá força de recibo o comprovante de depósito em conta bancária, aberta para esse fim em nome do empregado, com o consentimento deste, em estabelecimento de crédito próximo ao local de trabalho

1.7.3. Pago em moeda corrente do país

1.7.4. Deverá ser assinado pelo empregado

- Em se tratando de analfabeto, mediante sua impressão digital, ou, não sendo esta possível, a seu rogo (a seu mando)

⚠️ **Atenção absoluta:** é lícito ao menor firmar recibo pelo pagamento dos salários (art. 439 da CLT)

DIREITO DO TRABALHO

TEMA XV - PARCELAS SALARIAIS

1. Parcelas salariais e parcelas sem natureza salarial

1.1. Parcelas salariais
integram o salário a importância fixa estipulada, as gratificações legais e as comissões pagas pelo empregador (art. 457, § 1º da CLT)

1.1.1. Gratificações legais: gratificações previstas em lei

 Exemplos: décimo terceiro salário, adicional noturno, adicional de insalubridade, gratificação natalina, etc

Cuidado: O termo "gratificações legais" engloba também aquelas estipuladas em negociação coletiva (acordo coletivo e convenção coletiva), em regulamento empresarial e, ainda, acordo individual de trabalho

Atenção absoluta: A reversão ao cargo efetivo: não assegura ao empregado o direito à manutenção do pagamento da gratificação correspondente, que não se incorpora ao salário do empregado, independentemente do tempo de exercício da respectiva função (art. 468, §§ 1º e 2º, da CLT)

1.1.2. Comissões: participações do empregado no resultado dos negócios, representadas por percentual ou valor fixo ajustado

 Atenção absoluta: àquele empregado que recebe salário variável será assegurado o salário mínimo

 Jurisprudência: súmula 27 do TST

 Atenção absoluta: a parcela de participação nos lucros ou resultados, habitualmente paga, nos termos do art. 3º da Lei 10.101/2000, não possui natureza salarial, não integrando a remuneração do empregado

1.1.3. "Quebra de caixa": verba destinada a cobrir os riscos assumidos pelo empregado que lida com manuseio constante de numerário

 Jurisprudência: súmula 247 do TST

1.1.4. Salário complessivo: é a forma de ajustar um só salário, globalizando todas outras parcelas variáveis

 Jurisprudência: súmula 91 do TST

1.1.5. Décimo terceiro salário – Gratificação natalina
(art. 7º, VIII da CF e Leis 4.090/1962 e 4.749/1965)

- **Valor:** equivalente a um mês da remuneração do empregado quando este tenha completado 12 (doze) meses de serviços ou proporcional aos meses de trabalho quando incompletos 12 (doze) meses, com base na remuneração do empregado
- **Condições para pagamento:** deve ser paga até o dia 20 de dezembro de cada ano, compensada a importância que, a título de adiantamento, o empregado houver recebido
- **Adiantamento:** entre os meses de fevereiro e novembro de cada ano, o empregador pagará, como adiantamento da gratificação, de uma só vez, metade do salário recebido pelo respectivo empregado no mês anterior

 Dica: o empregador não estará obrigado a pagar o adiantamento, no mesmo mês, a todos os seus empregados

 Atenção absoluta: não é devida a gratificação natalina proporcional na demissão por justa causa

1.2. Parcelas sem natureza salarial:
ainda que habituais, não integram a remuneração (art. 457, §2º da CLT)

1.2.1. Ajuda de custo

1.2.2. O auxílio-alimentação, vedado o seu pagamento em dinheiro

1.2.3. As diárias para viagem

1.2.4. Os prêmios: liberalidades concedidas pelo empregador em forma de bens, serviços ou valor em dinheiro a empregado ou a grupo de empregados, em razão de desempenho superior ao ordinariamente esperado no exercício de suas atividades

 Atenção absoluta: essas verbas não se incorporam ao contrato de trabalho e não constituem base de incidência de encargo trabalhista e previdenciário

DIREITO DO TRABALHO

Tema XVI - Equiparação salarial

1. Equiparação salarial

1.1. Conceito: Sendo idêntica a função, a todo trabalho de igual valor, prestado ao mesmo empregador, no mesmo estabelecimento empresarial, corresponderá igual salário, sem distinção de sexo, etnia, nacionalidade ou idade (art. 7º, XXX da CF, art. 461 da CLT)

Jurisprudência: súmula 6 do TST

1.2. Requisitos

- **1.2.1. Identidade de funções:** a equiparação salarial só é possível se o empregado e o paradigma exercerem a mesma função, desempenhando as mesmas tarefas, não importando se os cargos possuem, ou não, a mesma denominação

- **1.2.2. Trabalho de igual valor:** será o que for feito com igual produtividade e com a mesma perfeição técnica, entre pessoas cuja diferença de tempo de serviço para o mesmo empregador não seja superior a quatro anos e a diferença de tempo na função não seja superior a dois anos

- **1.2.3. Mesmo empregador:** para proceder ao pedido de equiparação entende-se que deverá ser o mesmo empregador

- **1.2.4. Mesmo estabelecimento empresarial:** será possível se empregado e paradigma trabalharem no mesmo estabelecimento empresarial

- **1.2.5. Inexistência de quadro de carreira:** faz desaparecer o direito à equiparação salarial a existência de quadro de carreira ou se o empregador adotar, por meio de norma interna da empresa ou de negociação coletiva, plano de cargos e salários

Atenção absoluta: para a validade é dispensada qualquer forma de homologação ou registro em órgão público
- **Critério de promoção no plano de carreira:** poderá ser feita por merecimento e por antiguidade, ou por apenas um destes critérios, dentro de cada categoria profissional
Cuidado: não é necessária a alternância entre os critérios de promoção

1.3. Equiparação para o trabalho intelectual: a avaliação para efeitos da equiparação poderá ser feita com base na perfeição técnica, adotando critérios objetivos

1.4. Paradigma: empregado que serve de equiparação para outro empregado

- **1.4.1.** O trabalhador readaptado em nova função por motivo de deficiencia física ou mental, atestada pelo orgão competente da Previdência Social não servirá de paradigma para fins de equipração salarial

- **1.4.2.** A equiparação salarial só será possível entre empregados contemporâneos, no cargo ou na função, ficando vedada a indicação de paradigmas remotos, ainda que o paradigma contemporâneo tenha obtido a vantagem em ação judicial própria

1.5. Equiparação salarial na administração pública: é vedada a vinculação ou equiparação de quaisquer espécies remuneratórias para o efeito de remuneração de pessoal do serviço público (art. 37, XIII da CF)

Atenção absoluta: à sociedade de economia mista não se aplica a vedação à equiparação, pois ao admitir empregados sob o regime da CLT, equipara-se a empregador privado, conforme disposto no art. 173, § 1º, II da CF/1988

Jurisprudência: OJ 455 SDI 1 TST

1.6. Multa por discriminação salarial: multa de 50% do valor máximo do benefício da Previdência em caso de disparate salarial motivado por diferença de sexo ou etnia

DIREITO DO TRABALHO

Tema XVII - Jornada de Trabalho

1. Jornada de trabalho I (art. 7º, incisos XIII e XIV da CF e arts. 57 a 75 da CLT)

- **1.1. Conceito:** lapso temporal em que o empregado está à disposição do empregador, executando ou não o seu labor. Art. 4º da CLT

- **1.2. Duração máxima:** 8 horas/dia – 44 horas/semana
  - ⚠️ **Atenção absoluta:** não serão descontadas nem computadas como jornada extraordinária as variações de horário no registro de ponto não excedentes de cinco minutos, observado o limite máximo de dez minutos diários (art. 58, § 1º da CLT)

- **1.3. Jornadas superiores:** superiores ao limite imposto pela CF
  - **Exemplo:** aeronautas, jornada de 11 a 20 horas/dia (art. 21 da Lei 7.183/1984)

- **1.4. Jornadas inferiores:** inferiores ao limite imposto pela CF
  - **Exemplo:** telefonistas, jornada de 6 horas/dia (art. 227 da CLT)

- **1.5. Trabalho noturno**
  - **1.5.1. Âmbito urbano**
    - Das 22 horas de um dia às 5 horas do dia seguinte
    - Adicional noturno: 20% (integra o salário)
    - Hora fictamente reduzida: a hora noturna é composta por 52 minutos e 30 segundos
    - **Dica:** aplica-se ao vigia noturno
    - **Atenção absoluta:** não se aplica às atividades de exploração, perfuração, produção e refinação do petróleo, industrialização do xisto, indústria petroquímica e transporte de petróleo e seus derivados por meio de dutos
    - **Jurisprudência:** súmula 112 do TST
  - **1.5.2. Âmbito rural**
    - **Pecuária:** 20 horas de um dia às 4 horas do dia seguinte
    - **Agricultura:** 21 horas de um dia às 5 horas do dia seguinte
    - **Hora fictamente reduzida:** não aplicação
    - **Adicional noturno:** 25%
  - **1.5.3. Empregado doméstico** (art. 14 da LC 150/2015)
    - 22h até 5h do dia seguinte
    - **Adicional noturno:** 20% sobre a hora diurna
    - **Atenção absoluta:** se contratado exclusivamente noturno, cálculo será sobre o salário

- **1.6. Período de sobreaviso:** consiste no período computado como tempo à disposição do empregador, em que o empregado, mesmo fora do local de trabalho, fica aguardando ordens
  - **Jurisprudência:** súmula 428 do TST

- **1.7. Período não considerado como à disposição:** art. 4º, § 2º da CLT
  - **1.7.1.** Quando o empregado, por escolha própria, buscar proteção pessoal, em caso de insegurança nas vias públicas ou más condições climáticas
  - **1.7.2.** Adentrar ou permanecer nas dependências da empresa para exercer atividades particulares, entre outras
    - Práticas religiosas
    - Descanso
    - Lazer
    - Estudo
    - Alimentação
    - Atividades de relacionamento social
    - Higiene pessoal
    - Troca de roupa ou uniforme, quando não houver obrigatoriedade de realizar a troca na empresa

- **1.8. Cálculo do valor hora/salário**

Cálculo do valor hora/salário

Jrn. semanal / dias úteis x dias(mês) = divisor

44 horas / 6 dias x 30 dias = 220
40 horas / 6 dias x 30 dias = 200
36 horas / 6 dias x 30 dias = 180

Salário / divisor = Salário/hora
R$ 2.000,00 / 220 = R$ 9,09/hora

Legenda:
/ = dividir
x = multiplicar

DIREITO DO TRABALHO
Tema XVII - Jornada de trabalho

1. Jornada de trabalho – II

- **1.1. Trabalho em regime de tempo parcial**
  - **1.1.1. Conceito:** é aquele cuja duração não exceda a 30 horas semanais, sem a possibilidade de horas suplementares semanais, ou ainda aquele cuja duração não exceda a 26 horas semanais, com a possibilidade de acréscimo de até seis horas suplementares semanais (art. 58-A da CLT)
  - **1.1.2. Espécies**
    - **Parcial 30 horas:** duração não exceda 30 horas semanais, sem a possibilidade de prestação de horas extras
    - **Parcial 26 horas:** duração da jornada semanal não exceda 26 horas, sendo permitida, nesse regime, a prestação de até 6 horas extras por semana
    - **Atenção absoluta:** se estabelecido em número inferior a 26 horas semanais, as horas suplementares a este número serão consideradas horas extras para fins do pagamento estipulado, estando também limitadas a 6 horas suplementares semanais
  - **1.1.3. Características**
    - **Salário:** proporcional ao salário dos empregados em regime de tempo integral
    - **Compensação de jornada:** as horas suplementares poderão ser compensadas diretamente até a semana imediatamente posterior à da sua execução, hipótese em que não serão remuneradas com o acréscimo de 50%
    - **Compensação não realizada:** o empregador deverá fazer sua quitação na folha de pagamento do mês subsequente
  - **1.1.4. Período de férias:** o mesmo dos empregados em regime de tempo integral (art. 58-A, § 7º da CLT)
  - **1.1.5. Abono pecuniário:** poderão converter um terço de suas férias em abono pecuniário (art. 58-A, § 6º da CLT)

- **1.2. Horas *in itinere*** (art. 58, § 2º da CLT)
  - **1.2.1. Conceito:** o tempo despendido pelo empregado desde a sua residência até a efetiva ocupação do posto de trabalho e para o seu retorno, caminhando ou por qualquer meio de transporte, inclusive o fornecido pelo empregador
  - **1.2.2. Período não computado como tempo de trabalho:** não é considerado tempo à disposição
  - **Cuidado:** o tempo despendido pelo empregado desde sua residência até a "efetiva ocupação do posto de trabalho" é excluído da jornada de trabalho (art. 58, § 2º da CLT)

- **1.3. Turnos ininterruptos de revezamento:** regime em que os trabalhadores se sucedem na empresa pressupõe trabalho em horários com sucessivas modificações (art. 7º, XIV da CF)
  - **1.3.1. Requisitos**
    - Prestação de serviços em diferentes períodos (manhã, tarde e noite)
    - Alternância dos períodos (semanal, quinzenal ou mensalmente)
  - **1.3.2. Jornada de trabalho:** jornada de 6 horas/dia, salvo negociação coletiva

Jurisprudência: súmula 423, TST

DIREITO DO TRABALHO

TEMA XVII - JORNADA DE TRABALHO

1. Jornada de trabalho – III

1.1. Empregados excluídos do controle de jornada do trabalho

- **1.1.1.** Empregados que exercem atividade externa incompatível com a fixação de horário de trabalho
- **1.1.2.** Gerentes, diretores ou chefes de departamento, desde que essa condição seja anotada na CTPS e no Livro de Registro de Empregados
  - ⚠ **Atenção absoluta:** cargo de confiança pressupõe poderes de mando, poderes de direção, etc. Deve, ainda, receber gratificação de 40% (art. 62, parágrafo único da CLT)
- **1.1.3.** Os empregados em regime de teletrabalho

1.2. Bancários: são considerados bancários os empregados em bancos e instituições financeiras

1.2.1. Figuras equiparadas ao bancário
- Empresas de crédito, financiamento ou investimento
- Empregados de empresa de processamento de dados que prestam serviços a banco integrante do mesmo grupo econômico
- Empregados de portaria e de limpeza, tais como porteiros, telefonistas (art. 226 da CLT)

1.2.2. Figuras não equiparadas ao bancário
- Empregados de cooperativas de crédito
Jurisprudência: OJ 379 SDI 1 TST
- Vigilantes
Jurisprudência: súmula 257 do TST
- Empregados de empresas distribuidoras e corretoras de títulos e valores mobiliários
Jurisprudência: súmula 119 do TST

1.2.3. Jornada de trabalho dos bancários: a jornada de trabalho comum dos bancários será de 6 horas, com exceção dos sábados, que é considerado dia útil não trabalhado, perfazendo um total de 30 horas semanais

- **Horário de trabalho:** horário compreendido entre 7 (sete) e 22 (vinte e duas) horas
- **Intervalo de descanso e alimentação:** intervalo de 15 minutos (art. 224, § 1º da CLT)
- **Bancários – cargos de confiança:** pressupõem atividades de coordenação, supervisão ou fiscalização
• **Plus salarial:** gratificação não inferior a 1/3 (um terço) do salário do cargo efetivo
Dica: não são abrangidos pela jornada especial de trabalho de 6 horas, laborando 8 horas/dia
Jurisprudência: súmula 102, V e VI do TST
- **Bancários – cargo de gestão:** pressupõe atividade de gestão, gerência
• **Plus salarial:** salário efetivo acrescido de 40% (quarenta por cento)

 Atenção absoluta: a jornada de trabalho do empregado de banco gerente de agência é regida pelo art. 224, § 2º da CLT, ou seja, 8 horas/dia. Quanto ao gerente-geral de agência bancária, presume-se o exercício de encargo de gestão, aplicando-lhe o art. 62 da CLT, ou seja, não possui limite de jornada de trabalho

Item 1.3. Quadro de funcionários
Para os estabelecimentos com mais de 20 (vinte) trabalhadores será obrigatória a anotação da hora de entrada e de saída, em registro manual, mecânico ou eletrônico, conforme instruções expedidas pela Secretaria Especial de Previdência e Trabalho do Ministério da Economia (art. 74 CLT)

1.3.1. Registro de ponto por exceção: permite a utilização de registro de ponto por exceção à jornada regular de trabalho, mediante acordo individual escrito, convenção coletiva ou acordo coletivo de trabalho

 Exemplo: Por meio desse controle são anotadas somente as exceções à jornada comum de trabalho, sendo dispensado o controle dos horários de entrada e saída regulares (art. 74, § 4º, da CLT)

DIREITO DO TRABALHO

Tema XVIII - Prorrogação da jornada de trabalho

1. Prorrogação da jornada de trabalho

1.1. Acordo de prorrogação de horas: a duração normal do trabalho poderá ser acrescida de horas suplementares, em número não excedente de 2 (duas), mediante acordo escrito entre empregador e empregado, ou mediante contrato coletivo de trabalho (art. 59 da CLT)

- **1.1.1. Formas de pactuação:** acordo individual, acordo coletivo ou convenção coletiva
- **1.1.2. Período:** não superior a 2 horas/dia
- **1.1.3. Adicional mínimo:** 50% (art. 7º, XVI da CF)
- **1.1.4. Empregado menor:** para menores de 18 anos, a prorrogação não poderá ser remunerada; deve haver o descanso em outro dia
  - Em se tratando de força maior, apenas se o trabalho do menor for imprescindível, não superior a 12 horas, com adicional mínimo de 50%
- **1.1.5. Atividades insalubres:** em atividades insalubres, apenas com autorização do Ministério do Trabalho (art. 60 da CLT)
  - ⚠ **Atenção absoluta:** excetuam-se da exigência de licença prévia as jornadas de 12 x 36 horas ininterruptas de descanso (art. 60, parágrafo único da CLT)
- **1.1.6. Regime de tempo parcial:** poderão prestar horas extras

1.2. Prorrogação por necessidade imperiosa (art. 61, §§ 1º e 2º da CLT)

- **1.2.1. Força maior**
  - **Prorrogação máxima:** a lei não traz limite; aplica-se a regra de serviços inadiáveis
- **1.2.2. Realização ou conclusão de serviços inadiáveis ou cuja inexecução possa acarretar prejuízo**
  - **Prorrogação máxima:** o trabalho não poderá exceder 12 horas por dia (art. 61, § 2º da CLT)
- ⚠ **Atenção absoluta:** independe de acordo individual, acordo coletivo ou convenção coletiva de trabalho

1.3. Prorrogação para recuperação de tempo de não realização do trabalho (art. 61 CLT, § 3º da CLT)

- **1.3.1. Período de prorrogação**
  - Pelo tempo necessário, até o limite de 2 horas/dia, até 45 dias por ano
  - ⚠ **Atenção absoluta:** necessária prévia autorização do Ministério do Trabalho e Emprego
- **1.3.2. Adicional por hora extra:** 50%

1.4. Acordo de compensação de jornadas

- **1.4.1. Conceito:** consiste na compensação do excesso de horas trabalhadas em um dia, com a correspondente diminuição em outro dia
- **1.4.2. Formas de pactuação:** acordo individual, acordo coletivo ou convenção coletiva
- **1.4.3. Período:** deve ser utilizado no período máximo de 1 ano
  - 💡 **Dica:** não poderá ultrapassar 10 horas de trabalho por dia
- **1.4.4. Sistemas de compensação**
  - **Sistema anual de compensação:** o excesso de horas trabalhadas em um dia deve ser compensado pela correspondente diminuição em outro dia, de maneira que a compensação não exceda o período máximo de um ano
  Cuidado: pactuação poderá ser feita mediante acordo ou convenção coletiva de trabalho (art. 59, § 2º da CLT)
  - **Sistema semestral de compensação:** o excesso de horas trabalhadas em um dia deve ser compensado pela correspondente diminuição em outro dia, de maneira que a compensação não exceda o período máximo de seis meses
  Cuidado: pactuação do banco de horas poderá ser ocorrer por acordo individual escrito (art. 59, § 5º da CLT)
  - **Sistema mensal de compensação:** o excesso de horas trabalhadas em um dia for compensado pela correspondente diminuição em outro dia, de maneira que a compensação ocorra no mesmo mês
  Cuidado: poderá ser estabelecido por acordo individual, tácito ou escrito (art. 59, § 6º da CLT)
- **1.4.5. Características**
  - Havendo prestação de horas extras habituais, o acordo de compensação NÃO restará descaracterizado (art. 59-B, parágrafo único da CLT)
  - Permissão da jornada de trabalho espanhola
  Jurisprudência: OJ 323 SDI 1 TST
  - Admite-se o regime 12 (trabalho) x 36 (descanso): é permitido por meio de convenção coletiva ou acordo coletivo de trabalho (art. 59-A da CLT)

DIREITO DO TRABALHO
Tema XIX - Intervalos para descanso

1. Intervalos para descanso

- **1.1. Conceito:** período destinado ao repouso e à alimentação do empregado, não sendo computado na duração do trabalho

- **1.2. Intervalo intrajornada:** ocorrem dentro da mesma jornada de trabalho e têm como objetivos a alimentação e o descanso do empregado (art. 71 da CLT)
  - **1.2.1. Período de intervalo intrajornada**
    - Jornada superior a 6 horas: mínimo de 1 e máximo 2 horas
    - Jornada de 4 a 6 horas: 15 minutos
    - Jornada abaixo de 4 horas: sem intervalo
  - **1.2.2. Ausência de intervalo:** implica o pagamento, de natureza indenizatória, apenas do período suprimido, com acréscimo de 50% (cinquenta por cento) sobre o valor da remuneração da hora normal de trabalho (art. 71, § 4º da CLT)

- **1.3. Intervalo interjornadas:** é o intervalo que deve ocorrer entre uma e outra jornada de trabalho (art. 66 da CLT)
  - **1.3.1. Período de intervalo interjornada:** 11 horas
  - **1.3.2. Não concessão do intervalo:** acarretará o pagamento de horas extras (art. 71, § 4º da CLT)
  - **Jurisprudência:** OJ 355 SDI 1 TST

- **1.4. Redução do período de intervalo:**
  - **1.4.1. Competência:** por ato do Ministério do Trabalho e Emprego
  - **1.4.2. Requisitos**
    - Atendimento às exigências concernentes à organização dos refeitórios
    - Empregados não estiverem sob regime de trabalho prorrogado a horas suplementares
  - **1.4.3. Redução do período de intervalo por negociação coletiva:** é possível a redução do intervalo intrajornada, respeitado o limite mínimo de trinta minutos para jornadas superiores a seis horas (art. 611-A, III da CLT)

- **1.5. Intervalo para amamentação:** para amamentar seu filho, inclusive se advindo de adoção, até que este complete 6 (seis) meses de idade, a mulher terá direito, durante a jornada de trabalho, a 2 (dois) descansos especiais de meia hora cada um (art. 396 da CLT)
  - **1.5.1. Dilatação do período:** a critério da autoridade competente, quando o exigir a saúde do filho
  - **Cuidado:** os horários dos descansos deverão ser definidos em acordo individual entre a mulher e o empregador

- **1.6. Serviços em minas e subsolo** (art. 298 da CLT)
  - **1.6.1. Período:** em cada período de 3 (três) horas consecutivas de trabalho, será obrigatória uma pausa de 15 (quinze) minutos para repouso, a qual será computada na duração normal de trabalho efetivo
  - **Dica:** esse intervalo será computado na jornada de trabalho do empregado em minas e subsolo

- **1.7. Repouso semanal remunerado** (art. 7º, XV da CF; Lei 605/1949; Decreto 27.048/1949)
  - **1.7.1. Concessão:** deverá ser concedido ao obreiro dentro da semana de trabalho um descanso de 24 horas, preferencialmente nos domingos
    - **Concessão atrasada:** a concessão após esse período, ou seja, a concessão no oitavo dia, constitui violação ao repouso semanal, devendo ser pago em dobro
    - **Atenção absoluta:** em regra, o descanso semanal remunerado não é obrigatoriamente aos domingos; a lei se utiliza da expressão "preferencialmente aos domingos"
  - **1.7.2. Trabalhos autorizados aos domingos:** nas atividades do comércio em geral, observada a legislação municipal, é autorizado o trabalho aos domingos (art. 6º, caput da Lei 10.101/2000)
    - **Descanso obrigatório no domingo:** nas atividades de comércio em geral o repouso semanal remunerado deverá coincidir, pelo menos uma vez no período máximo de três semanas, com o domingo (art. 6º, parágrafo único da Lei 10.101/2000)
  - **1.7.3. Remuneração do descanso:** caso exista o trabalho no dia de descanso, sem folga compensatória, deverá ser pago em dobro, sem prejuízo da remuneração relativa ao descanso
  - **Jurisprudência:** súmula 146 do TST

DIREITO DO TRABALHO

TEMA XX - FÉRIAS

1. Férias I

1.1. Conceito: período de descanso em que o empregado não presta serviços, mas possui o direito de receber a remuneração

Dica: o período das férias será computado como tempo de serviço (art. 130, § 2º da CLT)

1.2. Natureza jurídica: corresponde a uma hipótese de interrupção do contrato de trabalho

1.3. Proibição de trabalho nas férias: durante o período o empregado não poderá prestar serviços a outro empregador, salvo se estiver obrigado por meio de contrato de trabalho mantido

1.4. Período aquisitivo: período de 12 meses de vigência do contrato para que o empregado adquira o direito às férias

1.5. Período concessivo: período de 12 meses subsequentes ao período aquisitivo que o empregador deverá conceder férias ao empregado (art. 137 da CLT)

 Atenção absoluta: sempre que as férias forem concedidas após o período concessivo, o empregador deverá pagar em dobro a respectiva remuneração

Jurisprudência: súmula 450 do TST

1.6. Época da concessão das férias: a de melhor interesse para o EMPREGADOR (art. 136 da CLT)

- **1.6.1. Membros da mesma família:** desde que trabalhem no mesmo estabelecimento ou empresa, terão direito a gozar de férias no mesmo período, se desejarem, e não resultar prejuízo ao serviço
- **1.6.2. Estudante menor de 18 anos:** terá direito de coincidir suas férias com as férias escolares

1.7. Espécies
- **1.7.1. Férias proporcionais:** período aquisitivo incompleto
  - **Jurisprudência:** súmula 261 do TST
- **1.7.2. Férias simples:** período aquisitivo completo, período concessivo incompleto
- **1.7.3. Férias vencidas:** período aquisitivo completo, período concessivo completo e ultrapassado

 Atenção absoluta: havendo demissão por justa causa do empregado, não serão devidas férias proporcionais

Jurisprudência: súmula 171 do TST

1.8. Duração das férias (art. 130 da CLT)

Duração das férias
Regimes integral e parcial de trabalho - art. 130 CLT

Número de faltas	Período de férias
até 05 faltas injustificadas	30 dias
06 a 14 faltas injustificadas	24 dias
15 a 23 faltas injustificadas	18 dias
24 a 32 faltas injustificadas	12 dias

OBS.: Sobre faltas injustificadas, arts. 131 e 473 da CLT

1.9. Fracionamento das férias: desde que haja concordância do empregado, as férias poderão ser usufruídas em até três períodos, sendo que um deles não poderá ser inferior a quatorze dias corridos e os demais não poderão ser inferiores a cinco dias corridos cada um (art. 134, § 1º da CLT)

  Atenção absoluta: menores de 18 e maiores de 50 anos PODERÃO fracionar as férias (revogação do art. 134, § 2º da CLT)

  Cuidado: é vedado o início das férias no período de 2 dias que antecede feriado ou dia de repouso semanal remunerado (art. 134, § 3º da CLT)

DIREITO DO TRABALHO
Tema XX - Férias

1. Férias II

- **1.10. Perda do direito de férias** (art. 133 CLT)
  - **1.10.1.** Deixar o emprego e não for readmitido dentro de 60 dias subsequentes à sua saída
  - **1.10.2.** Permanecer em gozo de licença, com percepção de salários, por mais de 30 (trinta) dias
  - **1.10.3.** Deixar de trabalhar, com percepção do salário, por mais de 30 (trinta) dias, em virtude de paralisação parcial ou total dos serviços da empresa
  - **1.10.4.** Ficar afastado do serviço, durante o período aquisitivo, decorrente da concessão pelo INSS de auxílio-doença, previdenciário ou acidentário, ultrapassando 6 meses, sejam contínuos ou descontínuos

- **1.11. Férias coletivas:** poderão ser concedidas férias coletivas a todos os empregados de uma empresa ou de determinados estabelecimentos ou setores da empresa (art. 139 e seguintes da CLT)

  Características:
  - Podem ser fracionadas em 2 períodos desde que nenhum deles seja inferior a 10 dias corridos
  - Comunicação pelo empregador ao órgão local do MTE, com a antecedência mínima de 15 dias às datas de início e fim das férias, informando quais estabelecimentos ou setores participarão das férias coletivas
  - No mesmo prazo, o empregador deverá encaminhar cópia da comunicação aos sindicatos
  - O abono de férias deverá ser objeto de acordo coletivo entre o empregador e o sindicato representativo da respectiva categoria profissional, independentemente do requerimento individual do empregado
  - Os empregados contratados há menos de 12 (doze) meses gozarão, na oportunidade, de férias proporcionais, iniciando-se, então, novo período aquisitivo

- **1.12. Remuneração das férias:** a remuneração que lhe for devida na data da sua concessão, acrescida do terço (1/3) constitucional (art. 7º, XVII da CF, e arts. 142 e seguintes da CLT)
  - **1.12.1. Prazo para pagamento:** o valor deve ser pago 2 dias antes do início do período (art. 145 da CLT), sob pena de ser remunerado em dobro
  - **Jurisprudência:** súmula 450 dp TST

- **1.13. Abono pecuniário:** permite que empregado converta 1/3 do período de férias a que tiver direito em abono pecuniário (art. 143 da CLT)
  - **1.13.1. Prazo para solicitação:** deve ser requerido nos 15 dias anteriores ao término do período aquisitivo
  - **Dica:** não são 10 dias, mas sim 1/3 do período que possui
  - **Atenção absoluta:** é um direito potestativo do empregado, ou seja, se o empregado manifestar interesse no abono, o empregador não poderá se opor
  - **Cuidado:** direito aplicável ao empregado em regime de tempo parcial

DIREITO DO TRABALHO

Tema XXI - Alteração do contrato de trabalho

1. Alteração do contrato de trabalho

- **1.1. Conceito:** só é lícita a alteração das respectivas condições por mútuo consentimento e, ainda assim, desde que não resultem direta ou indiretamente prejuízos ao empregado, sob pena de nulidade da cláusula infringente dessa garantia (art. 468 da CLT)

- **1.2. *Jus variandi* do empregador:** direito do empregador de variar a prestação de serviços, ou seja, o poder de realizar modificações no contrato de trabalho
  - **Dica:** as alterações podem ser realizadas livremente onde a lei não impuser proibição
  - **Exemplo:** tirar o empregado do horário noturno
  - **Jurisprudência:** súmula 265 do TST

- **1.3. *Jus resistentiae* (direito de resistência):** consiste no direito que o empregado possui de não acatar alteração que seja ilícita

- **1.4. Requisitos**
  - **1.4.1. Consentimento do empregado**
  - **1.4.2. Não acarretar prejuízo**
    - **Atenção absoluta:** não se considerada alteração unilateral a determinação do empregador para que o empregado reverta ao cargo efetivo, anteriormente ocupado, deixando o exercício da função de confiança (art. 468, § 1º da CLT)
    - **Atenção absoluta:** não é assegurado ao empregado o direito à manutenção do pagamento da gratificação correspondente, que não será incorporada, independentemente do tempo de exercício da respectiva função

- **1.5. Transferência de empregados:** diz respeito à transferência do local de trabalho (art. 469 da CLT)
  - **1.5.1. Transferência proibida:** é vedada, sem a anuência do empregado, a transferência que determine a mudança de seu domicílio
  - **1.5.2. Transferência permitida**
    - Empregados que exerçam cargos de confiança
    - Empregados cujos contratos contenham cláusulas expressa prevendo essa possibilidade
    - Casos em que a transferência decorra da própria natureza do serviço para o qual o empregado foi contratado
    - **Atenção absoluta:** para todas as hipóteses deve haver real necessidade de serviço
    - **Jurisprudência:** súmula 43 do TST
    - Ocorrendo a extinção do estabelecimento
    - Por necessidade de serviço, desde que a transferência seja provisória
  - **1.5.3. Adicional de transferência**
    - **Transferência definitiva:** não há adicional
    - **Transferência provisória:** mínimo de 25% do salário percebido na localidade da qual foi transferido, enquanto durar essa situação
    - **Atenção absoluta:** o valor não se incorpora ao salário do obreiro

- **1.6. Gastos por conta do empregador**
  - **1.6.1. Transferência provisória:** despesas + adicional de 25% enquanto durar a transferência
  - **1.6.2. Transferência definitiva:** gastos com despesas
  - **1.6.3. Transferência que não cause mudança de domicílio, com aumento nas despesas de transporte:** gastos do empregador

DIREITO DO TRABALHO

TEMA XXII - SUSPENSÃO E INTERRUPÇÃO DO CONTRATO DE TRABALHO

1. Suspensão e interrupção do contrato de trabalho

1.1. Suspensão do contrato de trabalho: na suspensão do contrato de trabalho, as obrigações contratuais são suspensas para ambos os contratantes

Dica: não há trabalho, não são devidos salários e não conta como tempo de serviço

Atenção absoluta: deixando de existir o motivo da suspensão, é assegurado ao empregado o retorno ao cargo que exercia na empresa, sendo que lhe serão garantidas todas as vantagens que, durante sua ausência, tenham sido atribuídas à categoria à qual pertence

Causas de suspensão do contrato de trabalho
- Acidente de trabalho ou doença, a partir do 16º dia
- Período de suspensão disciplinar, que não poderá ser superior a 30 (trinta) dias
• Suspensão superior a 30 dias caracterizará dispensa sem justa causa (art. 474 da CLT)
- Aposentadoria por invalidez, nos termos do art. 475 da CLT
- Greve
- Ausência para exercício de cargo público
- Faltas injustificadas

1.2. Interrupção do contrato de trabalho: o empregado suspende a prestação de serviços, mas continua recebendo a remuneração pelo empregador

Dica: não há trabalho, mas há pagamento de salário e conta como tempo de serviço

1.2.1. Causas de interrupção do contrato de trabalho
- Acidente de trabalho ou doença até o 15º dia
- Licença-maternidade
- Licença-paternidade
- Afastamento em caso de aborto espontâneo (art. 395 da CLT)
- Férias
- Qualquer espécie de licença remunerada
- Encargos públicos específicos
Exemplos: jurados, testemunhas
- Faltas justificadas (art. 473 da CLT)

1.2.2. Prazo para retorno: imediato

 Atenção absoluta: caso não retorne em 30 dias, há presunção de abandono de emprego

Jurisprudência: súmula 32 do TST

1.2.3. Afastamento militar ou encargo público: o contrato é considerado suspenso, mas conta-se como tempo de trabalho; são devidos depósitos de FGTS

- **Retorno:** deverá informar seu retorno 30 dias após a baixa do serviço militar ou terminação encargo público, por meio de carta registrada, sob pena de ser considerado extinto o contrato (art. 472, § 1º da CLT)

1.3. Disposições comuns

1.3.1. Vantagens no período de interrupção ou suspensão: é assegurado ao empregado o retorno ao cargo que ocupava e as vantagens oferecidas durante sua ausência (art. 471 da CLT)

1.3.2. Vedada a dispensa do empregado durante a suspensão e interrupção do contrato de trabalho, salvo por justa causa ou extinção da empresa

1.3.3. O empregado poderá pedir demissão

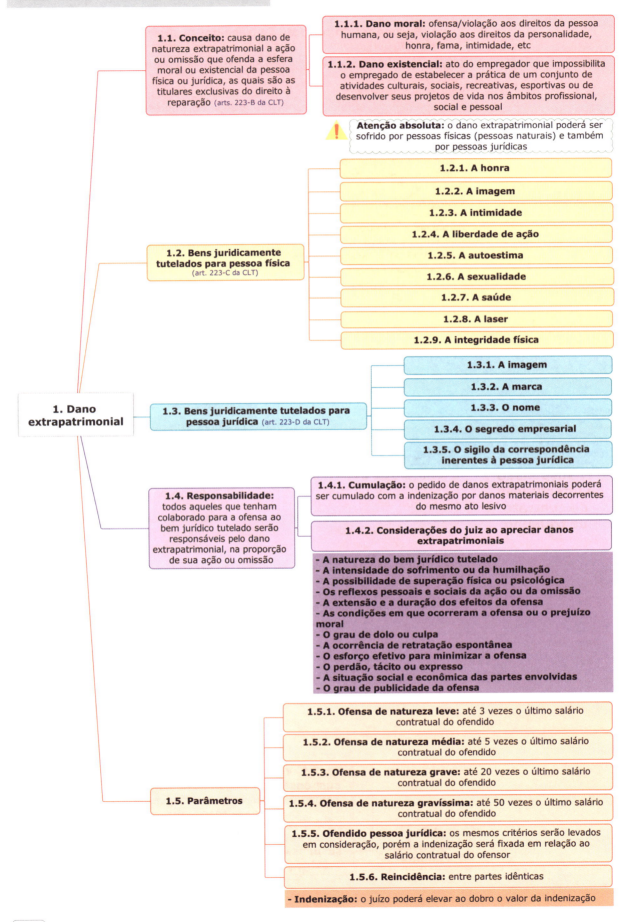

DIREITO DO TRABALHO

TEMA XXIV - TÉRMINO DO CONTRATO DE TRABALHO

1. Formas de extinção do contrato de trabalho I

1.1. Resilição: uma ou ambas as partes resolvem, sem justo motivo, romper o pacto laboral

- **1.1.1. Dispensa sem justa causa:** o vínculo empregatício é rompido imotivadamente pelo empregador

- **Verbas devidas na dispensa sem justa causa:** saldo de salário; aviso prévio; férias proporcionais, simples ou em dobro mais 1/3 (um terço); 13º salário; multa de 40%; levantamento do FGTS e seguro-desemprego ou indenização substitutiva

- **1.1.2. Pedido de demissão do empregado:** pedido de rompimento do contrato de trabalho pelo próprio empregado

- **Verbas devidas no pedido de demissão:** saldo de salário; férias proporcionais, simples ou em dobro, acrescido do terço constitucional e 13º salário

- **1.1.3. Programa de Incentivo à Demissão Voluntária**

1.2. Resolução: sempre que uma ou ambas as partes praticarem uma falta grave

- **1.2.1. Justa causa do empregado**
  - **Ato de improbidade:** improbidade revela mau caráter, desonestidade
  - **Incontinência de conduta:** comportamento desregrado ligado à vida sexual do obreiro
  - **Mau procedimento:** atitude irregular do empregado
  - **Negociação habitual:** práticas de ato de comércio pelo empregado, quando constituir ato de concorrência ou prejuízo ao trabalho
  - **Condenação criminal:** somente caracteriza quando a sentença já tiver transitado em julgado, ou ainda quando esta não tenha concedido a suspensão da execução da pena *(sursis)*
  - **Desídia no desempenho das respectivas funções:** hipótese em que o empregado deixa de prestar o serviço com zelo, interesse
  - **Embriaguez habitual ou em serviço:** decorrente de álcool ou drogas
  - **Violação de segredo da empresa:** violação do dever de fidelidade do empregado para com o empregador
  - **Ato de indisciplina:** descumprimento de ordens gerais
  - **Ato de insubordinação:** consiste no descumprimento de ordens pessoais de serviço
  - **Abandono de emprego:** configura-se por faltas reiteradas ao serviço, sem justo motivo e sem a autorização do empregador
  - **Ato lesivo da honra ou da boa fama contra qualquer pessoa ou ofensas físicas:** ato em que o empregado atinge ou fere a honra de outros empregados ou de terceiros
  - **Ato lesivo da honra ou da boa fama contra empregador e superior hierárquico ou ofensas físicas:** ofensa é dirigida ao empregador ou seu superior hierárquico
  - **Prática constante de jogos de azar:** é necessária a prática habitual, não importando se o jogo é a dinheiro ou não
  - **Perda da habilitação ou dos requisitos estabelecidos em lei para o exercício da profissão, em decorrência de conduta dolosa do empregado**

- **1.2.2. Justa causa do empregado doméstico:** hipóteses idênticas às estudadas acima, acrescidas de (art. 27 da LC 150/2015):
  - **Submissão a maus tratos de idoso, de enfermo, de pessoa com deficiência ou de criança sob cuidado direto ou indireto do empregado**

- **1.2.3. Verbas rescisórias na justa causa:** saldo de salário e férias vencidas acrescida do terço constitucional

Dica: não terá direito às férias proporcionais

Jurisprudência: súmula 171 do TST

Dica: não há o pagamento de 13º salário proporcional (art. 3º da Lei 4.090/1962)

DIREITO DO TRABALHO

Tema XXIV - Término do contrato de trabalho

1. Formas de extinção do contrato de trabalho II

- **1.3 Justa causa do empregador/ rescisão indireta:** a falta grave é praticada pelo empregador (art. 483 da CLT)
  - **1.3.1** Forem exigidos esforços superiores às suas forças
    - = **Exemplo:** art. 390 da CLT – força muscular superior a 20 quilos para o trabalho contínuo, ou 25 quilos para o trabalho ocasional
  - **1.3.2** Quando forem exigidos serviços proibidos pela lei
  - **1.3.3** Contrários aos bons costumes
  - **1.3.4** Serviços alheios ao contrato
  - **1.3.5** Tratamento com rigor excessivo: assédio moral
  - **1.3.6** Correr perigo manifesto de mal considerável
  - **1.3.7** Não cumprir o empregador as obrigações do contrato de trabalho
    - = **Exemplo:** rescisão por atraso no pagamento: 3 meses
  - **1.3.8** Praticar o empregador ou seus prepostos atos lesivos da honra e boa fama
  - **1.3.9** O empregador ou seus prepostos ofenderem fisicamente o empregado
  - **1.3.10** Empregador que reduzir o trabalho que é remunerado por peça ou tarefa
  - **1.3.11 Justa causa do empregador doméstico:** art. 27, parágrafo único da LC 150/2015
    - O empregador praticar qualquer das formas de violência doméstica ou familiar contra mulheres de que trata o art. 5º da Lei 11.340/2006
  - **1.3.12 Rescisão indireta e permanência no emprego** (art. 483, §3º da CLT): nas hipóteses dos itens 1.4 e 1.7, poderá o empregado pleitear a rescisão de seu contrato de trabalho e o pagamento das respectivas indenizações, permanecendo ou não no serviço até final decisão do processo

- **1.4 Culpa recíproca:** empregado e empregador cometem faltas simultâneas
  - **1.4.1 Valor das indenizações:** indenização que seria devida em caso de culpa exclusiva do empregador será reduzida pela metade (art. 484 da CLT)
  - **1.4.2 Verbas devidas na culpa recíproca**
    - Saldo do salário (integral)
    - Aviso prévio (metade)
    - 13º salário vencido proporcional (metade)
    - Férias simples ou vencidas + adicional de 1/3 (integral)
    - Férias proporcionais + adicional de 1/3 (metade)
    - Depósitos de FGTS de 8% sobre o salário (integral)
    - Multa de 40% sobre o os depósitos do FGTS (metade, ou seja, 20%)
  - ⚠ **Atenção absoluta:** não há seguro-desemprego

- **1.5 *Factum principis*:** consiste em uma modalidade de extinção de contrato de trabalho por ato da autoridade pública, federal, estadual ou municipal, inclusive as autarquias (art. 486 da CLT)
  - **1.5.1 Responsabilidade pela indenização:** indenização ficará a cargo do governo responsável
  - ⚠ **Atenção absoluta:** não se aplica na hipótese de paralisação ou suspensão de atividades empresariais determinada por ato de autoridade municipal, distrital, estadual ou federal para o enfrentamento da emergência de saúde pública de importância internacional decorrente do coronavírus (Covid-19), art. 20 da MP 1.045/2021

- **1.6 Distrato:** forma de extinção do contrato de trabalho por comum acordo entre empregado e empregador (art. 484-A da CLT)
  - **1.6.1 Verbas devidas**
    - **Por metade:** o aviso prévio, se indenizado e a indenização sobre o saldo do FGTS
    - **Na integralidade:** as demais verbas trabalhistas, como por exemplo: 13º salário, aviso prévio trabalhado, férias integrais ou proporcionais entre outras
  - **1.6.2 Movimentação da conta do FGTS:** permite a movimentação, limitada até 80% (oitenta por cento) do valor dos depósitos
  - **1.6.3 Seguro-desemprego:** não será autorizado o ingresso do empregado no Programa de Seguro-desemprego

DIREITO DO TRABALHO
Tema XXV - Aviso prévio

1. Aviso prévio

- **1.1. Conceito:** consiste em uma comunicação que uma parte faz a outra de que pretende extinguir o pacto laboral

- **1.2. Fundamento legal:** art. 7º, XXI da CF e Lei 12.506/2011

- **1.3. Aviso prévio proporcional ao tempo de serviço** (Lei 12.506/2011): mínimo de 30 dias aos empregados que contem até 1 ano de serviço. Sobre esse período serão acrescidos 3 dias por ano de serviço prestado na mesma empresa, até o máximo de 60 dias, perfazendo um total de até 90 dias
  - **Dica:** veja Nota Técnica 184/2012 do MTE
  - **Jurisprudência:** súmula 441 do TST

- **1.4. Aviso prévio trabalhado:** hipótese em que o empregado trabalha durante o período de aviso prévio

- **1.5. Aviso prévio indenizado:** empregado dispensado de trabalhar durante o período de aviso prévio. Hipótese em que o empregador deverá pagar o período correspondente
  - **Jurisprudência:** OJ 14 SDI1 TST
  - **Atenção absoluta:** caso o empregador renuncie o direito de aviso prévio, deverá indenizar o empregado

- **1.6. Aviso prévio concedido pelo empregador**
  - **1.6.1.** Caso não conceda o aviso prévio, deverá pagar o período (aviso prévio indenizado)
  - Não pagará se comprovar que o empregado possui novo emprego
  - **Jurisprudência:** súmula 276 do TST e PN 24 do TST
  - **1.6.2.** O período de aviso prévio é contado como tempo de serviço
  - **1.6.3. Redução na jornada de trabalho:** o empregado escolhe 7 dias corridos ou redução de 2 horas/dia (art. 488 CLT)
  - **Empregado rural:** a redução da jornada será de um dia por semana (art. 15 da Lei 5.889/1973)
  - Ilegal substituir o período que se reduz da jornada de trabalho, no aviso prévio, pelo pagamento das horas correspondentes

- **1.7. Aviso prévio concedido pelo empregado**
  - **1.7.1.** Caso o empregado não conceda o aviso prévio, o empregador poderá descontar os salários correspondentes ao respectivo período

- **1.8. Características**
  - **1.8.1.** O registro da candidatura do empregado a cargo de dirigente sindical durante o período de aviso prévio não lhe assegura a estabilidade no emprego
  - **Jurisprudência:** súmula 369, I do TST
  - **1.8.2.** Pagamento relativo ao período de aviso prévio sujeita-se ao FGTS
  - **Jurisprudência:** súmula 305 do TST
  - **Dica:** poderá haver justa causa durante o aviso, hipótese em que se retira o pagamento de verbas indenizatórias

- **1.9. Retratação:** admite-se, desde que com o consentimento da parte contrária (art. 489 da CLT)

- **1.10. Projeção do aviso prévio**
  - **1.10.1.** Ainda que indenizado, integra o tempo de serviço (art. 487, § 1º da CLT)
  - **1.10.2.** A data de saída a ser anotada corresponde à do término do prazo do aviso prévio, ainda que indenizado
  - **Jurisprudência:** OJ 82 SDI 1 TST
  - **1.10.3.** A prescrição começa a fluir no final do término do aviso prévio
  - **Jurisprudência:** OJ 83 SDI 1 TST

DIREITO DO TRABALHO

Tema XXVI - Formalidades para extinção do contrato de trabalho

1. Formalidades para extinção do contrato de trabalho

- **1.1. Amparo legal:** as formalidades para a extinção do contrato de trabalho estão dispostas nos arts. 477 e seguintes da CLT

- **1.2. Homologação pelo sindicato nos contratos com prazo superior a 1 ano:** regra revogada com a reforma trabalhista (art. 477, § 1º da CLT)
  - **Cuidado:** independente do período que tenha durado o contrato de trabalho, seja inferior ou superior a um ano, não há necessidade de homologação perante o sindicato da classe
  - **1.2.1. Pedido de demissão do empregado estável:** estável só será válido quando feito com a assistência do respectivo sindicato e, se não houver um, perante autoridade local competente do Ministério do Trabalho e Previdência Social ou da Justiça do Trabalho (art. 500 da CLT)

- **1.3. Instrumento de rescisão ou recibo de quitação:** qualquer que seja a causa ou forma de dissolução do contrato, deve ter especificada a natureza de cada parcela paga ao empregado e discriminado o seu valor, sendo válida a quitação apenas relativamente às mesmas parcelas

- **1.4. Pagamento ao empregado**
  - **1.4.1.** Em dinheiro, depósito bancário ou cheque visado, conforme acordem as partes
  - **1.4.2.** Em dinheiro ou depósito bancário quando o empregado for analfabeto

- **1.5. Pedido de compensação:** desde que as dívidas sejam da mesma natureza, ou seja, natureza trabalhista, até o limite de uma remuneração do empregado

- **1.6. Prazo para pagamento das verbas rescisórias:** deverão ser efetuados até dez dias contados a partir do término do contrato (art. 477, § 6º da CLT)

- **1.7. Multa por atraso no pagamento das verbas rescisórias**
  - **1.7.1. Multa administrativa:** imposta pelo auditor fiscal do trabalho que reverte ao governo
  - **1.7.2. Multa ao empregado:** em valor equivalente ao seu salário, devidamente corrigido
  - **Caso seja o empregado que cause a mora, o empregador não poderá ser responsabilizado**

    Jurisprudência: súmula 462 do TST

    Atenção absoluta: massa falida não se sujeita à multa

    Cuidado: a pessoa jurídica de direito público que não observa o prazo para pagamento das verbas rescisórias, submete-se à multa

DIREITO DO TRABALHO
Tema XXVII - Estabilidade provisória/garantia de emprego

1. Estabilidade provisória / garantia de emprego – I

- **1.1. Conceito:** direito do empregado de permanecer no emprego, impossibilitando o direito do empregador de dispensá-lo sem justo motivo, só admitindo a terminação do contrato de trabalho em caso de falta grave

1.2. Dirigente sindical

- **1.2.1. Fundamento legal:** art. 8º, VIII da CF/1988 e art. 543, § 3º da CLT
- **1.2.2. Período de estabilidade:** desde o registro da candidatura, e se eleito, até 1 ano após o final do mandato
  - **Mandato:** 3 anos (art. 515, b, CLT)
- **1.2.3. Abrangência:** titulares e suplentes eleitos, desde que exerçam na empresa atividade compatível com o sindicato que representa
  - **Limitação:** 7 titulares e 7 suplentes (art. 522 da CLT)
  - **Jurisprudência:** súmula 369, II do TST
  - **Atenção absoluta:** não é garantida a estabilidade ao delegado sindical
  - **Jurisprudência:** OJ 369 SDI 1 TST
  - **Atenção absoluta:** não é garantida a estabilidade ao membro do conselho fiscal do sindicato
  - **Jurisprudência:** OJ 365 SDI 1 TST
- **1.2.4. Características**
  - Necessidade de inquérito judicial para apuração de falta grave
  - Havendo extinção da atividade empresarial, não há razão para subsistir a estabilidade
  - **Jurisprudência:** súmula 369, IV do TST
  - O registro da candidatura do empregado a cargo de dirigente sindical durante o período de aviso prévio, ainda que indenizado, não lhe assegura a estabilidade
  - **Jurisprudência:** súmula 369, V do TST

1.3. Acidente de trabalho

- **1.3.1. Fundamento legal:** art. 118 da Lei 8.213/1991
  - **Dica:** acidente de trabalho = doença profissional/ocupacional
- **1.3.2. Requisitos**
  - Ocorrência de acidente do trabalho
  - Percepção de auxílio-doença, independentemente da percepção de auxílio-acidente
- **1.3.3. Prazo:** 12 meses após a alta médica
- **1.3.4. Contrato com prazo certo:** possui garantia de emprego
  - **Jurisprudência:** súmula 378, III do TST

1.4. Empregada gestante

- **1.4.1. Fundamento legal:** art. 10, II, b do ADCT
- **1.4.2. Período de estabilidade:** desde a confirmação da gravidez até 5 meses após o parto
  - **Jurisprudência:** súmula 244 do TST
- **1.4.3. Contrato com prazo determinado:** é assegurada a garantia de emprego em qualquer tipo de contratos com prazo determinado
  - **Jurisprudência:** súmula 244, III do TST
- **1.4.4. Aviso prévio:** a confirmação do estado de gravidez, ainda que durante o prazo do aviso prévio trabalhado ou indenizado, assegura a garantia de emprego (art. 391-A da CLT)
  - Aplica-se ao empregado adotante ao qual tenha sido concedida guarda provisória para fins de adoção
- **1.4.5. Falecimento da genitora:** a garantia de emprego será assegurada a quem detiver a guarda do filho (art. 1º da LC 146/2014)

DIREITO DO TRABALHO
Tema XXVII - Estabilidade provisória/garantia de emprego

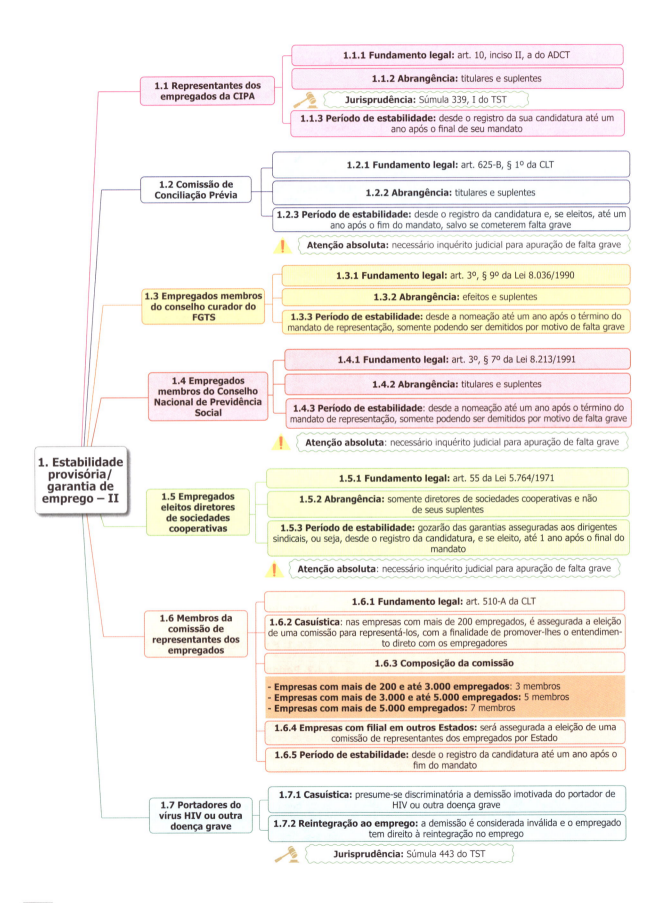

DIREITO PROCESSUAL DO TRABALHO

Hermes Cramacon

Material complementar de Direito Processual do Trabalho está disponível online pelo site da Editora Foco, no link: **www.editorafoco.com.br/atualizacao**

DIREITO PROCESSUAL DO TRABALHO

Tema I - Órgãos da Justiça do Trabalho

1. Órgãos da Justiça do Trabalho

1.1. Tribunal Superior do Trabalho: órgão de cúpula da Justiça do Trabalho

1.1.1. Composição: 27 ministros, brasileiros, maiores de 35 e menores de 65 anos, nomeados pelo presidente da República, de notável saber jurídico e reputação ilibada, após aprovação da maioria absoluta do Senado Federal (art. 111-A da CF – EC 92/2016)

1.1.1.1. Regra do quinto constitucional: 1/5 dos ministros são oriundos do Ministério Público do Trabalho e da classe dos advogados (art. 111-A, I, da CF)

1.1.2. Escola Nacional da Magistratura do Trabalho: aperfeiçoamento dos magistrados. Regulamenta os cursos para ingresso e promoção na carreira (art. 111-A, § 2º, I, CF)

1.1.3. Conselho Superior da Justiça do Trabalho: exerce supervisão administrativa, orçamentária, financeira e patrimonial de 1º e 2º graus (art. 111-A, § 2º, II, CF)

1.2. Tribunais Regionais do Trabalho

1.2.1. Composição: mínimo de 7 juízes, maiores de 30 e menores de 65 anos, nomeados pelo presidente da República (art. 115 da CF)

1.2.2. Regra do quinto constitucional: 1/5 dos ministros são oriundos do Ministério Público do Trabalho e da classe dos advogados

 Dica: o Brasil possui 24 TRTs (art. 674 da CLT)

1.2.3. Competência: julgamento de recurso ordinário e, originariamente, ações rescisórias, dissídios coletivos, etc.

1.3. Juiz do Trabalho: órgão de 1º grau de jurisdição, composto pelo juiz do Trabalho substituto ou juiz titular de Vara do Trabalho (art. 116 da CF)

1.3.1. Requisitos: aprovação em concurso público; 3 anos de atividade jurídica

 Atenção absoluta: nas localidades em que não há juiz do Trabalho, o juiz de Direito terá competência, com recurso dirigido ao TRT competente (art. 112 CF)

DIREITO PROCESSUAL DO TRABALHO
Tema II - Serviços auxiliares da Justiça do Trabalho

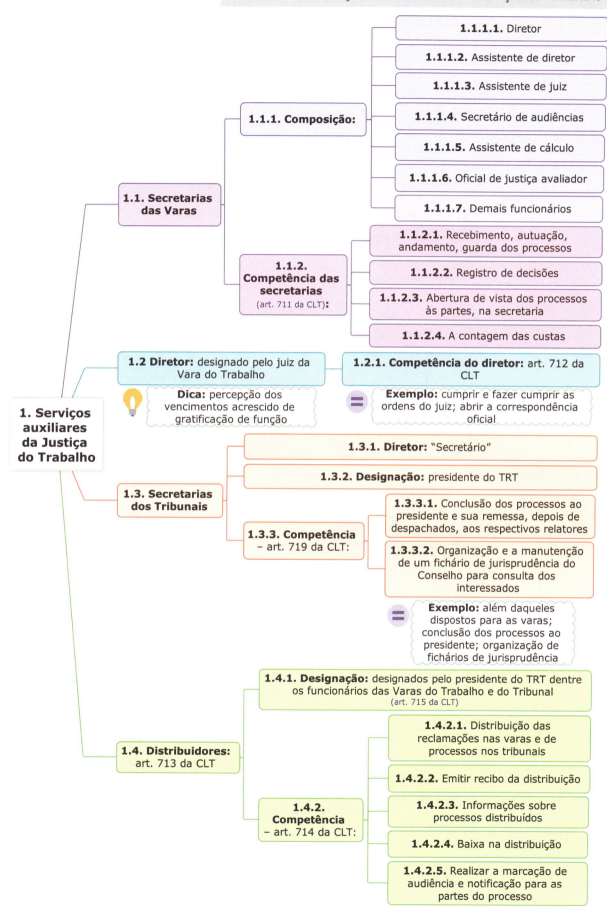

DIREITO PROCESSUAL DO TRABALHO
Tema III - Princípios

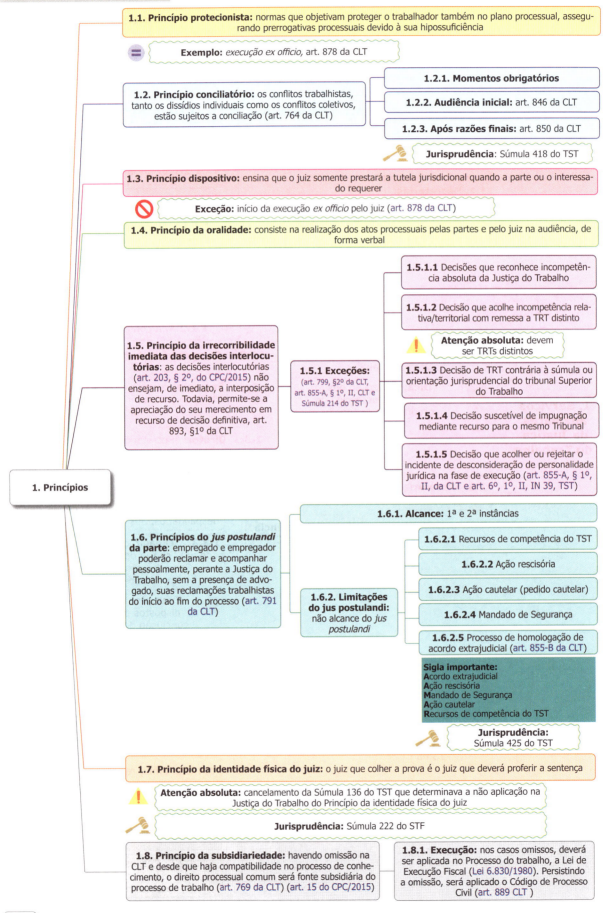

DIREITO PROCESSUAL DO TRABALHO
Tema IV - Competência material da Justiça do Trabalho

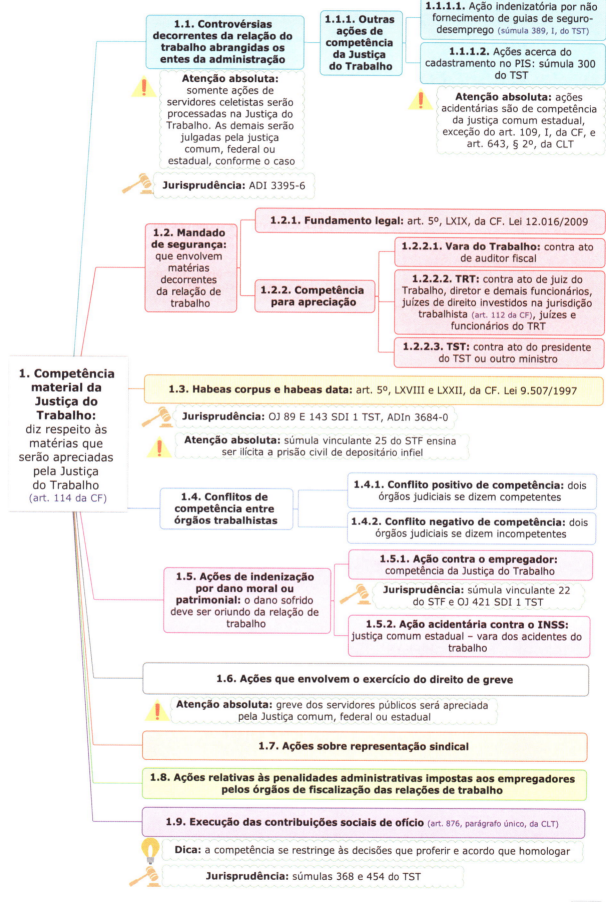

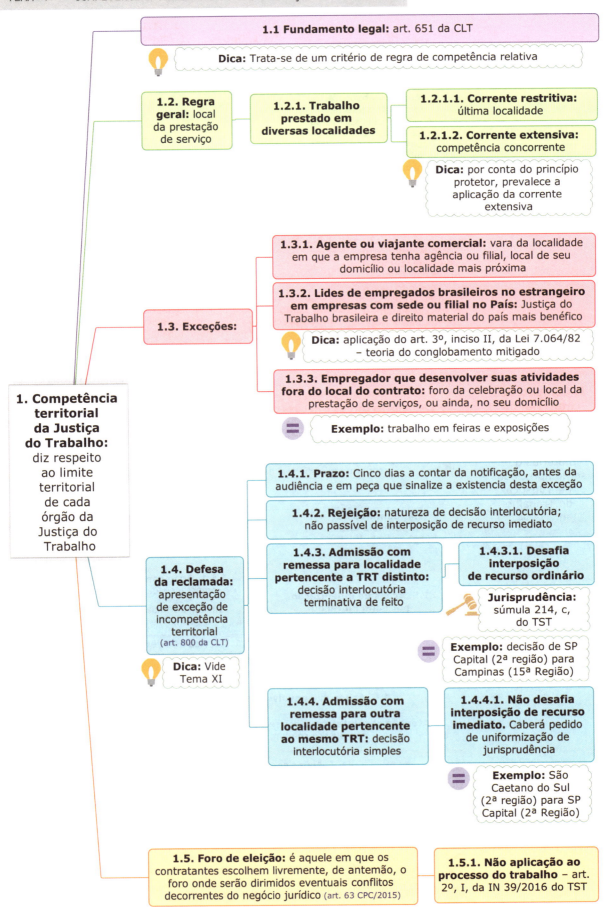

DIREITO PROCESSUAL DO TRABALHO

Tema VI - Atos, prazos e custas processuais

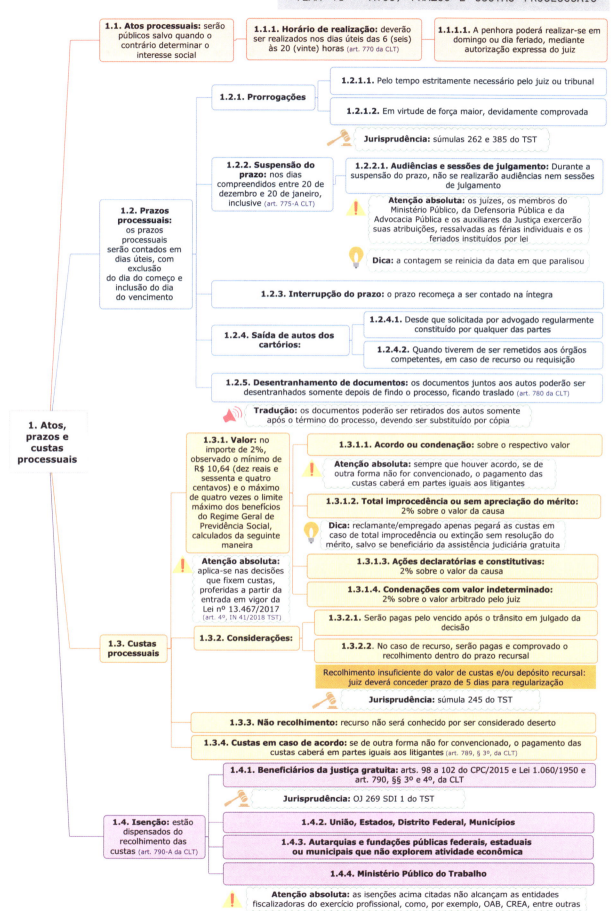

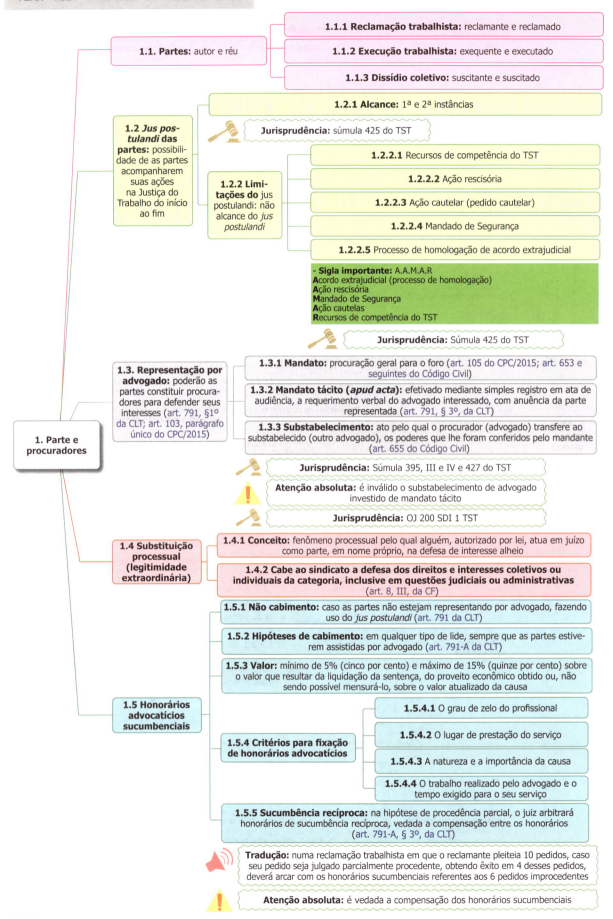

DIREITO PROCESSUAL DO TRABALHO

Tema VII - Partes e Procuradores

RÉGUA PROCESSUAL: FASE DE CONHECIMENTO

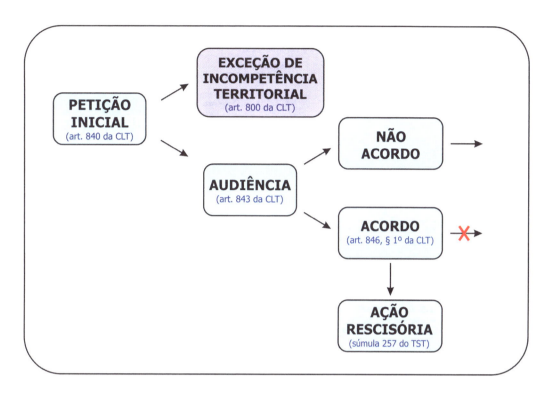

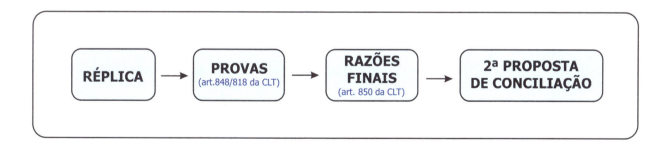

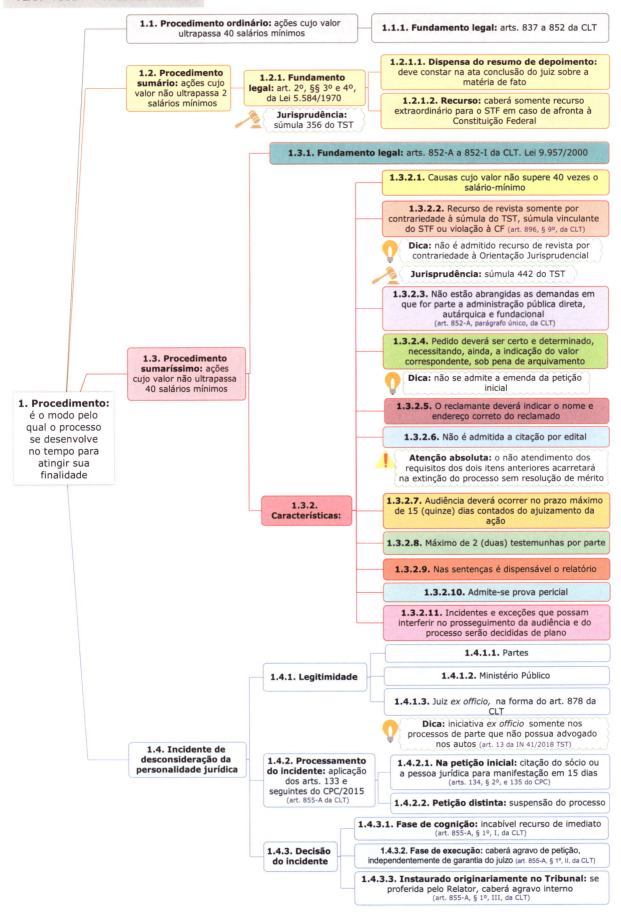

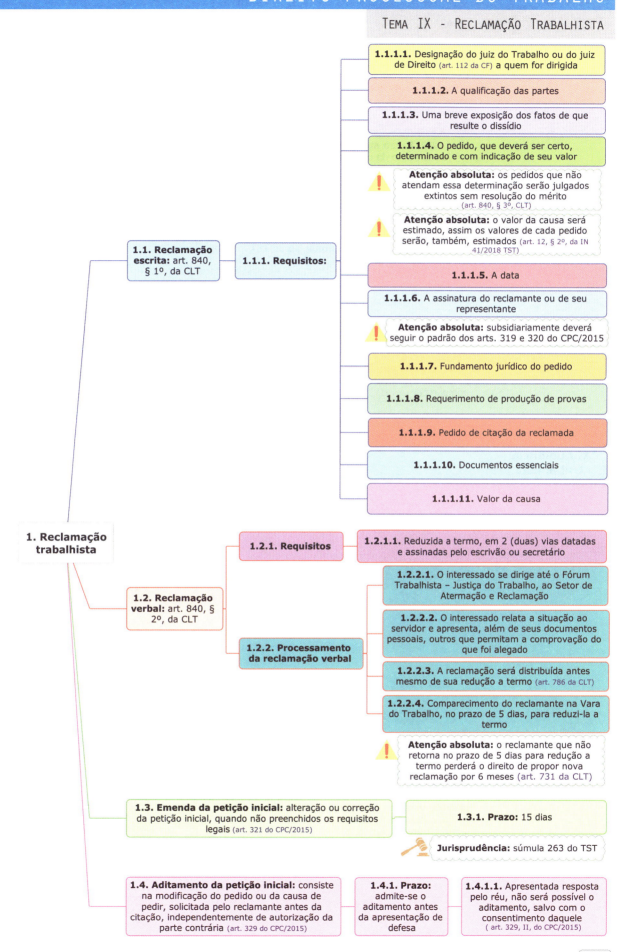

DIREITO PROCESSUAL DO TRABALHO

Tema X - Audiência trabalhista

1. Audiência trabalhista

- **1.1. Dia e horário:** dias úteis previamente fixados, entre 8 (oito) e 18 (dezoito) horas
  - **1.1.1. Tempo máximo:** não poderá ultrapassar 5 (cinco) horas seguidas, salvo quando houver matéria urgente (art. 813 CLT)

- **1.2. Prazo mínimo:** 5 dias após o recebimento da notificação (art. 841 da CLT)
  - ⚠️ **Atenção absoluta:** a notificação se presume recebida após 48 horas de seu envio. O não recebimento ou a demora na entrega constitui ônus de prova do destinatário
  - ⚖️ **Jurisprudência:** súmula 16 do TST

- **1.3. Pregão das partes:** secretário ou escrivão realiza a chamada das partes, testemunhas e demais pessoas que devam comparecer (art. 815 da CLT)
  - **1.3.1. Ausência do juiz:** até 15 (quinze) minutos após a hora marcada; se o juiz não comparecer, os presentes poderão retirar-se (art. 815, parágrafo único, da CLT)
  - **1.3.2. Possibilidade do advogado retirar-se:** após 30 (trinta) minutos do horário designado e ao qual ainda não tenha comparecido a autoridade, mediante comunicação protocolizada em juízo (art. 7º, XX, da Lei 8.906/1994 – Estatuto da OAB)
  - ⚠️ **Atenção absoluta:** atrasos na pauta de audiência não justificam a retirada das partes

- **1.4. Poder de polícia processual:** o juiz manterá a ordem nas audiências, podendo mandar retirar do recinto os assistentes que a perturbarem (art. 816 da CLT)
  - **1.4.1. Incumbência do juiz na audiência** (art. 360 do CPC/2015):
    - **1.4.1.1.** Manter a ordem e o decoro na audiência
    - **1.4.1.2.** Ordenar que se retirem da sala de audiência os que se comportarem inconvenientemente
    - **1.4.1.3.** Requisitar, quando necessário, força policial
    - **1.4.1.4.** Tratar com urbanidade as partes, os advogados, os membros do Ministério Público e da Defensoria Pública e qualquer pessoa que participe do processo
    - **1.4.1.5.** Registrar em ata, com exatidão, todos os requerimentos apresentados em audiência

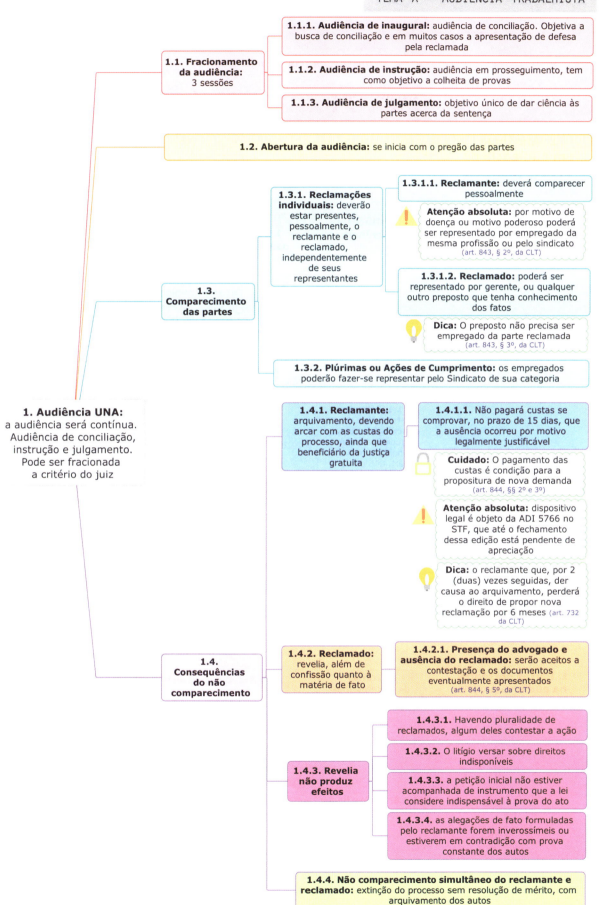

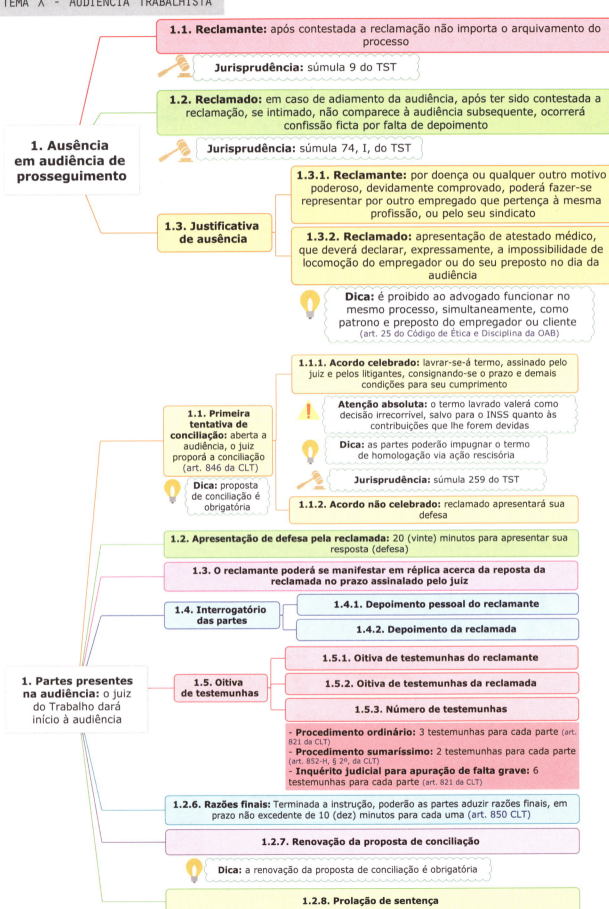

DIREITO PROCESSUAL DO TRABALHO

TEMA XI - RESPOSTA DO RÉU

1. Exceções: visam a atacar a imparcialidade do juiz ou a competência do juízo a ele vinculado para processar e julgar a lide

- **1.1. Exceção de incompetência territorial/relativa:** visa o reconhecimento da incompetência relativa de um juízo em razão da localidade onde a reclamação foi proposta
  - **1.1.1. Momento de arguição:** no prazo de cinco dias a contar da notificação, antes da audiência e em peça (art. 800 da CLT)
  - **1.1.2.** Protocolada a petição, será suspenso o processo e não se realizará a audiência inaugural designada

- **1.2. Prazo para resposta:** 5 dias
  - **1.2.1 Perda do prazo:** preclusão. A matéria estará preclusa, não podendo o reclamado fazê-lo em audiência

- **1.3. Produção de provas:** se entender necessária o juiz designará audiência, garantindo o direito de o excipiente e de suas testemunhas serem ouvidos, por carta precatória, no juízo que este houver indicado como competente

- **1.4. Decisão da exceção:** o processo retomará seu curso normal, com designação de audiência, apresentação de defesa e instrução no juízo competente

- **1.5. Não acolhimento da exceção de incompetência territorial**
  - **1.5.1. Natureza jurídica:** decisão interlocutória
  - **Dica:** não enseja interposição de recurso imediato (art. 893, § 1º, da CLT). A questão será atacada em preliminar de recurso ordinário

- **1.6. Acolhimento da exceção de incompetência territorial:** uma vez acolhida, os autos serão remetidos para o juízo competente
  - **1.6.1. Acolhimento e remessa para outra localidade dentro do mesmo TRT:** impossibilidade de interposição de recurso
  - **1.6.2. Acolhimento e remessa para outra localidade pertencente a TRT diverso:** possibilidade de recurso imediato
  - **Jurisprudência:** súmula 214, item c, do TST

- **1.7. Exceção de suspeição**
  - **1.7.1. Legitimidade:** reclamante ou reclamado
  - **1.7.2. Momento de arguição**
    - **Reclamante:** primeira oportunidade de falar nos autos (art. 795 da CLT)
    - **Reclamado:** contestação ou primeira oportunidade de falar nos autos (art. 795 da CLT)
  - **1.7.3. Hipóteses:** art. 801 da CLT e art. 145 do CPC/2015
    - **Dica:** o juiz declarar-se suspeito por motivo de foro íntimo, sem necessidade de declarar suas razões
    - **Atenção absoluta:** poderá ser declarada de ofício pelo juiz, ou apresentada pela parte sob pena de preclusão
  - **1.7.4. Procedimento**
    - **Reconhecimento da causa de suspeição:** ordenará imediatamente a remessa dos autos ao seu substituto legal
    - **Não reconhecimento da causa de suspeição:** no prazo de 15 dias, dará as suas razões, acompanhadas de documentos e de rol de testemunhas, se houver, ordenando a remessa dos autos ao tribunal, art. 146, § 1º, do CPC/2015

- **1.8. Exceção de impedimento:**
  - **1.8.1. Hipóteses:** art. 801 da CLT e art. 144 do CPC/2015
    - **Atenção absoluta:** não se sujeita à preclusão, podendo ser invocada em ação rescisória, (art. 966, II, do CPC/2015)
  - **1.8.2. Procedimento:** o juiz suspenderá o processo (art. 799 da CLT)
    - **Reconhecimento da causa de impedimento:** ordenará imediatamente a remessa dos autos ao seu substituto legal
    - **Não reconhecimento da causa de impedimento:** no prazo de 15 dias, o juiz dará as suas razões, acompanhadas de documentos e de rol de testemunhas, se houver, ordenando a remessa dos autos ao tribunal (art. 146, § 1º, do CPC/2015)

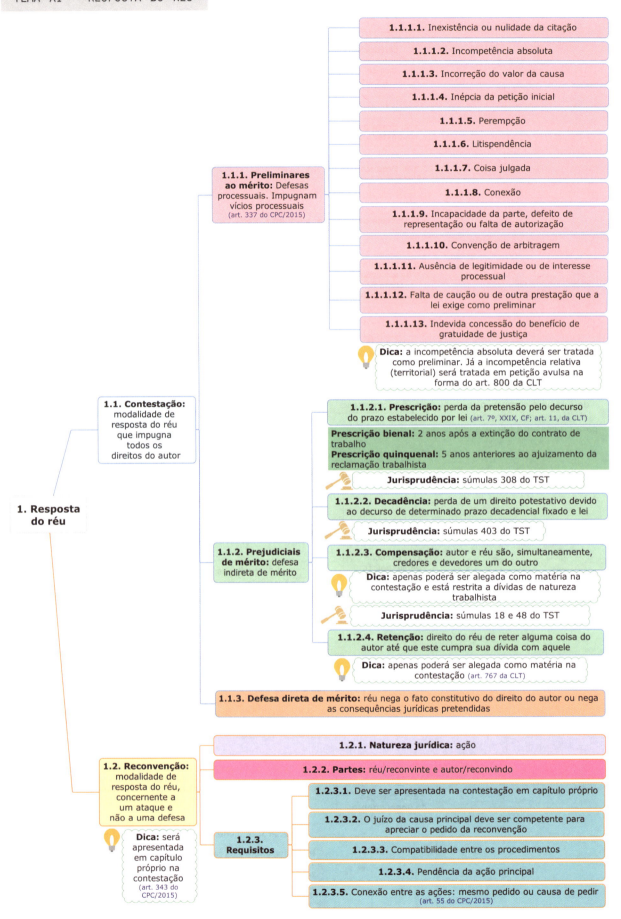

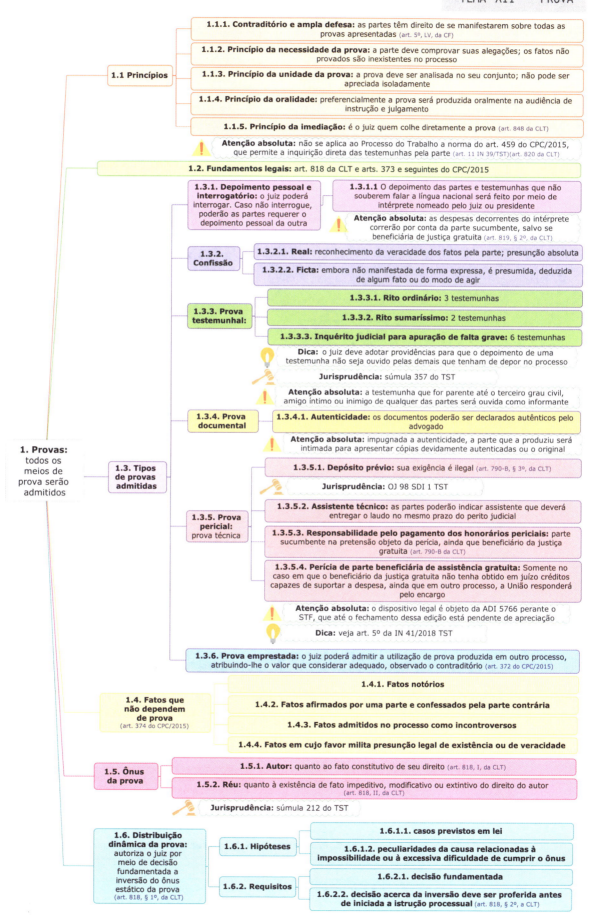

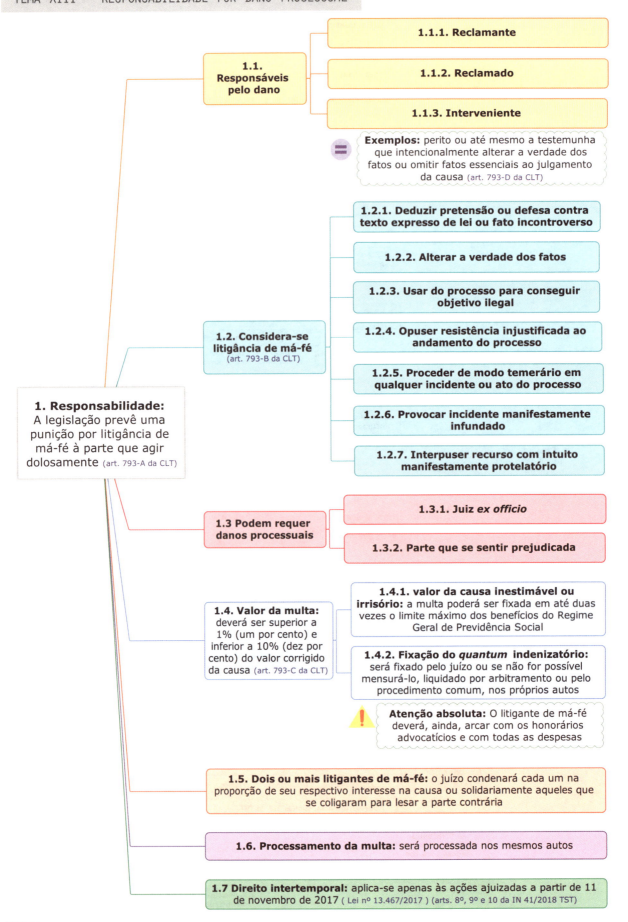

DIREITO PROCESSUAL DO TRABALHO

Tema XIV - Assistência judiciária e justiça gratuita

1. Assistência judiciária e justiça gratuita

1.1. Assistência judiciária:
Para aqueles que não têm condições de contratar advogado, o Estado confere o "benefício da Assistência Judiciária" (art. 5º LXXIV, da CF)

1.1.1. Prestado pelo sindicato da classe (art. 14 da Lei 5.584/70)

1.1.2. Destinatários: todos que perceberem salário igual ou inferior ao dobro do mínimo legal

Estende-se o benefício ao trabalhador de maior salário, uma vez provado que sua situação econômica não lhe permite demandar, sem prejuízo do sustento próprio ou da família

1.2. Justiça gratuita:
Benefício concedido à parte por não possuir condições de arcar com os gastos do processo (art. 790, § 3º, da CLT)

1.2.1. Destinatários: àqueles que perceberem salário igual ou inferior a 40% (quarenta por cento) do limite máximo dos benefícios do Regime Geral de Previdência Social

1.2.2. Comprovação da condição: não prevalece a presunção pela mera declaração de miserabilidade da parte, devendo-se provar a insuficiência de recursos

1.2.3. Benefícios da justiça gratuita

- Taxas ou as custas judiciais
- Selos postais
- Despesas com publicação na imprensa oficial, dispensando-se a publicação em outros meios
- Indenização devida à testemunha que, quando empregada, receberá do empregador salário integral, como se em serviço estivesse
- Despesas com a realização de exame de código genético – DNA e de outros exames considerados essenciais
- Honorários do advogado e do perito e a remuneração do intérprete ou do tradutor nomeado para apresentação de versão em português de documento redigido em língua estrangeira
- Custo com a elaboração de memória de cálculo, quando exigida para instauração da execução
- Depósitos previstos em lei para interposição de recurso, para propositura de ação e para a prática de outros atos processuais inerentes ao exercício da ampla defesa e do contraditório
- Os emolumentos devidos a notários ou registradores em decorrência da prática de registro, averbação ou qualquer outro ato notarial necessário à efetivação de decisão judicial ou à continuidade de processo judicial no qual o benefício tenha sido concedido

1.2.4. Oportunidade para o pedido

- Na petição inicial
- Na contestação
- Na petição para ingresso de terceiro no processo
- Em recurso

Dica: O requerimento deve ser formulado no prazo alusivo ao recurso

Jurisprudência: OJ 269 SDI 1 do TST

1.2.5. Justiça gratuita para pessoas jurídicas (art. 98 CPC/2015)

- **Comprovação de miserabilidade jurídica:** por meio de documentos

 Exemplos: balanços contábeis e imposto e renda

1.2.6. Pedidos feitos por advogado

- **Devem ter procuração com poderes específicos para pedirem a gratuidade de justiça** (art. 105 CPC/2015)

DIREITO PROCESSUAL DO TRABALHO

Tema XV - Recursos

MAPA PROCESSUAL: FASE RECURSAL

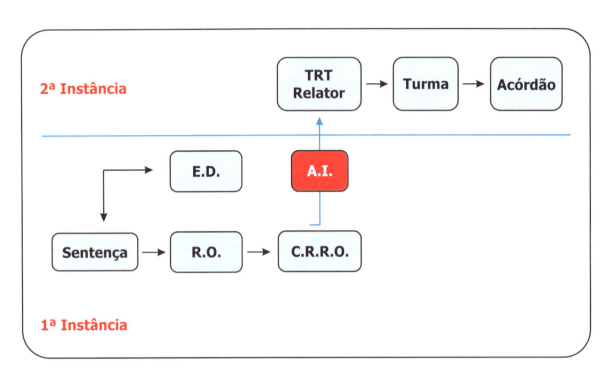

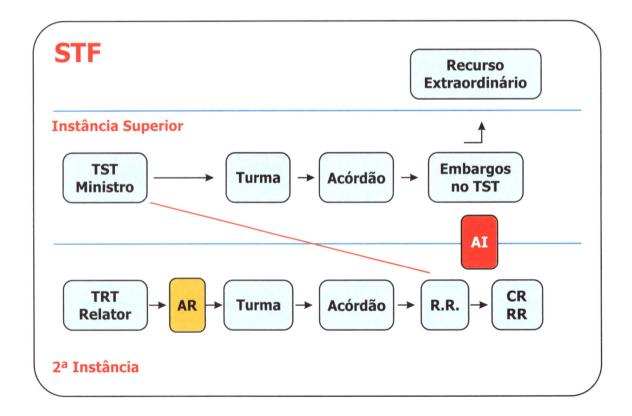

DIREITO PROCESSUAL DO TRABALHO

TEMA XV - RECURSOS

1. Recursos Trabalhistas

1.1. Conceito: é o poder de provocar o reexame de uma decisão, pela mesma autoridade judiciária, ou por outra hierarquicamente superior, visando a obter a sua reforma ou modificação

1.2. Peculiaridades

1.2.1. Irrecorribilidade imediata das decisões interlocutórias: em regra, as decisões interlocutórias não ensejam a interposição imediata de recurso (art. 893, § 1º, da CLT)

1.2.1.1. Decisões interlocutórias recorríveis de imediato
- Decisão que acolhe exceção de suspeição/impedimento e incompetência material com remessa dos autos ao juiz competente (art. 799, § 2º, da CLT)
- Decisão interlocutória que contraria súmula ou OJ
- Decisão suscetível de impugnação mediante recurso para o mesmo tribunal
- Decisão que acolhe exceção de incompetência territorial, com remessa dos autos para Tribunal distinto
- Decisão interlocutória que acolher ou rejeitar o incidente de desconsideração da personalidade jurídica proferida na fase de execução, independentemente de garantia do juízo (art. 855-A, § 1º, II, da CLT e art. 6º, § 1º, II, IN 39/2016 do TST)

1.2.2. Efeito devolutivo: os recursos no processo do trabalho são dotados unicamente, em regra, do efeito devolutivo

1.2.3. Uniformidade do prazo recursal: o prazo para interpor e contra-arrazoar qualquer recurso trabalhista é de 8 dias

1.2.3.1. Exceções
- **Embargos de declaração:** 5 dias
- **Pedido de revisão do valor da causa:** 48 horas
- **Recurso extraordinário ao STF:** 15 dias

1.2.3.2. Prazo diferenciado em dobro
- **Pessoas jurídicas de direito público:** União, Estados, DF, Municípios, autarquias, fundações públicas (art. 183 CPC/2015 e Decreto-lei 779/1969)
- **Ministério Público do Trabalho:** art. 180 do CPC/2015

💡 **Dica:** regra do prazo em dobro é aplicável aos Correios

⚠️ **Atenção absoluta:** empresas públicas e sociedades de economia mista não possuem essa prerrogativa

⚠️ **Atenção absoluta:** litisconsortes com procuradores distintos não possuem prazo em dobro

1.3. Efeitos dos recursos

1.3.1. Efeito devolutivo: a matéria impugnada pelo recorrente será reexaminada pelo órgão superior hierárquico

1.3.2. Efeito suspensivo: o efeito suspensivo impede a produção imediata dos efeitos da decisão

💡 **Dica:** recebido recurso no efeito suspensivo, a decisão impugnada não poderá ser executada provisoriamente

1.3.2.1. Exceção
- Recurso ordinário interposto contra sentença normativa (art. 7º, § 2º, da Lei 7.701/1988)

1.3.2.2. Pedido de efeito suspensivo: pedido dirigido ao Tribunal

⚖️ **Jurisprudência:** súmula 414, I, do TST

1.3.3. Efeito substitutivo: a decisão proferida no acórdão prolatado pelo Tribunal hierarquicamente superior substituirá a decisão dada na instância inferior

1.3.4. Efeito translativo: possibilidade do Tribunal conhecer matérias de ordem pública não invocadas pelo recorrente no corpo de seu recurso

1.3.5. Efeito regressivo/juízo de retratação: consiste na possibilidade de o próprio órgão que prolatou a decisão retratar-se

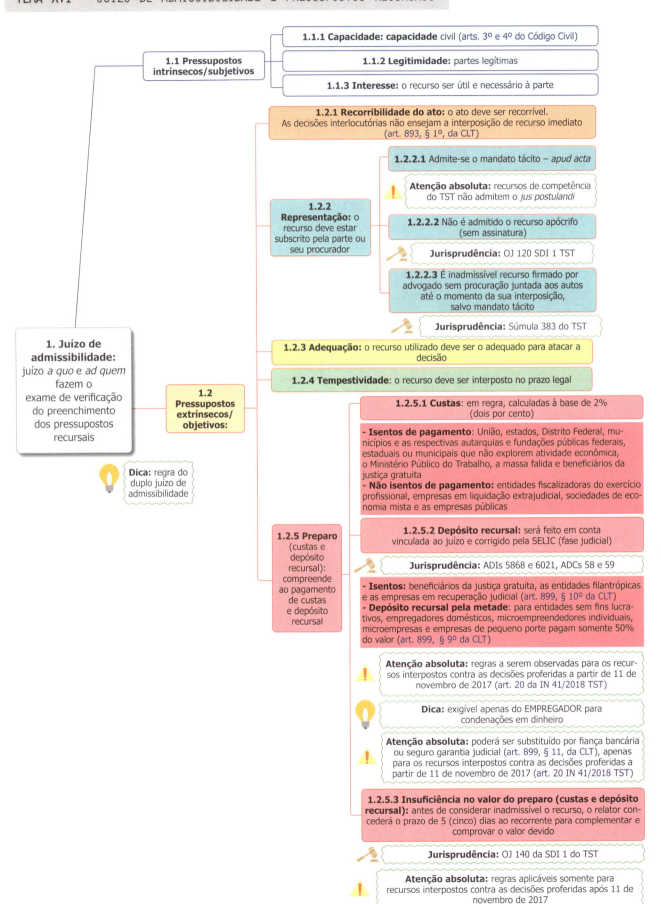

DIREITO PROCESSUAL DO TRABALHO
Tema XVII - Embargos de Declaração

1. Embargos de declaração

1.1. Fundamento legal: art. 897-A da CLT e arts. 1.022 e seguintes do CPC/2015

1.2. Hipóteses de cabimento
- **1.2.1. Contradição:** contradição entre a fundamentação e o dispositivo do julgado
- **1.2.2. Omissão:** omissão sobre ponto ou questão sobre o qual deveria o magistrado se pronunciar
- **1.2.3. Corrigir erro material:** equívoco ou inexatidão relacionado a aspectos objetivos
  - **Exemplos:** cálculo errado, ausência de palavras, erros de digitação, troca de nome entre outros
- **1.2.4. Obscuridade:** falta de clareza no julgado

Sigla importante: C.O.C.O

1.3. Pronunciamentos judiciais passíveis de embargos de declaração
- **1.3.1.** Decisões interlocutórias
- **1.3.2.** Sentenças
- **1.3.3.** Acórdãos
- **1.3.4.** Decisões monocráticas

1.4. Prazo: 5 (cinco) dias

⚠️ **Atenção absoluta:** os embargos de declaração não se sujeitam a preparo

1.5. Efeito interruptivo: o prazo para interposição de outros recursos é interrompido para ambas as partes, salvo quando forem intempestivos, irregular a representação da parte ou ausente a sua assinatura (art. 897-A, § 3º, da CLT)

1.6. Efeito modificativo/efeito infringente: pedido de procedência dos embargos que acarretará a reforma do ato judicial embargado
- **1.6.1. Intimação da parte contrária:** havendo possibilidade de efeito modificativo, a parte adversa deverá ser intimada para apresentação de contrarrazões aos embargos de declaração, no prazo de 5 dias (art. 897-A, § 2º, da CLT)

Jurisprudência: OJ 142 SDI 1 TST

1.7. Embargos de declaração protelatórios: opostos com a intenção de procrastinar/atrasar o curso regular do processo
- **1.7.1. Multa:** condenação da parte em multa de 2% sobre o valor atualizado da causa (art. 1.026, § 2º, do CPC/2015)
- **Dica:** os embargos de declaração protelatórios interrompem o prazo para outros recursos
- **1.7.2. Reiteração de embargos de declaração protelatórios:** elevação da multa para 10%, ficando condicionada a interposição de qualquer outro recurso ao depósito do valor respectivo (art. 1.026, § 3º, do CPC/2015 e art. 9º IN 39/2016 do TST)

⚠️ **Atenção absoluta:** não serão aceitos novos embargos e declaração se os dois anteriores forem considerados protelatórios

1.8. Embargos de declaração com fins de prequestionamento: objetiva o pronunciamento explícito sobre a matéria impugnada

Jurisprudência: súmula 297 do TST e súmula 98 do STJ

Dica: prequestionamento é um pressuposto específico para a interposição de recursos de natureza extraordinária dirigidos ao TST (por exemplo: recurso de revista) ou até mesmo para o STF

1.9. Embargos de declaração por manifesto equívoco no exame dos pressupostos extrínsecos do recurso: recorribilidade do ato, representação, adequação, tempestividade e preparo

DIREITO PROCESSUAL DO TRABALHO

Tema XVIII - Recurso ordinário

1. Recurso ordinário

- **1.1. Conceito:** recurso cabível não somente de sentenças, sendo possível também sua interposição contra acórdãos proferidos pelos TRTs em sua competência originária, tanto nos dissídios individuais como nos dissídios coletivos
  - **1.1.1. Prazo:** 8 (oito) dias

- **1.2. Fundamento legal:** art. 895 da CLT

- **1.3. Hipóteses de cabimento do recurso ordinário**
  - **1.3.1. Sentenças terminativas:** sentenças que extinguem o processo sem resolução do mérito
    - = **Exemplos:** inépcia da inicial, coisa julgada, litispendência, arquivamento do processo por ausência do reclamante (art. 485 do CPC/2015)
  - **1.3.2. Sentenças definitivas:** sentenças que extinguem o processo com resolução do mérito
    - = **Exemplo:** prescrição (art. 487, II, do CPC/2015)
  - **1.3.3. Decisões interlocutórias terminativas de feito**
    - a) Declara a incompetência absoluta da Justiça do Trabalho: (art. 799, § 2º, da CLT)
    - b) Decisão que acolhe incompetência territorial, com a remessa dos autos para TRT distinto (súmula 214, c, do TST)

- **1.4. Recurso ordinário em procedimento sumaríssimo** (art. 895, § 1º, da CLT)
  - **1.4.1.** Recebido no Tribunal, será imediatamente distribuído, devendo o relator liberá-lo no prazo máximo de 10 dias, e a Secretaria do Tribunal ou Turma colocá-lo imediatamente em pauta para julgamento, sem revisor
  - **1.4.2.** Se entender necessário, o MPT fará parecer oral, com registro na certidão
  - **1.4.3.** Acórdão consistente unicamente na certidão de julgamento, com a indicação suficiente do processo e parte dispositiva, e das razões de decidir do voto prevalente
  - **Dica:** se a sentença for confirmada pelos próprios fundamentos, a certidão de julgamento servirá de acórdão

- **1.5. Efeitos do recurso ordinário**
  - **1.5.1. Dissídio individual:** regra geral, efeito devolutivo
    - **1.5.1.1. Efeito suspensivo:** por meio de pedido feito ao Tribunal competente
    - **Jurisprudência:** súmula 414, item I, do TST
  - **1.5.2. Dissídio coletivo:** efeito devolutivo, com possibilidade de efeito suspensivo (art. 9º da Lei 7.701/1988)

- **1.6. Processamento do recurso ordinário**
  - **1.6.1.** Interposto o recurso, o juiz fará o primeiro juízo de admissibilidade
  - **1.6.2.** Não conhecido o recurso, poderá a parte interessada interpor agravo de instrumento
  - **1.6.3.** Conhecido o recurso o juiz abrirá o prazo para contrarrazões
  - **1.6.4.** Admitido o recurso o juiz remeterá os autos ao TRT competente
  - **1.6.5.** No TRT, após parecer do MPT, se necessário, será distribuído a um relator, que fará o 2º juízo de admissibilidade (não vinculado ao primeiro)
  - **1.6.6.** Poderá não conhecer do recurso pela ausência dos pressupostos recursais, hipótese em que se admite a interposição de agravo regimental
  - **1.6.7.** Conhecido o recurso pelo relator, será remetido à Turma para julgamento

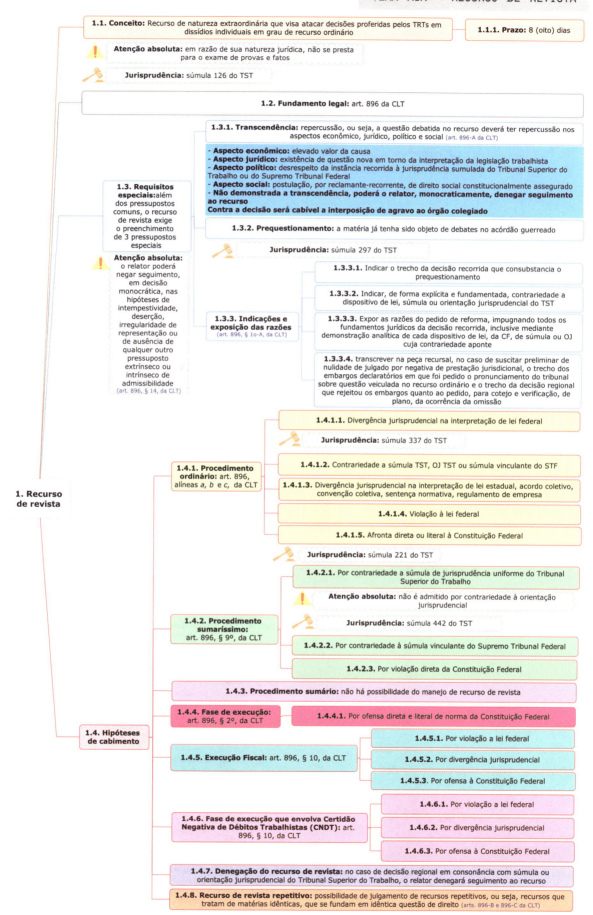

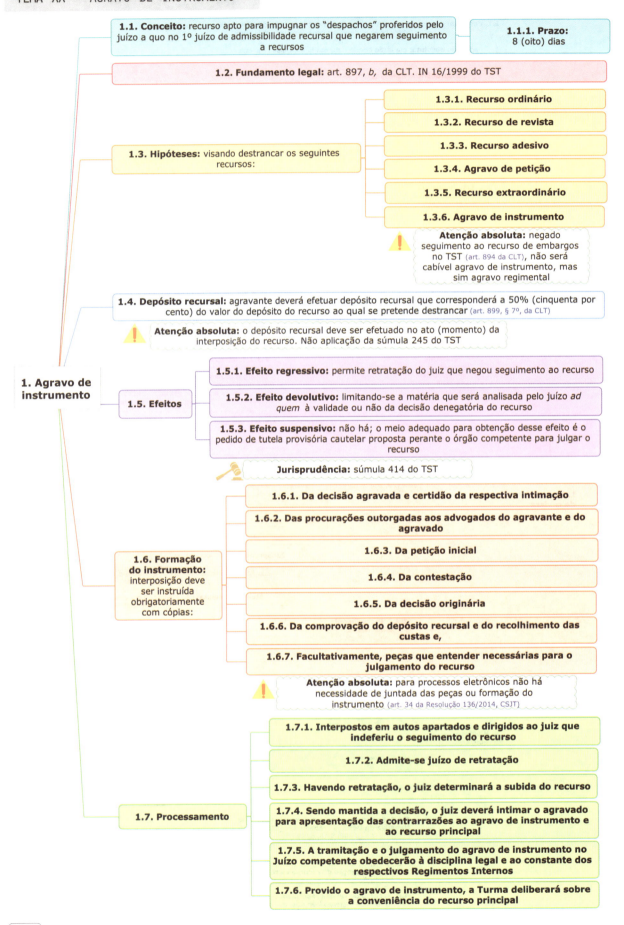

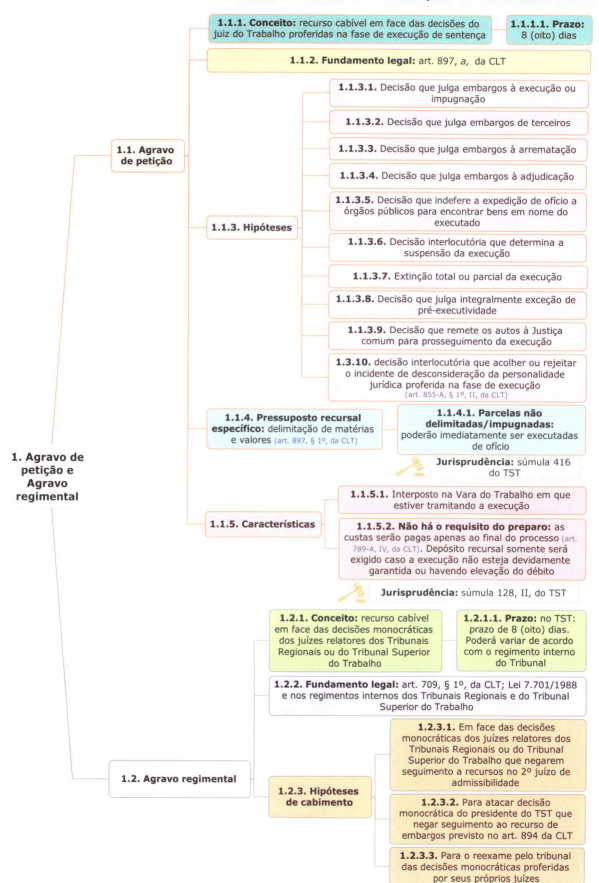

DIREITO PROCESSUAL DO TRABALHO

Tema XXII - Embargos no TST

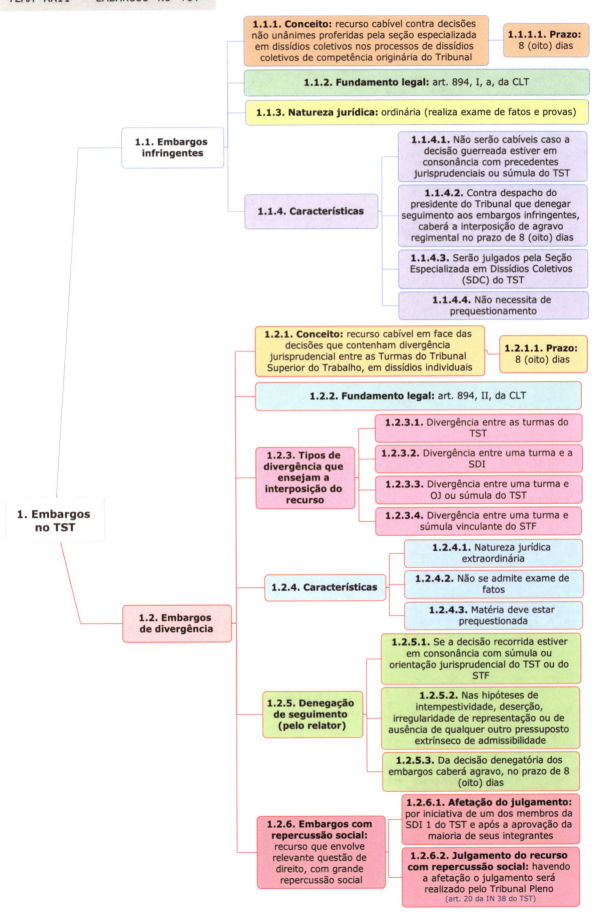

DIREITO PROCESSUAL DO TRABALHO
Tema XXIII - Execução

MAPA EXECUÇÃO

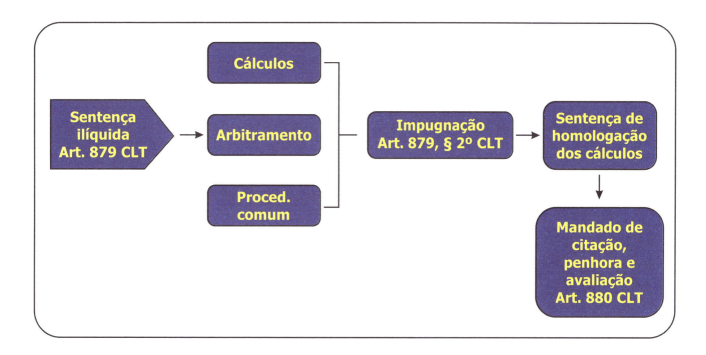

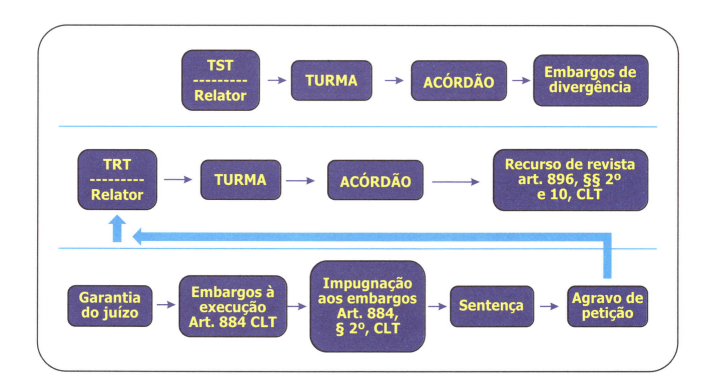

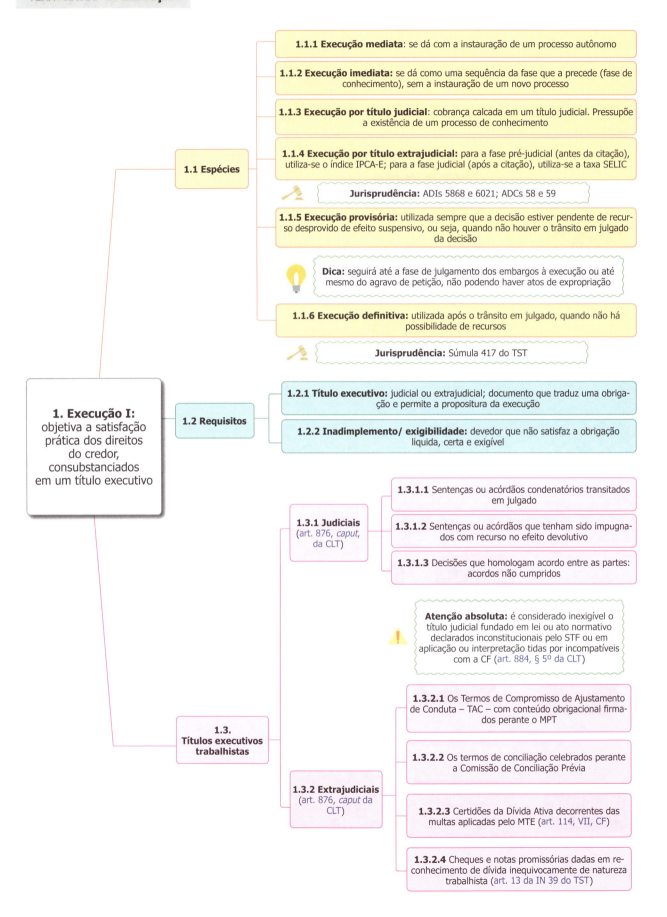

DIREITO PROCESSUAL DO TRABALHO

Tema XXIII - Execução

1. Execução II

- **1.1. Legislação aplicável na execução trabalhista** (art. 889 da CLT)
  - 1.1.1. CLT
  - 1.1.2. Lei 5.584/1970: art. 12 (avaliação) e art. 13 (remição)
  - 1.1.3. Lei 6.830/1980: Lei de Execução Fiscal
  - 1.1.4. CPC/2015

  ⚠️ **Atenção absoluta:** na fase de execução, o CPC somente será aplicado havendo omissão na CLT, na Lei 5.584/1970 e também na Lei 6.830/1980

  💡 **Dica:** veja IN 39/2016 TST

- **1.2. Competência**
  - 1.2.1. **Fundamento legal:** arts. 877 e 877-A da CLT
  - 1.2.2. **Execução judicial:** tramitará no juízo ou Tribunal que tiver conciliado ou julgado originariamente o conflito
  - 1.2.3. **Execução extrajudicial:** tramitará no juízo ou Tribunal que teria competência para o processo de conhecimento (art. 651 da CLT)

- **1.3. Legitimidade**
  - **1.3.1. Ativa:** art. 878 da CLT
    - 1.3.1.1. Credor
      - *Quando estiver representado por advogado*
    - 1.3.1.2. O juiz *ex officio*
      - *Se a parte não estiver representada por advogado*
    - 1.3.1.3. Ministério Público do Trabalho, nos casos previstos em lei
    - 1.3.1.4. O espólio, herdeiros ou sucessores do credor
    - 1.3.1.5. O cessionário, quando o direito resultante do título executivo lhe for transferido por ato entre vivos
    - 1.3.1.6. **O sub-rogado:** nos casos de sub-rogação legal ou convencional
    - 1.3.1.7. Próprio devedor

    ⚠️ **Atenção absoluta:** a União também será parte legítima na cobrança de multas aplicadas aos empregadores (art. 114, VII, da CF e art. 4º da Lei 6.830/1980)

  - **1.3.2. Passiva**
    - 1.3.2.1. Empregador ou empregado
    - 1.3.2.2. Espólio, herdeiros e sucessores
    - 1.3.2.3. **O responsável tributário:** devedor de custas, bem como o devedor de contribuições previdenciárias decorrentes das condenações da Justiça do Trabalho
    - 1.3.2.4. **Responsável subsidiário nos casos de intermediação de mão de obra:** terceirização, dono de obra e empreiteiro
    - 1.3.2.5. **Sucessor:** havendo sucessão trabalhista

- **1.4. Fases**
  - 1.4.1. **Quantificação:** consiste em fixar o montante da obrigação devida pelo devedor ao credor
  - 1.4.2. **Constrição:** consiste em garantir a execução do crédito
  - 1.4.3. **Expropriação:** visa a alienação dos bens penhorados, por meio da praça ou leilão, para a satisfação do crédito do exequente

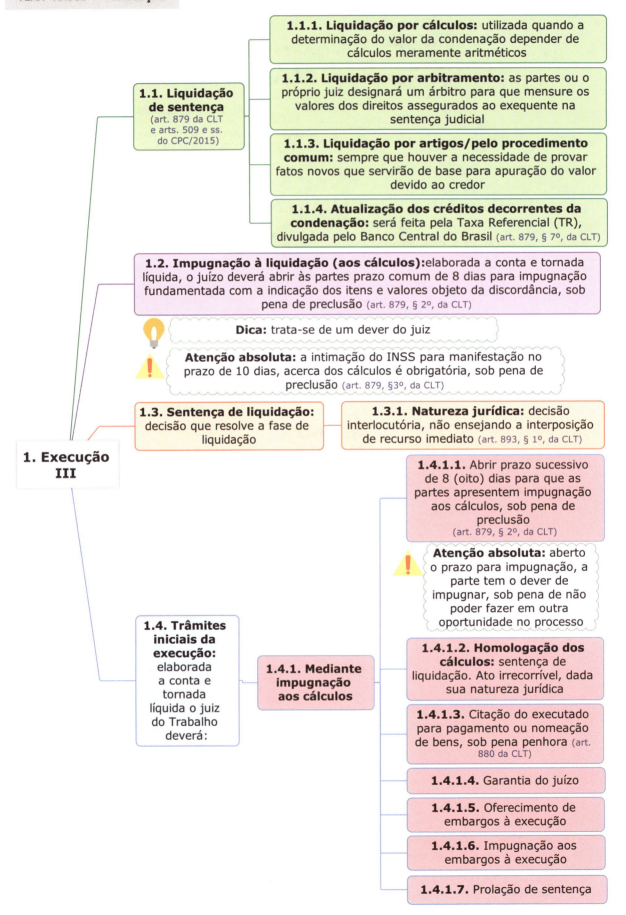

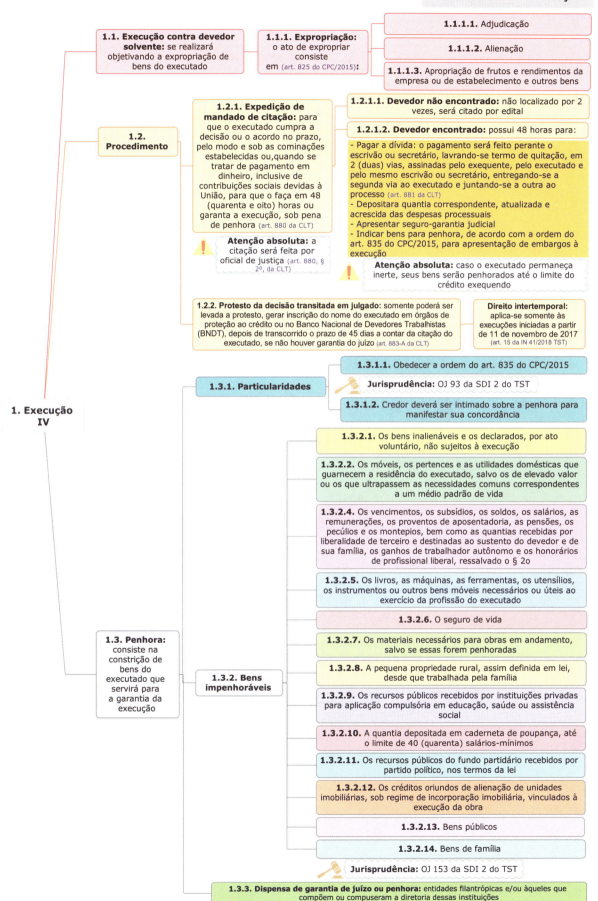

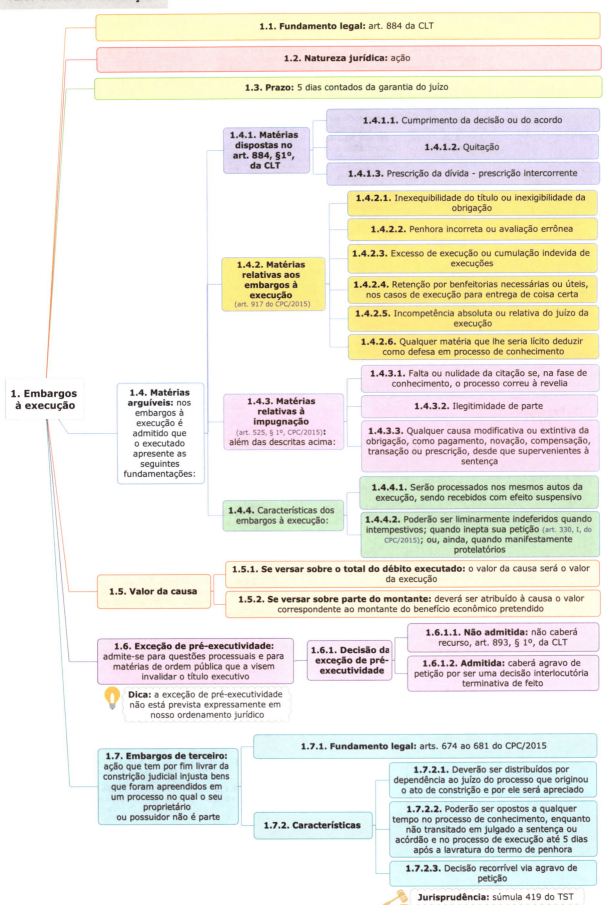

DIREITO AMBIENTAL

Wander Garcia

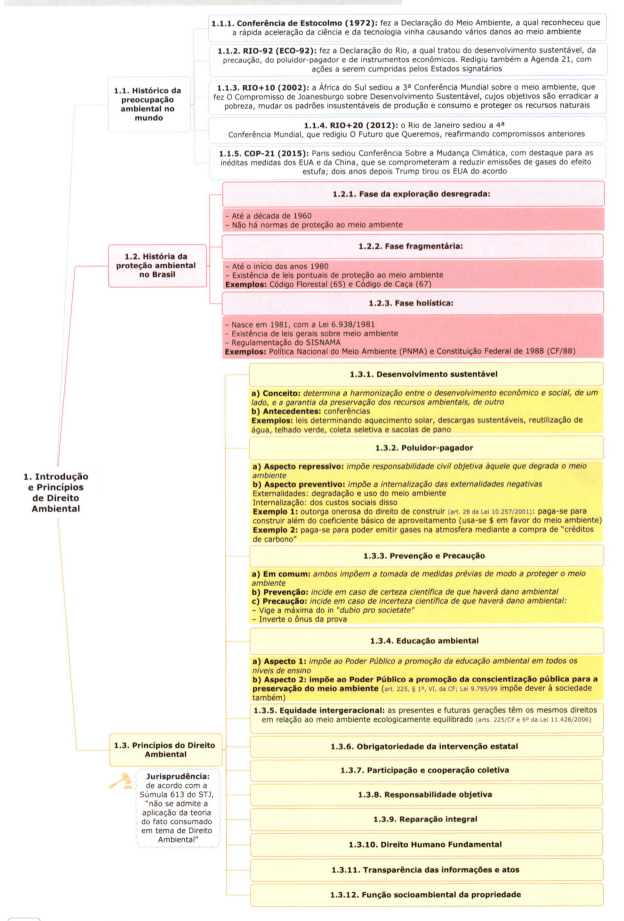

DIREITO AMBIENTAL

TEMA II - DIREITO AMBIENTAL NA CONSTITUIÇÃO FEDERAL

1. Direito Ambiental na Constituição Federal

1.1. Competência em matéria ambiental

1.1.1. Competência administrativa

a) É a competência para executar as leis (art. 23, III a VII, da CF)
Exemplos: fiscalização, preservação, licenciamento ambiental e tombamento
b) é comum da União, Estados, DF e Municípios
Exemplos: poder de polícia, tombamento cumulativo
c) Leis complementares regularão a cooperação entre os entes políticos na competência comum – vide a Lei Complementar 140/11

1.1.2. Competência legislativa

a) É a competência para legislar (arts. 24, VI a VIII, 25 e 30 da CF)
b) É concorrente da União, Estados e DF
c) União: estabelece leis gerais (art. 24, § 1º); meio ambiente do trabalho é matéria privativa da União (art. 22, I, da CF)
d) Estados e DF:
– **Existindo lei federal:** podem suplementar esta (art. 24, § 2º); exemplo de suplementação: regular aspecto não regulamentado na lei federal; como aplicar a lei local
– **Inexistindo lei federal:** legislam plenamente, para atender a suas peculiaridades (art. 24, § 3º)
Atenção: sobrevindo lei federal, lei estadual fica com eficácia suspensa, no que for contrária (§ 4º)
e) Municípios (art. 30, I e II, da CF):
– Legislam sobre assuntos de interesse local
– Suplementam a legislação federal e estadual no que couber

1.2. Outras disposições da CF (art. 225)

1.2.1. Princípios ambientais já mencionados

1.2.2. Deveres do Poder Público:

a) Fiscalizar, controlar, preservar e restaurar (I, II, V e VII)
b) Criar espaços territoriais especialmente protegidos (III)
c) Exigir Estudo de Impacto Ambiental – EIA (IV)
d) Aplicar sanções penais, administrativas e civis a pessoas físicas ou jurídicas (§ 3º)

1.2.3. Definição de Patrimônio Nacional (§ 4º)

a) Floresta Amazônica
b) Mata Atlântica
c) Serra do Mar
d) Pantanal Mato-Grossense
e) Zona Costeira

1.2.4. Definição de Terras Indisponíveis (§ 5º):
Devolutas ou arrecadadas pelos Estados, por ações discriminatórias, necessárias à proteção dos ecossistemas naturais

1.2.5. Instalação de usinas nucleares (§ 6º):
Usinas nucleares devem ter sua localização definida em lei federal, sem o que não poderão ser instaladas

DIREITO AMBIENTAL

Tema III - Bens Ambientais

1. Bens Ambientais

1.1. Conceito de meio ambiente: conjunto de condições, leis, influências e interações de ordem física, química e biológica, que permite, abriga e rege a vida em todas as suas formas

1.2. Natureza jurídica do bem ambiental:
a) **Para fins processuais:** bem difuso (transindividual, indivisível, titulares indetermináveis, ligados por circunstâncias de fato) (art. 81, parágrafo único, I, do CDC)
b) **Para fins de identificação do titular:** público ou particular; mas o "meio ambiente ecologicamente equilibrado" é bem de uso comum do povo

1.3. Natureza jurídica do dano ambiental:
– Depende do pedido formulado em juízo

1.4. Espécies de bens ambientais:
a) **Meio ambiente natural:** elementos que existem mesmo sem a influência do homem
Exemplos: solo, água, ar, fauna e flora
b) **Meio ambiente artificial:** espaço construído pelo homem, na interação com a natureza
Exemplo: edificações
c) **Meio ambiente cultural:** elementos utilizados ou construídos pelo homem, que detêm valor especial para a sociedade
Exemplo: Pelourinho
d) **Meio ambiente do trabalho:** espaço onde o homem exerce suas atividades laborais
– Previsto na CF (art. 200, VIII); competência da União

1.5. Meio ambiente cultural:

1.5.1. Conceito: são os bens *materiais* ou *imateriais* portadores de referência especial, como:
a) As formas de expressão
b) Os modos de criar, fazer e viver
c) As criações científicas, artísticas e tecnológicas
d) As obras, objetos, documentos, edificações e demais espaços destinados à arte e à cultura
e) Os conjuntos urbanos e sítios de valor histórico, paisagístico, artístico, arqueológico etc.

1.5.2. Instrumentos de proteção previstos na CF
a) Inventários
b) Registros
c) Vigilância
d) Tombamento
e) Desapropriação

1.5.3. Tombamento (Decreto-lei 25/37)

1.5.3.1. Conceito: ato do Poder Público que declara determinado bem de valor histórico, artístico, paisagístico, turístico, cultural ou científico, para fins de proteção

1.5.3.2. Objeto:
– Material/imaterial
– Móvel/imóvel
– Imóvel isolado/conjunto arquitetônico
– Bairro
– Cidade
Obs.: cabe tombamento cumulativo

1.5.3.3. Modalidades:
a) Voluntário: a pedido
b) Contencioso:
– Notificação
– Defesa em 15 dias
– Após notificação, fica implementado o tombamento provisório

1.5.3.5. Efeitos do tombamento:
a) **Por ato administrativo:** após decisão, inscreve-se no Livro do Tombo; em se tratando de imóvel, há de se registrar no Registro de Imóveis
b) **Por ato legislativo:** um exemplo é o art. 216, § 5º, da CF, que tomba os documentos e sítios detentores de reminiscências históricas dos antigos quilombos
c) **Por ato judicial:** ACP, AP

1.5.3.4. Instituição:
a) O proprietário deve **conservar** a coisa
– Se não tiver recursos, o Poder Público está autorizado pela lei a arcar com os custos
b) O proprietário depende de **autorização especial** para reparar, pintar ou restaurar a coisa
c) Os **vizinhos** não podem reduzir a visibilidade da coisa tombada
d) Bem tombado **público** é inalienável
e) Bem tombado **não pode sair do País,** salvo se por prazo curto, sem alienação, para fim de intercâmbio cultural e mediante autorização pública

DIREITO AMBIENTAL
Tema IV - SISNAMA

1. SISNAMA

1.1. Conceito (art. 6º da Lei 6.938/81): conjunto articulado de órgãos e entidades da União, dos Estados, do DF e dos Municípios responsáveis pela proteção e melhoria da qualidade ambiental, com estrutura federativa

1.2. Estrutura:

1.2.1. Órgão Superior
a) Conselho de Governo (CG)
b) Competência: assessorar o presidente da República na formulação da Política Nacional e nas diretrizes governamentais

1.2.2. Órgão Consultivo e Deliberativo
a) **CONAMA** – Conselho Nacional do Meio Ambiente
b) **Competências:**
– Assessorar e propor ao CG diretrizes de políticas governamentais para o meio ambiente
– Deliberar sobre normas e padrões ambientais
c) **Composição** (Dec. 99.274/1990):
– Ministro do Meio Ambiente é o presidente
– Secretário Executivo do Ministério do Meio Ambiente é o secretário executivo
– Presidente do Ibama
- 1 representante por Ministério: da Casa Civil da Presidência da República; da Economia; Infraestrutura; Agricultura, Pecuária e Abastecimento; de Minas e Energia; do Desenvolvimento Regional; Secretaria de Governo da Presidência da República
- 1 representante de cada região geográfica do País indicado pelo governo estadual
- 2 representantes de Governos municipais, dentre as capitais dos Estados
- 4 representantes de entidades ambientalistas de âmbito nacional inscritas, há, no mínimo 1 ano, no Cadastro Nacional de Entidades Ambientalistas - Cnea, mediante carta registrada ou protocolizada junto ao Conama
- 2 representantes indicados pelas seguintes entidades empresariais: Confederação Nacional da Indústria; do Comércio; de Serviços; da Agricultura; do Transporte
- Obs: o Ministério Público Federal poderá indicar um representante, titular e suplente, para participar do Plenário do Conama na qualidade de membro convidado, sem direito a voto
d) **Vantagens dos membros:**
– Participação é serviço de natureza relevante
– Não recebem remuneração
– Deslocamento e estadia por conta das entidades representadas
e) **Estrutura:** tem Plenário, Comitê de Integração de Políticas Ambientais e Câmaras Técnicas, Grupos de Trabalho e Assessores

1.2.3. Órgão Central
a) **Secretaria do Meio Ambiente da Presidência da República**
b) **Competência:** planejar, coordenar e controlar a política nacional e as diretrizes governamentais fixadas para o meio ambiente

1.2.4. Órgão Executor
a) **IBAMA** (licenciamentos e poder de polícia) e **Instituto Chico Mendes** (UCs federais)
b) **Competência:** executar e fazer executar a política e as diretrizes fixadas para o meio ambiente

1.2.5. Órgãos Seccionais e Locais
a) **Órgãos ou entidades estaduais ou municipais**, respectivamente
b) **Competência:** fiscalizar atividades capazes de provocar degradação ambiental

DIREITO AMBIENTAL

TEMA V - INSTRUMENTOS DE PROTEÇÃO AO MEIO AMBIENTE

1. Instrumentos de Proteção ao Meio Ambiente

1.1. Instrumentos da Política Nacional do Meio Ambiente (PNMA):

1.1.1. Estabelecimento de padrões de qualidade ambiental
Exemplo: poluição das águas, poluição atmosférica, composição dos combustíveis, licenciamento ambiental, EIA/RIMA

1.1.2. Zoneamento ambiental
– Delimitação geográfica de áreas territoriais com o objetivo de estabelecer regimes especiais de uso, gozo e fruição
Exemplo: urbano, costeiro, agrícola, ecológico-econômico

1.1.3. Avaliação de impactos ambientais
– AIA (Avaliação de Impacto Ambiental): simples avaliação
– EIA (Estudo de Impacto Ambiental): avaliação em caso de significativo impacto ambiental

1.1.4. Licenciamento e revisão de atividades efetiva ou potencialmente poluidoras

1.1.5. Incentivos à produção e instalação de equipamentos e à criação ou absorção de tecnologia, voltados para a melhoria da qualidade ambiental

1.1.6. Criação de espaços territoriais especialmente protegidos (Lei 9.985/2000)

1.1.7. Imposição de penalidades disciplinares ou compensatórias

1.1.8. Sistema nacional de informações sobre o meio ambiente + garantia de informações ambientais

1.1.9. Cadastro Técnico Federal de Atividades e Instrumentos de Defesa Ambiental

1.1.10. Cadastro Técnico Federal de Atividades Potencialmente Poluidoras ou Utilizadoras de Recursos Ambientais

1.1.11. Instituição do Relatório de Qualidade do Meio Ambiente, divulgado anualmente pelo IBAMA

1.1.12. Concessão Florestal (Lei 11.284/06)
– Gestão de florestas públicas:
a) pelo Poder Público, com criação de UCs (unidades de conservação)
b) pelo particular, com concessão florestal:
– onerosa
– manejo florestal sustentável
– pessoa jurídica, em consórcio ou não
– licitação na modalidade concorrência
– até 40 anos
– auditorias florestais no mínimo a cada 3 anos

1.1.13. Servidão Ambiental (Lei 11.284/2006)
a) Renúncia voluntária ao direito de uso e exploração do imóvel
b) Pelo proprietário rural
c) Em caráter permanente ou temporário
d) Na totalidade ou em parte do bem
e) Não se aplica às áreas de preservação permanente e de reserva legal
f) Averbada no registro de imóveis
Exemplo: para compensação ambiental (exemplo: cota de reserva ambiental – CRA, vantagens tributárias)
– A CRA pode ser utilizada para fins de compensação de reserva legal; é transferível

1.2. Outros instrumentos de proteção do MA:

– **Área de preservação permanente**
• Lei 12.651/2012: em zona rural ou urbana
a) Legal (art. 4º): por exemplo, raio de 50 m de nascentes
b) Instituída (art. 6º): por exemplo, floresta destinada a evitar erosão do solo
• Uso só em caso de utilidade pública, interesse social ou baixo impacto ambiental
– **Reserva legal:** Lei 12.651/2012 (art. 12)
• % em área rural em que se proíbe o corte
• Regra é 20%; na Amazônia chega a 80%
• É livre a coleta de produtos não madeireiros; cabe exploração econômica com manejo sustentável, mediante autorização oficial (arts. 21 e 22)
– **Tombamento**
– **Desapropriação**
– **Responsabilidade civil**
– **Responsabilidade administrativa**
– **Responsabilidade penal**

DIREITO AMBIENTAL

Tema VI - Licenciamento Ambiental e EIA/RIMA

1. LICENCIAMENTO AMBIENTAL E EIA/RIMA

1.1. Licenciamento ambiental

1.1.1. Conceito: *procedimento administrativo obrigatório para atividades capazes de causar degradação ambiental*

1.1.2. Regulamentação: LC 140/11 e Resolução 237/97 do CONAMA

1.1.3. Competência: princípio do licenciamento exclusivo, ou seja, somente um ente político será responsável pelo licenciamento ambiental, segundo os critérios de impacto ambiental abaixo

1.1.3.1. Impacto nacional e regional
- É competência do IBAMA, com colaboração de Estados e Municípios. IBAMA pode delegar competência aos Estados, se o dano for regional, por convênio ou lei
- Empreendimento em 2 estados, em país limítrofe, no mar territorial, plataforma continental ou zona econômica exclusiva, em terras indígenas, em unidades de conservação da União, de caráter militar ou nuclear

1.1.3.2. Impacto microrregional
- É competência do Estado-membro
- Empreendimentos em 2 ou mais Municípios, em unidades de conservação do Estado e em casos que não sejam da União ou dos Municípios. **Exemplo:** construção de estrada que liga 3 municípios

1.1.3.3. Impacto local
- É competência do Município, se tiver ESTRUTURA + Conselho do Meio Ambiente
- Nas unidades de conservação municipais e em casos de impacto ambiental local, conforme tipologias estabelecidas pelo Conselho Estadual do Meio Ambiente local
Exemplos: construção de uma casa com corte de árvore; obra em uma unidade de conservação municipal

1.1.3.4. Atuação supletiva
- Ação do ente da Federação que substitui o ente competente, por falta dos requisitos para poder licenciar
Exemplo: Estado-membro é competente para o licenciamento em caso de impacto local, se o Município local não tiver estrutura ou Conselho Municipal do Meio Ambiente

1.1.3.5. Atuação subsidiária
- Ação do ente da Federação que visa auxiliar no desempenho das atribuições decorrentes das competências comuns, quando solicitado pelo ente federativo competente

1.1.4. Espécies de licença:

1.1.4.1. Licença prévia: *autoriza a localização do empreendimento e os requisitos para as próximas fases do procedimento*
– Validade: até 5 anos

1.1.4.2. Licença de instalação: *autoriza a implantação do empreendimento*
– Validade: até 6 anos

1.1.4.3. Licença de operação: *autoriza o início das atividades e o funcionamento do empreendimento*
– Validade: de 4 a 10 anos - **Obs.:** a renovação da licença deve ser requerida com antecedência de 120 dias, ficando automaticamente prorrogada até manifestação do órgão competente

1.2. Estudo de Impacto Ambiental – EIA

1.2.1. Conceito: *estudo multidisciplinar obrigatório para atividades capazes de causar significativa degradação ambiental*

1.2.2. Regulamentação:
a) Art. 225, § 1º, IV, da CF
b) Resolução nº 1/86 do CONAMA
c) A resolução traz rol exemplificativo dos casos em que se deve fazer o EIA/RIMA; por Exemplo:
– Estrada com duas ou mais faixas de rolagem
– Ferrovias, portos, aterros sanitários, distritos industriais

1.2.3. Demais características
a) **Momento:** antes do licenciamento ambiental
b) **Fases:** diagnóstico da área de influência, análise dos impactos e alternativas, definição das medidas mitigadoras, elaboração do programa de acompanhamento
c) **Custos:** empreendedor arca com os custos
d) **Profissionais:** empreendedor escolhe
e) **Publicidade:** como regra o estudo é público, cabendo sigilo em caso de necessidade de preservar sigilo industrial
f) **Audiência pública:** pode ser requerida pelo Ministério Público, por órgão ambiental ou por 50 ou mais cidadãos

DIREITO AMBIENTAL

Tema VII - Unidades de Conservação

1. Unidades de Conservação

1.1. Conceito de SNUC (Sistema de Unidades de Conservação):
conjunto de unidades territoriais de conservação das esferas federativas, cujo objetivo é contribuir para a manutenção da diversidade biológica, dos recursos genéticos e do meio ambiente ecologicamente equilibrado

1.2. Previsão legal:
art. 225, § 1º, III, da CF; Lei 9.985/2000

1.3. Órgãos gestores do SNUC:
a) *Órgão Consultivo e Deliberativo: CONAMA*
– Acompanha a implantação do sistema
b) *Órgão Central: Ministério do Meio Ambiente*
– Coordena o Sistema
c) *Órgãos Executores: Instituto Chico Mendes, IBAMA e órgãos estaduais e municipais*
– Implantam o SNUC, subsidiam propostas de criação e administram unidades de conservação (as organizações civis do tipo OSCIP também podem gerir mediante instrumento)

1.4. Outros conceitos

1.4.1. Unidades de conservação: espaços territoriais com características naturais relevantes, instituídos pelo Poder Público com o objetivo de conservação

1.4.2. Manejo: todo e qualquer procedimento que vise assegurar a conservação da diversidade biológica e dos ecossistemas

1.4.3. Plano de manejo: documento técnico que estabelece o zoneamento e as normas que presidem o uso de uma área

1.4.4. Recuperação: restituição de um ecossistema ou de uma população silvestre degradada a uma condição não degradada, que pode ser diferente de sua condição original

1.4.5. Restauração: restituição de um ecossistema ou de uma população silvestre degradada o mais próximo possível da sua condição original

1.4.6. Zona de amortecimento: o entorno de uma unidade de conservação, onde as atividades humanas estão sujeitas a normas e restrições específicas, para minimizar os impactos negativos sobre a unidade

1.4.7. Corredores ecológicos: porções de ecossistemas, ligando unidades de conservação, que possibilitam entre elas o fluxo de genes e o movimento da biota, facilitando a dispersão de espécies, a recolonização de áreas degradadas e a manutenção de populações que demandam para sua sobrevivência áreas com extensão maior do que a das unidades individuais

1.5. Grupos de Unidades de Conservação

1.5.1. Unidades de proteção integral

a) **Conceito:** são aquelas que admitem apenas o uso indireto dos seus recursos naturais
b) **Uso indireto:** não envolve consumo, coleta, dano ou destruição; admite apenas recreação, turismo, educação
c) **Objetivo:** preservar a natureza
d) **Categorias:**
– Estação Ecológica: *pesquisa*
– Reserva Biológica: *só preservação integral da biota*
– Parque Nacional: *grande relevância e beleza, possibilitando pesquisa, educação, recreação e turismo*
– Monumento Natural: *sítios naturais raros, singulares e de grande beleza*
– Refúgio de Vida Silvestre: *assegurar reprodução de espécies de flora ou fauna*

1.5.2. Unidades de uso sustentável

a) **Conceito:** são aquelas que admitem o uso direto de parcelas de seus recursos naturais, mas de forma sustentável
b) **Uso direto:** aquele que envolve coleta e uso, comercial ou não, dos recursos naturais; admite uso parcial e sustentável da área
c) **Objetivo:** compatibilizar conservação da natureza com uso sustentável de parcela dos seus recursos
d) **Categorias:**
– Área de Proteção Ambiental (APA): *área com ocupação humana*
– Área de Relevante Interesse Ecológico: *exemplares raros regionais*
– Floresta Nacional: *uso múltiplo sustentável*
– Reserva Extrativista: *populações extrativistas tradicionais*; exemplo: *seringueiros*
– Reserva de Fauna: *estudo sobre manejo econômico desta*
– Reserva de Desenvolvimento Sustentável: *populações tradicionais com conhecimentos a serem valorizados*
– Reserva Particular do Patrimônio Natural: *área privada gravada com compromisso de preservação*

1.6. Instituição de UCs

a) **Ato do Poder Público:** lei, decreto ou outro ato
b) **Estudos técnicos:** obrigatórios
c) **Consulta pública:** obrigatória, salvo Estação Ecológica e Reserva Biológica
d) **Zona de amortecimento:** obrigatória, salvo APA e Reserva Particular do Patrimônio Natural
e) **Corredores Ecológicos:** se for o caso
f) **Plano de manejo:** obrigatório em até 5 anos
g) **Desapropriação obrigatória:** Estação Ecológica, Reserva Biológica, Parque Nacional, Floresta Nacional, Reserva Extrativista, Reserva de Fauna

1.7. Alterações

1.7.1. Transformação para proteção integral ou ampliação: para aumentar a restrição, basta um ato da mesma hierarquia do que criou a unidade + estudos técnicos e consulta pública

1.7.2. Desafetação ou redução dos limites: somente mediante lei específica

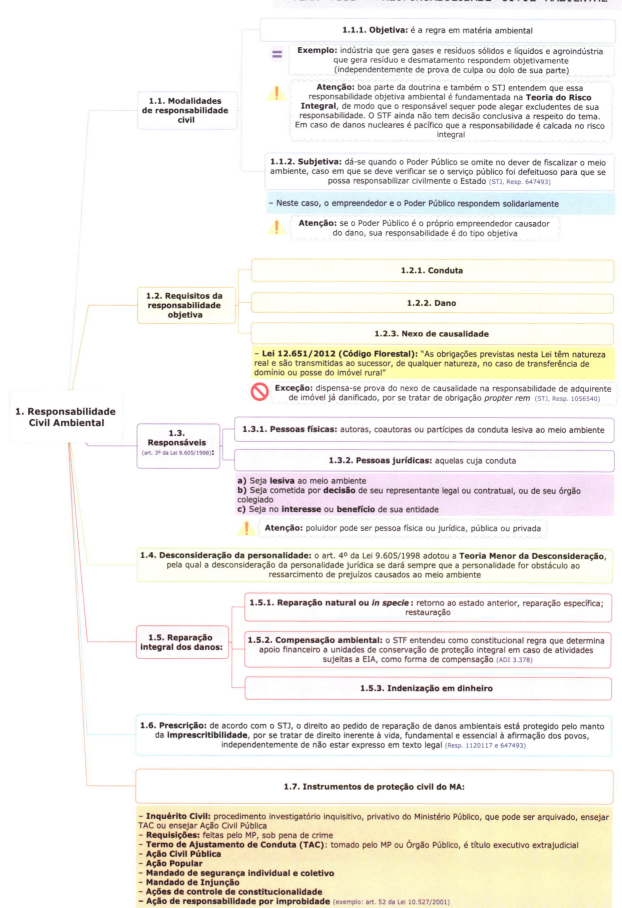

DIREITO AMBIENTAL

Tema IX - Responsabilidade Administrativa Ambiental

1. Responsabilidade Administrativa Ambiental

1.1. Infração administrativa ambiental: toda ação ou omissão que viole as regras jurídicas de uso, gozo, promoção, proteção e recuperação do meio ambiente (art. 70 da Lei 9.605/1998)

1.2. Autoridades competentes para lavrar auto de infração e instaurar processo administrativo:

a) Funcionários de órgãos ambientais integrantes do SISNAMA designados para a fiscalização
b) Agentes da Capitania dos Portos, da Marinha

1.3. Responsáveis por infrações ambientais:
(arts. 3º e 70, § 3º, Lei 9.605/1998)

1.3.1. Pessoas físicas: autoras, coautoras ou partícipes da conduta lesiva ao meio ambiente

1.3.2. Pessoas jurídicas: cuja conduta lesiva seja cometida por decisão de seu representante legal ou contratual, ou de seu órgão colegiado, no interesse ou benefício de sua entidade

1.3.3. Autoridade que tiver conhecimento da infração e não tiver promovido apuração imediata (corresponsável)

1.4. Rito do processo administrativo:

a) Representação por qualquer pessoa ou instauração de ofício do processo
b) Auto de infração
c) 20 dias para defesa contra o auto de infração, contados da ciência da autuação
d) 20 dias para infrator recorrer à instância superior do SISNAMA ou à Diretoria dos Portos e Costas
e) 5 dias para pagamento da multa, contados do recebimento da notificação

1.5. Sanções administrativas:

a) Advertência (1ª providência para menor lesividade)
b) Multa simples (culpa/dolo) – R$ 50 a R$ 50 milhões
c) Multa diária (infração que se prolonga no tempo)
d) Apreensão de animais, produtos, instrumentos etc.
e) Destruição ou inutilização do produto
f) Suspensão de venda ou fabricação do produto
g) Embargos de obra ou atividade
h) Demolição de obra
i) Suspensão parcial ou total de atividades
j) Restritiva de direitos: suspensão ou cancelamento de registro ou de licença; proibição de contratar com Poder Público

1.6. Infrações simultâneas: aplica-se ao infrator, cumulativamente, as sanções a ele cominadas

1.7. Multas simultâneas por mais de um órgão competente: pagamento de multa imposta pelos Estados, Municípios, Distrito Federal ou Territórios substitui a multa federal na mesma hipótese de incidência

1.8. Conversão de multa simples em serviços de preservação, melhoria e recuperação:

– Art. 72, § 4º, da Lei 9.605/1998
– Autuado deve requerer a conversão na defesa, apresentando pré-projeto
– Celebra-se termo de compromisso – só a cada 5 anos

1.9. Prescrição da cobrança da multa: 5 anos

DIREITO AMBIENTAL

TEMA X - RESPONSABILIDADE PENAL AMBIENTAL

1. Responsabilidade Penal Ambiental

1.1. Responsáveis: arts. 2º e 3º da Lei 9.605/1998

1.1.1. Pessoas físicas: autoras, coautoras ou partícipes da conduta lesiva ao meio ambiente

– Também responde o diretor, administrador, membro de conselho, auditor, gerente, preposto ou mandatário de PJ que, sabendo da conduta, deixa de impedi-la, quando podia agir para evitá-la

1.1.2. Pessoas jurídicas:

– Conduta típica
– Cometida por decisão de seu representante legal ou contratual, ou de seu órgão colegiado
– Cometida no interesse ou benefício de sua entidade

1.2. Penas aplicáveis às pessoas jurídicas

1.2.1. Multa

1.2.2. Restritivas de direitos: suspensão das atividades, interdição temporária, proibição de contratar

1.2.3. Prestação de serviços à comunidade: custeio de programas ambientais, execução de recuperação, manutenção de espaços, contribuições a entidades ambientais ou culturais

 Atenção: cabe **liquidação forçada** da PJ constituída ou utilizada preponderantemente para crimes

1.3. Ação penal: pública e incondicionada

1.4. Competência: Justiça Estadual, ressalvado o artigo 109 da CF

1.5. Sentença penal:

– A sentença penal condenatória, sempre que possível, fixará o valor mínimo para reparação dos danos causados pela infração, considerando os prejuízos sofridos pelo ofendido ou pelo meio ambiente
– Transitada em julgado a sentença, a execução será efetuada pelo valor fixado na sentença, sem prejuízo da liquidação para apuração do dano sofrido

1.6. Principais crimes: (arts. 29 e ss.)

– **Art. 29:** Matar, perseguir, caçar, apanhar, utilizar espécimes de fauna silvestre, nativos ou em rota migratória sem a devida permissão, licença ou autorização da autoridade competente, ou em desacordo com a obtida
– **Art. 30:** Exportar peles e couros de anfíbios e répteis em bruto, sem autorização
– **Art. 32:** Abuso ou maus-tratos em animais silvestres, domésticos ou domesticados
– **Art. 34:** Pescar em período no qual a pesca é proibida ou em lugar interditado

 Atenção: não é crime o abate de animal, quando realizado em estado de necessidade (para saciar a fome do agente ou de sua família), e para proteger lavouras, pomares, rebanhos, desde que autorizado

– **Art. 38:** Destruir ou danificar floresta considerada de preservação permanente, mesmo que em formação, ou utilizá-la com infringência das normas de proteção. Se o crime for culposo, a pena se reduz à metade
– **Art. 40:** Causar dano direto ou indireto às Unidades de Conservação. Se o crime for culposo, a pena se reduz à metade
– **Art. 41:** Provocar incêndio em mata ou floresta
– **Art. 42:** Fabricar, vender, transportar ou soltar balões que possam provocar incêndios na flora
– **Art. 54:** Causar poluição em níveis que resultem ou possam resultar danos à saúde humana ou mortandade de animais ou destruição significativa da flora
– **Art. 60:** Realizar empreendimento potencialmente poluidor sem licença ou autorização dos órgãos competentes
– **Art. 62:** Destruir, inutilizar ou deteriorar bem protegido, arquivo, museu, biblioteca ou similar protegido
– **Art. 65:** Pichar, grafitar ou por outro meio conspurcar edificação ou monumento urbano

ESTATUTO DA CRIANÇA E DO ADOLESCENTE

Eduardo Dompieri Lucas Corradini

Material complementar do Estatuto da Criança e do Adolescente está disponível online pelo site da Editora Foco, no link:
www.editorafoco.com.br/atualizacao

ESTATUTO DA CRIANÇA E DO ADOLESCENTE

Tema I - Noções Introdutórias

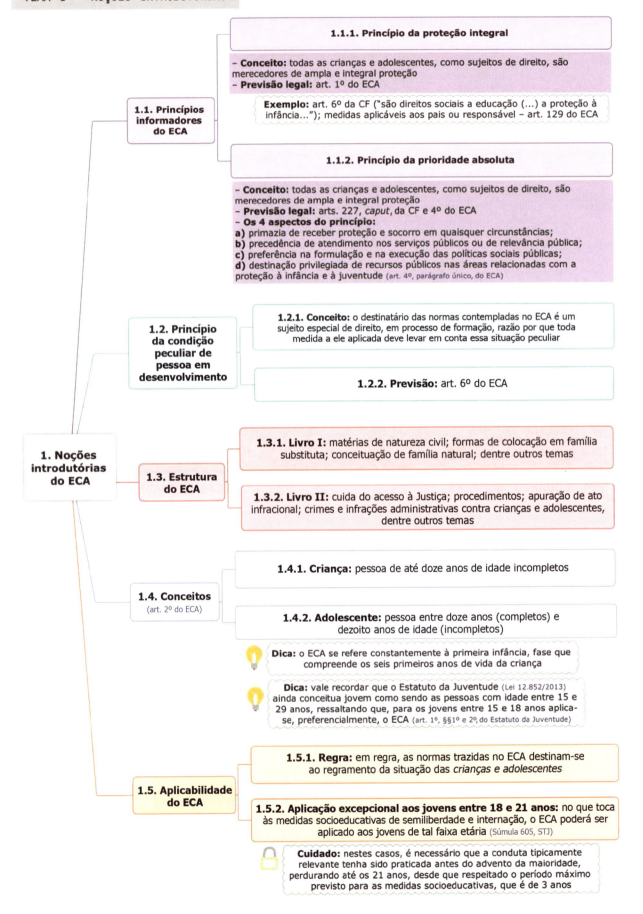

ESTATUTO DA CRIANÇA E DO ADOLESCENTE

Tema II - Direitos Fundamentais

1. Direitos à vida e à saúde

1.1. Conceito (arts. 7º a 14 do ECA): como todo ser humano, as crianças e os adolescentes são titulares do direito fundamental à vida e à saúde, cuja proteção deve ser implementada por políticas públicas que viabilizem o nascimento e o desenvolvimento sadio

– **Extensão da proteção:** tem início com o atendimento pré e perinatal, assegurado à gestante por meio do SUS (art. 8º do ECA)

 Tradução: a proteção compreende o acesso a programas de planejamento reprodutivo, nutrição adequada, atenção humanizada à gravidez, ao parto e ao puerpério (período subsequente ao nascimento da criança – atendimento pós-natal). Além disso, prevê a obrigação de o poder público proporcionar assistência psicológica à gestante e à mãe, inclusive àquelas que manifestem interesse em entregar os filhos à adoção, como forma de reduzir as consequências do estado puerperal (§4º). A gestante e a parturiente têm direito, ainda, a um acompanhante de sua escolha durante o período do pré-natal, do trabalho de parto e no pós-parto imediato (§6º)

1.2. Aleitamento materno: a gestante receberá orientação sobre aleitamento materno (art. 8º, §7º, do ECA), sendo obrigação dos empregadores e do poder público propiciarem condições adequadas à prática, inclusive para as mães privadas de liberdade (art. 9º, caput, do ECA)

1.3. Obrigações impostas pelo ECA a hospitais públicos e particulares (art. 10 do ECA):

a) manter, por 18 anos, registros das atividades desenvolvidas por meio de prontuários individuais (ver art. 228 do ECA);
b) identificar o recém-nascido por meio do registro de sua impressão plantar e digital e da impressão digital da mãe (art. 229 do ECA);
c) realizar exames para diagnóstico e terapêutica de anormalidades no metabolismo do recém-nascido, informando os pais (ver art. 229 do ECA);
d) fornecer declaração de nascimento da qual constem as intercorrências do parto e do desenvolvimento do neonato (ver art. 228 do ECA);
e) possibilitar ao neonato a permanência junto à mãe;
f) acompanhar a prática da amamentação, prestando orientações nesse sentido (obrigação imposta pela Lei 13.436/2017).

1.4. A criança e adolescente é garantido acesso integral, por meio do SUS, às linhas de cuidado voltadas para a sua saúde, observado o princípio da equidade no acesso a ações e serviços para promoção, proteção e recuperação da saúde (art. 11, caput, do ECA, cuja redação foi determinada pela Lei 13.257/2016)

– **Atendimento a crianças e adolescentes com deficiência:** deverão ser atendidos em suas necessidades gerais de saúde, com observância das necessidades específicas de habilitação e reabilitação (art. 11, §1º, do ECA)
– **Fornecimento de medicamentos, próteses e outros recursos:** é incumbência do poder público o fornecimento gratuito (art. 11, §2º, do ECA)

1.5. Direito de acompanhamento durante internação hospitalar: em caso de internação hospitalar, os estabelecimentos de saúde, inclusive unidades neonatais e UTI, deverão proporcionar condições para que um dos pais ou responsáveis permaneça em tempo integral na companhia do infante (art. 12 do ECA)

1.6. Casos de maus-tratos: em casos de castigos físicos, tratamento cruel ou degradante e de maus-tratos, ou suspeitas destes, contra crianças e adolescentes, deverão ser comunicados ao Conselho Tutelar (art. 13, caput, do ECA)

 Atenção absoluta: o dispositivo foi incorporado pela Lei 13.010/2014 (Lei da Palmada), sendo obrigados à comunicação o **médico**, o **professor**, o **responsável por estabelecimento de saúde e de ensino**. A omissão importa na aplicação de multa por infração administrativa prevista no art. 245 do ECA

ESTATUTO DA CRIANÇA E DO ADOLESCENTE

Tema II - Direitos Fundamentais

1. Direito à liberdade, ao respeito e à dignidade

- **1.1. Direito à liberdade** (art. 16 ECA): compreende os seguintes aspectos, contidos em seus incisos:

  - **1.1.1. Ir, vir e permanecer nos logradouros públicos e espaços comunitários, ressalvadas as restrições legais**

    Exemplo: tema que ganhou grande destaque nos meios de comunicação é o chamado "toque de recolher", providência adotada sob a forma de portaria judicial por diversas varas da infância e juventude com vistas a restringir, em determinados horários e sob certas condições, o direito de ir e vir de crianças e adolescentes. O Conselho Nacional de Justiça – CNJ, ao ser provocado, negou, em liminar, a suspensão dos efeitos dessas portarias. Em seguida, o Plenário, ao analisar o caso, não conheceu do pedido, visto que entendeu ter natureza jurisdicional. O TJ/SP, por sua vez, manifestou-se, em diversas decisões, favorável a essa forma de restrição imposta à liberdade de locomoção. Exemplo disso é a decisão tomada na Apelação 990.10.094596-3, de 13.12.2010. De se ver, de outro lado, que o STJ, em decisão de 01.12.2011, tomada no HC 207.720-SP, reconheceu a ilegalidade do toque de recolher instituído e disciplinado por meio de portaria. Como se pode ver, o tema é polêmico e tem suscitado entendimentos nos dois sentidos."

  - **1.1.2. Opinião e expressão**

  - **1.1.3. Crença e culto religioso**

  - **1.1.4. Brincar, praticar esportes e divertir-se**

  - **1.1.5. Participar da vida familiar e comunitária, sem discriminação**

  - **1.1.6. Participar da vida política, na forma da lei:** o voto para os adolescentes é facultado aos 16 anos

  - **1.1.7. Buscar refúgio, auxílio e orientação**

- **1.2. Direito ao respeito** (art. 17 do ECA): todos são titulares do direito ao respeito, já que são invioláveis a integridade física, psíquica e moral de qualquer pessoa. As crianças e adolescentes, contudo, pela peculiar condição de pessoas em desenvolvimento, possuem direito qualificado ao respeito, por serem maiores as consequências de seu descumprimento

  – Abrangência: abrange não só o respeito à integridade física, psíquica e moral, mas também à preservação da imagem, da identidade, da autonomia, dos valores, ideias e crenças, dos espaços e objetos pessoais

- **1.3. Direito à dignidade** (art. 18 do ECA): segundo o dispositivo, "é dever de todos velar pela dignidade da criança e do adolescente, pondo-os a salvo de qualquer tratamento desumano, violento, aterrorizante, vexatório ou constrangedor".

  – **Lei da Palmada** (Lei 13.010/2014): incrementou a proteção à dignidade das crianças e adolescentes, prevendo que os infantes têm o direito de serem educados e cuidados sem o uso de castigos físicos ou de tratamento cruel ou degradante, como forma de correção, disciplina, educação, ou qualquer outro pretexto (art. 18-A do ECA)
  a) **Castigo físico:** ação de natureza disciplinar ou punitiva aplicada com o uso da força física, de modo a resultar em sofrimento físico ou lesão (art. 18-A, parágrafo único, I do ECA)
  b) **Tratamento cruel ou degradante:** conduta ou forma cruel de tratamento que humilhe, ameace gravemente ou ridicularize (art. 18-A, parágrafo único, II do ECA)
  c) **Destinatários da proibição:** pais, integrantes da família ampliada (outros familiares que não os pais), responsáveis (v.g., guardião ou tutor), agentes públicos executores das medidas socioeducativas ou qualquer pessoa encarregada de cuidar, tratar, educar ou proteger (professores, babás, cuidadores, etc.)
  d) **Medidas aplicáveis aos que descumprem a proibição:** além das consequências penais e cíveis que as condutas podem trazer, o art. 18-B do ECA, cuja leitura ora se recomenda, elencou medidas educativas que poderão ser aplicadas àqueles que aplicam os castigos físicos ou causam o tratamento cruel ou degradante

ESTATUTO DA CRIANÇA E DO ADOLESCENTE

Tema II - Direitos Fundamentais

1. Direito à convivência familiar e comunitária – I

1.1. Conteúdo (art. 19 do ECA): prevê que toda criança ou adolescente tem o direito de ser criado e educado no seio de sua família (natural ou extensa), e excepcionalmente em família substituta, assegurada sua convivência em ambiente que garanta seu desenvolvimento integral

1.1.1. Família natural: é a comunidade formada pelos pais, ou qualquer deles, e seus descendentes (art. 25 do ECA)

1.1.2. Família extensa ou ampliada: aquela que se estende para além da unidade *pais e filhos*, formada por parentes próximos com os quais a criança ou adolescente convive e mantém vínculos de afinidade ou afetividade (art. 25, parágrafo único, do ECA)

Tradução: extrai-se do dispositivo que a regra é a criação e educação da criança e do adolescente no seio de sua **família natural**. Assim, devem ser enveredados todos os esforços necessários à manutenção dela em tal ambiente, inclusive mediante aplicação de medidas de proteção aos pais e responsáveis, com vistas ao aparelhamento da família natural para bem tratar dos interesses dos infantes nela inseridos. Em um segundo momento, não sendo possível a manutenção do petiz no seio da família natural, busca-se encaminhá-lo à família extensa ou ampliada (outros familiares que não os pais, abrangendo os avós, os tios, os primos, etc., preferindo-se aqueles que reúnam melhores condições de cuidar e educar o infante). Somente excepcionalmente, na completa inviabilidade de manutenção da criança ou adolescente no seio da família natural e extensa, é que será providenciado seu encaminhamento à família substituta (mediante *guarda*, *tutela* ou *adoção*)

1.2. Caráter supletivo da adoção: mesmo diante do quadro narrado no item anterior, a colocação em família substituta mediante adoção é medida supletiva, que apenas tem lugar quando a família natural não se reestruturar, sendo possível, temporariamente, e até que isto ocorra, além da colocação em família substituta mediante guarda ou tutela, a inserção do infante em programas de acolhimento familiar ou institucional (art. 19, §3º, do ECA)

1.3. Caráter temporário dos programas de acolhimento familiar ou institucional: o acolhimento familiar (inserção da criança ou adolescente em núcleo familiar cadastrado no Juízo da Infância e da Juventude, apto a recebê-lo temporariamente até a reestruturação de sua família, ou inserção em família substituta) ou institucional (inserção da criança ou adolescente em entidade apropriada para a residência de infantes, sob fiscalização do Juízo da Infância e da Juventude e do Ministério Público) terá caráter temporário, cuja necessidade será reavaliada a cada 3 meses (art. 19, § 1º, do ECA, cuja redação foi alterara pela Lei 13.509/2017)

Cuidado: no caso do acolhimento institucional, o art. 19, § 2º, do ECA estabelece que a permanência do infante não se prolongará para além de 18 meses, salvo comprovada necessidade que atenda ao seu superior interesse. Vale a observação de que o prazo de 18 meses foi estabelecido por meio da Lei 13.509/2017. Antes disso, o prazo era de 2 anos. Houve, portanto, um encurtamento do interregno durante o qual a criança ou adolescente poderá permanecer em programa de acolhimento institucional e familiar. Também houve encurtamento do prazo máximo para reavaliação da medida: antes era de 6 meses e agora, a partir do advento da Lei 13.509/2017, é de 3 meses, conforme já ponderado acima

1.4. Convivência com mãe ou pai privado de liberdade: é assegurada por meio de visitas periódicas, promovidas pelo responsável, ou pela entidade de acolhimento institucional, independentemente de prévia autorização judicial (art. 19, §4º, do ECA)

1.5. Falta ou carência de recursos materiais: não constitui motivo suficiente para a perda ou suspensão do poder familiar, nos termos do art. 23 do ECA

Dica: na hipótese, a criança ou adolescente será mantido no seio de sua família de origem, que deverá ser inserida em serviços e programas oficiais de proteção, apoio e promoção (art. 23, § 1º, do ECA, com redação determinada pela Lei 13.257/2016)

ESTATUTO DA CRIANÇA E DO ADOLESCENTE

Tema II - Direitos Fundamentais

1. Direito à convivência familiar e comunitária – II

1.6. Colocação em família substituta: medida excepcional, determinada diante de casos em que a permanência da criança ou adolescente junto à família natural mostrar-se absolutamente contrária aos interesses dos infantes, tornando necessária a substituição para salvaguardá-los de situação de risco

1.6.1. Modalidades: guarda, tutela e adoção

Dica: a colocação de criança ou adolescente em família substituta estrangeira somente é possível na modalidade adoção, tratando-se de medida excepcional (art. 31 do ECA)

1.6.2. Aspectos comuns a todas as modalidades

1.6.2.1. Papel da equipe multiprofissional do Juízo: o Juízo da Infância e da Juventude contará com equipe multiprofissional, constituída por assistente social e psicólogo, que ouvirá, havendo possibilidade, a criança ou o adolescente, sendo sua opinião sobre a colocação em família substituta levada em consideração (art. 28, §1º, do ECA). Além disso, a equipe multiprofissional fará preparação gradativa e acompanhamento posterior dos infantes junto à família substituta (art. 28, §5º, do ECA)

1.6.2.2. Consentimento do adolescente em Juízo: em se tratando de adolescente, além do estudo com a equipe multiprofissional, será necessário seu consentimento, colhido em audiência (art. 28, §2º, do ECA)

1.6.2.3. Preferência pela família extensa ou ampliada: sendo necessária a colocação em família substituta, será dada preferência à inserção com parentes próximos, com os quais o infante tenha vínculos de afinidade e afetividade, como forma de atenuar as consequências decorrentes da medida (art. 28, §3º, do ECA)

1.6.2.4. Manutenção de grupos de irmãos: os grupos de irmãos devem, em regra, permanecer juntos quando inseridos em família substituta, salvo comprovada existência de risco de abuso, ou outra situação que justifique solução diversa (art. 28, §4º, do ECA)

1.6.2.5. Criança ou adolescente indígena, ou proveniente de comunidade remanescente de quilombo: em se tratando de colocação em família substituta de criança ou adolescente indígena, ou proveniente de comunidade remanescente de quilombo, devem ser observadas as peculiaridades do art. 28, §6º, do ECA, dando-se preferência à inserção no seio de sua comunidade (II), fazendo-o de modo a respeitar sua identidade social e cultural, bem como os costumes e tradições (I), havendo necessidade de intervenção do órgão federal responsável pela política indigenista ou de antropólogos (III)

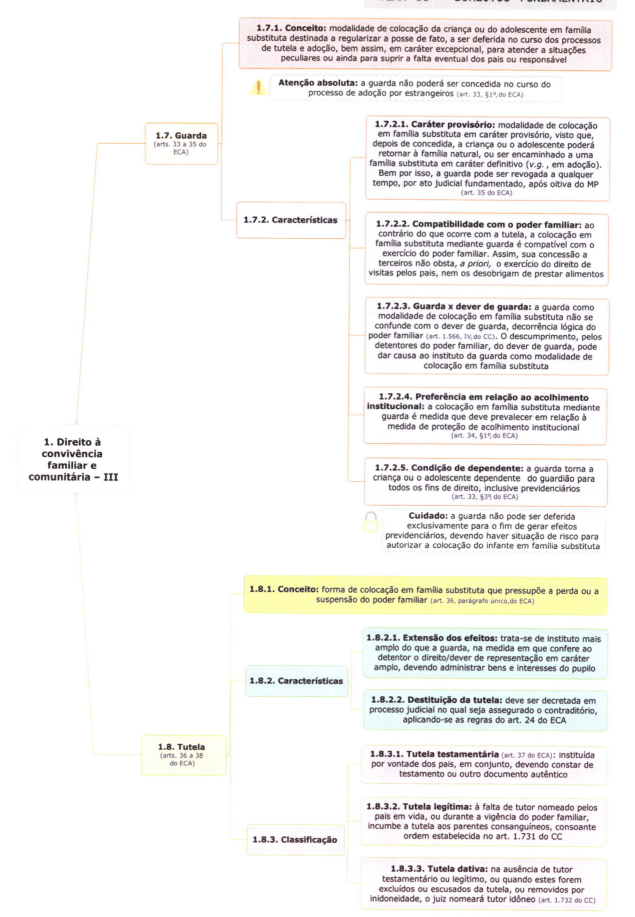

ESTATUTO DA CRIANÇA E DO ADOLESCENTE

Tema II - Direitos Fundamentais

1. Direito à convivência familiar e comunitária – IV

1.9. Adoção

1.9.1. Conceito: modalidade de colocação de criança ou adolescente em família substituta, de caráter definitivo, que estabelece o parentesco civil entre adotante e adotado

 Atenção absoluta: trata-se de medida excepcional e irrevogável, que somente deve ocorrer quando não for possível a manutenção do infante na sua família natural, ou sua colocação em família extensa (art. 39, §1º, do ECA)

1.9.2. Modalidades de adoção

- **Adoção unilateral** (art. 41, §1º, do ECA): permanecem os vínculos de filiação com um dos pais
- **Adoção bilateral:** os vínculos com os genitores originários rompem-se por completo

1.9.3. Requisitos da adoção

- **Idade**
a) **Adotando:** deve contar com até 18 anos na data do pedido, salvo se já estiver sob a guarda ou tutela dos adotantes (art. 40 do ECA)
b) **Adotante:** deve ser maior de 18 anos (art. 42, caput do ECA)
c) **Diferença de idade:** o adotante deve ser 16 anos mais velho que adotando (art. 42, §3º, do ECA)
Dica: a adoção da pessoa com menos de 18 anos é regida pelas normas do ECA, ao passo que a adoção do maior de 18 anos é regida pelas normas do Código Civil (arts. 1.618 e 1.619 do CC)
- **Consentimento dos pais:** é necessário, salvo se forem eles desconhecidos ou destituídos do poder familiar (art. 45, §1º, do ECA)
- **Consentimento do adolescente:** se o adotando for adolescente, será necessário seu consentimento para a adoção (art. 45, §2º, do ECA)
- **Demonstração da existência de reais vantagens ao adotando:** a adoção deve trazer efetiva vantagem ao adotando, além de se fundar em motivos legítimos (art. 43 do ECA)

1.9.4. Estágio de convivência (art. 46, caput do ECA): lapso prévio à adoção, que visa a aferir se o adotando se adapta à convivência com os adotantes, bem assim para elucidar se a medida é, de fato, benéfica ao infante

- **Prazo de duração:** a redação anterior do art. 46, caput, do ECA estabelecia que o estágio de convivência teria o prazo que o juiz fixar, levando-se em conta as peculiaridades de cada caso. Pois bem, com o advento da Lei 13.509/2017, que promoveu diversas modificações no contexto da adoção com o propósito de agilizar o seu processo, adotou-se o prazo máximo de 90 dias. Ou seja, o juiz continua a estabelecer o prazo que entender mais conveniente em face das peculiaridades do caso (inclusive a idade da criança e do adolescente), mas, agora, o prazo fixado não pode ser superior a 90 dias. De ver-se que esse interregno, por força do que dispõe o art. 46, § 2º-A, do ECA, pode ser prorrogado por até igual período, mediante decisão fundamentada do magistrado
- **Dispensa do estágio de convivência:** é possível quando o adotando já estiver sob a tutela ou guarda legal do adotante, por tempo relevante (art. 46, §1º, do ECA)
- **Atenção absoluta:** a mera guarda de fato não autoriza, por si só, a dispensa da realização do estágio de convivência, nos termos do art. 46, §2º, do ECA
- **Cuidado:** na adoção internacional, dada a modificação operada pela Lei 13.509/2017 no art. 46, § 3º, do ECA, o prazo mínimo do estágio de convivência continua a ser de 30 dias, mas o legislador fixou um prazo máximo, que corresponde a 45 dias, prorrogável por igual período, uma única vez, mediante decisão fundamentada do juiz de direito

1.9.5. Impedimentos e vedações

- **Adoção por procuração:** é vedada, tratando-se de ato personalíssimo (art. 39, §2º, do ECA)
- **Adoção entre ascendente e descendente, e entre irmãos:** são vedadas (art. 42, §1º, do ECA)
- **Adoção pelo tutor ou curador:** é possível, desde que tenha dado conta de sua administração e saldado eventual débito (art. 44 do ECA)

1.9.6. Adoção conjunta: é imprescindível que os adotantes sejam casados ou convivam em união estável (art. 42, §2º, do ECA)

 Dica: a jurisprudência já admite com tranquilidade a adoção conjunta por casais homoafetivos (STJ, REsp 889852/RS, Rel. Ministro Luis Felipe Salomão, Quarta Turma, julgado em 27/04/2010)

1.9.7. Adoção post mortem: o adotante, tendo manifestado de forma inequívoca sua vontade no sentido de adotar, vem a falecer no curso do processo, enquanto ainda não prolatada a sentença. Neste caso, a adoção será deferida (art. 42, § 6º, do ECA)

1.9.8. Adoção internacional: é aquela em que o pretendente tem residência habitual em país-parte da Convenção de Haia e deseja adotar criança em outro país-parte da mesma Convenção (art. 51, caput, do ECA, cuja redação foi modificada por força da Lei 13.509/2017)

 Dica: a adoção realizada por brasileiros domiciliados fora do Brasil é considerada internacional. Por outro lado, a adoção realizada por estrangeiros domiciliados no Brasil não é internacional

1.9.9. Procedimento: consta do art. 50 do ECA, sendo necessário prévio cadastramento, com lapso de preparação psicossocial e jurídica

 Dica: são exceções à regra do prévio cadastro aquelas previstas no art. 50, §13º, do ECA, dentre as quais a adoção unilateral e a adoção intuitu personae (quando há prévio vínculo afetivo entre a criança e os adotantes, ou estes detêm a guarda legal de infante maior de 3 anos, inexistindo má-fé)

ESTATUTO DA CRIANÇA E DO ADOLESCENTE

TEMA II - DIREITOS FUNDAMENTAIS

1. Direito à educação, à cultura, ao esporte e ao lazer (arts. 53 a 59 do ECA)

- **1.1. Dimensões**
  - **1.1.1. Igualdade de condições para o acesso e permanência na escola**
  - **1.1.2. Acesso à escola pública e gratuita, próxima da sua residência, garantindo-se vagas no mesmo estabelecimento a irmãos que frequentem a mesma etapa ou ciclo de ensino da educação básica** (art. 53, V, do ECA, cuja redação foi alterada pela Lei 13.845/2019)
  - **1.1.3. Direito dos pais de conhecer o processo pedagógico, bem como participar das definições das propostas educacionais**

- **1.2. Deveres do Estado relacionados aos direitos em pauta**
  - **1.2.1. Fornecer ensino fundamental, obrigatório e gratuito, inclusive para os que a ele não tiveram acesso na idade própria:** o art. 208, I, da CF, cuja redação foi determinada pela EC 59/2009, impõe ao Estado o dever de garantir a todos educação básica obrigatória e gratuita dos 4 aos 17 anos de idade, assegurada inclusive sua oferta gratuita para todos os que a ela não tiveram acesso na idade própria

    💡 **Dica:** o ensino médio enquadra-se na definição de ensino obrigatório, ficando abrangido pelo item acima

  - **1.2.2. Atendimento em creche e pré-escola às crianças de 0 a 5 anos de idade,** conforme alteração promovida nos art. 54, IV, e 208, III, do ECA pela Lei 13.306/2016
  - **1.2.3. Oferta de ensino noturno regular, adequado às condições do adolescente trabalhador:** como sabido, o adolescente pode manter vínculo empregatício a partir dos 16 anos de idade (ou a partir dos 14 anos, na condição de aprendiz). Por consectário, o Estado tem o dever de assegurar-lhe ensino noturno, em horário adequado à sua rotina de trabalho

- **1.3. Dever dos pais ou responsáveis:** matricular os filhos ou pupilos na rede regular de ensino (art. 55 do ECA)

  💡 **Dica:** o Supremo Tribunal Federal, por meio do Plenário, negou provimento ao RE 888815, com repercussão geral, em que se discutia a possibilidade de os pais proverem a educação dos filhos por meio do ensino domiciliar (homeschooling). A maioria dos ministros adotou a fundamentação segundo a qual esta modalidade de ensino não pode ser implementada em razão da ausência de legislação que estabeleça regras aplicáveis. O ministro Luís Roberto Barroso, relator, divergindo da maioria, deu provimento ao recurso, considerando tal prática constitucional, sugerindo apenas a adoção de algumas regras de regulamentação da matéria, pelo próprio STF

- **1.4. Deveres dos dirigentes de estabelecimentos de ensino:** devem comunicar o Conselho Tutelar sobre situações envolvendo:
  - a) maus-tratos de seus alunos;
  - b) reiteração de faltas injustificadas e de evasão escolar; e
  - c) elevados níveis de repetência

  💡 **Dica:** A Lei 13.840/2019 acrescentou o artigo 53-A ao ECA, segundo o qual é dever da instituição de ensino, clubes e agremiações recreativas e de estabelecimentos congêneres assegurar medidas de conscientização, prevenção e enfrentamento ao uso ou dependência.

1. Direito à profissionalização e à proteção no trabalho (arts. 60 a 69 do ECA)

- **1.1. Trabalho permitido para adolescentes**
  - **1.1.1. Entre 14 e 16 anos:** somente na condição de aprendiz
  - **1.1.2. Entre 16 e 18 anos:** qualquer trabalho, exceto noturno, insalubre e perigoso (art. 7º, XXXIII da CF)

ESTATUTO DA CRIANÇA E DO ADOLESCENTE

Tema III - Prevenção e medidas de proteção

1. Prevenção (arts. 70 a 85 do ECA)

- **1.1. Conceito:** complexo de normas destinadas a prevenir a violação a direitos fundamentais da criança e do adolescente

- **1.2. Prevenção geral:** trazida nos artigos 70 a 73 do ECA

- **1.3. Prevenção especial:** normas específicas de proteção

  - **1.3.1. Diversões e espetáculos públicos** (art. 75 do ECA): toda criança ou adolescente terá acesso a diversões e espetáculos públicos classificados como adequados à sua faixa etária
    - **Classificação etária:** é regulamentada pela Portaria 368/2014 do Ministério da Justiça
    - **Menores de 10 anos:** deverão estar acompanhados dos pais ou responsável para que possam ingressar e permanecer em locais de apresentação ou exibição (art. 75, parágrafo único, do ECA)
    - **Obrigações dos responsáveis pelos estabelecimentos:** devem afixar, em local visível e de fácil acesso, na entrada do local, informação destacada sobre a natureza do espetáculo e a faixa etária especificada (art. 75, parágrafo único, do ECA)
    - **Casa de jogos:** o responsável cuidará para que não seja permitida a entrada de criança ou adolescente no local (arts. 80 e 258 do ECA)

  - **1.3.2. Televisão e rádio:** no horário recomendado para o público infanto-juvenil, exibirão programas com finalidades educativas, artísticas, culturais e informativas (art. 76 do ECA)

  - **1.3.3. Fitas de vídeo:** os proprietários e funcionários dos estabelecimentos devem impedir o comércio ou locação em desacordo com a classificação etária (art. 77 do ECA)

  - **1.3.4. Revistas e publicações:** se o conteúdo for inadequado, devem ser vendidas com a embalagem lacrada, com advertência do teor. Se a própria capa for imprópria, deve ser vendida com embalagem opaca (art. 78 do ECA)
    - **Atenção absoluta:** as revistas e publicações destinadas ao público infanto-juvenil não podem fazer qualquer menção a bebidas alcoólicas, tabaco, armas e munições, devendo respeito a valores éticos e sociais (arts. 79 e 257 do ECA)

  - **1.3.5. Itens com venda proibida a crianças e adolescentes** (art. 81 do ECA): armas, munições, explosivos, bebidas alcoólicas, produtos cujos componentes podem causar dependência física ou psíquica, ainda que por utilização indevida, fogos de estampido e de artifício, exceto os inofensivos, revistas e publicações impróprias e bilhetes lotéricos ou equivalentes

  - **1.3.6. Hospedagem:** proibida a hospedagem em qualquer estabelecimento de criança ou adolescente, salvo se autorizado ou acompanhado pelos pais ou responsáveis

  - **1.3.7. Viagem no território nacional**
    - **Criança:** não pode viajar para fora da comarca desacompanhada dos pais ou responsáveis, sem expressa autorização judicial (art. 83, caput, do ECA)
    - **Adolescente menor de 16 anos:** não pode viajar desacompanhado de pais ou responsáveis sem autorização judicial (artigo 83 do ECA)
    - **Exceções** (art. 83, §1º, do ECA)
      a) Viagem a comarca contígua situada no mesmo Estado, ou situada na mesma região metropolitana
      b) Criança ou adolescente menor de 16 anos acompanhada de ascendente ou colateral maior, até o terceiro grau, com comprovação documental do parentesco
      c) Criança ou adolescente menor de 16 anos acompanhada de pessoa maior, expressamente autorizada pelo pai, mãe ou responsável
    - **Adolescente com 16 anos ou mais:** pode viajar desacompanhado, sem autorização judicial
    - **Atenção absoluta:** antes do advento da Lei n. 13.812/19, os adolescentes podiam viajar desacompanhados pelo território nacional. A lei em questão estendeu a vedação antes vigente para as crianças aos adolescentes menores de 16 anos, aumentando o âmbito protetivo da norma

  - **1.3.8. Viagem ao exterior** (Resolução 131/2011 do CNJ): vale tanto para crianças como para adolescentes
    - **Viagem autorizada por ambos pais ou responsáveis:** não é necessária autorização judicial. Autorização deve ser subscrita com reconhecimento de firma
    - **Viagem acompanhada de um dos pais ou responsáveis:** não é necessária autorização judicial se houver autorização por escrito do outro genitor, com firma reconhecida
    - **Viagem autorizada ou acompanhada por somente um dos pais, sem consentimento do outro:** necessária a autorização judicial para suprir a ausência de autorização do outro genitor
    - **Viagem ao exterior, na companhia de estrangeiro domiciliado no exterior:** necessária autorização judicial, ainda que conte com o consentimento dos pais

💡 **Dica:** mais recentemente, o CNJ, em face da edição da Lei 13.812/2019, editou a Resolução 295/2019, que dispõe a respeito da autorização de viagem nacional para crianças e adolescentes

ESTATUTO DA CRIANÇA E DO ADOLESCENTE

TEMA III - PREVENÇÃO E MEDIDAS DE PROTEÇÃO

1. Medidas de proteção (arts. 98 a 102 do ECA)

1.1. Conceito: medidas aplicadas quando as crianças ou adolescentes se encontrarem em situação de risco, ou quando do cometimento de ato infracional, ou seja, devem ser adotadas sempre que os direitos consagrados no ECA forem ameaçados ou violados, seja por ação ou omissão da sociedade, do Estado ou dos pais ou responsáveis, sejam em razão da própria conduta do infante (art. 98 do ECA)

1.2. Atribuição para aplicação das medidas

- **1.2.1. Conselho Tutelar:** está credenciado a aplicar a crianças e adolescentes em situação de risco, ou a crianças que cometeram ato infracional, as medidas de proteção do art. 101, I a VI, do ECA
  - 📣 **Tradução:** o Conselho Tutelar não pode aplicar as medidas de acolhimento institucional, inclusão em programa de acolhimento familiar e colocação em família substituta
- **1.2.2. Juiz:** pode aplicar todas as medidas de proteção

1.3. Medidas de proteção em espécie (art. 101 do ECA)

- **1.3.1.** Encaminhamento aos pais ou responsável, mediante termo de responsabilidade
- **1.3.2.** Orientação, apoio e acompanhamento temporários
- **1.3.3.** Matrícula e frequência obrigatórias em estabelecimento oficial de ensino fundamental
- **1.3.4.** Inclusão em serviços e programas comunitários ou oficiais de proteção, apoio e promoção da família, da criança e do adolescente (conforme inciso IV, que teve a sua redação alterada pela Lei 13.257/2016)
- **1.3.5.** Requisição de tratamento médico, psicológico ou psiquiátrico, em regime hospitalar ou ambulatorial
- **1.3.6.** Inclusão em programa oficial ou comunitário de auxílio, orientação e tratamento a alcoólatras e toxicômanos
- **1.3.7. Acolhimento institucional**
  - 📣 **Tradução:** tem caráter provisório e excepcional (art. 101, § 1º, do ECA). Só pode ser aplicado pelo juiz, a quem cabe fiscalizar o cumprimento da medida. Havendo risco que justifique a retirada da criança ou adolescente de sua família natural, deverão esses ser inseridos, sob a forma de guarda ou tutela, na sua família extensa (família substituta); não sendo possível, recorre-se ao acolhimento familiar e, após, ao institucional; tanto uma quanto a outra tem caráter provisório. Assim, tão logo a situação de risco cesse, a criança ou adolescente retornará à família natural; se isso não for possível, será encaminhado para adoção
- **1.3.8. Inclusão em programa de acolhimento familiar**
  - 📣 **Tradução:** também tem caráter provisório e excepcional. Só o juiz pode determinar tal medida protetiva. Neste caso, a criança ou adolescente ficará sob os cuidados de uma família acolhedora. Esta, que somente entra em cena ante a impossibilidade de a criança ou o adolescente permanecer na sua família natural ou extensa, deve ser previamente cadastrada no programa de acolhimento. Assim, trata-se de pessoas que tomam a iniciativa de colaborar com seres em desenvolvimento que, em determinado momento da vida, encontram-se em situação de risco, o que, sem dúvida, é louvável
- **1.3.9.** Colocação em família substituta

DIREITO PENAL

Arthur Trigueiros

Você poderá acessar o texto com o conteúdo dos crimes em espécie no Direito Penal no seguinte link:
www.editorafoco.com.br/atualizacao

DIREITO PENAL

Tema I - Princípios do Direito Penal

1. Princípios do direito penal

1.1. Princípio da legalidade: nenhum crime ou pena podem ser criados senão em virtude de lei (art. 5º, XXXIX da CF). Também chamado "anterioridade penal" (art. 1º do CP)

1.2. Princípio da anterioridade: o indivíduo não poderá ser criminalmente responsabilizado se a sua conduta não estiver expressa em *lei anterior* à prática do fato (não há crime sem lei anterior que o defina – art. 5º, XXXIX, CF)

1.3. Princípio da retroatividade penal benéfica: o agente pode ser beneficiado por leis anteriores ou posteriores ao fato criminoso que tenha praticado (art. 5º, XL da CF); é exceção, pois em regra aplicam-se ao fato as leis vigentes à época de sua ocorrência *(tempus regit actum)*

1.4. Princípio da personalidade ou da responsabilidade pessoal: a punição criminal jamais passará da pessoa do condenado (art. 5º, XLV da CF). Porém, terceiros podem ter que arcar com a responsabilidade civil decorrente do ilícito

1.5. Princípio da individualização da pena: cada um responde na exata medida de sua culpabilidade (art. 5º, XLVI da CF). Ex.: decisão do STF que declarou inconstitucional o art. 2º, § 1º da Lei dos Crimes Hediondos, que previa o regime integralmente fechado de cumprimento de pena (HC 82.959-SP)

1.6. Princípio da humanidade: embora criminosos, os agentes delitivos devem ser tratados de maneira digna. Ex.: a CF, em seu art. 5º, XLVII, veda as penas de morte (salvo em caso de guerra declarada), de caráter perpétuo, de trabalhos força-dos, de banimento e as cruéis (castigos físicos, por exemplo)

1.7. Princípio da intervenção mínima: o Direito Penal deve intervir minimamente na esfera do indivíduo, já que a CF garante o direito à liberdade como uma regra a ser observada. Deve ser encarado como *ultima ratio*, e não *prima ratio*

1.8. Princípio da fragmentariedade: o Direito Penal é apenas uma parcela, um fragmento do ordenamento jurídico, devendo se ocupar apenas das situações mais graves que aflijam a sociedade. Ex.: algumas infrações de trânsito não precisam ser sempre punidas pelo Direito Penal, sendo suficiente as multas do Direito Administrativo

1.9. Princípio da insignificância ou bagatela: o Direito Penal não deve atuar diante de fatos insignificantes, de somenos importância. Ex.: absolvição pelo furto de um botão de camisa. Exclui-se a tipicidade penal (tipicidade material). Para o STF, a aplicação do princípio requer o seguinte: a) mínima ofensividade da conduta; b) nenhuma periculosidade social da ação; c) reduzido grau de reprovabilidade do comportamento; e d) inexpressividade da lesão jurídica provocada (STF, HC 98.152-MG)

1.10. Princípio da culpabilidade ou da responsabilidade subjetiva: não é possível que alguém seja punido se não houver atuado com dolo ou culpa. Como regra não há responsabilidade objetiva no Direito Penal

1.11. Princípio da taxatividade: não se admite que as leis penais sejam muito genéricas (pouco detalhadas). Deve o legislador criar crimes bem definidos, sem que se possam gerar dúvidas quanto à sua aplicação e alcance

1.12. Princípio da proporcionalidade: a sanção penal deve ser proporcional ao gravame causado pelo agente. Assim, deve existir uma proporcionalidade entre a conduta do agente e a resposta estatal que lhe será imposta

1.13. Princípio da vedação da dupla punição *(ne bis in idem)*: veda-se que alguém seja duplamente apenado (ou processado) pela mesma infração penal

DIREITO PENAL

TEMA I - PRINCÍPIOS DO DIREITO PENAL

1. Aplicação da lei penal no tempo I

1.1. O princípio da retroatividade benéfica (ou irretroatividade prejudicial)

1.1.1. Conceito: a lei penal retroagirá se for para beneficiar o réu. Trata-se de exceção à regra de que a lei penal é irretroativa ("tempus regit actum")

1.1.2. Hipóteses:

a) *Abolitio criminis:* também chamada de lei posterior *supressiva de incriminação.* Pressupõe a edição de lei posterior que deixa de considerar o fato como crime (art. 2º do CP), por isso *retroagirá* em favor do réu, seja na fase de processo (ação penal) ou da execução penal, e mesmo após o trânsito em julgado

b) *Novatio legis in mellius:* é a *lei posterior mais benéfica,* mantendo-se, no entanto, a incriminação. Poderá *retroagir* em benefício do réu em qualquer fase, mesmo após o trânsito em julgado (parágrafo único, art. 2º do CP)

c) *Novatio legis in pejus:* é a lei posterior que, embora mantenha a incriminação, *é prejudicial* ao réu. Por isso, é *irretroativa,* aplicando-se a lei anterior mais benéfica, que terá a característica da *ultratividade*

d) **Novatio legis incriminadora:** é a lei que passa a considerar um fato criminoso. Por óbvio, não retroagirá, até porque a prática do fato, até então, não tem amparo legal

Dica: as leis processuais aplicam-se desde logo (art. 2º do CPP), ficando preservados os atos processuais praticados até então. Pouco importa se são benéficas ou prejudiciais ao réu. Aqui sempre vigora o tempus regit actum

1.2. Leis excepcionais e temporárias

1.2.1. Lei excepcional: é aquela que *vigora durante um período de exceção,* como, por exemplo, em período de guerra, calamidades etc. Quando cessar o período de exceção, as leis excepcionais serão revogadas automaticamente

1.2.2. Lei temporária: é aquela que contém, em seu próprio texto, o *período de vigência.* São leis "marcadas para morrer", com contagem regressiva de "vida" (vigência). Atingindo o termo final, cessará sua vigência. Ex.: a "Lei Geral da Copa/14" estabeleceu tipos com vigência até o dia 31/12/2014

Atenção: em ambas as leis, aplica-se a *ultratividade,* ou seja, ainda que revogadas, atingirão os agentes delitivos em momento ulterior à revogação

DIREITO PENAL

TEMA I - PRINCÍPIOS DO DIREITO PENAL

1. Aplicação da lei penal no tempo II

1.3. Momento do crime

1.3.1. Regra: "considera-se praticado o crime no **momento da ação ou omissão,** ainda que outro seja **o momento do resultado"** (art. 4º do CP)

1.3.2. Teorias a respeito:

– **Teoria da atividade:** considera-se praticado o crime no momento da ação ou da omissão, pouco importando o momento do resultado
– **Teoria do resultado:** considera-se praticado o crime no momento em que se verifica o resultado, independentemente do momento da ação ou omissão
– **Teoria mista ou da ubiquidade:** considera-se praticado o crime tanto no momento da ação ou omissão, quanto no momento do resultado

1.3.3. Teoria adotada: o CP adotou a **teoria da atividade**, pela qual o **tempo do crime** é o da *atividade do agente* (ação ou omissão), independentemente do momento em que o resultado ilícito se verificar

> **Exemplo:** "A, em 10.03.2015, efetuou três disparos de arma de fogo contra B, que faleceu apenas em 17.03.2015, após uma semana na UTI". Verificam-se **dois momentos distintos**, o dos disparos *(atividade)* e o da morte *(resultado)*. Considera-se praticado o homicídio (art. 121) **no momento dos disparos** (10.03.2015 – ação), e não no momento da morte da vítima (17.03.2015 – resultado)

1.3.4. Importância: para a aferição da **imputabilidade penal** (capacidade pessoal do agente para entender o caráter ilícito do fato – ex.: menoridade penal) e para a análise de **qual lei é mais ou menos benéfica para o agente**

1.4. Conflito aparente de leis penais

1.4.1. Conceito: situação em que duas ou mais leis penais parecem incidir sobre um mesmo fato. Na realidade, apenas uma delas regerá o ato praticado pelo agente

1.4.2. Princípios para a resolução do conflito:

– **Princípio da especialidade:** *a lei especial prevalece sobre a geral.* Será especial a lei que contiver todos os elementos da geral e mais alguns denominados especializantes. Ex.: homicídio (lei geral) e infanticídio (lei especial)
– **Princípio da subsidiariedade:** *a lei primária prevalece sobre a subsidiária.* Lei subsidiária é aquela que descreve um grau menor de violação de um mesmo bem jurídico integrante da descrição típica de outro delito mais grave. Ex.: lesão corporal (lei primária) e periclitação da vida ou saúde de outrem (lei subsidiária)
– **Princípio da consunção ou absorção:** *o crime mais grave absorve outro menos grave quando este integrar a descrição típica daquele* (quando for meio de execução de outro mais grave)
Hipóteses:
a) Crime progressivo: o agente pretende, desde o início, produzir resultado mais grave, praticando sucessivas violações ao mesmo bem jurídico. Ex.: querendo matar, dá golpes de taco de beisebol em todo o corpo da vítima até matá-la. Pratica, portanto, lesões corporais até chegar ao resultado morte
b) Crime complexo: é composto de vários tipos penais autônomos. Prevalece o fato complexo sobre os autônomos. Ex.: para roubar, o agente furta o bem e emprega violência ou grave ameaça. Não responderá por furto, lesões corporais e/ou ameaça, mas só pelo roubo
c) Progressão criminosa: o agente, de início, pretende produzir resultado menos grave. Contudo, no decorrer da conduta, decide por produzir resultado mais grave. Ex.: primeiro o agente pretendia lesionar e conseguiu seu intento. Contudo, após a prática das lesões corporais, decide matar a vítima e o faz. O resultado final (mais grave) absorve o resultado inicial (menos grave)

DIREITO PENAL

TEMA I - PRINCÍPIOS DO DIREITO PENAL

1. Aplicação da lei penal no espaço I

1.1. Considerações iniciais: o tema é relevante para que seja possível a resolução de conflitos de soberania entre dois ou mais países

1.2. Princípios relacionados com a aplicação da lei penal no espaço

- **1.2.1. Princípio da territorialidade:** a lei nacional será aplicada aos fatos praticados em território nacional (art. 5º do CP)

- **1.2.2. Princípio da nacionalidade:** a lei penal de um país será aplicada ao seu cidadão, ainda que fora do território nacional; também denominado de princípio da personalidade

- **1.2.3. Princípio da defesa:** será aplicada a lei do país do bem jurídico lesado ou ameaçado de lesão, independentemente da nacionalidade do agente ou do local da infração penal; também conhecido como princípio real ou princípio da proteção

- **1.2.4. Princípio da justiça penal universal:** o sujeito que tenha praticado uma infração penal deverá ser punido pela justiça do local onde se encontre, ainda que tenha outra nacionalidade ou o interesse do bem jurídico lesionado seja de outro território; também denominado de princípio universal, princípio da universalidade da justiça, ou princípio da justiça cosmopolita

- **1.2.5. Princípio da representação:** o agente deverá ser punido por infração praticada no estrangeiro pelo país de origem de embarcações e aeronaves privadas, quando praticadas em seu interior, e desde que não tenha sido punido no país em que tenha praticado a infração penal. Também conhecido como princípio da bandeira (lei da bandeira) ou do pavilhão

- **1.2.6. Princípio adotado no Brasil:** a lei adotou como regra o **princípio da territorialidade** ao prescrever: "Aplica-se a lei brasileira, sem prejuízo de convenções, tratados e regras de direito internacional, ao crime cometido no território naci-onal" (art. 5o do CP). Trata-se da territorialidade temperada, pela ressalva às **convenções, tratados e regras de direito internacional**

1.3. Conceito de território: *espaço terrestre, marítimo, aéreo e fluvial*, base esta na qual a **soberania nacional** será amplamente exercida (salvo nos casos de tratados, convenções e regras de direito internacional!)

- **1.3.1. Espaço terrestre:** toda a extensão até as fronteiras territoriais, abarcando, nesse conceito, o **solo** e o **subsolo**

- **1.3.2. Espaço aéreo:** é aquele correspondente à coluna atmosférica acima do espaço terrestre, nos termos do disposto no Código de Aeronáutica (Lei 7.565/1966, art. 11)

- **1.3.3. Espaço marítimo:** deve-se entender a *extensão do mar territorial*, que corresponde a uma faixa de **12 (doze) milhas marítimas**, conforme art. 1º, *caput* da Lei 8.617/1993

- **1.3.4. Espaço fluvial:** todo o conjunto de rios pertencentes ao território nacional

1.4. Conceito de território por equiparação (ou território ficto): consideram-se como **extensão** do território nacional:

a) Embarcações e aeronaves brasileiras públicas ou a serviço do governo brasileiro
b) Embarcações e aeronaves brasileiras mercantes ou de propriedade privada em espaço aéreo correspondente ou alto-mar
c) Embarcações e aeronaves estrangeiras de propriedade privada, pousadas ou em voo no espaço aéreo nacional, ou em porto ou mar territorial

DIREITO PENAL

Tema I - Princípios do Direito Penal

1. Aplicação da lei penal no espaço II

1.5. Lugar do crime (art. 6º do CP)

1.5.1. Definição: com base na **teoria mista** ou da **ubiquidade**, a lei considera como lugar do crime tanto o da ação ou omissão quanto aquele em que se verificar o resultado

1.5.2. Exemplo: "A" ministra veneno na xícara de café que "B" ingeriu em um trem, que partiu do Brasil rumo à Bolívia. Se "B" morrer na Bolívia, ainda assim o Brasil poderá aplicar a lei penal a "A". Se o contrário ocorresse ("A" tivesse envenenado "B" na Bolívia e o resultado morte se verificasse no Brasil), ainda assim nossa legislação poderia ser aplicada

1.5.3. Importância da definição: objetivo é descobrir o **território** ou o **país** com soberania para aplicar sua legislação penal. Não se cuida de definir o **foro competente** para o julgamento do agente delitivo, questão tratada no estudo da **competência no processo penal** (arts. 69 e seguintes do CPP)

1.5.4. Aplicabilidade: o art. 6º do CP somente é aplicado na hipótese de uma infração penal **ter início em nosso território nacional**, e o resultado ocorrer em outro (exterior), ou vice-versa. Trata-se do **crime à distância** ou de **espaço máximo**

1.6. Extraterritorialidade (art. 7º do CP)

1.6.1. Conceito: possibilidade da lei penal brasileira ser aplicada a agente que tiver praticado uma infração penal fora do território nacional

1.6.2. Espécies:

– **Extraterritorialidade incondicionada:** a mera prática do delito em outro país que não o Brasil já é suficiente para provocar a aplicação da lei penal brasileira, independentemente de qualquer requisito. Casos:
a) A vida ou a liberdade do Presidente da República
b) O patrimônio ou a fé pública da União, do DF, de Estado, Território, Município, de empresa pública, sociedade de economia mista, autarquia ou fundação instituída pelo Poder Público
c) A administração pública, por quem está a seu serviço
d) De genocídio, quando o agente for brasileiro ou domiciliado no Brasil
– **Extraterritorialidade condicionada:** somente se admitirá a aplicação da lei penal brasileira se satisfeitas algumas condições (definidas no § 2º do art. 7º do CP). Casos:
a) Crimes que, por tratado ou convenção, o Brasil se obrigou a reprimir
b) Crimes praticados por brasileiro
c) Crimes praticados em aeronaves ou embarcações brasileiras, mercantes ou de propriedade privada, quando em território estrangeiro e aí não sejam julgados
Atenção: são **condições** para a aplicação da lei penal nos casos acima mencionados são:
a) Entrar o agente no território nacional
b) Ser o fato punível também no país em que foi praticado
c) Estar o crime incluído entre aqueles pelos quais a lei brasileira autoriza a extradição
d) Não ter sido o agente absolvido no estrangeiro ou não ter aí cumprido a pena
e) Não ter sido o agente perdoado no estrangeiro ou, por outro motivo, não estar extinta a punibilidade, segundo a lei mais favorável
Dica: a lei brasileira aplica-se também ao crime cometido por estrangeiro contra brasileiro fora do Brasil, se, além de reunidas as condições mencionadas acima, ocorrer o seguinte:
a) Não foi pedida ou negada a extradição
b) Houve requisição do Ministro da Justiça

DIREITO PENAL

TEMA I - PRINCÍPIOS DO DIREITO PENAL

1. Aplicação da lei penal com relação às pessoas (imunidades)

1.1. Considerações iniciais: a CF e o art. 1º, II do CPP arrolam as pessoas que, excepcionalmente, terão regras próprias para a verificação da sua culpabilidade. Tais regras são denominadas imunidades

1.2. Conceito de imunidade: é uma prerrogativa conferida a certas pessoas em virtude das atividades por elas desempenhadas como forma de garantir, assim, o livre exercício de suas funções. A imunidade pode ser *diplomática* ou *parlamentar*

1.3. Imunidade diplomática: é aplicada a qualquer delito praticado por agente diplomático (embaixador, secretários da embaixada, pessoal técnico e administrativo das representações), estendendo-se à sua família, a funcionários de organismos internacionais em serviço (exemplos: ONU, OEA) e quando em visita oficial. Os chefes de Estados estrangeiros e os membros de sua comitiva também estão acobertados pela imunidade diplomática

Dica: é uma imunidade irrenunciável

Atenção: o agente diplomático não é obrigado a prestar depoimento como testemunha, salvo se o depoimento estiver relacionado com o exercício de suas funções

1.4. Imunidade parlamentar: imunidade que garante ao parlamentar (deputado federal e senador) a ampla liberdade de palavra no exercício de suas funções (denominada **imunidade material** – art. 53, *caput* da CF), bem como a garantia de que não possam ser presos, exceto em flagrante por delito inafiançável (art. 53, § 2º, 1ª parte da CF/1988 – é a denominada **imunidade formal**)

Dica: também é irrenunciável, por decorrer da função exercida e não da pessoa do parlamentar

Atenção: estende-se também (a imunidade material) aos vereadores se o crime foi praticado no exercício do mandato e na circunscrição do Município. Porém, referidos membros do Poder Legislativo não gozam de imunidade formal (também denominada processual ou relativa)

DIREITO PENAL

Tema II - Teoria do Crime

1. Teoria do Crime

1.1. Considerações iniciais: o estudo da denominada **Teoria do Crime** tem por objetivo destacar os aspectos jurídicos acerca deste fenômeno social que assola a sociedade

1.2. Critério dicotômico: nossa lei adotou em matéria de **infração penal** o critério denominado pela doutrina de **dicotômico**, eis que esta comporta **2 espécies:**

a) **Crimes** (ou delitos – são sinônimos)
b) **Contravenções penais**

Dica: intrinsecamente, crimes e contravenções penais não guardam diferenças entre si. Vale lembrar que ambos dependem de **lei** para sua criação (princípio da legalidade – art. 5º, XXXIX da CF). De qualquer forma, importa destacar que a contravenção penal é mais branda do que o crime, vale dizer, a resposta estatal pela prática do segundo é mais rígida do que pela primeira

1.3. Conceitos de crime

1.3.1. Conceito material: crime é todo comportamento humano que **lesa** ou **expõe a perigo de lesão** bens jurídicos tutelados pelo Direito Penal. Trata-se de conceito que busca traduzir a essência de crime, ou seja, busca responder à seguinte indagação: o que é um crime?

1.3.2. Conceito formal: crime corresponde à violação da lei penal. Em outras palavras, corresponde à relação de subsunção ou de concreção entre o fato e a norma penal incriminadora (ex.: Se "A" matar "B", terá violado a norma penal inserida no art. 121 do CP)

1.3.3. Conceito analítico: se se adotar a **concepção bipartida** (defendida por Damásio de Jesus, Julio Mirabete e Fernando Capez, por exemplo), crime é **fato típico e antijurídico**. Já se for adotada a concepção tripartida (defendida pela doutrina majoritária), **crime é fato típico, antijurídico e culpável**

Dica: partindo-se do pressuposto que crime é fato típico e antijurídico, a culpabilidade será elemento estranho à sua caracterização, sendo imprescindível sua análise apenas para que seja possível, verificada a reprovação da conduta praticada pelo agente, a aplicação de sanção penal ao infrator

DIREITO PENAL
Tema III - Teoria do Crime - Fato Típico

1.1. Considerações iniciais: o fato típico é o primeiro requisito do crime. Portanto, podemos afirmar que não existe crime se não houver um **fato típico**

1.2. Conceito de fato típico: é o **fato material** descrito em lei como **crime**

1.3. Estrutura do fato típico:

a) Conduta
b) Resultado
c) Nexo causal (ou de causalidade, ou, ainda, relação de causalidade)
d) Tipicidade

 Dica: conduta, resultado, nexo causal e tipicidade são os **elementos** do **fato típico**. Os três primeiros correspondem ao que denominamos de fato material. Já o último será o responsável pela **descrição** deste fato material em **lei**

1. Fato Típico I

1.4. Conduta:

1.4.1. Conceito: todo comportamento humano, positivo ou negativo, consciente e voluntário, dirigido a uma finalidade específica

1.4.2. Pessoa jurídica: muito se discute a possibilidade da prática de **crimes por pessoas jurídicas**. Entende-se que pessoa jurídica somente pode praticar crimes ambientais, por força do art. 225, § 3º da CF, regulamentado pela Lei 9.605/1998

1.4.3. Espécies de conduta

– **Ação:** comportamento positivo, gerador dos **crimes comissivos**. Essa é a regra em matéria de tipificação de crimes
– **Omissão:** comportamento negativo, gerador dos crimes **omissivos**. Ex.: omissão de socorro (art. 135 do CP). Como regra, um não fazer não gera qualquer efeito, de modo que só quando a lei expressamente prever a omissão será relevante penalmente.
Espécies:
a) **Omissão própria** (crimes omissivos próprios ou puros) – vem descrita na lei. O dever de agir deriva da própria norma. Frise-se que os crimes omissivos próprios não admitem tentativa, visto que basta a omissão para o crime se consumar. Ex.: omissão de socorro (art. 135 do CP)
b) **Omissão imprópria** (crimes omissivos impróprios, impuros, espúrios ou comissivos por omissão) – o agente tem o dever jurídico de agir para evitar um resultado. Não o fazendo, responderá por sua omissão (art. 13, § 2º do CP). O agente somente responderá por crime omissivo impróprio se tiver o **dever de agir e puder agir**. O **dever jurídico de agir** decorrerá de uma das seguintes situações:
i. Quando tenha por **lei** obrigação de cuidado, proteção ou vigilância (ex.: dever legal dos pais de zelar pela integridade dos filhos)
ii. Quando, de **outra forma**, assumiu a responsabilidade de impedir o resultado, assumindo a posição de *garante* (ex.: enfermeira contratada para ministrar medicamento a pessoa idosa)
iii. Quando, com o seu **comportamento anterior**, criou o risco da ocorrência do resultado. Trata-se do que a doutrina denomina de *dever de agir por ingerência na norma* (ex.: veteranos arremessam calouro em piscina, não sabendo este nadar. Terão o dever de salvá-lo, sob pena de responderem pelo resultado que não evitaram)

1.4.4. Comportamento consciente e voluntário: o indivíduo deve saber o que está fazendo, bem como ter liberdade locomotora para agir (ou deixar de agir). Excluirá a conduta (inexistirá fato típico) as seguintes situações:

a) Atos reflexos
b) Sonambulismo e hipnose
c) Coação física irresistível
d) Caso fortuito
e) Força maior

 Dica: à luz da teoria finalista da ação, adotada por boa parte da doutrina, **não há conduta que não tenha uma finalidade**. O agir humano é sempre voltado à realização de algo, lícito ou ilícito

DIREITO PENAL

Tema III - Teoria do Crime - Fato Típico

1. Fato Típico II

1.5. Resultado

1.5.1. Considerações iniciais: a consequência ou decorrência natural da conduta humana é o **resultado**. A doutrina costuma classificá-lo de duas formas:

a) resultado naturalístico e;
b) resultado normativo (ou jurídico)

1.5.2. Resultado naturalístico: *é a modificação do mundo exterior provocada pela conduta.* É a percepção dos efeitos do crime pelos sentidos humanos (ex.: morte, redução patrimonial, destruição de coisa alheia etc.). Nem todo crime acarreta um resultado naturalístico (como é o caso da violação de domicílio), por isso este se divide em 3 espécies:

a) **Crimes materiais (ou de resultado)** – são os que exigem resultado (ex.: homicídio, furto, roubo)
b) **Crimes formais (ou de consumação antecipada)** – são os que, embora possam ter um resultado, restarão caracterizados mesmo sem sua verificação (ex.: extorsão mediante sequestro – basta o arrebatamento da vítima para a consumação do crime, ainda que o resgate não seja pago pelos familiares)
c) **Crimes de mera conduta (ou de simples atividade)** – como o próprio nome diz, são aqueles que não têm resultado naturalístico, que é impossível de acontecer (ex.: violação de domicílio e ato obsceno)

1.6. Nexo de causalidade

1.6.1. Conceito: é o elo entre a conduta praticada pelo indivíduo e o resultado dela decorrente

1.6.2. Regra: o art. 13, primeira parte do CP, determina que "o resultado, de que depende a existência do crime, somente é imputável a quem lhe deu causa". Em outras palavras, somente é possível imputar (atribuir) a uma pessoa um resultado se este for **causado** por ela

1.6.3. Causas:

– **Conceito:** tudo o que concorrer para a existência de um resultado
– **Teoria adotada:** em matéria de nexo causal, o CP adotou a chamada teoria da *conditio sine qua non*, ou **teoria da equivalência dos antecedentes**. Daí a segunda parte do art. 13 do CP salientar: "considera-se causa toda a ação ou omissão sem a qual o resultado não teria ocorrido"
– **Causa superveniente:** se uma nova causa for superveniente (à conduta do agente) e, **por si só, produzir o resultado**, este não poderá ser atribuído ao indivíduo, uma vez que a situação estará fora da linha de desdobramento normal da conduta. É caso de "A" que, querendo matar "B", atira nele e causa lesões corporais. "B" é socorrido por uma ambulância que se envolve em acidente, e morre. O acidente não poderá ser imputado a "A", que não responderá pela morte de "B", mas apenas pelos atos até então praticados (tentativa de homicídio, no caso)
– **Teoria da causalidade adequada:** no caso de verificação de causa superveniente (art. 13, § 1º do CP), a doutrina aponta que o Código Penal adotou a **teoria da causalidade adequada**, e não da equivalência dos antecedentes. Disso decorre o seguinte:
Atenção: nos crimes formais e de mera conduta, nos quais não se exige a ocorrência de resultado (naturalístico), não haverá que se falar em nexo causal, já que este é o elo entre a conduta e o **resultado**. Se referidos tipos de crimes não exigem resultado, evidentemente não existirá nexo causal

DIREITO PENAL

TEMA III - TEORIA DO CRIME - FATO TÍPICO

1. Fato Típico III

1.7. Tipicidade

1.7.1. Conceito: é a subsunção (adequação) entre o fato concreto e a norma penal incriminadora. Haverá tipicidade penal quando a ação ou omissão praticada pelo indivíduo tiver previsão legal (ex.: se "A" mata "B", realizou o fato descrito no art. 121 do CP)

1.7.2. Espécies de tipicidade:

– **Tipicidade formal:** *mero enquadramento do fato à previsão legal*
– **Tipicidade material:** *configuração de lesão ou perigo de lesão provocados ao bem jurídico pelo comportamento praticado pelo agente*

1.7.3. Tipo penal

– **Conceito:** *é a descrição de uma conduta proibida em lei.* Trata-se de um **modelo legal** e **abstrato** daquela conduta que deve ou não ser realizada pelo agente
– **Categorias de tipos penais**
a) **Tipos penais incriminadores (ou legais):** são aqueles que descrevem a figura criminosa ou contravencional, cominando as respectivas penas
b) **Tipos penais permissivos (ou justificadores, ou justificantes):** são aqueles que descrevem a forma pela qual a conduta humana será considerada lícita. Traduzem-se nas causas excludentes da ilicitude ou antijuridicidade (ex.: legítima defesa – art. 25 do CP; estado de necessidade – art. 24 do CP)
– **Elementos dos tipos penais incriminadores**
a) **Objetivos:** *são aqueles que traduzem as circunstâncias em que a conduta criminosa ou contravencional é praticada.* Ex.: no homicídio, temos o verbo "matar", seguido da expressão "alguém"
b) **Subjetivos:** *são aqueles que dizem respeito à intenção do agente.* Ex.: no furto não basta ao agente agir com dolo na subtração da coisa, sendo imprescindível a intenção de assenhorear-se definitivamente da coisa furtada
c) **Normativos:** *são aqueles que não conseguirão ser compreendidos sem a emissão de um juízo de valor.* Podem exigir uma compreensão jurídica (**elementos normativos jurídicos**), ou extrajurídica (moral, cultural), redundando nos **elementos normativos extrajurídicos.** Exs.: conceitos como documento (jurídico) e ato obsceno (moral)
Dica: os tipos penais que somente contiverem elementos objetivos serão denominados de **tipos normais**. Já os que contiverem elementos subjetivos e/ou normativos são **tipos anormais**

DIREITO PENAL

TEMA III - TEORIA DO CRIME - FATO TÍPICO

1. Fato Típico IV

1.8. Crime doloso

1.8.1. Conceito de dolo: corresponde à vontade livre e consciente do sujeito ativo (agente) em realizar os elementos do tipo

1.8.2. Teoria adotada quanto ao dolo: o art. 18, I do CP adotou a teoria da vontade e a teoria do assentimento. Diz-se o crime doloso quando o agente quis produzir o resultado (dolo direto) ou assumiu o risco de produzi-lo (dolo eventu-al)

1.8.3. Espécies de dolo:

– **Dolo direto:** quando o agente tem a vontade livre e consciente de produzir o resultado
– **Dolo indireto:** subdivide-se em **eventual** (o agente assume o risco de produzir o resultado, não se importando que ele ocorra) e **alternativo** (o agente não se importa em produzir um ou outro resultado). O CP não tratou do dolo alternativo, mas apenas do eventual

1.9. Crime culposo

1.9.1. Conceito de crime culposo: considera culposo o crime quando o agente dá causa ao resultado por imprudência, negligência ou imperícia (art. 18, II do CP)

1.9.2. Modalidades de culpa

– **Imprudência:** corresponde a um **agir perigosamente** (portanto, uma ação)
– **Negligência:** verifica-se quando o sujeito **deixa de fazer algo que deveria ter feito** (portanto, uma omissão)
– **Imperícia:** verifica-se quando o sujeito realiza algo **sem aptidão técnica para tanto**. É a denominada **culpa profissional**

1.9.3. Elementos do crime culposo

a) Conduta inicial voluntária (o agente age sem ser forçado)
b) Quebra do dever objetivo de cuidado (o agente rompe o dever de cuidado ao agir com imprudência, negligência ou imperícia)
c) Resultado involuntário (sobrevém da quebra do dever objetivo de cuidado em relação a um resultado não querido pelo agente)
d) Nexo de causalidade (entre a conduta voluntária e o resultado involuntário deve existir relação de causalidade)
e) Tipicidade (a forma culposa do delito deve estar expressamente prevista em lei – art. 18, parágrafo único, CP)
f) Previsibilidade objetiva (terceira pessoa, que não o agente, dotada de prudência e discernimento medianos, conseguiria prever o resultado)
g) Ausência de previsão (apenas na culpa inconsciente)

1.9.4. Espécies ou tipos de culpa

– **Culpa consciente:** é aquela em que o agente acredita sinceramente que o resultado não se produzirá, embora o preveja. É a exceção. Difere do **dolo eventual**, visto que neste o agente não só prevê o resultado, mas *pouco se importa com sua produção*. Na culpa consciente o agente prevê o resultado, mas *acredita que este não ocorrerá*
– **Culpa inconsciente:** é aquela em que o agente não prevê o resultado, *embora seja previsível*. É a regra

⚠️ **Atenção:** os **crimes culposos não admitem tentativa**, visto que esta somente é compatível com os crimes dolosos

💡 **Dica:** no Direito Penal não existe **compensação de culpas**. É possível a **concorrência de culpas** (2 ou mais pessoas concorrerem culposamente para um resultado), mas nesse caso todos responderão na medida de suas culpabilidades

1.10. Crime preterdoloso (ou preterintencional)

1.10.1. Conceito: é aquele é que há dolo na **conduta antecedente** e culpa no **resultado consequente**. É um misto de dolo e culpa. Trata-se de uma das espécies de crimes qualificados pelo resultado (art. 19 do CP)

1.10.2. Tentativa: pelo fato de ser formado por um resultado culposo agravador (culpa no consequente), é **inadmissível a tentativa**

DIREITO PENAL

TEMA III - TEORIA DO CRIME - FATO TÍPICO

1. Fato Típico V

1.11. *Iter criminis* I

1.11.1. Etapas:

- **Cogitação (fase interna):** como não se pode punir o pensamento, essa fase é impunível
- **Preparação (fase externa):** tratando-se da mera tomada de providências pelo agente para ser possível a realização do crime, essa fase também é impunível; porém, há casos em que o CP incrimina típicos atos preparatórios, como o crime de associação criminosa (art. 288 do CP)
- **Execução (fase externa):** esta se verifica quando da prática do **primeiro ato idôneo e inequívoco**, hábil a consumar o crime; aqui já é possível punir o agente
- **Consumação (fase externa):** é a última etapa do iter criminis, verificando-se de acordo com cada crime (material, formal, mera conduta...)

1.11.2. Critérios para definir início da execução

- **Critério material:** quando iniciada a lesão ou o perigo ao bem jurídico
- **Critério formal:** quando iniciada a execução do verbo (ação nuclear) do tipo; é o que prevalece
- **Critério objetivo-individual:** atos imediatamente anteriores à execução da conduta típica, mas voltados à realização do plano criminoso do agente

1.11.3. Crime consumado

- **Conceito:** o crime foi consumado quando nele se reunirem todos os elementos de sua definição legal (art. 14, I do CP)
- **Momento da consumação:** quando se verificar o resultado naturalístico. Já os crimes formais, ou de consumação antecipada, consumam-se independentemente de o agente delitivo alcançar seu intento. Finalmente, os crimes de mera conduta, como o próprio nome sugere, consumam-se com a simples atividade

1.11.4. Crime tentado *(conatus)*

- **Conceito:** o crime é tentado quando, iniciada sua execução, não se consumar por circunstâncias alheias à vontade do agente (art. 14, II do CP), como por fuga da vítima, chegada da polícia etc.
- **Pena:** o agente será punido com a mesma pena do crime consumado, mas reduzida de 1/3 a 2/3, adotando-se como critério para o *quantum* de diminuição a "proximidade da consumação" (quanto mais próximo o crime tiver chegado da consumação, menor será a redução). Adotou-se a teoria objetiva
- **Cuidado:** excepcionalmente, o crime tentado será punido com o mesmo rigor do consumado, tal como ocorre no art. 352 do CP (evasão de preso). É o que se denomina de *crime de atentado*

1.11.5. Tipos de tentativa

a) **Tentativa imperfeita (ou inacabada):** é aquela em que o agente é interrompido na execução do crime enquanto ainda o praticava, por circunstâncias alheias à sua vontade, não conseguindo esgotar todo o seu potencial ofensivo
b) **Tentativa perfeita (ou acabada, ou crime falho):** é aquela em que o agente esgota toda sua potencialidade ofensiva, indo até o fim com os atos executórios. Contudo, o crime não se consuma por circunstâncias alheias à vontade do agente
c) **Infrações penais que não admitem tentativa:**
a) Crimes culposos
b) Crimes preterdolosos
c) Contravenções penais (art. 4º da LCP)
d) Crimes omissivos próprios
e) Crimes unissubsistentes
f) Crimes habituais
g) Crimes condicionados, em que a lei exige a ocorrência de um resultado (ex.: art. 122 do CP)
h) Crimes de atentado ou de empreendimento, cuja figura tentada recebe a mesma pena do crime consumado (ex.: art. 352 do CP)

DIREITO PENAL

TEMA III - TEORIA DO CRIME - FATO TÍPICO

1. Fato Típico VI

1.11. *Iter criminis II*

1.11.6. Desistência voluntária e arrependimento eficaz (art. 15 do CP)

– **Desistência voluntária:** *consiste em o agente, voluntariamente, desistir de prosseguir na execução do crime.* Nesse caso o agente só responderá pelos atos **anteriormente praticados,** sendo **atípica a tentativa do crime inicialmente visado**
Exemplo: "A", querendo matar "B", inicia a execução de um homicídio. Tendo efetuado um disparo, podendo efetuar outros, desiste de prosseguir em seu intento criminoso, abandonando o local. Se "B" não morrer, "A" responderá apenas por lesões corporais
– **Arrependimento eficaz:** consiste em o agente, depois de esgotados os atos executórios do crime, tomar uma atitude e impedir a consumação do crime. Nesse caso o agente não responde pela tentativa do crime inicialmente visado, mas apenas pelos atos já praticados
Exemplo: "A", querendo matar "B", inicia a execução de um homicídio. Tendo efetuado todos os disparos, arrepende-se e socorre a vítima, levando-a ao hospital. Se "B" não morrer, "A" responderá apenas por lesões corporais

1.11.7. Arrependimento posterior (art. 16 do CP)

a) Crime cometido sem violência ou grave ameaça à pessoa
b) Reparação integral do dano ou restituição da coisa
c) Conduta voluntária – não se exige espontaneidade
d) Reparação do dano ou restituição da coisa até o recebimento da denúncia ou queixa – se for feito posteriormente, incidirá uma atenuante genérica, prevista no art. 65, III do CP
– **Consequência:** trata-se de causa genérica de diminuição de pena. A intenção do legislador foi "premiar" o agente que, embora tenha cometido um crime, arrepende-se e procure minorar os efeitos do ilícito praticado
– **Proibição:** não se admite a incidência do instituto em comento em qualquer crime, mas apenas naqueles cometidos **sem violência ou grave ameaça à pessoa** (ex.: roubo, extorsão e extorsão mediante sequestro não admitem arrependimento posterior)

DIREITO PENAL

TEMA III - TEORIA DO CRIME - FATO TÍPICO

1. Fato típico VII

1.12. Crime impossível

1.12.1. Previsão legal e expressões sinônimas: vem previsto no art. 17 do CP. É também chamado de **tentativa impossível**, **tentativa inidônea**, **tentativa inadequada** ou **quase crime**

1.12.2. Conceito: caracteriza-se quando a consumação do crime tornar-se impossível em virtude da **absoluta ineficácia do meio empregado** ou pela **impropriedade absoluta do objeto material do crime**

1.12.3. Natureza jurídica: trata-se, segundo aponta a doutrina, de hipótese de **atipicidade da tentativa do crime inicialmente visado pelo agente**

1.12.4. Hipóteses: como definiu o legislador, somente haverá crime impossível por força de duas circunstâncias:

a) **Ineficácia absoluta do meio:** quando o agente valer-se de meio para a prática do crime que jamais poderia levar à sua consumação, estar-se-á diante de meio absolutamente ineficaz. É o caso de ser ministrada água, em um copo de suco, para matar a vítima, ou dose absolutamente inócua de substância apontada como veneno, que jamais causaria sua morte
b) **Impropriedade absoluta do objeto:** quando a ação criminosa recair sobre objeto que absolutamente não poderá sofrer lesão em face da conduta praticada pelo agente, estar-se-á diante de objeto absolutamente impróprio. É o caso de "A" que atira em "B", morto há duas horas, ou de uma mulher que pratica manobras abortivas (ex.: toma medicamento abortivo) não estando grávida
c) **Impropriedade relativa:** ressalva a doutrina que, se a impropriedade for **relativa**, o agente responderá pela tentativa do crime que tiver iniciado, não havendo que se falar em crime impossível
Exemplo: "A", querendo matar "B", coloca em sua comida quantidade de veneno insuficiente para a morte, mas cuja substância seria apta a provocá-la. Embora o meio para o homicídio tenha sido ineficaz, certo é que não o foi absoluta, mas sim relativamente impróprio, não se podendo afastar a tentativa (inocorrência da consumação por circunstâncias alheias à vontade do agente)

1.13. Erro de tipo

1.13.1. Conceito de erro: entende-se por **erro** uma *falsa percepção da realidade*. Quando essa "falsa percepção" recair em algum elemento do tipo penal, estaremos diante do denominado **erro de tipo**

1.13.2. Espécies: O erro de tipo pode ser:

– **Essencial:** é aquele que irá recair sobre *elementares* (dados essenciais do tipo) e *circunstâncias* (dados acessórios do tipo, que somente refletem na pena). O erro de tipo essencial se subdivide em:
a) **Incriminador:** afasta o dolo e a culpa, se invencível; afasta o dolo se vencível, remanescendo a culpa, se admissível for
b) **Permissivo:** afasta o dolo, remanescendo a culpa se o erro for vencível – é a chamada *culpa imprópria*. Recai sobre os pressupostos fáticos de uma causa excludente da ilicitude – ex.: legítima defesa e estado de necessidade, dando azo ao surgimento das descriminantes putativas por erro de tipo
Importante: o erro de tipo essencial afastará sempre o dolo, remanescendo a culpa se houver previsão legal da modalidade culposa da infração penal. Se o agente incidir em erro de tipo essencial, poderá ser afastada completamente a possibilidade de ser criminalmente responsabilizado
– **Acidental:** é aquele que recai sobre dados acidentais, vale dizer, irrelevantes para a caracterização do crime ou contravenção. Subdivide-se em:
a) *Aberratio ictus* – erro na execução (o agente, por falha de pontaria, por exemplo, atinge uma pessoa diversa da pretendida, respondendo como se houvesse atingido a vítima visada)
b) *Aberratio criminis* – resultado diverso do pretendido (o agente, por erro na execução, atinge bem jurídico diverso do inicialmente pretendido, motivo pelo qual responderá pela forma culposa, se existir, do resultado efetivamente provocado por sua conduta)
c) *Aberratio causae* – erro quanto ao nexo causal (o agente acredita, com sua conduta, haver causado o resultado quando, em verdade, outra foi a causa efetiva do resultado)
d) *Error in persona* – erro quanto à pessoa (o agente, por equívoco, acredita que a vítima seja "A" quando, em verdade, a "vítima correta" seria "B", motivo pelo qual responderá como se houvesse praticado o crime contra a vítima visada – "A", no caso)
e) *Error in objecto* – erro quanto ao objeto (o agente acredita que o objeto do crime seja um, quando, em verdade, é outro – ex: "A" furta 1 kg de sal acreditando tratar-se de açúcar)
Importante.: o erro de tipo acidental, como o nome diz, é meramente acidental, remanescendo a responsabilidade penal do agente

DIREITO PENAL

Tema IV - Teoria do Crime - Antijuricidade

1. Antijuridicidade (ilicitude) I

1.1. Conceito: corresponde a ilicitude (ou antijuridicidade) à relação de **contradição entre a conduta praticada pelo agente e o ordenamento jurídico**. Assim, ilicitude é a contrariedade entre o comportamento praticado pelo agente e aquilo que o ordenamento jurídico prescreve (proíbe ou fomenta). Sem ilicitude, o comportamento praticado pelo agente, ainda que típico, não será considerado crime

1.2. Caráter indiciário da ilicitude: diz a doutrina que a tipicidade é um indício de antijuridicidade. Em outras palavras, em princípio, todo fato típico é antijurídico (contrário ao direito). A isso se dá o nome de **caráter indiciário da ilicitude**

1.3. Causas excludentes da antijuridicidade (ou ilicitude)

- **1.3.1. Conceito:** são aquelas que, se presentes, afastam a ilicitude do comportamento, ainda que considerado típico. São também chamadas de causas justificantes ou excludentes de criminalidade

- **1.3.2. Rol do art. 23 do CP:** embora em rol exemplificativo, as principais causas excludentes da ilicitude são:
  a) Legítima defesa
  b) Estado de necessidade
  c) Estrito cumprimento do dever legal
  d) Exercício regular de um direito

1.4. Estado de necessidade (EN)

- **1.4.1. Conceito:** é causa excludente da ilicitude que traduz a ideia de um conflito de interesses penalmente protegidos. Contudo, diante de uma **situação de perigo**, permite-se o sacrifício de um bem jurídico para a proteção de outro, desde que haja **razoabilidade**

- **1.4.2. Falta de razoabilidade:** não sendo razoável exigir-se o sacrifício do **bem efetivamente lesado** (bem ameaçado é de valor inferior ao bem lesado), não se pode falar em **estado de necessidade**. Contudo, o **art. 24, § 2º** do CP, prevê a possibilidade de **redução de pena de 1/3 a 2/3**

- **1.4.3. Requisitos:** para que se possa validamente invocar o EN, são necessários os seguintes requisitos:
  – **Subjetivo:** o agente que invoca o EN deve saber que sua conduta é voltada à proteção de um bem jurídico próprio ou alheio
  – **Objetivos:** são aqueles previstos no art. 24 do CP
  a) **Perigo atual** (parte da doutrina entende que o perigo **iminente** também pode ensejar o EN). Este perigo pode derivar de conduta humana, ato animal ou eventos da natureza
  b) **Existência de ameaça a bem jurídico próprio** (EN próprio) ou de **terceiro** (EN de terceiro)
  c) **Perigo não causado pela vontade de quem invoca o EN** – a doutrina admite que o perigo culposamente provocado por alguém não afasta a possibilidade de invocar o EN
  d) **Inexigibilidade de sacrifício do direito ameaçado** – o bem jurídico que se pretende salvar do perigo deve ser de igual ou maior relevância do que aquele que será sacrificado}
  e) **Inexistência do dever legal de enfrentar o perigo** – não pode invocar o EN aquela pessoa que, por força de lei, tiver o dever de enfrentar a situação de perigo (ex.: bombeiros e policiais)

- **1.4.4. Espécies:** fala-se em EN próprio e de terceiro, EN real e putativo e EN defensivo e agressivo

  – **EN próprio e de terceiro:** verifica-se o EN próprio quando quem invocar a excludente da ilicitude em tela agir para salvaguardar direito próprio. Já se a excludente for invocada por pessoa que atuar para a salvaguarda de direito alheio, estaremos diante do **EN de terceiro**
  – **EN real e putativo:** diz-se que o **EN é real** quando os requisitos objetivos da causa excludente estão presentes no caso concreto. No entanto, será **putativo** se quem o invocar acreditar que se encontra amparado pela excludente (art. 20, § 1º do CP)
  – **EN defensivo e agressivo:** tem-se o **EN defensivo** quando o bem jurídico lesado pertence ao causador da situação de perigo. Será agressivo quando o bem jurídico lesado pertencer a pessoa diversa da causadora da situação de perigo

- **1.4.5. Excesso no EN:** havendo excesso na excludente analisada, o agente responderá pelo resultado a título de dolo (excesso doloso) ou culpa (excesso culposo)

DIREITO PENAL

TEMA IV - TEORIA DO CRIME - ANTIJURICIDADE

1. Antijuridicidade (ilicitude) II

1.5. Legítima defesa (LD)

1.5.1. Conceito: é causa excludente da ilicitude que traduz a ideia de agressão injusta. Assim, a pessoa que a invocar para fazer cessar a agressão injusta, ataca bem jurídico alheio, repelindo o ataque a bem jurídico próprio ou de terceiro. Contudo, primordial é que a pessoa que invocar a legítima defesa utilize moderadamente dos meios necessários, suficiente à cessação da agressão injusta a direito próprio ou de terceiro

1.5.2. Requisitos: são necessárias duas ordens de requisitos:

– **Subjetivo:** ciência do agente de que há situação de agressão injusta e que a sua atuação é voltada a repelir tal situação
– **Objetivos:** são aqueles descritos no art. 25 do CP, a saber:
a) **Agressão injusta atual ou iminente** – a agressão sempre deriva de conduta humana. Ataques por animais, quando espontâneos (não provocados por ser humano), ensejarão estado de necessidade. Já se o animal for incitado (atiçado) por um ser humano, pode-se invocar legítima defesa
b) **Direito próprio ou alheio agredido ou próximo de sê-lo** – admite-se a legítima defesa própria ou de terceiro
c) **Uso dos meios necessários** – para repelir a agressão injusta, atual ou iminente, a pessoa deverá valer-se dos meios indispensáveis à cessação da agressão
d) **Moderação no uso dos meios necessários** – ao escolher o meio (havendo mais de um, deve-se optar pelo menos lesivo), a pessoa que invocar a legítima defesa deve ser moderada na sua utilização, atuando com razoabilidade

 Dica: Pacote Anticrime (Lei 13.964/2019) considera-se também em legítima defesa o agente de segurança pública que repele agressão ou risco de agressão a vítima mantida refém durante a prática de crimes (art. 25, parágrafo único, CP).

1.5.3. Espécies: fala-se em LD própria ou de terceiro, LD real ou putativa, LD recíproca e sucessiva

– **LD própria e de terceiro:** chama-se de **LD própria** aquela em que a pessoa que a invoca repele agressão injusta a direito ou bem jurídico próprio, ao passo que a **LD de terceiro** pressupõe que haja agressão a bem jurídico alheio e a pessoa rechace a agressão, defendendo, pois, um terceiro
– **LD real e putativa:** a LD será **real** quando, de fato, estiverem presentes os requisitos do art. 25 do CP; ao passo que será putativa se o agente, pelas circunstâncias de fato, acreditar que se encontra amparado pela legítima defesa (art. 20, § 1º do CP)
– **LD recíproca e sucessiva:** a LD recíproca é **inviável em nosso ordenamento**, tendo em vista que é impossível que, ao mesmo tempo, uma pessoa esteja agredindo a outra injustamente e vice-versa. Ou uma está sendo agredida injustamente, e poderá invocar a LD, ou a outra estará sofrendo agressão injusta, quando, então, poderá agir amparada pela excludente em apreço. Na **LD sucessiva**, perfeitamente admissível, ocorre em caso de **excesso**. Assim, inicialmente, alguém é vítima de agressão injusta. Para tanto, passa a atacar o agressor. No entanto, utiliza-se imoderadamente dos meios necessários, excedendo-se no revide, deixando de ser agredido e passando a ser agressor

DIREITO PENAL

TEMA IV - TEORIA DO CRIME - ANTIJURICIDADE

1. Antijuridicidade (ilicitude) III

- **1.6. Estrito cumprimento de um dever legal (ECDL) e exercício regular de direito (ERD)**

  - **1.6.1. Observação relevante:** as causas excludentes referidas não estão expressamente detalhadas no Código Penal, mas apenas indicadas no art. 23, III do CP. A explicação sobre seus conteúdos decorre de ensinamentos da doutrina e jurisprudência

  - **1.6.2. Estrito cumprimento de dever legal (ECDL):** geralmente esta é causa excludente da ilicitude invocada por **agentes públicos**, cujas condutas, muitas vezes, estão pautadas (e determinadas) por lei. É o caso, por exemplo, do policial que tem o dever de prender quem se encontre em flagrante delito (art. 301 do CPP). Em caso de resistência, o uso da força poderá ocorrer, desde que nos limites do razoável. Nesse caso, terá atuado em ECDL para que efetive a prisão

  - **1.6.3. Exercício regular de direito (ERD):** temos a regra de que **podemos fazer tudo o que a lei permite ou não proíbe**. Assim, se agirmos de forma regular no exercício de um direito, ainda que isto seja tipificado em lei (fato típico), não será contrário ao direito (antijurídico). É o caso, por exemplo, das **intervenções cirúrgicas** e das **práticas desportivas**

- **1.7. Descriminantes putativas**

  - **1.7.1. Conceito:** é possível que alguém, pela análise das circunstâncias concretas, acredite que se encontre amparado por alguma das causas excludentes da ilicitude. Se, supondo sua existência por uma falsa percepção da realidade (erro), o agente viole bem jurídico alheio, ainda assim não responderá criminalmente pelo fato, desde que o erro seja plenamente justificado. É o que vem previsto no art. 20, § 1º do CP

    = **Exemplo:** o clássico exemplo é a **legítima defesa putativa**. Imagine que "A", inimigo de "B" e que prometeu a este morte, insira de repente a sua mão em sua blusa, fazendo crer que iria sacar um revólver. Ato seguinte, "A", acreditando estar diante de uma agressão injusta iminente, saca uma arma e atira em "B", que, em verdade, iria tirar do bolso uma carta com pedido de desculpas. Se o erro em que incorreu "A" for plenamente justificável pelas circunstâncias, terá incidido em erro de tipo permissivo (no caso, legítima defesa putativa), respondendo apenas por **homicídio culposo**

  - **1.7.2. Natureza jurídica:** embora discutível a **natureza jurídica das descriminantes putativas**, prevalece o seguinte entendimento:

    a) Se o erro recair sobre os **pressupostos fáticos** de uma causa excludente da ilicitude, estaremos diante de um erro de tipo (permissivo). É o caso do agente que, acreditando piamente ser vítima de uma agressão injusta atual ou iminente, mata seu suposto agressor. Nesse caso, terá incidido em um erro de tipo permissivo, que irá recair sobre o pressuposto fático da excludente (no caso, a agressão injusta, indispensável ao reconhecimento da legítima defesa)
    b) Se o erro recair sobre a **existência de uma causa excludente da ilicitude**, configurar-se-á o erro de proibição. É o que se verifica quando o agente, crendo que sua conduta é permitida pelo direito (portanto, uma conduta que não seja antijurídica), pratica um fato típico. Nesse caso, faltará ao agente a potencial consciência da ilicitude, pelo que será afastada a culpabilidade
    c) E se o erro recair sobre os **limites de uma causa excludente da ilicitude**, igualmente restará configurado o erro de proibição. Ocorrerá nos casos em que o agente incidir em excesso (por exemplo, na legítima defesa, quando, após cessada a agressão injusta, o agente prosseguir no contra-ataque ao agressor original acreditando que ainda está agindo em LD)

DIREITO PENAL

TEMA V - TEORIA DO CRIME - CULPABILIDADE

1. Culpabilidade

1.1. Conceito: trata-se de **pressuposto de aplicação da pena**. Se adotada a **concepção bipartida** (crime: fato típico e antijurídico), não integra o conceito de crime, estando **fora de sua estrutura básica**. Já para a **concepção tripartida**, é parte integrante do crime, embora seja, igualmente, pressuposto para aplicação da pena

1.2. Elementos da culpabilidade: são três elementos – quais sejam: a imputabilidade, a potencial consciência da ilicitude e a exigibilidade de conduta diversa. Esses *elementos citados são cumulativos*. Ausente qualquer um, ao agente não se poderá impor pena

1.3. Causas excludentes da culpabilidade: se verificadas, inviabilizarão a imposição de pena ao agente

1.3.1. Causas excludentes da imputabilidade: são as seguintes:

a) **Inimputabilidade** por doença mental ou desenvolvimento mental incompleto ou retardado – art. 26 do CP. Adotou-se o critério biopsicológico. Não basta a doença mental (**critério biológico**), sendo indispensável que, em razão dela, o agente no momento da ação ou omissão seja inteiramente incapaz de **entender** o caráter ilícito do fato ou de **determinar-se de acordo com esse entendimento (critério psicológico)**
b) **Menoridade** – o menor de 18 anos é penalmente inimputável. Trata-se de presunção absoluta. Aqui, o legislador adotou o **critério biológico** (não se leva em conta se o adolescente entendia o caráter ilícito do fato). O adolescente que praticar crime ou contravenção terá cometido ato infracional, de acordo com o art. 103 do ECA, apurado pela Vara da Infância e Juventude
c) **Embriaguez completa, decorrente de caso fortuito ou força maior** – art. 28, § 1º do CP. Apenas a embriaguez involuntária e completa retira a capacidade do agente de querer e entender, tornando-o inimputável. Se a embriaguez for incompleta e involuntária, o agente será penalmente responsabilizado, porém com possibilidade de pena reduzida. Acerca da embriaguez, o CP adotou a teoria da *actio libera in causa*. Se o agente deliberadamente (voluntariamente) ingeriu álcool ou substância com efeitos análogos, ainda que no momento da prática da infração não tenha capacidade de entendimento e autodeterminação, ainda assim será responsabilizado (art. 28, II do CP). Apenas se a embriaguez for involuntária, e desde que completa, ficará o agente isento de pena

1.3.2. Causa excludente da potencial consciência da ilicitude: é o **erro de proibição** (art. 21 do CP). Um agente somente poderá sofrer pena se puder saber que sua conduta é profana, contrária ao direito, ainda que não saiba que se trata de crime ou contravenção penal. Afinal, ninguém pode escusar-se de cumprir a lei alegando ignorância (art. 3º da LINDB)

– **Modalidades:**
a) **Invencível, inevitável ou escusável:** aqui, é impossível que o agente pudesse superar o erro sobre a ilicitude do fato. Neste caso, ficará **isento de pena**
b) **Vencível, evitável ou inescusável:** nesse caso, se o agente tivesse sido um pouco mais diligente, poderia superar o erro. Responderá criminalmente, porém com **pena reduzida de 1/6 a 1/3**

1.3.3. Causas excludentes da exigibilidade de conduta diversa: são a coação moral irresistível e a obediência hierárquica a ordem não manifestamente ilegal

– **Coação moral irresistível:** prevista na primeira parte do art. 22 do CP. O agente (ou familiares ou pessoas muito próximas) é vítima de coação irresistível (não física, que afastaria a conduta, mas moral), não lhe sendo exigível conduta di-versa da praticada
Exemplo: é o caso do gerente de banco cujos familiares são sequestrados. A libertação apenas ocorrerá se subtrair dinheiro do cofre do banco em que trabalha. Sabendo da senha, subtrai o montante e entrega aos sequestradores. Nesse caso, o gerente de banco ficará isento de pena, respondendo pelo crime os coatores (sequestradores)
– **Obediência hierárquica a ordem não manifestamente ilegal:** prevista na segunda parte do art. 22 do CP. Será imprescindível, para sua caracterização, a existência de uma relação de direito público entre superior hierárquico e subordinado. Este, por força da hierarquia, tem o dever de cumprir as ordens de seus superiores, sob pena de incorrer em falta disciplinar. Assim, se o subordinado receber ordem do superior hierárquico e cumpri-la, ficará isento de pena caso sua execução redunde na prática de um crime. Contudo, somente se a ordem não for *manifestamente ilegal* é que poderá socorrer-se da causa excludente da culpabilidade. Caso contrário, se cumprir ordem ilegal, responderá por sua ação ou omissão

DIREITO PENAL

Tema VI - Teoria do Crime - Concurso de Pessoas

1. Concurso de pessoas I

1.1. Conceito: concurso de pessoas, ou concurso de agentes, codelinquência ou concurso de delinquentes, consiste na **reunião consciente** e **voluntária**, **de duas ou mais pessoas,** para a **prática de infrações penais**

1.2. Requisitos: o reconhecimento do concurso de pessoas exige a satisfação dos seguintes requisitos, cumulativamente

Sigla para memorização: PRIL
Pluralidade de agentes (cada pessoa tem comportamento próprio)
Relevância causal de cada uma das ações
Identidade de fato (ou identidade de crime)
Liame subjetivo ou vínculo psicológico entre os agentes (todos devem visar a um mesmo objetivo, um aderindo à conduta dos outros – não se exige, contudo, o ajuste prévio, ou seja, o acordo de vontades anterior à prática do crime)
– **Falta de liame subjetivo:** *a falta do liame subjetivo* acarreta o que a doutrina chama de *autoria colateral*
– **Autoria colateral:** duas ou mais pessoas, desconhecendo a existência uma(s) da(s) outra(s), praticam atos executórios com o mesmo objetivo. Nesse caso, não haverá concurso de agentes, eis que lhes falta liame subjetivo. Cada uma responderá pelos atos que tiver cometido
– **Autoria incerta:** na autoria colateral, havendo dúvida acerca de qual dos agentes deu causa ao resultado, mas sendo constatada a prática de atos executórios, cada qual responderá pela tentativa (ex.: homicídio). É a denominada **autoria incerta**

1.3. Classificação dos crimes quanto ao concurso de pessoas

a) Crimes unissubjetivos (ou monossubjetivos, ou de concurso eventual)**:** são aqueles que podem ser perpetrados por um ou mais agentes, não fazendo o tipo penal qualquer distinção. Ex.: roubo, furto, estelionato, homicídio
b) Crimes plurissubjetivos (ou crimes coletivos, ou de concurso necessário): são aqueles que, para sua própria tipificação, exigem a presença de dois ou mais agentes delitivos. Ex.: associação criminosa (denominado de quadrilha ou bando antes do advento da Lei 12.850/2013), que exige, pelo menos, três pessoas (art. 288 do CP); rixa, que também exige um mínimo de três pessoas (art. 137 do CP); associação para o tráfico, a exigir, pelo menos, duas pessoas (art. 35 da Lei 11.343/2006)

1.4. Autoria

1.4.1. Teorias: existem três teorias acerca da autoria, a saber:

a) Teoria material-objetiva (ou **extensiva**): autor é aquele que concorre com qualquer causa para o implemento de um resultado, e não só o que realiza o verbo-núcleo do tipo penal incriminador. Assim, não há distinção entre autor, coautor e partícipe
b) Teoria formal-objetiva (ou **restritiva**): autor é somente aquela pessoa que pratica a conduta típica descrita em lei (matar, subtrair, constranger...), executando o verbo-núcleo do tipo. Toda ação que não for propriamente a correspondente ao verbo do tipo será acessória. Contudo, se, de qualquer modo, concorrer para a prática do crime, a pessoa será considerada partícipe. **Esta é a teoria adotada pelo CP, mas com algumas críticas, por não abranger a autoria mediata**
c) Teoria normativa-objetiva (ou do domínio do fato): autor é aquele que tem o controle final do fato, ou seja, domina finalisticamente a empreitada criminosa. Enfim, é o "chefe", que determina cada passo do crime. Será partícipe aquele que colaborar com o autor, mas sem ter o domínio final do fato. Esta teoria foi muito empregada, embora com equívocos, na Ação Penal do Mensalão

1.4.2. Autoria mediata

– **Conceito:** de acordo com a teoria do domínio do fato, **autor mediato** (ou indireto) é aquele que "usa" alguém, por exemplo, desprovido de imputabilidade ou que atue sem dolo, para a execução de determinado comportamento criminoso. Em outras palavras, o autor mediato se vale de um executor material (autor imediato) como instrumento para o cometimento do ilícito penal
Exemplo: uma pessoa, querendo matar outra, pede a um louco que a esfaqueie, o que é por este cumprido. O louco (executor material) não responderá pelo homicídio, mas apenas seu mandante
– **Hipóteses:** a autoria mediata pode resultar das seguintes hipóteses:
a) *Ausência de capacidade mental* da pessoa utilizada como instrumento (inimputável)
b) *Coação moral irresistível*
c) *Provocação de erro de tipo escusável* (ex.: médico que quer matar paciente e determina que a enfermeira aplique uma injeção de "medicamento", mas que, na realidade, é veneno)
d) *Obediência hierárquica* a ordem não manifestamente ilegal
– **Consequências:** em qualquer caso, responderá pelo crime não o executor deste (autor imediato ou direto), mas o autor mediato (ou indireto)

DIREITO PENAL

TEMA VI - TEORIA DO CRIME - CONCURSO DE PESSOAS

1. Concurso de pessoas II

1.5. Modalidades de concurso de agentes

1.5.1. Coautoria: será coautor aquele que, juntamente com o autor do crime, com ele colaborar diretamente, de forma consciente e voluntária, para a realização do verbo-núcleo do tipo. Há a seguinte subdivisão:

a) Coautoria *parcial*: quando cada um dos agentes realizar atos executórios diversos, mas que, somados, redundem na consumação do crime (ex.: enquanto "A" segura a vítima, com uma faca em sua barriga, "B" subtrai seus pertences. Ambos respondem por roubo, em coautoria)
b) Coautoria total (ou direta): quando todos os agentes praticarem a mesma conduta típica (ex.: "A" e "B", cada um com um revólver, atiram na vítima "C"; ambos serão coautores no homicídio)

1.5.2. Participação: será partícipe aquele que não realizar o verbo-núcleo do tipo, mas, de qualquer modo, concorrer para o crime. Quanto à participação, adotou-se a **teoria da acessoriedade limitada**. Só será partícipe aquele que realizar conduta acessória (não realização do verbo-núcleo do tipo) à do autor e desde que esse pratique conduta típica e ilícita

– **Espécies de participação:** a participação pode ser:
a) *Moral:* corresponde ao induzimento ou instigação do autor à prática de um crime
b) *Material:* corresponde ao auxílio

1.6. Teorias acerca do concurso de pessoas

1.6.1. Teoria unitária (monista ou monística): ainda que duas ou mais pessoas realizem condutas diversas e autônomas, considera-se praticado um só crime (o mesmo, para todas)

– **Participação de menor importância e cooperação dolosamente distinta:** o art. 29, § 1º, do CP, prevê a figura da ***participação de menor importância,*** que importa na diminuição da pena do agente. Já o art. 29, § 2º, também do CP, traz a figura da *cooperação dolosamente distinta,* segundo a qual o agente que se desviar do "plano original" e praticar crime diverso, por este responderá, enquanto que o coautor ou partícipe responderão pelo crime "originalmente combinado", sendo que sua pena poderá ser aumentada de metade caso o resultado mais grave fosse previsível

1.6.2. Teoria pluralística: para esta teoria, cada agente responde por um crime, independentemente do outro. Excepcionalmente, o Código Penal adota exceções pluralísticas ao princípio monístico. É o caso do binômio corrupção ativa/corrupção passiva e aborto com o consentimento da gestante e o terceiro que o provocou

1.6.3. Teoria dualística: para esta teoria, há um crime para os autores e outro crime para os partícipes. Não foi adotada pelo CP

1.6.4. Teoria adotada pelo CP: apenas para não haver dúvidas, o CP adotou a *teoria unitária ou monista*

1.7. Comunicabilidade e incomunicabilidade de elementares e circunstâncias

1.7.1. Explicações preliminares: considerando que o CP adotou, como regra, a **teoria unitária** de concurso de pessoas, nada mais "justo" do que todos os agentes que concorrerem para o mesmo fato responderem pela mesma infração penal. No entanto, em algumas situações, a imputação de um mesmo crime a duas ou mais pessoas pode parecer estranho e até injusto. É o caso de "A", em estado puerperal, durante o parto, auxiliada por "B", matar o próprio filho. Não há dúvidas de que "A" deverá responder por infanticídio (art. 123 do CP). E quanto a "B", responderá por qual delito? Também por infanticídio!

1.7.2. Art. 30 do CP: as **condições de caráter pessoal, somente quando elementares do tipo** (leia-se: dados essenciais à caracterização do crime), **comunicam-se aos coautores ou partícipes**

– **Regras:** temos **três regras** extraídas, ainda que implicitamente, do art. 30 do CP:
a) As **elementares** comunicam-se aos demais agentes (coautores ou partícipes), desde que conhecidas por estes
b) As **circunstâncias objetivas** (reais ou materiais) comunicam-se aos demais agentes (coautores ou partícipes), desde que, é claro, delas tenham conhecimento
c) As **circunstâncias subjetivas** (de caráter pessoal) jamais se comunicam aos demais agentes (coautores ou partícipes) quando não forem elementares

DIREITO PENAL
Tema VI - Teoria da Pena

1. Penas

1.1. Conceito: *pena é a consequência jurídica do crime.* A prática de qualquer ato ilícito, em nosso ordenamento jurídico, deve gerar uma sanção, sob pena de nenhuma pessoa ser desestimulada a delinquir. Na seara penal não poderia ser diferente

1.1.1. Sanção penal: é gênero que comporta as seguintes espécies:

a) **Penas**
b) **Medidas de segurança**

1.2. Finalidades das penas

1.2.1. Caráter polifuncional: as penas, em nosso ordenamento jurídico, têm um caráter polifuncional, ou seja, assumem diferentes finalidades ou funções, a saber:

a) **Retributiva**: é a retribuição do mal pelo mal
b) **Preventiva:** a cominação abstrata de uma pena impõe à coletividade um temor (prevenção geral) e sua efetiva aplicação ao agente delitivo tem por escopo impedir que venha a praticar novos delitos (prevenção especial)
c) **Ressocializadora:** a imposição de pena tem por escopo a readaptação do criminoso à vida em sociedade

1.3. Classificação ou espécies de penas: de acordo com o art. 32 do CP, as penas podem ser:

a) **Privativas de liberdade** (sigla: PPL): restringem a plena liberdade de locomoção do condenado. São de três espécies: *reclusão, detenção e prisão simples*
b) **Restritivas de direitos** (sigla: PRD)**:** são sanções *autônomas* que substituem as penas privativas de liberdade. Não são, como regra, cominadas abstratamente em um tipo penal incriminador
c) **Multa:** consiste no pagamento ao FUNPEN de quantia fixada na sentença e calculada em dias-multa (art. 49 do CP)

DIREITO PENAL

TEMA VII - TEORIA DA PENA - PENAS PRIVATIVAS DE LIBERDADE

1. Penas privativas de liberdade (PPLs) I

1.1. Espécies: as PPLs se subdividem em:

- **1.1.1. Reclusão** (apenas para os crimes): quem comete crime punido com **reclusão** poderá iniciar o cumprimento da pena em **regime fechado**, semiaberto ou, desde logo, **aberto**

- **1.1.2. Detenção** (apenas para os crimes): para os crimes punidos com **detenção**, os regimes iniciais de cumprimento de pena podem ser o **semiaberto** ou o **aberto**. Assim, não se pode impor ao condenado por crime punido com detenção o **regime inicial fechado**

- **1.1.3. Prisão simples** (apenas para as contravenções penais): é espécie de PPL cabível **apenas** para as **contravenções penais**, que será cumprida em regime **semiaberto** ou **aberto**, sem rigor penitenciário (art. 6º, caput e § 1º da LCP). Não há, pois, regime fechado para essa espécie de pena

1.2. Regimes de cumprimento de pena (ou regimes penitenciários): são três

- **1.2.1. Fechado:** somente pode ser o regime inicial fixado quando a pena privativa de liberdade cominada for de **reclusão**

  – **Aplicação do regime fechado:** será o regime inicial fechado indicado ao agente condenado a **pena superior a 8 (oito) anos**, *reincidente ou não*. Também será este o regime quando a pena aplicada for de reclusão, **superior a 4 (quatro) anos e inferior a 8 (oito) anos**, mas sendo o condenado *reincidente* (art. 33, § 2º, b do CP)
  – **Cumprimento do regime fechado:** o regime fechado deve ser cumprido em **estabelecimentos penais de segurança máxima ou média** (art. 33, § 1º, a do CP)
  – **Crimes hediondos:** de acordo com o art. 2º, § 1º, da Lei 8.072/1990 (Lei dos Crimes Hediondos), será o regime inicial fechado obrigatório a todos aqueles que cometerem crimes hediondos ou equiparados. Contudo, o **STF**, no julgamento do **HC 111.840**, em 2012, **declarou incidentalmente a inconstitucionalidade** do referido dispositivo legal, reconhecendo que até mesmo o regime inicialmente fechado não pode ser obrigatório, sob pena de ofensa ao princípio da individualização da pena (art. 5º, XLVI da CF)

- **1.2.2. Semiaberto:** é o regime inicial mais gravoso para os crimes punidos com **detenção**. Também poderá ser imposto, desde logo, aos condenados punidos por delito apenado com **reclusão**. Será também escolhido quando a pena aplicada ao condenado for **superior a 4 (quatro) e inferior a 8 (oito) anos**, desde que *não seja reincidente* (art. 33, § 2º, "b" do CP)

  – **Cumprimento do regime semiaberto:** será cumprido em **colônia penal agrícola, industrial ou estabelecimento similar** (art. 33, § 1º, "b" do CP)

  – **Cumprimento do regime aberto:** será cumprido em Casa do Albergado ou estabelecimento adequado (art. 33, § 1º, "c" do CP)

  – **Cumprimento do regime aberto:** será cumprido em **Casa do Albergado** ou **estabelecimento adequado** (art. 33, § 1º, "c" do CP)

- **1.2.4. Relevância da reincidência na escolha do regime penitenciário:** a **reincidência**, *independentemente da quantidade de pena*, imporá ao condenado, em princípio, o cumprimento da pena no regime inicial mais gravoso que a espécie de pena privativa de liberdade permitir

DIREITO PENAL

TEMA VII - TEORIA DA PENA - PENAS PRIVATIVAS DE LIBERDADE

1. Penas privativas de liberdade (PPLs) II

1.3. Circunstâncias que influenciam na fixação do regime inicial de cumprimento de pena

1.3.1. Espécie de PPL: o primeiro ponto a ser analisado é a espécie de PPL cominada:

a) **Reclusão:** admite a fixação dos regimes fechado, semiaberto ou aberto
b) **Detenção:** admite a fixação dos regimes semiaberto ou aberto
c) **Prisão simples:** admite a fixação dos regimes semiaberto ou aberto

1.3.2. Quantidade de PPL aplicada

a) **Até quatro anos:** regime aberto
b) **Mais de quatro até oito anos:** regime semiaberto
c) **Mais do que oito anos:** regime fechado

1.3.3. Reincidência

a) **Presença:** acarretará a imposição do regime mais rigoroso que a espécie de PPL permitir, independentemente da quantidade de PPL aplicada
b) **Ausência:** acarretará a imposição do regime penitenciário de acordo com a quantidade de PPL aplicada

1.3.4. Análise do art. 59 do CP (circunstâncias judiciais): independentemente da quantidade de pena imposta, respeita das, porém, as espécies de PPL (reclusão, detenção ou prisão simples), a culpabilidade, os antecedentes, a conduta social e a personalidade do agente, bem como os motivos, circunstâncias e consequências do crime e o comportamento da vítima, deverão ser levados em consideração pelo magistrado para a escolha do regime inicial de cumprimento de pena

1.3.5. Súmulas do STJ:

a) **Súmula 269:** "é admissível a adoção do regime prisional semiaberto aos reincidentes condenados a pena igual ou inferior a quatro anos se favoráveis as circunstâncias judiciais"
b) **Súmula 440:** "fixada a pena-base no mínimo legal, é vedado o estabelecimento de regime prisional mais gravoso do que o cabível em razão da sanção imposta, com base apenas na gravidade abstrata do delito"

1.3.6. Súmulas do STF

a) **Súmula 718:** "a opinião do julgador sobre a gravidade em abstrato do crime não constitui motivação idônea para a imposição de regime mais severo do que o permitido segundo a pena aplicada"
b) **Súmula 719:** "a imposição do regime de cumprimento mais severo do que a pena aplicada permitir exige motivação idônea"

DIREITO PENAL

Tema VII - Teoria da Pena - Penas Privativas de Liberdade

1. Penas privativas de liberdade (PPLs) III

1.4. Regras específicas dos regimes penitenciários

1.4.1. Regras específicas do regime fechado: de acordo com o art. 34 do CP, o condenado a cumprir pena em regime fechado será submetido inicialmente a **exame criminológico** a fim de que seja possível a **classificação e individualização da pena**

– **Trabalho e recolhimento em cela:** o condenado ao regime fechado trabalhará durante o dia, recolhendo-se à noite em cela individual. A ideia do legislador foi a de submeter o preso a um isolamento mais rigoroso
– **Trabalho externo:** é admissível o trabalho externo do preso durante o cumprimento da pena em regime fechado em serviços ou obras públicas, mediante vigilância

1.4.2. Regras específicas do regime semiaberto: são semelhantes às regras do regime fechado

– **Trabalho e recolhimento em cela:** o condenado ao regime semiaberto irá trabalhar durante o dia em **colônias penais agrícolas**, **industriais** ou **similares**, recolhendo-se à noite em celas coletivas
– **Trabalho externo e cursos:** é admissível o trabalho externo e também que os condenados frequentem cursos profissionalizantes

1.4.3. Regras específicas do regime aberto: a ideia central deste regime é a de testar a **autodisciplina** do condenado e seu **senso de responsabilidade**

– **Trabalho e outras atividades:** será dever do condenado exercer trabalho, frequentar curso ou outras atividades autorizadas durante o dia, recolhendo-se à noite e nos dias de folga às **Casas do Albergado**

DIREITO PENAL

TEMA VII - TEORIA DA PENA - PENAS PRIVATIVAS DE LIBERDADE

1. Penas privativas de liberdade (PPLs) III

1.5. Progressão de regime penitenciário

1.5.1. Sistema progressivo: a legislação penal brasileira adota, atualmente, o sistema progressivo de penas, materializado no art. 112 da LEP e art. 33, § 2º do CP

- **Definição de sistema progressivo:** a pessoa condenada a cumprir sua pena em determinado regime, desde que preenchidos alguns requisitos, poderá migrar para o mais benigno, até que, com o cumprimento total da pena, esta restará extinta

1.5.2. Requisitos para a progressão de regime: para que se admita a progressão de regime penitenciário, é necessária a satisfação de dois requisitos:

- **Objetivo** = cumprimento de parte da pena privativa de liberdade
- **Subjetivo** = mérito do condenado
- **Requisito objetivo:** a depender da natureza e forma de cometimento do crime, bem como das condições pessoais do agente (primariedade ou reincidência), a quantidade de pena a ser cumprida irá variar, conforme alterações promovidas ao art. 112 da LEP pelo **Pacote Anticrime** (Lei 13.964/2019). Destarte, a partir do início de vigência da sobredita lei, que se deu em **23 de janeiro de 2020**, a progressão de regime prisional dependerá do cumprimento de:
I - 16% (dezesseis por cento) da pena, se o apenado for primário e o crime tiver sido cometido sem violência à pessoa ou grave ameaça;
II - 20% (vinte por cento) da pena, se o apenado for reincidente em crime cometido sem violência à pessoa ou grave ameaça;
III - 25% (vinte e cinco por cento) da pena, se o apenado for primário e o crime tiver sido cometido com violência à pessoa ou grave ameaça;
IV - 30% (trinta por cento) da pena, se o apenado for reincidente em crime cometido com violência à pessoa ou grave ameaça;
V - 40% (quarenta por cento) da pena, se o apenado for condenado pela prática de crime hediondo ou equiparado, se for primário;
VI - 50% (cinquenta por cento) da pena, se o apenado for:
a) condenado pela prática de crime hediondo ou equiparado, com resultado morte, se for primário, vedado o livramento condicional;
b) condenado por exercer o comando, individual ou coletivo, de organização criminosa estruturada para a prática de crime hediondo ou equiparado; ou
c) condenado pela prática do crime de constituição de milícia privada;
VII - 60% (sessenta por cento) da pena, se o apenado for reincidente na prática de crime hediondo ou equiparado;
VIII - 70% (setenta por cento) da pena, se o apenado for reincidente em crime hediondo ou equiparado com resultado morte, vedado o livramento condicional.
- Para mulher gestante ou que seja mãe ou responsável por crianças ou pessoas com deficiência, a progressão (denominada de progressão especial) ocorrerá após o cumprimento de 1/8 (um oitavo) da pena, desde que presentes os seguintes requisitos:
I - não ter cometido crime com violência ou grave ameaça a pessoa; II - não ter cometido o crime contra seu filho ou dependente; III - ser primária e ter bom comportamento carcerário, comprovado pelo diretor do estabelecimento; IV - não ter integrado organização criminosa
- **Requisito subjetivo:** corresponde ao bom comportamento carcerário, assim consignado em atestado emitido pela autoridade administrativa competente (diretor do estabelecimento penal)
- **Exame criminológico:** a questão que se coloca é: exige-se, para a progressão de regime, que o condenado obtenha parecer favorável em exame criminológico? Com a edição da Lei 10.792/2003, o exame criminológico, mencionado no art. 112 da LEP, deixou de ser requisito indispensável à progressão de regime • STF: após editar a súmula vinculante 26, passou a admitir a exigência de exame criminológico àqueles condenados por crimes hediondos, desde que as peculiaridades do caso indiquem que a medida é necessária • STJ: com a edição da súmula 439, previu-se ser admissível o exame criminológico, desde que as peculiaridades do caso indiquem que seja necessário e desde que haja decisão motivada nesse sentido – Requisito específico para a progressão de regime nos crimes cometidos contra a Administração Pública: com relação aos crimes cometidos contra a administração pública (arts. 312 a 326 do CP), a progressão de regime, consoante determina o art. 33, § 4º do CP, somente será admissível após o condenado haver reparado o dano causado ao erário ou devolvido o produto do ilícito cometido, com os devidos acréscimos legais
- **Progressão de regime e crimes hediondos e equiparados:** após o advento da Lei 11.464/2007, não mais se pode falar em vedação à progressão de regime. Apenas se imporá ao condenado o regime inicialmente fechado, admitindo-se a progressão de regime após o cumprimento da quantidade de pena indicada no art. 112 da LEP.
• Regime inicial fechado obrigatório: o STF, ao julgar, em 2012, o HC 111.840, impetrado pela Defensoria Pública do Espírito Santo em favor de paciente condenado por tráfico de drogas, declarou, incidentalmente, a inconstitucionalidade do regime inicial fechado obrigatório aos condenados por crimes hediondos ou equiparados – Progressão por salto: a doutrina majoritária, bem assim a jurisprudência, objetam a ideia de uma "progressão por salto", vale dizer, o condenado que cumpre pena no regime fechado migrar, diretamente, para o regime aberto, sem passar pelo semiaberto
• Súmula 491 do STJ: "é inadmissível a chamada progressão per saltum de regime prisional". No entanto, em situações excepcionais, poderá ser admitido, na prática, o "salto" ao regime mais brando. A esse respeito, o STF editou a súmula vinculante 56: "A falta de estabelecimento penal adequado não autoriza a manutenção do condenado em regime prisional mais gravoso, devendo-se observar, nessa hipótese, os parâmetros fixados no RE 641.320/RS" (STF. Plenário. Aprovada em 29.06.2016) – Prática de falta grave e progressão de regime: o STJ, em sua súmula 534, editada em 2015, consolidou o entendimento de que: "A prática de falta grave interrompe a contagem do prazo para a progressão de regime de cumprimento de pena, o qual se reinicia a partir do cometimento dessa infração" (REsp 1364192) – Pena substitutiva e regime aberto: de acordo com a súmula 493 do STJ, é inadmissível a fixação de pena substitutiva (art. 44 do CP) como condição especial ao regime aberto, medida muito utilizada por juízes da execução penal

DIREITO PENAL

TEMA VII - TEORIA DA PENA - PENAS PRIVATIVAS DE LIBERDADE

1. Penas privativas de liberdade (PPLs) IV

1.6. Regressão de regime penitenciário, remição e detração

1.6.1. Regressão de regime: é o oposto da progressão. Nosso sistema penitenciário é o progressivo. Contudo, o conde-nado poderá ser transferido de regime mais benigno para outro mais gravoso quando (art. 118 da LEP)

– **Hipóteses de regressão de regime:** temos as seguintes hipóteses:
a) Cometimento de crime doloso ou falta grave: importante anotar o teor das **súmulas 526 e 533 do STJ**, ambas editadas em 2015, respectivamente: *"O reconhecimento de falta grave decorrente do cometimento de fato definido como crime doloso no cumprimento da pena prescinde do trânsito em julgado de sentença penal condenatória no processo penal instau-rado para apuração do fato"* e *"Para o reconhecimento da prática de falta disciplinar no âmbito da execução penal, é imprescindível a instauração de procedimento administrativo pelo diretor do estabelecimento prisional, assegurado o direito de defesa, a ser realizado por advogado constituído ou defensor público nomeado"*
b) Condenação por crime anterior, cuja pena, somada àquela que está sendo executada, supere o teto permitido para aquele regime em que estiver o condenado
c) Frustrar os fins da execução ou não pagar, podendo o condenado, a multa cumulativamente imposta
d) O condenado submetido à vigilância indireta eletrônica (monitoração eletrônica) deixar de adotar os cuidados neces-sários com o equipamento, bem como não observar os deveres que lhe são inerentes (art. 146-C, parágrafo único, I da LEP)
– **Regressão por salto:** admite-se a regressão diretamente do regime aberto para o fechado
– **Regime fechado em crime punido com detenção:** o condenado que esteja cumprindo pena por crime punido com detenção, muito embora esta espécie de PPL não admita a imposição de regime inicial fechado, poderá regredir a este regime

1.6.2. Remição da pena: é benefício a que o condenado faz jus, desde que esteja cumprindo a pena em *regime fechado* ou *semiaberto*, **reduzindo-se sua pena em razão do trabalho ou do estudo**

– **Proporção do tempo de trabalho ou estudo:** de acordo com o art. 126, § 1º da LEP, alterado pela Lei 12.433, de 29.06.2011, a contagem do prazo, para fins de remição, será feito da seguinte maneira:
a) 1 (um) dia de pena a cada 12 (doze) horas de frequência escolar em atividade de ensino fundamental, médio, inclusive profissionalizante, ou superior, ou ainda de requalificação profissional, divididas, no mínimo, em 3 (três) dias
b) 1 (um) dia de pena a cada 3 (três) dias de trabalho
– **Estudo presencial ou à distância:** o estudo, nos termos do art. 126, § 2º da LEP, poderá ser desenvolvido de forma presencial ou por metodologia de ensino a distância, sendo de rigor a certificação pelas autoridades educacionais competentes dos cursos frequentados
– **Cumulação de trabalho e estudo:** será perfeitamente possível a cumulação do trabalho e do estudo do preso para fins de remição (ex.: trabalho na parte da manhã e estudo à noite). Nesse caso, a cada 3 (três) dias de estudo e trabalho, será re-compensado o condenado com o abatimento de 2 (dois) dias de pena
– **Remição e acidente:** o preso impossibilitado, por acidente, de prosseguir no trabalho ou nos estudos, continuará a beneficiar-se com a remição (art. 126, § 4º da LEP)
– **Conclusão do ensino e "bônus-remição":** ao preso que, durante o cumprimento da pena, concluir o ensino fundamental, médio ou superior, desde que haja certificado expedido pelo órgão competente, terá acrescido 1/3 (um terço) às horas de estudo que serão utilizadas para a remição (art. 126, § 5º da LEP)
– **Remição e falta grave:** em caso de falta grave, o juiz poderá revogar até 1/3 (um terço) do tempo remido, recomeçando a contagem a partir da data da infração disciplinar (art. 127 da LEP). Assim, a súmula Vinculante 9 do STF foi tacitamente revogada pela Lei 12.433/2011, que alterou a redação do art. 127 da LEP
– **Remição nos regimes fechado, semiaberto ou aberto:** a remição, até o advento da Lei 12.433/2011, somente era admissível aos condenados que cumprissem pena em regime fechado ou semiaberto, visto que o trabalho era requisito indispensável à progressão ao regime aberto. No entanto, acrescentado o estudo do preso como fator de remição, mesmo o condenado que cumpra pena em regime aberto ou semiaberto, bem assim o que usufrui do livramento condicional, poderá beneficiar-se da remição pela frequência a curso de ensino regular ou de educação profissional
– **Salas de aula:** para que se implementem os novos comandos da LEP, a Lei 12.245/2010 determinou a **instalação de salas** de aula nos estabelecimentos penais, destinadas a **cursos do ensino básico e profissionalizante**

1.6.3. Detração penal: é o cômputo (ou desconto, ou abatimento) na pena privativa de liberdade ou na medida de segurança, do tempo de prisão provisória ou de internação, cumprida no Brasil ou no estrangeiro (art. 42 do CP)

– **Influência na fixação de regime de cumprimento de pena:** nos termos do art. 387, § 2º do CPP, o tempo de prisão provisória será computado para fins de fixação do regime inicial de cumprimento de pena
– **Detração em processos penais distintos:** é possível, desde que o agente tenha, em determinado processo-crime, sido absolvido, mas submetido a custódia cautelar, e condenado em outro processo-crime
Saldo positivo para delinquir: para não se criar um "saldo positivo" para delinquir, importante que o processo pelo qual o agente tenha sido absolvido seja posterior àquele em que tiver havido condenação

DIREITO PENAL

Tema VII - Teoria da Pena - Penas Privativas de Liberdade

1. Penas privativas de liberdade (PPLs) V

- **1.7. Fixação das PPLs (dosimetria da pena)**

  - **1.7.1. Sistema adotado pelo CP:** o art. 68 do CP consagrou o denominado sistema trifásico de fixação de pena, idealizado pelo grande mestre penalista Nelson Hungria

  - **1.7.2. Sistema trifásico:** como o próprio nome sugere, o magistrado, no momento em que for aplicar a pena ao agente, deverá fazê-lo em três etapas:

    – **Primeira fase:** análise das **circunstâncias judiciais** do art. 59 do CP. Aqui, o juiz irá verificar a *culpabilidade, os antecedentes, a conduta social, a personalidade do agente, os motivos, as circunstâncias e as consequências do crime,* bem como o *comportamento da vítima,* a fim de que se fixe a **pena-base**
    • **Maus antecedentes:** quanto aos maus antecedentes, é mister ressaltar que o STJ, ao editar a súmula 444, assentou ser **vedada a utilização de inquéritos policiais e ações penais em curso para agravar a pena-base**
    – **Segunda fase:** análise das **circunstâncias atenuantes e agravantes genéricas** (previstas na Parte Geral do CP), que vêm indicadas, respectivamente, nos arts. 65, 66, 61 e 62, todos do CP
    • **Concurso de agravantes e atenuantes:** havendo o concurso de circunstâncias atenuantes e agravantes, caberá ao juiz impor a pena que se aproxime do limite indicado pelas **circunstâncias preponderantes**, entendendo-se como tais as que resultam dos motivos determinantes do crime, da personalidade do agente e da reincidência (art. 67 do CP)
    • **Atenuantes e agravantes e limites para a fixação da pena:** de acordo com a **súmula 231 do STJ**, a incidência de circunstância atenuante não pode conduzir à redução da pena abaixo do mínimo legal. Por evidente, o mesmo se aplica às agravantes, que não podem conduzir ao aumento da pena acima do máximo legal
    – **Terceira fase:** análise das causas de diminuição (minorantes) e aumento (majorantes) de pena. Podem ser genéricas, quando previstas na Parte Geral do CP, ou específicas, quando na Parte Especial ou legislação extravagante. São representadas por *frações* (1/6, 1/3, 1/2, 2/3...)
    • **Causas de aumento e de diminuição e limites para a fixação da pena:** diversamente do que ocorre com as atenuantes e agravantes, as causas de diminuição e aumento de pena podem, respectivamente, conduzir à fixação de reprimenda **abaixo do mínimo ou acima do máximo** previsto em lei

DIREITO PENAL

TEMA VIII - TEORIA DA PENA - PENAS RESTRITIVAS DE DIREITO

1. Penas restritivas de direitos (PRDs) I

1.1. Conceito: como o próprio nome sugere, são penas que não privam o agente de sua liberdade, mas, restringem alguns direitos. São também conhecidas como penas alternativas, visto que são uma "alternativa" à pena de prisão

1.2. Características: as PRDs são autônomas, eis que têm regras e princípios próprios, não podendo coexistir com as PPLs, bem como substitutivas, ou seja, substituem as PPLs impostas em sentença

1.3. Requisitos para a substituição da PPL por PRD: são de natureza objetiva e subjetiva, sendo cumulativos (art. 44 do CP)

1.3.1. Requisitos objetivos:

a) Crime cometido **sem violência ou grave ameaça** à pessoa
b) Que a PPL a ser substituída seja de até **4 (quatro) anos**, e, quanto aos crimes culposos, qualquer que seja a quantidade de pena imposta

1.3.2. Requisitos subjetivos:

a) *Réu não reincidente em crime doloso* (não se tratando de **reincidência específica**, ou seja, não tendo o agente sido condenado em virtude da prática do mesmo crime, até **será possível a substituição** da PPL por PRD, desde que a **medida seja socialmente recomendável** – art. 44, § 3º do CP)
b) *A culpabilidade, os antecedentes, a conduta social, a personalidade do agente, bem como os motivos e as circunstâncias do crime indiquem que a substituição é suficiente.* É o que se convencionou chamar de **princípio da suficiência**

1.4. Espécies de PRDs: as PRDs estão previstas, em rol taxativo, no art. 43 do CP, a saber:

I – Prestação pecuniária (art. 45, § 1º do CP)
II – Perda de bens e valores (art. 45, § 3º do CP)
III – Prestação de serviços à comunidade ou a entidades públicas (art. 46 do CP)
IV – Interdição temporária de direitos (art. 47 do CP)
V – Limitação de fim de semana (art. 48 do CP)

1.5. Prestação pecuniária (art. 45, §1º do CP)**:** consiste no **pagamento em dinheiro** à *vítima, a seus dependentes ou a entidade pública ou privada com destinação social,* de importância fixada pelo juiz, não inferior a **1 (um) salário mínimo**, nem superior a **360 (trezentos e sessenta) salários mínimos**

1.5.1. Dedução na reparação civil: o valor pago pelo condenado será deduzido do montante de eventual ação de reparação civil, desde que coincidentes os beneficiários

1.5.2. Substituição da prestação pecuniária: a prestação pecuniária poderá ser substituída por prestação de outra natureza desde que haja aceitação, nesse sentido, do beneficiário (art. 45, § 2º do CP)

1.5.3. Descumprimento: diversamente do que ocorre com a pena de multa, que é considerada dívida de valor (art. 51 do CP), se o condenado não cumprir a prestação pecuniária imposta, esta será **convertida em PPL**, conforme se depreende da regra geral imposta no art. 44, § 4º do CP

DIREITO PENAL

Tema VIII - Teoria da Pena - Penas Restritivas de Direito

1. Penas restritivas de direitos (PRDs) II

- **1.6. Perda de bens e valores** (art. 45, §3º do CP): consiste no "confisco" (retirada compulsória) de bens e valores que componham o **patrimônio lícito** do condenado, em favor do FUNPEN (Fundo Penitenciário Nacional), ressalvada a legislação especial
  - **1.6.1. Extensão:** será correspondente, ao que for maior, ao montante do prejuízo causado ou ao proveito obtido pelo agente com a prática do crime (art. 45, § 3º do CP)

- **1.7. Prestação de serviços à comunidade ou a entidades públicas** (art. 46 do CP): impõe ao condenado o cumprimento de **tarefas gratuitas** em *entidades assistenciais, hospitais, escolas, orfanatos e outros estabelecimentos congêneres, em programas comunitários e estatais* (art. 46, caput, e § 1º e 2º do CP)
  - **1.7.1. Cabimento:** somente é aplicável essa espécie de pena restritiva às **condenações que superarem 6 (seis) meses de PPL**
  - **1.7.2. Carga horária:** as tarefas gratuitas não poderão atrapalhar a jornada de trabalho normal do condenado, motivo pelo qual corresponderão a **1 (uma) hora de tarefa por dia de condenação** (art. 46, § 3º do CP)
  - **1.7.3. PPL superior a 1 (um) ano:** em caso de a PPL substituída **superar 1 (um) ano**, o condenado poderá cumprir a prestação de serviços à comunidade ou entidades públicas em **tempo menor**, respeitado período jamais **inferior à metade** da pena privativa de liberdade substituída (art. 46, § 4º do CP)

- **1.8. Interdição temporária de direitos** (art. 47 do CP): somente será imposta quando o crime **violar deveres inerentes a cargo, atividade, ofício ou função pública**
  - **1.8.1. Espécies:** hipóteses de interdição temporária de direitos:

    I – Proibição para o exercício de cargo, função ou atividade pública, bem como mandato eletivo
    II – Proibição do exercício de profissão, atividade ou ofício que dependam de habilitação especial, de licença ou autorização do poder público
    III – Suspensão de CNH (somente para os crimes culposos de trânsito)
    IV – Proibição de frequentar determinados lugares
    V – Proibição de inscrever-se em concurso, avaliação ou exames públicos

- **1.9. Limitação de fim de semana** (art. 48 do CP): consiste na obrigação de o condenado permanecer, por 5 (cinco) horas diárias, aos sábados e domingos, em Casa do Albergado, para que participe de palestras e cursos ou realize atividades educativas (art. 48, parágrafo único do CP)

- **1.10. Descumprimento das PRDs:** conforme enuncia o art. 44, § 4º do CP, a pena restritiva de direitos **converte-se** em privativa de liberdade quando ocorrer o **descumprimento injustificado** da restrição imposta. Trata-se da conversão ou reconversão da PRD pela PPL
  - **1.10.1. Contraditório e ampla defesa:** antes da decretação da conversão/reconversão é mister a prévia oitiva do condenado, em respeito ao contraditório e ampla defesa
  - **1.10.2. Conversão ou reconversão facultativa:** em caso de condenação a PPL por outro crime, o juiz da execução penal decidirá sobre a conversão, podendo deixar de aplicá-la se for possível ao condenado cumprir a pena substitutiva anterior. Se for possível ao condenado prosseguir no cumprimento da PRD anterior e cumprir, concomitantemente, a nova PRD imposta pela prática de outro crime, não haverá razões para a conversão da primeira

DIREITO PENAL
TEMA IX - TEORIA DA PENA - PENAS DE MULTA

1. Pena de multa (arts. 49 a 52 do CP)

- **1.1. Conceito:** a pena de multa é de cunho eminentemente **pecuniário**. Consiste no **pagamento de um certo montante** ao Fundo Penitenciário Nacional (FUNPEN) ou fundos estaduais (para os crimes de competência da Justiça Estadual), fixado em sentença e calculado em **dias-multa**

- **1.2. Sistema de aplicação da multa:** a aplicação da multa segue um sistema bifásico, visto que, primeiramente, será estabelecido o número de dias-multa, seguindo-se ao cálculo de seu valor unitário
  - **1.2.1. Quantidade de dias-multa:** na **primeira fase**, o juiz fixará a quantidade da multa entre 10 (dez) e 360 (trezentos e sessenta) dias-multa
  - **1.2.2. Valor de cada dia-multa:** na **segunda fase**, o juiz fixará o valor de cada dia-multa, que não poderá ser inferior a **1/30 (um trigésimo)** do salário mínimo, nem superior a **5 (cinco)** vezes esse valor, levando-se em conta a **capacidade econômica do réu** (arts. 49 e 60, ambos do CP)
  - **Valor insuficiente:** se o magistrado entender que o poder econômico do réu poderá revelar **ineficácia** da sanção penal, o valor da multa poderá ser elevado até o **triplo** (art. 60, § 1º do CP)

- **1.3. Natureza jurídica e execução da multa**
  - **1.3.1. Natureza jurídica:** conforme preconiza o art. 51 do CP, transitada em julgado a sentença condenatória, a **multa** será considerada **dívida de valor**, aplicando-se-lhe as normas da legislação relativa à **dívida ativa da Fazenda Pública**, inclusive no que concerne às causas interruptivas e suspensivas da prescrição
  - **Impossibilidade de conversão em PPL:** caso o condenado não pague a pena de multa imposta, esta não poderá ser convertida em PPL, visto que o CP a considera mera dívida de valor
  - **1.3.2. Execução da pena de multa:** Com a nova redação do art. 51 do CP pelo Pacote Anticrime (Lei 13.964/2019), a multa será executada perante o juiz da execução penal e será considerada dívida de valor. Em essência, foi mantida a natureza da multa como uma dívida de valor, o que vale dizer, em outras palavras, que caso o condenado não a pague, esta não poderá ser convertida em pena de prisão.
  - **Legitimidade para execução e competência jurisdicional:** com a nova redação do art. 51 do CP pelo Pacote Anticrime (Lei 13.964/2019), a multa será executada perante o juiz da execução penal. Assim, a legitimidade para a execução será do Ministério Público, ficando superada a Súmula 521 do STJ, que assim dispunha: "A legitimidade para execução fiscal de multa pendente de pagamento imposta em sentença condenatória é exclusiva da Procuradoria da Fazenda Pública".

DIREITO PENAL

Tema IX - Teoria da Pena - Concurso de Crimes

1.1. Conceito: concurso de crimes ocorre quando o(s) agente(s), mediante a prática de uma ou várias condutas, pratica(m) dois ou mais crimes. Pressupõe, portanto, pluralidade de fatos

1. Concurso de crimes I

1.2. Espécies de concurso de crimes: os arts. 69, 70 e 71 do CP tratam, respectivamente, do concurso material, do concurso formal e do crime continuado

1.2.1. Concurso material (ou real): previsto no art. 69 do CP, ficará caracterizado quando o agente, mediante mais de uma ação ou omissão, praticar dois ou mais crimes, idênticos ou não

– **Consequência:** serão aplicadas, cumulativamente, as penas privativas de liberdade em que haja incorrido o agente
– **Requisitos: pluralidade de condutas** (mais de uma ação ou omissão) e **pluralidade de fatos** (cometimento de dois ou mais crimes, idênticos ou não)
– **Fixação em sentença:** reconhecida essa espécie de concurso, o juiz, na sentença, fixará as penas de **cada uma das infrações penais separadamente** para, somente depois, **somá-las**
– **Sistema do cúmulo material:** aplica-se no concurso material o **sistema do cúmulo material** (soma das penas)
– **Penas privativas de liberdade de espécies distintas:** caso o agente tenha praticado diversos crimes em concurso material ou real, e havendo **penas privativas de liberdade distintas** (reclusão e detenção, por exemplo), a execução ocorrerá primeiramente da mais grave (reclusão, *in casu*)

1.2.2. Concurso formal (ou ideal): previsto no art. 70 do CP, ficará caracterizado quando o agente, mediante uma só ação ou omissão, praticar dois ou mais crimes, idênticos ou não

– **Consequência:** será aplicada a pena mais grave, se distintas, ou, se idênticas, qualquer uma delas, mas, em qualquer caso, aumentada de 1/6 (um sexto) até 1/2 (metade)
– **Requisitos:** unidade de conduta (uma só ação ou omissão) e **pluralidade de fatos** (dois ou mais crimes, idênticos ou não)
– **Espécies de concurso formal:** quantos aos crimes praticados, o concurso formal pode ser:
a) Homogêneo: verifica-se quando os crimes cometidos forem **idênticos** (ex.: dois homicídios culposos de trânsito, praticados mediante uma só ação imprudente do condutor do veículo automotor)
b) Heterogêneo: verifica-se na hipótese de o agente, mediante uma só ação ou omissão, praticar dois ou mais **crimes distintos** (ex.: dirigindo imprudentemente, o condutor do veículo mata um pedestre e provoca lesões corporais em outro)
– **Concurso formal perfeito e imperfeito:** quanto ao **desígnio** do agente para o cometimento dos crimes, classifica-se o concurso formal em:
a) Perfeito (ou próprio): verifica-se quando o agente, mediante uma só ação ou omissão, pratica dois ou mais crimes, idênticos ou não, mas com **unidade de desígnio**
b) Imperfeito (ou impróprio): verifica-se quando o agente, mediante uma só ação ou omissão, pratica dois ou mais crimes, mas com pluralidade de desígnios (mais de uma vontade)
– **Consequências:**
a) Concurso formal perfeito: a pena será acrescida de **1/6 a 1/2**, aplicando-se o chamado **critério ou sistema da exasperação**. O *quantum* de aumento de pena será definido pelo **número de crimes** cometidos pelo agente, e da seguinte forma: (i) dois crimes = +1/6; (ii) três crimes = +1/5; (iii) quatro crimes = +1/4; (iv) cinco crimes = +1/3. (v) seis ou mais crimes = +1/2
b) Concurso formal imperfeito: as penas serão **somadas**, aplicando-se o **critério ou sistema do cúmulo material**
– **Cúmulo material benéfico:** se da **exasperação da pena** (1/6 a 1/2) decorrer pena **superior** àquela que seria verificada com a soma das penas, aplicar-se-á a regra do **cúmulo material benéfico**, ou seja, as penas serão **somadas** (art. 70, pará-grafo único do CP)

DIREITO PENAL

TEMA IX - TEORIA DA PENA - CONCURSO DE CRIMES

1. Concurso de crimes II

- **1.3. *Crime continuado*** *(ou continuidade delitiva)*: previsto no art. 71 do CP, **ficará caracterizado** quando quando o agente, mediante mais de uma ação ou omissão, praticar dois ou mais crimes da mesma espécie, em condições "especiais"

  - **1.3.1. Condições especiais:** os diversos crimes da mesa espécie praticados pelo agente somente o serão em continuidade delitiva se cometidos em *circunstâncias de tempo, lugar, maneira de execução e outras semelhantes*, de modo que os crimes *subsequentes sejam havidos como continuação do primeiro*

  - **1.3.2. Tríplice semelhança:** como se vê da redação do art. 71, *caput* do CP, a continuidade delitiva depende do reconhecimento de uma tríplice semelhança entre os crimes praticados, todas de caráter objetivo:

    a) Circunstâncias de tempo semelhantes: de acordo com a doutrina e jurisprudência majoritárias, entre um crime e outro não pode transcorrer lapso superior a 30 (trinta) dias
    b) Circunstâncias de lugar semelhantes: os crimes devem ser perpetrados na mesma cidade ou cidades vizinhas (contíguas)
    c) Modo de execução semelhante: os crimes devem ser praticados com um mesmo padrão *(modus operandi)*

  - **1.3.3. Requisito subjetivo:** a jurisprudência do STJ está consolidada no sentido de que a configuração do crime continuado exige, além da tríplice semelhança (requisitos objetivos) um requisito subjetivo, qual seja, um nexo de continuidade entre os delitos (prática de todos eles com *unidade de desígnios*)

  - **1.3.4. Consequências:** será aplicada a pena de um só dos crimes, se idênticas, ou a mais grave, se diversas, aumentadas, em qualquer caso, de 1/6 (um sexto) a 2/3 (dois terços). Aplica-se, aqui, o critério ou sistema da exasperação

  - **1.3.5. Aumento de pena:** o *quantum* de aumento de pena, à semelhança do concurso formal perfeito, variará de acordo com o número de crimes cometidos, a saber: (i) dois crimes = +1/6; (ii) três crimes = +1/5; (iii) quatro crimes = +1/4; (iv) cinco crimes = +1/3; (v) seis crimes = +1/2; (vi) sete ou mais crimes = +2/3

  - **1.3.6. Crime continuado qualificado ou específico:** o art. 71, parágrafo único do CP, traz a regra do **crime continuado qualificado ou específico**, pela qual o juiz poderá aumentar a pena até o **triplo** na hipótese de terem sido cometidos crimes **dolosos com violência ou grave ameaça à pessoa**, contra vítimas diferentes. Todavia, deve-se observar, em qualquer caso, o cúmulo material benéfico (se a exasperação revelar-se prejudicial, as penas deverão ser somadas)

  - **1.3.7. Pena de multa em caso de concurso de crimes:** de acordo com o art. 72 do CP, no concurso de crimes (material, formal ou continuado), as penas de multa serão aplicadas distinta e integralmente

DIREITO PENAL

Tema X - Teoria da Pena - Limite das Penas

1. Limite das penas (art. 75 do CP)

1.1. Aspecto constitucional: nos termos do art. 5º, XLVII, "b" da CF, nenhuma pena terá caráter perpétuo, razão por que o CP, em seu art. 75, prevê o lapso temporal máximo de 40 (quarenta) anos, ampliado pelo Pacote Anticrime

1.2. Pena aplicada x pena a ser cumprida: a limitação em 40 (quarenta) anos contida no art. 75 do CP diz respeito ao **tempo de cumprimento da pena**, e não ao tempo de aplicação dela

Exemplo: imaginemos um *serial killer* condenado por 10 (dez) homicídios dolosos qualificados em concurso material. Ainda que tenha sido condenado à pena mínima (doze anos de reclusão) por cada um deles, a soma delas resultará em 120 (cento e vinte) anos de reclusão, o que é perfeitamente possível (tempo de aplicação da pena)

1.3. Unificação das penas: o tempo da condenação superior a 40 (quarenta) anos é perfeitamente possível, em decorrência, inclusive, da aplicação das regras de concurso de crimes. Contudo, em sede de **execução penal**, a pena deverá ser **unificada**, a fim de que se respeite o lapso temporal máximo de 40 (quarenta) anos, consoante determina o art. 75, caput e § 1º do CP

1.4. Tempo de cumprimento de pena nas contravenções penais: o tempo máximo de prisão simples é de 5 (cinco) anos (art. 10 da LCP)

1.5. Súmula 715 do STF: para evitar impunidade, o STF editou a súmula 715, que determina que para a concessão de benefícios legais (livramento condicional e progressão de regimes), será levada em conta não a pena unificada na execução, mas a pena aplicada na decisão condenatória

Exemplo: se um serial killer tiver sido condenado a 120 anos de reclusão pela prática de diversos homicídios qualificados, a obtenção da progressão de regime levará em consideração a pena total aplicada (120 anos), e não aquela que decorreria da unificação (máximo de 40 anos).

DIREITO PENAL

TEMA XI - TEORIA DA PENA - SUSPENSÃO CONDICIONAL DA PENA (SURSIS)

1. Suspensão condicional da pena (sursis) I

1.1. Conceito: *sursis*, do francês *surseoir*, consiste na suspensão da execução da pena privativa de liberdade imposta ao condenado mediante o cumprimento de certas condições. Daí ser chamado de suspensão condicional da pena

1.2. Sistemas: são dois os sistemas de *sursis* mais conhecidos no mundo:

a) *Probation system* (sistema angloamericano): o juiz reconhece a culpabilidade do réu, mas não profere sentença condenatória, suspendendo o processo
b) Franco-belga (ou belga-francês, ou europeu continental): o juiz não só reconhece a culpabilidade como condena o réu. Todavia, preenchidas as condições impostas por lei, suspende a execução da pena. **É o sistema adotado pelo nosso CP**

1.3. Concessão: o *sursis* é concedido pelo juiz na própria sentença. Haverá a condenação do réu a uma PPL, mas o juiz, no mesmo ato, desde que presentes os requisitos legais, concede a suspensão condicional da pena ao réu. Para tanto, será de rigor que, na hipótese, não seja cabível a substituição da PPL por PRD ou por multa (art. 77, III do CP)

1.4. Audiência admonitória: transitada em julgado a sentença que impôs o sursis, o condenado será intimado a comparecer a uma audiência de advertência (também chamada de **admonitória**), oportunidade em que será avisado das condições impostas e alertado das consequências de seu descumprimento

1.4.1. Não comparecimento e cassação: se o condenado não comparecer à audiência admonitória, o *sursis* será **cassado**, impondo-lhe, portanto, o cumprimento da PPL que lhe fora imposta

1.5. Requisitos para o sursis (art. 77 do CP): são de duas ordens:

a) **Objetivos:**
- Condenação a PPL não superior a 2 (dois) anos (em regra)
- Impossibilidade de substituição da PPL por PRD

b) **Subjetivos:**
- Não ser reincidente em crime doloso (exceto se a condenação anterior foi exclusivamente à pena de multa – art. 77, § 1º do CP e súmula 499 do STF)
- Circunstâncias judiciais favoráveis (culpabilidade, antecedentes, conduta social e personalidade do agente, assim como os motivos e as circunstâncias do crime autorizarem a concessão do *sursis*)

1.6. Espécies de *sursis*

1.6.1. Sursis simples ou comum (art. 77 do CP): aplicável aos condenados, não reincidentes, a PPL não superior a 2 (dois) anos. Será cabível quando o condenado não houver reparado o dano, salvo se tiver comprovado a impossibilidade de fazê-lo e/ou as circunstâncias judiciais previstas no art. 59 do CP não lhe forem completamente favoráveis

– **Período de prova:** será de 2 (dois) a 4 (quatro) anos

1.6.2. *Sursis* especial (art. 78, § 2º do CP): aplicável aos condenados, não reincidentes, a PPL não superior a 2 (dois) anos, desde que as circunstâncias judiciais do art. 59 do CP lhe sejam completamente favoráveis, bem como se houver reparado o dano, salvo impossibilidade justificada. Seus requisitos são mais rígidos do que para o sursis simples, mas as condições são mais brandas

– **Período de prova:** será de 2 (dois) a 4 (quatro) anos

1.6.3. *Sursis* etário (art. 77, § 2º do CP): aplicável aos condenados que contarem com mais de 70 (setenta) anos de idade na data da sentença, cuja PPL imposta não seja superior a 4 (quatro) anos

– **Período de prova:** será de 4 (quatro) a 6 (seis) anos

1.6.4. Sursis humanitário (art. 77, § 2º do CP): aplicável aos condenados a PPL não superior a 4 (quatro) anos, desde que o estado de saúde justifique a suspensão da pena (pacientes terminais)

– **Período de prova:** será de 4 (quatro) a 6 (seis) anos

DIREITO PENAL

TEMA XI - TEORIA DA PENA - SUSPENSÃO CONDICIONAL DA PENA (SURSIS)

1. Suspensão condicional da pena (sursis) II

1.7. CONDIÇÕES PARA A CONCESSÃO DO SURSIS

1.7.1. Para o sursis simples:

a) Prestação de serviços à comunidade ou limitação de fim de semana (primeiro ano do período de prova – art. 78, § 1º do CP)

1.7.2. Para o sursis especial:

a) Proibição de frequentar determinados lugares
b) Proibição de se ausentar da comarca sem a autorização do juiz
c) Comparecimento pessoal mensalmente para justificar as atividades exercidas

1.7.3. Condições legais: são aquelas impostas pela lei, tais como a prestação de serviços à comunidade ou a limitação de fim de semana, para o sursis simples

1.7.4. Condições judiciais: nos termos do art. 79 do CP, são aquelas que poderão ser impostas pelo juiz, além das que a lei determinar

1.7.5. Condições legais indiretas: são aquelas causas ensejadoras da revogação do sursis (art. 81 do CP)

1.8. Período de prova

1.8.1. Conceito: é o lapso temporal dentro do qual o condenado beneficiado pelo sursis deverá **cumprir as condições impostas**, bem como demonstrar **bom comportamento**. É também denominado de **período depurador**

1.8.2. Prazo: será de **2 (dois) a 4 (quatro) anos** nos sursis simples e especial, e de **4 (quatro) a 6 (seis) anos** nos sursis etário e humanitário

1.8.3. Prorrogação: conforme dispõe o art. 81, § 2º do CP, se o beneficiário estiver sendo processado por outro crime ou contravenção, considerar-se-á prorrogado o prazo da suspensão até o julgamento definitivo. Quando facultativa a revogação, o juiz pode, em vez de decretá-la, prorrogar o período de prova até o máximo, se este não foi o fixado (art. 81, §3º do CP)

1.9. Revogação do sursis

1.9.1. Obrigatória: se:

a) O beneficiário vier a ser condenado irrecorrivelmente por crime doloso
b) O agente frustra, embora solvente, a execução de pena de multa, ou não repara o dano, salvo motivo justificado
c) Descumprir as condições do sursis simples

1.9.2. Facultativa: se:

a) O beneficiário vier a ser condenado irrecorrivelmente por contravenção ou crime culposo, salvo se imposta pena de multa
b) Descumprir as condições do sursis especial
c) Descumprir as condições judiciais

1.10. Extinção da punibilidade:
com a expiração do prazo (período de prova) sem que tenha havido revogação, considerar-se-á extinta a pena privativa de liberdade suspensa (art. 82 do CP)

DIREITO PENAL

TEMA XII - TEORIA DA PENA - LIVRAMENTO CONDICIONAL

1. Livramento condicional (LC)

1.1. Conceito: é a libertação antecipada do condenado, mediante o cumprimento de certas condições, pelo prazo restante da pena que deveria cumprir

1.2. Direito público subjetivo: a concessão do livramento condicional é direito público subjetivo do condenado, ou seja, não pode ser negado por mera discricionariedade do magistrado. Preenchidos os requisitos, deverá ser concedido

1.3. Competência: a competência para a concessão do livramento condicional é do juiz da execução penal (art. 66, III, "e" da LEP)

1.4. Requisitos para a concessão: são de 2 ordens:

1.4.1. Objetivos

a) Condenação a PPL igual ou superior a 2 (dois) anos (art. 83 do CP)
b) Reparação do dano, salvo impossibilidade de fazê-lo (art. 83, IV do CP)
c) Cumprimento de parte da pena (art. 83, I e II do CP):
- Mais de 1/3, para condenado de bons antecedentes e primário
- Mais de 1/2, se o condenado for reincidente em crime doloso
- Entre 1/3 e 1/2, se o condenado não for reincidente em crime doloso, mas tiver maus antecedentes
- Mais de 2/3, nos casos de condenação por crime hediondo, prática de tortura, tráfico ilícito de entorpecentes e drogas afins, tráfico de pessoas e terrorismo, se o apenado não for reincidente específico em crimes dessa natureza

1.4.2. Subjetivos:

a) bom comportamento durante a execução da pena, conforme enuncia a nova redação do art. 83, III, "a", do CP, alterado pelo Pacote Anticrime;
b) não cometimento de falta grave nos últimos 12 (doze) meses (art. 83, III, "b", CP, introduzido pela Lei 13.964/2019);
c) bom desempenho no trabalho que lhe foi atribuído (art. 83, III, "c", do CP);
d) aptidão para prover a própria subsistência mediante trabalho honesto (art. 83, III, "d", do CP);
e) prova da cessação de periculosidade para os condenados por crime doloso cometido com violência ou grave ameaça (art. 83, parágrafo único, do CP)

1.5. Condições

1.5.1. Obrigatórias:
a) Obter o condenado ocupação lícita
b) Comunicar periodicamente ao juiz sua ocupação
c) Não mudar da comarca da execução sem prévia autorização

1.5.2. Facultativas (ou judiciais):
a) Não mudar de residência sem comunicar o juízo
b) Recolher-se à habitação em hora fixada
c) Não frequentar determinados lugares

1.5.3. Legais indiretas: inexistência das causas geradoras de revogação do benefício

1.6. Revogação

1.6.1. Obrigatória: condenação irrecorrível a PPL pela prática de crime havido antes ou durante o benefício (art. 86, I e II do CP)

1.6.2. Facultativa: condenação irrecorrível, por crime ou contravenção, à pena não privativa de liberdade ou se houver descumprimento das condições impostas (art. 87 do CP)

1.7. Período de prova: é lapso de tempo em que o condenado observará as condições impostas, pelo prazo restante da PPL que havia para cumprir. Findo este período sem revogação do LC, o juiz julgará extinta a punibilidade do agente (art. 90 do CP)

1.8. Prorrogação do período de prova: se durante o período de prova o liberado (condenado) responder a ação penal por crime havido durante a vigência do livramento condicional, deverá o juiz da execução penal prorrogar o período de prova até o trânsito em julgado, não podendo declarar extinta a punibilidade enquanto isso (art. 89 do CP)

⚠ **Atenção:** A prorrogação ora tratada não é automática, consoante doutrina e jurisprudência majoritárias, exigindo-se, pois, decisão judicial nesse sentido

DIREITO PENAL

Tema XIII - Teoria da Pena - Efeitos da Condenação

1. Efeitos da condenação

1.1. Conceito: diz-se que são efeitos da condenação todas as consequências fáticas e jurídicas advindas de uma sentença penal condenatória transitada em julgado

1.2. Espécies: a doutrina divide os efeitos da condenação em dois grandes grupos, a saber, os efeitos principais e os efeitos secundários

1.2.1. Efeitos principais: correspondem à imposição das penas, sejam elas privativas de liberdade, restritivas de direitos ou multa

– Imputáveis e semi-imputáveis: os efeitos principais da condenação são impostos aos **imputáveis e semi-imputáveis** que revelarem periculosidade, os quais serão condenados a uma pena reduzida (art. 26, parágrafo único do CP), substituída por medida de segurança

1.2.2. Efeitos secundários: podem ser de natureza penal ou extrapenal

– Efeitos secundários de natureza penal:
a) Reincidência
b) Impossibilidade de concessão do *sursis*
c) Revogação do sursis se o crime for doloso
d) Revogação do livramento condicional se o crime redundar em aplicação de pena privativa de liberdade
e) Aumento do prazo da prescrição da pretensão executória

– Efeitos secundários de natureza extrapenal:
a) **Genéricos:** são automáticos, sem necessidade de constar da sentença (art. 91 do CP):
- Torna certa a obrigação de reparar o dano, sendo que a sentença penal condenatória trânsita é título executivo no cível
- Confisco, pela União, dos instrumentos ilícitos e produtos do crime
- Suspensão dos direitos políticos (art. 15, III do CF)

b) **Específicos:** não automáticos, devendo constar da sentença (art. 92 do CP):
- Perda do cargo, função pública ou mandato eletivo em virtude da prática de crimes funcionais (pena igual ou superior a 1 ano) ou em crimes de qualquer natureza se a pena for superior a 4 anos
- - Incapacidade para o exercício do poder familiar, da tutela ou da curatela nos crimes dolosos sujeitos à pena de reclusão cometidos contra outrem igualmente titular do mesmo poder familiar, contra filho, filha ou outro descendente ou contra tutelado ou curatelado (nova redação dada ao inc. II do art. 92 do CP pela Lei 13.715/2018)
- Inabilitação para dirigir veículo desde que o crime seja doloso e que o veículo tenha sido usado como instrumento do crime (difere da suspensão de CNH, nos delitos culposos de trânsito)

1.2.3. Novo confisco – Pacote Anticrime (art. 91-A, CP)
O art. 91-A, CP, incluído pelo Pacote Anticrime, trouxe uma espécie de confisco do acréscimo patrimonial cuja origem não seja comprovadamente lícita, correspondente à diferença entre o valor do patrimônio do condenado e aquele que seria compatível com o seu rendimento lícito. Confira:
Art. 91-A. Na hipótese de condenação por infrações às quais a lei comine pena máxima superior a 6 (seis) anos de reclusão, poderá ser decretada a perda, como produto ou proveito do crime, dos bens correspondentes à diferença entre o valor do patrimônio do condenado e aquele que seja compatível com o seu rendimento lícito.
§ 1º Para efeito da perda prevista no caput deste artigo, entende-se por patrimônio do condenado todos os bens:
I - de sua titularidade, ou em relação aos quais ele tenha o domínio e o benefício direto ou indireto, na data da infração penal ou recebidos posteriormente; e
II - transferidos a terceiros a título gratuito ou mediante contraprestação irrisória, a partir do início da atividade criminal.
§ 2º O condenado poderá demonstrar a inexistência da incompatibilidade ou a procedência lícita do patrimônio.
§ 3º A perda prevista neste artigo deverá ser requerida expressamente pelo Ministério Público, por ocasião do oferecimento da denúncia, com indicação da diferença apurada.
§ 4º Na sentença condenatória, o juiz deve declarar o valor da diferença apurada e especificar os bens cuja perda for decretada.
§ 5º Os instrumentos utilizados para a prática de crimes por organizações criminosas e milícias deverão ser declarados perdidos em favor da União ou do Estado, dependendo da Justiça onde tramita a ação penal, ainda que não ponham em perigo a segurança das pessoas, a moral ou a ordem pública, nem ofereçam sério risco de ser utilizados para o cometimento de novos crimes.

DIREITO PENAL

Tema XIV - Teoria da Pena - Reabilitação

1. Reabilitação

1.1. Conceito: é o instituto por meio do qual o condenado terá restabelecida parte dos direitos atingidos pela condenação, assegurando sigilo dos registros sobre seu processo (arts. 93 a 95 do CP)

1.2. Sigilo: o art. 202 da LEP (Lei 7.210/1984) assegura, de forma automática, o **sigilo** quanto à **"folha de antecedentes"** do condenado. Contudo, o sigilo decorrente da reabilitação traz efeito mais amplo, visto que qualquer autoridade judiciária, membro do Ministério Público ou autoridade policial terá acesso àquele antecedente. Já com a reabilitação, o sigilo será mais restrito, somente podendo ser "quebrado" por juiz criminal, mediante requisição

1.3. Requisitos: são quatro os requisitos para que o condenado obtenha sua reabilitação:

a) Decurso de dois anos do dia em que tiver sido extinta, de qualquer modo, a pena ou terminar sua execução
b) Ter tido domicílio no país no prazo acima mencionado
c) Demonstrar efetivamente constante bom comportamento público e privado
d) Ter ressarcido o dano, ou demonstrado a impossibilidade de fazê-lo, até o dia do pedido, ou que exiba documento comprobatório de que a vítima renunciou ao direito de ser indenizada ou que tenha havido novação da dívida

1.4. Juízo competente para conceder a reabilitação: compete ao juízo de 1º grau, e não ao da execução penal, como se poderia imaginar, a apreciação do pedido de reabilitação

1.5. Revogação da reabilitação: a reabilitação poderá ser revogada se o reabilitado vier a ser condenado irrecorrivelmente, como reincidente, a pena que não seja de multa (art. 95 do CP)

1.6. Possibilidade de novo pedido de reabilitação: conforme o art. 94, parágrafo único do CP, negada a reabilitação, poderá ela ser requerida novamente, a qualquer tempo, desde que o pedido seja instruído com novos elementos dos requisitos necessários

DIREITO PENAL

Tema XV - Teoria da Pena - Medidas de Segurança

1. Medidas de segurança

1.1. Conceito: é espécie de sanção penal imposta pelo Estado a um inimputável ou semi-imputável com reconhecida periculosidade, desde que tenha praticado um fato típico e antijurídico

1.2. Pressupostos:

a) **Periculosidade:** efetiva probabilidade de o agente voltar a delinquir
b) **Prática de fato típico e antijurídico**
c) **Inexistência de causa extintiva da punibilidade**

1.3. Natureza jurídica e finalidades

1.3.1. Natureza jurídica: a medida de segurança é **espécie do gênero sanção penal**. Não se trata de pena, que também é modalidade de sanção penal, visto que aquela pressupõe culpabilidade; já esta pressupõe periculosidade (prognóstico de que a pessoa portadora de um déficit mental poderá voltar a delinquir)

1.3.2. Finalidades: diversamente das penas, que apresentam forte caráter retributivo, as medidas de segurança objetivam a cura do inimputável ou semi-imputável perigoso. Trata-se aqui de forte aspecto preventivo

1.4. Sistema vicariante: após a reforma da Parte geral do CP, que ocorreu com o advento da Lei 7.209/1984, adotou-se o sistema vicariante, pelo qual se aplica aos semi-imputáveis uma pena reduzida ou medida de segurança, desde que, neste último caso, verifique-se a periculosidade real mediante perícia

1.5. Natureza jurídica da sentença que impõe medida de segurança: é denominada pela doutrina de absolutória imprópria (art. 386, VI do CPP). É absolutória, pois a inimputabilidade é causa que isenta o réu de pena; imprópria, pois a sentença, embora absolva o réu, impõe-lhe sanção penal (medida de segurança)

⚠️ **Atenção:** se estivermos falando de réu semi-imputável (art. 26, parágrafo único do CP), o juiz proferirá sentença condenatória, seja para aplicar-lhe pena reduzida de um a dois terços, seja para substituí-la por medida de segurança

1.6. Espécies de medidas de segurança

1.6.1. Detentiva: será imposta em caso de o crime cometido pelo agente ser apenado com **reclusão**. Consiste na **internação** do inimputável ou semi-imputável em **hospital de custódia e tratamento psiquiátrico** ou em outro estabelecimento adequado

1.6.2. Restritiva: será imposta em caso de o crime cometido pelo agente ser apenado com detenção, consistindo na sujeição do inimputável ou semi-imputável a **tratamento ambulatorial**

– **Grau de periculosidade:** adverte a doutrina que, no caso de pena de **detenção**, a escolha entre as medidas de segurança detentiva e restritiva deve ser guiada pelo grau de periculosidade do réu

DIREITO PENAL

TEMA XV - TEORIA DA PENA - MEDIDAS DE SEGURANÇA

1. Medidas de Segurança

- **1.7. Prazo de duração da medida de segurança**
  - **1.7.1. Mínimo:** variável de **1 (um) a 3 (três)** anos, conforme art. 97, § 1º, parte final do CP, devendo ser aplicado na sentença pelo juiz. Ao término desse prazo, o agente deverá ser submetido a **exame de cessação de periculosidade**
  - **1.7.2. Máximo:** pelo texto legal (art. 97, § 1º do CP), a medida de segurança poderia ser eterna, visto que seu prazo seria **indeterminado**

  – **Entendimento do STF:** à luz da regra constitucional que veda as **penas de caráter perpétuo**, convencionou que o prazo máximo de duração é de 30 (trinta) anos
  – **Entendimento do STJ:** com base nos princípios da proporcionalidade e isonomia, a duração da medida de segurança não **pode superar o limite máximo de pena privativa de liberdade cominada**. Nesse sentido, a súmula 527 de referida Corte: "O tempo de duração da medida de segurança não deve ultrapassar o limite máximo da pena abstratamente cominada ao delito praticado."

- **1.8. Cessação de periculosidade:** findo o prazo mínimo fixado para a medida de segurança, deverá o agente ser submetido a um exame a fim de que se constate se houve a cessação da periculosidade. Em caso positivo, o juiz deverá determinar a suspensão da execução da medida de segurança e a desinternação (medida de segurança detentiva) ou liberação (medida de segurança restritiva) do indivíduo. Em caso negativo, a medida de segurança persistirá
  - **1.8.1. Novos exames:** após o primeiro exame, anualmente novas perícias (exames de cessação de periculosidade) deverão ser realizadas
  - **1.8.2. Condições:** importa ressaltar que a desinternação ou a liberação são **condicionais**, tal como ocorre com o livramento condicional, devendo o agente atentar às mesmas condições daquele benefício, nos termos do art. 178 da LEP

- **1.9. Revogação da desinternação ou liberação:** considerando que a desinternação ou a liberação do agente serão condicionadas, é certo que, se antes do decurso de 1 (um) ano ele praticar fato indicativo de que a periculosidade persiste, deverá retornar ao status quo ante, ou seja, a medida de segurança será restabelecida

- **1.10. Desinternação progressiva:** embora não exista expressa previsão legal, a desinternação progressiva vem sendo admitida pela doutrina mais moderna e pela jurisprudência, à semelhança da progressão de regime penitenciário
  - **1.10.1. Conceito:** consiste na transferência do agente do regime de internação em hospital de custódia e tratamento psiquiátrico para o tratamento ambulatorial, especialmente quando aquela espécie de medida de segurança se revelar desnecessária

- **1.11. Conversão de pena privativa de liberdade em medida de segurança**
  - **1.11.1. Doença ou perturbação mental permanente:** se durante a execução da pena privativa de liberdade sobrevier ao condenado **doença ou perturbação mental permanente**, o art. 183 da LEP determina que o juiz da execução penal, de ofício ou a requerimento do Ministério Público, da Defensoria Pública ou autoridade administrativa, **substitua a pena por medida de segurança**, persistindo pelo restante da pena que deveria ser cumprida
  - **1.11.2. Doença ou perturbação mental transitória:** se estivermos diante de **doença ou perturbação mental transitória ou temporária**, aplicar-se-á o art. 41 do CP, que determina que seja o condenado recolhido a hospital de custódia e tratamento psiquiátrico ou estabelecimento adequado

DIREITO PENAL

Tema XVI - Teoria da Pena - Extinção da Punibilidade

1. Punibilidade e suas causas extintivas I

1.1. Conceito de punibilidade: é a possibilidade jurídica de se impor a um agente culpável uma pena. Não integra a punibilidade o conceito de crime, que, analiticamente, é fato típico, antijurídico e culpável (concepção tripartida)

1.2. Surgimento da punibilidade: a punibilidade existe em estado latente, ou seja, abstratamente, até que um agente pratique um crime ou uma contravenção penal. A partir deste momento, a punibilidade se transmuda para um direito de punir concreto *(jus puniendi estatal)*, tendo por objetivo a imposição da correspondente sanção penal

1.3. Causas extintivas da punibilidade: ainda que o direito de punir em concreto surja (quando da prática da infração penal), há situações em que falecerá ao Estado a possibilidade de imposição ou de execução da pena. É nesse momento que o exercício do direito de punir sofre restrições, dentre elas as causas extintivas da punibilidade, previstas, exemplificativamente, no art. 107 do CP

1.3.1. Estudo das causas extintivas da punibilidade em espécie: para os fins da presente obra, estudaremos as causas previstas no art. 107 do CP

1.4. Morte do agente (art. 107, I do CP)

1.4.1. Intransmissibilidade ou intranscendência: de acordo com o art. 5º, XLV da CF, nenhuma pena passará da pessoa do condenado. Morto o agente delitivo, não poderão seus parentes sofrer os efeitos de uma pena criminal. Todavia, a obrigação de reparar o dano e o perdimento de bens poderão se estender aos sucessores nos limites das forças da herança

1.4.2. Uso de documento falso: se a morte do agente for comprovada por meio de documento falso (ex.: certidão de óbito falsa), duas são as correntes:

a) Responderá por uso de documento falso (art. 304 do CP), mas a ação penal não poderá ser retomada (inadmissibilidade da revisão criminal pro *societate*)
b) Será possível a retomada da ação penal, já que um documento falso não pode gerar efeitos (extinção da punibilidade)

1.4.3. Anistia, graça ou indulto (art. 107, II do CP)

– **Anistia:** consiste na edição, pelo Congresso Nacional, de uma lei, de âmbito federal, capaz de promover a exclusão do crime imputado ao agente delitivo, atingindo todos os efeitos penais da condenação, subsistindo, contudo, os extrapenais (genéricos e específicos – arts. 91 e 92 do CP)
– **Graça:** denominada pela LEP de indulto individual, consiste no benefício por meio do qual o agente terá excluído o efeito principal da condenação, qual seja, a pena, remanescendo os efeitos penais e extrapenais (lembre-se de que, na anistia, subsistem apenas os extrapenais). Dependerá a graça de pedido do condenado, do MP, Conselho Penitenciário ou da autoridade administrativa (art. 187 da LEP) e será concedida mediante despacho do Presidente da República, que poderá delegar tal mister a Ministros de Estado (geralmente Ministro da Justiça), Procurador-Geral da República (PGR) e Advogado-Geral da União (AGU)
– **Indulto:** diferentemente da graça, tem caráter coletivo, sendo concedido mediante decreto presidencial. Atingirá, também, os efeitos principais da condenação (penas), subsistindo os efeitos secundários de natureza penal e extrapenal
Importante: de acordo com a súmula 535 do STJ, editada em 2015, "A prática de falta grave não interrompe o prazo para fim de comutação de pena ou indulto" (REsp 1364192)

1.4.4. Abolitio criminis (art. 107, III do CP): é a lei posterior ao fato que deixa de considerá-lo como criminoso. É também denominada de lei supressiva de incriminação, gerando, por ser benéfica, efeitos retroativos *(ex tunc)*

– **Consequências:** com a *abolitio criminis*, que pode ocorrer durante a ação penal ou mesmo no curso da execução, será declarada extinta a punibilidade do agente, fazendo desaparecer todos os efeitos penais da condenação (inclusive a pena – efeito principal), remanescendo apenas os **efeitos civis** (ex.: obrigação de reparar o dano)
– **Dupla revogação:** somente haverá *abolitio criminis* se estivermos diante de uma dupla revogação do crime: i) revogação do tipo penal (revogação formal; e ii) revogação da figura típica (revogação material)

DIREITO PENAL

TEMA XVI - TEORIA DA PENA - EXTINÇÃO DA PUNIBILIDADE

1. Punibilidade e suas causas extintivas II

- **1.5. Decadência, perempção e prescrição** (art. 107, IV do CP)

1.5.1. Decadência:

a) Conceito: consiste na perda do direito de intentar a queixa ou oferecer a representação pelo decurso do prazo. Em regra, esse lapso temporal é de **6 (seis) meses**, contados do **conhecimento da autoria delitiva** pelo ofendido, seu representante legal, ou CADI (cônjuge, ascendente, descendente ou irmão – art. 38, CPP e 103 do CP)

b) Ação privada subsidiária da pública: no caso de **ação penal privada subsidiária da pública** (art. 29 do CPP), a fluência do prazo decadencial tem início a partir da data em que o Ministério Público deveria ter se manifestado. Frise-se, porém, que, neste caso, o Estado não perderá a possibilidade de iniciar a persecução penal em juízo, haja vista que o titular da ação (Ministério Público), respeitado o prazo de prescrição da pretensão punitiva, poderá ofertar denúncia

c) Aplicabilidade: a decadência é instituto que se verifica somente nos crimes de ação penal privada ou pública condicionada à representação

d) Natureza do prazo decadencial: o prazo decadencial tem natureza penal, vale dizer, é contado nos termos do art. 10 do CP (inclui-se o dia do começo e exclui-se o dia do vencimento)

1.5.2. Perempção:

a) Conceito: é a perda do direito de prosseguir com a ação penal em virtude de **negligência** ou **desídia** processual. Somente será cabível na ação penal privada propriamente dita (ou exclusivamente privada), já que, na ação privada subsidiária da pública, a perempção não acarretará a extinção da punibilidade em favor do querelado, mas a retomada da titularidade da ação pelo Ministério Público.

b) Hipóteses: as causas de perempção vêm previstas no art. 60 do CPP, a saber:
- Abandono processual (mais de 30 dias sem andamento da ação pelo querelante)
- Inocorrência de sucessão processual (no caso de falecimento do querelante, ou sobrevindo sua incapacidade, não se habilitarem no processo, em 60 dias, o CADI – cônjuge, ascendente, descendente ou irmão)
- Falta de comparecimento injustificado a qualquer ato do processo em que a presença do querelante seja necessária
- Inexistência de pedido de condenação em alegações finais (a falta de apresentação delas também redunda em perempção)
- Sendo o querelante pessoa jurídica, esta se extinguir sem deixar sucessor

DIREITO PENAL

Tema XVI - Teoria da Pena - Extinção da Punibilidade

1. Punibilidade e suas causas extintivas III

1.6. Prescrição:

a) Conceito: consiste na **perda do direito de punir** *(jus puniendi)* ou **de executar a pena** *(jus punitionis)* do Estado pelo **decurso de determinado lapso de tempo previsto em lei**

b) Tabela do prazo prescricional: o prazo de prescrição deve ser contada, salvo disposição especial em contrário, de acordo com a "tabela" do art. 109 do CP, que fixa o prazo mínimo de **3 (três) anos** e máximo de **20 (vinte) anos**, variando de acordo com a pena prevista para o crime

c) Natureza do prazo: o prazo prescricional tem **natureza penal**, motivo pelo qual se conta nos termos do art. 10 do CP (inclui o dia do começo e exclui o do vencimento)

d) Espécies: A prescrição comporta duas grandes espécies, quais sejam, a **prescrição da pretensão punitiva (PPP)** e a prescrição da **pretensão executória (PPE)**

e) Prescrição da pretensão punitiva (PPP): temos três possibilidades:

- **Prescrição da pretensão punitiva propriamente dita** (ou pura): rege-se nos termos do precitado art. 109 do CP. É calculada levando-se em conta o máximo da pena privativa de liberdade abstratamente cominada ao crime

- **Prescrição da pretensão punitiva intercorrente** (ou superveniente): ocorre somente após a publicação da sentença penal condenatória, momento em que haverá uma pena fixada (pena em concreto, e não mais em abstrato, como na prescrição pura). Assim, se entre a publicação da sentença condenatória e o trânsito em julgado para a acusação decorrer lapso de tempo superior ao previsto no art. 109 do CP, ocorrerá a prescrição superveniente, rescindindo os efeitos da condenação. A previsão legal da prescrição intercorrente (ou superveniente) consta do art. 110, § 1º do CP

- **Prescrição da pretensão punitiva retroativa:** pressupõe, sempre, a fixação de uma pena em concreto (sentença penal condenatória), tendo por pressuposto o trânsito em julgado para a acusação. Também aqui temos como parâmetro a tabela do art. 109 do CP. A prescrição retroativa deve ser verificada em momento **anterior** à publicação da sentença, mas analisada, no máximo, até a denúncia ou queixa, consoante nova redação dada ao art. 110, § 1º do CP

- **Prescrição virtual:** o STJ, ao editar a **súmula 438**, pacificou o entendimento segundo o qual não se admite a extinção da punibilidade pela prescrição da pretensão punitiva com fundamento em pena hipotética, independentemente da existência ou sorte do processo penal. O que tratou, aqui, aludida Corte, foi de objetar a denominada "prescrição virtual", que levava em consideração uma condenação eventual do réu, com base em pena hipotética

- **Prescrição da pretensão executória (PPE):** somente pode ocorrer após o *trânsito em julgado.* Daí ser chamada de prescrição da pena. Também leva em conta a tabela do art. 109 do CP e a pena aplicada em concreto. Começará a fluir a partir do trânsito em julgado para a acusação (termo inicial)

f) Causas interruptivas: o prazo prescricional admite situações em que será interrompido, ou seja, recomeçará sua contagem (art. 117 do CP), bem como circunstâncias em que ficará suspenso (art. 116 do CP)

- **Causas interruptivas (art. 117, CP):**
I - recebimento da denúncia ou queixa;
II - pronúncia;
III - decisão confirmatória da pronúncia;
IV - publicação da sentença ou acórdão condenatórios recorríveis;
V - início ou continuação do cumprimento da pena;
VI - reincidência

- **Causas suspensivas (art. 116, CP):**
com o advento do Pacote Anticrime (Lei 13.964/2019), a nova redação dada ao art. 116 do CP dispõe que a prescrição não correrá

I - enquanto não resolvida, em outro processo, questão de que dependa o reconhecimento da existência do crime (são as causas prejudiciais);

II - enquanto o agente cumpre pena no exterior;

III - na pendência de embargos de declaração ou de recursos aos Tribunais Superiores (são os recursos excepcionais, de estrito direito, como os especial e extraordinário), quando inadmissíveis; e

IV - enquanto não cumprido ou não rescindido o acordo de não persecução penal (vide art. 28-A, CPP).

Importante anotar que, depois de passada em julgado a sentença condenatória, a prescrição não corre durante o tempo em que o condenado está preso por outro motivo.

DIREITO PENAL
Tema XVI - Teoria da Pena - Extinção da Punibilidade

1. Punibilidade e suas causas extintivas IV

1.7. Renúncia do direito de queixa e perdão aceito (art. 107, V do CP)

1.7.1. Renúncia ao direito de queixa: é ato unilateral (não depende de aceitação), anterior ao oferecimento da queixa-crime, que se verifica quando o ofendido, em crime de ação penal privada, toma determinada atitude incompatível com a vontade de ver o agente delitivo processado. Poderá decorrer de:

a) Ato expresso (ex.: mediante petição escrita e assinada)
b) Ato tácito (ex.: o ofendido passa a andar diariamente com seu ofensor, como se fossem "bons amigos")

Atenção: no JECRIM (Juizado Especial Criminal), o recebimento de indenização (composição civil) em crimes de menor potencial ofensivo, de ação penal privada, importa em **renúncia tácita ao direito de queixa**, conforme art. 74 da Lei 9.099/1995, situação que já não se verifica com relação aos crimes "comuns" (leia-se: os que não são considerados infrações de menor potencial ofensivo), consoante prescreve o art. 104, parágrafo único, parte final do CP

Atenção: a renúncia ao direito de queixa quanto a um dos autores do crime, a todos os demais (se existirem) se estenderá, vendo todos eles extintas suas punibilidades (art. 49 do CPP). Portanto, pode-se dizer ser a renúncia **indivisível**

1.7.2. Perdão do ofendido: é ato bilateral (depende de aceitação) somente admissível nos **crimes de ação penal privada**, tendo aplicação apenas após o início da ação penal, mas desde que antes do trânsito em julgado (art. 106, § 2º do CP)

Atenção: de acordo com o art. 51 do CPP, o perdão concedido a um dos querelados irá estender-se aos demais. Contudo, somente produzirá efeitos (leia-se: extinguirá a punibilidade) com relação àqueles que o aceitarem

Atenção: o perdão deve ser aceito pelo querelado no prazo de 3 (três) dias após ser cientificado (art. 58, caput do CPP). Se ficar silente no tríduo legal, a inércia implicará aceitação. Findo o prazo sem manifestação, ou tendo havido a aceitação do perdão, o juiz decretará extinta a punibilidade (art. 58, parágrafo único do CPP)

1.7.3. Retratação do agente nos casos em que a lei admite (art. 107, VI do CP): retratar-se é o mesmo que **desdizer**. É o que ocorre, por exemplo, com os crimes de calúnia e difamação (art. 143 do CP), bem como com o falso testemunho (art. 342, § 2º do CP)

Atenção: indispensável que haja **expressa previsão legal** da admissibilidade da retratação, ou seja, somente nos crimes que a admitirem será possível a extinção da punibilidade

1.7.4. Perdão judicial nos casos previstos em lei (art. 107, IX do CP): não se trata de medida discricionária da autoridade judiciária, exigindo expressa previsão legal para sua aplicabilidade

– Identificação: em geral, identificamos o perdão judicial pela previsão, em lei, da seguinte expressão: **"o juiz poderá deixar de aplicar a pena"**

Exemplo: é o que se vê no art. 121, § 5º do CP, que admite o perdão judicial em caso de homicídio culposo, situação em que o juiz poderá deixar de aplicar a pena se as consequências do crime atingirem o agente de forma tão grave que a imposição daquela se afigure desnecessária

Atenção: conforme o entendimento do STJ, consagrado na súmula 18, a sentença concessiva do perdão judicial tem natureza **declaratória** de extinção da punibilidade. Tanto é verdade que o art. 120 do CP prevê que o perdão judicial não será considerado para efeitos de reincidência

DIREITO PROCESSUAL PENAL

Márcio Pereira   Fernando Leal Neto   Lucas Corradini

Material complementar de Direito Processual Penal está disponível online pelo site da Editora Foco, no link:
www.editorafoco.com.br/atualizacao

DIREITO PROCESSUAL PENAL

Tema I - Linhas introdutórias

1. Introdução ao Direito Processual Penal

1.1. Conceito: Processo Penal apresenta, basicamente, dois significados: *Processo Penal como instrumento legitimador do direito de punir do Estado*; e *Processo Penal como ramo da ciência jurídica*

- **1.1.1. Processo Penal como instrumento legitimador do direito de punir:** modelo que deve, obrigatoriamente, ser observado pelo Estado para que seja possível o exercício do direito de punir

- **1.1.2. Processo Penal como ramo da ciência jurídica:** trata-se, ainda, de um ramo da ciência jurídica que estuda as normas, regras e princípios que disciplinam o processo penal, instrumento legitimador do direito de punir do Estado

1.2. Fontes do Direito Processual Penal

- **1.2.1. Conceito:** é fonte de um ramo do direito tudo aquilo que contribui para o surgimento das normas jurídicas a ele relacionadas

- **1.2.2. Classificação**

  – **Fontes materiais (substanciais ou de produção):** revelam quem detém a competência para produzir a norma jurídica. No caso do Direito Processual Penal, a fonte material principal é a **União** (art. 22, I da CF)

  Cuidado: a competência da União para legislar sobre normas processuais penais é *privativa*, porém não *exclusiva*. Em razão disso, em casos específicos, também poderão fazê-lo os Estados e o Distrito Federal (arts. 22, parágrafo único e 24, ambos da CF)

  – **Fontes formais (de cognição ou de revelação):** referem-se aos modos pelos quais se revelam a norma criada
  a) **Fontes formais imediatas, diretas ou primárias:** são as leis (CF, leis ordinárias e complementares, tratados e convenções, decretos e normas complementares etc)
  b) **Fontes formais mediatas, indiretas, secundárias ou supletivas:** compreendem *os princípios gerais do direito: a doutrina, o direito comparado, os costumes, a jurisprudência e a analogia*

  Dica: questão polêmica é saber se as súmulas vinculantes (vide art. 103-A da CF e Lei 11.417/2006) seriam fontes formais imediatas (equiparadas às leis, portanto) ou se seriam fontes formais apenas mediatas (equiparadas à doutrina, por exemplo). Predomina esta última posição (fonte formal mediata), sob o principal argumento de que a súmula vinculante não emana do Poder Legislativo, não podendo, portanto, ser equiparada à lei

  Cuidado: a analogia é admitida no Processo Penal (ver art. 3º do CPP), onde é possível, inclusive, *in malam partem* (em desfavor do réu), diferentemente do que ocorre no Direito Penal

DIREITO PROCESSUAL PENAL

TEMA I - LINHAS INTRODUTÓRIAS

1. Interpretação da Lei Processual Penal

- **1.1. Conceito:** interpretar consiste na atividade de determinar o sentido e o alcance da norma (arts. 5º do LINDB e 3º do CPP)

- **1.2. Classificação**

  - **1.2.1. Quanto ao sujeito que a realiza**

    – **Autêntica ou legislativa:** efetuada pelo próprio legislador. Pode ser *contextual*, quando consta do próprio texto a ser interpretado (ex.: art. 327 do CP), ou *posterior à vigência da lei*, quando, embora realizada pelo legislador, é feita em outro diploma legislativo, promulgado em momento futuro em relação ao advento da norma interpretada
    – **Doutrinária ou científica:** a interpretação é realizada pelos estudiosos do Direito
    – **Jurisprudencial ou judicial:** a interpretação dada pelos juízes ou Tribunais às normas. Ganhou importância significativa com o advento das súmulas vinculantes (art. 103-A da CF)

    > **Cuidado:** a exposição de motivos de um Código não é considerada texto de lei. Portanto, não se pode falar em interpretação autêntica nesse caso. Trata-se, assim, de interpretação doutrinária ou científica

  - **1.2.2. Quanto aos meios empregados**

    – **Gramatical, literal ou sintática:** leva em conta o sentido literal das palavras contidas na lei ("letra fria da lei")
    – **Teleológica:** advinda do termo *telos* (do grego, "fim"), busca-se a finalidade da norma
    – **Lógica:** o intérprete se utiliza das regras gerais de raciocínio buscando compreender o "espírito" da lei e a intenção do legislador
    – **Sistemática:** a norma deve ser interpretada como parte de um sistema jurídico, de modo a levar em conta as relações entre ela e o todo
    – **Histórica:** considera o contexto histórico e político em que a norma foi elaborada, a partir dos debates travados na época, eventuais propostas de emenda, vetos, teor do projeto de lei, etc

  - **1.2.3. Quanto aos resultados obtidos com a interpretação**

    – **Declarativa ou declaratória:** ocorre quando a lei não pretendeu dizer nada, seja além, seja aquém, do que o constante do texto. Nesse caso, o hermeneuta apenas declara o significado do texto
    – **Restritiva:** ocorre quando a lei acabou por trazer conteúdo mais extenso do que se desejava, devendo o intérprete restringir seu alcance, a fim de conseguir atingir o seu real significado
    – **Extensiva ou ampliativa:** aqui, ao contrário, a norma trouxe conteúdo mais restrito do que se desejava, devendo o intérprete ampliar seu alcance, a fim de atingir seu real significado (art. 3º do CPP)
    – **Progressiva, adaptativa ou evolutiva:** é aquela que, no decurso do tempo, vai se adaptando aos novos contextos sociais, políticos, científicos, jurídicos e morais, como forma de proporcionar uma maior efetividade aos dizeres do legislador

DIREITO PROCESSUAL PENAL

TEMA I - LINHAS INTRODUTÓRIAS

1. Sistemas (ou Tipos) Processuais Penais

- **1.1. Conceito:** ao longo da história, o Estado, para impor o seu direito de punir, utilizou-se de diferentes sistemas processuais penais, que continham ora mais ora menos garantias em prol do indivíduo. Nesse sentido, costuma-se apontar três espécies de sistemas (tipos históricos/ideais) processuais penais: acusatório, inquisitivo e misto

- **1.2. Sistema acusatório:** as funções de acusar, julgar e defender estão acometidas a órgãos distintos
  - **1.2.1. Características:** contempla a ampla defesa, o contraditório, a presunção de inocência, a oralidade e a publicidade dos atos processsuais, o tratamento isonômico das partes, a imparcialidade do julgador e a incumbência do ônus da prova às partes (e não ao juiz)

- **1.3. Sistema inquisitivo:** concentra no mesmo órgão as funções de acusar, julgar e defender
  - **1.3.1. Características:** é marcado por um processo escrito e sigiloso, pela inexistência de contraditório e ampla defesa, pela produção probatória realizada pelo próprio juiz-inquisidor (e não pelas partes). Nesse sistema, o réu, na realidade, não é tratado como um sujeito de direitos, mas como um verdadeiro objeto da persecução penal

- **1.4. Sistema misto:** reúne características dos sistemas anteriores
  - **1.4.1. Características:** marcado por uma instrução preliminar (sigilosa, escrita e conduzida por um juiz que produz provas) e por uma fase judicial em que se assegura o contraditório, a ampla defesa, a publicidade etc

 Atenção absoluta: apesar da polêmica que o tema encerra, predomina no âmbito da doutrina e jurisprudência (STF, ADI 5104MC/DF, DJe 30/10/2014, v. g.) que, tendo em vista os seguintes dispositivos constitucionais – arts. 129, I, 93, IX, 5º, XXXVII, LIII, LIV, LV e LVII – o Brasil teria adotado o sistema acusatório. As alterações recentemente promovidas pela Lei 13.964/19 (Pacote Anticrime), reforçaram o entendimento, consoante normas inseridas nos artigos 3º-B, 3º-C, 3º-D (criação do juiz de garantias) e 28 (arquivamento do inquérito policial no âmbito do Ministério Público). Com as alterações, ficaram mais destacadas as funções próprias exercidas por cada um dos órgãos, inclusive determinando-se menor ingerência do Poder Judiciário antes do início do processo criminal, durante a fase investigativa, confirmando-se a opção pátria pelo sistema acusatório.

DIREITO PROCESSUAL PENAL

TEMA II - LEI PROCESSUAL PENAL NO ESPAÇO, NO TEMPO E EM RELAÇÃO ÀS PESSOAS

1. Lei Processual Penal no espaço

1.1. Princípio da territorialidade da Lei Processual Penal (art. 1º do CPP): em regra, aplica-se a Lei Processual brasileira às infrações penais praticadas no território nacional (locus regit actum – art. 6º do CP)

🔒 **Cuidado:** há casos em que, mesmo que a infração tenha sido cometida fora do território nacional, aplica-se a Lei Processual Penal brasileira (art. 7º do CP). Por consequência, em tais hipóteses, denominada de extraterritorialidade (estudadas em Direito Penal), também será aplicada a Lei Processual Penal

1.2. Aplicabilidade do CPP: em regra, como visto, as normas do CPP são aplicáveis aos crimes e contravenções penais praticadas no teritório brasileiro. Contudo, há casos casos em que, mesmo tendo sido a infração penal praticada no território brasileiro, não se aplica a legislação processual vigente (CPP e leis extravagantes)

1.2.1. Tratados, convenções e regras de direito internacional (art. 1º, I do CPP): a subscrição pelo Brasil de tratados, convenções e regras de direito internacional, com normas processuais próprias (específicas), afasta a jurisdição brasileira. Ex.: diplomata a serviço de seu país de origem que pratica crime no Brasil. Em razão de o Brasil ser signatário da Convenção de Viena sobre Relações Diplomáticas (vide Decreto 56.435/1965), não será aplicada ao caso a nossa legislação (material e processual)

1.2.2. Prerrogativas constitucionais do Presidente da República, dos ministros de Estado, nos crimes conexos com os do Presidente da República, e dos ministros do Supremo Tribunal Federal, nos crimes de responsabilidade (art. 1º, II do CPP): trata-se aqui da chamada jurisdição política. Certas condutas praticadas por determinadas autoridades públicas (Presidente, Ministros etc.) não são apreciadas pelo Judiciário, mas pelo Legislativo, não sendo observado o rito previsto no CPP, mas o quanto disposto na Lei 1.079/1950, na CF, e no regimento interno do Senado (conferir o art. 52, I e II da CF)

💡 **Dica:** não se deve confundir a expressão *crimes de responsabilidade* com a noção comum que temos de crime. Isto porque os crimes de responsabilidade são, na verdade, infrações político-administrativas cujas penalidades costumam ser a perda do cargo ou a inabilitação temporária para o exercício de cargo ou função. Desse modo, não há penalidade de prisão ou multa nesses casos

🔒 **Cuidado:** os arts. 86, 89 e 100, mencionados no inciso II, art. 1º do CPP, referem-se à CF/1937

1.2.3. Processos da competência da Justiça Militar (art. 1º, III do CPP): nesse caso, também não se aplica o CPP, mas o Código de Processo Penal Militar (DL 1.002/1969)

1.2.4. Processos da competência do tribunal especial (artigo 1º, IV do CPP): esse inciso encontra-se prejudicado, pois faz menção à CF/37, sendo que não há norma similar na CF/1988

1.2.5. Processos por crimes de imprensa: também prejudicado este inciso, por dois motivos: *(a)* a Lei de Imprensa (Lei 5.250/1967, art. 48) prevê a aplicação do CPP; *(b)* o STF, em 2009 (ADPF 130-7 DF), declarou não recepcionada pela CF/1988 a Lei de Imprensa. Diante dessa decisão, aplica-se, atualmente, o CP e o CPP aos eventuais crimes contra a honra cometidos por meio da imprensa (e não mais a antiga Lei de Imprensa)

DIREITO PROCESSUAL PENAL

Tema II – Lei Processual Penal no espaço, no tempo e em relação às pessoas

1. Lei Processual Penal no tempo

1.1. Princípio da aplicação imediata (art. 2º do CPP): para as normas puramente processuais penais (que são aquelas que regulam aspectos ligados ao procedimento ou à forma dos atos processuais, ex.: formas de intimação), aplica-se o *princípio da aplicação imediata (tempus regit actum)*, conservando-se, no entanto, os atos processuais praticados sob a vigência da lei anterior

Traduzindo: aos atos processuais, aplica-se a lei vigente no momento de sua execução, sendo esta a normatização definidora de sua validade. Portanto, se praticado um ato com observância da legislação processual vigente à época, a superveniência de legislação que altere a forma de materializá-lo não interfere em sua higidez e validade, sendo desnecessária a repetição

1.2. Normas processuais materiais, mistas ou híbridas: são normas que, embora inseridas em diploma processual, abrigam, a um só tempo, caracteres de norma processual e norma penal material (cuidam do crime, das sanções penais, dos efeitos da condenação, das causas extintivas da punibilidade, etc)

1.3. (Ir)retroatividade das normas processuais materiais: conforme entendimento majoritário, para as normas mistas não vigora o princípio da aplicação imediata, previsto no art. 2º do CPP, mas sim o regulamento da aplicação da lei penal no tempo (art. 5º, XL da CF). Portanto, se o aspecto penal da lei híbrida for benéfico à pessoa *(novatio legis in mellius)*, esta retroagirá integralmente. Na hipótese contrária *(novatio legis in pejus)*, não retroagirá

Atenção absoluta: nos termos da súmula 501 do STJ, não é cabível a combinação das leis, fracionando as normas de natureza material e processual. Por exemplo: determinada lei, além de tratar de novas formas de intimação das partes (aspecto processual – aplicação imediata, portanto), também criou, em seu bojo, uma nova causa de perempção da ação penal (art. 60 do CPP) – causa de extinção da punibilidade, que, portanto, tem natureza penal. Conclusão: nessa situação, devemos aplicar a regra do art. 5º, XL da CF, que prevê a retroatividade da lei mais benigna. Caso contrário, se o dispositivo penal fosse prejudicial ao acusado, nenhum aspecto da nova lei seria aplicável

Dica: são denominadas *normas heterotópicas* as regras e princípios que, possuindo natureza específica, estejam inseridas em diploma normativo que guarde natureza, em geral, diversa

DIREITO PROCESSUAL PENAL

TEMA II - LEI PROCESSUAL PENAL NO ESPAÇO, NO TEMPO E EM RELAÇÃO ÀS PESSOAS

1. Lei Processual Penal em relação às pessoas: a Lei Processual Penal deverá ser aplicada a qualquer pessoa que venha a cometer infração em território nacional

1.1. Exceções: algumas pessoas, em razão do cargo que ocupam, gozam, em determinadas situações, de imunidade penal e, por consequência, imunidade processual penal

1.1.1. Imunidades diplomáticas em sentido amplo: estao excluídos, em caráter absoluto, da jurisdição penal dos países em que desempenham suas funções, os chefes de Estado, os representantes de governo estrangeiro e os agentes diplomáticos (embaixadores, secretários da embaixada, pessoal técnico e administrativo das respectivas representações, seus familiares e funcionários de organismos internacionais quando em serviço)

 Traduzindo: os detentores dos cargos em questão estão absolutamente imunes às normas penais e processuais penais do Estado em que se encontram, devendo ser processados e julgados pelo Estado que representam

 Cuidado: *os agentes consulares,* visto que atuam no âmbito do interesse privado de seus compatriotas, não representando propriamente o Estado, possuem apenas *imunidade relativa,* de modo que apenas não serão submetidos às autoridades brasileiras em relação aos atos praticados no exercío das funções consulares (art. 43 da Convenção de Viena)

 Dica: além das imunidades acima indicadas, as sedes diplomáticas são também invioláveis, não podendo ser objeto de busca e apreensão, penhora ou qualquer outra medida coercitiva

1.1.2. Imunidades parlamentares

– **Imunidade parlamentar material (penal, absoluta ou inviolabilidade):** os Deputados e Senadores são invioláveis, civil e penalmente, por quaisquer de suas opiniões, palavras e votos (art. 53 da CF). *Eis o que se chama de freedom of speech*
– **Imunidade formal (processual ou relativa):** abrange questões de ordem processual penal, relativas à prisão provisória (art. 53, §2º da CF), possibilidade de sustação do processo criminal (art. 53, §3º da CF), desobrigação de testemunhar (art. 53, §6º da CF) e prerrogativa de foro (artigo 53, §1º da CF)

 Traduzindo: com relação à prisão provisória, "desde a expedição do diploma, os membros do Congresso Nacional *não poderão ser presos, salvo* em flagrante de crime *inafiançável.* Nesse caso, os autos serão remetidos dentro de vinte e quatro horas à Casa *respectiva,* para que, pelo *voto da maioria* de seus membros, resolva sobre a prisão". Quanto à sustação do andamento do processo criminal, "*recebida a denúncia* contra o Senador ou Deputado, por crime ocorrido após a diplomação, o Supremo Tribunal Federal dará ciência à *Casa respectiva,* que, por iniciativa de *partido político* nela representado e pelo *voto da maioria* de seus membros, poderá, até a decisão final, *sustar* o andamento da ação". Quanto à condição de testemunha, os parlamentares federais *não estão obrigados* a testemunhar sobre "informações recebidas ou prestadas em razão do exercício do mandato, nem sobre as pessoas que lhes confiaram ou deles receberam informações"

 Cuidado: com relação aos vereadores, parlamentares municipais, são aplicáveis apenas as imunidades materiais (art. 29, VIII da CF), circunscritas, entretanto, às palavras e votos proferidos no exercício do mandato **e** no âmbito do Município em que exerce a função legislativa

DIREITO PROCESSUAL PENAL
Tema III - Princípios constitucionais e processuais penais

1. Princípios constitucionais e processuais penais I

1.1. Devido processo legal

1.1.1. Conceito: oriundo do direito anglo-americano (*due processo of law*), o princípio do devido processo legal vem expressamente previsto no art. 5º, LIV da CF com os seguintes dizeres: *"ninguém será privado da liberdade ou de seus bens sem o devido processo legal"*

Dica: perceba o leitor, desde já, que esse princípio deve ser encarado como uma espécie de fonte a partir da qual emanam diversas garantias e princípios processuais fundamentais. Assim, afirma-se a necessidade de um processo prévio, informado pelo contraditório; ampla defesa; juiz natural; motivação das decisões; publicidade; presunção de inocência; direito de audiência; direito de presença do réu; e duração razoável do processo

1.2. Presunção de não culpabilidade (estado de inocência ou presunção de inocência)

1.2.1. Conceito: expressamente previsto no art. 5º, LVII da CF, que diz: *"ninguém será considerado culpado até o trânsito em julgado de sentença penal condenatória"*

Dica: o princípio do estado de inocência gera grande impacto no **ônus da prova**, fazendo com que a acusação tenha de provar a culpa *lato sensu* do acusado, sob pena de ocorrer a absolvição com base na regra do *in dubio pro reo*, ressalvado, para a maioria da comunidade jurídica, o ônus que sempre possui a defesa de provar eventuais alegações que venha a fazer sobre excludentes de tipicidade, ilicitude, culpabilidade, atenunantes ou causas de diminuição de pena e, ainda, questões fáticas, como possível álibi

Cuidado: o princípio em comento não é incompatível com a prisão provisória (prisão preventiva ou prisão temporária). Posto de outra forma: o princípio em questão não é absoluto. Atente-se que a própria Constituição previu a possibilidade de prisão provisória, por exemplo, no art. 5º, LXI – além do que, há na Magna Carta o direito à segurança pública, que também torna possível falar em prisão decretada antes do trânsito em julgado. Não se tratando, pois, de princípio absoluto, harmoniza-se com o instituto da prisão provisóra na medida em que força o aplicador do direito a não banalizar o instituto da prisão provisória, que somente poderá ser decretada quando estritamente preenchidos seus pressupostos, fundamentos e condições de admissibilidade (ou requisitos), sob pena de violação ao princípio, por caracterização da prisão provisória como mera antecipação da pena

1.2.2. Direito à não autoincriminação (*nemo tenetur se detegere*): por decorrência, o indivíduo goza do *direito de não se autoincriminar*

Dica: a garantia em pauta vai além do direito ao silêncio, assegurando-se ao sujeito o poder de negar-se a colaborar com qualquer tipo de produção probatória que dele dependa. Ex.: negativa de participação em reprodução simulada dos fatos; recusa em realizar teste do bafômetro, exame grafotécnico, de DNA, dentre outros

1.3. Razoável duração do processo

1.3.1. Conceito: a todos, no âmbito judicial e administrativo, são assegurados a razoável duração do processo e os meios que garantam a celeridade de sua tramitação (art. 5º, LXXVIII da CF)

Traduzindo: as partes têm direito de exigir do Estado a prestação jurisdicional em tempo razoável, devendo ser banidas as dilações indevidas

DIREITO PROCESSUAL PENAL

TEMA III - PRINCÍPIOS CONSTITUCIONAIS E PROCESSUAIS PENAIS

1. Princípios constitucionais e processuais penais II

1.4. Contraditório (bilateralidade da audiência ou bilateralidade dos atos processuais)

1.4.1. Conceito: expresso no art. 5º, LV da CF, reflete-se no binômio: ciência + participação

Traduzindo: trata-se do direito que possuem as partes de serem cientificadas sobre os atos processuais (ciência), como também do direito que possuem de se manifestar, de interagir (participação) sobre esses mesmos atos

Exemplo: finda a instrução processual, o juiz profere sentença sobre o caso. Nesta hipótese, as partes serão cientificadas (intimadas) dessa decisão (ciência), bem como poderão participar recorrendo do *decisium* (participação)

Cuidado: para que o princípio seja atendido, não basta que a parte tenha mero direito à ciência e participação no ato processual (contraditório formal), sendo imprescindível que possa exercer verdadeira influência na decisão do julgador, que, assim, deve se debruçar sobre os argumentos e provas trazidas, valorando-os e apreciando-os de modo fundamentado (contraditório material)

1.5. Ampla defesa

1.5.1. Conceito: igualmente prevista no art. 5º, LV da CF, significa que o réu tem o direito de defender-se de uma acusação da forma mais ampla possível, podendo empregar todos os recursos cabíveis para o cumprimento desta finalidade

1.5.2. Classificação: subdivide-se em autodefesa (facultativa em razão do direito ao silêncio, exercida pelo próprio acusado, notadamente no momento do interrogatório) e defesa técnica (absolutamente indispensável, devendo o réu, obrigatoriamente, contar com profissional habilitado atuando na defesa de seus interesses – art. 261 do CPP)

Cuidado: nos termos da súmula 523 do STF, "no processo penal, a falta da defesa constitui nulidade absoluta, mas a sua deficiência só o anulará se houver prova de prejuízo para o réu"

1.6. Igualdade processual (ou paridade de armas)

1.6.1. Conceito: as partes devem contar com tratamento igualitário e com oportunidades iguais. Decorre tal princípio do art. 5º, *caput* da CF (princípio da isonomia)

Cuidado: em certos casos, porém, quando justificável, admite-se o tratamento diferenciado da parte, a fim de ser promovida uma igualdade mais substancial. Trata-se aqui da antiga máxima: "tratar desigualmente os desiguais na medida de suas desigualdades". Exemplos: *favor rei* (princípio segundo o qual os interesses da defesa prevaleçam sobre os da acusação – art. 386, VII do CPP); revisão criminal como ação exclusiva da defesa; Defensoria Pública com prazo em dobro (art. 128, I da LC 80/1994, e do art. 5º, § 5º da Lei 1.060/1950 – ver STF, ADI 2144, DJ 14/06/2016 e HC 81.019/MG, Inf. 247)

1.7. Iniciativa das partes, demanda ou ação *(ne procedat judex ex officio)*

1.7.1. Conceito: decorrência da adoção do sistema acusatório, cabe à parte interessada o exercício do direito de ação, uma vez que a jurisdição é inerte, sem prejuízo da possibilidade de o juiz, de ofício, impulsionar o regular desenvolvimento do processo (impulso oficial)

Traduzindo: A propositura da ação penal incumbe ao MP (ação penal pública) ou à vítima (ação penal privada), sendo vedado ao juiz proceder de ofício nessa seara

Cuidado: não foi recepcionado pela CF o art. 26 do CPP, o qual prevê que, no caso de contravenção penal, a ação penal será iniciada por portaria expedida pelo delegado ou pelo juiz (procedimento judicialiforme)

DIREITO PROCESSUAL PENAL

Tema III - Princípios constitucionais e processuais penais

1. Juiz natural

1.1. Conceito: decorre do art. 5º, LIII da CF, que diz: *"ninguém será processado nem sentenciado senão pela autoridade competente"*

Traduzindo: significa que o indivíduo só pode ser privado de seus bens ou liberdade se processado por autoridade judicial imparcial e previamente conhecida por meio de regras objetivas de competência fixadas por lei anteriormente à prática da infração

1.2. Consequência: decorre desse princípio o fato de não ser possível a criação de juízo ou tribunal de exceção, i. e., não pode haver designação casuística de magistrado para julgar este ou aquele caso (art. 5º, XXXVII da CF)

1.3. Hipóteses em que não há violação ao juiz natural

1.3.1. Convocação de juiz de 1ª instância para compor órgão julgador de 2ª instância: STJ HC 332.511/ES, 5ª, Turma, DJ 24/02/2016

1.3.2. Redistribuição da causa decorrente da criação de nova Vara com a finalidade de igualar os acervos dos Juízos: STJ HC 322.632/BA, 6ª Turma, DJ 22/09/2015 e HC 283173/CE, DJ 09/04/2015

1.3.3. Atração por continência do processo do corréu ao foro especial do outro denunciado: ex.: prefeito e cidadão comum praticam furto em concurso (súmula 704 do STF). Todo o processo segue para julgamento pelo TJ

1.3.4. Fundamentação *per relationem*: juiz utiliza como motivação da decisão as alegações de uma das partes, texto de algum precedente ou decisão anterior do mesmo processo (STJ HC 353.742/RS, 6ª Turma, DJ 16/05/2016)

1.4. Imparcialidade do juiz

1.4.1. Conceito: o juiz deve ser pessoa neutra, estranha à causa e às partes. O magistrado eventualmente interessado no feito – suspeito (art. 254 do CPP) ou impedido (art. 252 do CPP) – deve ser afastado

1.5. Identidade física do juiz

1.5.1. Conceito: o magistrado que acompanhar a instrução probatória – logo, que tiver tido contato direto com as provas produzidas ao longo do processo – deverá ser o mesmo a proferir sentença (art. 399, §2º do CPP)

1.5.2. Exceções admitidas

- **Interrogatório do réu por meio de carta precatória:** STJ, RHC 47.729/SC, DJ 01/08/2016
- **Casos de convocação, licença, afastamento, promoção ou aposentadoria do juiz que presidiu as provas:** STJ HC 306.560/PR, DJe 01/09/2015, AgInt no AREsp 852.964/AL, DJ 23/08/2016 e Informativo nº 494
- **Julgamento de embargos de declaração por outro juiz:** STJ, HC 46408/SP, DJe 03/11/2009
- **Casos relacionados ao Estatuto da Criança e do Adolescente:** STJ AgRg no AREsp 465.508/DF, DJ 26/02/2015 e HC 164369/DF, DJ 09/11/2011

1.6. Juiz de garantias:

1.6.1. Com o advento da Lei n. 13.964/19, criou-se, por meio do artigo 3º-B do CPP, a figura do juiz de garantias, que passa a ser o responsável pelo "controle da legalidade da investigação criminal e pela salvaguarda dos direitos fundamentais", cuja competência, salvo nas infrações de menor potencial ofensivo, circunscreve-se aos atos anteriores ao início do processo criminal, previstos no rol ali trazido, cessando com o recebimento da peça acusatória.

1.6.2. Impedimento para judicar no processo: nos termos do artigo 3º-D do CPP, o juiz que na fase de investigação praticar qualquer ato ficará impedido de funcionar no processo.

Dica: até o fechamento dessa atualização, a matéria referente ao Juiz de Garantias encontrava-se suspensa por decisão do STF.

2. Publicidade

1.6.1. Conceito: expresso na CF nas seguintes passagens: arts. 5º, LX e 93, IX. Trata-se do dever que tem o Judiciário de dar transparência aos seus atos

3. Duplo grau de jurisdição

1.7.1. Conceito: as decisões judiciais são, em regra, passíveis de revisão por instâncias superiores por meio da interposição de recursos

1.7.2. Previsão supralegal: art. 8º, 2, h da CADH (Decreto 678/1992)

Dica: para parte da doutrina, o duplo grau de jurisdição está implicitamente contido no art. 5º, LV da CF, no ponto em que há menção a recursos inerentes à ampla defesa

Exceção: processos de competência originária do STF (art. 102, I da CF)

DIREITO PROCESSUAL PENAL

TEMA IV - INQUÉRITO POLICIAL

1. Inquérito policial - Noções introdutórias

- **1.1. Conceito:** conjunto de diligências realizadas pela autoridade policial (Delegado de Polícia) que tem por finalidade a colheita de elementos de informação para apuração de uma infração penal e sua respectiva autoria, de modo a fornecer subsídios ao titular da ação penal (MP ou querelante) para o exercício desta (art. 4º, caput do CPP)

  - **Dica:** o IP é uma das modalidades de investigação preliminar que podem fornecer subsídios à acusação para o oferecimento de ação penal. Outras formas de investigação preliminar são: CPI (art. 58, § 3º da CF); investigação pelo MP; investigação efetuada pelo próprio particular; investigação por tribunais (foro por prerrogativa de função); IP militar (IPM - art. 8º do CPPM); dentre outras

  - **Atenção:** não se pode confundir os *elementos de informação* com provas, termo este reservado aos elementos colhidos na fase judicial, sob o crivo do contraditório

- **1.2. Natureza jurídica:** o IP tem natureza de **procedimento administrativo** e não de processo

  - **Dica:** por força disso, eventuais vícios constantes do inquérito policial não têm o condão de causar nulidade do processo

- **1.3. Atribuição para a presidência do inquérito policial:** é do Delegado de Polícia de carreira (art. 3º da Lei 12.830/2013 – diploma com leitura muito recomendada). Em regra, a atribuição é do Delegado que atua no local onde o crime se consumou, de acordo com as regras de competência territorial vigentes. Havendo Delegacias Especializadas, prevalecerá o critério material

  - **Dica:** o art. 22 do CPP aduz que nas comarcas onde houver mais de uma circunscrição policial, o delegado com exercício em uma delas (em uma das circunscrições) poderá diligenciar nas demais, *independentemente de precatórias ou requisições.* Dentro de sua comarca de atuação, o delegado tem, portanto, "livre-trânsito" para diligenciar nas várias circunscrições policiais

- **1.4. Características do IP**

  - **1.4.1. Inquisitivo:** diz-se que o inquérito policial é procedimento inquisitivo, pois não há obrigatoriedade da observância do contraditório em seu trâmite

    - **Dica:** com o advento da Lei n. 13.964/19, atenuou-se tal característica, já que a norma do artigo 14-A do CPP, que prevê a figura do defensor do investigado e sua citação, quando tratar-se de servidor vinculado à instituição prevista no artigo 144 da CF (em regra, policiais), na hipótese de crime relacionado ao uso de força letal no exercício profissional.

  - **1.4.2. Dispensável:** *o IP não é um caminho necessário para o oferecimento da ação penal*. Segundo vimos anteriormente, esta poderá se fundamentar em diversas outras investigações preliminares, ou em outras peças de informação que não o IP. Neste sentido: art. 39, §5º do CPP

  - **1.4.3. Sigiloso:** na fase do IP não vigora o princípio da publicidade (art. 20 do CPP). O sigilo não alcança o MP, o juiz, e o advogado do indiciado (este tem publicidade limitada aos elementos de informação já documentados – SV 14)

  - **1.4.4. Indisponível:** a autoridade policial não pode, em nenhuma hipótese, arquivar o IP (art. 17 do CPP)

  - **1.4.5. Discricionário:** o delegado, visando ao sucesso da investigação, tem discricionariedade para adotar as medidas e diligências que entender adequadas (vide arts. 6º e 7º do CPP; e o art. 2º, § 2º da Lei 12.830/2013)

  - **1.4.6. Escrito:** o art. 9º do CPP estabelece que todas as peças do IP serão reduzidas a escrito e rubricadas pela autoridade policial

  - **1.4.7. Oficiosidade:** em caso de crime de ação penal pública incondicionada, deve o delegado agir de ofício, instaurando o IP (art. 5º, I do CPP)

DIREITO PROCESSUAL PENAL
Tema IV - Inquérito policial

1. Instauração do IP I

1.1. Crimes de ação penal pública incondicionada

1.1.1. De ofício (art. 5º, I do CPP): tomando conhecimento da prática de crime de ação penal pública *incondicionada* por meio de suas atividades rotineiras, deve o delegado *agir de ofício,* instaurando o IP

– **Peça inaugural:** portaria

Dica: a doutrina costuma denominar essa hipótese de instauração do IP de *notitia criminis* (notícia do crime) espontânea (de cognição direta ou imediata)

Atenção absoluta: a Lei n. 13.694/19 (Pacote Anticrime) previu a possibilidade de o juiz de garantias prorrogar a duração do IP com investigado preso por mais 15 (quinze) dias (artigo 3º-B, §2º, CPP)

1.1.2. Por requisição do membro do MP ou do juiz (art. 5º, II, primeira parte do CPP): o IP poderá ser instaurado por meio de *requisição* de membro do MP ou da magistratura. Vale recordar que a *requisição* nesse contexto tem caráter de ordem para que o delegado instaure o IP

– **Peça inaugural:** será a própria requisição

Dica: a doutrina costuma apelidar essa instauração do IP de *notitia criminis* provocada (de cognição indireta ou mediata)

1.1.3. Por requerimento do ofendido (art. 5º, II, segunda parte do CPP): a vítima de crime de ação penal pública *incondicionada* também poderá provocar a autoridade policial para fins de instauração de IP

– **Peça inaugural:** embora haja doutrina indicando ser o próprio requerimento, prevalece ser necessária a portaria

Dica: os autores também denominam essa hipótese de ***notitia criminis* provocada** (de cognição indireta ou mediata)

Atenção: no caso de indeferimento desse requerimento do ofendido, cabe *recurso administrativo* ao Chefe de Polícia (art. 5º, § 2º do CPP), que, hoje, é representado ou pelo Delegado-Geral de Polícia ou pelo Secretário de Segurança Pública, conforme a legislação de cada Estado Federado

1.1.4. Por provocação de qualquer do povo (art. 5º, §3º do CPP): em caso de delito que se processe por via de ação penal pública *incondicionada, qualquer pessoa* pode provocar a autoridade policial para que instaure o IP

– **Peça inaugural:** portaria

Dica: a doutrina nomeia essa hipótese de ***delatio criminis*** (delação do crime) **simples**

1.1.5. Pela prisão em flagrante do agente: ocorrendo a prisão em flagrante do indivíduo que cometeu crime de ação penal pública incondicionada, instaura-se o IP

– **Peça inaugural:** auto de prisão em flagrante (APF)

Dica: os autores costumam denominar essa hipótese de instauração do IP de ***notitia criminis* de cognição coercitiva**

1.2. Crimes de ação pública condicionada à representação ou à requisição do Ministro da Justiça: o IP será instaurado por meio, respectivamente, da representação da vítima e da requisição do Ministro da Justiça

Dica: a doutrina denomina essa situação de instauração do IP de ***delatio criminis* postulatória**

1.3. Crimes de ação penal privada: o IP só poderá ser instaurado por meio de **requerimento** da vítima (ou seu representante legal)

1.4. Denúncia anônima (delação apócrifa ou notitia criminis inqualificada): é imprestável para, *isoladamente,* provocar a instauração de inquérito policial. Somente é admitida se for usada para *movimentar* os órgãos responsáveis pela persecução penal. Neste caso, tais órgãos deverão proceder averiguações preliminares e só instaurar inquérito policial caso descubram outros elementos de prova idôneos (STF: HC 106152, DJ 24/05/2016 e HC 109598 AgR, DJ 27/04/2016)

DIREITO PROCESSUAL PENAL

Tema IV - Inquérito policial

1. Instauração do IP II

- **1.5. Incomunicabilidade do indiciado preso:** o art. 21 do CPP prevê que, a pedido do delegado ou do MP, o juiz poderá decretar a *incomunicabilidade* do indiciado preso
  - **1.5.1. Não recepção do dispositivo pela CF:** segundo pensa a *majoritária* doutrina, o dispositivo em questão *não foi recepcionado pela CF*
    - **Traduzindo:** isso porque, mesmo durante a vigência de Estado de Defesa (situação excepcional em que diversas garantias podem ser suprimidas), é vedada a incomunicabilidade do preso (art. 136, §3º, IV da CF), não sendo admissível que ela ocorra em situação de normalidade. Além disso, a incomunicabilidade afronta o disposto no art. 5º, LXIII da CF, que garante ao preso a assistência da família e de advogado

- **1.6. Valor probatório do IP**
  - **1.6.1. Noções gerais:** questiona-se se os elementos de informação coligidos no IP podem dar suporte à sentença condenatória. É assente que os elementos de informação obtidos em sede de IP *não podem, de modo exclusivo,* fundamentar uma sentença penal condenatória (art. 155 do CPP), visto que se trata de procedimento inquisitório
    - **Traduzindo:** interpretando-se o art. 155 do CPP, conclui-se que, associado a provas colhidas sob contraditório, na fase judicial, os elementos de informação do IP podem ser utilizados na fundamentação da sentença condenatória
  - **1.6.2. Provas produzidas no curso do IP:** existem, porém, efetivas provas que são produzidas antes do início da ação penal, sujeitas, em regra, a contraditório postergado ou diferido (exercido após, durante o processo penal), que têm valor probatório idêntico àquelas produzidas em Juízo (art. 155 do CPP, parte final). São elas:

    – **Provas cautelares:** aquelas que necessitam ser produzidas em caráter de urgência para evitar o seu desaparecimento. Ex.: busca e apreensão e interceptação telefônica
    – **Provas não repetíveis:** aquela em que a renovação em juízo revela-se praticamente impossível, por conta do desaparecimento do vestígio. Ex.: perícia sobre um crime de estupro
    – **Provas antecipadas:** aquela que, por conta da ação do tempo, apresenta alta probabilidade de não poder ser mais realizada em juízo. Ex.: testemunho de pessoa bastante idosa

     Atenção: nesta hipótese, deve-se fazer uso do instituto cautelar da produção antecipada de prova (art. 225 do CPP), de modo que, aqui, diferente das hipóteses anteriores, não há contraditório postergado, mas contraditório em tempo real

     Dica: No RHC 89.385, o STJ decidiu pela necessidade de autorização judicial para acesso ao conteúdo de mensagens e comunicações armazenadas em aparelhos de telefonia celular eventualmente apreendidos no inquérito policial, sendo ilícito seu acesso diretamente pela polícia civil ou militar

DIREITO PROCESSUAL PENAL
Tema IV - Inquérito policial

1. Providências que podem ser tomadas no curso do IP: constam, em rol exemplificativo, dos arts. 6º e 7º do CPP. Abaixo, segue análise das mais importantes delas

- **1.1. Oitiva do indiciado** (art. 6º, V do CPP): o delegado deverá ouvir o indiciado observando, no que for aplicável (frente ao caráter inquisitório), as regras do interrogatório judicial (art. 185 e ss. do CPP)
  - **Traduzindo:** frente ao caráter inquisitorial, a presença de defensor no momento da oitiva, exigida no interrogatório judicial, é dispensável na fase policial. Por outro lado, em razão do *nemo tenetur se detegere*, deve ser informado pela autoridade policial a respeito do direito ao silêncio, tal como ocorre no ato judicial

- **1.2. Realização de exame de corpo de delito** (art. 6º, VII do CPP): quando a infração deixar vestígios (ex.: estupro, homicídio etc.), o delegado não poderá se negar a realizar o exame de corpo de delito, por ser este indispensável nessa situação (art. 158 do CPP)

- **1.3. Identificação criminal** (art. 6º, VIII, primeira parte do CPP)
  - **1.3.1. Identificação civil x identificação criminal:** identificar-se **civilmente** é apresentar qualquer documento capaz de precisar a sua identidade. Identificar alguém **criminalmente** significa submeter o indivíduo à coleta de material datiloscópico, fotográfico, dentre outros
  - **1.3.2. Garantia constitucional:** a CF, em seu art. 5º, LVIII, garante que "o civilmente identificado não será submetido à identificação criminal, salvo nas hipóteses previstas em lei"
  - **1.3.3. Hipóteses legais que autorizam a identificação criminal** (art. 3º da Lei 12.037/2009): em síntese, pode ocorrer em casos de dúvida a respeito da identificação civil
    - Documento apresentando rasura ou indícios de falsificação
    - Documento apresentado insuficiente para identificação cabal do indiciado
    - Indiciado portando documentos de identidade distintos
    - **Identificação criminal essencial às investigações policiais:** compete ao juiz decidir pela identificação criminal na hipótese, fazendo-o de ofício, ou a requerimento do MP, da autoridade policial ou da defesa
    Atenção: esta é a única hipótese que não diz respeito à dificuldade de identificação civil
    - Constar de registros policiais o uso de outros nomes ou outras qualificações
    - O estado de conservação ou a distância temporal ou da localidade da expedição do documento apresentado impossibilita a completa identificação dos caracteres essenciais

- **1.4. Informações sobre a existência de filhos** (art. 6º, X): alteração introduzida pela Lei 13.257/2016, dentro das políticas públicas para crianças da primeira infância, que são aquelas até os 6 anos de idade (art. 2º da Lei 13257/2016)

- **1.5. Indiciamento:** ato privativo da autoridade policial (STJ, Informativo 552), indiciar significa que há nos autos do IP elementos sérios, razoáveis de que determinada pessoa (ou pessoas) cometeu, aparentemente, uma infração penal (ou várias infrações). Regulamentado no artigo 2º, §6º da Lei 12.830/2013
  - **1.5.1. Pessoas não sujeitas ao indiciamento:** magistrados (art. 33, parágrafo único, LC 35/1979); membros do MP (arts. 18, parágrafo único da LC 75/1993, e 41, parágrafo único da Lei 8.625/1993); parlamentares federais (salvo se houver autorização do Min. Relator do IP – STF, AP 933, DJ 03/02/2016)

DIREITO PROCESSUAL PENAL

Tema IV - Inquérito policial

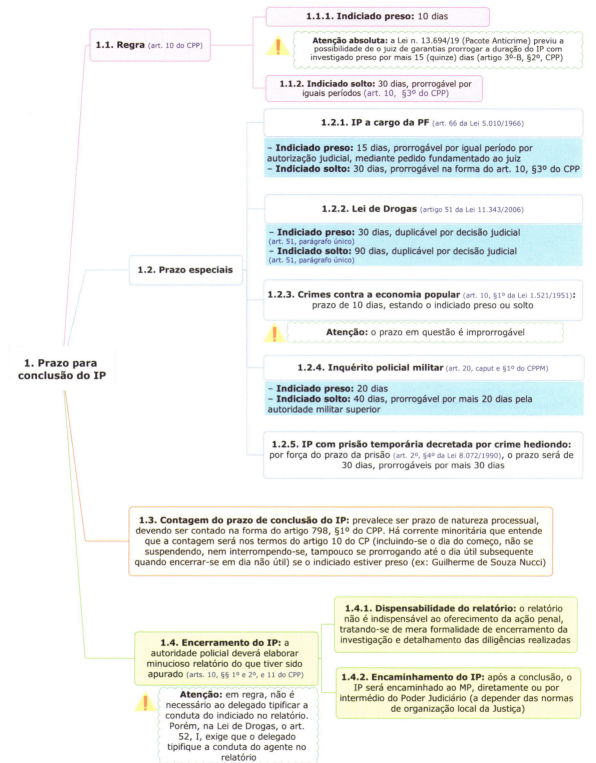

1. Prazo para conclusão do IP

1.1. Regra (art. 10 do CPP)

- **1.1.1. Indiciado preso:** 10 dias
  - ⚠ **Atenção absoluta:** a Lei n. 13.694/19 (Pacote Anticrime) previu a possibilidade de o juiz de garantias prorrogar a duração do IP com investigado preso por mais 15 (quinze) dias (artigo 3º-B, §2º, CPP)
- **1.1.2. Indiciado solto:** 30 dias, prorrogável por iguais períodos (art. 10, §3º do CPP)

1.2. Prazo especiais

- **1.2.1. IP a cargo da PF** (art. 66 da Lei 5.010/1966)
  - **Indiciado preso:** 15 dias, prorrogável por igual período por autorização judicial, mediante pedido fundamentado ao juiz
  - **Indiciado solto:** 30 dias, prorrogável na forma do art. 10, §3º do CPP
- **1.2.2. Lei de Drogas** (artigo 51 da Lei 11.343/2006)
  - **Indiciado preso:** 30 dias, duplicável por decisão judicial (art. 51, parágrafo único)
  - **Indiciado solto:** 90 dias, duplicável por decisão judicial (art. 51, parágrafo único)
- **1.2.3. Crimes contra a economia popular** (art. 10, §1º da Lei 1.521/1951): prazo de 10 dias, estando o indiciado preso ou solto
  - ⚠ **Atenção:** o prazo em questão é improrrogável
- **1.2.4. Inquérito policial militar** (art. 20, caput e §1º do CPPM)
  - **Indiciado preso:** 20 dias
  - **Indiciado solto:** 40 dias, prorrogável por mais 20 dias pela autoridade militar superior
- **1.2.5. IP com prisão temporária decretada por crime hediondo:** por força do prazo da prisão (art. 2º, §4º da Lei 8.072/1990), o prazo será de 30 dias, prorrogáveis por mais 30 dias

1.3. Contagem do prazo de conclusão do IP: prevalece ser prazo de natureza processual, devendo ser contado na forma do artigo 798, §1º do CPP. Há corrente minoritária que entende que a contagem será nos termos do artigo 10 do CP (incluindo-se o dia do começo, não se suspendendo, nem interrompendo-se, tampouco se prorrogando até o dia útil subsequente quando encerrar-se em dia não útil) se o indiciado estiver preso (ex: Guilherme de Souza Nucci)

1.4. Encerramento do IP: a autoridade policial deverá elaborar minucioso relatório do que tiver sido apurado (arts. 10, §§ 1º e 2º, e 11 do CPP)

- **1.4.1. Dispensabilidade do relatório:** o relatório não é indispensável ao oferecimento da ação penal, tratando-se de mera formalidade de encerramento da investigação e detalhamento das diligências realizadas
- **1.4.2. Encaminhamento do IP:** após a conclusão, o IP será encaminhado ao MP, diretamente ou por intermédio do Poder Judiciário (a depender das normas de organização local da Justiça)

⚠ **Atenção:** em regra, não é necessário ao delegado tipificar a conduta do indiciado no relatório. Porém, na Lei de Drogas, o art. 52, I, exige que o delegado tipifique a conduta do agente no relatório

	PRESO	SOLTO
CPP	10	30, prorrogáveis
IP Federal	15 +15	30, prorrogáveis
Lei de Drogas	30 + 30	90 + 90
Crimes contra a economia popular	10	10, prorrogáveis
IP com prisão temporária decretada por crime hediondo ou equiparado	30 + 30	Prejudicado
IPM	20	40 + 20

DIREITO PROCESSUAL PENAL
Tema IV - Inquérito policial

1. Providência subsequentes ao encerramento do IP:
ao receber o IP, poderá o MP:
a) oferecer denúncia;
b) requisitar novas diligências;
c) promover o arquivamento;
(d) acordo de não persecução penal

1.1. Oferecimento de denúncia: é necessária a existência de prova da materialidade do fato (crimes materiais), ou da ocorrência do fato (crimes formais ou de mera conduta), e indícios suficientes de autoria. Ademais, o IP deve fornecer elementos que permitam o oferecimento de denúncia apta (dados a respeito do local, horário e das circunstâncias do fato, etc)

1.2. Requisição de novas diligências (art. 16 do CPP): para a formação da *opinio delicti*, o MP vislumbra a imprescindibilidade de realização de novas diligências, requisitando da autoridade policial a realização

1.3. Promoção de arquivamento: o MP se convence de que não é o caso de ser exercida a ação penal, por falta de substrato fático mínimo (justa causa), porque o fato é atípico, ou, ainda, por estarem presentes hipóteses de exclusão da ilicitude, da culpabilidade ou, por fim, se estiver extinta a punibilidade dos fatos

Dica: as hipóteses em que a denúncia deverá ser rejeitada pelo juiz (estabelecidas no art. 395 do CPP) são exatamente os casos em que o MP não deverá oferecer denúncia, requerendo, ao revés, o arquivamento do IP

1.3.1. Legitimidade para o arquivamento: é ato complexo que, em regra, enseja dupla manifestação: pedido do MP + homologação do juiz (fiscal do princípio da obrigatoriedade da ação penal)

Cuidado: a autoridade policial não pode arquivar o IP (art. 17 do CPP)

1.3.2. Recorribilidade da decisão que homologa o arquivamento: tal decisão é, em regra, irrecorrível. Exceções: recurso de ofício da decisão que arquiva o IP em casos de crime contra a economia popular e contra a saúde pública (art. 7º da Lei 1.521/1951); e recurso em sentido estrito da decisão que arquiva o IP em casos de contravenção de jogo do bicho e de aposta de corrida de cavalos fora do hipódromo (art. 6º da Lei 1.508/1951 c/c arts. 58 e 60 do DL 6.259/1944)

1.3.3. Desarquivamento do IP: é possível se houver notícias do surgimento de novos elementos de informação (art. 18 do CPP) – em regra, o arquivamento só faz coisa julgada formal

Atenção absoluta: para o desarquivamento, basta a existência de notícias de novos elementos de informação. Contudo, para o oferecimento de denúncia após o desarquivamento, imprescindível a existência de elementos de informação substancialmente novos (súmula 524 do STF)

Cuidado: os arquivamentos que têm por base a atipicidade ou a extinção da punibilidade fazem coisa julgada formal e material, sendo descabido o desarquivamento (STF, HC 100.161 AgR/RJ, DJe 16/09/2011)

1.3.4. Discordância do juiz com o arquivamento (art. 28 do CPP): deverá remeter o caso ao Procurador-Geral de Justiça (ou à Câmara de Coordenação e Revisão do MPF, no caso de crime federal), que poderá:
– **Insistir no arquivamento:** o juiz estará obrigado a acolhê-lo (princípio acusatório)
– **Oferecer denúncia:** também discordando do arquivamento, pode oferecer denúncia, ou designar outro Promotor de Justiça para fazê-lo

Cuidado: com a Lei n. 13.964/19, a homologação do arquivamento passará a ser feita no âmbito do próprio MP, por órgão revisor, não havendo mais controle judicial do ato (art. 28 do CPP). Se o órgão revisor discordar do arquivamento, outro Promotor de Justiça será designado para oferecer denúncia ou encetar novas diligências. O novo dispositivo, até o fechamento da edição, permanecia com a aplicabilidade suspensa por decisão do STF, valendo a regra anterior à nova lei, acima exposta.

DIREITO PROCESSUAL PENAL

TEMA V – ACORDO DE NÃO-PERSECUÇÃO PENAL

1. Acordo de não-persecução penal (ANPP – art. 28-A do CPP)

1.5. Condições do ajuste: deverão ser ajustadas entre o membro do MP e o investigado, sendo cumpridas pelo último

- **1.5.1. Reparação do dano ou restituição da coisa à vítima:** condição obrigatória, salvo impossibilidade de fazê-lo.

- **1.5.2. Renúncia voluntária a bens indicados pelo Ministério Público:** os bens devem ser instrumentos, produto ou proveito do crime. O investigado renuncia à propriedade dos bens, possibilitando sua destinação ou destruição.

- **1.5.3. Prestação de serviços à comunidade ou a entidades públicas:** no prazo correspondente à pena mínima do delito, diminuída de um a dois terços.

- **1.5.4. Prestação pecuniária:** pagamento em dinheiro, destinada a entidade pública ou de interesse social, a ser indicada pelo Juízo da execução, que tenha, preferencialmente, como função proteger os bens jurídicos iguais ou semelhantes aos aparentemente lesados pelo delito.

- **1.5.5. Outras condições estabelecidas pelo MP:** devem ter prazo determinado e guardar proporcionalidade e compatibilidade com a infração penal praticada

1.6. Procedimento

- **1.6.1: Formalização prévia (art. 28-A, §3º, CPP):** será previamente firmado por escrito, pelo membro do Ministério Público, pelo investigado e por seu defensor

- **1.6.2. Recusa do MP no oferecimento do ANPP:** o investigado poderá requerer a remessa dos autos ao órgão superior do MP, na forma do art. 28 do CPP, para revisão (§14)

- **1.6.3. Homologação (art. 28-A, §4º, CPP):** feita em audiência, que servirá para o juiz atestar a voluntariedade do acordo, mediante oitiva do investigado, na presença do defensor.

- **1.6.4. Intimação da vítima:** o ofendido deverá ser intimado do acordo e seu descumprimento (§9º)

- **1.6.5. Discordância judicial**

- **1.6.5.1. Inadequação,** insuficiência ou abusividade do teor: entendendo haver uma de tais circunstâncias, o juiz devolverá os autos ao MP para reformulação da proposta de acordo.

- **1.6.5.2. Recusa de homologação:** constatando não estarem presentes os requisitos do ANPP, verificando a ausência da voluntariedade do acordo, ou, ainda, não ter havido reformulação da proposta na hipótese anterior (§7º), o juiz poderá recusar a homologação, restituindo os autos ao MP para análise da necessidade de complementação das investigações ou oferecimento de denúncia (§8º)

  - Recurso cabível contra decisão que não homologa: RESE (art. 581, XXV, do CPP)

- **1.6.6. Descumprimento do acordo pelo investigado:** o MP deverá comunicar o Juízo para fins de rescisão do ANPP e posterior oferecimento de denúncia (§10), o que poderá ser utilizado como fundamento para o não oferecimento de suspensão condicional do processo (§11)

- **1.6.7. Cumprimento integral do acordo:** torna extinta a punibilidade do fato (§13)

DIREITO PROCESSUAL PENAL

Tema V – Acordo de não-persecução penal

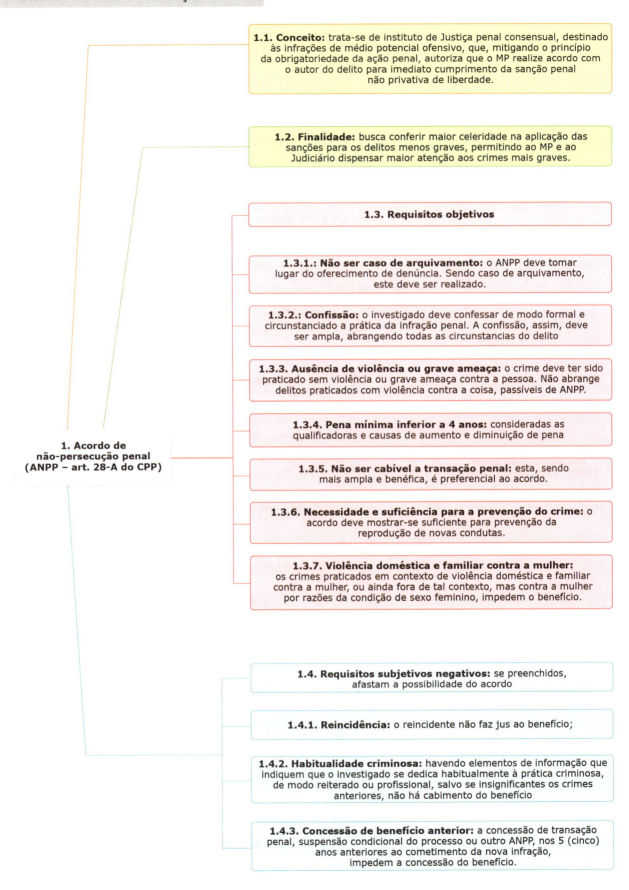

1. Acordo de não-persecução penal (ANPP – art. 28-A do CPP)

1.1. Conceito: trata-se de instituto de Justiça penal consensual, destinado às infrações de médio potencial ofensivo, que, mitigando o princípio da obrigatoriedade da ação penal, autoriza que o MP realize acordo com o autor do delito para imediato cumprimento da sanção penal não privativa de liberdade.

1.2. Finalidade: busca conferir maior celeridade na aplicação das sanções para os delitos menos graves, permitindo ao MP e ao Judiciário dispensar maior atenção aos crimes mais graves.

1.3. Requisitos objetivos

1.3.1.: Não ser caso de arquivamento: o ANPP deve tomar lugar do oferecimento de denúncia. Sendo caso de arquivamento, este deve ser realizado.

1.3.2.: Confissão: o investigado deve confessar de modo formal e circunstanciado a prática da infração penal. A confissão, assim, deve ser ampla, abrangendo todas as circunstancias do delito

1.3.3. Ausência de violência ou grave ameaça: o crime deve ter sido praticado sem violência ou grave ameaça contra a pessoa. Não abrange delitos praticados com violência contra a coisa, passíveis de ANPP.

1.3.4. Pena mínima inferior a 4 anos: consideradas as qualificadoras e causas de aumento e diminuição de pena

1.3.5. Não ser cabível a transação penal: esta, sendo mais ampla e benéfica, é preferencial ao acordo.

1.3.6. Necessidade e suficiência para a prevenção do crime: o acordo deve mostrar-se suficiente para prevenção da reprodução de novas condutas.

1.3.7. Violência doméstica e familiar contra a mulher: os crimes praticados em contexto de violência doméstica e familiar contra a mulher, ou ainda fora de tal contexto, mas contra a mulher por razões da condição de sexo feminino, impedem o benefício.

1.4. Requisitos subjetivos negativos: se preenchidos, afastam a possibilidade do acordo

1.4.1. Reincidência: o reincidente não faz jus ao benefício;

1.4.2. Habitualidade criminosa: havendo elementos de informação que indiquem que o investigado se dedica habitualmente à prática criminosa, de modo reiterado ou profissional, salvo se insignificantes os crimes anteriores, não há cabimento do benefício

1.4.3. Concessão de benefício anterior: a concessão de transação penal, suspensão condicional do processo ou outro ANPP, nos 5 (cinco) anos anteriores ao cometimento da nova infração, impedem a concessão do benefício.

DIREITO PROCESSUAL PENAL

Tema VI - Ação Penal

1. Ação penal I

- **1.1. Conceito:** direito público subjetivo de pedir ao Estado-juiz a aplicação do Direito Penal objetivo a um caso concreto

- **1.2. Condições genéricas da ação:** para que o direito de ação possa ser exercido, é preciso o preenchimento de certas condições, que não se confundem com o mérito da causa, sendo analisadas em caráter preliminar

  - **1.2.1. Possibilidade jurídica do pedido:** aquilo que está sendo pedido deve ser admitido pelo direito objetivo. Ex.: é juridicamente impossível o pedido de condenação por fato não previsto no ordenamento como crime (fato atípico)

     Atenção absoluta: embora trate-se de clássica condição da ação, a possibilidade jurídica do pedido foi extirpada do ordenamento jurídico pelo CPC/2015, de modo que a impossibilidade jurídica do pedido passou a operar decisão de mérito, sendo, no caso do processo penal, em geral, hipótese para absolvição sumária

  - **1.2.2. Interesse processual:** reflete a necessidade e utilidade de se buscar o Judiciário para a obtenção do resultado pretendido com a lide penal (interesse-necessidade e interesse-utilidade), bem como a adequação do procedimento empregado com a proteção jurisdicional que se pretende alcançar (interesse-adequação)

    – **Interesse-necessidade:** no processo penal, a necessidade é presumida, já que é vedada a solução extrajudicial dos conflitos criminais *(nulla poena sine judicio)*
    – **Interesse-utilidade:** não há interesse para movimentar-se o sistema judicial se não houver possibilidade de concretização do *jus puniendi* estatal. Ex.: inexiste interesse utilidade no ajuizamento de ação penal por fato prescrito

  - **1.2.3. Legitimidade:** a ação deve ser proposta somente pelo sujeito ativo pertinente e apenas contra aquele legitimado para figurar no polo passivo da causa– Legitimidade ativa

    a) Ação penal pública: deve figurar, em regra, o MP (art. 129, I da CF). Exceção: ação penal privada subsidiária da pública (art. 29 do CPP – para haver legitimidade do particular, indispensável a verificação da omissão do MP, nos termos do dispositivo)
    b) Ação penal privada: o autor é o ofendido, ou, em caso de morte do ofendido ou seu representante legal. Trata-se de hipótese de legitimidade extraordinária, já que o *jus puniendi* pertence ao Estado
    Dica: sendo vítima, a pessoa jurídica pode figurar como querelante
    – **Legitimidade passiva:** o polo passivo deve ser ocupado pelo provável autor do fato criminoso, com pelo menos 18 anos completos
    a) Pessoa jurídica: possui legitimidade passiva apenas para os crimes ambientais (art. 225, §3º da CF, c/c art. 3º da Lei 9.605/1998)
    Cuidado: embora a CF preveja a possibilidade de responsabilização criminal da pessoa jurídica nas infrações penais praticadas contra a economia popular e à ordem econômica e financeira (art. 173, §5º da CF), não houve regulamentação destas pela lei ordinária
    b) Casos de ilegitimidade passiva: ação penal proposta contra menor de 18 anos; ação penal proposta contra homônimo do autor do fato; erro material no nome do denunciado (ex.: ação proposta contra a testemunha, por equívoco)

  - **1.2.4. Justa causa:** para o exercício da ação penal, é necessário que haja lastro informativo mínimo quanto à autoria, além de prova da materialidade do fato (ou prova de sua ocorrência nos crimes que não deixam vestígios)

DIREITO PROCESSUAL PENAL
Tema VI - Ação Penal

1. Ação penal II

1.3. Condições específicas da ação penal: além das condições acima, comuns a todas as modalidades de ação penal, há certas ações que exigem condições específicas. São as chamadas condições de procedibilidade, que condicionam o exercício da ação penal, dizendo respeito à sua admissibilidade.
Ex.: representação do ofendido nos crimes de ação penal pública condicionada à representação

1.3.1. Condição de procedibilidade x condições objetivas de punibilidade: não se pode confundir as condições da ação com as condições objetivas de punibilidade. Estas, são condições estabelecidas em lei para que o fato seja concretamente punível, situando-se entre os preceitos primário e secundário do tipo penal. Nestes casos, a punibilidade fica condicionada à verificação de elementos externos ao tipo penal, tratando-se de evento futuro e incerto. Consiste em questão ligada ao direito material, e não ao direito processual, razão pela qual não se trata de condição da ação penal. Ex.: sentença que decreta a falência é condição objetiva de punibilidade dos crimes falimentares (art. 180 da Lei 11.105/2005)

💡 **Dica:** as condições são objetivas de punibilidade, pois independem do dolo ou da culpa do agente

1.3.2. Condição de procedibilidade x condição de prosseguibilidade: a última pressupõe ação penal já instaurada, que, assim, era dotada das condições da ação. Porém, há óbice em sua continuidade. Ex.: o réu/querelado manifesta insanidade mental superveniente. Impõe-se a necessidade do agente recobrar a sanidade mental para que a ação penal tenha a sua regular continuidade. Enquanto não retomar a sanidade (condição de prosseguibilidade), o processo ficará paralisado e a prescrição correrá normalmente (art. 152 do CPP)

1.4. Classificação da ação penal: a classificação clássica toma por base a legitimidade ativa

1.4.1. Ação penal pública: ajuizada pelo MP, órgão estatal a quem foi conferida a titularidade privativa da ação penal (art. 129, I da CF)

Peça acusatória: denúncia
– **Incondicionada:** inexiste necessidade de autorização do ofendido para que o MP deflagre a ação penal
– **Condicionada:** há necessidade de autorização da vítima, ou de requisição do Ministro da Justiça para sua deflagração (condição específica da ação penal)

1.4.2. Ação penal privada: ajuizada pelo ofendido

Peça acusatória: queixa
– **Exclusivamente privada:** no caso de incapacidade ou morte do ofendido, o representante legal ou seus sucessores poderão ingressar ou continuar com a ação penal
a) **Sucessores:** cônjuge ou companheiro (C), ascendente (A), descendente (D) ou irmão (I)
Sigla útil: CADI
– **Personalíssima:** em casos de incapacidade ou morte da vítima, ninguém poderá ingressar ou continuar com a ação penal. Ex.: art. 236 do CP
– **Subsidiária da pública:** se o MP ficar inerte no prazo do art. 46 do CPP, a própria vítima pode ingressar com ação penal (art. 29 do CPP). Ex.: após receber inquérito de réu solto pelo crime de roubo, o MP não toma qualquer atitude em 15 dias. Surge, então, o prazo para o ofendido ajuizar a ação penal privada subsidiária da pública, dentro do prazo decadencial de 6 meses (art. 38 do CPP)

DIREITO PROCESSUAL PENAL

Tema VI - Ação Penal

1. Princípios da ação penal pública

- **1.1. Obrigatoriedade:** presentes os requisitos legais e as condições da ação, o MP está obrigado a exercer a ação penal, oferecendo denúncia, não podendo valer-se de juízo de conveniência e oportunidade para não fazê-lo
  - **1.1.1. Mitigação:** transação penal no âmbito do JECRIM (art. 76 da Lei n. 9.099/95); acordo de não-persecução penal (artigo 28-A Lei CPP) – MP age com discricionariedade regrada

- **1.2. Indisponibilidade:** uma vez proposta a ação penal, o MP não pode dela dispor (art. 42 do CPP). Por consectário, não pode o MP desistir de recurso interposto (art. 576 do CPP)
  - **1.2.1. Mitigação:** suspensão condicional do processo, prevista no art. 89 da Lei 9.099/1995
  - **Dica:** o fato de o MP não poder desistir da ação penal não implica necessário pedido de condenação. O órgão pode pedir a absolvição na fase de alegações finais, entendendo não ser caso de condenação. Bem assim, pode recorrer em favor do réu, ou, até mesmo, impetrar HC em proveito dele, visto que, mesmo atuando como autor, não perde sua permanente condição de fiscal da ordem jurídica

- **1.3. Oficialidade: a ação penal pública está a cargo de um órgão oficial MP:** art. 129, I da CF
  - **Atenção absoluta:** diante disso, consectário do princípio da oficialidade, o art. 26 do CPP, que prevê o processo judicialiforme (iniciado pelo juiz, *ex officio*), não foi recepcionado pela CF

- **1.4. Intranscendência:** a ação penal somente pode ser proposta em face de quem se imputa a prática do delito, não atingindo seus sucessores, mesmo em caso de óbito

- **1.5. Modalidades de ação penal pública**
  - **1.5.1. Ação penal pública incondicionada:** dispensa qualquer condicionamento para seu exercício, sendo a regra do ordenamento jurídico
  - **1.5.2. Ação penal pública condicionada:** exige certas condições para o exercício da ação penal pelo MP

    Traduzindo: em razão da natureza do bem jurídico violado, o legislador optou por deixar a cargo da vítima (ou do Ministro da Justiça, em alguns casos), a autorização para que o MP possa dar início à ação penal
    a) Representação do ofendido: trata-se de anuência dada pelo ofendido para que o MP possa deflagrar a ação penal, configurando condição de procedibilidade para a instauração da ação penal
    – **Prazo para a representação:** prazo decadencial de 6 meses a contar do conhecimento da autoria da infração (art. 38 do CPP)
    – **Legitimidade para a representação:** vítima ou representante legal (vítima menor de 18 anos ou incapaz) – arts. 24 e 39 do CPP
    Dica: havendo discordância entre a vítima incapaz e o representante legal, haverá nomeação de curador especial (art. 33 do CPP)
    b) Morte da vítima: poderão oferecer representação em lugar do ofendido o cônjuge (ou companheiro), o ascendente, o descendente e o irmão (art. 24, §1º do CPP)
    Sigla útil: CADI
    – **Retratação da representação:** pode ocorrer até o oferecimento da denúncia (art. 25 do CPP c/c art. 102 do CP)
    Atenção absoluta: havendo incidência da Lei Maria da Penha, a retratação poderá ocorrer até o recebimento da denúncia, mas somente será admitida em audiência judicial designada para tal fim (art. 16 da LMP)
    c) Requisição do Ministro da Justiça (MJ): em outros crimes, haverá necessidade de autorização por parte do MJ, sendo ato de conveniência política a respeito da persecução penal
    Atenção absoluta: aqui, requisição não é sinônimo de ordem, mas autorização para a persecução penal
    – **Prazo:** diferentemente da representação, não há prazo decadencial, podendo ocorrer enquanto o delito não estiver prescrito

DIREITO PROCESSUAL PENAL
Tema VI - Ação Penal

1. Princípios da ação penal privada

- **1.1. Oportunidade e conveniência:** fica à conveniência da vítima ingressar ou não com a ação penal (questão de foro íntimo), inexistindo, aqui, obrigatoriedade

- **1.2. Disponibilidade:** o querelante dispõe do conteúdo material do processo, sendo possível a ele desistir da ação penal intentada

- **1.3. Indivisibilidade** (arts. 48 e 49 do CPP)**:** embora não esteja obrigado a intentar a ação penal, caso opte por fazê-lo, havendo concurso de agentes estará obrigado a ajuizar a queixa contra todos os que praticaram o fato

  - **1.3.1. Fiscalização da indivisibilidade:** o MP desempenha papel fundamental na fiscalização da indivisibilidade da ação privada (art. 48 do CPP)

    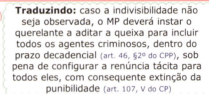

    Traduzindo: caso a indivisibilidade não seja observada, o MP deverá instar o querelante a aditar a queixa para incluir todos os agentes criminosos, dentro do prazo decadencial (art. 46, §2º do CPP), sob pena de configurar a renúncia tácita para todos eles, com consequente extinção da punibilidade (art. 107, V do CP)

- **1.4. Legitimidade para a ação privada:** segue as mesmas regras já estudadas para a representação

- **1.5. Institutos da ação penal privada**

  - **1.5.1. Renúncia ao direito de ação** (arts. 49, 50 e 57 do CPP)**:** manifestação de vontade da vítima no sentido de não promover ação penal

    – **Momento da renúncia:** somente pode ocorrer antes do ingresso da queixa
    – **Características da renúncia:** ato unilateral da vítima, não necessitando de anuência dos agentes criminosos. Além disso, é irretratável e indivisível (a renúncia para um dos autores, importa em renúncia para todos os agentes). Por fim, pode ser expressa ou tácita.
    – **Consequência:** extinção da punibilidade do fato (art. 107, V do CP)

  - **1.5.2. Perdão do ofendido** (arts. 51, 53 e 55 a 59 do CPP)**:** manifestação de vontade do querelante indicativa do perdão ao(s) agente(s) pela prática do delito

    – **Momento do perdão:** somente é possível após o ingresso da queixa, antes do trânsito em julgado da respectiva sentença
    – **Características do perdão:** trata-se de ato bilateral, sendo necessária a aceitação do querelado para que tenha efeitos. O querelado pode desejar prosseguir no feito para provar sua inocência, não admitindo o perdão. Também pode ocorrer de forma expressa ou tácita, sendo, outrossim, irretratável e indivisível
    Dica: o silêncio do querelado frente à manifestação do perdão importa em aceitação
    – **Consequência:** extinção da punibilidade do fato (art. 107, V do CP)

  - **1.5.3. Perempção:** consequência da desídia do querelante após a instauração do processo

    – **Hipóteses de perempção** (art. 60 do CP)
    a) **Deixar de promover o andamento do processo durante 30 dias seguidos** (inciso I)
    b) **Falecendo o querelante, ou sobrevindo sua incapacidade, não comparecerem os sucessores (CADI) para prosseguir no processo em 60 dias (inciso II)**
    Exceção: ação penal privada personalíssima (ex.: art. 236 do CP)
    c) **O querelante deixar de comparecer, sem justa causa, a qualquer ato do processo** (inciso III)
    d) **Deixar de formular pedido de condenação nas alegações finais** (inciso III)
    e) **Sendo o querelante pessoa jurídica, esta se extinguir sem deixar sucessores** (inciso IV)
    – **Consequência:** extinção da punibilidade do fato (art. 107, IV, terceira figura do CP)

DIREITO PROCESSUAL PENAL

TEMA VI - AÇÃO PENAL

1. Peça acusatória: a denúncia e a queixa-crime

1.1. Requisitos comuns à denúncia e à queixa (art. 41 do CPP)

1.1.1. Exposição do fato criminoso com todas as suas circunstâncias: deve ocorrer completa narrativa de acontecimento que se encaixe perfeitamente a um tipo penal

Dica: o não atendimento desse requisito ensejará a inépcia da denúncia ou da queixa, dando causa à sua rejeição (art. 395, I do CPP)

1.1.2. Qualificação do acusado ou fornecimento de dados que permitam a sua identificação: a inicial deve trazer a qualificação do acusado (nome, estado civil, profissão, etc.), ou, ao menos, os dados que permitam sua segura identificação física (art. 259 do CPP), a fim de se evitar o processo criminal em face de pessoa diversa da autora do fato

1.1.3. Classificação do crime: a inicial deve tipificar a conduta delituosa descrita

Atenção absoluta: a classificação do crime dada pelo MP ou pelo querelante não vinculará o juiz, que, no momento da sentença, poderá aplicar a regra do art. 383 do CPP, conferindo nova definição jurídica para os fatos narrados na inicial *(emendatio libelli)*. Não se trata, portanto, de causa para inépcia da inicial o erro na classificação jurídica do crime

1.1.4. Rol de testemunhas: a inicial é o momento processual para indicação das testemunhas que eventualmente se pretenda ouvir na fase instrutória, sob pena de preclusão

1.1.5. Pedido de condenação: a inicial deve trazer pedido de condenação, que deve ser, preferencialmente, expresso

1.1.6. Endereçamento: deve ocorrer com observância das regras de competência

1.1.7. Identificação do acusador: o órgão legitimado para a acusação deve, ao final da peça, identificar-se e assiná-la, sob pena de inexistência do ato

1.2. Requisito específico da queixa (art. 44 do CPP):
além dos requisitos comuns acima delineados, a queixa precisa vir acompanhada de procuração com poderes especiais, consistentes em: nome do querelado e menção ao fato criminoso

Dica: com isso, em caso de denunciação caluniosa, define-se que o autor do delito é o querelante (que outorgou a procuração com poderes especiais) e não o advogado

1.3. Prazo para oferecimento da denúncia:
se não observado, surge a possibilidade de a vítima ingressar com ação penal privada subsidiária da pública (art. 29 do CPP)

1.3.1. Regra: 5 dias em caso de réu preso; 15 dias em caso de réu solto

1.3.2. Prazos especiais

– **Crimes eleitorais:** 10 dias, indiciado preso ou solto (art. 357 da CE)
– **Tráfico de drogas:** 10 dias, indiciado preso ou solto (art. 54, III da Lei 11.343/2006)
– **Abuso de autoridade:** 48h, indiciado preso ou solto (art. 13 da Lei 4898/1965)
– **Crimes contra a economia popular:** 2 dias, indiciado preso ou solto (art. 10, §2º da Lei 1.521/1951)

1.4. Prazo para oferecimento da queixa

1.4.1. Regra: 6 meses (art. 38 do CPP), contados do conhecimento da autoria

1.4.2. Prazos especiais

– **Induzimento a erro essencial e ocultação de impedimento ao casamento** (art. 236, parágrafo único do CP): o prazo também é de 6 meses, mas o termo inicial é o trânsito em julgado da sentença de anulação do casamento
– **Crimes contra a propriedade imaterial que deixarem vestígios:** homologado o laudo pericial, a vítima terá 30 dias para ingressar com a queixa, sob pena de decadência. Se o laudo não for homologado em 6 meses, opera-se normalmente a decadência, sendo este o prazo máximo observado em tais crimes

DIREITO PROCESSUAL PENAL
TEMA VII - JURISDIÇÃO E COMPETÊNCIA

1. Jurisdição: sendo vedada, em regra, a autotutela, o estado avocou para si, por meio da atividade jurisdicional, a pacificação dos conflitos sociais, agindo em substituição à vontade das partes envolvidas

- **1.1. Conceito de jurisdição:** poder-dever de o Estado aplicar o direito ao caso concreto, por meio de um processo, como forma de pacificar os conflitos sociais

- **1.2. Princípios da jurisdição**
  - **1.2.1. Investidura:** a jurisdição somente pode ser exercida por magistrado, investido na função jurisdicional
  - **1.2.2. Indelegabilidade:** não pode um órgão jurisdicional delegar sua função a outro, ainda que também órgão jurisdicional
    - 🚫 **Exceções à indelegabilidade:** expedição de cartas precatória e rogatória, substituição de juízes em férias ou outras hipóteses de afastamento, etc
  - **1.2.3. Inafastabilidade:** previsto no art. 5º, XXXV da CF, segundo o qual *"a lei não excluirá da apreciação do Poder Judiciário lesão ou ameaça a direito"*
  - **1.2.4. Inevitabilidade:** a jurisdição não está sujeita à vontade das partes, não sendo lícito a qualquer delas recusar seu exercício
    - 💡 **Dica:** na esfera cível há "equivalentes jurisdicionais" como a mediação e a arbitragem, que serão utilizados a depender da vontade das partes, mas o mesmo não ocorre no âmbito da justiça criminal em que a atividade jurisdicional, como vimos, é irrecusável
  - **1.2.5. Improrrogabilidade:** o exercício da jurisdição pelo magistrado somente pode ocorrer dentro dos limites que lhe são traçados pela lei, tanto em relação à abrangência territorial, como em relação à matéria a ser apreciada
  - **1.2.6. Correlação:** a atividade jurisdicional deve corresponder ao pedido formulado na inicial, em razão da característica da inércia da jurisdição, sendo vedado o julgamento extra, citra ou ultra petita

- **1.3. Características da jurisdição**
  - **1.3.1. Inércia:** a atuação inicial dos órgãos jurisdicionais depende de provocação da parte, sendo totalmente vedado ao juiz dar início à ação penal
  - **1.3.2. Substitutividade:** o Estado, por meio da jurisdição, substitui a vontade das partes
  - **1.3.3. Atuação do Direito:** a atividade jurisdicional tem por objetivo aplicar o direito ao caso concreto
  - **1.3.4. Imutabilidade:** após o trânsito em julgado da sentença, torna-se imutável aquilo que ficou decidido pelo órgão julgador
    - ⚠️ **Atenção absoluta:** é preciso estar atento que, no processo penal, somente a sentença absolutória definitiva é imutável (não podendo, portanto, haver a reabertura do caso). A imutabilidade não se aplica às sentenças condenatórias definitivas, uma vez que é possível impugná-las por meio de ação de revisão criminal (vide arts. 621 e ss. do CPP)

DIREITO PROCESSUAL PENAL

TEMA VII - JURISDIÇÃO E COMPETÊNCIA

1. Competência – I

1.1. Conceito: competência é a medida da jurisdição

 Traduzindo: todos os juízes possuem jurisdição. Porém, as regras de competência atribuem a cada um desses órgãos o efetivo exercício da função jurisdicional, limitando o campo de aplicação do direito objetivo ao caso concreto por determinado juiz

1.2. Competência em razão da matéria (*ratione materiae*): considera a natureza da infração penal praticada. A depender dela, conclui-se pela competência da Justiça Comum (Federal ou Estadual) ou da Justiça Especial (Militar ou Eleitoral)

1.2.1. Competência da Justiça Eleitoral: é competente para julgar os crimes eleitorais (arts. 118 a 121 da CF e Lei 4.737/1965). Ex.: calúnia cometida em período de campanha eleitoral

 Atenção absoluta: O STF, no julgamento do Inquérito 4435, decidiu ser de competência da Justiça Eleitoral, também, o julgamento dos crimes conexos aos delitos eleitorais, até então de competência da Justiça Comum

1.2.2. Competência da Justiça Militar: competência para julgar os crimes militares, definidos no art. 9º do CPM

 Atenção absoluta: Com o advento da Lei n. 13.491/17, houve uma ampliação do conceito de crimes militares do artigo 9º já mencionado. Em grande síntese, passou-se a considerar crime militar e, portanto, de competência da Justiça Castrense, qualquer delito praticado por militar contra civil, quando o primeiro estiver no exercício de suas funções. Ressalva é feita para o crime doloso contra a vida, que permanece de competência do Tribunal do Júri da Justiça Estadual, mesmo quando praticado por militar contra civil

 Dica: A Justiça Militar subdivide-se em Justiça Militar Estadual (art. 125, §4º da CF) e Justiça Militar da União. A primeira detém competência para julgar os crimes militares praticados por policiais militares e bombeiros. A segunda, para julgar membros das Forças Armadas (Exército, Marinha e Aeronáutica) (art. 124 da CF)

 Atenção absoluta: A JME não tem competência para julgar civil, ainda que este cometa crime em concurso com militar (súmula 53 do STJ). Já a JMU, pode vir a processar civil, quando este praticar crime em concurso com membros das Forças Armadas

1.2.3. Justiça Comum Federal: competência expressamente fixada nas hipóteses do art. 109 da CF, que traz rol taxativo. Principais hipóteses:

– **Crimes políticos** (inciso IV, 1ª parte): definidos na Lei 7.170/1983
– **Crime praticados em detrimento da União, suas autarquias e empresas públicas** (inciso IV, parte final): não inclui contravenções penais, que serão julgadas pela Justiça Comum Estadual; nem os crimes praticados contra sociedade de economia mista (ex.: Banco do Brasil e Petrobrás), salvo se houver interesse jurídico da União (STF, RE 614.115)
– **Crimes previstos em tratados ou convenções internacionais, quando, iniciada a execução no país, o resultado tenha ou devesse ter ocorrido no estrangeiro, ou reciprocamente** (inciso V): p. ex., tráfico internacional de drogas
– **Causas relativas a direitos humanos** (inciso V-A): possibilidade de federalização dos crimes contra direitos humanos. Inicialmente, a competência é da Justiça Estadual, mas o PGR poderá suscitar incidente de deslocamento de competência para a JF (art. 109, §5º da CF)
– **Crimes a bordo de navios ou aeronaves** (inciso IX): competência que subsiste mesmo nas hipóteses de navio atracado ou aeronave pousada. A competência será da JF dos locais indicados nos arts. 89 e 90 do CPP

1.2.4. Justiça Comum Estadual: competência residual para os casos que não sejam da Justiça Especial (Eleitoral ou Militar) ou da Comum Federal

 Dica: Com base no mencionado caráter residual, interessante observar que o STJ decidiu ser a Justiça Estadual competente para julgar crimes envolvendo transações com bitcoins (STJ, CC 161123)

DIREITO PROCESSUAL PENAL
Tema VII - Jurisdição e Competência

1. Competência II

- **1.3. Competência em razão da pessoa *(ratione personae)*:** diz respeito ao foro por prerrogativa de função

1.3.1. STF

– **Infrações penais comuns** (art. 102, I, b da CF): compete ao STF julgar o Presidente, o Vice-Presidente, Deputados, Senadores, Ministros do STF e o PGR
– **Infrações penais comuns e crimes de responsabilidade** (art. 102, I, c da CF): membros de Tribunais Superiores (STJ, TST, TSE e STM), membros do TCU, chefes de missão diplomática permanente; os Ministros de Estado; e os Comandantes das Forças Armadas. Note que, no caso destes dois últimos (Ministros de Estado e Comandantes das Forças Armadas), se praticarem crime de responsabilidade em conexão com o do Presidente da República ou com o Vice-Presidente, a competência será do Senado Federal (e não do STF) – vide art. 52, I da CF

Dica: certas autoridades, embora não tenham sido mencionadas pelo art. 102, I, c da CF (examinado anteriormente), terminaram, por força de lei federal (art. 25, parágrafo único da Lei 10.683/2003), sendo equiparadas a Ministros de Estado. São elas: o AGU; o Presidente do BACEN; o Chefe da Casa Civil; e o Controlador-Geral da União. Assim, essas autoridades, caso pratiquem infrações penais comuns ou crimes de responsabilidade, *também serão processadas e julgadas pelo STF*

1.3.2. STJ

– **Crimes comuns** (art. 105, I, a da CF): Governadores dos Estados e do DF
– **Crimes comuns e responsabilidade** (art. 105, I, a da CF): Desembargadores dos TJs e do TJDFT; membros dos TCEs e TCDF; membros dos TRFs, TREs e TRTs; membros dos Conselhos ou TCMs; e os do MPU que oficiem perante os Tribunais (Procuradores Regionais da República, por exemplo)

1.3.3. TRF (art. 108, I, a da CF): nos crimes comuns e de responsabilidade, julgar os juízes federais de sua área de jurisdição, incluindo aqueles da Justiça Militar e da Justiça do Trabalho; os membros do Ministério Público da União (inclusive os do MPDFT – conforme STJ, HC 67416/DF, DJe 10/09/2007)

1.3.4. TJ (art. 96, III da CF): nos crimes comuns e de responsabilidade, julgar os juízes estaduais e membros do MP dos Estados da sua esfera de jurisdição

– **Prefeito** (art. 29, X da CF): por força do art. 29, X da CF, caso pratique crime comum, também deverá ser julgado pelo TJ. Agora, se praticar crime eleitoral ou federal, a competência passará, respectivamente, ao TRE e TRF (critério de simetria) – consultar súmula 702 do STF, e súmulas 208 e 209 do STJ
– **Deputado Estadual:** em razão do art. 27, § 1º, c/c art. 25 da CF, caso pratique crime comum, também deverá ser julgado pelo TJ. Agora, se praticar crime eleitoral ou federal, a competência passará, respectivamente, ao TRE e TRF (critério de simetria)

Atenção absoluta: Durante o julgamento da Ação Penal 937, em questão de ordem, os ministros do STF decidiram que o foro por prerrogativa de função dos parlamentares federais somente é aplicável aos crimes praticados durante o exercício do cargo e em razão dele. Ex: crime do artigo 129, §9º, do CP, praticado por Senador contra o cônjuge deve ser julgado pelo Juízo de 1ª instância por não ter sido praticado em razão do cargo. Além disso, fixaram o desfecho da instrução processual (publicação da decisão de intimação para apresentação de alegações finais) como momento da fixação definitiva da competência em caso de superveniência de alteração do substrato fático que alicerça a competência em razão da pessoa, como no caso de diplomação ou renúncia posteriores ao marco (STF, AP 937 QO/RJ, rel. Min. Barroso, j. em 3/5/18). Ex: indivíduo julgado em primeira instância torna-se deputado federal após o desfecho da instrução. O processo segue no Juízo de origem. Posteriormente, em 7.5.18, o STJ estendeu o entendimento do STF às autoridades com foro sob sua jurisdição (STJ, AP 866, rel. Min. Luis Felipe Salomão)

DIREITO PROCESSUAL PENAL

Tema VII - Jurisdição e Competência

1. Competência – III

1.4 Competência em razão do lugar (*ratione loci*): trata-se de complemento das regras anteriores, visto que, após verificar a Justiça Competente em razão da matéria ou da pessoa, será sempre necessário identificar o foro competente

1.4.1 Regra geral (art. 70 do CPP): em regra, o juízo competente será o da respectiva justiça (em razão da matéria ou da pessoa) do local da consumação do crime

Dica: adotou-se a teoria do resultado, diferentemente do que ocorre no local do crime para fins penais (art. 6º do CP), regra reservada para dispor sobre a incidência da lei brasileira aos crimes de espaço máximo, entendidos como aqueles em que o início da execução ocorre no Brasil, e o resultado em outros país, e reciprocamente
- **Crime tentado:** competente o local onde o último ato de execução foi praticado
- **Crime de espaço máximo (crime à distância):** se, iniciada a execução no território nacional, a infração se consumar fora dele, a competência será determinada pelo lugar em que tiver sido praticado no Brasil, o último ato de execução (art. 70, § 1º do CPP)
Atenção absoluta: quando o último ato de execução, diferentemente da hipótese acima tratada, foi praticado fora do território nacional, será competente o juiz do lugar em que o crime, embora parcialmente, tenha produzido ou devia produzir o resultado (art. 70, § 2º do CPP)
- **Infração de Menor Potencial Ofensivo:** adota-se a teoria da atividade (e não do resultado), sendo a competência fixada pelo local da ação ou da omissão (art. 63 da Lei 9.099/1995)

1.4.2 Imprecisão do local da consumação: a competência fixa-se pela prevenção, tornando-se competente o juiz que primeiro tomar conhecimento do fato (art. 83 do CPP)

Traduzindo: Conforme os arts. 70, § 2º e 71 do CPP, fixa-se a competência por prevenção nas seguintes hipóteses: I. Quando o crime ocorre na divisa entre duas comarcas ou for incerto o limite entre elas; II. Em caso de crime continuado ou permanente praticado em território de duas ou mais "jurisdições" (comarcas, na verdade – o texto do CPP foi impreciso neste particular)

1.4.3 Domicílio do réu (art. 72 do CPP): critério subsidiário à regra geral, aplicado quando for totalmente impossível aferir o local da infração. Assim, não sendo conhecido o lugar da infração, será competente o foro do domicilio ou da residência do réu

Dica: em caso de ação penal exclusivamente privada, o querelante poderá optar entre propor a ação no local da consumação ou no domicílio do réu (art. 73 do CPP)

1.4.4 Domicílio da vítima: a Lei n. 14.155/21 acresceu o §4º ao art. 70 do CPP, para determinar a competência do foro do domicílio da vítima nos crimes de estelionato quando praticados mediante depósito ou emissão de cheques sem suficiente provisão de fundos em poder do sacado ou com o pagamento frustrado, ou mediante transferência de valores. A alteração acaba por dirimir grande controvérsia jurisprudencial que dizia respeito ao local de competência do crime de estelionato, quando o prejuízo e a obtenção da vantagem não ocorriam no mesmo local, em suas diversas modalidades, desvinculando a regra de competência do *forum delicti*, passando a adotar o domicílio da vítima.

- **Atenção absoluta:** o novo dispositivo torna prejudicadas o entendimento consolidado nas Súmulas n. 244 e 521 do STF. Entretanto, permanece hígido o entendimento constante do enunciado da Súmula n. 48, que se refere ao cheque contrafeito, ao passo que o novo dispositivo trata do cheque sem provisão de fundos ou com pagamento frustrado.

1.4.5 Crime praticado no exterior (art. 88 do CPP): a competência será fixada de acordo com a última residência em território brasileiro, ou caso nunca tenha residido aqui, na capital da República

1.5 Competência absoluta x competência relativa: ver quadro comparativo

Competência absoluta	Competência relativa
- Regra criada com base no interesse público	- Regra criada com base no interesse preponderante das partes
- Insuscetível de modificação pela vontade das partes ou do juiz	- Possibilidade de flexibilização ou relativização
- Causa de nulidade absoluta: pode ser arguida a qualquer tempo, ser reconhecida de ofício pelo juiz e o prejuízo é presumido	- Causa de nulidade relativa: deve ser arguida em momento oportuno, não pode ser reconhecida de ofício pelo juiz e o prejuízo deve ser demonstrado
- Exemplos: competência em razão da matéria e da pessoa	- Exemplo: competência territorial

DIREITO PROCESSUAL PENAL

Tema VII - Jurisdição e Competência

1. Competência IV

1.1. Modificação de competência: em algumas situações, é preciso haver modificação da competência visando à uniformidade dos julgados, à segurança jurídica e à economia processual. Exs.: conexão, continência e desaforamento dos processos do Tribunal do Júri

1.1.1. Conexão (art. 76 do CPP): é o nexo entre duas ou mais infrações que aconselha a junção dos processos, proporcionando ao julgador uma melhor visão sobre o caso, além de atender a razões de economia processual e evitar decisões conflitantes sobre casos análogos

Classificação
– **Conexão intersubjetiva** (art. 76, I do CPP): duas ou mais infrações interligadas forem praticadas por duas ou mais pessoas. Subdivide-se em:
a) **Intersubjetiva por simultaneidade:** quando várias infrações, praticadas ao mesmo tempo, por várias pessoas reunidas
b) **Intersubjetiva concursal:** quando vários indivíduos, previamente ajustados, praticam diversas infrações, em circunstâncias distintas de tempo e de lugar
c) **Intersubjetiva por reciprocidade:** quando forem cometidas duas ou mais infrações, por diversas pessoas, mas umas contra as outras
– **Conexão objetiva** (artigo 76, II do CPP): ocorre quando uma infração é praticada para facilitar ou ocultar outra, ou para conseguir impunidade ou vantagem. Aqui, há um vínculo relacionado à motivação do crime. Divide-se em:
a) **Teleológica:** uma infração é cometida para facilitar a prática de outra. Ex.: lesão corporal contra o pai de uma criança para sequestrá-la
b) **Consequencial:** uma infração é cometida para conseguir a ocultação, impunidade ou vantagem de outra já praticada. Ex.: homicídio de testemunha para conseguir a impunidade de outro crime
– **Conexão probatória ou instrumental** (art. 76, III do CPP): ocorre quando a prova de uma infração influi na prova de outra. Ex.: a prova da existência do furto influi na prova da receptação

1.1.2. Continência: é o vínculo que liga uma pluralidade de infratores a apenas uma infração ou a reunião em decorrência do concurso formal de crimes, em que várias infrações decorrem de uma conduta

Classificação
– **Cumulação Subjetiva** (art. 77, I do CPP): duas ou mais pessoas estão sendo acusadas da mesma infração
– **Cumulação objetiva** (art. 77, II do CPP): ocorre em todas as modalidades de concurso formal (art. 70 do CP), incluindo o *aberratio ictus* (art. 73, 2ª parte do CP) e *aberratio criminis* (art. 74 do CP)

1.1.3. Foro prevalente: caracterizada a conexão ou a continência, impõe-se a definição de qual o foro competente

– **Crime doloso contra a vida e crime comum** (art. 78, I do CPP): prevalece a competência do Tribunal do Júri
– **Concurso de jurisdições da mesma categoria** (art. 78, II do CPP): prepondera o lugar da infração da pena mais grave. Se forem iguais as penas, prevalece a do lugar em que houver ocorrido o maior número de infrações. Por fim, se os critérios anteriores não solucionarem, prevalecerá o Juízo prevento
– **Concurso de jurisdições de diversas categorias** (art. 78, III do CPP): prevalecerá a de maior graduação
– **Concurso de jurisdição comum e especial** (art. 78, IV do CPP): prevalece a especial

 Dica: embora não esteja previsto no dispositivo, havendo concurso entre crimes da Justiça Estadual e da Federal, esta prevalecerá, atraindo para si o julgamento de ambos os delitos (súmula 122 do STJ)

DIREITO PROCESSUAL PENAL
Tema VII - Jurisdição e Competência

1. Competência –V

1.1. Separação de processos: há casos em que, ainda que haja conexão ou continência, é possível que os processos tramitem separadamente

1.1.1. Separação obrigatória (art. 79 do CPP): impõe-se a separação dos processos

– **Concurso entre jurisdição comum e militar:** súmula 90 do STJ
– **Concurso entre jurisdição comum e Justiça da Infância:** não é possível reunir processos por crime e ato infracional
– **Doença mental superveniente:** três réus estão sendo processados e um deles passa a sofrer de insanidade mental. Haverá o desmembramento dos processos e o processo ficará suspenso quanto ao réu insano

1.1.2. Separação facultativa (art. 80 do CPP)

– **Infrações praticadas em circunstâncias de tempo e lugar distintas:** a depender do caso, pode ser conveniente a separação dos processos para uma melhor colheita probatória
– **Houver número excessivo de acusados:** o grande número de acusados pode acarretar sério prejuízo à duração do processo, pois deve ser dada a oportunidade às oitivas de todas as testemunhas, à apresentação de provas por todos eles, bem como às suas defesas técnicas e interrogatórios. Assim, o juiz, à luz do caso concreto, poderá proceder à separação dos processos
– **Surgir qualquer outro motivo relevante:** a lei aqui não é específica, deixando, portanto, ao prudente arbítrio do juiz a decisão a respeito da separação de processos. De todo o modo, essa decisão deverá ser fundamentada

1.2. Conflito de competência: ocorre quando dois ou mais Juízes ou Tribunais consideram-se competentes ou incompetentes para processar e julgar a causa

1.2.1. Conflito positivo (art. 114, I, primeira parte do CPP): dois ou mais Juízes consideram-se competentes para processar e julgar a causa

1.2.2. Conflito negativo (art. 114, I, segunda parte do CPP): quando dois ou mais órgãos jurisdicionais julgam-se incompetentes para apreciar a causa

1.2.3. Competência para decidir o conflito

– **STF** (art. 102, I, o da CF): possui competência para decidir conflitos entre
(a) STJ e quaisquer tribunais. Ex.: STJ x TRF;
(b) Tribunais superiores. Ex.: STJ x TSE;
(c) Tribunais superiores e qualquer outro tribunal. Ex.: TSE x TJ
– **STJ** (art. 105, I, d da CF): decide conflitos entre
(a) quaisquer tribunais, exceto os superiores. Ex.: TRF x TJ;
(b) Tribunal e juízes não vinculados. Ex.: TRF 1ª Região x juiz federal do TRF 5ª Região;
(c) juízes vinculados a tribunais distintos. Ex.: juiz federal x juiz estadual
– **TRF** (art. 108, I, e da CF): decide conflitos entre juízes federais vinculados ao próprio tribunal
– **TJ:** pelo critério da simetria, compete-lhe julgar conflito de competência entre juízes estaduais a ele vinculados, abrangendo os magistrados da vara comum, dos juizados criminais, das turmas recursais etc. Ver os seguintes julgados a respeito: STF, RE 590409/RJ, DJe 29/10/2009; STJ EDcl no AgRg no CC 105796/RJ, DJ 30/09/2010

DIREITO PROCESSUAL PENAL

Tema VIII - Questões de processos incidentes

1. Questões prejudiciais

1.1. Conceito: são as questões relacionadas ao direito material, penal ou extrapenal, mas que possuem ligação com o mérito da causa penal, motivo pelo qual se impõe a sua solução antes do julgamento do processo criminal. Ex.: Fulano está sendo processado pelo crime de bigamia e alega em sua defesa, entre outros aspectos, a invalidade do 1º casamento

Traduzindo: Da situação anteriormente indicada, identificamos como questão prejudicial a nulidade do 1º casamento, que tem natureza cível (extrapenal), e como questão prejudicada, ou seja, a que está condicionada à solução da prejudicial, o crime de bigamia. Se o casamento for nulo, não há que se falar em bigamia

1.2. Classificação

1.2.1. Quanto à matéria acerca da qual versam

– **Homogêneas:** quando a questão prejudicial versa sobre matéria do mesmo ramo do Direito da questão principal. Ex.: furto em relação à receptação, pois esta última pressupõe a procedência criminosa do bem

– **Heterogêneas:** *quando pertencem a outro ramo do Direito que não o da questão principal.* Ex.: validade do casamento (cível) em relação ao crime de bigamia (penal). Estas, podem ser, ainda, quanto à necessidade de suspensão do processo criminal:

a) Heterogêneas obrigatórias (necessárias ou devolutivas absolutas – art. 92 do CPP)**:** ocorre quando há questão prejudicial sobre o estado civil. O processo criminal será obrigatoriamente suspenso pelo juiz penal até que a questão prejudicial seja resolvida pelo juiz cível

Dica: nessa hipótese, não há prazo determinado para a suspensão (provas urgentes poderão ser produzidas, no entanto); sendo que o prazo prescricional ficará suspenso, por força do disposto no art. 116, I do CP

b) Heterogêneas facultativas (devolutivas relativas – art. 93 do CPP)**:** embora haja uma questão prejudicial a ser resolvida no cível, o juiz penal não está obrigado a suspender o curso do processo criminal. Caso não o suspenda, o próprio juiz, na sentença, decidirá a prejudicial, que não terá efeito *erga omnes.* Ex.: crime de furto e discussão da propriedade do bem no juízo cível

DIREITO PROCESSUAL PENAL

Tema VIII - Questões de processos incidentes

1. Processos incidentes:

- **1.1. Conceito:** também precisam ser resolvidos pelo juiz antes de decidir a causa principal, dizendo respeito ao processo (à sua regularidade formal)

  - **1.1.1. Exceções** (art. 95 do CPP): meios de defesa indireta, de natureza processual, que versa sobre a ausência das condições da ação ou dos pressupostos processuais

    - **Dica:** podem ser **peremptórias** (objetivam a extinção do processo. Ex.: exceção de coisa julgada) e **dilatórias** (*objetivam prolongar o curso do processo.* Ex.: exceção de incompetência). Vejamos as principais:
      - **Exceção de suspeição:** visa a combater a parcialidade do juiz. Precede às outras exceções, pois, antes de qualquer coisa, é preciso haver um juiz imparcial
        a) **Hipóteses de suspeição:** constam do art. 254 do CPP
        b) **Procedimento da exceção de suspeição:** consta dos arts. 97 a 106 do CPP
      - **Exceção de incompetência** (arts. 108 e 109 do CPP): visa a corrigir a competência do juiz

- **1.2. Restituição de coisas apreendidas** (arts. 118 a 124 do CPP): os objetos apreendidos em decorrência do crime praticado, não sendo ilícitos e não havendo dúvidas quanto àquele que os reclama, serão devolvidos à pessoa pelo delegado ou pelo juiz, por meio de simples pedido de restituição

  - **1.2.1. Casos de não restituição**
    - **Objetos que interessam ao processo:** se tais objetos importarem ao processo, não poderão ser restituídos até o trânsito em julgado da sentença (art. 118 do CPP)
    - **Instrumentos do crime cujo uso é proibido** (art. 91, II do CP): Ex.: armas pertencentes ao exército, de uso proibido pelo civil
    - **Perdimento de bens decretado na Lei de Drogas:** art. 63 e seguintes da Lei 11.343/2006

- **1.3. Medidas assecuratórias** (arts. 125 a 144-A do CPP): visam a assegurar, de forma preventiva, a reparação dos danos à vítima e à coletividade em caso de futura sentença penal condenatória

  - **1.3.1. Sequestro:** visa à retenção de bens imóveis e móveis adquiridos com o proveito da infração penal
    - **Requisito:** indícios veementes da proveniência ilícita dos bens (art. 126 do CPP)
    - **Destinação final do bem em caso de sentença condenatória:** avaliação do bem e a venda deste em leilão público. Os valores decorrentes desse leilão serão recolhidos ao Tesouro Nacional, excetuada a parte correspondente ao ofendido ou ao terceiro de boa-fé

  - **1.3.2. Hipoteca legal** (art. 134 do CPP): recai sobre os bens imóveis de origem **lícita** do réu. Visa a assegurar que o réu tenha patrimônio suficiente para ressarcir os danos experimentados pela vítima

  - **1.3.3. Arresto prévio ou preventivo** (art. 136 do CPP): medida acautelatória da hipoteca legal (procedimento demorado), que garante a inalienabilidade do bem, para a ultimação daquela
    - **Revogação do arresto preventivo:** ocorre se, em 15 dias, não foi promovida a hipoteca legal dos bens constritos (art. 136, parte final do CPP)

  - **1.3.4. Arresto** (arts. 137 a 144 do CPP): é uma medida semelhante à hipoteca legal, recaindo, porém, sobre bens móveis lícitos do agente

  - **1.3.5. Utilização do bem apreendido, ou sujeito a qualquer medida assecuratória** (inserida pela Lei n. 13.964/19 – art. 133-A do CPP): poderá ser autorizada pelo juiz
    - **Destinatários:** órgãos de segurança pública (art. 144 da CF), do sistema prisional, do sistema socioeducativo, da Força Nacional de Segurança Pública e do Instituto Geral de Perícia (art. 133-A do CPP).
    - **Exceção:** em caso de comprovado interesse público, o juiz poderá autorizar a utilização por qualquer órgão público (§2º)
    - **Prioridade:** A prioridade será do órgão participantes das ações que resultaram na constrição do bem (§1º).
    - **Registro provisório de veículo:** sendo veículo automotor, embarcação ou aeronave, o juiz ordenará à autoridade de trânsito ou respectivo órgão de registro a expedição de certificado provisório de registro e licenciamento em favor do órgão público beneficiário, que ficará isento do pagamento de multas, encargos e tributos anteriores à disponibilização do bem.
    - **Destinação final:** com o trânsito em julgado, o juiz poderá determinar a transferência definitiva do bem ao órgão, excepcionando a regra do art. 133 do CPP (§4º).

- **1.4. Incidente de falsidade documental** (arts. 145 a 148 do CPP): visa a impugnar documento tido por inidôneo. Somente pode ocorrer no curso do processo

- **1.5. Incidente de insanidade mental** (arts. 149 a 154 do CPP): trata-se de incidente que visa a averiguar a higidez mental do réu/indiciado. Pode ser instaurado em qualquer fase do processo ou do IP, pelo juiz, de ofício, ou a pedido do MP, do delegado, do defensor ou dos familiares do acusado (CADI)

DIREITO PROCESSUAL PENAL

TEMA IX - PROVA

1. Teoria Geral da Prova I

1.1. Conceito de prova: é todo elemento pelo qual se procura demonstrar a veracidade de uma alegação ou de um fato, buscando, com isso, influenciar o convencimento do julgador

- **1.1.1. Objeto da prova:** são os fatos, principais ou secundários, que, por serem capazes de gerar dúvida no magistrado, precisam ser demonstrados (provados)

- **1.1.2. Objetivo da prova:** a prova visa a convencer (influenciar) o juiz a respeito de determinado fato/argumento

- **1.1.3. Objeto de prova:** diz respeito ao que é e ao que não é necessário ser demonstrado. Certos fatos não precisam ser provados, não sendo, portanto, objeto de prova. Vejamos quais são eles:
  - **Fatos notórios:** não precisa ser demonstrado ao juiz que, por exemplo, no dia 25 de dezembro se comemora o Natal
  - **Fatos axiomáticos:** são os considerados evidentes. Ex.: não será preciso fazer exame interno no cadáver quando o falecimento tiver decorrido de decapitação. É que a decapitação é causa (fato axiomático) evidente da morte da pessoa. *Vide* art. 162 do CPP
  - **Presunções absolutas:** não precisa ser demonstrado ao juiz que, por exemplo, o menor de 18 é inimputável, pois se trata de presunção legal absoluta (critério biopsicológico adotado pelo legislador)
  - **Fatos inúteis:** não tendo qualquer relevância para o processo, os fatos inúteis também não serão objeto de prova. Ex.: a religião da vítima, não tendo qualquer relação com o fato criminoso, não será objeto de prova, visto ser considerada fato inútil

- **1.1.4. Meios de prova:** é tudo o que pode servir à comprovação dos fatos narrados no processo. Ex.: testemunha, documento, perícia, etc.

1.2. Sistemas de apreciação da prova pelo juiz

- **1.2.1. Sistema da prova legal ou tarifada (certeza moral do legislador):** a lei estipula o valor de cada prova, estabelecendo inclusive hierarquias, engessando o julgador

   Dica: resquício deste sistema entre nós: parágrafo único do art. 155 do CPP (o estado das pessoas deve ser provado de acordo com a lei civil. Assim, a filiação não pode ser provada por meio de prova testemunhal)

- **1.2.2. Sistema da convicção íntima (ou certeza moral do julgador):** o julgador decide com base na sua íntima convicção, sendo desnecessária a fundamentação. Vigora entre nós apenas em relação aos jurados no Tribunal Júri

- **1.2.3. Sistema do livre convencimento motivado (ou persuasão racional do juiz):** o juiz é livre para julgar. Porém, deve fazê-lo de forma fundamentada – art. 93, IX da CF. É a regra que vigora entre nós

1.3. Ônus da prova (art. 156 do CPP)**:** aquele que alega algo tem o ônus de provar o que alegou

 Traduzindo: prevalece na comunidade jurídica o entendimento de que o ônus da prova *se reparte* entre a acusação e a defesa. À primeira (à acusação) incumbe provar a existência do fato e sua respectiva autoria, a tipicidade da conduta, o elemento subjetivo da infração (dolo ou culpa), bem como eventuais agravantes, causas de aumento e/ou qualificadoras alegadas. A defesa, por sua vez, tem o ônus de provar eventuais alegações que faça sobre excludentes de tipicidade, ilicitude e/ou culpabilidade, circunstâncias atenuantes e causas de diminuição da pena

DIREITO PROCESSUAL PENAL

TEMA IX - PROVA

1. Teoria Geral da Prova II

1.4. Provas inadmissíveis: apesar de as partes possuírem amplo direito à prova (direito de tentar, por meio de provas, influenciar o convencimento julgador), este direito não é, logicamente, ilimitado, sendo vedada a utilização de prova ilícita (ex.: confissão mediante tortura)

1.4.1. Espécies de provas inadmissíveis: classificação doutrinária

– **Provas ilícitas:** obtida com violação a normas constitucionais ou legais, violando o direito material (art. 157 do CPP)
– **Prova ilegítima:** violadora de normas e princípios de direito processual (Ex.: art. 159, §1º do CPP)

1.4.2. Consequências da inadmissibilidade da prova:
reconhecida a ilicitude (ou ilegitimidade) da prova, deverá (a) ser ela desentranhada dos autos por meio de decisão judicial. Preclusa esta decisão, a prova deverá então ser inutilizada, também por meio de decisão judicial (vide § 3º do art. 157 do CPP). Além disso, (b) o juiz que conhecer do conteúdo da prova inadmissível não poderá proferir a sentença ou acórdão (art. 157, §5º, do CPP, com redação pela Lei n. 13.964/19).

1.4.3. Provas ilícitas por derivação (art. 157, §1º do CPP):
são igualmente consideradas ilícitas as provas que derivem da ilícita (chamadas de *ilícitas por derivação*). Trata-se da adoção da teoria norte-americana *fruits of the poisonous tree* (frutos da árvore envenenada). Ex.: após obter uma confissão mediante tortura (prova ilícita), agentes policiais descobrem o local onde certa quantidade de droga estava escondida e a apreendem observando a lei (prova, em tese, lícita, que, por derivação, acaba se tornando igualmente ilícita)

1.4.4. Teorias que afastam a ilicitude da prova

– **Teoria da fonte independente** *(independent source doctrine)*: fonte independente é *aquela que por si só, seguindo os trâmites típicos e de praxe, próprios da investigação ou instrução criminal, seria capaz de conduzir ao fato objeto da prova* art. 157, §2º do CPP)

 Dica: o conceito legal de fonte independente brasileiro não corresponde à sua origem norte-americana (Bynum x US). Ao contrário, o dispositivo legal utiliza a definição da teoria da descoberta inevitável

 Traduzindo: considera-se fonte independente aquela que não possui ligação causal e cronológica com a prova ilícita já produzida. Em decorrência disso, estará livre de qualquer vício e será aproveitada no processo

– **Teoria da descoberta inevitável** *(inevitable discovery exception):* aproveita-se a prova derivada da ilícita se esta seria obtida de qualquer maneira, por meio de diligências válidas na investigação, afastando-se o vício (STF, HC 91867/PA, DJ 20/09/2012 e STJ, Info. nº 447, período de 13 a 17/09/2010 e HC 152.092/RJ, DJ 28/06/2010)

Exemplo: um indivíduo que cometeu homicídio e ocultou o corpo, mediante tortura (prova ilícita), confessa o crime e o local onde deixou o cadáver. Porém, uma busca no local estava em andamento ou estava no planejamento da investigação e foi/seria suficiente para descobrir o corpo, ainda que não houvesse a confissão. A prova, portanto (descoberta do cadáver), deve ser admitida

– **Prova ilícita a favor do réu:** a comunidade jurídica tem amplamente aceitado a prova ilícita quando utilizada em *prol do réu*. É que aqui se entende que o *status libertatis* do indivíduo deve suplantar a vedação à prova ilícita

DIREITO PROCESSUAL PENAL
Tema IX - Prova

1. Teoria Geral da Prova III

- **1.5.** Cadeia de custódia da prova (regramento trazido com a Lei n. 13.964/19)

  - **1.5.1. Conceito:** conjunto dos procedimentos utilizados para manter e documentar a história cronológica do vestígio coletado em locais ou em vítimas de crimes, para rastrear sua posse e manuseio a partir de seu reconhecimento até o descarte (art. 158-A do CPP).

  - **1.5.2. Finalidade:** garantir a higidez dos elementos que comporão o conjunto probatório dos autos, desde o momento de sua descoberta e colheita, até a efetiva realização da perícia.

  - **1.5.3. Início da cadeia de custódia:** dá-se com a preservação do local do crime ou com procedimentos policiais ou periciais nos quais seja detectada a existência de vestígio (art. 158-A, §1º, CPP)

    - **1.5.3.1. Responsável pela preservação do local:** o agente público que reconhecer um elemento como de potencial interesse para a produção da prova fica responsável por sua preservação (art. 158-A, §2º, CPP).

  - **1.5.4. Vestígio:** é todo objeto ou material bruto, visível ou latente, constatado ou recolhido, que se relaciona à infração penal (art. 155, §3º, do CPP).

  - **1.5.5. Coleta dos vestígios (art. 158-C do CPP):** deve se dar preferencialmente por perito oficial, que encaminhará para a central de custódia, observadas as regras de acondicionamento do art. 158-D a 158-F do CPP.

  - **1.5.6. Etapas do rastreamento do vestígio (art. 158-B do CPP):** o CPP passou a prever etapas que devem ser observadas para permitir o rastreamento do vestígio. As etapas, conceituadas nos incisos do dispositivo legal (cuja leitura é recomendada), são reconhecimento, isolamento, fixação, coleta, acondicionamento, transporte, recebimento, processamento, armazenamento e descarte

DIREITO PROCESSUAL PENAL

Tema IX - Prova

1. Provas em espécie I

- **1.1. Exame de corpo de delito:** exame pericial imprescindível para constatação dos vestígios resultantes da conduta do núcleo do tipo penal (denominado *corpo de delito*), necessário, portanto, para a comprovação da própria existência do crime

  - **1.1.1. Exame de corpo de delito x prova pericial:** embora o exame de corpo de delito seja uma espécie de prova pericial, com ela não se confunde. Por ser a prova da própria materialidade do fato, a ausência do exame de corpo de delito gera nulidade do processo (art. 564, III, b do CPP), ao passo que a ausência da prova pericial em geral apenas influencia no convencimento do julgador

     Exemplo: num homicídio, a necropsia é o exame de corpo de delito, indispensável à prova da materialidade do fato. Por outro lado, um exame de balística realizado em determinada arma de fogo, visando a estabelecer a autoria do crime, é prova pericial cuja ausência pode enfraquecer o conjunto probatório, influenciando no convencimento do julgador

  - **1.1.2. Obrigatoriedade:** é obrigatório nos crimes que deixam vestígios. Nem mesmo a confissão pode suprir sua falta (art. 158 do CPP). A ausência ainda acarreta a nulidade do processo (art. 564, III, b do CPP)

  - **1.1.3. Modalidades**
    - **Exame de corpo de delito direto:** é a regra, devendo ser realizado diretamente sobre o corpo de delito
    - **Exame de corpo de delito indireto:** excepcionalmente, pode ser realizado o exame de corpo de delito na modalidade indireta, ou seja, pautado em outras provas idôneas (testemunhal, documental, etc.) que indiquem as características do corpo de delito (art. 167 do CPP)

     Exemplo: crime de lesão corporal, a vítima vai ao médico que emite um relatório indicando as lesões. Com o desaparecimento dos vestígios sem a realização do exame direto, o laudo pode ser feito indiretamente, a partir dos dados do relatório médico

     Atenção Absoluta: A Lei n. 13.721/18 acrescentou ao artigo 158, parágrafo único, do CPP, hipóteses nas quais há prioridade da realização do exame de corpo de delito, sendo elas violência doméstica e familiar contra a mulher, violência contra criança, adolescente, idoso ou pessoa com deficiência. Compete, assim, à autoridade policial que preside a investigação garantir as prioridades previstas no diploma processual

  - **1.1.4. Legitimidade para realização:** deve ser feito por perito oficial, portador de diploma de curso superior (art. 159 do CPP). Na falta dele, pode ser realizado por 2 pessoas idôneas, portadoras de diploma de curso superior, preferencialmente na área do exame (§1º)

- **1.2. Interrogatório** (arts. 185 e ss. do CPP)**:** ato em que o acusado poderá, se quiser, apresentar sua versão dos fatos (exercer a sua autodefesa) perante a autoridade, vigendo plenamente neste momento o direito ao silêncio

  - **1.2.1. Natureza:** prevalece ter natureza híbrida, sendo, a um só tempo, meio de prova e meio de defesa
  - **1.2.2. Momento:** enquanto não houver trânsito em julgado, poderá ser realizado e repetido, de ofício ou a pedido fundamentado de qualquer das partes (art. 196 do CPP)
  - **1.2.3. Conteúdo do interrogatório:** o interrogatório é dividido em duas partes
    - **Interrogatório de qualificação do réu:** o magistrado faz perguntas sobre a pessoa do interrogado (art. 187, §1º do CPP). Para a maioria da doutrina, nesta fase não vigora o direito ao silêncio
    - **Interrogatório de mérito:** o magistrado faz perguntas sobre os fatos imputados ao acusado (art. 187, §2º do CPP). Aqui, vigora o direito ao silêncio, devendo o juiz informar expressamente sobre isso
  - **1.2.4. Contraditório (art. 188 CPP):** podem as partes, após as perguntas do juiz, formular as suas próprias ao acusado. As perguntas devem ser realizadas pelo sistema presidencialista (exceto no procedimento do Júri – art. 474, §1º do CPP), ou seja, as partes devem direcioná-las ao juiz e esse, por sua vez, as fará ao acusado
  - **1.2.5. Condução coercitiva para interrogatório:** no julgamento das ADPFs 345 e 444, o STF decidiu que a condução coercitiva para interrogatório é incompatível com a CF, constituindo indevida restrição da liberdade de locomoção, violação da presunção de não culpabilidade, além de violação ao princípio da não autoincriminação, do princípio da ampla defesa (podendo restringir o acesso à assistência de advogado) e da dignidade humana

DIREITO PROCESSUAL PENAL
Tema IX - Prova

1. Provas em espécie – II

1.3. Confissão: é a admissão do fato criminoso pelo acusado, que gera, em caso de condenação, a atenuação de sua pena

1.3.1. Valor probatório: para que possa levar à condenação do réu, é preciso que esteja em harmonia com as demais provas do processo (art. 197 do CPP)

1.3.2. Silêncio do réu e confissão: o silêncio do réu no processo penal não importa em confissão presumida ou ficta. Não esquecer que o silêncio do réu é um direito, e, sendo um direito, não pode trazer consequência jurídica negativa para o acusado. Não valem as fórmulas: "quem cala consente"; "quem não deve não teme" etc. Por tudo isso, a parte final do art. 198 do CPP, deve ser considerada inconstitucional

1.3.3. Características

– **Divisibilidade:** a confissão é divisível, podendo o juiz aceitá-la apenas em parte (o que lhe pareça mais verossímil)
– **Retratabilidade:** o réu pode se arrepender da confissão prestada, o que não impede que o juiz, na sentença, valore livremente, de forma fundamentada, a confissão anteriormente efetuada
– **Pessoalidade:** apenas o réu pode confessar, sendo vedada a confissão por procuração
– **Liberdade:** o acusado não pode ser compelido a confessar, situação que pode caracterizar, inclusive, o crime de tortura (art. 1º, I da Lei 9.455/1997)

1.3.4. Classificação

– **Explícita:** o acusado explicitamente confessa a prática do delito
– **Implícita:** determinada conduta do acusado é tida, de forma inequívoca, como confissão. Ex.: réu indeniza espontaneamente a vítima
– **Simples:** o réu apenas confessa a prática do crime imputado
– **Complexa:** o réu confessa a prática de mais de um fato criminoso
– **Qualificada:** o réu confessa, ao mesmo tempo em que invoca justificante ou dirimente. Ex.: réu confessa que atirou, mas diz que foi em legítima defesa
– **Judicial:** quando realizada em juízo (perante o Magistrado)
– **Extrajudicial:** quando realizada na delegacia ou perante outra pessoa, que não o juiz

1.4. Perguntas ao ofendido (art. 201 do CPP): sempre que possível, a vítima deverá ser chamada para ser ouvida no processo como forma de auxiliar a formação do convencimento do magistrado a respeito do caso concreto

1.4.1. Obrigatoriedade do comparecimento (art. 201, §1º do CPP): o ofendido, intimado, não pode deixar de comparecer sem justo motivo, sob pena de ser conduzido coercitivamente

 Dica: A Lei 13.431/17 instituiu o sistema de garantia de direitos da criança e do adolescente vítima ou testemunha de violência, prevendo a escuta especializada (procedimento de entrevista sobre situação de violência com criança ou adolescente perante órgão da rede de proteção, limitado o relato estritamente ao necessário para o cumprimento de sua finalidade) e o depoimento especial (procedimento de oitiva de criança ou adolescente vítima ou testemunha de violência perante a autoridade policial ou judiciária), devendo ser realizados em local apropriado e acolhedor, com infraestrutura e espaço físico que garantam a privacidade do petiz, prevendo as regras procedimentais para ambos os casos

1.5. Reconhecimento de pessoas e coisas: visa a identificar o acusado, o ofendido ou testemunhas, podendo ser determinado no curso da investigação preliminar (pelo delegado) ou do processo (pelo juiz)

1.5.1. Procedimento do reconhecimento (art. 226 do CPP):

I. A pessoa que tiver de fazer o reconhecimento será convidada a descrever a pessoa que deva ser reconhecida;
II. A pessoa, cujo reconhecimento se pretender, será colocada, se possível, ao lado de outras que com ela tiverem qualquer semelhança, convidando-se quem tiver de fazer o reconhecimento a apontá-la;
III. Se houver razão para recear que a pessoa chamada para o reconhecimento, por efeito de intimidação ou outra influência, não diga a verdade em face da pessoa que deve ser reconhecida, a autoridade providenciará para que esta não veja aquela;
IV. Do ato de reconhecimento lavrar-se-á auto pormenorizado, subscrito pela autoridade, pela pessoa chamada para proceder ao reconhecimento e por duas testemunhas presenciais

DIREITO PROCESSUAL PENAL

TEMA IX - PROVA

1. Provas em espécie – III

1.6. Prova testemunhal

1.6.1. Testemunha: é pessoa desinteressada que depõe no processo acerca daquilo que sabe sobre o fato

1.6.2. Características do depoimento da testemunha

– **Oralidade** (art. 204 do CPP): o depoimento será prestado oralmente, não sendo permitido à testemunha trazê-lo por escrito. Porém, é possível consultar breves apontamentos
Exceção: art. 221, §1º do CPP
– **Objetividade** (art. 213 do CPP): a testemunha deve responder objetivamente às perguntas
– **Individualidade:** cada testemunha deve ser ouvida individualmente
– **Incomunicabilidade:** as testemunhas não podem se comunicar entre si (art. 210, parágrafo único do CPP)
– **Prestação de compromisso:** a pessoa arrolada para depor no processo deve, antes de iniciar o seu depoimento, prestar o compromisso de dizer a verdade perante o magistrado (art. 203 do CPP)
– **Obrigatoriedade:** em regra, todas as pessoas arroladas como testemunhas estão obrigadas a depor (art. 206, primeira parte do CPP).
Exceções: art. 206, parte final, e art. 207, ambos do CPP

1.6.3. Perguntas das partes: com a reforma de 2008, passou-se a adotar, como regra, o sistema denominado *cross examination* (art. 212, primeira parte do CPP), por meio do qual as partes fazem suas perguntas diretamente à testemunha, sem a intervenção do juiz (sistema presidencialista, vigente até 2008)

1.6.4. Condução coercitiva (art. 218 do CPP): se, regularmente intimada, a testemunha deixar de comparecer sem motivo justificado, o juiz poderá requisitar à autoridade policial a sua apresentação ou determinar que seja conduzida por oficial de justiça, que poderá solicitar o auxílio da força pública

 Dica: além da condução coercitiva, o juiz poderá aplicar à testemunha faltosa multa, além de condená-la pelas custas da diligência (art. 219 do CPP)

1.6.5. Depoimento na ausência do réu: quando a testemunha se sentir intimidada pela presença do réu em audiência, autoriza a lei, nessa situação, a realização de sua oitiva por meio de videoconferência. Sendo impossível o uso dessa tecnologia, deve então o réu ser retirado da sala de audiência enquanto a testemunha depõe (art. 217 do CPP)

1.6.6. Testemunha e direito ao silêncio: quando o teor do depoimento puder incriminá-la, a testemunha tem direito ao silêncio

1.7. Acareação: é pôr face a face pessoas que apresentaram depoimentos divergentes nos autos. Pode se dar entre testemunhas, acusados, ofendidos, entre acusado e testemunha, entre acusado e ofendido ou entre testemunha e ofendido (art. 229 do CPP)

1.7.1. Procedimento: consoante o parágrafo único desse dispositivo, os acareados serão indagados pela autoridade para que expliquem os pontos de divergências, reduzindo-se a termo o ato de acareação

1.8. Indícios: segundo o art. 239 do CPP, *"considera-se indício a circunstância conhecida e provada, que, tendo relação com o fato, autorize, por indução, concluir-se a existência de outra ou outras circunstâncias"*

 Dica: indício não se confunde com presunção, que é uma noção hodierna da realidade que prevalece até que haja prova em contrário

DIREITO PROCESSUAL PENAL
Tema IX - Prova

1 Provas em espécie – IV

1.9 Prova documental: de acordo com o art. 232 do CPP, documentos são quaisquer escritos, instrumentos ou papéis, públicos ou particulares

1.9.1 Requisitos: são requisitos da prova documental: a verdade (a constatação do que está contido no documento) e a autenticidade (identificação de quem produziu o documento)

1.9.2 Momento de produção: ressalvadas algumas exceções legais, os documentos podem ser apresentados pelas partes em qualquer fase do processo. Exemplo de exceção legal: art. 479 do CPP (apresentação de documentos no Plenário do Júri)

Dica: atualmente, porém, em termos jurídicos, considera-se documento tudo aquilo capaz de demonstrar determinado fato. Ex: áudio, vídeo etc. (documento em sentido amplo)

Dica: atualmente, porém, em termos jurídicos, considera-se documento tudo aquilo capaz de demonstrar determinado fato. Ex: áudio, vídeo etc. (documento em sentido amplo)

1.10 Busca e apreensão: segundo a melhor doutrina, não se trata propriamente de um meio de prova (consoante sugere o CPP), mas sim um meio de obtenção da prova, de natureza acautelatória e coercitiva, consistente no apossamento de objetos ou pessoas

1.10.1 Objeto da busca e apreensão: constam do art. 240, §1º (busca domiciliar) e 2º (busca pessoa) do CPP

1.10.2 Momento da busca e apreensão domiciliar (art. 245 do CPP): conforme impõe o art. 5º, IX da CF, deverá ser realizada, como regra, de dia

- **Critério físico-astronômico:** dia é o período compreendido entre a aurora e o crepúsculo (nascer do sol e pôr-do-sol)
- **Critério temporal:** dia é o período compreendido entre às 6h às 18h (é o critério que prevalece)

1.10.3 Conteúdo do mandado de busca (art. 243 do CPP): o mandado deverá:

(I) Indicar, o mais precisamente possível, a casa em que será realizada a diligência e o nome do respectivo proprietário ou morador; ou, no caso de busca pessoal, o nome da pessoa que terá de sofrê-la ou os sinais que a identifiquem
(II) Mencionar o motivo e os fins da diligência
(III) Ser subscrito pelo escrivão e assinado pela autoridade que o fizer expedir

1.10.4 Emprego de força: em caso de resistência por parte do morador, é permitido o uso de força, podendo-se inclusive arrombar a porta e usar força contra os demais obstáculos existentes (§§ 2º e 3º do art. 245 do CPP). Estando ausente o morador, qualquer vizinho poderá ser intimado para assistir a diligência (§ 4º do art. 245 do CPP)

1.10.5 Lavratura do auto: finda a diligência, os executores lavrarão auto circunstanciado, assinando-o com duas testemunhas presenciais (§ 7º do art. 245 do CPP)

DIREITO PROCESSUAL PENAL

TEMA X - SUJEITOS PROCESSUAIS

1. Sujeitos processuais I

1.1. Noções introdutórias

1.1.1. Conceito: são os sujeitos ligados, de qualquer modo, à relação jurídico-processual, que atuam no curso do feito praticando os atos processuais

1.1.2. Classificação

– **Sujeitos processuais essenciais:** a existência é essencial para que se tenha uma relação jurídica processual regularmente instaurada (juiz, MP ou querelante e o réu)
– **Sujeitos processuais secundários:** embora não imprescindíveis à formação do processo, nele poderão intervir com o escopo de formular determinada pretensão. Ex.: assistente de acusação

1.2. Juiz: conforme dispõe o art. 251 do CPP, ao magistrado cabe assegurar a regularidade do processo e a ordem no curso dos atos processuais

1.2.1. Impedimento do juiz (incapacidade objetiva do juiz): ocorre quando há interesse do juiz no objeto da demanda, por motivos objetivos. Os casos de impedimento constam do art. 252 do CPP

 Traduzindo: as hipóteses colocam em risco a imparcialidade do julgador, nela influindo direta ou indiretamente. Influem diretamente quando este já atuou, manifestou-se sobre os fatos anteriormente, ou tem interesse no deslinde da demanda (II, III e IV); indiretamente, quando algum parente ou cônjuge atua ou atuou no feito (I e IV)

1.2.2. Suspeição do juiz (incapacidade subjetiva do juiz): ocorre quando o juiz, por motivos subjetivos, não tem a necessária imparcialidade para julgar (incapacidade subjetiva do juiz). As hipóteses de suspeição constam do art. 254 do CPP (rol não taxativo)

 Atenção absoluta: não é possível o reconhecimento da suspeição quando a parte, deliberadamente, injuriar ou provocar situação que enseje a suspeição do magistrado (art. 256 do CPP). A lei não pode premiar aquele que age mediante torpeza

 Dica: eventuais desentendimentos entre juiz e advogado não conduzem à suspeição, já que essa diz respeito à relação do juiz com as partes do processo e não com o advogado

1.3. Ministério Público: de acordo com o art. 127 da CF: "o Ministério Público é instituição permanente, essencial à função jurisdicional do Estado, incumbindo-lhe a defesa da ordem jurídica, do regime democrático e dos interesses sociais e individuais indisponíveis". O MP é, assim, responsável pela manutenção do equilíbrio jurídico da sociedade

1.3.1. Natureza da instituição: o MP integra o Estado, mas não está atrelado a nenhum dos Poderes. É, portanto, instituição *independente e fiscalizadora dos Poderes*, desempenhando função essencial à justiça

1.3.2. Dúplice função do MP no processo penal: atua como órgão legitimado para a acusação, sendo o titular privativo das ações penais públicas (art. 129, I da CF), mas, acima de tudo, funciona, necessariamente, como fiscal da ordem jurídica em todos os processos (art. 127 da CF), zelando pela correta aplicação das normas e preservação das garantias fundamentais. Bem por isso, o MP pode pedir a absolvição, se não houver provas para a condenação

1.3.3. Suspeição e impedimento do membro do MP: observam as mesmas hipóteses de suspeição e impedimento do Magistrado

 Atenção absoluta: vale recordar a súmula 234 do STJ, que diz: *"a participação de membro do Ministério Público na fase investigatória criminal não acarreta o seu impedimento ou suspeição para o oferecimento da denúncia"*. Portanto, na hipótese, não há que se falar em suspeição

DIREITO PROCESSUAL PENAL
Tema X - Sujeitos processuais

1. Sujeitos processuais II

1.4 Acusado: ocupa o polo passivo da relação processual penal

1.5 Defensor: é aquele que, possuindo capacidade postulatória, patrocina a defesa técnica do acuado

1.5.1 Obrigatoriedade da defesa técnica: é obrigatória, sob pena de nulidade absoluta do processo (art. 261 do CPP). Nesse sentido, Súmula 523 do STF: *"no processo penal, a falta de defesa constitui nulidade absoluta, mas a sua deficiência só o anulará se houver prova de prejuízo para o réu"*

1.5.2 Tipos de defensor

– **Constituído (ou procurador):** é o defensor constituído pelo acusado por meio de procuração ou, diretamente, por meio de indicação verbal no momento em que for ouvido pela primeira vez
– **Defensor público:** membro da Defensoria Pública, atua na defesa dos interesses daqueles que não dispõem de recursos financeiros para arcar com as despesas de um advogado particular. A sua atuação, em regra, independe da constituição por meio de procuração, salvo nas hipóteses dos arts. 39 e 44 do CPP
– **Defensor *ad hoc*:** é o advogado designado pelo juiz para atuar na pratica de determinado ato do processo. Esta designação decorre da ausência de defensor constituído e/ou de defensor público no momento em que se necessita de um patrono para atuar/acompanhar certo ato
– **Em causa própria:** se o réu for advogado, por se autodefender

1.6 Assistente de acusação: é a vítima ou o representante legal, ou na falta destes, seus sucessores (CADI), que se habilitam para intervir como auxiliares acusatórios do MP na ação civil pública (vide art. 268 do CPP)

1.6.1 Momento da habilitação: a partir do recebimento da denúncia até o trânsito em julgado (arts. 268 e 269 do CPP). Assim, não cabe o instituto da assistência na fase de IP e na fase de execução penal

Dica: no procedimento do Júri, o assistente deverá requerer sua habilitação até 5 (cinco) dias antes da data da sessão (art. 430 do CPP)

1.6.2 Procedimento de habilitação: efetuado o pedido de habilitação, o juiz remeterá ao MP para manifestação deste órgão (art. 272 do CPP). Após, o juiz decidirá se admite ou não a assistência

1.6.3 Indeferimento de habilitação: a teor do art. 271 do CPP, não é cabível recurso. Entretanto, há doutrina que sustenta a possibilidade de impetração de MS, na hipótese de indeferimento arbitrário

1.6.4 Faculdades processuais ao assistente de acusação (art. 271 do CPP): *"ao assistente será permitido propor meios de prova, requerer perguntas às testemunhas, aditar o libelo e os articulados, participar do debate oral e arrazoar os recursos interpostos pelo Ministério Público, ou por ele próprio, nos casos dos arts. 584, §1º e 598"*

Dica: em razão do disposto no artigo 49, parágrafo único, do Estatuto da OAB (Lei n. 8.906/94), divergia a doutrina sobre a possibilidade de a Ordem dos Advogados do Brasil legitimar-se como assistente da defesa em processo criminal no qual advogado figurasse como réu. Dirimindo a questão, o STJ decidiu que a norma em pauta deve ser interpretada em harmonia com o disposto no artigo 268 do CPP, que não prevê a figura do assistente da defesa (STJ, RMS 63.393/MG, j 23/6/2020)

Dica: destaque-se também a Súmula 210 do STF, que diz: *"o assistente do Ministério Público pode recorrer, inclusive extraordinariamente, na ação penal, nos casos dos arts. 584, §1º e 598 do Código de Processo Penal"*

Atenção absoluta: a doutrina discute se haveria interesse do assistente de acusação em interpor recurso para aumentar a pena do réu. Para a primeira corrente, é impossível, visto que o interesse do assistente da acusação se limita a buscar título executivo que lhe garanta indenização pelo prejuízo advindo do delito. A doutrina mais moderna admite a possibilidade, pois haveria interesse da vítima em buscar a pena mais justa

DIREITO PROCESSUAL PENAL

TEMA X - PRISÃO, MEDIDAS CAUTELARES E LIBERDADE PROVISÓRIA

1. Prisão – I

- **1.1. Noções introdutórias:** prisão é a *supressão da liberdade de locomoção do indivíduo*

1.1.1. Modalidades de prisão

- **Prisão-pena:** é aquela que decorre de sentença penal condenatória transitada em julgado
- **Prisão sem pena:** ocorre antes de uma sentença penal definitiva, podendo dar-se em duas modalidades, a saber:
  a) **Prisão civil:** atualmente reservada apenas para o devedor, voluntário e inescusável, de alimentos (art. 5º, LXVII da CF, com interpretação à luz do teor da súmula vinculante 25)
  b) **Prisão provisória (cautelar ou processual):** consiste no encarceramento cautelar do indivíduo, antes da sentença penal condenatória, materializando-se, atualmente, em *prisão em flagrante, prisão temporária* ou *prisão preventiva*

1.1.2. Prisão e ordem judicial:
no ordenamento jurídico pátrio, por força do disposto no art. 5º, LXI da CF, a regra é que a prisão seja sempre decorrente de decisão judicial

- **Hipóteses excepcionais de prisão sem ordem judicial:** nos termos do mesmo dispositivo constitucional, só há prisão sem ordem escrita e fundamentada da autoridade judiciária nos casos de flagrante delito, transgressão militar ou crime propriamente militar
- **Materialização da ordem de prisão:** o magistrado que decretou a prisão deverá expedir o competente mandado prisional, que deverá conter os requisitos do art. 285, parágrafo único do CPP, e será registrado no banco de dados mantido pelo CNJ (art. 289-A do CPP), a fim de que a ele seja dada a necessária publicidade

1.1.3. Uso de força para a prisão (arts. 284 e 292 do CPP):
só se deve empregar a força absolutamente necessária para efetuar a prisão do indivíduo, podendo os eventuais excessos das autoridades caracterizar abuso de autoridade, lesão corporal, etc

Dica: a Lei 13.060/2014 estabelece as diretrizes para o uso da força priorizando os instrumentos de menor potencial ofensivo, que são definidos no art. 4º. Exs.: *tasers,* algemas, gás lacrimogênio, balas de borracha, etc

1.1.4. Uso de algemas:
"só é lícito o uso de algemas em caso de resistência e de fundado receio de fuga ou de perigo à integridade física própria ou alheia, por parte do preso ou de terceiros, justificada a excepcionalidade por escrito, sob pena de responsabilidade disciplinar civil e penal do agente ou da autoridade e de nulidade da prisão ou do ato processual a que se refere, sem prejuízo da responsabilidade civil do Estado" (SV 11 do STF)

1.1.5. Prisão e inviolabilidade de domicílio:
para o cumprimento de ordem de prisão, deve ser observado o direito à inviolabilidade ao domicílio (art. 5º, XI da CF)

- **Captura durante o dia:** se o indivíduo a ser preso estiver dentre de uma casa, durante o dia será possível, sem mandado judicial, se houver situação de flagrante, para prestar socorro e em caso de desastre; com mandado judicial será possível ingressar na residência para captura do indivíduo
- **Captura durante a noite:** será possível nas hipóteses acima vistas (que autorizam o ingresso sem mandado). Embasado apenas em mandado judicial, não é possível ingressar em casa alheia durante a noite. Então, deve se proceder nos termos do art. 293 do CPP

Dica: para a maioria da doutrina, dia é o período que vai das 6h às 18h

DIREITO PROCESSUAL PENAL

Tema X - Prisão, medidas cautelares e liberdade provisória

1. Prisão – II

1.2. Prisão em flagrante I: ocorre no momento em que uma infração penal está sendo cometida ("certeza visual do crime") ou pouco tempo depois de seu cometimento, sendo desnecessária prévia ordem judicial

1.2.1. Natureza: prevalece o entendimento de que se trata de ato complexo (ato administrativo + ato processual)

 Traduzindo: no ato da *captura*, a prisão em flagrante teria natureza *administrativa*. Por outro lado, no momento da comunicação do flagrante ao juiz competente (conforme impõe o art. 5º, LXII da CF), e em caso de *manutenção* do ato prisional por parte deste, a prisão em flagrante passaria a ter natureza *processual* (cautelar)

1.2.2. Sujeito ativo (art. 301 do CPP)**:**

- **Flagrante facultativo:** qualquer pessoa do povo tem a faculdade de efetuar a prisão do infrator ao se deparar com uma situação flagrancial
Dica: a prisão realizada por guardas municipais insere-se nesta hipótese
- **Flagrante obrigatório:** ao revés, as autoridades policias e seus agentes (delegados, policiais civis e policiais militares) têm o dever de prender quem quer que se encontre em flagrante delito
Dica: o dever de efetuar a prisão em flagrante não se exclui em períodos de folga, licença ou férias

1.2.3. Sujeito passivo: em regra, todos que praticam crimes podem ser presos em flagrante. Vejamos algumas exceções:

- **Presidente da República:** não está sujeito a nenhuma modalidade de prisão cautelar, somente podendo ser preso por sentença penal condenatória transitada em julgado (art. 86, §3º da CF)
- **Diplomatas estrangeiros:** não podem ser presos em flagrante (art. 1º, I do CPP, c/c art. 41 da Convenção de Viena)
- **Senadores, Deputados Federais, Deputados Estaduais, membros do MP e da Magistratura:** só podem ser presos em flagrante por crime inafiançável
- **Período da eleição:** durante o período compreendido entre cinco dias antes e 48h depois do encerramento da eleição, a ***prisão em flagrante do eleitor*** só será possível pela prática de crime inafiançável (art. 236 da CE)
- **Crime de trânsito:** não se imporá prisão em flagrante, nem se exigirá fiança se o condutor prestar pronto e integral socorro à vítima (art. 301 da CTB)
- **Infração de Menor Potencial Ofensivo:** o autor de uma IMPO só pode ser preso em flagrante se não se dirigir imediatamente ao juizado e nem se comprometer a comparecer posteriormente (art. 69, parágrafo único da Lei 9.099/1995)
Dica: prevalece o entendimento de que, se a IMPO for a do art. 28 da Lei 11.343/2006, não se imporá a prisão em flagrante ainda que o indivíduo se recuse a comparecer em juízo, ante a inexistência de previsão de pena de prisão

 Atenção absoluta: em todos os casos, a faceta administrativa da prisão em flagrante pode ser executada (captura do agente, fazendo cessar a atividade ilícita, e condução à autoridade policial), sendo vedada, apenas, a lavratura do auto de prisão em flagrante e encaminhamento ao cárcere (faceta processual da prisão em flagrante)

DIREITO PROCESSUAL PENAL
Tema X - Prisão, medidas cautelares e liberdade provisória

1. Prisão – III
— **1.2. Prisão em flagrante – II**

1.2.4. Modalidades de prisão em flagrante

- **Flagrante próprio (propriamente dito, real ou verdadeiro):** ocorre quando o agente está cometendo a infração penal ou acaba de cometê-la (art. 302, I e II do CPP)
Dica: neste último caso ("acaba de cometê-la"), há uma *relação de imediatidade* entre a prática do delito e a prisão do agente. Ex.: agente que, assim que termina de efetuar o roubo, é surpreendido pela polícia logo na porta da agência bancária
- **Flagrante impróprio (irreal ou quase flagrante):** ocorre quando o agente é perseguido logo após a prática da infração penal em situação que faça presumir ser ele o autor do fato
Traduzindo: *logo após* compreende o período necessário para a polícia (ou particular) chegar ao local do crime, colher informações e iniciar a perseguição do agente (vide art. 290, § 1º do CPP). Ademais, note que a perseguição do agente pela polícia deve ser ininterrupta – caso ocorra interrupção, não mais será possível efetuar a prisão em flagrante
Dica: se a perseguição, iniciada logo após a prática do crime, durar por dias ou semanas, desde que seja ininterrupta, será possível efetuar a prisão em flagrante ao alcançar o agente
- **Flagrante presumido (ficto ou assimilado):** ocorre quando o agente é encontrado, logo depois, com instrumentos, armas, objetos ou papéis que façam presumir ser ele autor da infração (art. 302, IV do CPP)
Traduzindo: entende a doutrina que o lapso de tempo nessa situação é *ainda maior* do que o do inciso anterior ("logo após"). Atente o leitor que nessa modalidade de flagrante *não há perseguição*. O agente é, na verdade, encontrado ocasionalmente logo depois da prática do delito
Dica: note-se que não há também um prazo fixo para a expressão "logo depois", devendo ser interpretado como *lapso razoável* (conforme STJ, HC 49898/SE, DJe 22.09.2008 e HC 157.017/MG, DJe 03/05/2010)

1.2.5. Modalidades doutrinárias de flagrante:
não constam da legislação, sendo classificação criada pela comunidade jurídica

- **Flagrante preparado ou provocado (delito putativo por obra do agente provocador):** o indivíduo é induzido ou instigado pela polícia (ou terceiros) a praticar o crime e, ao cometê-lo, é preso "em flagrante"
Dica: visto que, ao mesmo tempo em que se incita o indivíduo a delinquir, são tomadas todas as providências para impedir a consumação do crime, essa modalidade de prisão, além de ser considerada *ilegal*, configura hipótese de **crime impossível** (súmula 145 do STF)
- **Flagrante esperado:** ocorre quando o policial ou o particular, tomando conhecimento da prática de crimes, fica a esperar que a conduta delituosa seja cometida para então efetuar a prisão, que, nesta hipótese, é válida
- **Flagrante prorrogado, postergado, diferido (ação controlada):** em certos casos, a lei faculta à autoridade policial não cumprir o dever de efetuar a prisão em flagrante para que, retardando-a, possa recolher mais provas ou capturar o maior número de infratores
Previsão legal: art. 53, II da Lei 11.343/2006; art. 8º da Lei 12.850/2013; art. 4º-B Lei 9.613/1998
- **Flagrante forjado:** ocorre quando o policial (ou terceiro) cria provas com o objetivo de incriminar uma pessoa inocente. Trata-se de crime praticado pelo forjador

DIREITO PROCESSUAL PENAL

Tema X - Prisão, medidas cautelares e liberdade provisória

1. Prisão – IV

1.2. Prisão em flagrante – III

1.2.6. Formalidades da prisão em flagrante

– **Autoridade policial com atribuição para lavrar o auto (APF):** é o delegado do local onde ocorreu a prisão, que não necessariamente é o mesmo local onde ocorreu a infração (art. 290 do CPP); inexistindo autoridade policial no local da captura, deverá o agente ser apresentado à do lugar mais próximo (art. 308 do CPP)

– **Formalidades do APF:** o delegado deverá ouvir o condutor, colhendo-lhe a assinatura e entregando-lhe cópia do termo e recibo de entrega do preso. Em seguida, deverá ouvir as testemunhas (ao menos duas) que, porventura, tiverem acompanhado o condutor, bem como inquirir o agente sobre a imputação que lhe é feita, colhendo as assinaturas de todos e lavrando, ao final, o APF (art. 304, caput do CPP)

– **Comunicações devidas por ocasião da prisão:** efetuada a prisão em flagrante de alguém, impõe-se a imediata comunicação **(no prazo máximo de 24h)** ao juiz competente, ao MP, ao defensor do preso (constituído, dativo ou público) e à família do preso (ou pessoa por ele indicada) – vide: art. 5º, LXII da CF, art. 306, caput do CPP e art. 10 da Lei Complementar 75/1993

Dica: a ausência das comunicações caracteriza o crime de abuso de autoridade, previsto no art. 4º, c da Lei 4.898/1965

– **Nota de culpa:** no mesmo prazo de 24h, a contar da captura, deverá ser entregue ao preso a chamada nota de culpa, que se trata de um documento assinado pela autoridade, contendo o motivo da prisão e os nomes do condutor e das testemunhas (art. 306, §§1º e 2º do CPP)

1.3. Audiência de custódia (art. 310 do CPP)

1.3.1. Origem: prevista no Pacto de São José da Costa Rica (art. 5º, item 2; art. 7º, item 5), foi instituída no ordenamento jurídico pátrio por meio da Resolução n. 213/15 do CNJ. Com a Lei n. 13.964/19, a audiência de custódia foi inserida no CPP

1.3.2. Finalidade: averiguar eventuais ilegalidades cometidas durante à prisão, bem como decidir pela regularidade formal do flagrante e, ainda, se a prisão cautelar deverá ou não ser mantida. Além disso, busca fazer cessar eventuais atos de maus tratos e tortura, bem como coibi-los, bem assim promover discussão democrática acerca da legalidade e necessidade da prisão.

1.3.3. Prazo para realização: 24h após a realização da prisão

1.3.3.1. Providências judicias na audiência de custódia: o juiz, na audiência de custódia, deverá adotar uma das seguintes medidas (art. 310 do CPP)

– **Relaxar a prisão ilegal (I):** haverá relaxamento da prisão quando o juiz perceber que a prisão do indivíduo se deu de modo ilegal
– **Converter a prisão em flagrante em preventiva (II):** ocorre quando estiverem presentes os requisitos que dão causa à decretação da prisão preventiva (arts. 312 e 313 do CPP), desde que as medidas cautelares diversas da prisão mostrarem-se insuficientes
– **Conceder a liberdade provisória, com ou sem fiança (III):** não sendo o caso de relaxamento da prisão em flagrante, nem de decreto da preventiva, o juiz deverá conceder a LP, com ou sem fiança. A LP também será concedida se o juiz verificar que o crime foi pracado em situação de exclusão da ilicitude (art. 310, §1º, CPP)

1.3.4. Vedação à liberdade provisória na AC: sendo o agente reincidente, integrante de organização criminosa, armada ou milícia, ou portador de arma de fogo de uso restrito, deverá denegar a LP (art. 310, §2º, CPP)

DIREITO PROCESSUAL PENAL

TEMA X - PRISÃO, MEDIDAS CAUTELARES E LIBERDADE PROVISÓRIA

1. Prisão – V

1.4. Prisão preventiva: medida cautelar de cerceamento provisório da liberdade do indivíduo que pode ser durante o curso de uma investigação ou processo criminal

1.4.1. Caráter excepcional: o juiz só poderá decretar a preventiva se outra medida cautelar menos drástica não for suficiente (neste sentido: STJ, HC 219.101)

1.4.2. Atuação de ofício do juiz: com o advento da Lei n. 13.964/19, em consagração à adoção do sistema acusatório, a redação do art. 311 do CPP foi alterada, de modo que não mais é possível a decretação da custódia cautelar pelo julgador sem requerimento do MP, do querelante, do assistente, ou por representação da autoridade policial, ainda que na fase processual.

1.4.3. Fundamentação da decisão que decreta a preventiva: a decisão deverá ser motivada e fundamentada em receio de perigo e existência concreta de fatos novos ou contemporâneos que a justifiquem (art. 312, §2º, CPP), não se considerando fundamentada a decisão genérica, que conte com conceitos jurídicos indeterminados, que invocar motivos que se prestariam a justificar qualquer outra decisão, que não enfrentar os argumentos deduzidos contrariamente no processo, ou não demonstrar a aplicabilidade de precedentes ou enunciados de súmula. Também se considera não fundamentada a decisão que deixar de seguir enunciado de súmula jurisprudência ou precedente incovado, sem demonstrar a existência de distinção no caso em julgamento ou a superação do entendimento (art. 315 do CPP).

1.4.4. Pressupostos da prisão preventiva:
- **Prova da existência do crime:** presença de elementos contundentes que demonstrem a existência da infração penal;
- **Indícios suficientes de autoria:** presença de elementos, ainda que indiciários, da autoria do crime

1.4.5. Revisão obrigatória da prisão: decretada a prisão preventiva, o órgão emissor da decisão deverá revisar sua necessidade a cada 90 (noventa) dias, mediante decisão fundamentada, sob pena de tornar a prisão ilegal (art. 316, parágrafo único, CPP)

1.4.6. Fundamentos da prisão preventiva (art. 312, 1ª parte, do CPP): para a decretação da prisão preventiva, é necessário o preenchimento de, ao menos, um dos fundamentos a seguir, caracterizando perigo gerado pelo estado de liberdade do imputado (*periculum libertatis*)

- **Garantia da ordem pública:** embora o conceito seja indeterminado, da jurisprudência foi possível extrair basicamente dois significados para a expressão: há necessidade de garantia da ordem pública quando **há perigo de reiteração criminosa** (prática de novos crimes – STF HC 84.658 e HC 99.676), ou **em razão da periculosidade do agente** (modus operandi violento e gravidade concreta do crime – STJ, HC 125.924 e RHC 60.446; STF, HC 118.810)
- **Garantia da ordem econômica:** visa a coibir ataques vultosos à ordem econômico-financeira, que ocorreriam com a manutenção da liberdade do agente
- **Conveniência da instrução criminal:** o réu está dificultando ou inviabilizando a produção de provas, ou existe fundado receio de que, em liberdade, venha a fazê-lo
- **Assegurar a aplicação da lei penal:** há notícias de que o indivíduo pretende fugir, ou há fundado receio de que o faça em razão das circunstâncias fáticas existentes, pondo em xeque, portanto, o cumprimento de eventual sentença condenatória a ser proferida

1.4.7. Condições de admissibilidade (art. 313 do CPP): são os casos em que a prisão preventiva é admissível (desde que presentes os pressupostos e ao menos um dos fundamentos)

- **Crimes dolosos punidos com pena máxima superior a 4 anos (I)**
- **Indivíduo reincidente (II):** mesmo que a pena do delito não supere 4 anos, cabível a prisão preventiva se o agente for reincidente em crime doloso
- **Violência doméstica e familiar contra a mulher, criança, adolescente, idoso, enfermo ou pessoa com deficiência, para garantir a execução das medidas protetivas de urgência (III):** independe da pena do delito e da reincidência do agente, devendo haver crime nas circunstâncias mencionadas, com descumprimento à medida protetiva anteriormente imposta
- **Dúvida sobre a identidade civil da pessoa (parágrafo único):** se a identificação criminal suprir a dúvida (art. 3º da Lei 12.037/2009), não haverá que se falar em prisão. Uma vez identificado, não persistindo razão, a prisão deverá ser revogada
- **Descumprimento de outras medidas cautelares** (arts. 319 e 282, §4º do CPP)

DIREITO PROCESSUAL PENAL

TEMA X - PRISÃO, MEDIDAS CAUTELARES E LIBERDADE PROVISÓRIA

1. Prisão VI

1.5. Prisão temporária (Lei 7.960/1889 da LPT): modalidade de prisão cautelar, com prazo de duração determinado, cuja decretação é apenas possível no âmbito do inquérito policial e se presentes os requisitos fixados pela lei

- **1.5.1. Atuação de ofício pelo juiz:** é vedada a decretação de ofício pelo juiz, dependendo de representação da autoridade policial ou requerimento do MP (art. 2º da Lei 7.960/1889)

- **1.5.2. Prazo:** em regra, é de 5 dias prorrogável por mais 5 (art. 2º da LPT). Porém, sendo o crime hediondo ou equiparado, será de até 30 dias, prorrogável por mais 30 em caso de extrema e comprovada necessidade (art. 2º, § 4º da Lei 8.072/1990)

- **1.5.3. Hipóteses de cabimento** (art. 1º da LPT)

  – **Imprescindível para as investigações do inquérito policial (I):** é preciso demonstrar que a liberdade do investigado oferece risco concreto ao êxito da investigação
  – **Indiciado não tiver residência fixa ou não fornecer elementos necessários à sua identificação (II):** é preciso que a falta de residência fixa ou a ausência de elementos esclarecedores da identidade configurem um risco concreto de fuga do indiciado
  – **Fundadas razões de autoria ou participação nos crimes elencados no rol (III):** recomenda-se a leitura do rol de delitos que admitem a prisão temporária

   Atenção absoluta: para ser possível a decretação da temporária, deve-se combinar os incisos da seguinte forma: I + III ou II + III. Note então que o inciso III deve sempre estar presente, necessitando ser combinado, pelo menos, com o inciso I ou o II

1.6. Prisão domiciliar

- **1.6.1. Conceito** (art. 317 do CPP): consiste no recolhimento do indiciado ou acusado em sua residência, em substituição à prisão preventiva, só podendo dela ausentar-se com autorização judicial

- **1.6.2. Hipóteses de cabimento** (art. 318 do CPP): poderá se dar quando o agente for: (I) maior de 80 anos; (II) extremamente debilitado por doença grave; (III) imprescindível aos cuidados de pessoa menor de 6 anos ou com deficiência; (IV) gestante; (V) mulher com filho de até 12 anos incompletos; (VI) homem, caso seja o único responsável por filho de até 12 anos incompletos

- **Situação da mulher gestante ou responsável por filho:** com o advento da Lei n. 13.769/18, incorporou-se ao CPP, nos artigos 318-A e 318-B, o entendimento que havia sido consolidado pelo STF, no julgamento do HC Coletivo 143.641 (Informativo 891). Com isso, tornou-se regra a substituição da prisão preventiva por prisão domiciliar da mulher gestante ou responsável por crianças ou pessoas com deficiência, desde que (I) não tenha praticado crime com violência ou grave ameaça; ou (II) o crime não tenha sido praticado contra o próprio filho ou dependente. Consignou-se, ainda, a possibilidade ed cumulação da prisão domiciliar com outras medidas cautelares diversas da prisão

   Dica: mesmo após a edição da nova lei acima tratada, o STJ vem mantendo o entendimento firmado pelo STF no HC Coletivo 143.641, no sentido de ser possível ao juiz negar a prisão domiciliar nas hipóteses acima quando houver situação excepcionalíssima (exceção não prevista na nova lei), quando ao encontro do objetivo da lei em pauta, qual seja a proteção à criança (STJ, HC 426.526). Com isso, devolveu-se a discricionariedade judicial excluída com a edição da Lei n. 13.769/18

1.7. Medidas cautelares diversas da prisão: incorporadas no ordenamento jurídico a partir da Lei 12.403/2011, consistem em verdadeiro meio-termo entre a liberdade plena e a prisão preventiva, acarretando menores restrições à liberdade do indivíduo para acautelamento do processo ou da ordem pública

- **1.7.1. Medidas cautelares em espécie:** constam do rol do art. 319 do CPP (leitura obrigatória)

- **1.7.2. Aplicação das medidas:** podem ser aplicadas isolada ou cumulativamente, tanto no curso do processo, como na fase de investigação, devendo-se levar em conta a necessidade e adequação da medida às especificidades do caso concreto

- **1.7.3. Cabimento:** não se aplicam à infração a que não for isolada, cumulativa ou alternativamente cominada pena privativa de liberdade (art. 283, §1º do CPP)

- **1.7.4. Atuação de ofício pelo juiz:** como no caso da prisão preventiva, somente podem ser decretadas de ofício pelo juiz durante o processo

- **1.7.5. Contraditório:** é a regra, mas pode ser dispensado nos casos urgentes, ou havendo perigo de ineficácia da medida (art. 282, §3º do CPP)

- **1.7.6. Descumprimento:** o juiz poderá substituir a medida, impor outra em cumulação, ou, em último caso, decretar a prisão preventiva (art. 282, §4º do CPP)

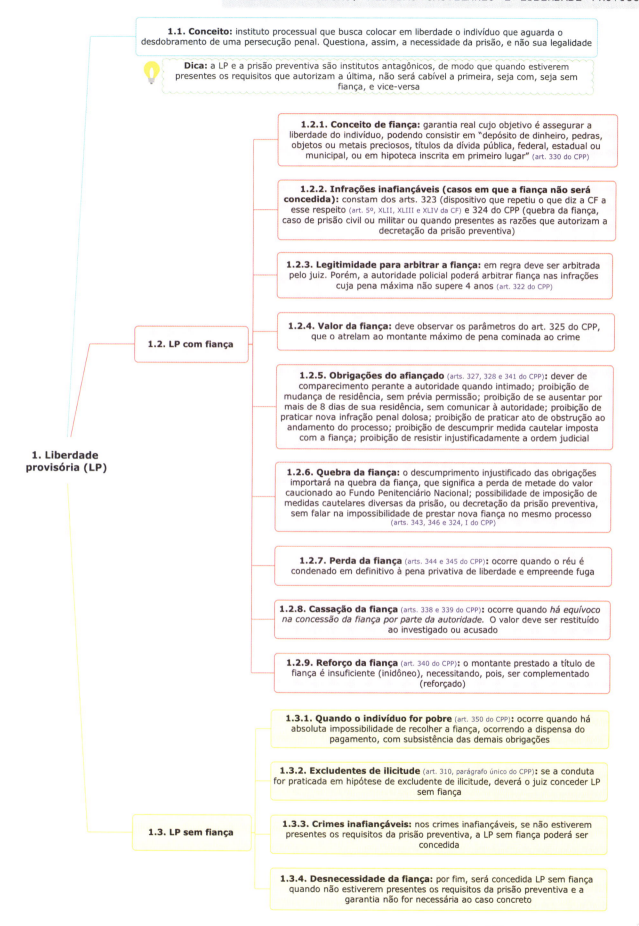

DIREITOS HUMANOS
Renan Flumian

DIREITOS HUMANOS

Tema I - Introdução: conceito e paradigma de proteção

1. Introdução

- **1.1. Direitos Humanos**
  - **1.1.1. Conceito:** ramo do direito que tem como função proteger a dignidade da pessoa humana
    - **1.1.1.1. Dignidade da pessoa humana:** situação de **mínimo gozo** garantido dos direitos pessoais, civis, políticos, de subsistência, judiciais, econômicos, sociais e culturais **(definição objetiva)**
  - **1.1.2. Concepção contemporânea:** inaugurada pela Declaração Universal dos Direitos Humanos de 1948 e reforçada pela Declaração de Direitos Humanos de Viena de 1993
    - **1.1.2.1. Característica:** a Organização das Nações Unidas (ONU) e a Declaração Universal dos Direitos Humanos criaram um verdadeiro sistema de proteção global da dignidade humana
    - **Dica:** isso gerou uma mitigação da soberania dos Estados em função da característica de universalidade dos direitos humanos
  - **1.1.3. Eficácia: vertical** (oponíveis ao Estado) e **horizontal** (oponíveis entre os particulares)
  - **1.1.4. Paradigma da proteção:** foi do paradigma nacional para o **compartilhado** (sistemas nacional e internacional de proteção dos direitos humanos atuando conjuntamente)
    - **1.1.4.1. Característica:** a Declaração Universal dos Direitos Humanos significou o fim do paradigma da proteção nacional (e único) dos direitos humanos

DIREITOS HUMANOS

Tema II - Gerações dos Direitos Humanos

1. Gerações dos Direitos Humanos

1.1. Gerações dos Direitos Humanos

- **1.1.1. Conceito:** as gerações trazem exemplos de direitos humanos que foram sendo confeccionados em conformidade com a evolução da vida humana
- **1.1.2. Características:** a divisão dos direitos humanos em gerações, idealizada por Karel Vasak, tem por finalidade permitir uma boa análise de sua amplitude, além de dar uma boa ideia sobre a causa de seu surgimento e seu contexto

Dica: a análise das gerações tem que ter por fundamento não a ótica sucessória (de substituição da anterior pela posterior), mas sim a **interacional** (de complementação da anterior pela posterior)

Tradução: em função dessa ideia, alguns autores preferem classificar como **gestações** ou **dimensões** e não gerações de direitos, tudo para reforçar a noção de continuidade e de acúmulo

1.2. Primeira Geração

- **1.2.1. Conceito:** diz respeito aos direitos civis e políticos
- **1.2.2. Titularidade:** atribuída ao indivíduo (direitos individuais)
- **1.2.3. Fundamento:** ideia de **liberdade**

Dica: a sua defesa foi feita sobretudo pelos EUA, que defendiam a perspectiva liberal dos direitos humanos, os quais foram consagrados no Pacto Internacional de Direitos Civis e Políticos

1.3. Segunda Geração

- **1.3.1. Conceito:** diz respeito aos direitos econômicos, sociais e culturais
- **1.3.2. Titularidade:** atribuída à coletividade (direitos coletivos)
- **1.3.3. Fundamento:** ideia de igualdade
- **1.3.4. Exemplo:** esses direitos aparecerem em primeiro lugar na Const. Mexicana de 1917 e na Const. Alemã de 1919 ("Constituição de Weimar")

Dica: a sua defesa foi feita sobretudo pelos EUA, que defendiam a perspectiva liberal dos direitos humanos, os quais foram consagrados no Pacto Internacional de Direitos Civis e Políticos

1.4. Terceira Geração

- **1.4.1. Conceito:** diz respeito aos direitos à paz, ao desenvolvimento, ao meio ambiente e à propriedade do patrimônio cultural
- **1.4.2. Titularidade:** atribuída à humanidade (difusos)
- **1.4.3. Fundamento:** ideia de fraternidade

Dica: estes direitos surgiram em grande medida como resposta à polaridade Norte/Sul (países ricos versus países pobres), da qual surgiu o **princípio da autodeterminação dos povos**, fundamento jurídico do processo de descolonização, e se inserem na busca por uma nova ordem política e econômica mundial mais justa e solidária

- **1.4.4. Exemplos:** os direitos de terceira geração foram consagrados na Convenção para a Proteção do Patrimônio Mundial, Cultural e Natural de 1972, e na Convenção sobre a Diversidade Biológica, de 1992

Jurisprudência: são classificados pelo STF como novíssimos direitos

1.5. Quarta e Quinta Gerações

- **1.5.1. Conceito** (Eliana Calmon): defende que a quarta geração seria composta de direitos referentes à manipulação do patrimônio genético, como os alimentos transgênicos, a fertilização *in vitro* com escolha do sexo e a clonagem
- **1.5.2. Conceito** (Paulo Bonavides): a quarta geração diz respeito à universalização de direitos fundamentais já existentes, como os direitos à democracia direta, à informação e ao pluralismo, enquanto que o direito à paz seria de quinta geração
- **1.5.3. Conceito** (José Alcebíades de Oliveira Júnior): faz coro com Eliana Calmon em relação à quarta geração e assinala que a quinta é ligada ao direito cibernético

Dica: outros, como Alberto Nogueira, que relaciona a quarta geração com os direitos a uma tributação justa, e Ricardo Lorenzetti, ministro da Suprema Corte Argentina, que define a quarta geração como sendo aquela do "direito a ser diferente", isto é, à tutela de todos tipos de diversidade – sexual, étnica etc.

Atenção absoluta: percebe-se que resta impossível categorizar cabalmente quais os direitos componentes da quarta e da quinta gerações, mas o importante é apontar possíveis interpretações e sublinhar a **natureza dinâmica dos direitos humanos**, os quais sempre estarão em construção

Tradução: a constante criação de "novos" direitos humanos torna impossível sua tipificação fechada, portanto, é necessária uma tipificação aberta para permitir a inserção de novos conceitos protetores da dignidade humana à medida que eles aparecerem

DIREITOS HUMANOS

TEMA III - CARACTERÍSTICAS DOS DIREITOS HUMANOS

1. Características dos Direitos Humanos

1.1. Universalidade ou transnacionalidade

- **1.1.1. Conceito:** os direitos humanos transcendem as criações culturais no sentido lato (religião, tradição, organização política etc.) por serem adstritos à condição humana
- **1.1.2. Requisito:** a condição de pessoa humana é requisito único e exclusivo para ser titular de direitos
- **1.1.3. Exemplo:** a Declaração Universal dos Direitos Humanos de 1948 internacionalizou a noção de direitos humanos

⚠ **Atenção absoluta:** as particularidades regionais e nacionais devem ser levadas em conta, mas nunca impedir a proteção mínima dos direitos humanos, até porque estes fazem parte do *jus cogens*. Assim, sob a perspectiva protetora, o universalismo derrota o *relativismo*

1.2. Historicidade

- **1.2.1. Conceito:** a amplitude de proteção conferida pelos DHs é marcada por sua contínua majoração, o que os torna direitos históricos, pois no evolver da história novos direitos são reconhecidos como direitos humanos – processo não findo

1.3. Indivisibilidade

- **1.3.1. Conceito:** todos os direitos humanos se retroalimentam e se complementam, assim é infrutífero buscar a proteção de apenas uma parcela deles
- **1.3.2. Exemplo:** direito à vida; este compreende o direito do ser humano não ter sua vida ceifada (**atuação estatal negativa**), como também o direito de ter acesso aos meios necessários para conseguir sua subsistência e uma vida digna (**atuação estatal positiva**)

💡 **Dica:** ler art. 13 da Carta Democrática Interamericana e Nota Geral nº 3 dos Princípios de Limburgo relativos à aplicabilidade do Pacto Int. dos Direitos ECOSOCs

1.4. Interdependência

- **1.4.1. Conceito:** os direitos humanos se retroalimentam e se complementam; dessa forma, cada direito depende dos outros para ser substancialmente realizado

1.5. Normatividade Indiscutível

- **1.5.1. Conceito:** os direitos humanos estão disciplinados nos sistemas nacionais, regionais e globais de proteção, além de serem normas imperativas de direito internacional (***jus cogens***)

1.6. Irrenunciabilidade

- **1.6.1. Conceito:** por serem direitos adstritos à condição humana, estes não podem ser renunciáveis, pois formam o indivíduo na sua plenitude

💡 **Dica:** são indisponíveis tanto pelo Estado como pelo particular

1.7. Imprescritibilidade

- **1.7.1. Conceito:** os direitos humanos não são passíveis de prescrição, isto é, não caducam com o transcorrer do tempo

💡 **Dica:** os direitos humanos são atemporais, pois, como dito, estão adstritos à condição humana

1.8. Inalienabilidade

- **1.8.1. Conceito:** os direitos humanos não podem ser alienados, isto é, não podem ser objeto de transação

1.9. Complementaridade Solidária

- **1.9.1. Conceito:** tal característica dialoga com a universalidade, a interdependência e a indivisibilidade dos DHs
- **1.9.2. Exemplo:** foi proclamada solenemente na segunda Conferência Mundial de Direitos Humanos, realizada em Viena em 1993 (ponto 5 da Declaração de Direitos Humanos de Viena)

DIREITOS HUMANOS
Tema IV - Responsabilidade Internacional

1. Responsabilidade Internacional

- **1.1. Formas:**
  - **1.1.1. Ação:** como consequência de atos do Estado ou de seus agentes
  - **1.1.2. Aquiescência:** como consequência do consentimento tácito do Estado ou de seus agentes
  - **1.1.3. Omissão:** resultante do fato de que o Estado, ou seus agentes, não atuaram quando deveriam tê-lo feito

- **1.2. Cláusula Federal**
  - **1.2.1. Apresentação:** é sempre o governo central que responderá perante a comunidade internacional, pois é o representante do Estado como um todo e único detentor de personalidade jurídica
  - **1.2.2. Exemplo:** Federação de Estados ou Estado Federal (Brasil é Estado Federal desde a Constituição de 1891)

Dica: a divisão de autonomias em relação às competências internas não interfere na responsabilização internacional

Legislação: art. 28, ponto 2, da Convenção Americana de DHs

- **1.3. Agentes Causadores de Dano:**
  - **1.3.1. Executivo**
  - **1.3.2. Legislativo**
  - **1.3.3. Judiciário**
  - **1.3.4. Indivíduo:** o ilícito internacional proveniente de ato dos particulares não dá causa, por si só, à responsabilidade internacional do Estado; necessário se faz comprovar a falta de diligência do Estado, notadamente em seus deveres

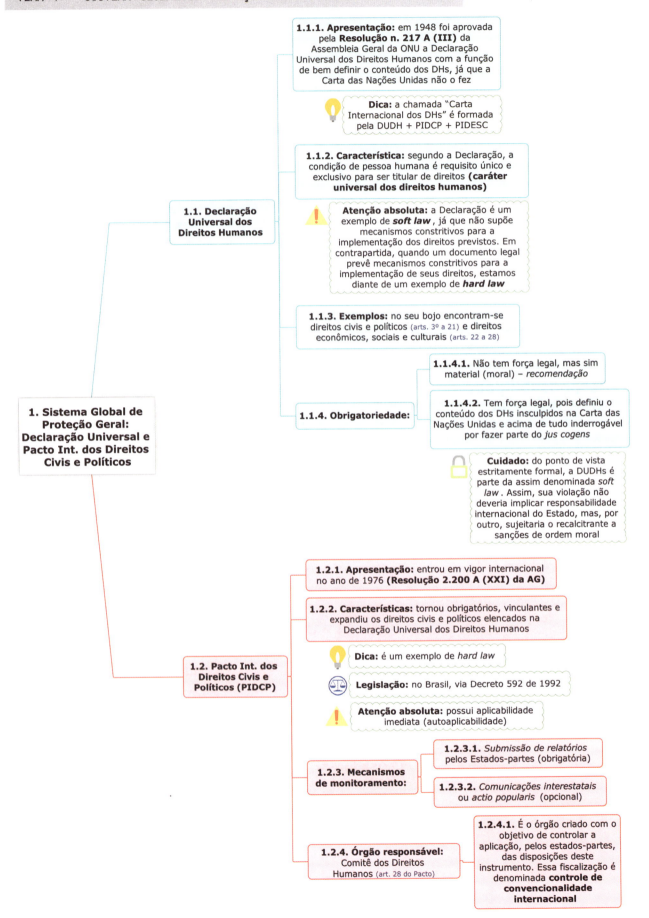

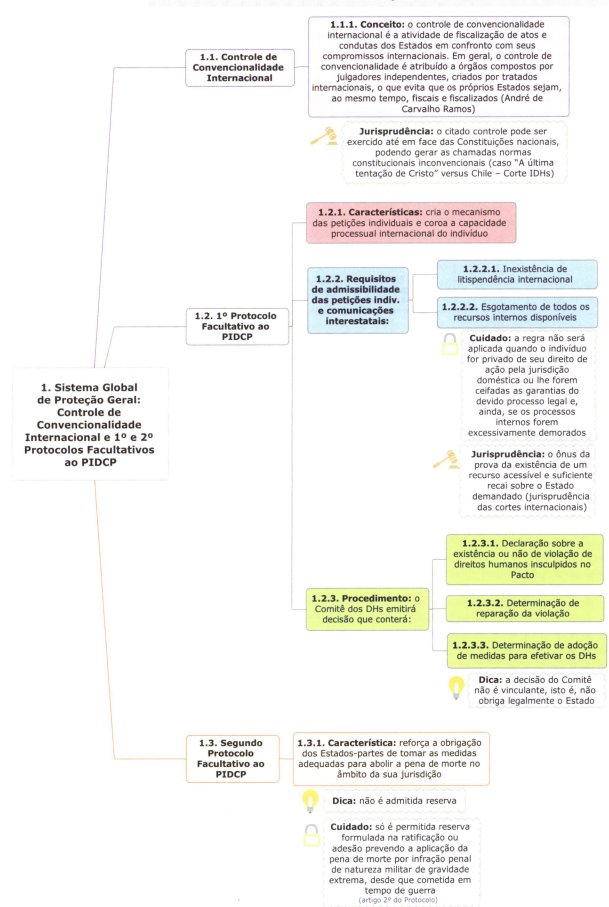

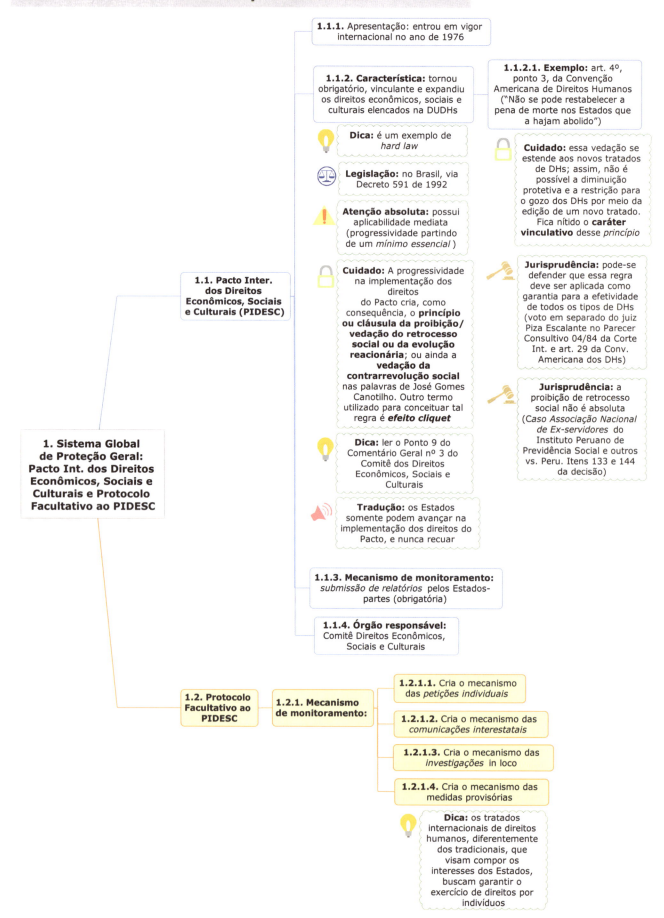

DIREITOS HUMANOS

TEMA VI - SISTEMA GLOBAL DE PROTEÇÃO ESPECÍFICA DOS DIREITOS HUMANOS

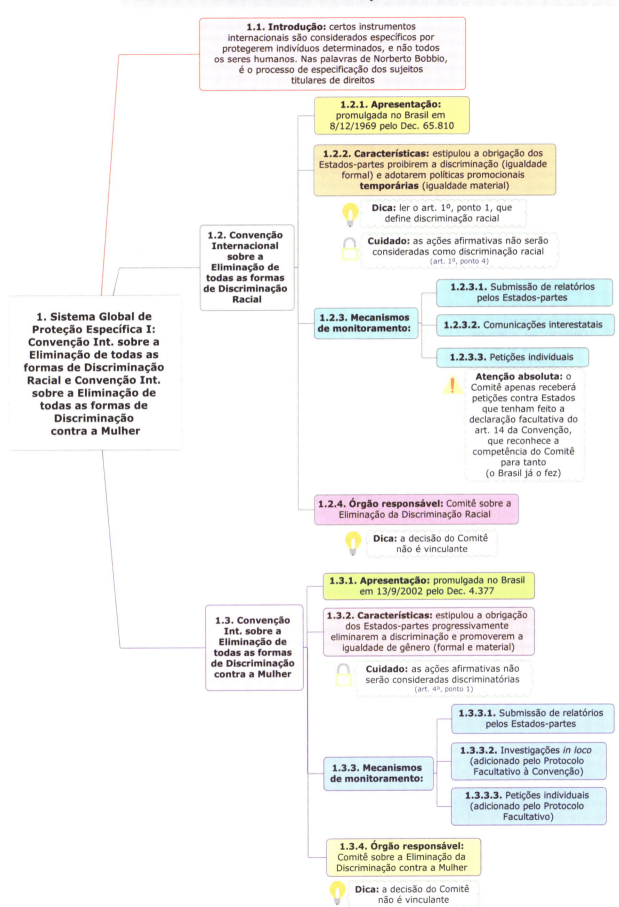

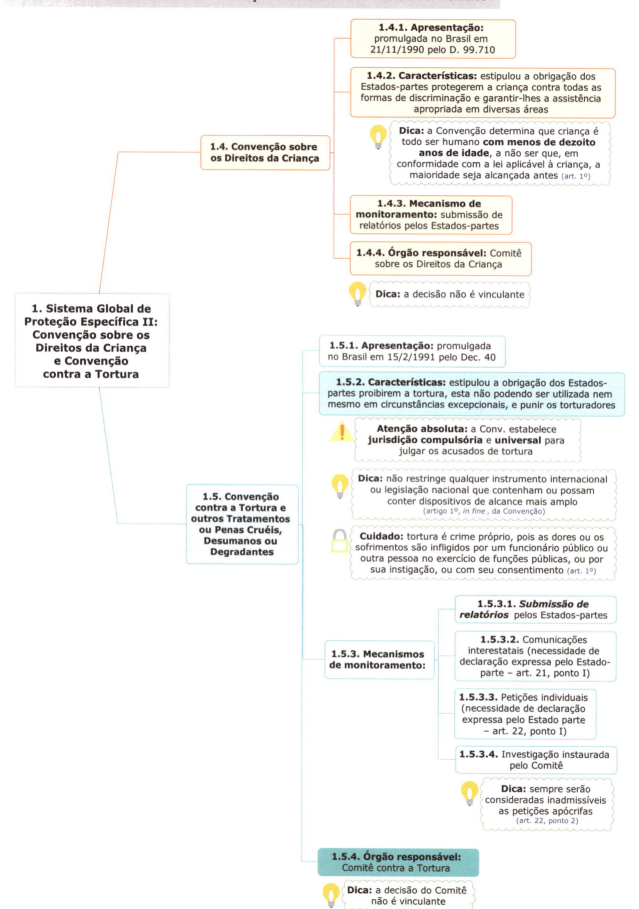

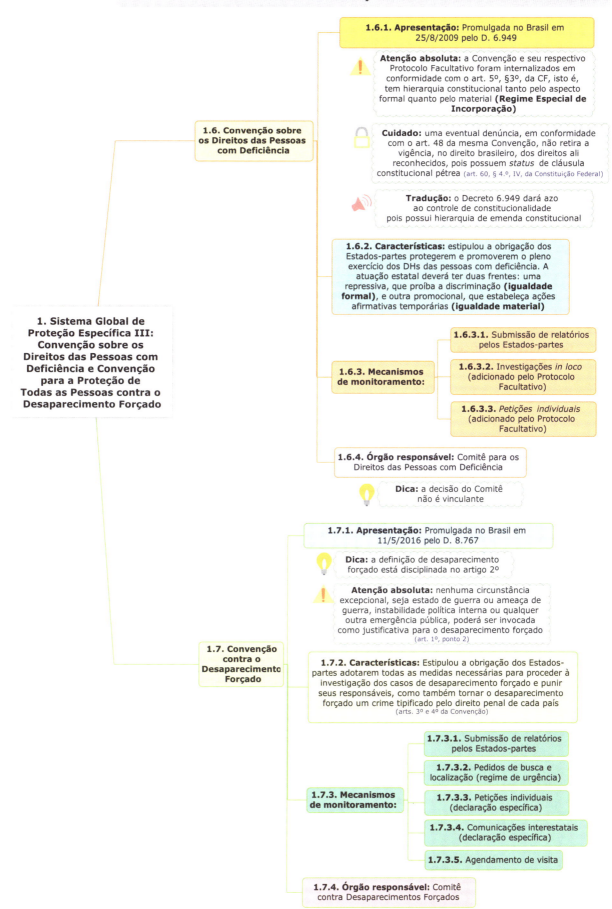

DIREITOS HUMANOS

Tema VII - Sistema Regional de Proteção dos Direitos Humanos

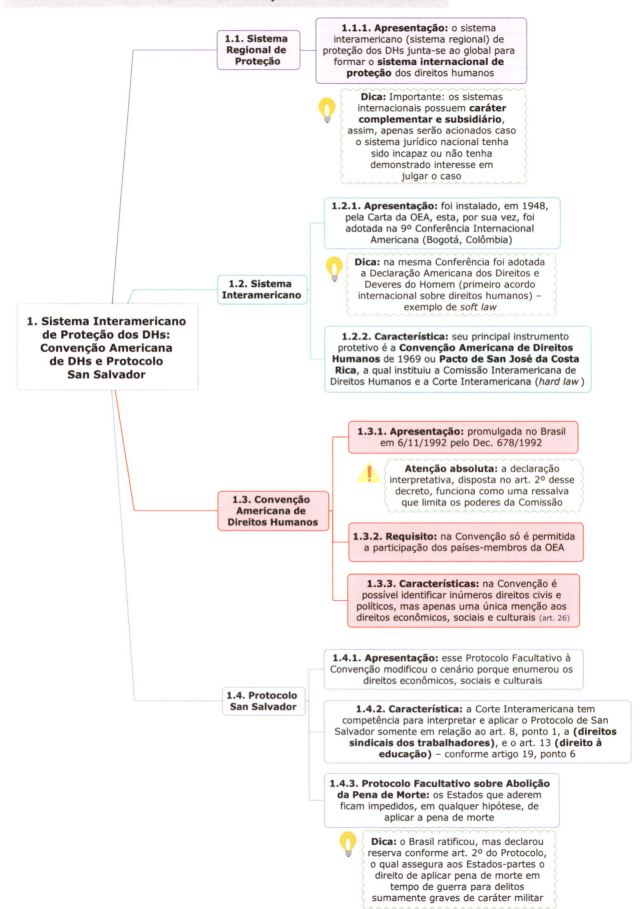

DIREITOS HUMANOS

Tema VII - Sistema Regional de Proteção dos Direitos Humanos

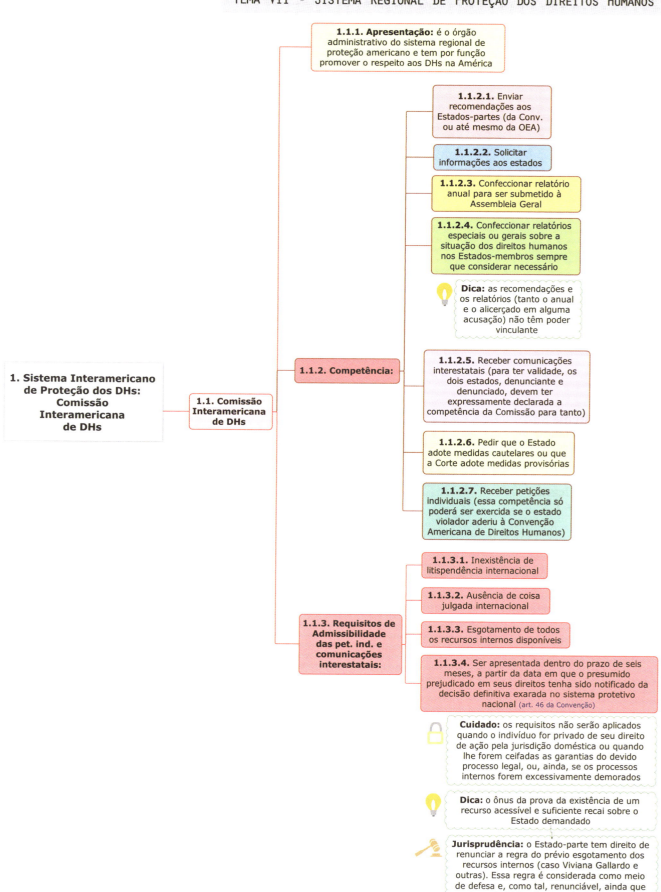

DIREITOS HUMANOS

Tema VII - Sistema Regional de Proteção dos Direitos Humanos

1. Sistema Interamericano de Proteção dos DHs: Corte Interamericana de DHs I

- **1.1. Corte Interamericana de DHs**

  - **1.1.1. Apresentação:** é o órgão jurisdicional do sistema regional de proteção americano

  - **1.1.2. Característica:** funciona via petição de algum Estado-parte ou da Comissão (art. 61 da Convenção)

    - 🔒 **Cuidado:** o indivíduo fica proibido de apresentar petição à Corte

  - **1.1.3. Competência contenciosa**

    - **1.1.3.1. Característica:** só será exercida em relação aos Estados-partes da Convenção que expressamente tenha aceitado esta competência da Corte (art. 62)

    - **1.1.3.2. Requisitos:**

      "Só os Estados ou a Comissão podem acioná-la (limitação *ratione personae*)" "Apenas pode conhecer de casos que tenham por supedâneos a CADH, o Protocolo de San Salvador (só em relação aos artigos 8º, ponto 1, alínea a, e 13), a Conv. Inter. para Prevenir e Punir a Tortura (art. 8º) e a Conv. Interamericana sobre o Desaparecimento Forçado de Pessoas (art. 13) – limitação *ratione materiae*"

      "O caso tem de ser tanto submetido à Corte no prazo de três meses contados da data de envio do relatório, pela Comissão, aos Estados interessados, como também as alegadas violações devem datar de momento posterior ao reconhecimento da competência contenciosa da Corte pelo Estado (limitação *ratione temporis*)"

      💡 **Dica:** o Brasil reconheceu a competência obrigatória da Corte em 8 de novembro de 2002 (Decreto 4.463/2002). O reconhecimento foi feito por prazo indeterminado, mas abrange fatos ocorridos após 10 de dezembro de 1998

DIREITOS HUMANOS
Tema VII - Sistema Regional de Proteção dos Direitos Humanos

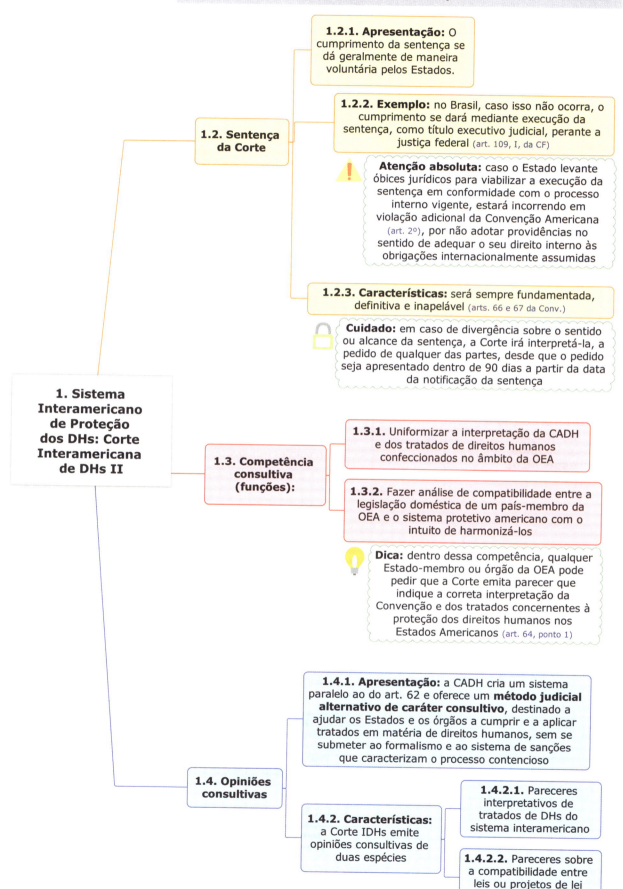

DIREITOS HUMANOS

Tema VIII - Interpretação e Aplicação: princípios específicos

1. Interpretação e Aplicação: princípios específicos

1.1. Interpretação e Aplicação

1.1.1. Apresentação: em determinadas situações vai ocorrer uma sobreposição de normas (oriundas do sistema global, do regional e do nacional). Mas isso não configura um problema, pois o que se busca é a substancial proteção dos direitos humanos. Dessa forma, o sistema que estiver mais bem organizado para bem proteger o indivíduo naquele caso será o aplicado

Dica: os sistemas não competem, mas antes se completam (esse exercício foi denominado por Erik Jaime de *diálogo das fontes*)

1.1.2. Exemplo: a Constituição brasileira traz previsão expressa da "cláusula de diálogo ou dialógica" no seu art. 4º, II

1.2. Princípios

1.2.1. Princípio da Primazia da Norma mais Favorável à Vítima: determina a busca da maior efetividade possível na proteção dos direitos humanos

1.2.2. Princípio *Pro Homine*: a interpretação das regras protetivas dos direitos humanos deve ser sempre favorável ao seu destinatário, ou seja, o indivíduo, e nunca em prol dos Estados, que se beneficiariam de interpretações restritivistas

1.2.2.1. Esse princípio deu azo à construção de **três linhas interpretativas** pela jurisprudência internacional:

- "Interpretação sistemática dos direitos: objetiva o reconhecimento de direitos implícitos mediante a análise holística das regras protetivas dos direitos humanos"

- "Interpretação restritiva das limitações de direitos: tudo para impedir ao máximo a diminuição da proteção da pessoa humana"

- "Preenchimento de lacunas e omissões em benefício do indivíduo"

1.2.3. Princípio da Máxima Efetividade: propugna o papel da interpretação dos direitos humanos no atingimento da plena aplicabilidade de seus preceitos, conferindo, dessa forma, maior proteção à pessoa humana, posto que efetiva

- Mediante tal princípio interpretativo, o argumento reacionário de que os direitos humanos são meras normas programáticas cairia por terra

1.2.4. Princípio da Interpretação Autônoma (André de Carvalho Ramos): defende que "os conceitos e termos inseridos nos tratados de direitos humanos podem possuir sentidos *próprios*, distintos dos sentidos a eles atribuídos pelo direito interno, para dotar de maior efetividade os textos internacionais de direitos humanos"

1.2.5. Princípio da Interpretação Evolutiva dos DHs: os direitos humanos contam com inúmeros termos de conceito fluido, que demandam uma interpretação atual para sua pertinente aplicação

Jurisprudência: Corte IDH, OC 16/99 e Casi do "Massacre de Mapiripán" vs. Colômbia (2005)

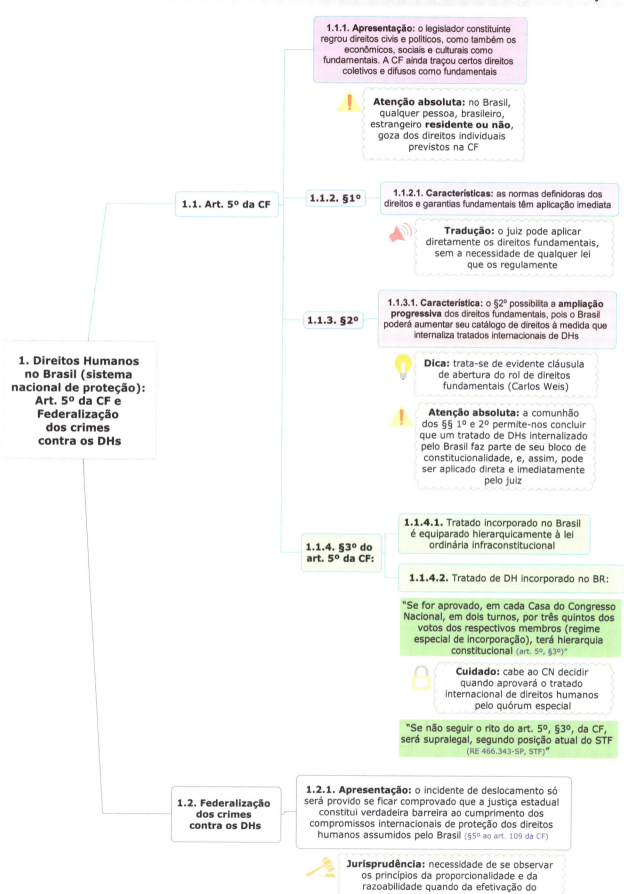

DIREITOS HUMANOS

Tema IX - Direitos Humanos no Brasil (sistema nacional de proteção)

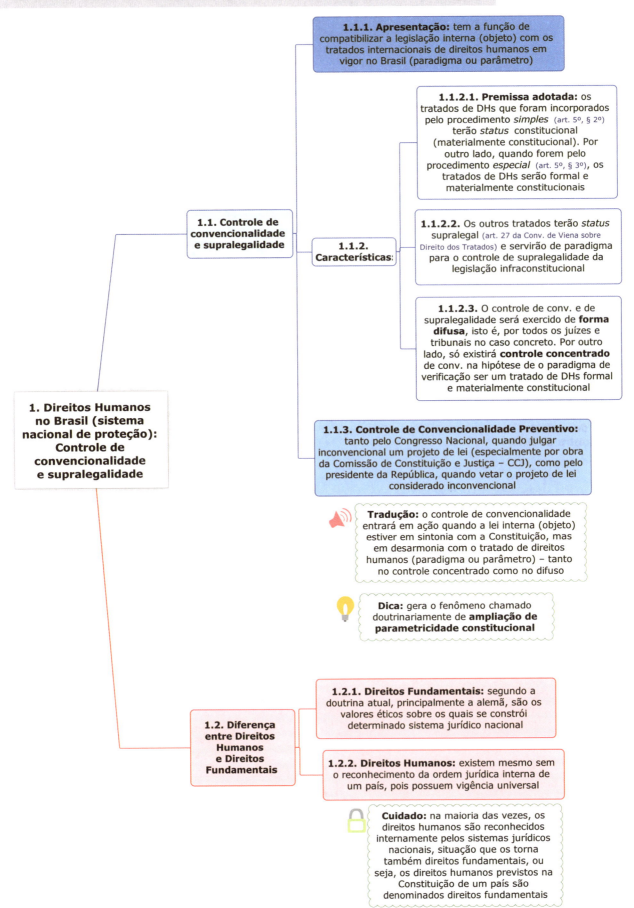

FILOSOFIA DO DIREITO
Renan Flumian

FILOSOFIA DO DIREITO

Tema I - Ética dos Antigos

1. Ética dos Antigos I (Platão)

1.1. Introdução

1.1.1. Conceito: etimologicamente, a palavra *ética* possui conexões com as palavras gregas *ēthos* e *areté*

 Tradução: *ēthos* significa costume, uso, hábito, mas também significa caráter, temperamento, índole, maneira de ser de uma pessoa. Na filosofia latina (Cícero), a palavra *ēthos* foi traduzida por moral (*moralem*)

 Tradução: *areté* significa mérito ou qualidade naquilo em que alguém é o mais excelente: excelência do corpo, da alma e da inteligência. *Areté* foi traduzida para o latim por *virtus* (virtude)

1.2. Ética segundo Platão

1.2.1. Apresentação: sua filosofia (metafísica) se fundamenta numa concepção dualista do universo

– Esferas:
a) Esfera da realidade inteligível (mundo das ideias): domínio ideal, assim denominado por ser o plano das essências. Tais formas puras teriam sua origem na ideia de Bem – ou de Deus – que é a causa produtora de todas as outras ideias que são as formas gerais do universo. Tais entidades são inacessíveis a nossos órgãos dos sentidos; e imutáveis, uma vez que não estão submetidas às leis do espaço e do tempo
b) Esfera da realidade aparente (mundo sensível): a realidade aparente ou sensível é aquela de que temos experiência ordinária. Uma mera aparência ou simulacro das formas puras e sujeita às condições de espaço e do tempo

 Atenção absoluta: para Platão, todo conhecimento verdadeiro seria uma espécie de recordação daquilo que a alma contemplou no mundo das formas puras (mundo das ideias). As formas puras (cuja vigência é universal e necessária) constituem as referências metafísicas, que dão sustentação tanto ao conhecimento científico quanto às ações morais do ser humano no mundo

 Dica: a *areté* aqui está ligada à perfeita compleição física

FILOSOFIA DO DIREITO

Tema I - Ética dos Antigos

1. Ética dos Antigos II (Platão e Sócrates)

1.1. Conceito antigo de Justiça

1.1.1. Conceito: é originário da linguagem processual e contém uma matriz de igualdade que permanece no pensamento grego através dos tempos. Assim, o conceito de justiça (díke) passa a ser fixado na expressão "*dar a cada um o que é seu*"

 Atenção absoluta: *hýbris* é tudo que ultrapassa a medida, é o excesso ou desmedida

 Tradução: *díke* aparece para conter o excesso e a desmedida dos homens que estão sob o domínio de *hýbris*

 Dica: a ideia de justiça, na cultura grega, adquire essa concepção forte de igualdade

1.2. Tipos de justiça em *Díke*

1.2.1. Conceito: a balança e a espada de Díke apontam dois tipos de justiça. Um é representado pelo princípio da represália (espada) e o outro é representado pelo princípio da reciprocidade (balança)

 Tradução: na sociedade moderna, o *princípio da represália* se exerce primordialmente na forma de pena restritiva da liberdade (detenção ou reclusão). Nos crimes culposos (contra a vida) e alguns crimes contra a propriedade (pequenos furtos), há uma tendência de estipular a prestação de serviços à comunidade (espécie de reciprocidade)

1.3. Sócrates

1.3.1. Apresentação: com Sócrates, o pensamento desloca-se da contemplação da natureza para a contemplação do homem na sua subjetividade. Sócrates dialoga, não há ensinamento de dogmas. A partir da **maiêutica**, que corresponde à investigação metódica, é possível ao homem redescobrir as virtudes que existem em si mesmo

 Tradução: para agir virtuosamente, o homem precisa saber o que é virtude. Assim, a virtude aparece identificada ao saber. Daí a fórmula de Sócrates: "ninguém é mau voluntariamente", portanto, a ignorância é a origem de todos os vícios e de todos os erros

 Cuidado: a ação, liberdade política, que implica deliberação sobre os meios e não sobre os fins, deve ser conduzida pela virtude (justiça), só assim o direito pode ser sentido como uma prática virtuosa que serve ao bom julgamento

 Dica: a liberdade como opção totalmente desvinculada não aparece entre os gregos, posto que o querer está vinculado ao próprio bem (não faz sentido querer o próprio mal) e querer algo impossível é não ser livre

FILOSOFIA DO DIREITO

Tema I - Ética dos Antigos

1. Ética dos Antigos III (Aristóteles)

1.1. Aristóteles

1.1.1. Apresentação: para Aristóteles, a filosofia corresponde à totalidade do saber. O saber distingue-se entre teórico (contemplativo) e prático (ação humana)

 Dica: a ação humana é objeto das ciências práticas, portanto, não é possível submetê-la à ideia universal e necessária de bem e justiça. E a justiça, nas ciências práticas, consiste numa disposição de caráter que resulta de uma deliberação voluntária e própria do homem virtuoso

 Cuidado: lei particular é aquela que cada povo dá a si mesmo, podendo as normas dessa lei particular ser escritas ou não escritas. **Lei comum** é aquela de acordo com a natureza

 Dica: a distinção mais célebre de Aristóteles é entre **justiça positiva** e **justiça natural**. Para Bobbio, direito natural tem validade universal e não é extraído das opiniões dos homens (estabelece o que é justo e injusto por si mesmo) – trabalhado na obra de Aristóteles, *Ética a Nicômaco*

 Atenção absoluta: uma conclusão é **apodítica** quando parte de proposições universais, verdadeiras e primárias, ou delas derivadas (método analítico); uma conclusão é **dialética** quando se extrai de opiniões gerais (prováveis ou verossímeis). Os problemas políticos e éticos são problemas práticos que devem estar subordinados à dialética

1.1.2. Virtude

– **Apresentação:** a virtude só pode ser uma disposição de caráter, um hábito
– **Definição:** a virtude não é uma coisa natural no ser humano, mas um hábito adquirido ou uma disposição permanente. A ética orienta o homem para a aquisição dos hábitos virtuosos que o encaminham no sentido da perfeição. Virtude, portanto, é ação, atividade da vontade que delibera, isto é, examina várias possibilidades possíveis e escolhe. O ato de escolher passa a ser um ato racional e voluntário próprio do cidadão ético e político. Portanto, a virtude se desenvolve na pólis; ou seja, no encontro dos homens enquanto cidadãos. Por isso, os fins racionais de uma escolha têm sempre em vista um bem, que é o bem comum

 Atenção absoluta: a mediania ou medida relativa que caracteriza a virtude é o justo meio, entendido como equilíbrio ou moderação entre dois extremos: excesso e escassez (a ética aparece, assim, como a ciência da moderação e do equilíbrio). Coragem (virtude), por exemplo, é o justo meio entre a temeridade (excesso) e a covardia (escassez), amor (virtude) é o justo meio entre a possessão (excesso) e a indiferença (escassez), e assim em relação a todas as virtudes. Nesse sentido, a noção aristotélica de justiça tem algo a ver com a antiga noção de *díke*

FILOSOFIA DO DIREITO

TEMA I - ÉTICA DOS ANTIGOS

1. Ética dos Antigos IV (Aristóteles e Estoicismo)

1.1. Aristóteles

1.1.1. Justiça Universal

Conceito: também denominada de justiça em sentido lato, define-se como a conduta de acordo com a lei

 Tradução: *justiça universal* diz respeito ao hábito de respeitar a lei, que faz do homem respeitador da lei um homem justo. A lei tem uma abrangência ética, posto que envolve o cumprimento de todos os deveres e o exercício de todas as virtudes; portanto, não se trata tão somente de leis no sentido jurídico moderno, mas também de leis morais (pode ser natural ou convencional e escritas ou costumeiras)

1.1.2. Justiça Particular

Conceito: denominada, às vezes, de justiça em sentido estrito, define-se como o hábito que realiza e respeita a igualdade

 Tradução: *justiça particular* pode ser uma igualdade consistente na distribuição proporcional geométrica (igualar o desigual) de bens e outras vantagens entre os cidadãos da *pólis* (justiça distributiva) ou uma igualdade que desempenha um papel corretivo nas transações entre os cidadãos (justiça retificadora ou comutativa) e que consiste numa proporcionalidade aritmética (igual)

1.2. Ética estoica

1.2.1. Apresentação: a ética estoica é subdivida em:

a) Moral do *dever reto*: identifica-se com o *honestum*, consiste na retidão da vontade *(recta ratio)*, na firmeza moral, na convicção inabalável e no caráter incorruptível
b) Moral dos *deveres médios*: consiste no cumprimento das ações conforme as tendências naturais que todo homem possui, como a tendência à conservação da vida e à sociabilidade ou na escolha de coisas e condutas tidas como úteis, convenientes, preferíveis ou desejáveis relativas à vida prática ou cotidiana

1.2.2. Moral do dever reto

 Tradução: não surge espontaneamente, depende do saber filosófico (sabedoria) que possibilita compreender as relações que se estabelecem entre natureza (aquilo que é dado) e cultura (aquilo que é construído pela ação humana). Essa sabedoria se identifica com o *honestum*, a expressão de uma harmonia interior em conformidade com a harmonia da natureza

 Dica: o *dever reto* é o supremo bem (a virtude). As demais virtudes não são mais do que aspectos ou exteriorizações dessa virtude fundamental

1.2.3. Moral dos deveres médios

 Tradução: há um conjunto de coisas que não se enquadram nem na categoria de bens, nem na categoria de males (ex.: vida, saúde, prazer, beleza, etc.). Essas coisas são consideradas *indiferentes* porque não beneficiam nem prejudicam por si mesmas, podem ser boas ou más, dependendo do uso que delas se faz. Algumas são dignas de serem escolhidas ou preferidas em razão de sua utilidade, pois podem contribuir para uma vida equilibrada em conformidade com a natureza. É a sabedoria que orienta a escolha e o uso adequado das coisas indiferentes

 Atenção absoluta: em síntese, *os deveres médios* (escolha das coisas indiferentes) se encontram na esfera do útil (Direito), mas estão submetidos ao *dever reto* (virtude) que reside na esfera do *honestum* (ética)

FILOSOFIA DO DIREITO

Tema I - Ética dos Antigos

1. Ética dos Antigos V (Cícero)

1.1. Cícero

1.1.1. Apresentação: a sabedoria é a principal virtude. Cícero segue a trilha estoica porque entende que a sabedoria é capaz de neutralizar as paixões. Isto é, ela implica no conhecimento das ciências (lógica e física), qualificadas como virtudes porque, ao explicar a organização da natureza, evitam que a pessoa dê o seu assentimento ao falso e não seja enganada por uma verossimilhança capciosa

Dica: na concepção de Cícero, a ação é a parte mais importante da sabedoria. Assim, é preciso instruir os homens para que se tornem cidadãos melhores e mais úteis à cidade

1.1.2. Direito Natural

– **Características:** o direito natural é um referencial, um critério, modelo ou padrão para a legislação (direito da *civitas*), posto que ele oferece uma certa universalidade e necessidade. A legislação não pode, pois, pleitear o universal porque sempre estará adstrita ao tempo e ao lugar, ao particular e contingente

1.1.3. Permanência da legislação

– **Apresentação:** a permanência da legislação está ligada à estabilidade que Políbio e Cícero exaltam ao falar das formas de governo. Para eles, a melhor forma de governo é aquela que possui a nota da estabilidade, que garante a sua permanência pelo maior espaço de tempo possível, como ocorre com a república romana. Segundo Cícero, a crise (instabilidade) da República deve-se ao afastamento dos governantes das condutas em conformidade com o dever

Atenção absoluta: Cícero conectou a *moral dos deveres* elaborada pelos filósofos estoicos com o Direito romano. Assim, o *honestum* é o único bem, motivo pelo qual a "utilidade" não pode contrapor-se à honestidade. Assim, a ação não deve conferir vantagens pessoais em detrimento do honesto

1.1.4. Justiça

– **Conceito:** em *sentido amplo*, justiça consiste em dar a cada um o que é seu, incide sobre a distribuição dos bens e se liga à equidade e à liberalidade (um dos fundamentos da justiça é a boa-fé). E em *sentido estrito*, justiça consiste no ato de julgar realizado por um homem bom (justiça depende da qualidade moral do julgador)

Exemplo: se o pacto favorece em demasia ou prejudica uma das partes do contrato, deve haver uma flexibilização da *pacta sunt servanda*. Cícero vai além da *rebus sic stantibus* e estabelece o princípio da boa-fé como fundamento último de todos os contratos (art. 421 do CC)

FILOSOFIA DO DIREITO

TEMA II - ÉTICA DOS MEDIEVAIS

1. Ética dos Medievais I (Agostinho)

1.1. Agostinho

1.1.1. Apresentação
esse pensador define liberdade como livre arbítrio, logo a possibilidade de escolher o mal é correlata à possibilidade de não o escolher (logo, recai sobre o homem a responsabilidade pelas suas ações)

 Dica: a graça é um socorro outorgado por Deus ao livre-arbítrio, ela não o elimina, mas coopera com ele, restituindo-lhe a eficácia para o bem. A graça nasce da fé, a própria fé é uma graça. Para realizar boas obras, são necessárias duas condições: a graça e o livre-arbítrio

1.1.2. Querer e Poder (Paulo de Tarso)

Apresentação: o homem se torna justo, não pela observância da lei positiva, mas pela fé e pelo amor em Cristo. E introduz a famosa distinção, desconhecida na filosofia grega, entre querer e poder que, assumida pelos filósofos medievais, possibilitou a construção da noção de liberdade subjetiva (livre-arbítrio)

 Cuidado: se, para a filosofia grega, não faz sentido o homem querer o impossível ou o próprio mal; para a filosofia cristã, essa possibilidade aparece com a noção de livre-arbítrio

 Tradução: a liberdade da vontade (querer) torna-se a condição essencial da igualdade humana e a efetividade de seu exercício (poder), a condição das diferenças. Todos os homens são criados por Deus igualmente livres, mas nem todos podem o que querem

 Atenção absoluta: com os gregos, o homem é livre porque pertence a uma pólis ou porque vive em conformidade com a natureza; com os medievais, o homem é livre porque possui livre-arbítrio

1.1.3. Princípio da subjetividade

Apresentação: a vontade livre e igual irá constituir-se na categoria operacional decisiva para a arquitetura do Direito e do Estado na modernidade. É a noção de autonomia da vontade que permite compreender a teorização do Estado e do Direito como formas contratuais, que será implementada a partir do século XVII com o racionalismo moderno, especialmente com John Locke, Thomas Hobbes e Jean Jacques Rousseau. Também é importante nesse processo a noção de *soberania* construída pela filosofia renascentista, especificamente pelo jurista Jean Bodin

FILOSOFIA DO DIREITO

Tema II - Ética dos Medievais

1. Ética dos Medievais II (Tomás de Aquino e Nominalistas)

1.1. Tomás de Aquino

1.1.1. Apresentação: segundo Joaquim Carlos Salgado, Aquino segue a orientação aristotélica ao entender que justiça é uma virtude que se define como hábito com o qual se fazem coisas justas. A justiça é, pois, um hábito para agir segundo a razão tendo em vista o bem (a felicidade)

1.1.2. Tipos de lei:

– **Eterna:** é a expressão da razão divina, que governa todo o universo, de ninguém conhecida inteiramente em si, mas da qual o homem pode obter conhecimento parcial através de suas manifestações
– **Divina:** é a lei revelada, ou seja, a expressão da lei eterna (ex.: Sagradas Escrituras)
– **Natural:** é a lei que pode ser conhecida pelo homem por meio da razão, consiste, por exemplo, em fazer o bem e evitar o mal, conservar a vida, educar a prole, participação na vida social, etc.
– **Escrita:** é a lei humana (lei positiva) que determina o justo com base na lei natural e dirigida à utilidade comum

1.2. Os Nominalistas

1.2.1. Partidários: Roger Bacon, Duns Scot e Guilherme de Ockham

1.2.2. Apresentação: para esses franciscanos, todas as leis morais estão submetidas à pura e simples vontade de Deus, portanto, o mais essencial em Deus é a vontade, e não a razão. Assim, o bem e o mal não se definem em si mesmos, mas apenas em função da vontade de Deus

 Dica: com os nominalistas franciscanos, a vontade passa a ser o núcleo da determinação do direito divino. O mesmo ocorre com o direito que rege as relações humanas, ele procede da vontade do soberano, da vontade manifesta nos pactos, da vontade que se consolidou com a tradição

 Dica: para Tomás de Aquino, Deus não pode querer o mal, para os nominalistas o mal é o não querido por Deus. O pecado não é fruto da ignorância, mas do desamor e da vontade livre

1.2.3. Características: transformação de toda ciência em conhecimento empírico dos indivíduos e a separação radical entre ciência e teologia, de modo que a fé não poderia encontrar qualquer apoio na razão, pois os dois campos seriam indiferentes e alheios um ao outro

FILOSOFIA DO DIREITO

Tema III - Ética Moderna

1. Ética Moderna I (Kant)

1.1.1. Apresentação: Joaquim Carlos Salgado anota que Kant usa a expressão *ética* em dois sentidos:

- **Sentido amplo:** ética é a ciência das leis da liberdade, que são as leis éticas, as quais se dividem em morais e jurídicas
- **Sentido estrito:** ética é a teoria das virtudes e, como tal, diferencia-se do direito. Em sentido estrito, direito e moral são formas particulares de uma legislação universal, cujos princípios a ética em sentido amplo contém

1.1.2. Metafísica dos Costumes

- Diferenças entre direito e moral:

a) Moralidade e legalidade: essa diferença diz respeito aos motivos da ação e toma como base a noção de boa vontade. *Boa vontade* é aquela que não está determinada por atitude alguma e por cálculo interessado algum, mas somente pelo respeito ao dever. Assim, tem-se *moralidade* quando a ação é cumprida por dever, ou seja, a legislação moral é aquela que não admite que uma ação possa ser cumprida segundo inclinação ou interesse. Tem-se *legalidade*, quando a ação é cumprida em conformidade ao dever, mas segundo alguma inclinação ou interesse

b) Autonomia e heteronomia: *autonomia* é a qualidade que a vontade tem de dar leis a si mesma. A vontade moral é por excelência uma vontade autônoma. *Heteronomia* é quando a vontade é determinada por outra vontade. A vontade jurídica (estatal) é por excelência uma vontade heterônoma. Pode-se dizer que quando a pessoa age conforme a sua vontade, encontra-se no terreno da moralidade (autonomia); quando age em obediência à lei do Estado, encontra-se no terreno da legalidade (heteronomia)

c) Imperativo categórico e imperativo hipotético: *categóricos* são os imperativos que prescrevem uma ação boa por si mesma, por exemplo: "Você não deve mentir", e chamam-se assim porque são declarados por meio de um juízo categórico. *Hipotéticos* são aqueles que prescrevem uma ação boa para alcançar um certo fim, por exemplo: "Se você quer evitar ser condenado por falsidade, você não deve mentir", e chamam-se assim porque são declarados por meio de um juízo hipotético

 Dica: a norma jurídica é um imperativo hipotético

 Tradução: o imperativo categórico é o superior critério do ético em geral, portanto, do direito e da moral e prescreve o que deve acontecer e não descreve o que acontece

1.3. Ser e dever ser

1.3.1. Apresentação: a razão deve ser concebida de duas maneiras, a saber:

- **Razão teórica** ou **intelecto:** tem por finalidade conhecer e seu objeto é a lei da natureza expressa em relações necessárias de causa e efeito
- **Razão prática** ou **vontade:** tem como finalidade o conhecimento das coisas enquanto princípio de ação, determina o que deve acontecer e se expressa por uma relação de obrigatoriedade. O intelecto se ocupa do ser, a vontade cria o dever ser

 Dica: os fundamentos da ética (moral e direito) kantiana são encontrados na esfera do dever ser, de que a norma é sua expressão

 Dica: em Kant, é a ideia de liberdade (autonomia) da vontade (que é por isso boa) que fundamenta toda ordem normativa

 Tradução: o dever ser existe porque o homem é livre, sobreleva-se ao instinto, porque só poderá viver em sociedade com outros seres que também sejam livres, se o seu arbítrio é limitado por regras, por normas, por um dever ser. E uma vontade livre e não determinada e nem determinável externamente, mas tão só pela razão pura, vale dizer, por si mesma, é a condição de todo dever ser

 Atenção absoluta: na filosofia prática de Kant, a ideia de liberdade é o fundamento da ideia de justiça; a ideia de justiça é o fundamento do direito; o direito, por sua vez, razão de ser da existência do Estado que, finalmente, como Estado de Direito, garante a paz perpétua

FILOSOFIA DO DIREITO

Tema III - Ética Moderna

1. Ética Moderna II (Utilitarismo)

- **1.1. Apresentação:** Movimento fortemente influenciado pelo Iluminismo francês e que teve em Bentham o seu grande expoente. É uma doutrina consequencialista

- **1.2. Ética utilitarista**

  - **1.2.1. Apresentação:** defende que com o aumento do prazer e a diminuição da dor (chegando a sua eliminação), a felicidade humana estaria garantida (cunho hedonista). E depende de uma administração de interesses conflitantes, tanto pelo legislador (sociedade) como pelo indivíduo

    - **Dica:** a felicidade não é o objetivo, mas consequência da ética defendida por Bentham. Assim, afirma "onde está a utilidade, está a felicidade"

    - **Atenção absoluta:** o princípio da utilidade é o parâmetro para julgamento da conduta individual e coletiva. E afirma que a utilidade permitiria encontrar a fórmula que proporcione a maior quantidade de felicidade ao maior número de integrantes da sociedade

  - **1.2.2. Objetivo:** Bentham define que a ética, em sentido amplo, é a arte de dirigir as ações do homem para a produção da maior quantidade possível de felicidade

    - **Dica:** segundo Bentham, o legislador não deve focar na felicidade de cada qual, mas sim de garantir um estado de bem-estar social (utilidade geral que garanta a felicidade da maioria). Na prática, toma corpo via o estímulo e o desestímulo de condutas que possam ou não contribuir para o aumento de felicidade

    - **Tradução:** toda moral e legislação seriam fruto do cálculo benthamista

  - **1.2.3. Crítica:** E. Bittar sublinha que o bem-estar encontra-se, para o utilitarismo, acima mesmo dos direitos individuais e fundamentais. E também que o cálculo entre dor e prazer é tomado tendo por base uma análise uniforme de todos os indivíduos (irreal)

FILOSOFIA DO DIREITO
TEMA IV - ÉTICA CONTEMPORÂNEA

1. Ética Moderna III (Nietzsche)

1.1. Niilismo e Voluntarismo

1.1.1. Apresentação: para Nietzsche, o niilismo, base da cultura ocidental, exalta a dor, pondera o autoaniquilamento como virtude; e aponta que a raiz disso é a própria religião, pois essa aposta na espiritualidade em detrimento da materialidade

 Dica: Nietzsche atenta contra a religião e a moral tradicionais, ou qualquer filosofia metafísica; e isso para desfazer todas as amarras possíveis à vontade de potência

 Tradução: a vontade de potência é o motor da ação que caracteriza o voluntarismo nietzschiano. É a vontade de expansão que garante transformações no mundo. A vontade é o princípio de tudo

1.2. Filosofia moral

1.2.1. Apresentação: "Não existem fenômenos morais, mas uma interpretação moral dos fenômenos", *Além do bem e do mal*

 Tradução: busca refundar a moral mediante a pesquisa genealógica dos valores e das crenças humanas. Defende a superação da moral tradicional (especificamente a moral cristã e a metafísica platônica) via a figura do "martelo". A moral nada mais é do que a cristalização dos valores do passado (impossibilita o exercício da liberdade ética)

1.2.2. Moral dos senhores e moral dos escravos:

– **Moral dos senhores:** é a da aristocracia (bom)
– **Moral dos escravos:** é a dos plebeus (mau)

 Dica: foi a nobreza aristocrática que criou o termo "bom" e o relacionou a ela mesma (se autoafirmam na categoria superior). E ainda criou o termo "ruim" para fazer referência ao que é baixo, comum ou plebeu

 Dica: Nietzsche estatui que a moral tradicional é resultado do conflito e do ódio entre as pessoas, fruto da dor, do castigo, da autocondenação, etc. ("O passado subjuga o presente e determina o futuro")

1.2.3. Transvaloração

– **Apresentação:** é a superação da moral tradicional. Nas palavras de E. Bittar, é o instrumento necessário para superar o passado e construir o futuro, para descontruir o passado e refundar o futuro em novas bases

 Atenção absoluta: momento de surgimento do super-homem nietzschiano: não responsável, autônomo, sem dever nada a ninguém, sem necessidade de justiça – livre da moral tradicional, da crença metafísica e da autoflagelação

1.3. Principais obras:
Humano, demasiadamente humano; A gaia ciência; Assim falava Zaratustra; A genealogia da moral; e *Ecce homo: como me tornei eu mesmo*

FILOSOFIA DO DIREITO

Tema IV - Ética Contemporânea

1. Ética Contemporânea I (George Edward Moore)

1.1. Filosofia analítica

Apresentação: "filosofia analítica" abarca um conjunto amplo de escolas e autores. Mas é possível identificar características comuns:
a) proximidade entre filosofia e linguagem;
b) em princípio, não utilização de explicações metafísicas;
c) utilização do saber científico

⚠️ **Atenção absoluta:** a filosofia analítica é dividida em dois grupos, um focado no empirismo lógico (Bertrand Russell) e outro na filosofia da linguagem ordinária (Moore)

1.2. George Edward Moore

Principal obra: *Principia ethica*

💡 **Dica:** essa obra trouxe a ética para o problema analítico da linguagem

💡 **Dica:** Moore é apontado por muitos autores como o grande responsável pela autonomia científica da ética

🔊 **Tradução:** segundo E. Bittar, a intervenção de Moore em solo ético é no sentido de reflexões meta-éticas, ao modo de uma epistemologia para as ciências, ou seja, versará sobre as possibilidades de ensino e conhecimento das regras éticas e das proposições éticas

💡 **Dica:** Moore não aceita a ponderação essencialista sobre a existência de substâncias éticas, pois defende que a prática da ética é livre e não existe um parâmetro ético único

1.3. Falácia naturalista

Apresentação: como bem apontado por E. Bittar, Moore denomina de falácia naturalista um tipo de postura teórica que faz residir em algum ponto, natural ou sobrenatural, a essência das coisas e a partir daí faz uma série de deduções que servem de guia ético do homem

💡 **Dica:** Moore adota posição utilitária para averiguar os atos, pois defende que não existe ação boa ou má por natureza, mas apenas os efeitos da ação podem ser julgados (efeito útil)

1.4. Ética como ciência do bom

Apresentação: a ética versa sobre o bom e o mau e não sobre a conduta humana. A busca da definição de bom segue a lógica metaética. Dado como noção simples e empírica

🔊 **Tradução:** a noção de bom, segundo E. Bittar, pode ser tratada não como um substantivo, mas como um adjetivo qualificativo de coisas, comportamentos e qualidades. Nada é bom até ter sido experimentado como sendo bom

💡 **Dica:** bom é indefinível. Tem-se apenas intuições

Exemplos: tem-se dois tipos de proposições éticas, uma sobre a natureza das coisas (intuição) e outras sobre as ações a serem realizadas (podem ser apreciadas e comprovadas)

FILOSOFIA DO DIREITO

TEMA IV - ÉTICA CONTEMPORÂNEA

1. Ética Contemporânea II (John Rawls)

1.1. Teoria da Justiça

1.1.1. Apresentação: como bem estatui Manuel Atienza, a teoria de justiça de Rawls busca superar o *intuicionismo* e o *utilitarismo*, e busca inspiração na filosofia kantiana para construir uma nova versão da teoria do contrato social

Dica: Ralws se posiciona no campo da ética normativa, deixando bem claro sua não intenção em construir uma ética teórica ou metaética

Tradução: segundo E. Bittar, trata-se de ética deontológica, porém diferenciada por não se restringir a enfatizar somente os deveres. Mas sobretudo os direitos; ou melhor, evidencia a importância dos deveres das instituições como molas propulsoras dos direitos dos cidadãos. Visa o bem-estar social

1.1.2. Objetivo: a teoria de justiça de Rawls tem por objetivo garantir a liberdade individual (via tolerância) e a igualdade econômica e social

1.1.3. Posição original e véu da ignorância

Apresentação: trata-se de uma situação hipotética que permitirá a criação dos princípios de justiça por consenso. Quem enunciam tais princípios – que regularão a vida ordinária – são as pessoas em posição original

Dica: para garantir a imparcialidade, Rawls cria o conceito de véu da ignorância

Tradução: *véu da ignorância significa*, conforme Manuel Atienza, que quem está na posição original não pode saber a posição que ocupará na sociedade, seu *status* social, sua sorte na distribuição de dotes naturais (inteligência, força física), a situação econômica e política, o nível de civilização e cultura, etc. Mas deve saber que a sociedade está sujeita a uma série de fatores objetivos e subjetivos que demonstrem ser a cooperação humana possível e necessária

1.1.4. Teoria da Justiça como equidade

Apresentação: a equidade é garantida pelo véu da ignorância na posição original, momento em que serão definidas as estruturas institucionais da sociedade, ou seja, o "contrato social pactuado". A escolha dos direitos e deveres é feita totalmente com base na igualdade inicial, que impossibilita a definição de princípios que visem privilegiar a condição particular de alguém (garantindo a neutralidade das pessoas pactuantes)

Tradução: nas considerações de Rawls, funciona como um jogo para formular, por consenso, os princípios de justiça. Composto de um número indeterminado de jogadores, com soma zero (o que uns ganham, os outros perdem), caráter cooperativo e não necessariamente competitivo ("estado de natureza"), plena liberdade para estabelecer acordos e sem limitação temporal

Funcionamento: para Rawls, o consenso se daria em torno de dois princípios:
a) Cada pessoa deve ter direito ao mais amplo sistema de liberdades básicas, compatível com um sistema similar de liberdades para as outras (p. da igualdade – protege as liberdades individuais)
b) As desigualdades econômicas e sociais devem respeitar dois requisitos:
b.1) Que os cargos e funções sejam acessíveis para todos em condições iguais de oportunidade
b.2) Que garantam o maior benefício possível aos membros menos favorecidos (p. da diferença)

Dica: Rawls estabelece uma escala hierárquica de prioridades: a>b e b.1>b.2

Atenção absoluta: é uma teoria de justiça processual: o correto equacionamento dos dois princípios garante a correta distribuição dos direitos e deveres (via instituições)

FILOSOFIA DO DIREITO

Tema IV - Ética Contemporânea

1. Ética Contemporânea III (Jurgen Habermas)

1.1. Ética do discurso

1.1.1. Apresentação: a ética habermasiana está centrada na ideia de interação pelo discurso

 Dica: Habermas separa dois conceitos de ação social, um chamado de ação estratégica que é orientado ao êxito, e outro de ação comunicativa que é orientado à compreensão intersubjetiva

1.1.2. Características: a ética do discurso, segundo E. Bittar, é uma forma de interação social que privilegia o entendimento e o envolvimento racional dos atores no processo de formação da vontade e de expressão de deliberações comuns. Por isso, a ética aqui significa menos a capacidade de exprimir virtudes e mais a capacidade de interagir com outro

 Tradução: Habermas está alinhado à tradição cognitivista ocidental. E. Bittar assim analisa: a ética na concepção de Habermas possui duas dimensões fundamentais, quais sejam, uma primeira dimensão, que consiste na possibilidade de ser evitada toda forma de recurso à violência como mecanismo de resolução de conflitos, e, uma segunda dimensão, que reflete a imperiosa necessidade de recurso e apelo à via racional, ao uso do entendimento, como forma de predisposição à solução de conflitos intersubjetivos

 Dica: Habermas centra-se na discussão dos *procedimentos* utilizados para se chegar ao consenso e entendimento. Isso quer dizer que sua ética não tenta definir o conteúdo mesmo dos valores, mas apenas em descrever a formação racional da vontade

1.1.3. Funcionamento: na prática, os participantes de um discurso racional estabeleceriam, por consenso, um princípio geral da ética. Nas palavras de Manuel Atienza, trata-se de uma nova versão do imperativo categórico kantiano, mas agora formulado em termos sociais e não individuais: moral não é atuar de acordo com uma máxima que cada um pode querer, sem contradição, como lei universal, mas sim uma máxima que todos, de comum acordo, querem como norma universal

 Tradução: no mesmo sentido, E. Bittar assevera que não é pelo conteúdo do ato que se chega à justiça, mas pelo procedimento pelo qual se delibera para alcançar um resultado semântico

 Atenção absoluta: com base na ideia acima descrita, Habermas justifica a existência do Estado de Direito e dos princípios fundamentais do Direito e defende uma radicalização da democracia, possibilitando assim o surgimento e o aperfeiçoamento de instrumentos de participação democrática. O destinatário de uma norma jurídica (ou moral) deveria participar de sua formulação, afinal ele sofrerá as consequências da incidência dessa norma. Afinal, nada mais legítimo do que uma sociedade ser regida por um direito criado pela sua própria população